Schmiedel, Leitzmann, Lützner, Heine

Ernährungsmedizin in der Naturheilkunde

Volker Schmiedel, Claus Leitzmann,
Hellmut Lützner, Hartmut Heine

Ernährungsmedizin in der Naturheilkunde

Handbuch für die Therapie

URBAN & FISCHER

Zuschriften und Kritik an:
Urban & Fischer, Lektorat Ganzheitsmedizin, Karlstraße 45, 80333 München

Titel der Originalausgabe:
Die 1. Auflage ist 1998 unter dem Titel „Ganzheitliche Diätetik. Ernährungsformen, Heilfasten, Orthomolekulare Medizin“ bei Aescura im Verlag Urban & Schwarzenberg, München erschienen.

Wichtiger Hinweis für den Benutzer
Die Erkenntnisse in der Medizin unterliegen laufendem Wandel durch Forschung und klinische Erfahrungen. Herausgeber und Autoren dieses Werkes haben große Sorgfalt darauf verwendet, dass die in diesem Werk gemachten therapeutischen Angaben (insbesondere hinsichtlich Indikation, Dosierung und unerwünschten Wirkungen) dem derzeitigen Wissensstand entsprechen. Das entbindet den Nutzer dieses Werkes aber nicht von der Verpflichtung, anhand der Beipackzettel zu verschreibender Präparate zu überprüfen, ob die dort gemachten Angaben von denen in diesem Buch abweichen und seine Verordnung in eigener Verantwortung zu treffen.

Die Deutsche Bibliothek – CIP-Einheitsaufnahme

ISBN 3-437-56390-4

2. Auflage, Oktober 2001

01 02 03 04 5 4 3 2 1

Um den Textfluss nicht zu stören, wurde bei Patienten und Berufsbezeichnungen die grammatikalisch maskuline Form gewählt. Selbstverständlich sind in diesen Fällen immer Frauen und Männer gemeint.

Planung: Ursula Illig, München
Lektorat: Christel Hämmerle, München
Herstellung: Petra Laurer, München; Norman Ziske, München
Satz: Typodata, München
Druck: Appl, Wemding
Bindung: Großbuchbinderei Monheim
Satz, Druck und Neuaufbindung der 2. Auflage: Laupp & Göbel, Satz + Druck, Nehren
Zeichnungen: Esther Schenk-Panic, München
Umschlaggestaltung: prepress ulm GmbH, Ulm

Aktuelle Informationen finden Sie im Internet unter der Adresse:
Urban & Fischer: http://www.urbanfischer.de

Vorwort

Wir leben nicht, um zu essen, sondern wir essen, um zu leben. SOKRATES

Nach offiziellen Schätzungen verursachen ernährungsabhängige Erkrankungen in Deutschland derzeit Kosten in einer Größenordnung von etwa 100 Milliarden DM jährlich. Könnte man dieses Potential auch nur teilweise nutzen, würden die meisten Diskussionen über Einsparungen im Gesundheitswesen überflüssig werden. Unter rein ökonomischen Aspekten macht es wenig Sinn, beispielsweise den Zuschuß der Krankenkassen für ein neues Brillengestell zu streichen, während jedoch die wirklich großen Verursacher der Kostenexplosion unangetastet bleiben.

Neben Zigarettenrauchen und Alkoholtrinken – beides könnte man aufgrund der „oralen Zufuhr" im weitesten Sinne noch unter Ernährung subsumieren – ist dies in sogenannten hochzivilisierten Gesellschaften die Fehl- und Überernährung. Es erstaunt, daß auf politischer Entscheidungsebene nicht ernsthaft darüber diskutiert wird, den Zigarettenkonsum, den immensen Alkoholkonsum und die Zufuhr bestimmter Nahrungsmittel mit monetären Mitteln zu lenken. Eine stärkere Besteuerung der entsprechenden Genußmittel wäre hierbei denkbar, wobei die Mehreinnahmen dann gegebenenfalls an die Krankenkassen weitergegeben würden. Auch eine Besteuerung von Zucker oder Fleisch erscheint möglich, um Gelder in präventive Gesundheitsmaßnahmen wie z. B. in die Aufklärung in Schulen und Kindergärten, in zahnhygienische Erziehung oder in die Unterstützung einer extensiv arbeitenden Landwirtschaft fließen zu lassen. Finanz-, Wirtschafts- und Rechtsexperten erklären hingegen, daß die gesetzlichen Bestimmungen solche Regelungen nicht erlauben. Doch waren Staatsapparate beispielsweise bei der Einführung von Kriegssteuern nie darum verlegen, Gesetze so zu verändern, daß die gewünschten finanzpolitischen Ziele erreicht wurden. Schaut man sich die geschätzten 70000 Nikotinopfer, die 20000 Alkoholtoten und die nicht näher berechnete, aber sicherlich ebenfalls im 5–6stelligen Bereich liegende Zahl von vorzeitig an Fehl- und Überernährung Verstorbener an, so darf die Ansicht geäußert werden, daß hier ebenfalls ein (selbst)mörderischer Krieg geführt wird.

Es ist zu vermuten, daß intensivere Maßnahmen, die der Änderung von Lebensstiländerungen und insbesondere des Ernährungsverhalten dienen, zur Zeit politisch gar nicht erwünscht sind. Allein auf dem Verordnungs- oder zumindest auf dem Empfehlungsweg wären bereits entscheidende Änderungen möglich, die jedoch unverständlicherweise unterbleiben. So könnte etwa über die Kultusministerien auf die Schulen dahingehend eingewirkt werden, den Verkauf von Süßigkeiten und Limonaden (z. B. Kiosk, Getränkeautomaten) zu untersagen. Die Kostenträger stationärer Maßnahmen könnten in Konsensusempfehlungen eine gesunde Ernährung in Akutkrankenhäusern und Rehabilitationskliniken einfordern, denn wie ernährungswissenschaftliche Untersuchungen ergeben haben, erfüllt die Krankenhauskost noch nicht einmal die von der Deutsche Gesellschaft für Ernährung formulierten Mindestanforderungen. Deren Empfehlungen zum Nährstoffgehalt werden in Krankenhausküchen kaum eingehalten. So ist die Ernährung des Kranken – wie in der gesamten Gesellschaft – zu fett, zu süß, zu salzig, zu energiereich, sie enthält zuwenig Ballaststoffe und ist bezüglich einiger wichtiger Vitamine und Mineralstoffe als problematisch zu bezeichnen. Hierbei sind sogar nur quantitative Aspekte berücksichtigt. Würden qualitative Gesichtspunkte – wie sie etwa die Vollwert-Ernährung bezüglich des Verarbeitungsgrades (hoher Anteil frischer, unverarbeiteter Lebensmittel) fordert – in die Bewertung mit einfließen, käme man zu einer noch schlechteren Beurteilung. Hier existiert eine unheilvolle Allianz aus ökonomischen Interessen (z. B. Nahrungsmittelindustrie, Agrarwirtschaft), Bequemlichkeit der Entscheidungsträger (z. B. Gesundheitspolitiker, Krankenkassenfunktionäre) und der Ignoranz von Ärzten, die während ihres Studiums kaum Informationen über gesunde Ernährung erhalten und für die Ernährungsberatung, selbst wenn die entsprechenden Zusammenhänge zwischen Ernährung und Krankheit bekannt sein sollten, noch immer Nebensache.

Die Ernährungsberatung wird meist an Diätassistentinnen delegiert, die oft gut ausgebildet und äußerst engagiert sind, in der Klinikhierarchie jedoch nicht den Status haben, der Ihnen eigentlich zukommen müßte. Vielmehr sind sie meist dem Küchenpersonal zugeordnet und werden nicht selten zu Hilfsdiensten in der Küche herangezogen. Auch im Bewußtsein der Patienten schleicht sich das Gefühl ein, die Ernährungsberatung sei zwar etwas Notwendiges, aber letztendlich Nebensächliches. Zudem wird aufwendigen, technischen und medikamentösen Verfahren fast immer ein höherer Stellenwert als der „einfachen" Ernährungsberatung beigemessen. Hier ergänzen sich fatal die herrschenden Einstellungen in Universitäten, Kliniken, Praxen, ja in der gesamten Gesellschaft – etwas, was nichts kostet, kann nicht viel wert sein, und die Umstellung auf eine andere Ernährung kostet in der Regel nichts oder nicht viel.

Auch die Pharmafirmen tragen durch ihre aufwendigen Werbekampagnen in audiovisuellen und Printmedien, auf Kongressen und im täglichen Beratungsgespräch des Arztes zur relativen Unterbewertung von Ernährungsmaßnahmen bei. Wer will es der Pharmaindustrie verdenken, daß sie aus wirtschaftlichen Interessen ihre Produkte entsprechend bewirbt? Da durch eine gesunde Ernährung niemand hohe Profite erwirtschaftet, unterbleibt hier natürlich eine entsprechende Lobby-Arbeit. In Fortbildungsveranstaltungen etwa zum Thema Hypercholesterinämie werden selbstverständlich auch Ernährungsempfehlungen gegeben, die jedoch meist halbherzig vorgetragen werden. Der nach solchen Fortbildungen von der Industrie gesponserte „kleine Imbiß" stellt dann natürlich auch keinesfalls eine Kost dar, die den vorgetragenen Richtlinien genügen würde.

Im Bereich **Orthomolekulare Medizin/Nahrungsergänzungen** ist in den letzten Jahren die Anzahl entsprechender Präparate geradezu explosionsartig angewachsen. Es gibt kaum ein pharmazeutisches Unternehmen, welches nicht ein oder mehrere Präparate herstellt oder vertreibt, die diesem Bereich zugeordnet werden können. Daß diese Präparategruppe nicht mit der gleichen Vehemenz beworben werden wie etwa neue Antibiotika, Antihypertonika oder Lipidsenker, hat wiederum wirtschaftliche Gründe, da die Profite in diesem Gebiet bei weitem nicht so hoch sind wie etwa in den erwähnten Bereichen. Vitamine, Minerale, Spurenelemente, Aminosäuren und Fettsäuren sind nicht patentierbar – jedes pharmazeutische Unternehmen kann sie mit geringem Aufwand herstellen oder vertreiben. Hier findet noch am ehesten Marktwirtschaft statt, die entsprechend die Preise und damit die Profite drückt. Wo nur geringe Profite zu erwirtschaften sind, wird aber auch kein großer Werbeetat zur Verfügung stehen.

Ein Verfahren wie das **Heilfasten** hat ebenfalls keine große und starke Lobby. Auch hier sind keine großen Profite zu erwarten. Es gibt zwar eine ganze Reihe von Kliniken, Sanatorien und Kurpensionen, die diese Form intensiver Ernährungstherapie anbieten und für die Unterbringung und die mit dem Fasten verbundenen Dienstleistungen adäquat honoriert werden: Im Prinzip kann dieses Verfahren jedoch vom Gesunden und vom zumindest nicht schwer erkrankten Patienten auch zuhause praktiziert werden. Es ist weder besonders profitträchtig, noch gilt es unter medizinischen Kollegen als besonders reputationsfördernd, Menschen mit Glaubersalz und Einläufen zu traktieren, obwohl sich damit nicht selten spektakuläre Behandlungserfolge erzielen lassen, die jedoch in der Fachwelt bisher auch kaum wahr- und ernstgenommen werden. Wer sich einer natürlichen Ernährungsmedizin zuwendet, kann also weder großen Ruhm noch Reichtümer erwarten. Ihn erwarten vielmehr Auseinandersetzungen mit andersdenkenden Ärzten und sogenannten Ernährungsexperten sowie mitunter harte Überzeugungsarbeit beim Patienten. Er darf sich dafür jedoch an Erfolgen erfreuen, die ohne naturheilkundliche Ernährungstherapie so nicht möglich gewesen wären. Wer einmal eine hartnäckige Obstipation oder hochgradige Herzrhythmusstörungen mit Magnesium beseitigen konnte, wer einen insulinpflichtigen Diabetiker durch die Änderung der Ernährungsgewohnheiten von der Spritze befreien konnte und wer durch Heilfasten einen bisher therapierefraktären Hypertonus gut einstellen oder ein seit langer Zeit offenes Ulcus cruris zur Abheilung bringen konnte, der wird diese Formen einer sanften und doch effektiven Therapie aus seinem Repertoire nicht mehr missen wollen.

Dieses Buch will dazu beitragen, Ihnen die Grundlagen dafür zu vermitteln. Es gibt mittlerweile eine nahezu unüberschaubare Vielzahl von Büchern über Ernährung, die sich meist auf eine Spezialdiät beschränkt sowie über orthomolekulare Medizin und Heilfasten. Es existiert jedoch noch keine Synopsis, die in einem Werk die wichtigsten Verfahren bzw. Substanzen beschreibt und gleichzeitig konkrete Handlungsanweisungen und Therapievorschläge unterbreitet. Dieses Buch erhebt keinen wissenschaftlichen Anspruch, obwohl viele der hier beschriebenen Empfehlungen mittlerweile in Studien belegt werden konnten. Es ist vielmehr ein Buch zum schnellen Nachschlagen für den ernährungsmedizinischen Alltag in Klinik und Praxis.

Ich wünsche mir, daß Sie es mit Freude und Gewinn studieren und daß es dazu beiträgt, das Wohl und die Gesundheit Ihrer Patienten zu fördern.

Dr. Volker Schmiedel

Inhaltsverzeichnis

Therapeutische Maßnahmen

Moderne Ernährungsforschung

Anhang

Autorenverzeichnis

Prof. Dr. rer. nat. med. habil. Hartmut Heine
Institut für Antihomotoxische Medizin
und Grundregulationsforschung
Dr.-Reckeweg-Straße 2–4
76532 Baden-Baden

Prof. Dr. Claus Leitzmann
Institut für Ernährungswissenschaft
Wilhelmstraße 20
35392 Gießen

Dr. Helmut Lützner
Forellenweg 12
88662 Überlingen

Dr. Volker Schmiedel
Habichtswaldklinik
Wigandstraße 1
34131 Kassel

EINFÜHRUNG

1

GESCHICHTE UND BEDEUTUNG GESUNDER ERNÄHRUNG

CLAUS LEITZMANN

Im Laufe der Zeit hat es eine Reihe von Varianten der Definition gesunder Ernährung gegeben. Dabei ist bereits die Bezeichnung „gesunde Ernährung“ problematisch, da es diese im eigentlichen Sinne gar nicht gibt. Was es gibt, sind gesunde Lebensmittel sowie eine gesunderhaltende Ernährung. Es gilt, sowohl die einzelnen Lebensmittel als auch das Ernährungsverhalten im Hinblick auf ihre gesundheitliche Wirkung zu bewerten. Dies ist um so wichtiger, führt man sich das Ernährungsverhalten der in den wohlhabenden Industrieländern lebenden Menschen vor Augen: Sie essen zu viel, zu fett (insbesondere tierische und gesättigte Fette), zu salzig und zu süß, trinken zu viel Alkohol und nehmen zu wenig Ballaststoffe auf. In Verbindung mit einer zu geringen körperlichen Aktivität sind Übergewicht bzw. Fettsucht sowie weitere ernährungsbedingte Krankheiten die Folge. Dazu zählen: Herz- und Kreislauf-Erkrankungen, verschiedene gastrointestinale Erkrankungen, Krebs, Schlaganfall, Diabetes mellitus Typ II sowie Karies, Übergewicht, Bluthochdruck, erhöhte Blutfettwerte, Kropf, Gallensteine und Gicht. Diese Vielzahl der bestehenden ernährungsbedingten Gesundheitsstörungen legt nahe, das jeweilige Ernährungsverhalten im Hinblick auf seine gesundheitliche Wirkung zu bewerten und darauf aufbauend Empfehlungen für eine gesundheitsverträgliche Ernährungsweise abzuleiten.

Doch es gilt, die Wirkungen einer Ernährungsweise nicht ausschließlich auf die körperlichen und gesundheitlichen Aspekte zu beziehen, indem Nährstoffgehalt, Hygiene und Toxizität der Kost analytisch bewertet werden. Es geht um mehr, orientiert man sich an einem umfassenden Gesundheitsbegriff, entsprechend der Definition der WHO:

> „Gesundheit ist ein Zustand vollständigen körperlichen, geistigen und sozialen Wohlergehens, nicht nur eine Abwesenheit von Krankheit oder Schwäche.“

Um dieser ganzheitlichen Forderung nachzukommen, müssen neben der Gesundheitsverträglichkeit auch die Umweltverträglichkeit und die Sozialverträglichkeit der Ernährung in die Bewertung miteinbezogen werden. Nur so können die Rück- und Nebenwirkungen des gesamten Ernährungssystems erkannt, negative Aspekte vermieden und positive Aspekte gefördert werden.

Eine Ernährungsweise, die diesen Ansprüchen weitestgehend gerecht wird, ist die Vollwert-Ernährung [2, 3]. Die komplexen Beziehungen innerhalb des Ernährungssystems werden bei der Auswahl und Zubereitung der Lebensmittel berücksichtigt. In diesem Sinne ist die Vollwert-Ernährung (s. S. 33 ff.) zeitgemäß.

1.1 Ernährung – aus Sicht der Evolution

Die ältesten Vorfahren der Primaten – also auch des Menschen – waren spitzmausgroße Lebewesen, die primär Insekten verzehrten. Bereits vor etwa 50 Millionen Jahren vollzog sich der Wechsel zu einer mehr pflanzlich betonten Nahrung, die zunächst aus Früchten und später – bei den nachfolgenden, auf Bäumen lebenden Primaten – überwiegend aus

Blättern und Früchten bestand. Ein **geringer Anteil tierischer Kost** stammte von den in Früchten und auf Blättern vorkommenden Insekten.

Der Australopithecus (5–2 Mio. v. Chr.), ein in der Savanne lebender, später Vorfahre des Menschen, ernährte sich ebenfalls überwiegend von pflanzlicher Kost, die mittlerweile um Samen und Wurzeln erweitert wurde. Als vor etwa zwei Millionen Jahren die Entwicklung des Menschen begann, kam es infolge des ersten Einsatzes speziell angefertigter Jagdwerkzeuge zu einem **Anstieg des Fleischverzehrs.** Doch auch während dieser Epoche der „Jäger und Sammler" stand der Verzehr pflanzlicher Nahrung im Vordergrund, demzufolge diese Zeit eher als Zeit der „Sammler und Jäger" bezeichnet werden sollte.

Auch heutzutage stammen bei den in semitropischen Gebieten lebenden Sammler- und Jäger-Kulturen 60–80% der Nahrungsmenge von Pflanzen; etwa 20–40% der Nahrungsmenge sind tierischen Ursprungs.

Mit dem Beginn des Ackerbauzeitalters vor etwa 10000 Jahren und dem einsetzenden systematischen Anbau von Nahrungspflanzen waren rund 90% der Nahrungsmittel pflanzlicher Herkunft. Etwa 6000 Jahre später oder – anders ausgedrückt – innerhalb eines Zeitraumes von 200 Generationen, stieg aufgrund der Domestikation von Haus- und Nutztieren der Anteil tierischer Kost gegen Ende der Jungsteinzeit (4500–2000 v. Chr.) wieder an.

Unter Berücksichtigung der verschiedenen Entwicklungsphasen der Ernährung kann davon ausgegangen werden, daß der Mensch und seine Vorfahren als **Allesfresser** (Omnivoren) mit **Schwerpunkt auf pflanzlicher Nahrung** eingestuft werden können. Auch eine Betrachtung der anatomischen und physiologischen Merkmale des Menschen weisen darauf hin, daß die pflanzliche Kost in fast allen Entwicklungsphasen mengenmäßig die weitaus größere Bedeutung hatte als die tierische. Diesen Zusammenhang bestätigen die Proportionen zwischen Magen, Dünn- und Dickdarm, die Art der Zähne oder beispielsweise die Unfähigkeit des Menschen, Vitamin C zu synthetisieren. Offenbar war Vitamin C immer ausreichend in der Ernährung vorhanden, so daß keine Notwendigkeit bestand, Enzymsysteme zur Produktion dieses Vitamins – wie es bei typischen Fleischfressern vorhanden ist – zu entwickeln. Unter Berücksichtigung dieser Tatsachen kann – abgesehen von einigen Extremregionen der Erde (z.B. Arktis) – eine überwiegend pflanzliche Ernährung mit geringem Verarbeitungsgrad als artgerecht bezeichnet werden.

Doch seit etwa 200 Jahren, in einem für die genetische Anpassung völlig unbedeutsamen Zeitraum, haben sich unsere Ernährungsgewohnheiten mit dem Beginn der Industrialisierung in einem Umfang geändert wie nie zuvor. An die Stelle der artgerechten voluminösen, überwiegend pflanzlichen, wenig verarbeiteten, d.h. kohlenhydrat- und ballaststoffreichen Nahrung trat eine **energiedichte,** einen **hohen tierischen Anteil** enthaltende, **stark verarbeitete,** d.h. **fettreiche** und **ballaststoffarme** Kost [1, 3]. Auf diese Änderung des Nahrungsmittelangebots ist unser Organismus nicht eingestellt, so daß die modifizierten Ernährungsgewohnheiten eine starke Abweichung von der genetisch vorgegebenen Ernährungsweise darstellen und die hohe Anpassungsfähigkeit des Menschen an das jeweilige Nahrungsangebot teilweise überfordert. Diese Diskrepanz ist ein bedeutender Faktor bei der Entstehung der sogenannten Zivilisationskrankheiten.

1.2 Bedeutung gesunder Ernährung

Die Bedeutung der Ernährung für den einzelnen Menschen liegt neben dem Genuß und der Bedürfnisbefriedigung vor allem in ihrer Wirkung auf die Gesundheit [4, 5]. Eine dem wissenschaftlichen Kenntnisstand entsprechend zusammengestellte Kost ist eine wich-

tige Voraussetzung für die Gesundheit, während eine auf Dauer praktizierte übermäßige, unausgewogene und unzureichende Ernährung gesundheitliche Probleme verursachen und zu ernährungsbedingten Krankheiten führen kann.
Ernährungsbedingte Krankheiten entstehen durch eine übermäßige, unausgewogene oder bezüglich der essentiellen Nährstoffe unzureichende Ernährung, die die optimale Struktur- und Funktionserhaltung des Organismus nicht mehr erfüllen kann. Sind bereits ernährungsabhängige Krankheiten aufgetreten, ist eine Ernährungsumstellung als ausschließliche therapeutische Maßnahme nicht mehr ausreichend. Zusätzliche Therapiemaßnahmen werden notwendig.

Gesunderhaltende Ernährung

Trotz des Wissens und der zunehmenden Aufklärungsbemühungen um die Bedeutung der Ernährung für die Gesundheit herrscht in weiten Kreisen der Bevölkerung immer noch Unwissenheit und Unsicherheit bezüglich einer vernünftigen, gesunderhaltenden Ernährungsweise. Die Verunsicherung wird durch interessengebundene Werbung noch verstärkt. In der Ernährungswissenschaft und Ernährungsmedizin hingegen besteht im wesentlichen Einigkeit darüber, wie eine Ernährung zusammengestellt sein sollte, damit sie ernährungsabhängigen Krankheiten vorbeugt. Diese sollte überwiegend aus **pflanzlichen, ballaststoffreichen Lebensmitteln** mit **hoher Nährstoffdichte** bestehen. Die Realisierung einer gesunderhaltenden Ernährung ist demnach in erster Linie kein wissenschaftliches Problem, sondern eine Frage der Information und vor allem der Motivation. Es muß das Bewußtsein gefördert werden, daß jeder einzelne für seine Gesundheit mitverantwortlich ist und einiges zu seiner Gesunderhaltung unternehmen kann und sollte.

- Im Vordergrund einer gesunderhaltenden Ernährung steht die Zufuhr aller **lebensnotwendigen Nährstoffe** in optimaler Menge. Diese Voraussetzung wird vor allem durch pflanzliche Lebensmittel, die wenig verarbeitet sind, erfüllt. Da fast jede Form der Lebensmittelverarbeitung – mit Ausnahme der Fermentation – zu gesundheitlichen Einbußen führt, ist die Tatsache, daß 85% aller Lebensmittel verarbeitet sind (in den USA 95%), nicht nur als Fortschritt zu bewerten.
- Für den Verbraucher ist der **Genußwert** (sensorische Qualität) eines Lebensmittels von besonderer Bedeutung, da erfahrungsgemäß Lebensmittel bevorzugt verzehrt werden, die der individuellen Genußerwartung am meisten entsprechen. Der Genußwert umfaßt alle Eigenschaften, die ein Mensch beim Verzehr eines Lebensmittels mit seinen Sinnen wahrnehmen kann. Dazu zählen Aussehen (Farbe, Form, Mängel u.a.), Geruch, Geschmack, Konsistenz und Temperatur und daraus ableitbar der Zustand der Reife und Frische. Einige dieser sensorischen Eigenschaften, jedoch nicht alle, können nach wissenschaftlich-analytischen Kriterien ohne weiteres erfaßt werden. Im Zusammenhang mit dem Genuß steht auch die Freude am Essen. Der Genuß und die Freude beim Essen stehen bei der Vollwert-Ernährung keineswegs im Widerspruch zu den gesundheitlichen, ökologischen und sozialen Ansprüchen. Im Gegenteil, es können sogar neue Geschmackserlebnisse entdeckt werden, beispielsweise durch bisher nicht verwendete oder in Vergessenheit geratene Getreidearten (wie Grünkern und Hirse), Gemüsearten (wie Kürbis und Pastinaken), Hülsenfrüchte oder Keimlinge, Gewürze und Kräuter.
- Zur Zubereitung der Speisen sollten als Rohware **frische Lebensmittel** verwendet werden, um einen Wertverlust durch Konservierung zu vermeiden. Auch sachgerecht aufbewahrtes Lagergemüse bzw. Lagerobst zählt zu den frischen Lebensmitteln. Bei empfindlichen Lebensmitteln

können allerdings durch eine unsachgemäße oder zu lange Lagerung größere Vitaminverluste auftreten als bei sofort nach der Ernte tiefgekühlter Ware. Grundsätzlich ist aufgrund der geringen Verarbeitung und damit einhergehend dem geringen Energieeinsatz die Verwendung von frischen, der Jahreszeit entsprechenden Lebensmitteln gegenüber vorverarbeiteten und Fertigprodukten vorzuziehen.

- Die in mehrfacher Hinsicht grenzenlose Verfügbarkeit von Lebensmitteln ist heute weitgehend entkoppelt von **Region** und **Saison.** In der heutigen Zeit, in der fast alles fast jederzeit verfügbar ist, ist dem Verbraucher der Sinn für das Saisonale abhanden gekommen. Um diesen saisonbereinigten Lebensstil aufrechtzuerhalten, bezahlen die Wohlstandsbürger der Welt einen hohen Preis in Form eines unvergleichbar hohen Energieverbrauchs. Auch der Lebensmittel-Tourismus innerhalb Europas ist aus dieser Sicht ein unverantwortlicher Luxus.
- Die Ernährung darf aber nicht isoliert betrachtet werden. Zur Gesundheit tragen auch **andere Faktoren** bei, wie der Tag-Nacht-Rhythmus, die sozialen Kontakte, ausreichend Bewegung und Entspannung u.v.a. mehr. Zwischen all diesen Faktoren gilt es die Balance zu halten, um die Voraussetzung für Gesundheit zu gewährleisten. Außerdem sollten die individuellen Veranlagungen und Prägungen beim Essen und Trinken beachtet werden. Denn „was dem Schmied bekommt, zerreißt den Schneider", ist eine alte Volksweisheit.

Therapie ernährungsabhängiger Krankheiten

Aus Sicht der Ernährungsmedizin sollte die Behandlung ernährungsabhängiger Krankheiten eine Veränderung des Ernährungsverhaltens, das die gesundheitlichen Probleme hervorgerufen hat, zum Ziel haben. Dabei wird immer wieder festgestellt, daß es ein ähnliches Ernährungsverhalten ist, welches zu den Krankheiten führt. Die Problembereiche für eine körperlich überwiegend inaktive Bevölkerung liegen in dem zu hohen Verzehr von Fett, Zucker, Salz und Alkohol, wobei die tierischen und übermäßig stark verarbeiteten Produkte eine maßgebliche Rolle spielen. Die Empfehlungen der verschiedenen nationalen und internationalen Gremien sowie der unterschiedlichen Ärztegesellschaften (Kardiologen, Gastroenterologen, Diabetologen, Onkologen, Allergologen u.a.m.) sind daher auch fast gleichlautend.

Empfohlen wird eine überwiegend pflanzliche Kost, die nicht zu stark verarbeitet und teilweise in roher Form verzehrt werden sollte.

Diese Forderungen werden idealerweise mit der **Vollwert-Ernährung** erfüllt. Diese allgemeinen Richtlinien müssen bei speziellen und weit fortgeschrittenen Krankheiten selbstverständlich ergänzt werden. So kann es beispielsweise richtig sein, bei bestimmten Krankheiten sehr zurückhaltend bei der Aufnahme von tierischen Produkten, Zucker, Salz oder Alkohol zu sein. Außerdem gibt es immer wieder Mangelsituationen, so daß eine sinnvolle vorübergehende Substitution von Nährstoffen angezeigt ist. Auch der Einsatz von hohen Dosierungen bestimmter Substanzen kann bei entsprechender Erfahrung der richtige Weg sein. Allerdings sollten die Möglichkeiten der Supplementierung nicht nach abgeschlossener erfolgreicher Behandlung fortgeführt werden, um eine Ernährungsweise zu rechtfertigen, die nicht den derzeitigen Empfehlungen entspricht.

Die Mär, daß gesunde Ernährung nicht schmeckt und umgekehrt, sollte endlich beerdigt werden. Wichtig ist, daß für den Körper besonders günstige Lebensmittel gegessen und ungünstige Produkte selten verzehrt oder gemieden werden sollten. Auf diese Weise hat jeder die Möglichkeit, in Eigenverantwortung seine Gesundheit zu fördern. Bei Krankheiten ist es wichtig, allgemein die Widerstandskraft des Körpers zu fördern und gezielt Lebensmittel oder vorübergehend auch Nährstoffe aufzunehmen, die sich als hilfreich erwiesen haben. Auf diese Weise kann ohne Nebenwirkungen eine Unterstützung der medikamentösen Behandlung erfolgen, die den Unterschied zwischen Genesung und langwierigem Siechtum ausmachen kann.

Literatur

[1] Elmadfa, I., Leitzmann, C.: Ernährung des Menschen. Ulmer, Stuttgart 1990.
[2] Hollen, A. v., Leitzmann, C.: Richtige Ernährung in der Risikogesellschaft. Govi, Eschborn 1989.
[3] Koerber K. v., Männle, T., Leitzmann, C.: Vollwert-Ernährung. Konzeption einer zeitgemäßen Ernährungsweise. Haug, Heidelberg 1994.
[4] Leitzmann, C., Hahn, A.: Vegetarische Ernährung. Ulmer, Stuttgart 1996.
[5] Spitzmüller, E. M., Schönfelder-Pflug, C., Leitzmann, C.: Ernährungsökologie. Essen zwischen Genuß und Verantwortung. Haug, Heidelberg 1993.

GRUNDLAGEN

2

WIE WISSENSCHAFTLICH IST DIE ERNÄHRUNGSMEDIZIN?

VOLKER SCHMIEDEL

Es existiert eine nahezu unüberschaubare Vielzahl von – teilweise sich widersprechenden – Ernährungsempfehlungen. Werden diese Empfehlungen kritisch hinterfragt, muß festgestellt werden, daß die meisten aufgrund theoretischer Erklärungsmodelle ausgesprochen werden, ohne daß die Überprüfung der behaupteten Effekte jemals stattgefunden hat. Der theoretische Hintergrund dieser Empfehlungen ist teilweise abstrus, teilweise auch recht plausibel und steht oft im Einklang mit den herrschenden biochemischen und physiologischen Erkenntnissen. Trotzdem erweisen sich viele Ernährungsvorschläge als falsch, wofür im folgenden zwei Beispiele gegeben werden.

Eine **hohe Kochsalzzufuhr** steht in Korrelation zu erhöhten Blutdruckwerten, wie seit einiger Zeit aus epidemiologischen Studien bekannt ist. Einige Mineralwässer enthalten relativ hohe Natriummengen. Die Empfehlung für Hypertoniker lautete also, natriumreiche Mineralwässer sind zu meiden. Diese Empfehlung wurde lange Zeit – und wird teilweise auch heute noch – fälschlicherweise ausgesprochen. Beim Versuch, diese plausible Hypothese zu verifizieren, mußte jedoch festgestellt werden, daß natriumreiche Mineralwässer, die in Trinkwasserkuren verordnet wurden, sogar eine blutdrucksenkende Wirkung haben. Dieser Effekt konnte weder für Leitungswasser noch für kochsalzarme Mineralwässer nachgewiesen werden [4].
Hinsichtlich des **Cholesterinwertes** im Blut ist bekannt, daß mehrfach ungesättigte Fettsäuren diesen senken, gesättigte Fettsäuren zur Erhöhung des Wertes führen, während sich einfach ungesättigte Fettsäuren eher neutral verhalten. Aufgrund dieses Sachverhaltes lautet die Empfehlung: Menschen mit Hypercholesterinämie sollen ihren Konsum an mehrfach ungesättigten Fettsäuren steigern sowie den Konsum an gesättigten und einfach ungesättigten Fettsäuren einschränken. Olivenöl, das zum größten Teil aus der einfach ungesättigten Ölsäure besteht, ist aus diesem Grund eher zu meiden. Durch diese Empfehlung wurden viele Jahre lang Menschen mit erhöhtem Cholesterin oder bereits von degenerativen Gefäßerkrankungen betroffene Patienten von der Zufuhr eines wertvollen Lebensmittels abgehalten. Zweifel an der Richtigkeit der Empfehlung kamen auf, als die Ernährungsgewohnheiten und die Morbiditätsraten der Bewohner mediterraner Länder untersucht wurden, demnach u.a. ein hoher Konsum an Olivenöl (auch an Gemüsen, Früchten und Rotwein) und ebenso eine relativ geringe Morbidität und Mortalität an koronaren Herzkrankheiten festgestellt werden konnte.
Die genauere Überprüfung der Effekte von Olivenöl auf den Lipidstoffwechsel hat mittlerweile ergeben, daß auch Olivenöl in der Lage ist, das „schlechte" LDL-Cholesterin zu senken, während das „gute" HDL-Cholesterin unbeeinflußt bleibt. Im Gegensatz dazu führen mehrfach ungesättigte Fettsäuren sowohl zu einer Senkung von LDL als auch von HDL. Aufgrund dieser neuen Forschungsergebnisse wird Olivenöl als günstig angesehen und in der Ernährung – besonders des Hypercholesterinämikers – durchaus empfohlen [2].

Aus diesen beiden Beispielen wird deutlich, daß Empfehlungen, denen fundierte und nachvollziehbare Erkenntnisse zugrunde liegen, immer an der Realität gemessen werden müssen. Insbesondere, wenn Verallgemeinerungen bereits bekannter und sogar wissenschaftlich gut belegter Fakten vorgenommen werden, ist die Überprüfung mittels klinischer Studien zweckmäßig.

2.1 Methodische Probleme in der Ernährungsmedizin

In der pharmakologischen Forschung wird beispielsweise ein Medikament gegeben und im Regelfall doppelblind gegen ein Placebo

(Scheinmedikament) oder ein bereits bewährtes Standardmedikament getestet. Eine Zusatzmedikation ist nicht erlaubt oder wird sehr gut dokumentiert. Die Dosis wird genau festgelegt, die Compliance der Probanden kann gegebenenfalls anhand von Serumspiegeluntersuchungen oder des Medikamentenverbrauches kontrolliert werden. Doch die Durchführung dieser standardisierten wissenschaftlichen Forschung für die Ernährungsmedizin ist aus methodischen Gründen nicht ganz unproblematisch.

Diese exakten Studienbedingungen können in der Ernährungsmedizin in der Regel nicht hergestellt werden, da Doppelblinduntersuchungen hinsichtlich der Nahrung prinzipiell nicht durchführbar sind, es sei denn, eine Kost wird aus verschlossenen Behältern über eine Magensonde verabreicht. Dies dürfte jedoch von der Ethikkommission nicht erlaubt werden. Darüber hinaus werden entsprechend der Natur des Forschungsgegenstandes nicht nur die Nahrung selbst, sondern auch die Erwartungen der Probanden an diese Nahrung die Untersuchungsergebnisse beeinflussen; wird z.B. Knoblauch mit der Vorstellung gegessen, dieser sei vorteilhaft für die Gesundheit, wird diese Vorstellung das Befinden und eventuell „objektive" Befunde günstig beeinflussen. Zudem wird zusätzlich zu dem zu untersuchenden Nahrungsmittel andere Nahrung („Zusatzmedikation") verzehrt, die einerseits kaum zu kontrollieren ist und bei der andererseits durchaus Interaktionen zum überprüften Lebensmittel bestehen können. Aus wissenschaftlicher Sicht wünschenswert wäre die Durchführung einer Diät, die hundertprozentig von den Probanden über mehrere Monate eingehalten wird, im Vergleich zu einer Kontrolldiät, die hundertprozentig von der Kontrollgruppe befolgt wird. Doch in der Realität lassen sich diese Vorstellungen praktisch nicht verwirklichen.

Ernährungsforschung steht prinzipiell vor der Frage, im Rahmen einer klinischen Studie entweder ein einziges Lebensmittel (z.B. Knoblauch und dessen Auswirkungen auf den Lipidstoffwechsel) oder als epidemiologische Untersuchung eine ganze Diät (z.B. vegetarische Vollwertkost) zu überprüfen. Im ersten Fall wird man bei der Verwendung eines einzigen Lebensmittels meist nur geringe Effekte erzielen und messen können. Um statistisch signifikante Unterschiede zu einer Kontrollgruppe zu erhalten, muß das untersuchte Lebensmittel in einer unrealistisch hohen Menge verzehrt werden. Werden „normale" Mengen verzehrt, müßte zur Erzielung einer statistischen Signifikanz eine Versuchspersonengröße gewählt werden, die nicht finanzierbar ist (es gibt auch deshalb so wenige klinische Ernährungsstudien im Vergleich zu medikamentösen Studien, weil wenig wirtschaftliches Interesse besteht, die Wirksamkeit einer gesunden Ernährung nachzuweisen).

Aus diesen Gründen greift die Ernährungsmedizin nicht selten auf **epidemiologische Studien** zurück, in denen Diäten umfassend bewertet werden. Dabei werden beispielsweise Laborparameter von Anhängern einer Diät mit denen von Normalköstlern verglichen [7] oder Mortalitätsstatistiken zu Rate gezogen [1]. Nachteilig wirkt sich bei diesen epidemiologischen Studien aus, daß die Versuchsgruppe selten homogen ist (bei Vegetariern gibt es beispielsweise Veganer, Makrobioten, Ovo-Lakto-Vegetarier, reine Rohköstler, Sonnenköstler). Darüber hinaus wird die statistische Vergleichbarkeit zur „Normalbevölkerung" dadurch erschwert, daß die zu vergleichenden Gruppen sich nicht nur durch den eigentlich zu überprüfenden Faktor „Ernährung", sondern auch bezüglich anderer Faktoren unterscheiden. So rauchen beispielsweise Vegetarier weniger und trinken weniger Alkohol als die Durchschnittsbevölkerung. Rottka [7] hat in seiner Studie dieses Problem durch die Bildung von sog. matched pairs weitgehend umgangen. Für jeden Vegetarier seiner Untersuchung hat er einen Vergleichspartner gesucht, der sich carnivorisch ernährt, sich jedoch hinsichtlich aller anderen Einflußfaktoren (z.B. Alter, Geschlecht,

Rauchgewohnheiten) möglichst nicht unterscheidet. Ideal wäre eine Studie mit Versuchsteilnehmern, die sich vor Beginn der Untersuchung bereit erklären würden, sich auf die Studienbedingungen einzulassen und sich zufallsmäßig der einen oder anderen Diät zuordnen zu lassen. Diese genau definierten Diäten müßten dann über mehrere Jahre möglichst konsequent eingehalten werden. Es ist kaum vorstellbar, daß in der Realität eine solche Studie durchführbar wäre.

Nebenbei: Die ROTTKA-Studie ergab deutlich bessere Laborparameter bei Vegetariern bezüglich der klassischen Risikofaktoren (z.B. Lipide), aber keine deutlich schlechteren Werte für die bei Vegetariern bis dahin als problematisch angesehenen Nährstoffe Hämoglobin oder Eisen.
Die Heidelberger Vegetarierstudie – hier wurden ca. 2000 Vegetarier über ca. 10 Jahre beobachtet – ergab eine wesentlich niedrigere Gesamtmortalität, die hauptsächlich auf eine niedrigere Mortalität an Herz-Kreislauf-Erkrankungen und einigen Krebsarten zurückzuführen war. Teilweise wurde im Vergleich zu amtlichen Sterbestatistiken bei der Normalbevölkerung eine 50–75% niedrigere Mortalität gemessen.

Beide Arten von Untersuchungen – sowohl die klinischen Studien einzelner Lebensmittel als auch die epidemiologischen Untersuchungen einzelner Diätformen – weisen Vor- und Nachteile auf. Während klinische Studien einen scharf definierten Ernährungsfaktor haben, die Effekte jedoch unmeßbar klein sind, sind bei epidemiologischen Untersuchungen meist deutliche Unterschiede nachweisbar, die Ernährung jedoch bleibt unscharf definiert.
Dieser Umstand erinnert in bemerkenswerter Weise an die Unschärferelation Heisenbergs. Der deutsche Physiker Heisenberg postulierte, daß von einem Teilchen entweder der Ort genau angegeben werden kann (dann bleibt seine Geschwindigkeit „unscharf“) oder seine Geschwindigkeit (dann bleibt der Ort „unscharf“). Diese Regel, obwohl sie im alltäglichen Leben unbedeutend ist, gilt für alle Teilchen und ist im atomaren und subatomaren Bereich relevant. Die postulierte Unschärfe, die sich auch nicht durch verbesserte Beobachtungsmethoden beheben läßt, ist also prinzipiell begründet.
Möglicherweise gelten für komplexe Probleme wie die Ernährung biologischer Systeme **keine linearen, kausalen Gesetzmäßigkeiten,** wie sie in medikamentösen Studien erforscht werden, sondern Bedingungen, wie sie in der Quantenmechanik und der Chaostheorie beschrieben werden. Die Berücksichtigung naturwissenschaftlicher Erkenntnisse des 20. Jahrhunderts – und nicht, wie dem heutigen Standard entsprechend, der Naturwissenschaft des 19. Jahrhunderts – wird seit einigen Jahren gefordert, da die jetzt vorhandenen Forschungsinstrumente offenbar gut für monokausale Probleme wie Infektionen oder andere Akutkrankheiten, nicht jedoch für chronische Krankheiten ohne einheitliche Ursache (z.B. Krebs, Rheuma, koronare Herzkrankheit) geeignet sind [3, 8].

2.2 Möglichkeiten der Forschung in der Ernährungsmedizin

Bedingungen

Wie können unter diesen Umständen Ernährungsstudien aussehen, die die Wirksamkeit diätetischer Maßnahmen unter realisierbaren Bedingungen belegen? Sicher müssen diätetische Maßnahmen einen deutlichen Unterschied zur bisherigen (krankmachenden?) Ernährung aufweisen, lange genug, d.h. über Wochen, Monate oder Jahre durchgeführt werden und zur Wirkungsverstärkung gegebenenfalls in Kombination mit anderen naturheilkundlichen Verfahren angewandt werden, ohne daß eine kritiklose Polypragmasie die Effekte der einzelnen Verfahren verschwimmen läßt. Beispielhaft sollen hier zwei solcher Studien näher dargestellt werden, da sie lange bestehende Dogmen innerhalb der Medizin zerstörten.

Beispiele relevanter Ernährungsstudien

Die zunächst vorgestellte Studie zerstörte das bis dahin in der Rheumatologie vorherrschende Dogma, Ernährung habe nichts mit Rheuma zu tun. Während in der Naturheilkunde seit Jahrzehnten Patienten mit entzündlichen Gelenkerkrankungen zu drastischen Ernährungsänderungen aufgefordert werden (z.B. weitestgehender Verzicht auf tierische Produkte, viel Salat und Gemüse, möglichst in naturbelassener, weitgehend unverarbeiteter Form), wurde den Rheumatikern von seiten ihrer Fachärzte (Rheumatologen, Orthopäden, Internisten) immer wieder gesagt, Ernährung und Rheuma habe überhaupt nichts miteinander zu tun, sie mögen weiteressen wie bisher und im übrigen ihre antiinflammatorischen Medikamente (z.B. NSAR, Kortison, Gold, Methotrexat) einnehmen.

Eine Studie an der Universität Oslo – und das ist wichtig, denn dieselbe Studie etwa an einer naturheilkundlichen Klinik wäre nicht so ernst genommen worden; Mediziner sind bezüglich wissenschaftlicher Erkenntnisse leider nicht so vorurteilsfrei, wie eine seriöse Wissenschaft dies erwarten lassen würde – randomisierte eine Gruppe von Rheumatikern. Die eine Gruppe führte ein Heilfasten mit anschließendem Kostaufbau zu einer vegetarischen Ernährung durch, die auch weiter beibehalten wurde. Die andere Gruppe diente als Kontrollgruppe ohne Änderung der Ernährungsgewohnheiten. Nach einem Jahr wies die Interventionsgruppe deutlich verbesserte klinische Parameter (z.B. Schmerzen, Anlaufschwierigkeiten) bei geringeren Entzündungswerten im Blut (BSG, CRP, Leukos) auf. Folgerung: Entzündliche rheumatische Erkrankungen sind durch einschneidende diätetische Maßnahmen beeinflußbar – auch im Langzeitverlauf [5].

In einer anderen Studie [6] wurde das Dogma der Unbeeinflußbarkeit arteriosklerotischer Gefäßänderungen widerlegt. Bisher galt: Arteriosklerotische Gefäßstenosen lassen sich bestenfalls stabilisieren, der Prozeß der Arteriosklerose läßt sich aufhalten, jedoch niemals umkehren – schon gar nicht mit naturheilkundlichen Maßnahmen (Hinweise auf eine Regression von Gefäßstenosen unter aggressiver medikamentöser Therapie oder mit verstümmelnden Operationen wie der Entfernung großer Teile des Darms waren schon seit einigen Jahren bekannt).

In einem Versuch, der ein Jahr dauerte, haben Patienten mit nachgewiesener **koronarer Herzkrankheit** ihre Ernährung umgestellt, ihren Umgang mit Streß verändert und deutlich mehr an Bewegung absolviert. Nach einem Jahr wurde in einer zweiten Herzkatheteruntersuchung (in der ersten Untersuchung war die koronare Herzkrankheit nachgewiesen worden) der Einfluß dieser veränderten Lebensweise („life style") auf die Verengungen der Herzkranzgefäße gemessen [6]. Alle in die Untersuchung eingeschlossenen Patienten wurden zufallsmäßig („randomisiert") auf eine Versuchs- und eine Kontrollgruppe verteilt. Der Kontrollgruppe wurden die üblichen Ratschläge mit auf den Weg gegeben („Rauchen Sie nicht, bewegen Sie sich ein bißchen mehr, achten Sie auf Ihre Ernährung und den Streß!"). Die Versuchsgruppe mußte sich (die Patienten hatten sich vorher natürlich freiwillig dazu bereit erklärt) einem intensiven Schulungsprogramm unterziehen. Dabei lernten sie:

- ihre Ernährung strikt vegetarisch und extrem fettarm zu gestalten. Sämtliche tierische Produkte bis auf Proteine und ein wenig sehr fettarme (0,1% Fett) Milch und Milchprodukte waren verboten, der Fettgehalt der Kost wurde auf maximal 10% beschränkt;
- sich regelmäßig körperlich zu bewegen. Das Belastungsniveau war dabei mäßig, die Belastungsdauer sollte je Einheit mindestens eine halbe Stunde betragen und mindestens drei Stunden pro Woche erreichen;
- tägliche Entspannungsübungen von einer Stunde Dauer durchzuführen (z.B. Meditation, muskuläres Entspannungstraining, autogenes Training, Yoga).

In regelmäßigen Gruppensitzungen wurden psychosoziale Probleme der Patienten, z.B. bei der Realisierung der Anforderungen der Studie besprochen.

Nach einem Jahr wurden die Laborwerte, das Ergebnis des Herzkatheters und die subjektiven Beschwerden mit den Ausgangswerten sowie mit den Ergebnissen der Kontrollgruppe verglichen. Dabei zeigten sich folgende Ergebnisse:

- Das Gesamtcholesterin sank von 228 auf 172, das LDL von 152 auf 95 mg/dl, während das HDL praktisch unverändert blieb. In der Kontrollgruppe gab es nur geringe Absenkungen des Cholesterins von 245 auf 232 und des LDL von 167 auf 158 mg/dl. Die Versuchsgruppe schnitt statistisch signifikant besser ab.
- Die durchschnittliche Verengung an den Herzkranzgefäßen nahm in der Versuchsgruppe von

40,0 auf 37,8% ab, d.h., es fand eine Rückbildung der Gefäßverengungen statt. In der Kontrollgruppe nahmen die Verengungen hingegen im Durchschnitt von 42,7 auf 46,1% zu. Diese Unterschiede sind zwar äußerst gering, es muß jedoch bedacht werden, daß die Durchblutung mit der 4. Potenz des Gefäßdurchmessers zu- oder abnimmt, d.h., bei einer Halbierung des Gefäßdurchmessers beträgt die Durchblutung nur noch $^1/_{16}$.

- Durch die verbesserte Durchblutung nahm die Anzahl der Herzanfälle in der Versuchsgruppe um 90% ab, während sie in der Kontrollgruppe um 165% zunahm.
- Je mehr die Patienten sich an die Anforderungen hielten (nicht jeder hat dies gleich gut getan), um so bessere Ergebnisse bezüglich der Rückbildung der Verengungen wurden erzielt.
- Nach etwa drei Monaten begannen die Patienten der Versuchsgruppe deutliche subjektive Verbesserungen zu erleben. Trotz der sehr aufwendigen Maßnahmen wollten die meisten Patienten auch nach Beendigung des Versuches diese Lebensweise beibehalten.

Diese Studie beweist, daß mit **nicht-medikamentösen Maßnahmen** – die Patienten durften keine fettsenkenden Medikamente einnehmen – in relativ kurzer Zeit deutliche **Verbesserungen** der Fettwerte erzielt werden können, der Prozeß der Arteriosklerose gestoppt bzw. sogar zur Umkehr gebracht werden konnte und damit auch eine deutliche subjektive Besserung erreicht wurde. Die Arteriosklerose in der mit üblichen Empfehlungen bedachten Gruppe hingegen schritt unverändert fort.

Sinnvolle Forschung im Bereich der Ernährungsmedizin ist also möglich und erforderlich. Die Schwierigkeiten, diese Forschung durchzuführen, sind größer als in der konventionellen Forschung, was auf ökonomische Gründe – keine Profitmöglichkeiten durch entsprechende Forschungsergebnisse – sowie, wie ausführlich dargelegt, auf methodische Probleme zurückzuführen ist. Trotzdem sollte dies Ernährungswissenschaftler und Ärzte nicht davon abhalten, **Grundlagenforschung** (z.B. In-vitro-Studien über das antioxidative Potential bestimmter Lebensmittel) und **klinische Studien** zu betreiben. Die Ergebnisse – ganz gleich wie signifikant sie ausfallen mögen – sind in der Regel befriedigender als die Durchführung der beispielsweise 1278. Untersuchung über irgendeinen Beta-Blocker. Die Forschungsarbeit ist auch näher am täglichen Leben und näher am Menschen, denn ernähren muß sich schließlich jeder Mensch.

Literatur

[1] Deutsches Krebsforschungszentrum Heidelberg: Prospektive epidemiologische Studie bei Vegetariern. 10-Jahres-Follow-up. Heidelberg 1991.

[2] Grundy, S. M.: Monounsaturated fatty acids, plasma cholesterol, and coronary heart disease. Am J Clin Nutr, 45, 1987.

[3] Hanzl, G. S.: Das neue medizinische Paradigma. Haug, Heidelberg 1995.

[4] Hildebrandt, G., Freund, J. L., Gutenbrunner, C., Heckmann, C.: Untersuchungen zur Problematik der Trinkkuren mit natriumhaltigen Heilwässern bei Herz- und Kreislauferkrankungen. Z Phys Med, 12, 1983.

[5] Kragh, J. K. et al.: Controlled trial of fasting and one-year vegetarian diet in rheumatoid arthritis. Lancet 2, 899, 1991.

[6] Ornish et al.: Can lifestyle changes reverse coronary heart disease? The Lifestyle Heart Trial, Lancet 336, 129, 1990.

[7] Rottka, H., Hermann-Kunz, B., Lang, H.-P.: Berliner Vegetarier-Studie. Zweite Mitteilung. Akt. Ernähr., 14, S. 32, 1989.

[8] Zycha, H.: Organon der Ganzheit. Haug, Heidelberg 1996.

3

GRUNDREGULATION UND ERNÄHRUNG

HARTMUT HEINE[1]

3.1 Übergewicht als Zivilisationsproblem

Nach vorsichtigen Schätzungen ist bundesweit die Hälfte der behandlungsbedürftigen Erkrankungen auf Ernährungsfehler zurückzuführen. Die hierdurch anfallenden Kosten für die Solidargemeinschaft betrugen für das Jahr 1990 83,5 Milliarden DM. Sie machen unterdessen ein Drittel aller Kosten im Gesundheitswesen aus [27]. Die Problematik des Übergewichts kennzeichnet in den wohlhabenden Ländern die Diskussion um Ernährungsfragen und die damit verbundenen vielfältigen Gesundheitsrisiken. Derzeit wird der Anteil Übergewichtiger in den USA mit etwa 59% der erwachsenen Bevölkerung angegeben [6], ein Prozentsatz, der auch bei uns realistisch ist.

Während Molekularbiologen nach dem **Dickmacher-Gen** suchen und es möglicherweise im Leptingen der Fettzellen gefunden haben, vertreten die Evolutionsbiologen hier ihre eigene Ansicht, nach der sich bei unseren Vorfahren gleichsam haushälterische Gene angereichert haben sollen: Bei jeder reichlichen Mahlzeit, was nicht oft vorkam, wurde Fett für die nächste bevorstehende Hungerperiode gespeichert. Entsprechend wären „Haushaltsgene" selektioniert worden. Angesichts relativen Überflusses wirke sich dies nun bei uns zum Nachteil aus [6].

Untersuchungen des amerikanischen Nationalen Gesundheitsministeriums über 43 Jahre an 400 Zwillingspaaren kamen zu dem Schluß, daß kumulative genetische Effekte großenteils die Entwicklung von Übergewicht erklären könnten. Gleiche Umwelteinflüsse hatten für das jeweilige Zwillingspaar keinen signifikanten Effekt bezüglich Übergewicht.

Doch letztendlich ist nach wie vor ungeklärt, welche unserer Gene auf welche Weise Stoffwechsel, Eßverhalten und körperliche Aktivität beeinflussen. Die Adipositas-Forscher sind derzeit der Ansicht, die individuelle Neigung zum Dickwerden müsse auf dem Zusammenspiel mehrerer Gene mit ökologischen, ökonomischen und physischen Bedingungen beruhen. Dabei wird eine genetisch bestimmte, quantitativ verteilte Variable postuliert, die zur „Prädisposition" bestimme. Von einer bestimmten Gendosis an, einer „Schwelle", käme es dann zur Manifestation des Merkmals. EDWARDS [3, 4] hat das Konzept einer **multifaktoriellen Vererbung mit Schwellenwerteffekt** als Ursache aller häufigen Krankheiten (und Fehlbildungen) beim Menschen propagiert. Dieser Begründungszusammenhang folgt einem linear-kausalanalytischen Denken, das in der Naturwissenschaft ebenso wie in der Medizin immer noch im Vordergrund steht. In der Medizin gehorcht dieses Ursache-Wirkungsdenken den Gesetzmäßigkeiten der Zellularpathologie nach VIRCHOW, der zufolge die Zelle als Einheit und als ausschließlicher Ort jeglichen pathologischen und physiologischen Geschehens gesehen wird. Jede Krankheit ist demnach zellulären Ursprungs und Folge defekter Zellen oder krankmachender Moleküle.

---

[1] Mit dankenswerter Unterstützung durch die ERTOMIS-Stiftung (Wuppertal), die Familie Ernst-Wendt-Stiftung (Köln) und die EDEN-Stiftung (Bad Soden, Taunus).

Dieses Paradigma eines linearen Ursache-Wirkungsdenkens wird jedoch dem außerordentlich vielschichtigen und vernetzten Aufbau von Organismen nicht gerecht. Demgegenüber eröffnet das System der **Grundregulation** völlig neue Einsichten in **komplexe biologische Zusammenhänge.**

3.2 Das System der Grundregulation

Das Leben eines höheren mehrzelligen Organismus organisiert sich als energetisch offenes System, dessen Stabilität gerade darin besteht, ein instabiles Gleichgewicht halten zu können.
Im Zentrum dieses Systems steht nicht die isolierte Zelle, sondern auch der sie umgebende Extrazellulärraum, die Grundsubstanz. Zellen sind in ihrer Reaktionsfähigkeit von dem sie umgebenden Milieu, der Grundsubstanz, abhängig. Die jeder Zelle als Molekularsieb vorgeschaltete Grundsubstanz ist integraler Teil der Trias Kapillare – Grundsubstanz – Zelle, der Grundregulation, die überall im Körper – innerhalb und außerhalb der Organe – zu finden ist und gleichsam als Substrat ganzheitlicher Vorgänge aufgefaßt werden kann.

Die Grundsubstanz – ein den Zellen vorgeschaltetes Molekularsieb

Das Leben eines höheren mehrzelligen Organismus ist an die Trias **Endstrombahn** (einschließlich Lymphgefäße) – **Grundsubstanz** (extrazelluläre Matrix, EZM) – **Zelle** gekoppelt. Zellen sind in ihrer genetisch gesteuerten Reaktionsfähigkeit von dem sie umgebenden Milieu, der Grundsubstanz, abhängig. So geht jeder genetischen Reaktion eine entsprechende Information aus dem Extrazellulärraum voraus. Diese epigenetischen Zelle-Milieu-Beziehungen sind grundlegend an der Entstehung von Krankheiten beteiligt. So haben lediglich 2% aller Krankheiten einen direkten monogenen Ursprung, während ca. 98% epigenetisch beeinflußt werden. Durch diese epigenetische Zelle-Milieu-Beziehungen wird also unser Leben bestimmt.
Biochemisch stellt die Grundsubstanz ein Netzwerk aus hochpolymeren **Zucker-Protein-Komplexen** dar (Abb. 3-1). Dabei überwiegen die an Protein gebundenen Polysaccharide, die **Proteoglykane** (PGs) und die nicht proteingebundenen **Glykosaminoglykane** (GAGs), gefolgt von **Strukturglykoproteinen** (Kollagene, Elastin) und **Vernetzungsglykoproteinen** (Fibronektin, Laminin).
Durch dieses Molekularsieb muß der gesamte Stoffwechsel von der Kapillare bis zur Zelle und umgekehrt hindurch. Die PG/GAGs sind elektronegativ geladen und damit zur Wasserbindung, aber auch zum Ionenaustausch befähigt. Sie sind Garanten für **Isoionie, Isoosmie** und **Isotonie** in der EZM und daher für die physiologische Regelfähigkeit, die Homöostase, im Organismus verantwortlich [11].
Die Grundsubstanzkomponenten haben aufgrund ihrer Netzstruktur Auswahlcharakter. Moleküle ab einer bestimmten Größe und/oder Ladung werden in der Grundsubstanz zurückgehalten. Die Maschenweite des Netzes der EZM variiert etwa zwischen 5–80 nm. Räumlich rekonstruiert stellt das Netzwerk einen ständig wechselnden Aufbau von tunnelartigen Strukturen (geschraubten Hyperboloiden) im Nanometerbereich dar. Sie bewegen sich sehr schnell durch die Grundsubstanz, entstehen und vergehen in Sekundenbruchteilen entsprechend Konzentrationsgefällen, Konvektionsströmungen, pH-Wert usw. Diese Kanälchen sind von grundsätzlicher Bedeutung für den Stofftransport in der Grundsubstanz, da sie in ihr Inneres fettlösliche Substanzen (z.B. Steroide), an ihre Außenwände wasserlösliche Substanzen binden können (Abb. 3-2).

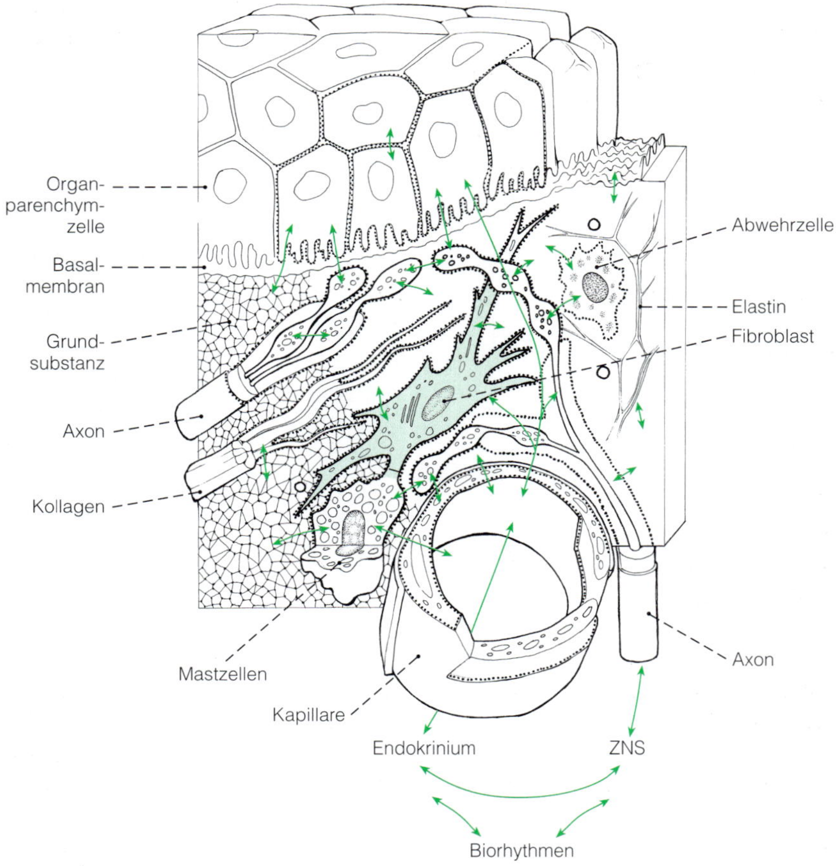

Abb. 3-1 Beziehungssystem der Grundsubstanz. Die Pfeile kennzeichnen die wechselseitigen Beziehungen zwischen Grundsubstanz (netzförmige PG/GAGs, Kollagen und Elastin), Bindegewebszellen (Fibroblast, Abwehrzellen, Mastzellen), terminalen vegetativen Nervenfasern und Organparenchymzellen. Zwischen diesen und der Grundsubstanz vermittelt die Basalmembran. Der Fibroblast stellt das Regelzentrum der Grundsubstanz dar. Der Zellzuckeroberflächenfilm (Glykokalyx) sowie die Zucker auf den Strukturglykoproteinen (Kollagen, Elastin) sind punktiert dargestellt (aus [9]).

Auf diese Weise werden beide Substanzgruppen gleichzeitig transportiert [11]. Da in der Grundsubstanz die vegetativen Nervenfasern blind enden und hier der gesamte extra-intrazelluläre Stoffaustausch (Metaboliten, Kataboliten, Zytokine, Hormone, Neuropeptide u.a.m.) erfolgt, ist die Regelung der Zelle-EZM-Beziehungen immer auch an die übergeordneten zentralnervösen und endokrinen Zentren angeschlossen. Diese sind untereinander im Gehirnstamm verschaltet, so daß in das System der Grundregulation stets auch geistig-psychische Phänomene eingespeist werden.

Speicherfunktion der Grundsubstanz

Die PG/GAGs sind in der Lage, alle vier Grundnahrungsstoffe zu speichern:

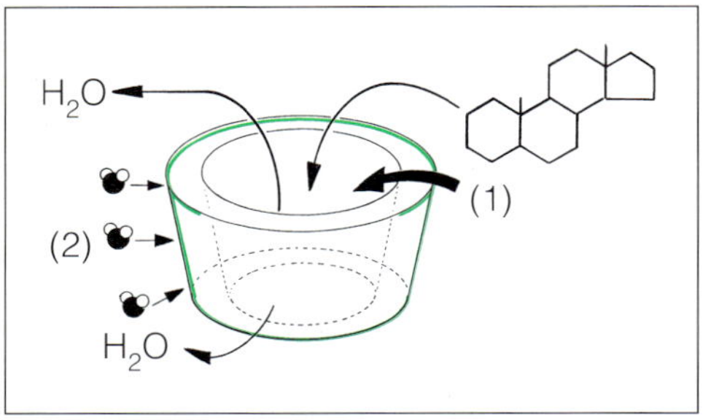

Abb. 3-2 Tunnelstruktur der PG/GAGs. Durch „Guest-host"-Komplexierung werden in das Tunnelinnere hydrophobe (1), an die Tunnelaußenseite (2) hydrophile Substanzen gebunden (aus [9]).

- Kohlenhydrate werden als Glukose und Galaktose
- Proteine in Form der Amino-Gruppen
- Fette als Kohlenhydrate mit Säureresten (Fettsäuren)
- und Wasser in der Domäne (Entfaltungsbereich der Polysaccharide) der Proteoglykane gespeichert.

Wasser ist dabei das wichtigste Nahrungsmittel: Bei ungenügender Zufuhr kann sich die Wasserbindungsfähigkeit der PGs (Domänen) nicht regelhaft entfalten, wodurch der Molekularsiebcharakter der Grundsubstanz erheblich gestört wird bzw. zum Erliegen kommen kann.

Überschüssige Kalorien können also nicht nur, wie es ein Prinzip der Ernährungslehre festschreibt, in Fettzellen als Triglyzeride gespeichert werden [22], sondern auch in den PG/GAGs. Kollagen dient ebenfalls als Proteinspeicher, wie es die Zunahme von Kollagen bei Adipösen zeigt. Die gesamte Grundsubstanz ist daher, mit Bevorzugung einzelner Organe (z.B. Haut), zur Proteinspeicherung befähigt (hier hat das Eiweißfasten [nach 31] seine Begründung). Überschüssige Kohlenhydrate werden zwar in Muskel- und Leberzellen als **Glykogen** gespeichert, führen aber zusätzlich zur vermehrten Bildung von PG/GAGs in der Grundsubstanz [9].

Freie Radikale

Ein besonderes Problem unserer kalorischen „oxidativen" Überernährung (Weißmehle, Weißzucker, gesättigte Fettsäuren [u.a. Bratfette, Margarine und Kunstgetränke]) stellt der hohe Anfall von **Radikalionen,** den elektrisch ungesättigte Ionen, und das Auftreten freier Glukose dar. Sauerstoffradikale entstehen bei der Produktion von ATP, dem wichtigsten organischen Energieträger entlang der Atmungskette in den Mitochondrien; eine Vielzahl weiterer Radikalionen bei allen Stoffwechselprozessen. Im Überschuß, im **„oxidativen Streß",** sind Radikalionen in der Lage, jedes biologische Material anzugreifen. Aber auch emotionaler Streß trägt durch Oxidation von Katecholaminen zur Radikalenlast bei. Da „oxidativer Streß" auch das Immunsystem schädigt, kommt es im weiteren Verlauf neben Abwehrschwächen zu somato-psychischen Reaktionen (Befindensstörungen, „vegetative Dystonie") mit der Gefahr der Verselbständigung. In diesem Zusammenhang ist es von höchster Bedeutung, daß sensible terminale Axone zur Neurosekretion befähigt sind, d.h. stets auch eine efferente Komponente haben (u.a. Freisetzung von Entzündungsmediatoren wie Substanz P und CGRP). Vegetative Nervenendigungen können auch Zytokine (z.B. Interleukine), Antigene und Antikörper aufnehmen und nach zentral transportieren, von wo aus entsprechende Reaktionen ausgelöst werden können (u.a. Aktivierung der Hypothalamus-Hypophysen-Nebennierenachse; Entwicklung neurogen ausgelöster Entzündungen [30]). Auf diese Weise kann wiederum der „oxidative Streß" gefördert werden. Schließlich entwickelt sich eine latente, subklinische entzündliche Gesamtsituation, die **latente Gewebsazidose.** Dazu trägt auch der latente Glukoseüberschuß unserer Nahrung bei. Wird Glukose nicht sofort durch Insulin verstoffwechselt, führt dies zur nichtenzymatischen Glykosilierung von Grundsubstanz- und Zellkomponenten (besonders bei Diabetes mellitus). Dabei wird Glukose ohne enzymatische Reaktion an die Aminosäuregruppen von PG/GAGs, Struktur- und Vernetzungsproteinen der Grundsubstanz, von Metaboliten und Abbauprodukten, Defektproteinen, Antigen-Antikörperkomplexe u.a.m. sowie an die Glykoproteine und -lipide der Zellmembran, der RNS und DNS gebunden.

Verschlackung der Grundsubstanz

Dabei entstehen schwerlösliche Stoffwechselprodukte, die in der Grundsubstanz und Zelle niedergeschlagen werden und erheblich längere Halbwertzeiten als die Ausgangskomponenten haben; z.B. bei PG/GAGs bis zu Jahrzehnten gegenüber normalerweise von ca. 2 Wochen. Dadurch wird der Molekularsiebcharakter der Grundsubstanz erheblich in Mitleidenschaft gezogen und eine latente Azidose verschärft. Dieser Vorgang wird als Verschlackung bezeichnet und liegt auch dem **physiologischen Alterungsprozeß** zugrunde [11].

Es wird jedoch kaum berücksichtigt, daß die latente Gewebsazidose aktivierend auf das ubiquitär in der Grundsubstanz auftretende Plasminogen wirkt. Plasmin aber die potenteste Protease zur Spaltung von Proteoglykanen darstellt. Für das Abfangen von Radikalionen sind nicht nur intra- und extrazelluläre Dismutasen sowie Glutathionperoxidasen zuständig, sondern im Extrazellulärraum vor allem die PG/GAGs und reduktive Nahrungsmittel (z.B. alle naturbelassenen Lebensmittel, Vitamine A, C, E, Spurenelemente, Mineralstoffe).

Normale und gestörte Reaktionsweisen der Grundsubstanz

Trifft ein Reiz die Grundsubstanz, kommt es zur Alarmreaktion nach Selye [28]. Dabei lassen sich eine sympathikotone Schockphase, von einer parasympathischen Gegenschockphase mit Rückkehr in die Ausgangssituation meßbar unterscheiden [12, 18, 28]. Die Veränderungen in der Grundsubstanz

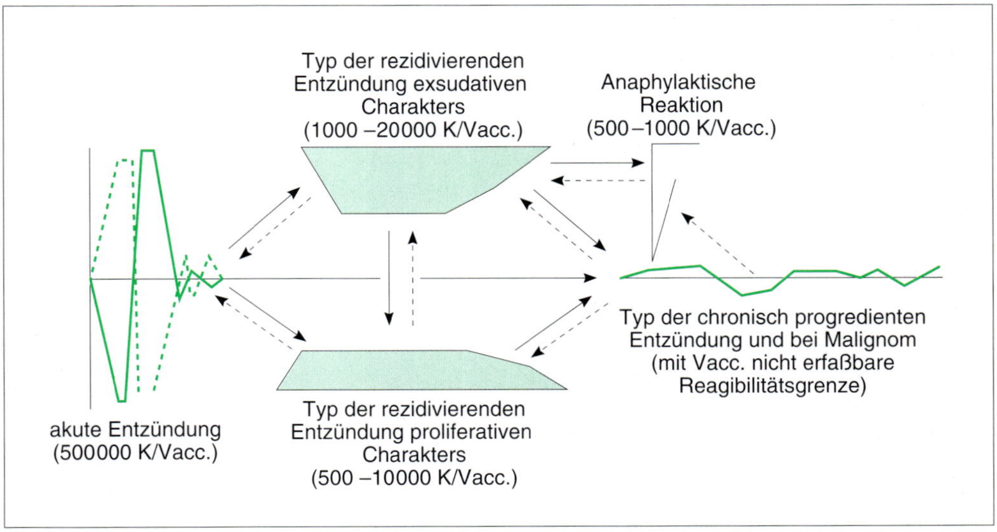

Abb. 3-3 Schema der unspezifischen Reaktionsweisen. Die Provokation der Grundregulation erfolgte mittels einer Vaccine (Vacc.) aus abgetöteten Keimen (K). Manifeste Grundregulationsstörungen benötigen zur Auslösung einer Reaktion je nach Schweregrad immer weniger Reizkörper. Bei chronisch progredienten Entzündungen und bei Malignomen ist keine faßbare Reagibilitätsgrenze („Starre") mehr erfaßbar (verändert nach [18]).

korrelieren dabei mit meßbaren Veränderungen von Blutparametern (Hämatokrit, Leukozyten, Immunglobuline, Hormonspiegel und Mineralstoffe). Dabei kann die Reaktivität der Grundsubstanz sowohl in der Schock- als auch in der Gegenschockphase steckenbleiben und zur Entwicklung chronischer rezidivierender Entzündungen mit exsudativem Charakter („Versulzen" der Grundsubstanz, z.B. Multiple Sklerose) bzw. chronisch rezidivierenden Entzündungen mit proliferativem Charakter (Kollagenbildung, z.B. Polyarthritis) führen. Bei fortgeschrittenen chronischen Zuständen wie auch Tumoren erfolgt auf keinen Reiz mehr eine typische Alarmreaktion (Abb. 3-3, s. S. 21).

Die Grundregulation reagiert überempfindlich, sie ist „blockiert". Die anerge **Regulationsstarre** (besser Regulationsinstabilität) des Grundsystems als Endstadium chronischer Krankheiten und Tumoren führt letztlich zu einer völligen Dissoziation von Grund- und Immunsystem mit weitgehender Erschöpfung der **Hypothalamus-Hypophysen-Nebennierenachse.** Allerdings kommt es auch darauf an, in welchem Stadium die Erkrankung diagnostiziert wird. Bei einem Tumorgeschehen, aber auch bei chronischer Krankheit, kann je nach Stadium eine „sympathikotone Fehlregulation" („Verharren im Schock"), ein anderes Mal eine „vagotone Fehlregulation" („Verharren im Gegenschock") oder eine „Anergie" („Starre", Fehlen der Regulation) erscheinen [12].

Das Grundsystem reagiert zwar ganzheitlich, aber nicht einheitlich. Die vielfältigen Rückkopplungsmechanismen der Grundregulation tragen jedoch immer auch die Möglichkeit der Generalisation bzw. Chronizität in sich. Denn Störungen in der Zusammensetzung der Grundsubstanz stellen gleichzeitig Zellinformationen sowie Anregungen oder Hemmungen des Immun- wie auch des Nervensystems dar (z.B. „neurogene Entzündung" als Grundlage des Weichteilrheumatismus [11]).

Die Reaktivität der Grundsubstanz schließt immer die Möglichkeit ein, daß sich eine lokale regulatorische Entartung über den oder die zugehörigen Spinalnerven somato- und viszerosensibel nach zentral mitteilt. Anschließend führt die segmentbezogene und zentralnervöse Verarbeitung zu einer somato- und viszeromotorischen Antwort mit einer typischen tonisch-algetischen Schmerzsymptomatik im zugehörigen segmental-reflektorischen Komplex [2], wobei der Schmerz in die zugehörigen Hautbereiche (Dermatom), Myotome und zugeschalteten inneren Organe (z.B. Bauchdeckenspannung bei Oberbaucherkrankungen) über die Zonen nach HEAD projiziert wird. Dabei können in der Grundsubstanz der Haut, speziell der Bauchdecke und dem Rücken, palpable knotige bis reliefartige Wulstbildungen auftreten, sog. Gelosen, die nicht mit den „Myogelosen" bei Muskelverspannungen verwechselt werden dürfen.

Aufgrund der unspezifischen Reaktionsfähigkeit des Grundsystems spielen **Summationseffekte** eine entscheidende Rolle, wodurch sich Reize und Belastungen so summieren können, daß die Homöostase auf Dauer gestört wird. Bevor jedoch ein klinisches Krankheitsbild erkennbar wird, können sich ein oder mehrere minimale Dauerbelastungen, **Herde,** wie sie z.B. von einer Darmdysbiose, depotbildenden Umweltgiften, Narben oder parodontitischen Prozessen ausgehen, überlagern. Die Grundregulation, wie auch alle anderen damit verbundenen Regelsysteme (zellulär, geweblich, humoral und neural), geraten dadurch unter eine energetisch anspruchsvollere „Vorspannung" (Adaptation). Die Symptomatik kann aufgrund einer evtl. zunächst nur geringen Ausdehnung und mangelnden Aktivität der lokalen Prozesse u.U. Jahre bis Jahrzehnte unterschwellig und auf den segmental-reflektorischen Komplex beschränkt bleiben [1]. Die Grundsubstanz wird dabei durch eine minimale Syntheseumstellung der Fibroblasten den Verhältnissen angepaßt, wodurch sich eine subsymptomatische Abänderung der Ver- und Entsorgung der nachgeschalteten Zellen einstellt. Aufgrund seiner Symptomarmut ist der Herd – er ist immer auch ein ausstrahlendes **Störfeld** – häufig nur schwer zu diagnostizieren. Stets muß daran gedacht werden, daß ein degenerativer Stoffwechsel immer auch in das Bewegungssystem und das Achsenorgan (Wirbelsäule und autochthone Rückenmuskulatur) reflektiert [2].

Alle Formen von **Regulationstherapien** können zur Therapie von Herden nützlich sein, wobei die Verbesserung der Regulationsfähigkeit der Grundsubstanz im Vordergrund steht.

Wird das durch eine oder mehrere minimale chronische Dauerbelastungen maladaptierte Grundsystem, das sog. **Adaptationssyndrom,** von einer weiteren, u.U. banalen Noxe getroffen (u.a. inadäquate Ernährung, Klimawechsel, Umweltgifte, Quecksilber aus Amalgamfüllungen), so kann dieser **„Zweitschlag"** überwertig beantwortet und eine globale Störung der Grundregulation unabhängig vom Ort der Lokalisation **(„Fernstörung")** ausgelöst werden [11].

3.3 Darm und Grundregulation

Eine besondere Bedeutung für die Beziehungen zwischen Grundregulation und Ernährung kommt dem Darm mit seiner großen resorbierenden Oberfläche von ca. 300 m^2 zu, die ständig der alimentären, stark antigenen Umwelt ausgesetzt ist. Gleichzeitig enthält die Schleimhaut, die Mukosa und Submukosa des Verdauungstraktes, den ausgedehntesten Anteil an Grundsubstanz („lockeres Bindegewebe", „Mesenchym") im Körper.

Das Zusammenspiel zwischen resorbierendem Oberflächenepithel und der Grundregulation der Darmschleimhaut wird wesentlich gesteuert durch verschiedene Nervengeflechte sowie durch ganz spezifische Zellen:

- die enzymreiche Glykokalyx (Mukus) der Epithelzellen an der Grenze zum Darminhalt
- den in das Epithel eingestreuten Paraneuronen (enterochromaffine Zellen)
- die beiden viszero-sensiblen Nervenplexus in der Grundsubstanz der Schleimhaut: den Plexus Meißner in der Propria und Submukosa sowie dem zwischen Ring- und Längsmuskelschicht der Darmwand gelegenen Plexus Auerbauch
- den Anschluß der beiden Plexus an Vagus und Sympathikus
- das ausgeprägte humorale und zelluläre Immunsystem der Schleimhaut
- die Mastzellen mit ihren vielfältigen biologischen Eigenschaften, u.a. reich entwickelten Histamin-Rezeptoren.

Als Beispiel eines wichtigen Zusammenhanges zwischen Ernährung und Grundregulation können biogene Amine wie Serotonin, Melatonin, Katecholamine und Histamin gelten. Sie benötigen zu ihrem Aufbau die essentielle verzweigtkettige aromatische Aminosäure **Tryptophan.** Neben vielen wichtigen Stoffwechselfunktionen nehmen die biogenen Amine folgende Aufgaben wahr:

- Serotonin reguliert den Appetit auf kohlenhydrathaltige Speisen und Süßes
- Serotonin ist regulierend in den Zirkadianrhythmus und die jeweiligen Stimmungsphasen eingeschaltet und Antagonist des Appetitanregers Neuropeptid Y
- Melatonin, das überwiegend in der Zirbeldrüse gebildet wird, reguliert den Schlaf-Wach-Rhythmus
- Katecholamine erhalten die aktive Stimmungslage und Abwehrleistung eines Individuums
- Histamin moduliert die Motilität der glatten Muskulatur der Darmwand sowie über spezielle Histaminrezeptoren (H_1- und H_2-Rezeptoren) die Funktionen der Mastzellen.

Bei Histaminüberschuß (z.B. aus der Nahrung oder bei Überaktivierung von Paraneuronen) kommt es zu vermehrter Degranulation von Mastzellen. Neben Freisetzung vieler entzündungsfördernder Mediatoren (z.B. Leukotriene, Prostaglandine) wird u.a. über die Aktivierung parasympathischer Axone die Säureproduktion im Magen vermehrt (bis hin zur chronischen Übersäuerung mit Ulkusbildung). Mastzellen können bei Bindung bestimmter Antigene (Allergene) an das an ihre Oberfläche gebundene Immunglobulin E degranulieren, wodurch heftige entzündliche Reaktionen ausgelöst werden können (u.a. Allergien). Ziel ist es auch dabei, die Grundregulation an die gegebene Situation anzupassen; überdreht kann dies in einer Anaphylaxie enden.

Zusammen mit den Histaminrezeptoren der Mastzellen und den beispielhaft aufgeführten biogenen Aminen ergibt sich so ein hochvernetztes Reaktionssystem auf alle exogenen und endogenen Reize, in dem der Darm eine zentrale Stelle einnimmt.

In diesem Zusammenhang ist es von Bedeutung, daß sowohl das serotoninerge wie auch das katecholaminerge System vom Hypothalamus und periaquäduktalen Grau des Gehirnstammes aus schmerzhemmende Bahnen ins Rückenmark senden [11].

Der Darm als Störfeld

Es ist einzusehen, daß Darmdysbiosen, diätetische Fehler, Immunschwächen und alle Arten vegetativer Störungen (vor allem psychischer Streß) jeweils für sich, zumeist jedoch gekoppelt auftretend, den Darm zu einem riesigen Störfeld für die gesamte Grundregulation machen können.

Entsprechend zunehmender Zivilisationsschäden sind **Dickdarmentzündungen,** Kolitiden, sowie die terminale Entzündung des Ileums, **Morbus Crohn** bzw. **Ileitis terminalis,** im Vordringen. Bei chronischen Darmerkrankungen ist die ausschließliche duale Betrachtungsweise, Morbus Crohn oder Colitis ulcerosa überholt. Bei den **Dysbiosen** müssen primäre und sekundäre Dysbiosen getrennt werden. Die primären sind die häufigsten; sie entwickeln sich u.a. bei Salzsäuremangel im Magen, einseitiger Ernährung, Spätfolgen schwerer Darminfektionen, als Folge antibakterieller Therapien mit Schädigung auch normaler Darmsymbionten und Umstimmung des Darmmilieus zur Pilzanfälligkeit. Die sekundären beruhen auf globalen Abwehrinsuffizienzen, wie sie in Spätstadien chronisch entzündlicher Erkrankungen (z.B. Tbc, chronische Polyarthritis, Multiple Sklerose) sowie bei angeborenen und erworbenen Immuninsuffizienzen (z.B. AIDS) auftreten.

Die häufigste Störung der Darmkeimbesiedelung ist ein Mangel an E.-coli-Bakterien und dem obligat milchsäurebildenden Lactobacillus acidophilus sowie Bacterium bifidum [18]. E. coli produzieren u.a. Faktoren, die Monozyten (Makrophagen) und Lymphknoten in der Darmschleimhaut aktivieren. Die Milchsäurebildner sind in zweifacher Hinsicht von physiologischer Bedeutung: Ihr Mangel führt zur Hemmung der Resorption von Mineralstoffen und Spurenelementen (besonders Eisen und Zink), darüber hinaus sind sie für die Aufrechterhaltung normaler Darmkeimverhältnisse notwendig.

Bei chronischen Krankheiten sind nach Perger [18] die Darmkeimverhältnisse nur noch bei 2,5% der Patienten normal, bei 97,5% treten mehr oder minder schwere dysbiotische Verhältnisse auf. Die Grundregulation ist jeweils erheblich gestört, wobei die latente Gewebsazidose und oxidativer Streß einen Circulus vitiosus anbahnen.

Fehlernährung, Mesotrophie

Das Denkgebäude gegenwärtiger Medizin ist logisch linear am Ursache-Wirkungsdenken orientiert. Dies zeigt sich in der klinischen Pharmakologie am Rezeptorliganden bzw. Schloß-Schlüsseldenken.

Risikofaktoren werden in der sog. Schulmedizin ebenfalls linear betrachtet und z.B. direkte Zusammenhänge zwischen Übergewicht und erhöhten Blutfettwerten, Rauchen und Lungenkrebs usw. postuliert. Die Komplexität eines Organismus wird dabei auf das pharmakologisch gewünschte Maß reduziert, wie es die Vernachlässigung des Systems der Grundregulation und ernährungsbiologischer Prinzipien zeigt.

Die Mesotrophie oder „Halbernährung" ist keine spezifische Krankheit, sondern eine Schwäche des Stoffwechsels [13]. Sie ist Ausdruck einer einseitigen und chronischen Fehlernährung, die zwar mit einem langen Leben verbunden sein kann, aber zumeist mit zahlreichen chronischen Veränderungen einhergeht, wie es beispielhaft das **metabolische Syndrom** mit Übergewicht, Diabetes mellitus, Bluthochdruck, erhöhten Blutfettwerten und larvierten Depressionen zeigt. Als anschauliches Beispiel eines Frühsymptoms der Mesotrophie kann nach KOLLATH [13] die **Karies** gelten, der sich mit steigendem Alter weitere Veränderungen anschließen. Diese beginnen nach KOLLATH – er kannte das System der Grundregulation nicht – sämtlich in den bindegewebigen Bestandteilen der Organe, da sie dem Organismus bei vorübergehendem Mangel die Erhaltung des Lebens ermöglichten, bei fortdauerndem Mangel allerdings zum Verfall des Bindegewebes führen müßten. Im Gefolge käme es zur Bildung minderwertigen Ersatzgewebes, das sich letztlich negativ auf die Zellfunktionen auswirke. Im Grunde handle es sich jedoch unter den Bedingungen der Mesotrophie um einen lebenserhaltenden Prozeß, der durch rechtzeitige vollwertige Nahrungszusammensetzung aufgehalten, u.U. zur Heilung gebracht werden könnte. Der Alterungsprozeß ist nach KOLLATH ebenfalls Folge der Mesotrophie.

In prinzipiell die gleiche Richtung gehen die Ansichten von HAUSS [7], der die wichtigsten zivilisationsbedingten Erkrankungen (Arteriosklerose, Herzinfarkt, Rheuma) auf eine „unspezifische Mesenchymreaktion" zurückführte, wobei er den Begriff der **Transitstrecke,** als Transportweg von der Kapillare zur Zelle, durch die sauren Mucopolysaccharide der Grundsubstanz in den Mittelpunkt stellte.

Zum Ernährungsproblem hat KOLLATH auch heute noch sehr zu beherzigende Worte geschrieben: „Prüft man die Industrienahrung, so ist sie eine ‚statistische Nahrung', der die individuellen Eigenschaften fehlen. In dieser ‚gleichmachenden Tendenz' kommen die Menschen zu einer konformistischen Gemeinschaftsnahrung, die den Nachteil hat, daß sie nur das enthält, was wissenschaftlich anerkannt ist und was sich wirtschaftlich rentiert. Gesundheitsaufgaben treten in den Hintergrund, man denkt nur an sich und den eigenen Vorteil, nicht an die Sicherung der menschlichen Art und die Aufgaben des Menschen in der Natur. Gesetze helfen nichts, da sie die gleichen Fehlerquellen besitzen, außerdem durch eine sogenannte Lobby beeinflußt werden. Die modernen Informationsmethoden verhindern die Bildung eines eigenen Urteils, führen zur Vermassung. Und wenn schon die Maschinen ihrem Wesen nach ‚Prothesen' sind, so gibt es in der Chemie zahlreiche chemische Prothesen, in der Medizin ebenfalls solche, wie das Insulin, und am schlimmsten gibt es ein Maß von geistiger Gleichschaltung, das als ‚Handeln ohne Denken' zu bezeichnen ist, oder einfacher als das Ergebnis einer zunehmenden Verdummung durch geistige Prothesen, genannt ‚Schlagworte'" [13].

Grundsubstanz und Sauerstoff

Nahrungsstoffe werden im Körper wesentlich über oxidative Prozesse nutzbar gemacht. Die dabei anfallenden Radikalionen müssen durch entsprechende Radikalenfänger, vor allem durch reduktive Nahrungsmittel abgefangen werden. Der menschliche Organismus hat ein großes Reduktionsbedürfnis, das stammesgeschichtlich bedingt ist. Mit Aufkommen der Sauerstoffatmung bei Bakterien vor ca. einer Milliarde Jahren, zeigten sich auch gleich die zwei Gesichter dieses evolutiven Schrittes: Einerseits ist für höher organisierte Lebewesen die Energiegewinnung aus Sauerstoff über die Bildung von ATP entlang der mitochondralen Atmungskette lebensnotwendig, andererseits müssen die dabei entstehenden entzündungsfördernden Sauerstoffradikale unschädlich gemacht werden.

Die bei den antioxidativen enzymatischen Vorgängen freiwerdende Energie kann von den Wasser-Zuckerpolymeren der Grundsubstanz abgefangen werden, wodurch nicht nur eine Kühlung des organismischen „Reaktors“ erfolgt, sondern gleichzeitig ein Beitrag zur Aufrechterhaltung der Homöostase nötige Energie bereitgestellt wird. Ähnlich verhält es sich mit hochenergetischen Elektronen, die im wesentlichen aus dem oxidativen Aufbruch von Kohlenstoff-Wasserstoff-Verbindungen stammen, wie sie z.B. bei der Glukosespaltung entstehen [16].

Dabei sind im Verlauf der Evolution wichtige intra- und extrazelluläre Antioxidanssysteme entstanden, wie z.B. die intrazelluläre Superoxiddismutase, Katalase, Glutathionperoxidase und im Extrazellulärraum die Ascorbinsäure (Vitamin C), Vitamin A und E u.a.m. Prinzipiell führen die bei der enzymatischen Sauerstoffmetabolisierung auftretenden Elektronen- und Protonenverschiebungen zu vielfältigen **Radikalbildungen.** Deren Energie wird über die Grundsubstanz in das physiologische Redoxpotential des Organismus eingespeist.

Radikalenbildner und Radikalenfänger

Wäßriges Milieu, niedriger Druck und Temperatur schaffen im Körper ein thermodynamisch so ungünstiges Milieu, daß alle chemischen Reaktionen beschleunigt werden müssen. Wenn auch die herkömmliche Biochemie dafür vielfältig enzymatisch gesteuerte Reaktionen beschreibt, wird häufig übersehen, daß stets nicht-enzymatische Katalysen in Form von Redoxvorgängen (Oxidation ↔ Reduktion) unter Entwicklung von Radikalionen am Erhalt des biologischen Fließgleichgewichtes beteiligt sind.

Als Radikalenbildner und -fänger (Scavenger) kommen vor allem Vitamine, Coenzyme und Spurenelemente in Frage. Radikale entstehen bei vielen biochemischen Reaktionen. Sie stellen kurzlebige Stoffwechselprodukte dar, die ein oder mehrere ungepaarte Elektronen enthalten. Diese Elektronen machen Radikale chemisch außerordentlich reaktiv, da sie ständig versuchen über Eingehen von Verbindungen einen elektronischen Ladungsausgleich zu erreichen. Treffen zwei Radikale aufeinander, wird ein neutrales Molekül gebildet; trifft dagegen ein Radikal auf ein neutrales Molekül, entsteht erneut ein Radikal.

Da bei Mensch und Tier biologische Oxidationen im wesentlichen über Sauerstoff laufen, sind Sauerstoffradikale im Stoffwechsel von besonderer Bedeutung. Diese Intermediäre, vor allem das Superoxid-Radikalanion, das Hydroperoxid-Radikal und das Hydroxyl-Radikal oxidieren in vielen physiologischen biochemischen Reaktionen DNS, RNS, Proteine, Kohlenhydrate, PG/GAGs und Lipide. Falls ein Überschuß an Radikalen nicht abgefangen werden kann, führt dies zur Gefährdung aller biologischen Strukturen. Dabei besteht zwischen den Redoxsystemen des Organismus und der zellulären Abwehr eine enge Beziehung, da bei der Phagozytose vom Fremdmaterial immer Sauerstoffradikale freigesetzt werden. Da der intrazelluläre Abbau von Abfallprodukten über Enzyme aus Lysosomen läuft, besteht gleichzeitig eine enge Wechselwirkung zwischen Redoxsystemen, hydrolytischen Enzymen und deren Inhibitoren.

Um diese Prozesse in Balance zu halten, ist die Zufuhr von Vitaminen und Spurenelementen nötig, da sie Katalysatoren dieser Prozesse bilden [26]. So gesehen ist Leben eine stete Gratwanderung zwischen den kontären, ambivalenten Eigenschaften des Sauerstoffs [17]. Letztlich führen alle Zell- und Gewebsschädigungen zu einem oxidativen Angriff auf den Organismus („oxidativer Streß"). Bevorzugte Angriffspunkte von Radikalen sind vorwiegend Stellen, die komplex gebundene Eisenionen aufweisen, wie: Transferrin, Ferritin, Hämoglobin, Myoglobin, Eisenkomplexe in den Nervenzellen des Nucleus ruber im Gehirnstamm, Eisenspeicher in den Retikulumzellen der Milz und des Knochenmarks sowie in den Kupfferschen Sternzellen der Leber u.a.m.

Lange Wirkungszeit der Radikale. Sauerstoffradikalionen gefährden alle organischen Substanzen. Besonders gefährdet sind die Membranfluidität und damit die extra-intrazellulären Wechselwirkungen wesentlich bestimmenden mehrfach ungesättigten langkettigen Fettsäuren. Deren locker gebundene Elektronen können von freien Radikalen „gestohlen" werden. Die Oxidation ungesättigter Bindungen, vor allem der langkettigen Fettsäuren der Membranlipide, führt zu deren Härtung und damit zu starken Funktionseinbußen. Da durch Radikale gleichzeitig membranständige Phospholipase A aktiviert wird, können die Fettsäuren der Zellmembran zu Arachidonsäure umgebaut werden. Durch die ebenfalls membranständigen Lipoxygenasen und Prostaglandinsynthetasen entstehen daraus schließlich bei Radikalenüberschuß Entzündungsmediatoren vom Typ der Leukotriene und Prostaglandine.

Langzeitkonsequenzen sind chronische entzündliche Erkrankungen, Immunsuppression, Entwicklung von Autoantigenen und Dysregulation sowie Karzinogenese [16, 19].

Die große Bedeutung und Gefahr der vermehrten Bildung von Radikalen liegt vor allem darin, daß der negative Effekt nicht sofort wirksam zu werden braucht, sondern sich über Jahrzehnte hinziehen kann. Die Kompensationsfähigkeit des Körpers gegenüber „oxidativem Streß" ist individuell und mit einem Regenfaß vergleichbar, das u.U. durch einen einzigen zusätzlichen Tropfen überlaufen kann. Zwar kann sich der menschliche Organismus individuell verschieden an Stressoren adaptieren, jedoch ist diese Anpassung keineswegs ein positives Zeichen, sie stellt vielmehr eine „Maladaptation" – eine falsche Norm – dar, die über längere Zeit die Entwicklung chronischer Erkrankungen maskieren kann [21, 23].

Antioxidative Wirkung der Grundsubstanz und „respiratory burst"

Die Fähigkeit der Grundsubstanz Radikale zu fangen, ist bisher nicht ausreichend berücksichtigt worden. Für die Grundregulation, vor allem für das Entzündungsgeschehen, ist dies aber von fundamentaler Bedeutung. Die antioxidative Wirkung der PG/GAGs-Grundsubstanz ist die **Voraussetzung** für alle **Organfunktionen.** Funktionsverluste der Grundsubstanz z.B. durch Umweltgifte, haben daher weitreichende Folgen. Sie führen über „oxidativen Streß" zu Multimorbidität, chronischen Krankheiten und Tumoren.

Sauerstoffradikale entstehen normalerweise ständig am Hämgerüst der Erythrozyten, bei der Makro- und Mikrophagozytose („respiratory burst"), durch die Monoxigenasen aller Körperzellen, in der mitochondrialen Atmungskette und bei der Fremdstoffentgiftung, beim Arzneimittel- und Äthanolabbau, bei der Wasserstoffübertragung durch entsprechende Coenzyme wie FAD, NAD, NADP und die Arachidonsäure-Kaskade. Sie werden auch bei der Synthese von Neurotransmittern und Hormonen gebildet. Auch weit verbreitete exogene Noxen wie Aerosole, Smog usw. können ebenfalls Sauerstoffradikale erzeugen (durch eine Zigarette sollen ca. 10^{14} Radikale entstehen). Die entsprechenden Scavenger-Enzyme (Dismutasen, Katalasen, Peroxidasen, Vitamine u.a.) können durch Umweltintoxikationen, vor allem toxische Schwermetallionen (Quecksilber, Blei, Kadmium u.a.), empfindlich gestört werden [17].

Oxidativer Streß und latente Azidose als Wegbereiter chronischer Grundregulationsstörungen

Der Organismus erhält seine notwendigen Reduktionsäquivalente naturgemäß ausschließlich über Nahrungsmittel. Sie sollten daher weitestgehend naturbelassen zubereitet und verzehrt werden und somit den Kriterien der Vollwert-Ernährung entsprechen. Das Reduktionsbedürfnis spiegelt sich z.B. im intrazellulären Verhältnis von reduziertem zu oxidiertem Glutathion wider, das etwa bei 400:1 liegt. Enzyme, Proteine und Metabolite in den elektromagnetisch reduzierten Zustand überführen zu können, bedeutet für den Organismus Energiespeicherung, Reparatur, Zellproliferation, -differenzierung und Wachstum [14].
Technisch veränderte oder hergestellte Lebensmittel (Fast food), streßfördernde Lebensweisen mit Verlust echter Mahlzeiten, Genußmittel- und Medikamentenmißbrauch sowie Fremdstoffbelastungen verstärken die oxidativen Belastungen. Die Hauptursache des oxidativen Stresses ist jedoch **Fehlernährung.** Es geht nicht nur um den Sättigungswert, sondern um die biologische Wertigkeit, d.h., bei hohem Energiebedarf muß die **Nährstoffdichte** (alle lebensnotwendigen Nährstoffe wie Proteine, Vitamine, Mineralstoffe etc.) ebenfalls steigen, da sonst durch Übersäuerung der Grundsubstanz die Radikalenbildung ebenfalls steigt.
Als Risikogruppe unter den Gesunden finden sich die Senioren, jüngere Frauen, Freizeitsportler, Vegetarier, Personen unter Fastenkuren und Personen unter „blutfettsenkenden Kostformen". Auch bei Personen mit täglich langen, anstrengenden Arbeitsphasen (10–12 Stunden), nach 24-Stunden-Diensten ohne Nachtruhe, nach Operationen, aber auch nach einmaliger intensiver Sonnenbestrahlung, konnte eine erhöhte Radikalenbelastung nachgewiesen werden [14]. Oxidative Streßzustände finden sich ständig bei chronischen und ernsten Erkrankungen, Tumoren, extensivem Sport, multiplen chemischen Belastungen, alkoholtoxischen Lebererkrankungen und bei Trisomie 21.
Bei allen prämorbiden und morbiden Zuständen muß als erste Maßnahme eine ausgewogene gemischte Ernährung erfolgen, die Milch, einheimische Tees, Früchte, Kräuter, aber auch Butter statt Margarine und auch tierische Produkte als Reduktionsmittel mit der richtigen Nährstoffdichte enthält. Die Ernährung hat den Oxidationsschutz des Organismus zu sichern. Der Reduktions-Oxidationszustand (Redoxzustand) von Radikalenfängern im Gewebe entscheidet über die extra-intrazellulären Reaktionswege. Die Spannungsdifferenz einzelner Redoxsysteme (z.B. Ascorbinsäure ↔ Dehydroascorbinsäure) ist meßbar und zeigt, daß es unsinnig ist, z.B. Vitamin C hoch dosiert zu nehmen, wenn andere Substanzen (z.B. Selen) defizitär sind. Wissenschaftlich begründete „Ernährungsempfehlungen" sind daher mit Vorsicht zu betrachten, sie können großen Schaden anrichten; z.B. induziert eine „cholesterinarme Kostform" mit drastischer Einschränkung des Eier-, Butter- und Fleischkonsums häufig oxidativen Streß infolge Selendepletion und Vitamin-E-Verarmung des Organismus [14].

Oxidationsmüll in der Grundsubstanz

Chronisch oxidativer Streß kann aufgrund des breiten Spektrums an Radikalenfängern lange Zeit durch den Organismus toleriert werden. Dabei spielen antioxidative Vitamine (Vit. A, C und E) eine besondere Rolle. Ihr Ersatz erfolgt über die Ernährung (oder auch über Zufuhr von Einzelsubstanzen; orthomolekulare Medizin). Erst nach Verbrauch der Vitamine werden Strukturen des Extra- und Intrazellulärraumes verändert. Der entstehende Oxidationsmüll lagert sich in der Grundsubstanz aller Organe ab, wobei die Transitstrecken zwischen Kapillaren und den

zu ver- und entsorgenden Zellen verlängert werden. Folge ist eine Azidose der Grundsubstanz.
Sinnvolle Reparaturmechanismen werden dann pathologisch, wenn sie chronisch ablaufen. Ein ständiger oxidativer Streß erhöht die Gewebsazidose, wodurch proteolytische Enzyme (u.a. Plasmin, Kollagenasen), Phospholipasen und Komplement aktiviert und die entsprechenden Proteaseninhibitoren durch SH-Oxidation gehemmt werden. Dadurch wird die Entzündungsbereitschaft der Grundsubstanz erhöht. Der dabei entstehende hohe Radikalenanfall fördert wiederum die latente Azidose, schließlich treten eine Vielzahl wichtiger Stoffwechselveränderungen auf, wovon die wichtigsten genannt seien [14].

- Aktiviert werden:
  - proteolytische Enzyme (Plasmin, Kollagenasen) und Phospholipasen
  - das Komplementsystem (und damit das Gerinnungssystem)
  - die Leukotrien- und Prostaglandinsynthese aus Membranlipiden (Arachidonsäure)
  - die Guanylatzyklase mit u.a. Erhöhung der Zellteilungsraten.
- Dies hat zur Folge:
  - **Defizite** im Basenhaushalt
  - **Abbau, Umbau** und **Destruktion** von **Grundsubstanzkomponenten** (PG/GAGs, Struktur- und Vernetzungsproteine)
  - Destruktion der äußeren Mitochondrienmembran; Zusammenbruch der Zellatmung (ATP-Synthese) mit erhöhter Freisetzung von **Sauerstoffradikalen**
  - Membranlecks mit gesteigerter Freisetzung von Kalziumionen
  - Verschluß von Gap junctions und damit Hemmung der interzellulären Kommunikation
  - **Hemmung** der Na^+-/K^+- und Ca^{2+}-ATPasen, Dehydrogenasen, Prostacyclinsynthase, Aminotransferasen, Fettsäuresynthetasen, Cytochrom-P-450-Oxidasen Glukose-6-phosphatase, Glykogensynthase, NO-Synthase, Cholesterol-7-alpha-Hydroxylase, Elongasen, Desaturasen u.a.m.
  - **DNS-Genomschädigungen** mit besonderer Gefährdung der nichtreparablen Mitochondrien-DNS und des Tumorsuppressorgens p53
  - Gefahr der Überexpression des Onkogens Bcl-2 mit Verhinderung der Apoptose gengeschädigter Zellen (Anwachsen der Krebsgefährdung)
  - **Autoimmunerkrankungen,** z.B. durch Bildung von Antikörpern gegen Cardiolipin aus zerstörten Mitochondrien (da diese gleiche Epitope haben wie die DNS und die atherogenen Low-Density-Lipoproteine [LDL] richten sich diese Antikörper auch gegen diese Moleküle; typisch ist die Entwicklung eines Lupus erythematodes visceralis)
  - Entwicklung **maladaptiver Reaktionen** wie Non-HIV-Immunschwächen (mit erhöhter Anfälligkeit gegen opportunistische Erreger); Hypertonie und Osteoporose; reduzierte Glukoneogenese; Hypercholesterinämie (infolge reduzierter Aktivität der hepatischen 7-alpha-Hydroxylase); Oxidation von LDL-Partikeln mit Verlust ihrer Bindungsfähigkeit an glatte Gefäßwandmuskelzellen; da sie nun nicht mehr metabolisiert werden können, werden sie atherogen.

Im Geschehen der latenten Gewebsazidose wird die Rolle von **Plasmin** erheblich unterschätzt. Alle physiologischen Zellwanderungen und Gewebsumbauten (z.B. Menstruationszyklus) sind auf die plasmingesteuerte Proteolyse von Grundsubstanz angewiesen. Daher sind praktisch alle Zellen, vor allem die Bindegewebszellen, in der Lage, **Plasminogenaktivatoren** zu synthetisieren. Plasmin selbst wird als inaktive Vorstufe überwiegend in der Leber gebildet, aber auch von Fibroblasten, Monozyten/Makrophagen und Endothelzellen. Diese Zelltypen liefern mit einiger Verzögerung auch gleich die entsprechenden Inhibitoren (u.a. α_1-Antitrypsin, C1-Inhibitor, α_2-Makroglobulin [11, 25]).

Wird bei der latenten Gewebsazidose ständig Plasmin aktiviert, ist die Gefahr einer Verselbständigung dieses Prozesses groß. Besonders gefährdet sind die schon physiologischerweise durch den Menstruationszyklus plasminbelasteten weiblichen Geschlechtsorgane. Vor allem dann, wenn z.B. die Grundsubstanz durch Fehlernährung verschlackt ist und zusätzlich in dieser lipophile Kanzerogene deponiert sind, u.a. Moschusderivate aus Parfüms, Seifen, Cremes, Weichspülern, zunehmend auch organische Moleküle wie chlorierte Biphenyle, Pestizide usw. Dieses Potential bleibt stets initiierend und promovierend für eine Krebsentartung.

Oxidativer Streß und latente Gewebsazidose sind Begleiter unserer Zivilisation. Dazu gesellt sich praktisch immer auch eine Darmdysbiose. Die Gefahr eines gegenseitigen Aufschaukelns dieser Prozesse ist stets gegeben. Daher ist die wichtigste Maßnahme zur Normalisierung des Säure-Basen-Haushaltes nicht nur die **Zufuhr** von **Basenäquivalenten** (Bikarbonate, naturbelassene Nahrungsmittel), sondern gleichzeitig die **Wiederherstellung** des **Darmmilieus.** Letztlich zeigt sich, daß eine gesunde Lebensgestaltung die eigenverantwortliche Aufgabe jedes einzelnen ist. Jeder hat aber auch Anspruch auf Aufklärung seiner eigenen Möglichkeiten.

Literatur

[1] Bergsmann, O.: Bioelektrische Phänomene und Regulation in der Komplementärmedizin. Facultas Universitätsverlag, Wien 1994.

[2] Bergsmann, O., Bergsmann, R.: Projektionssymptome. Reflektorische Krankheitszeichen als Grundlagen für holistische Diagnose und Therapie. Facultas Universitätsverlag, Wien 1988.

[3] Edwards, H. J.: The simulation of mendelism. Acta Genet. (Basel) 10 (1960) 63.

[4] Edwards, H. J.: The genetic basis of common disease. Am J Med 34 (11963) 627.

[5] Felten, S. Y., Felten, D. L.: Innervation of lymphoid tissue in B. Ader (ed.): Psychoneuroimmunology. 2nd ed. Academic Press, New York 1991.

[6] Gibbs, W.: Übergewicht: ein Zivilisationsproblem? Spektrum der Wissenschaft, Heft 11 (1996) 54.

[7] Hauss, W. H.: Die unspezifische Mesenchymreaktion (UMR), das essentielle Ereignis der in den Industriestaaten häufigsten Erkrankungen. Perfusion 9 (1994) 312.

[8] Heine, H.: Basalmembranen als Regulationssystem zwischen epithelialen Zellverbänden und Bindegewebe. Morph. Jahrb. 132 (1986) 325.

[9] Heine, H.: Ganzheitsmedizin. In: Grifka, J. (Hrsg.): Naturheilverfahren. Urban & Schwarzenberg, München 1995.

[10] Heine, H.: Grundregulation und rheumatischer Formenkreis. Ärztezeitschrift für Naturheilverfahren 36 (1995) 415.

[11] Heine, H.: Lehrbuch der biologischen Medizin. 2. erw. Aufl. Hippokrates, Stuttgart 1997.

[12] Heines, J.: Regulationsmedizin – ein Ausweg aus der chronischen Krankheit. naturamed 11 (1996) 30.

[13] Kollath, W.: Die Ernährung als Naturwissenschaft. Haug, Heidelberg 1981.

[14] Kuklinski, B.: Wieder das essen, was unsere Großeltern auf dem Tisch hatten – mit orthomolekularen Produkten ergänzen. ZAN Heft 11/12 (1995) 27.

[15] Levine, St. A., Kidd, A. P.: Antioxidant Adaption. Its Role in Free Radical Pathology. Biocurrent Division, San Leandro, California 1985.

[16] Mauz, E.: Die Reaktion des Pyknikers im Rorschachschen psychodiagnostischen Versuch. Z ges Neurol 91 (1924) 26.

[17] Ohlenschläger, G.: Scavenger – Radikalfänger – Antioxidanzien. Prävention und Reparatur in lebenden Systemen. J Orthomol Med (deutsche Ausgabe) 2 (1993) 49.

[18] Perger, F.: Die therapeutischen Konsequenzen aus der Grundregulationsforschung. In: Pischinger, A.: Das System der Grundregulation. 7. Aufl. Haug, Heidelberg 1989.

[19] Philpott, W., Kalita, D.: Brain Allergies. The Psycho-Nutrient Connection. New Canaan, Connecticut 1980.

[20] Pischinger, A.: Das System der Grundregulation. Grundlagen für eine ganzheitsbiologische Theorie für Medizin. Haug, Heidelberg 1975.

[21] Randolph, T.: Human ecolgy and susceptibility to the chemical environment. Charles S. Thomas, Springfield, Illinois 1962.

[22] Rappaport, S. M.: Medizinische Biochemie. 5. Aufl. VEB Volk und Gesundheit, Berlin 1969.

[23] Rea, W. J.: Chemical Sensitivity. Lewis Publishers, Boca Raton 1995.

[24] Regoli, M. et al.: Uptake of a gram-positive bacterium (Streptococcus pneumoniae R36a) by the M cells of rabbit Peyer's patches. Ann Anat 177 (1995) 119.

[25] Reich, E.: Activation of plasminogen: a general mechanism for producing localized extracellular proteolysis. In: Berlin, R. D. et al. (eds.): Molecular Basis of Biological Degradative Processes. Academic Press Inc., New York 1978.

[26] Schmidt, K., W. Bayer: Mikronahrungsstoffe in ihrer Beziehung zu Tumorüberwachung und antimikrobieller Abwehr. Vita Min Spur 2 (1987) 3.

[27] Schrezenmeir, J., Schultheis, E., Kluthe, R.: Ernährungsmedizin: Vollwertige und alternative Kost. In: Grifka, J. (Hrsg.): Naturheilverfahren. Urban & Schwarzenberg, München–Wien–Baltimore 1995. S. 217.

[28] Selye, H.: Einführung in die Lehre vom Adaptationssyndrom. Thieme, Stuttgart 1952.

[29] Stolte, M.: Infektiöse Kolitiden im Vormarsch. Bioptische Diagnostik erlaubt Differenzierung. Fortschr Med 111 (1995) Suppl. 142, 5.

[30] Weihe, E. et al.: Molecular anatomy of the neuro-immune connection. Intern. J. Neuroscience 59 (1991) 283.

[31] Wendt, L., Warning, H.: Verschlackungs-Syndrome. Hufeland J. 2 (1986) 27.

[32] Zimmermann, M.: Neurobiologie des Schmerzsystems. Neuroforum 1 (1995) 23.

4

GANZHEITLICHE ERNÄHRUNGSFORMEN

CLAUS LEITZMANN

Mit dem Begriff Ernährungsformen werden eine überschaubare Zahl heute praktizierter Kostformen zusammengefaßt, die von der üblichen Ernährungsweise der Durchschnittsbevölkerung in unserer Region mehr oder weniger stark abweichen. Diese Kostformen werden auch als alternative Ernährungsformen bezeichnet und sollten nicht mit Ernährungskuren oder Reduktionsdiäten gleichgesetzt werden, von denen es inzwischen eine verwirrende Vielzahl auf dem Markt gibt.

Diese dargestellten Ernährungsformen wurden entweder vor langer Zeit im Orient oder in der Antike sowie ab der letzten Jahrhundertwende in Mitteleuropa entwickelt. In den letzten Jahren hat eine Hinwendung zu diesen Ernährungsformen verstärkt stattgefunden, da meist Lebensstile damit verbunden sind und da zunehmend erkennbar ist, daß unsere üblichen Ernährungsgewohnheiten zu einer Vielzahl an Krankheiten und Befindlichkeitsstörungen führen können. Obwohl bei den Kostformen teilweise verschiedene Schwerpunkte, Begründungen und zusätzliche Überlegungen eine Rolle spielen, weisen sie relativ viele Gemeinsamkeiten auf.

So sind fast alle Kostformen in unterschiedlicher Ausprägung vegetarisch orientiert. Außerdem wird großer Wert auf die Qualität der Lebensmittel gelegt, wobei der Anbau (ökologische Landwirtschaft), die Verarbeitung (so werterhaltend wie möglich), die Auswahl (regionale und saisonale Erzeugnisse) und die Zubereitung (möglichst schonend) beachtet werden.

Die meisten der Ernährungsformen sind Teil ganzheitlicher Systeme und beinhalten neben gesundheitlichen Aspekten weitergehende Ziele wie Schutz der Umwelt, soziale Gerechtigkeit und persönliche Bewußtseinsentwicklung. Es handelt sich um holistisch-philosophisch orientierte Sichtweisen, die über die Grenzen der Naturwissenschaften hinausgehen.

Bei der Bewertung der Kostformen erweist sich der ganzheitliche Ansatz als problematisch, da eine naturwissenschaftliche Bewertung nur einen Teil des Systems abdecken kann. Aus diesem Grunde kann im folgenden nur eine Bewertung der ernährungsphysiologischen Aspekte abgegeben werden. Es wird deutlich, daß die Einschätzungen auf dieser Basis überwiegend positiv ausfallen.

4.1 Vollwert-Ernährung – Geschichte und Hintergrund

Die **Vollwert-Ernährung** nach der **Gießener Konzeption** basiert auf wissenschaftlichen Grundlagen und führt neue Forschungsergebnisse mit altbewährten Erkenntnissen und Erfahrungen zusammen. Vordenker waren hierbei insbesondere die Ärzte MAXIMILIAN BIRCHER-BENNER (1867–1938) und WERNER KOLLATH (1892–1970).

KOLLATHS Denkansatz war, daß die herkömmliche naturwissenschaftliche Ernährungslehre ihre Erkenntnisse gewinnt, indem sie die Lebensmittel physikalisch, chemisch und physiologisch in ihre Einzelbestandteile zerlegt und deren Wirkung untersucht. Das natürliche Lebensmittel als Ganzes verschwindet dabei. Werden jedoch alle irgend feststellbaren Bestandteile z.B. eines Apfels gemischt, so hat das Endprodukt weder die Gestalt noch die Qualität eines Apfels. Das Ganze ist also mehr als die Summe der Teile. KOLLATHS Grundregel lautete: „Die Nahrung soll so natürlich wie möglich sein.“ Seiner Ansicht nach ist bei Lebensmitteln, die wenig verarbeitet sind, die Wahrscheinlichkeit am größten, daß alle für Leben, Gesundheit und Wohlbefinden notwendigen Inhaltsstoffe noch in vollem Umfang enthalten sind. Denn bei den meisten Verfahren der Lebensmittelverarbeitung werden wertvolle Inhaltsstoffe vermindert, zerstört oder abgetrennt und somit die Nährstoffdichte herabgesetzt bzw. die Energiedichte erhöht.

Die Forderung von KOLLATH, Lebensmittel so natürlich wie möglich zu belassen („Vollwert“ der Nahrung), ist auch Grundlage des Begriffs „Vollwert-Ernährung“. Denn Lebensmittel, die möglichst wenig verarbeitet sind, besitzen noch den vollen Wert der natürlicherweise vorhandenen Inhaltsstoffe und werden deshalb als „vollwertig“ bezeichnet.

Von anderer Seite, besonders von der DGE [25], wird unter „vollwertig“ etwas anderes verstanden, nämlich die bedarfsgerechte Zusammensetzung einer ganzen Kostform (oder zumindest einer Mahlzeit) im Sinne der DGE-Empfehlungen für die Nährstoffzufuhr [26]; hiermit ist demnach eigentlich „bedarfsgerecht“ gemeint. Nach dieser Definition ist kein einzelnes Lebensmittel vollwertig, da in keinem einzelnen Lebensmittel alle essentiellen Nährstoffe in ausreichender Menge und im gewünschten Verhältnis vorhanden sind (außer in der Muttermilch für den Säugling im ersten halben Lebensjahr). Die Vollwert-Ernährung als Ganzes gesehen ist auch in diesem Sinne vollwertig.

4.2 Vollwert-Ernährung als zeitgemäße Ernährungsform

Die Vollwert-Ernährung in ihrer heutigen Form hat den Anspruch einer zeitgemäßen Kostform. Auf verschiedenen Ebenen ist immer deutlicher zu erkennen, daß eine ausschließlich gesundheitsbezogene Bewertung heute nicht mehr ausreicht, um die vielfältigen Beziehungen unserer Ernährung vom Acker über Lagerung, Verarbeitung und Transport bis zum Teller und zur Mülldeponie zu beschreiben. Vielmehr ist eine **umfassende Betrachtung** notwendig, die auch ökologische und soziale Aspekte einbezieht. Auf diese Weise wurde eine ganzheitliche Konzeption einer zeitgemäßen Ernährungsweise entwickelt, die folgende Merkmale aufweist:

- geschmacklich überzeugend
- gesundheitlich wertvoll
- ökologisch notwendig
- sozial verträglich
- kulturell erwünscht
- ökonomisch machbar
- praktisch durchführbar.

Die Vollwert-Ernährung ist charakterisiert durch die gezielte Auswahl und Zubereitung der Lebensmittel. Pflanzliche Nahrungsmittel stehen im Mittelpunkt, dabei werden gering verarbeitete Lebensmittel bevorzugt. Dies sind vor allem Vollkornprodukte, Gemüse und Obst, Kartoffeln, Hülsenfrüchte sowie Milch und Milchprodukte; in geringen Mengen können auch Fleisch, Fisch und Eier verwendet werden. Von der Nahrungsmenge besteht etwa die Hälfte aus unerhitzter Frischkost.

Weitere „Vollwert“-orientierte Ernährungsformen, die sich ebenfalls vor allem auf BIRCHER-BENNER und KOLLATH berufen, wie die **Vollwertkost** nach BRUKER [12], die **Reformkost** [4, 5], die **Waerland-Kost** [95, 96], die **Evers-Diät** [37] und die **Schnitzer-Normal-**

kost [81] sind in ihren Empfehlungen zum Lebensmittelverzehr der Vollwert-Ernährung ebenfalls ähnlich, wenngleich teilweise unterschiedliche Schwerpunkte, Begründungen und zusätzliche Überlegungen eine Rolle spielen. Als alternative Ernährungsformen, die sich zwar auch, aber nicht in erster Linie am „Vollwert" der Nahrung, sondern vorwiegend an anderen Gesichtspunkten orientieren, sind zu nennen:

- die anthroposophisch orientierte Ernährungslehre nach STEINER [61, 79]
- die HAY-Trennkost [97]
- die Makrobiotik [2, 62].

Im folgenden werden die wichtigsten Aspekte der Vollwert-Ernährung erläutert. Einzelheiten zu vielen der hier angesprochenen Themen können dem Buch „Vollwert-Ernährung – Konzeption einer zeitgemäßen Ernährungsweise" entnommen werden [57].

Ökologische und soziale (d.h. soziokulturelle, ökonomische und politische) Aspekte gewinnen neben gesundheitlichen Fragen zunehmend an Bedeutung. Als Mißstände, zu denen das heutige Ernährungssystem beiträgt, gelten beispielsweise Umweltzerstörung, Energieverschwendung, Existenzbedrohung der Bauern und soziale Ungerechtigkeit besonders gegenüber den Menschen in den sog. Entwicklungsländern.

Der Begriff **Ernährungssystem** bezeichnet alle Bereiche, die an der Lebensmittelversorgung der Bevölkerung beteiligt sind: Erzeugung, Verarbeitung, Vermarktung (einschl. Transport), Zubereitung und Verzehr der Lebensmittel sowie die Entsorgung des Verpackungsmülls und der organischen Reste. Durch die Vernetzung dieser Bereiche kommt es bei jeder Handlung zu Rück- und Nebenwirkungen auf das Gesamtsystem, die es zu erkennen und bei nachteiligen Auswirkungen zu vermeiden gilt, so daß die Bedürfnisse aller Mitmenschen und die Anforderungen an eine intakte Umwelt erfüllt werden können.

Als relativ neues Wissenschaftsgebiet befaßt sich die **Ernährungsökologie** [68, 85] mit diesen erweiterten Aspekten der Ernährung. Die Vollwert-Ernährung ist die Umsetzung der Ernährungsökologie in die Praxis.

Die der Vollwert-Ernährung zugrundeliegenden drei Bezugssysteme sind der einzelne Mensch, die Umwelt und die Gesellschaft. Die Ansprüche einer zeitgemäßen Ernährungsweise sind dementsprechend Gesundheitsverträglichkeit, Umweltverträglichkeit und Sozialverträglichkeit (Abb. 4-1). Ziele der Vollwert-Ernährung sind: hohe Lebensqualität – insbesondere Gesundheit –, Schonung der Umwelt und Förderung der sozialen Gerechtigkeit weltweit.

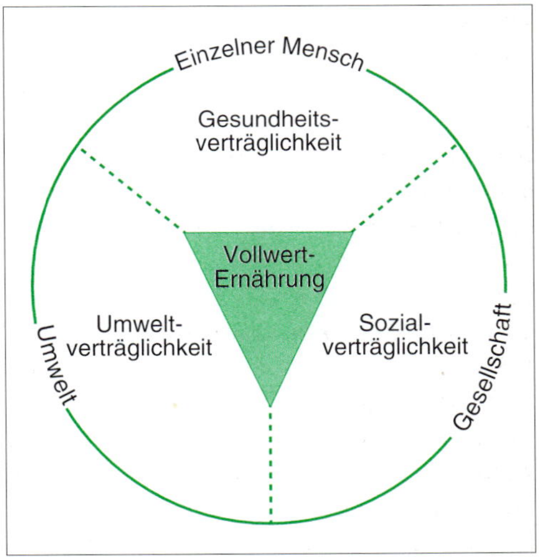

Abb. 4-1 Bezugssysteme und Ansprüche der Vollwert-Ernährung.

Um diesen Anforderungen möglichst gerecht zu werden, berücksichtigt die Konzeption der Vollwert-Ernährung die dargestellten komplexen Beziehungen bei den Empfehlungen für Einkauf und Zubereitung von Lebensmitteln. In diesem Sinne ist die Vollwert-Ernährung **ganzheitlich** und **zeitgemäß.**

Gesundheitsverträglichkeit. Neben dem Genuß und der Bedürfnisbefriedigung liegt die Bedeutung der Ernährung für den einzelnen

Menschen vor allem in ihrer Wirkung auf die individuelle Gesundheit. Eine sinnvoll zusammengestellte Ernährung, d.h. bedarfsgerechte Ernährung, ist für die Gesundheit eine wichtige Voraussetzung.
Die Gesundheitsverträglichkeit bezieht sich nicht nur auf körperliche Aspekte, sondern geht vom umfassenden Begriff der Gesundheit aus. Dieser wird von der WHO als ein Zustand angesehen, der vollständiges körperliches, geistiges und soziales Wohlergehen beinhaltet.
Ziele sind die Sicherung einer optimalen körperlichen und geistigen Entwicklung und Leistungsfähigkeit, die Optimierung der körpereigenen Kräfte sowie die Vorbeugung ernährungsabhängiger Krankheiten.
Es gilt, die wissenschaftlichen Kenntnisse über eine art- und bedarfsgerechte Ernährung umzusetzen. Dieses kann verwirklicht werden, da (zumindest in Industrieländern) genügend Nahrung und im allgemeinen die erforderliche Kaufkraft vorhanden sind.

Umweltverträglichkeit. Jede Ernährungsweise hat neben den gesundheitlichen Aspekten auch direkte oder indirekte Auswirkungen auf die Umwelt (ökologische Aspekte). Gleichzeitig wirkt der Zustand der Umwelt auch auf die Lebensmittelqualität und damit auf die Gesundheit des Menschen zurück. Die ökologische Bewertung einer Ernährungsweise umfaßt dabei u.a. den Energie- und Rohstoffverbrauch, die Schadstoffemissionen sowie die Müllentstehung in den einzelnen Teilbereichen des Ernährungssystems. Durch die konventionelle Landwirtschaft sowie „moderne" Lebens- und Konsumgewohnheiten kommt es zur Schadstoffbelastung von Boden, Wasser, Luft und Lebensmitteln und somit zu einer Gefährdung des gesamten Ökosystems. Die Umweltbelastung kann durch gesetzliche Auflagen für Industrie, Verkehr und Haushalte sowie insbesondere durch Förderung der ökologischen Landwirtschaft deutlich gesenkt werden.
Eine bewußte Ernährungsweise, d.h. die gezielte Auswahl umweltfreundlich erzeugter, verarbeiteter, vermarkteter und verpackter Lebensmittel, kann eine verminderte Umweltbelastung und einen geringeren Verbrauch an nicht erneuerbaren Ressourcen bewirken.

Sozialverträglichkeit. Auch zwischen dem Ernährungssystem und der Gesellschaft existieren Zusammenhänge – innerhalb der Gesellschaft und weltweit. Auf verschiedenen Ebenen gibt es soziale Ungerechtigkeiten – vor allem gegenüber Menschen in sog. Entwicklungsländern. Beispiele hierfür sind die Existenzbedrohung kleiner und mittlerer bäuerlicher Betriebe und die weltweit ungleichen Möglichkeiten des Nahrungserwerbs. Bei der gesellschaftlichen Bewertung unseres Ernährungssystems sind die Wirkungen auf diejenigen Menschen einzubeziehen, die in der Erzeugung, Verarbeitung, Vermarktung und Zubereitung von Lebensmitteln arbeiten oder die von den Nachteilen des (Welt-) Agrarhandels betroffen sind.
Eines der Ziele der Vollwert-Ernährung ist es, soziale Gerechtigkeit weltweit zu fördern: Dies bedeutet beispielsweise Befriedigung der Grundbedürfnisse nach Nahrung, Kleidung und Wohnung, angemessene Entlohnung durch faire Preise für Exportprodukte sowie Bildung und eigene Gestaltungsmöglichkeiten der Lebensverhältnisse für die Menschen in Entwicklungsländern.

Erweiterte Kategorien der Lebensmittelqualität

Im Sinne eines ganzheitlichen Anspruches an ein zeitgemäßes Ernährungssystem ist es sinnvoll, zusätzliche Kategorien der Lebensmittelqualität zu integrieren. Hierzu zählen neben den üblichen Teilbegriffen Genuß-, Gesundheits- und Eignungswert der psychologische, ökologische, soziokulturelle, ökonomische und politische Wert. Für viele Verbraucher ist der Gesundheitswert, d.h.

Tab. 4-1 Kriterien des Gesundheitswerts (aus [57]).

Wertgebende Inhaltsstoffe	Wertmindernde Inhaltsstoffe	Weitere Kriterien
Gehalt essentieller Nährstoffe	Fremdstoffe bzw. Schadstoffe	Reife und Frische
Gehalt gesundheitsfördernder Inhaltsstoffe (Ballaststoffe, sekundäre Pflanzenstoffe)	pathogene Keime	Sättigungswirkung
Dichte essentieller Nährstoffe (Nährstoffdichte)		Bekömmlichkeit
Hauptnährstoffe		Verträglichkeit
Energiegehalt, Energiedichte		Verdaulichkeit
		Bioverfügbarkeit

die ernährungsphysiologische Qualität, von besonderer Bedeutung. Er wird vorrangig über die Gesamtheit wertgebender bzw. wertmindernder Inhaltsstoffe beurteilt (Tab. 4-1).

Wertgebende Inhaltsstoffe

Zu den wertgebenden Inhaltsstoffen, die die Qualität der Nahrungsmittel positiv beeinflussen sowie die Gesundheit fördern, zählen:

- Die **essentiellen**, d.h. lebens- und zufuhrnotwendigen **Nährstoffe** beinhalten die Vitamine und Mineralstoffe, acht Aminosäuren sowie die Fettsäuren Linol- und Linolensäure (s. S. 103 ff.).
- Neben den essentiellen Nährstoffen gibt es jedoch eine Vielzahl von Nahrungsinhaltsstoffen, die an der Förderung von Gesundheit und Leistungsfähigkeit beteiligt sind. Zu diesen sog. gesundheitsfördernden Inhaltsstoffen zählen die **Ballaststoffe** und die **sekundären Pflanzenstoffe.** Die Ballaststoffe üben, anders als noch vor einigen Jahrzehnten angenommen, vielfältige günstige Wirkungen auf den Organismus aus. Die sekundären Pflanzenstoffe haben ebenfalls verschiedenste positive Effekte; sie wurden in der ernährungswissenschaftlichen Forschung jedoch lange vernachlässigt (s. S. 39 f.).

In jedem Falle ist es empfehlenswert, nicht nur die wissenschaftlich anerkannten essentiellen Substanzen mit der Nahrung zuzuführen, sondern auch die gesundheitsfördernden Inhaltsstoffe. Es ist nämlich problematisch, eine Grenze zwischen Leben und Gesundheit zu ziehen, d.h. durch Aufnahme der lebensnotwendigen Substanzen für das Leben zu sorgen, aber die Gesundheit weniger wichtig zu nehmen. Denn ein uneingeschränktes Leben, zu dem eine vernünftige Ernährung beitragen soll, ist ohne Gesundheit nicht möglich.

Wertmindernde Inhaltsstoffe

Neben den **Schadstoffen** zählen auch **Fremdstoffe,** Substanzen, die in der Nahrung natürlicherweise nicht vorkommen, sondern erst durch „fremde", meist menschliche Aktivitäten eingebracht werden, zu den wertmindernden Inhaltsstoffen. Schadstoffe sind in der Umwelt vorkommende Stoffe und können auf den Menschen, auf andere Lebewesen, auf Ökosysteme oder auch auf Sachgüter (z.B. Gebäude) schädlich wirken. Es werden verschiedene Kontaminationswege für Fremd- bzw. Schadstoffe unterschieden:

- natürliche Stoffe in Lebensmitteln (biogene Substanzen), z.B. Solanin in Nachtschattengewächsen

- Stoffe, die bei der Verarbeitung oder während der Lagerung von Lebensmitteln entstehen können, z.B. Nitrosamine, Aflatoxine
- Rückstände von Substanzen aus der bewußten Anwendung in der Landwirtschaft, z.B. Nitrat, Pestizide, Tierarzneimittel (s. S. 45 ff.)
- Umweltkontaminanten, die unbeabsichtigt beispielsweise aus Industrie, Haushalten und Verkehr in Lebensmittel gelangen, z.B. Schwermetalle, Schwefeldioxid, radioaktive Substanzen (s. S. 48 f.)
- Lebensmittelzusatzstoffe, die absichtlich den Lebensmitteln zugesetzt werden (s. S. 42 f.).

Hinsichtlich der **toxikologischen Bewertung** von Fremd- bzw. Schadstoffen ist entscheidend, ob sie (in den jeweils vorliegenden Konzentrationen) in der Lage sind, die menschliche Gesundheit zu gefährden. Hierbei ist nicht nur an eine eventuelle akute Toxizität zu denken, sondern auch an chronische, medizinisch nur schwer objektivierbare Wirkungen. Dazu zählen u.a. chronische Organschäden (z.B. von Niere, Leber oder Nervensystem) bei Einwirkung niedriger Schadstoffmengen über lange Zeit, Störungen des Immunsystems (z.B. Abwehrschwächen oder Allergien), Erbgutveränderungen (Mutagenese), Krebsentstehung (Kanzerogenese) und Schädigung des Embryos (Teratogenese). Wichtige Aspekte betreffen auch ihre Fähigkeit zur Anreicherung in den Organismen und in den Nahrungsketten (Bioakkumulation) sowie den Grad ihrer Abbaubarkeit (Degradation). Außerdem ist auch an die potentielle Wechselwirkung mit Nährstoffen zu denken.
Mit zunehmend verbesserten Analysemethoden und der Methoden zur Untersuchung schädigender Eigenschaften wurden Gesetze und Verordnungen erlassen, die maximale Emissionen und Immissionen sowie **Grenz-** und **Belastungswerte** festlegen (z.B. Höchstmengenverordnungen). Diese Vorgehensweise birgt jedoch grundlegende Probleme, die die Zuverlässigkeit toxikologischer Bewertungen hinsichtlich der Erkennung von Gefahrenpotentialen fraglich erscheinen lassen. Beispielsweise berücksichtigt die Lebensmitteltoxikologie fast immer nur die isolierte Wirkung von Einzelstoffen. Die synergistischen Wirkungen, d.h. das Zusammenwirken mehrerer, letztlich aller Fremd- bzw. Schadstoffe in Umwelt und/oder Organismus (= toxische Gesamtsituation) finden in den derzeitigen Bewertungskonzepten praktisch keine Berücksichtigung.
Auch artspezifische Empfindlichkeitsunterschiede oder individuelle Einflußfaktoren wie Geschlecht, Alter, genetische Faktoren und Grunderkrankungen werden nicht ausreichend berücksichtigt. Auch aus diesem Grunde ist die Übertragung von Tierversuchen auf den Menschen sehr problematisch.
Darüber hinaus werden im Rahmen der Lebensmittel- und Trinkwasserüberwachung immer nur einige wenige der tatsächlich vorhandenen Substanzen erfaßt. Der wirkungsvollste Weg, um die natürlichen Ressourcen und damit auch Luft, Wasser und Lebensmittel von potentiell gesundheitsschädigenden oder ökotoxischen Substanzen freizuhalten, ist letztendlich die Vermeidung ihrer Produktion und Freisetzung. Dies betrifft sowohl Agrochemikalien und Tierarzneimittel als auch Lebensmittelzusatzstoffe und anthropogene Kontaminanten, die aus individuellen oder kollektiven Quellen an die Umwelt abgegeben werden.

4.3 Grundsätze der Vollwert-Ernährung

Die Vollwert-Ernährung läßt sich als umfassende Konzeption nicht in wenigen Worten definieren. Eine **Definition** ist jedoch erforderlich und hilfreich:

Vollwert-Ernährung ist eine überwiegend lakto-vegetabile Ernährungsweise, bei der gering verarbeitete Lebensmittel

bevorzugt werden. Gesundheitlich wertvolle Lebensmittel sind Vollkornprodukte, Gemüse und Obst, Kartoffeln, Hülsenfrüchte sowie Milch und Milchprodukte, daneben können Fleisch, Fisch und Eier enthalten sein. Etwa die Hälfte der Nahrung besteht aus unerhitzter Frischkost. Die Zubereitung erfolgt schonend und mit wenig Fett aus frischen Lebensmitteln. Nahrungsmittel mit Zusatzstoffen werden vermieden.
Zusätzlich zur Gesundheitsverträglichkeit der Ernährung werden auch die Umwelt- und Sozialverträglichkeit des Ernährungssystems berücksichtigt. Das bedeutet unter anderem, möglichst ausschließlich Erzeugnisse aus anerkannt ökologischer Landwirtschaft zu verwenden sowie Erzeugnisse aus regionaler Herkunft und entsprechend der Jahreszeit zu bevorzugen. Weiterhin werden unverpackte oder umweltschonend verpackte Lebensmittel bevorzugt, die unter sozialverträglichen Bedingungen erzeugt und vermarktet werden (u.a. fairer Handel mit Entwicklungsländern).
Mit Vollwert-Ernährung sollen hohe Lebensqualität – besonders Gesundheit – Schonung der Umwelt und soziale Gerechtigkeit gefördert werden.

Aufgrund der dargestellten Ansprüche an eine gesundheits-, umwelt- und sozialverträgliche Ernährungsweise wurden die **zwölf Grundsätze der Vollwert-Ernährung** konzipiert:

- Bevorzugung pflanzlicher Lebensmittel (überwiegend lakto-vegetabile Ernährungsweise)
- Bevorzugung gering verarbeiteter Lebensmittel (Lebensmittel so natürlich wie möglich)
- Reichlicher Verzehr unerhitzter Frischkost (etwa die Hälfte der Nahrungsmenge)
- Zubereitung genußvoller Speisen aus frischen Lebensmitteln, schonend und mit wenig Fett
- Vermeidung von Nahrungsmitteln mit Zusatzstoffen
- Vermeidung von Nahrungsmitteln aus bestimmten Technologien (Gentechnik, Food Design, Lebensmittelbestrahlung)
- Möglichst ausschließliche Verwendung von Erzeugnissen aus anerkannt ökologischer Landwirtschaft (nach den Rahmenrichtlinien der AGÖL bzw. IFOAM)
- Bevorzugung von Erzeugnissen aus regionaler Herkunft und entsprechend der Jahreszeit
- Bevorzugung unverpackter oder umweltschonend verpackter Lebensmittel
- Vermeidung der allgemeinen Schadstoffemissionen sowie der Schadstoffaufnahme durch Verwendung umweltverträglicher Produkte und Technologien
- Verminderung von Veredelungsverlusten durch geringeren Verzehr tierischer Lebensmittel
- Bevorzugung landwirtschaftlicher Erzeugnisse, die unter sozialverträglichen Bedingungen erzeugt, verarbeitet und vermarktet werden (u.a. fairer Handel mit Entwicklungsländern).

Diesen Grundsätzen ist das Ziel übergeordnet, daß Essen schmecken und Freude machen soll. Aus diesem Grund gibt es in der Vollwert-Ernährung keine starren Regeln und Verbote. Vielmehr sind die Grundsätze als Empfehlungen zu verstehen (Angebote statt Gebote). Im folgenden werden die Grundsätze zur Vollwert-Ernährung näher ausgeführt.

Pflanzliche Lebensmittel

Wie in anderen Wohlstandsländern ist auch in Deutschland die derzeitige Ernährungssituation durch eine zu hohe Fett- und Proteinzufuhr sowie durch eine zu niedrige Aufnahme an komplexen Kohlenhydraten und Ballaststoffen gekennzeichnet. Da Kohlenhydrate fast nur in pflanzlichen Lebensmitteln vorkommen, hingegen tierische Lebensmittel häufig viel Fett und Protein enthalten, liegt es nahe, pflanzliche Lebensmittel in den Mittelpunkt der Ernährung zu stellen.

Lacto-ovo-vegetabile Kostformen (pflanzliche Kost mit Milchprodukten und Eiern) sind gesundheitlich deutlich vorteilhafter als eine Ernährung mit den derzeit üblichen Mengen an Fleisch, Wurst und Fisch. Dies konnte in zahlreichen wissenschaftlichen Studien sowie in klinischen Erfahrungen mit Vegetariern gezeigt werden [66]. Vegetarier haben durchschnittlich ein geringeres Körpergewicht als die Allgemeinbevölkerung (ohne dabei untergewichtig zu sein), weniger häufig hohen Blutdruck und haben ein geringeres Risiko, an Herz-Kreislauf-Erkrankungen, Krankheiten des Verdauungstraktes, Gicht und Nierenfunktionsstörungen zu erkranken.

Pflanzliche Lebensmittel haben in der Regel eine **hohe Nährstoffdichte,** d.h. ein günstiges Verhältnis von essentiellen Nährstoffen zur Nahrungsenergie. Dagegen enthalten tierische Lebensmittel erhebliche Mengen unerwünschter Inhaltsstoffe wie gesättigte Fettsäuren, Cholesterin und Purine.

Ferner befinden sich **gesundheitsfördernde Inhaltsstoffe** wie Ballaststoffe ausschließlich und sekundäre Pflanzenstoffe weitaus überwiegend in pflanzlichen Lebensmitteln. **Ballaststoffe** sorgen für erhöhte Speichelsekretion, höhere Sättigungswirkung, normalisierte Darmpassagezeit, niedrigere und gleichmäßigere Blutzuckerverläufe sowie verminderte Blutcholesterinspiegel.

Sekundäre Pflanzenstoffe sind Substanzen, die Pflanzen nicht im primären Stoffwechsel, sondern sekundär über verschiedene Stoffwechselwege aufbauen, z.B. Farb- und Aromastoffe. Die wichtigsten Gruppen sind Carotinoide, Phytosterine, Saponine, Flavonoide, Protease-Inhibitoren, schwefelhaltige Substanzen, Phenolsäuren und Monoterpene. Viele **sekundäre Pflanzenstoffe** finden bisher zu wenig Beachtung, obwohl sie vielfältige gesundheitsfördernde Wirkungen auf den Organismus ausüben können [100] (Tab. 4-2).

Eine für die Gesunderhaltung wünschenswert hohe Zufuhr von Ballaststoffen und sekundären Pflanzenstoffen gelingt nur mit einer überwiegend pflanzlichen, möglichst gering verarbeiteten Kost. Abgesehen von den gesundheitlichen Vorteilen trägt der geringere Verzehr tierischer Produkte zur Lösung bestimmter ökologischer und sozialer Probleme bei. Dies gilt beispielsweise für die Realisierung der ökologischen Landwirtschaft, für die derzeitige Verschwendung von pflanzlicher Nahrung bei der „Veredelung" zu tierischen Lebensmitteln und für die Problematik des Futtermittelimports aus Entwicklungsländern (s. S. 45 ff.).

Tab. 4-2 Gesundheitsfördernde Wirkungen von sekundären Pflanzenstoffen (aus [100]).

Unspezifische Wirkungen	Wirkung auf Laborparameter
antikanzerogen	reguliert den Blutdruck
antimikrobiell	senkt Cholesterinspiegel
antioxidativ	reguliert Blutglukosespiegel
antithrombotisch	
immunmodulierend	
entzündungshemmend	
verdauungsfördernd	

Gering verarbeitete Lebensmittel

Dieser Grundsatz stammt aus der antiken Welt des HIPPOKRATES und wurde im 20. Jh. insbesondere von BIRCHER-BENNER [10], KOLLATH [59], BRUKER [12] und ANEMUELLER [5] vertreten. KOLLATH geht davon aus, daß bei wenig verarbeiteten Lebensmitteln die Wahrscheinlichkeit am größten ist, daß alle für Leben, Gesundheit und Wohlbefinden notwendigen Inhaltsstoffe noch in vollem Umfang enthalten sind. Bei den meisten Verfahren der Lebensmittelverarbeitung werden wertvolle Inhaltsstoffe vermindert, zerstört oder abgetrennt, so daß die Nährstoffdichte herabgesetzt und die Energiedichte häufig erhöht wird. Typische Beispiele hierfür sind Vitaminverluste beim Erhitzen der Lebensmittel oder die Abtrennung essentieller und gesundheitsfördernder Inhaltsstoffe bei der Herstellung von Auszugsmehlen. Nur in Ausnahmefällen werden ernährungsphysiologisch wünschenswerte Inhaltsstoffe vermehrt, z.B. beim Ankeimen von Samen oder der Milchsäuregärung von Milch und Gemüse.

Die Orientierung an der **Naturbelassenheit** bzw. am **Verarbeitungsgrad** der Lebensmittel hat den entscheidenden Vorteil, daß Verbraucher dieses Prinzip leicht verstehen und anwenden können. Ohne komplizierte Nährstoffberechnungen werden sie in die Lage versetzt, sich bedarfsgerecht zu ernähren. Dies führt zu der Einteilung der Lebensmittel in Wertstufen (s. Tab. 4-8).

Dementsprechend sollten Lebensmittel nur in dem Maße verarbeitet werden, wie es zur Gewährleistung der gesundheitlichen Unbedenklichkeit sowie der Genußfähigkeit und Bekömmlichkeit erforderlich ist. Kartoffeln beispielsweise müssen erhitzt werden, damit die Stärke verkleistert und verdaulich wird. Ebenso sollten Hülsenfrüchte erhitzt werden, um toxische Inhaltsstoffe zu zerstören. Die meisten Lebensmittel, vor allem die pflanzlichen, können jedoch unverarbeitet oder wenig verarbeitet verzehrt werden.

Unverarbeitete oder gering verarbeitete Lebensmittel enthalten häufig auch weniger Fett als verarbeitete Lebensmittel und insbesondere als viele Fertigprodukte. Außerdem sind bei gering verarbeiteten Lebensmitteln keine Lebensmittelzusatzstoffe notwendig. Die geringere Lebensmittelverarbeitung kann zusätzlich der Forderung nach einer Verminderung des Primärenergieverbrauchs gerecht werden (s. S. 49).

Unerhitzte Frischkost

Zur Frischkost (Rohkost) zählen alle in unerhitzter Form verzehrfähigen und genießbaren pflanzlichen und teilweise auch tierischen Lebensmittel. Es wird empfohlen, etwa die Hälfte der Nahrungsmenge als unerhitzte Frischkost zu verzehren (Abb. 4-2).

Für empfindlichere oder ältere Menschen kann auch ein geringerer Anteil an Frischkost empfehlenswert sein. Dies läßt sich umsetzen, indem z.B. morgens ein Frischkornmüsli mit Früchten und Nüssen bzw. Samen sowie

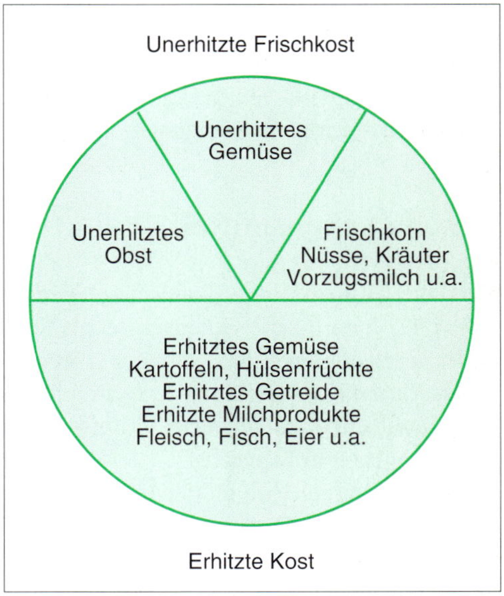

Abb. 4-2 Empfehlungen zur Aufteilung von unerhitzter Frischkost und erhitzter Kost.

Vorzugsmilch verzehrt wird. Mittags und abends bieten sich Salate aus frischem Gemüse und Obst in allen Variationen an (auch in milchsaurer Form, sofern unerhitzt). Auch als Zwischenmahlzeit eignen sich hervorragend frisches Obst und Gemüse sowie Nüsse. Unerhitzte Frischkost bietet gegenüber erhitzter Kost zahlreiche **Vorzüge.**

Durch die Frischkost werden alle in den Lebensmitteln enthaltenen essentiellen und gesundheitsfördernden Inhaltsstoffe in ursprünglich vorhandener Menge zugeführt, da sie nicht durch Hitzeeinwirkung oder Auslaugen ins Kochwasser vermindert werden. Dies gilt auch für die sekundären Pflanzenstoffe, die teilweise flüchtig, hitzelabil oder oxidationsempfindlich sind. Auch die Ballaststoffe haben in unerhitzter Form eine stärkere Wirksamkeit als nach Erhitzung.

Unerhitzte Frischkost intensiviert das Kauen, wirkt dadurch positiv auf Zähne und Zahnfleisch und verstärkt das Einspeicheln. Intensives Kauen führt auch zu einer höheren Sättigungswirkung, da im gleichen Zeitraum weniger Nahrungsenergie aufgenommen werden kann und die physiologischen Sättigungsmechanismen erst eine gewisse Zeit nach Verzehrbeginn wirksam werden. Besonders wenn die Frischkost als Vorspeise (oder auch als komplette Mahlzeit) verzehrt wird, entsteht frühzeitig ein Sättigungsgefühl.

Frische Lebensmittel

Für die Zubereitung wohlschmeckender Speisen sollten frische Lebensmittel als Rohware verwendet werden, um einen Werteverlust durch Konservierung zu meiden. Dies beinhaltet auch sachgerecht aufbewahrtes Lagergemüse und Lagerobst.

Voraussetzung für eine möglichst weitgehende Erhaltung des Eigengeschmacks und der wertgebenden Inhaltsstoffe ist die schonende Zubereitung der Speisen. Besonders schonend ist die rein mechanische Bearbeitung ohne Hitzeanwendung (Frischkost). Wenn Gemüse gegart werden soll, führt möglichst kurzes Dünsten mit wenig Wasser zu den geringsten Nährstoffverlusten. Fett sollte nur sehr sparsam eingesetzt werden, um die Gesamtfettaufnahme niedrig zu halten. Für Salatsaucen bieten sich beispielsweise Dickmilch oder Joghurt statt saurer Sahne und Öl an.

Nahrungsmittel mit Zusatzstoffen

Lebensmittelzusatzstoffe haben u.a. die Aufgabe, sensorische Eigenschaften von Lebensmitteln zu beeinflussen, den Gehalt an bestimmten Inhaltsstoffen zu erhöhen (z.B. Vitamine), die Haltbarkeit zu verlängern oder technische Prozesse der Lebensmittelverarbeitung zu vereinfachen bzw. überhaupt erst zu ermöglichen. Nicht alle Zusatzstoffe unterliegen einer Kennzeichnungspflicht.

Trotz gesetzlicher Regelungen und erforderlicher Zulassung durch das Bundesinstitut für gesundheitlichen Verbraucherschutz und Veterinärmedizin können **gesundheitliche Risiken** nicht ausgeschlossen werden. So wurden beispielsweise einige Konservierungsstoffe (Propionsäure, Salicylsäure, Borsäure und Hexamethylentetramin) zunächst zugelassen und nach einigen Jahren aufgrund später festgestellter toxikologischer Wirkung wieder verboten. Die bestehende Unsicherheit bei Lebensmittelzusatzstoffen ist auch daran erkennbar, daß bestimmte Zusatzstoffe in Deutschland erlaubt, in anderen Ländern jedoch verboten sind – und umgekehrt.

Da die für Lebensmittelzusatzstoffe festgelegten AID-Werte (acceptable daily intake = duldbare Tagesaufnahme) nur jeweils für einen einzelnen Zusatzstoff gelten, bleiben die potentiell schädlichen Wechselwirkungen mehrerer Zusatzstoffe untereinander sowie von Zusatzstoffen und Schadstoffen bisher unberücksichtigt [6]. Alle möglichen Quellen zusätzlicher Belastungen sollten angesichts der toxischen Gesamtsituation reduziert bzw. vermieden werden. Außerdem stellt sich

prinzipiell die Frage, ob Lebensmittelzusatzstoffe, insbesondere Farb- und Aromastoffe, überhaupt „notwendig" sind.
Kritiker warnen vor einer möglichen Verbrauchertäuschung durch den Einsatz von Zusatzstoffen [6, 53], denn durch die „sensorische Normierung" läuft der Lebensmittelsektor Gefahr, daß jede Abweichung vom gewohnten Geschmack oder von einer Produktfarbe nicht mehr akzeptiert wird. Bereits heute werden natürliche Lebensmittel teilweise so verfremdet, daß ihr Ursprung nicht mehr oder kaum noch erkennbar ist (s. S. 48). Die vielfältigen Geschmackserlebnisse, die naturbelassene Nahrungsmittel bieten, werden verlernt und durch künstliche Reize ersetzt. So wird z.B. „erwartet", daß Vanillepudding nach dem künstlichen Vanillin schmeckt und eine gelbe Farbe besitzt – obwohl Vanille nicht gelb, sondern schwarz ist.
In der Vollwert-Ernährung ist die Verwendung von Lebensmittelzusatzstoffen nicht erforderlich, da überwiegend frisch verarbeitete Grundnahrungsmittel und keine Fertigprodukte verwendet werden.

Nahrungsmittel aus bestimmten Technologien

Die Verbraucher werden im Rahmen des Europäischen Binnenmarktes mit neuartigen Lebensmitteln und Lebensmittelzutaten konfrontiert: Dabei handelt es sich in erster Linie um:

- gentechnisch hergestellte Lebensmittel, Zusatz- und Hilfsstoffe
- gentechnisch veränderte Pflanzen und Tiere
- chemisch modifizierte oder neu synthetisierte Zutaten und Produkte (wie Fettersatzstoffe oder Einzellerprotein).

Derartige Produkte werden unter dem Begriff **Novel Food** zusammengefaßt. Mit deren steigender Produktion und industrieller Verarbeitung gewinnt das sog. **Food Design** an Bedeutung, d.h. die Komposition neuartiger Produkte aus isolierten pflanzlichen bzw. tierischen Rohstoffen sowie Hilfs- und Zusatzstoffen. Außerdem wird innerhalb der EU über eine Lebensmittelbestrahlung diskutiert. Die genannten Technologien werden zur Erzeugung oder Verarbeitung von Lebensmitteln in der Vollwert-Ernährung abgelehnt, denn ihr Nutzen ist fragwürdig und die potentiellen Risiken ihrer Anwendung für Gesundheit, Umwelt und Gesellschaft sind noch nicht befriedigend geklärt.

Gentechnisch veränderte Lebensmittel

Die Neukombination genetischen Materials beinhaltet unabwägbare Gefahrenpotentiale für die Gesundheit. Zwar ist das genetische Material, das infolge eines Gentransfers in Zellen eingebracht wird, im Regelfall genau decodiert; nicht näher bekannt ist jedoch zumeist das Erbmaterial des Zielorganismus, in den es eingeschleust wird. Durch diesen Geneingriff können daher völlig neue, unvorhergesehene Stoffwechselwege induziert werden, so daß die Synthese gesundheitsschädlicher Substanzen generell möglich ist [21].
Ebenso ist denkbar, daß durch Genaustausch zwischen „harmlosen" gentechnisch veränderten Mikroorganismen und Darmbakterien des Menschen toxische Stoffe oder pathogene Mikroorganismen entstehen können [42].
Werden mit Hilfe gentechnisch veränderter Mikroorganismen isolierte Inhaltsstoffe (Enzyme, Aminosäuren u.a.) erzeugt, ist es möglich, daß außer den gewünschten Stoffen auch toxische oder allergene Begleitstoffe produziert werden, die nicht vollständig aus dem gewünschten Endprodukt entfernt werden können [88].
Die Freisetzung veränderter Gene in ein Ökosystem wiederum birgt ein nicht einschätzbares **Potential** für ungewollte und unkontrollierbare **genetische Neukombinationen.** Im Gegensatz zur Großfermentation gibt es für die Freisetzung gentechnisch ver-

änderter Organismen keine langjährige oder übertragbare Sicherheitsforschung und -erfahrung und nur eine eingeschränkte Prognostizierbarkeit und Kontrollierbarkeit der Auswirkungen [21]. Die Rückholung einmal freigesetzter Gene ist praktisch unmöglich, zumal der Austausch von Genen in der Natur mit viel höherer Effizienz erfolgt als unter Laborbedingungen [42].

Multinationale Biotechnologie-Konzerne konzentrieren ihre Forschungs- und Entwicklungsarbeit u.a. darauf, die traditionell in sog. Entwicklungsländern erfolgende Produktion weltwirtschaftlich bedeutender Rohstoffe, wie Zuckerersatzstoffe (z.B. Glucosesirup), Vanille oder Kakao, durch bio- bzw. gentechnische Produktionsverfahren in Industrieländern zu ersetzen [47]. Einschneidende Einkommensverluste für die Entwicklungsländer und damit die Verschärfung der Schulden- und Armutskrise wären die Folgen (s. S. 50 f.).

Aber auch in den Industrieländern werden die Landwirte voraussichtlich weiter an Bedeutung verlieren und noch stärker als bisher in die Abhängigkeit der Saatgut-, Lebensmittel- und Pharmaindustrie geraten, wenn sie künftig Rohstoffe erzeugen müssen, die auf gentechnischem Wege den Qualitätsansprüchen der Lebensmittelindustrie angepaßt sind.

Die Anwendung der Gentechnik im Lebensmittelbereich ermöglicht eine rationellere, kostengünstigere und effektivere Erzeugung und Verarbeitung von Lebensmitteln. Der Nutzen für die Verbraucher ist jedoch fragwürdig, da die Gentechnik u.a. den Trend zu **stark verarbeiteten Produkten** verstärkt. Angesichts der potentiellen Risiken ist eine prinzipielle Nichtanwendung gentechnischer Verfahren bei der Erzeugung und Verarbeitung von Lebensmitteln zu fordern. Da ein Verbot heute jedoch nicht mehr durchsetzbar erscheint, wird für alle Produkte, die mit Hilfe gentechnischer Verfahren hergestellt wurden, zumindest eine Kennzeichnungspflicht gefordert. Nach Ansicht der Verbraucher- und Umweltverbände sind die gesetzlichen Regelungen zu gentechnisch erzeugten Lebensmitteln und Lebensmittelzutaten völlig unzureichend [6, 24, 52, 93].

Food Design und Novel Food

Food Design ist die Zusammenstellung neuartiger Produkte aus normierten pflanzlichen oder tierischen Rohstoffen. Dabei werden Hilfs- und Zusatzstoffe so eingesetzt, daß durch die Komposition von optischen Eindrücken, Geschmacks- und Geruchsreizen sowie Temperatur- und Konsistenzeigenschaften bestimmte „Eßerlebnisse“ beim Verbraucher ausgelöst werden [94]. Die Einsatzgebiete für Food Design reichen vom Snack- und Süßwarenbereich (Chips, Kräcker, Riegel u.a.) über die Entwicklung von Diät- und „Light“-Produkten (Erfrischungsgetränke, Fruchtquarks u.a.) bis hin zur Herstellung von Milch-, Käse-, Butter- und Fleischimitaten (Kaffeeweißer, Formfleisch u.a.). Eine weitere Anwendungsmöglichkeit des Food Design besteht darin, Produkte, die bisher als Abfall entsorgt werden mußten, zu „hochwertigen“ Nahrungsbestandteilen aufzuarbeiten.

Ob Food Design zu einer Verbesserung der Lebensmittelqualität führt, darf bezweifelt werden, denn Food Design ist durch die Verwendung von Rohstoffen gekennzeichnet, die in der Regel hochverarbeitet sind, so daß essentielle Nährstoffe verändert werden oder verlorengehen. Gleichzeitig ist davon auszugehen, daß bei bestimmten Produktgruppen eine Vielzahl von Zusatzstoffen und technischen Hilfsstoffen eingesetzt werden (s. S. 48).

Bestrahlte Lebensmittel

Die Bestrahlung von Lebensmitteln mit ionisierenden Strahlen ist ein physikalisches Verfahren zur Haltbarmachung von Lebensmitteln. Als Strahlungsquelle wird heute überwiegend das Radioisotop Kobalt-60 verwendet, das bei seinem radioaktiven Zerfall Gamma-Strahlen abgibt [30]. In Deutschland gilt seit 1960 ein generelles Verbot für die Bestrahlung von Lebensmitteln. Im Zuge der Rechtsangleichung innerhalb der EU ist allerdings mit einer auf einzelne Lebensmittel beschränkten Zulassung zu rechnen, die dann mit einer Kennzeichnung einhergehen soll (Stand 1996).

Nach Aussage der Weltgesundheitsorganisation sind Lebensmittel, die mit einer Strahlungsdosis von bis zu 10 kGy bestrahlt wurden, in toxikologischer, ernährungsphysiologischer und mikrobiologischer Hinsicht annehmbar [102]. Diese gesundheitliche Bewertung wird allerdings von verschiedenen Wissenschaftlern angezweifelt. EDER et al. [19] fordern weitere Forschungen hinsichtlich der Mutagenität und Kanzerogenität bestrahlter Nahrung. PFEILSTICKER [76], MURRAY [72] und TRITSCH [90] führen eine Vielzahl von wissenschaftlichen Untersuchungen an, die sowohl inhaltlich als auch methodisch die Aussagen und Begründungen der WHO in Frage stellen. Die Gegenargumente können hier nur kurz angedeutet werden:

- selektive Abtötung von Mikroorganismen – Toxinbildner können unerkannt überleben
- Verminderung der ernährungsphysiologischen Qualität, besonders bei Fetten und Vitaminen
- Möglichkeit der Verbrauchertäuschung, da wirkliche Frische nicht erkennbar ist
- Notwendigkeit der Bestrahlung umstritten, da Alternativverfahren existieren
- zusätzliche radioaktive Belastung der Umwelt.

Erzeugnisse aus anerkannt ökologischer Landwirtschaft

Hiermit werden in erster Linie die Probleme der konventionellen Landwirtschaft in Industrie- und Entwicklungsländern angesprochen (z.B. Schadstoffeintrag in Luft, Boden und Wasser, Erosion und Verdichtung der Böden, Artendezimierung bei Pflanzen und Tieren, Unterbrechung natürlicher Kreisläufe, hoher Energie- und Ressourcenverbrauch). Hinzu kommt die mögliche Schadstoffbelastung von Lebensmitteln (z.B. Rückstände von Pestiziden, Wachstumsregulatoren und Tierarzneimitteln, Nitratbelastung im Trinkwasser).

Aber nicht „nur" die mangelnde Umwelt- und Gesundheitsverträglichkeit vieler konventionell erzeugter Lebensmittel trifft verstärkt auf Kritik, sondern auch der häufig wenig ausgeprägte Eigengeschmack, z.B. bei Tomaten oder Karotten. Gerade Spitzenköche und Feinschmecker schätzen aus Geschmacksgründen Erzeugnisse aus ökologischem Anbau bzw. aus artgerechter Tierhaltung.

In Deutschland gibt es zur Zeit (1997) neun Verbände der ökologischen Landwirtschaft, die in der **Arbeitsgemeinschaft ökologischer Landbau** (AGÖL) organisiert sind (Tab. 4-3). Die „Rahmenrichtlinien zum ökologischen Landbau" stellen die gemeinsame Grundlage dar. Diese **Richtlinien** verbieten auf der gesamten Fläche eines ökologisch bewirtschafteten Betriebes u.a. die Verwendung von:

- chemisch-synthetischen Pestiziden (Herbiziden, Insektiziden, Fungiziden usw.)
- mineralischen Stickstoffdüngern und sonstigen leicht löslichen Mineraldüngern
- chemisch-synthetischen Wachstumsregulatoren
- Futtermitteln aus sog. Entwicklungsländern
- Tierarzneimitteln als Futterzusätze
- Tieren mit genmanipuliertem Erbgut (auch Embryonentransfer).

Weitere **Grundsätze** der ökologischen Landwirtschaft sind u.a.:

- Erhaltung und Förderung der Bodenfruchtbarkeit mit organischem Düngematerial aus dem Betrieb
- Auswahl standortangepaßter Arten und Sorten

Tab. 4-3 Anerkannte Verbände der ökologischen Landwirtschaft in Deutschland (Stand 1. 1. 1997).

ArbeitsGemeinschaft Ökologischer Landbau · Brandschneise 1 · D-64295 Darmstadt
Telefon: 06155/2081 · Telefax: 06155/2083 · e-mail: AGOEL@t-online.de

Schutzzeichen der Mitgliedsverbände	Gründungsjahr	Anbaufläche in Hektar	Anzahl der Betriebe	Adresse
demeter	1924	46251	1303	Demeter-Bund e.V. Brandschneise 2 64295 Darmstadt Telefon: 06155/8469-0 Telefax: 06155/8469-11
Bioland ÖKOLOGISCHER LANDBAU	1971	102542	3036	Bioland e.V. Postfach 208 73002 Göppingen Telefon: 07161/910120 Telefax: 07161/910127
BIO KREIS e.V.	1979	3022	178	Biokreis Ostbayern e. V. Heiliggeist-/Ecke Hennengasse 94032 Passau Telefon: 0851/32333 Telefax: 0851/32332
Naturland	1982	43090	943	Naturland-Verband für naturgemäßen Landbau e.V. Kleinhaderner Weg 1 82166 Gräfelfing Telefon: 089/8545071 Telefax: 089/855974
ANOG	1962	3879	102	ANOG e.V. Pützchens Chaussee 60 53227 Bonn Telefon: 0228/461262 Telefax: 0228/461558
ECO VIN	1985	871	208	Bundesverband Ökologischer Weinbau e.V. (BÖW) Zuckerberg 19 55276 Oppenheim Telefon: 06133/1640 Telefax: 06133/1609
Gäa ÖKOLOGISCHER LANDBAU	1989	26535	212	Gäa e.V. – Vereinigung Ökologischer Landbau Plauenscher Ring 40 01187 Dresden Telefon und Telefax: 0351/4012389

Tab. 4-3 Fortsetzung

Schutzzeichen der Mitgliedsverbände	Gründungsjahr	Anbaufläche in Hektar	Anzahl der Betriebe	Adresse
ÖKOSIEGEL	1988	1444	21	Ökosiegel e.V. Fischerweg 8 31787 Hameln Telefon und Telefax: 05151/959699
ÖKOLOGISCHER LANDBAU BIOPARK	1991	106546	467	Biopark e.V. Zarchlinerstr. 1 19395 Karow Telefon: 038738/70309 Telefax: 038738/70343

- vielseitige Fruchtfolge
- Erzeugung gesunder Pflanzen- und Tierbestände (artgerechte Tierhaltung)
- an die Betriebsfläche gebundener Nutztierbestand
- geringstmöglicher Verbrauch nicht erneuerbarer Energie- und Rohstoffvorräte
- Pflege und Erhaltung der Kulturlandschaft.

Die einzelnen Verbände haben darüber hinaus eigene Erzeugungsrichtlinien, die teilweise noch strenger gefaßt sind. Auf internationaler Ebene gibt es Richtlinien, die von der **International Federation of Organic Agriculture Movements (IFOAM)** herausgegeben werden. Die Einhaltung der genannten Richtlinien wird in jedem Betrieb verbandsintern überprüft. Nur wenn alle Vorschriften eingehalten werden, darf ein ökologisch bewirtschafteter Betrieb seine Produkte unter dem geschützten Warenzeichen vermarkten.
Seit 1993 definiert für das Gebiet der EU die **EG-Öko-Kennzeichnungs-Verordnung,** unter welchen Bedingungen ein landwirtschaftliches Erzeugnis produziert und kontrolliert werden muß, damit es als „Erzeugnis aus ökologischer Landwirtschaft" angeboten werden darf. Sie umfaßt bisher nur pflanzliche Produkte (Stand 1997). Die Anforderungen der AGÖL-Verbände gehen u.a. bezüglich der Gesamtbetriebsumstellung und der Einbeziehung der tierischen Erzeugung deutlich über die EU-Öko-Verordnung hinaus.
Aufgrund der allgemeinen **Schadstoffsituation** ist nicht zu verhindern, daß auch ökologisch erzeugte Produkte Umweltkontaminanten (z.B. Schwermetalle, Schwefeldioxid, Radioaktivität) aus der Luft oder dem Regenwasser aufnehmen oder daß Pestizide von benachbarten Äckern auf ökologisch bewirtschaftete Flächen verwehen. Jedoch werden in der ökologischen Landwirtschaft keine chemischen Substanzen eingesetzt, die zu Rückstandsbelastungen führen können.
Bewußt handelnde Verbraucher, die die Notwendigkeit erkennen, neben dem Streben nach ihrer eigenen Gesundheit auch einen Beitrag zum Umweltschutz zu leisten, können dies durch den Erwerb von Erzeugnissen aus ökologischer Landwirtschaft erreichen.
Der teilweise deutlich **höhere Preis** von ökologisch erzeugten Lebensmitteln hat komplexe Ursachen. Der Preisanstieg für Lebensmittel nach dem Zweiten Weltkrieg war in Relation zu sonstigen Preissteigerungen u.a. deshalb so gering, weil eine Industrialisierung der landwirtschaftlichen Produktion massiv vorangetrieben wurde, die ökonomischen Zielsetzungen den Vorrang vor allen anderen Zielen einräumte (z.B. Sicherung bäuerlicher

Existenzen, Erhaltung stabiler Ökosysteme, Vermeidung von Schadstoffeintrag, artgerechte Nutztierhaltung). Betriebe, die in der ökologischen Landwirtschaft sowie im Lebensmittelhandwerk und -handel nicht nach diesem einseitig ökonomischen Prinzip wirtschaften, haben bei einem weitaus höheren Einsatz an menschlicher Arbeitskraft meist geringere Erträge und Mengenumsätze als konventionelle Betriebe. Auch die Vermarktungsstrukturen für ökologisch erzeugte Produkte sind bislang noch unzureichend. Auf der anderen Seite können „billig" erzeugte konventionelle Lebensmittel langfristig gesehen ökologisch und sozial teuer zu stehen kommen.

Saisonale und regionale Produkte

Das Nahrungsmittelangebot in Supermärkten ist heute relativ konstant. Dies ist nur möglich, weil die Lebensmittel größtenteils nicht mehr aus der umliegenden Region stammen und vielfach auch nicht der jeweiligen Jahreszeit entsprechen. Diese Tatsache führt zu einem umfangreichen **Transportverkehr.**

Die weitaus größte Menge der Lebens- und Futtermittel wird in Deutschland mit LKWs transportiert (80%). Die Bahn steuert lediglich 6%, die Schiffahrt 13% bei [14]. Transporte erfordern große Mengen an Energie und verursachen Schadstoffemissionen und Lärmbelastungen sowie zusätzliche Kosten. Dabei ist der Gütertransport auf der Schiene wesentlich weniger energieaufwendig und mit viel geringeren Emissionen verbunden als der auf der Straße. Dennoch werden immer mehr Transporte auf LKWs verlagert, u.a. weil die Aufwendungen für dadurch verursachte Umweltschäden bisher nicht bei den Transportkosten berücksichtigt werden.

Ein Mittel zur langfristigen Verminderung dieser Transporte ist die Bevorzugung von Lebensmitteln aus **regionalen Anbaugebieten.** Auch die Direktvermarktung (vom Erzeuger ohne Zwischenhandel direkt an die Verbraucher) ist zu unterstützen, da sie zur Existenzsicherung heimischer kleiner und mittlerer landwirtschaftlicher Betriebe und damit zur Erhaltung der bäuerlich geprägten Kulturlandschaft sowie zur Vermeidung von Verpackungen beiträgt.

Aus ökologischen Gründen sollte die Auswahl von Gemüse und Obst **entsprechend der Jahreszeit** erfolgen, indem beispielsweise kein grüner Salat und keine Tomaten aus Treibhausanbau verwendet werden, weil dies einen hohen Energieeinsatz zum Heizen erfordert. Außerdem entstehen beim Treibhausanbau große Mengen an Müll (z.B. Plastikfolien und Basaltwolle). Ferner weisen Erzeugnisse aus Treibhaus- oder Folienanbau wegen mangelnder Sonnenlichteinstrahlung höhere Nitratgehalte auf als saisongerecht im Freiland gereiftes Gemüse und Obst. Darüber hinaus ist wegen der intensiven Anbauform teilweise ein vermehrter Pestizideinsatz erforderlich. Im Winter sollten deshalb winterharte Gemüse wie Feldsalat oder Grünkohl sowie lagerfähige Gemüse- und Obstsorten bevorzugt werden, z.B. Kohl, Möhren, Rote Bete, Lauch, Sellerie und Sauerkraut bzw. Äpfel und Birnen.

Unverpackte oder umweltschonend verpackte Lebensmittel

Nur durch die Vermeidung bzw. Verminderung der allgemeinen Umweltbelastung durch Emissionen in allen gesellschaftlichen Bereichen kann das Problem der kontinuierlichen Schadstoffaufnahme grundlegend gelöst werden. Dies betrifft Haushalte, Verkehr, Handwerk, Industrie und Landwirtschaft. Die an die Umwelt abgegebenen Substanzen finden sich teilweise als **Umweltkontamination** in Luft, in Lebens- und Futtermitteln sowie im Trinkwasser wieder und können zu einer gesundheitlichen Gefährdung für Pflanzen, Tiere und Menschen werden. Insofern betrifft dieser Grundsatz nicht nur den Ernährungs-

bereich. Zusätzlich zur Schadstoffverminderung wird die Reduzierung des Energie- und Rohstoffverbrauchs angestrebt.
Jeder Verbraucher kann sich zum Kauf umweltfreundlicher Produkte entscheiden, um auf diese Weise mitzubestimmen, daß Produkte mit möglichst wenig Energie- und Rohstoffaufwand sowie geringen Schadstoffemissionen hergestellt werden (Mehrwegverpackungen, Umweltschutzpapier, umweltverträgliche Wasch- und Reinigungsmittel usw.). Entsprechendes gilt für den Kauf von Haushaltsgeräten, die sich etwa durch einen möglichst niedrigen Energie- und Wasserverbrauch auszeichnen.
Bereits entwickelte **umweltverträgliche Technologien** (z.B. Wasser- und Windmühlen zum Getreidemahlen, Solartechnik zur Wärme- und Energieerzeugung, Gütertransporte und Personenverkehr mit der Bahn, Müllvermeidungskonzepte) sollten flächendeckend eingesetzt werden. Die Entwicklung weiterer ökologisch verträglicher Verfahren ist mit hoher Priorität zu fördern. Was unsere Ernährungsweise betrifft, sollte eine möglichst energiesparende und ressourcenschonende Erzeugung, Verarbeitung, Vermarktung und Zubereitung der Lebensmittel erfolgen. So weist im Bereich der Lebensmittelverarbeitung die Zucker- und Süßwarenindustrie den weitaus höchsten Primärenergieverbrauch im produzierenden Ernährungsgewerbe auf [86]. Verfahren, die sehr energie- und rohstoffaufwendig sind (z.B. die Hitze- und Gefrierkonservierung), sollten sparsam eingesetzt werden. Erforderliche Erhitzungsprozessse bei der Verarbeitung und Zubereitung der Lebensmittel sollten zur Energieeinsparung möglichst kurz erfolgen.
Hausmüll ist maßgeblich für die aktuellen Umweltprobleme verantwortlich. Etwa die Hälfte des Hausmüll-Volumens bzw. etwa 30% des Hausmüll-Gewichts sind **Verpackungen.** Der Verpackungsanteil besteht wiederum zu etwa 90% des Gewichts aus Verpackungen von Lebensmitteln [92]. Glas nimmt unter den Packstoffen im Lebensmittelsektor den ersten Rang ein, gefolgt von Papier und Pappe, Metallen sowie Kunststoffen. Den größten Anteil am Verpackungsaufwand erfordern Getränke sowie Obst und Gemüse [92].
Weder durch Deponien noch durch Verbrennen oder Wiederverwertung des Mülls wird die Ressourcenverschwendung bei der Herstellung der Verpackungen unterbunden. Vielmehr sollte ein Anreiz der **Müllvermeidung** bzw. zum verstärkten Einsatz von Mehrwegverpackungen geschaffen werden. Die meisten der in der Vollwert-Ernährung bevorzugten Lebensmittel können unverpackt oder ohne aufwendige Verpackungen gehandelt werden, beispielsweise in mehrfach verwendbaren Tüten oder Säcken für Getreide, Gemüse, Obst, Kartoffel und Hülsenfrüchte sowie Pfandgläsern für Milchprodukte.

Geringer Verzehr tierischer Lebensmittel

Etwa 64% des in Deutschland geernteten Getreides werden in der Tierfütterung verwendet [86]. Insbesondere Getreide und Hülsenfrüchte (vor allem Sojabohnen) könnten auch direkt der menschlichen Ernährung dienen, anstelle zur Produktion von Fleisch, Milch und Eiern eingesetzt zu werden.
Diese große Verschwendung ist besonders gegenüber den zahlreichen hungernden Menschen in den sog. Entwicklungsländern nicht zu verantworten, denn bei der Umwandlung zu tierischen Produkten gehen durchschnittlich 65–90% der Nahrungsenergie und des Proteins pflanzlicher Futtermittel verloren, d.h., nur etwa 10–35% der eingesetzten Futtermittel bleiben in Form tierischer Produkte erhalten [87]. Von der gleichen Ackerfläche könnten sehr viel mehr Menschen ernährt werden, wenn die darauf angebaute Nahrung nicht für die Erzeugung tierischer Produkte ver(sch)wendet würde. Eine Lösung des Welternährungsproblems ist aus diesem

Grund bei einem hohen Anteil tierischer Lebensmittel praktisch nicht möglich.
Neben den **sozialen Problemen** durch Veredelungsverluste entstehen bei der Massentierhaltung auch immense **Umweltprobleme,** z.B. durch die Beseitigung der Gülle, die Geruchsbelästigung und die vermeintliche Notwendigkeit zum noch intensiveren Futtermittelanbau.
Die negativen Auswirkungen der Viehhaltung auf das **Klima** beschreibt die Enquete-Kommission „Schutz der Erdatmosphäre" [32]: „Die Landwirtschaft trägt weltweit und zum Teil in erheblichem Umfang zur Emission von treibhauswirksamen Spurengasen bei", v.a. Methan, Distickstoffoxid und Kohlendioxid. Diese stammen in erster Linie aus dem Naßreisanbau, der Biomasse-Verbrennung und der Tierhaltung. „Intensive (Massen-)Tierhaltung (...) hat maximale Methanbildungsraten zur Folge. In Energiebilanzmessungen wurde festgestellt, daß bis zu 12% der Futterenergie in Form von Methan verlorengingen. In der Bundesrepublik Deutschland liegen in der Anpassung der Tierfütterung, der Verringerung der Stückzahlen und der Massentierhaltung Ansatzpunkte für eine Reduzierung der Methan-Emissionen." [32]

Erzeugnisse aus sozialverträglicher Produktion und Vermarktung

Der Handel mit landwirtschaftlichen Erzeugnissen ist uralt. Standortfaktoren wie die jeweiligen Boden- und Klimaverhältnisse in den einzelnen Regionen sind kaum zu beeinflussen. Die Lohnkosten dagegen sind weltweit extrem unterschiedlich. Menschen in sog. Entwicklungsländern erhalten nur einen Bruchteil der Löhne der Bevölkerung in Industrieländern, bei gleichem Zeiteinsatz. Diese niedrigen Löhne sind schon seit Beginn der Kolonialzeit ein charakteristisches Merkmal der sog. **internationalen Arbeitsteilung,** die sich für die meisten Menschen in Entwicklungsländern sozial sehr ungünstig auswirkt. Diese sozialen Nachteile entstehen durch Bedingungen, die bei Produktion, Verarbeitung und Vermarktung von Lebensmitteln und anderen landwirtschaftlichen Rohprodukten derzeit üblich sind und auf allen Ebenen durch die Machtposition wohlhabender Staaten unterstützt werden. Folglich tragen die Industrieländer, aber auch der einzelne Verbraucher, eine Mitverantwortung für die Situation der Menschen in Entwicklungsländern.
Aber auch Vorgänge in den **Industrieländern** selbst betreffen die Aspekte der Sozialverträglichkeit des Ernährungssystems, so z.B. die Existenzbedrohung der Bauern in der Europäischen Union. Die von der EU-Agrarpolitik geförderte Integration der bäuerlichen Landwirtschaft in die moderne Industrie- und Dienstleistungsgesellschaft führte zu einer Industrialisierung und Konzentrierung der Landwirtschaft. Kleine und mittlere Betriebe konnten sich häufig nicht an diese Entwicklung anpassen. Seit 1949 fielen in den alten Bundesländern dem sog. „Hofsterben" bzw. dem „Strukturwandel" über 1 Mio. der ursprünglich 1,65 Mio. Betriebe zum Opfer [86].
Der „Agrarprotektionismus" als wesentliches Element der EU-Agrarpolitik verursacht einerseits **hohe Kosten** für die europäischen Konsumenten: 1989 wurden rund 54 Mrd. US-Dollar in Form von höheren Preisen innerhalb der EU im Vergleich zum Weltmarkt und weitere 40 Mrd. US-Dollar in Gestalt von Subventionen an die Landwirtschaft bezahlt [51]. Andererseits entstehen erhebliche **Produktionsüberschüsse** bei Getreide und anderen Erzeugnissen wie Rindfleisch, Milch und Butter [11]. Derzeit wächst die Agrarproduktion in der EU doppelt so schnell wie die Nachfrage nach Lebensmitteln [104]. Die produzierten Überschüsse werden von der EU mit Steuergeldern aufgekauft und entweder gelagert, an Tiere verfüttert, auf dem Welt-

markt zu Dumpingpreisen verkauft oder der Nahrungsmittelhilfe zugeführt, teilweise aber auch einfach vernichtet (besonders bei Obst und Gemüse [104]).

Durch den **Import billiger Futtermittel** aus Überseeländern konnte die Massentierhaltung in der EU rentabel werden und stark expandieren. Auch in Deutschland haben viele Betriebe in küstennahen Regionen auf Massentierhaltung umgestellt – nunmehr unabhängig von der ansonsten pro Tier zur Futtererzeugung notwendigen Ackerfläche. Die wichtigsten Futtermittelproduzenten für den Weltmarkt sind neben den USA Entwicklungsländer wie Brasilien, Argentinien, die Philippinen und Thailand. Der Anteil der importierten Futtermittel am Gesamtfuttermittelverbrauch (Eigenproduktion plus Importe) betrug in der EU Mitte der 1980er Jahre etwa 15% [13]. Von den Importen stammte der größere Anteil, nämlich rund 60%, aus sog. Entwicklungsländern; nur 40% kamen aus Industrieländern [36]. Vom Gesamtfuttermittelverbrauch der EU stammen demnach etwa 10% aus Entwicklungsländern (60% von 15%), d.h. rechnerisch kommt jedes zehnte Schnitzel und jeder zehnte Liter Milch eigentlich aus Entwicklungsländern.

Zwar erscheinen diese Zahlen auf den ersten Blick nicht sehr hoch, jedoch hat die **Exportproduktion** einzelner Entwicklungsländer teilweise einen erheblichen Anteil an deren landwirtschaftlicher Gesamtproduktion. Außer Futtermitteln exportieren Entwicklungsländer eine Vielzahl von Lebens- und Genußmitteln sowie landwirtschaftlichen Rohprodukten in reiche Länder (Südfrüchte, Gemüse, Ölfrüchte, Kaffee, Tee, Kakao, Tabak, Baumwolle, Blumen u.a.).

Durch die Exportproduktion kann es zu einer Verdrängung der kleinbäuerlichen Erzeuger und der inländischen Nahrungsmittelproduktion für die einheimische Bevölkerung kommen. Diese Entwicklung trägt zur Landflucht und damit zum Wachstum von Slums sowie zur Verstädterung bei. Eine weitere Verschärfung der Hungersituation in den armen Ländern ist die Folge.

Fairer Handel mit Entwicklungsländern

Die Grundsätze der Vollwert-Ernährung erheben nicht den Anspruch, weltweite Ernährungsprobleme lösen zu können; dafür müssen langfristig ökonomische, politische und gesetzliche Maßnahmen ergriffen werden. Es wird jedoch versucht, einen Beitrag zu mehr **weltweiter sozialer Gerechtigkeit** zu leisten. Es geht darum, daß die Menschen in Industrieländern bestehende Vorteile aufgeben, die sich zwar durch politische, technische und ökonomische Entwicklungen ergeben haben, aber aus ethischen Gründen nicht zu rechtfertigen sind. Dabei ist jeder einzelne gefordert, durch **solidarisches Verhalten** Zeichen zu setzen. Dies kann durch bewußtes Meiden von bestimmten Nahrungs- und Konsumgütern erfolgen.

Beispielsweise wird empfohlen, den Verzehr von Fleisch und Eiern aus Massentierhaltung deutlich einzuschränken, denn für deren Produktion werden meist Futtermittel aus Entwicklungsländern eingesetzt. In der anerkannt ökologischen Landwirtschaft ist dies durch die Richtlinien ausgeschlossen (s. S. 45 ff.). Außerdem sollten regional nicht verfügbare Produkte wie tropische Früchte und Genußmittel (Bananen, Kaffee, Tee, Kakao u.a.) – wenn überhaupt – aus sog. **fairem Handel** bezogen werden, z.B. über Dritte-Welt-Läden oder Naturkostläden. Den Erzeugern in Entwicklungsländern werden faire Preise bezahlt und bessere Arbeitsbedingungen ermöglicht, außerdem erfolgt eine Aufklärung der Verbraucher über die Handelsbeziehungen.

Tab. 4-4 Orientierungstabelle für die Vollwert-Ernährung. Empfehlungen für die Lebensmittelauswahl gesunder Erwachsener (aus [58]).

Wertstufen	1 Sehr empfehlenswert	2 Sehr empfehlenswert	3 Weniger empfehlenswert	4 Nicht empfehlenswert
Verarbeitungsgrad	nicht/gering verarbeitete Lebensmittel (unerhitzt)	mäßig verarbeitete Lebensmittel (vor allem erhitzt)	stark verarbeitete Lebensmittel (vor allem konserviert)	übertrieben verarbeitete Lebensmittel und Isolate/ Präparate
Mengenempfehlung	etwa die Hälfte der Nahrungsmenge	etwa die Hälfte der Nahrungsmenge	nur selten verzehren	möglichst meiden
Getreide	gekeimtes Getreide Vollkornschrot (z. B. Frischkornmüsli) frisch gequetschte Flocken	Vollkornprodukte (z. B. Vollkornbrot, -nudeln, -flocken, -feinbackwaren) Vollkorngerichte	Nicht-Vollkornprodukte (z. B. Weißbrot, Graubrot, weiße Nudeln, Cornflakes, Auszugsmehl-Feinbackwaren), geschälter (weißer) Reis	Getreidestärke (z. B. Maisstärke) Ballaststoffpräparate
Gemüse Obst	Frischgemüse milchsaures Gemüse Frischobst	erhitztes Gemüse, (auch milchsaures) erhitztes Obst Tiefkühlgemüse*, -obst*	Gemüsekonserven (z. B. Tomaten in Dosen) Obstkonserven (z. B. Kirschen in Gläsern)	Vitaminpräparate Mineralstoffpräparate Tiefkühlfertiggerichte
Kartoffeln		gekochte Kartoffeln (mögl. Pellkartoffeln)	Fertigmischungen (z. B. Knödelmischung)	Pommes frites, Chips Kartoffelstärke
Hülsenfrüchte		gekeimte, blanchierte Hülsenfrüchte, erhitzte Hülsenfrüchte	„Sojamilch", Tofu Fertigmischungen (z. B. Bratlingsmischung)	„Sojafleisch" (TVP) Sojaprotein Sojalezithin
Nüsse Fette Öle	Nüsse*, Mandeln*, Ölsamen* (z. B. Sonnenblumenkerne, Sesam) Ölfrüchte* (z. B. Oliven)	geröstete Nüsse*, Nußmuse* kaltgepreßte, nicht raffinierte Öle* ungehärtete Pflanzenmargarinen mit hohem Anteil an Kaltpreßöl* Butter*	gesalzene Nüsse (extrahierte, raffinierte Fette und Öle ungehärtete Pflanzenmargarinen Kokosfett, Palmkernfett Butterschmalz	Nuß(-Nougat)-Creme gehärtete Margarinen

Tab. 4-4 Fortsetzung

Milch Milch-produkte	Vorzugsmilch	pasteurisierte Vollmilch Milchprodukte (ohne Zutaten) Käse* (ohne Zusatzstoffe)	H-Milch (-produkte) Milchprodukte (mit Zutaten) Käse (mit Zusatzstoffen)	Sterilmilch, Kondensmilch Milchpulver, Milchzucker Milch-, Molkenprotein Milch- und Käse-Imitate Schmelzkäse
Fleisch		Fleisch* (bis 2×/Woche)	Fleisch-/Wurstwaren, -konserven	Innereien
Fisch		Fisch* (bis 1×/Woche)	Fischwaren, -konserven	
Eier		Eier* (bis 2×/Woche)		Ei-Pulver
Getränke	ungechlortes Trinkwasser kontrolliertes Quellwasser natürliches Mineralwasser	Kräuter-, Früchtetees verdünnte Fruchtsäfte verdünnte Gemüsesäfte Getreidekaffee*	Tafelwasser Fruchtnektare Kakao Bohnenkaffee, schwarzer Tee, Bier, Wein	Limonaden, Cola-Getränke, Fruchtsaftgetränke, Instant-Kakao, Instant-, Sportlergetränke, Spirituosen
Gewürze Kräuter Salz Süßungsmittel	ganze oder frisch gemahlene Gewürze frische Kräuter frisches, süßes Obst	gemahlene Gewürze getrocknete Kräuter jodiertes Meer-, Kochsalz* Honig* (nicht wärmegeschädigt, verdünnt) Trockenobst* (ungeschwefelt, eingeweicht)	Kräutersalz Meersalz, Kochsalz Honig (wärmegeschädigt) Trockenobst (geschwefelt) Apfel-, Birnendicksaft Vollrohrzucker, Ahornsirup Zuckerrübensirup	Aromastoffe (natürliche, naturidentische, synthetische) Geschmacksverstärker isolierte Zucker (z. B. Haushalts-, Trauben-, Frucht-, brauner Zucker) Süßwaren, Süßstoffe

* mäßig zu verwenden

1. Für die Einteilung der Lebensmittel in dieser Tabelle werden gesundheitliche/ernährungsphysiologische sowie ökologische und soziale Aspekte berücksichtigt. Von besonderer Bedeutung sind Art und Ausmaß der Lebensmittelverarbeitung, da dies die Nährstoffdichte stark beeinflußt. Die Übergänge zwischen den Spalten sind teilweise fließend.
2. Die Nahrung sollte etwa je zur Hälfte aus der 1. und 2. Spalte ausgewählt werden. Lebensmittel aus Spalte 3 sollten nur selten verzehrt, aus Spalte 4 möglichst vermieden werden. Ein Stern (*) bedeutet, daß diese Lebensmittel mäßig verwendet werden sollten; diese mengenmäßige Einschränkung ist in den Spalten 3 und 4 durch die Überschrift gegeben und darum nicht nochmals vermerkt.
3. Weiter oben aufgeführte, d. h. pflanzliche Lebensmittel sollten gegenüber tierischen Lebensmitteln bevorzugt werden.
4. Es sollten möglichst ausschließlich Erzeugnisse aus anerkannt ökologischer Landwirtschaft verwendet werden; diese sind teilweise günstiger als konventionell erzeugte einzustufen. Außerdem sollten Erzeugnisse aus regionaler Herkunft und entsprechend der Jahreszeit bevorzugt werden.
5. Lebensmittel, die besonders schadstoffbelastet sind (z. B. Innereien und Wildpilze), sollten gemieden werden, außerdem Nahrungsmittel mit Zusatzstoffen sowie unnötig verpackte Lebensmittel.

4.4 Empfehlungen für die Lebensmittelauswahl

Wie aus den Grundsätzen der Vollwert-Ernährung erkennbar ist, steht bei den Empfehlungen die Auswahl bestimmter Lebensmittel bzw. Lebensmittelgruppen im Vordergrund. Die Ernährungsempfehlungen werden demnach nicht in Form einer Mindest- oder Höchstzufuhr für einzelne Nährstoffe angegeben. Dies bietet den Verbrauchern einen großen Vorteil: die Empfehlungen sind praxisnah, leicht nachzuvollziehen und direkt umsetzbar. Dadurch wird ein einfacher und praktikabler Einstieg in die Vollwert-Ernährung ermöglicht. Bei der Umsetzung dieser Empfehlungen werden die Empfehlungen für die Nährstoffzufuhr der Deutschen Gesellschaft für Ernährung [25] ohne komplizierte Berechnungen erfüllt (s. S. 289).
Ganz bewußt werden in den Empfehlungen für die Vollwert-Ernährung keine Verbote ausgesprochen, um dem einzelnen die Verantwortung für sein Verhalten nicht abzunehmen. Gelegentliche Ausnahmen führen im allgemeinen nicht zu Gesundheitsschäden. Wichtig ist die prinzipielle Berücksichtigung der Empfehlungen – jeglicher Dogmatismus ist unangebracht. Individuelle Präferenzen und Verträglichkeiten können und sollten dabei berücksichtigt werden.
Generell sollten ausschließlich **Lebensmittel** aus **ökologischer Landwirtschaft** verwendet werden.
Die folgenden Empfehlungen gelten für **gesunde Erwachsene.** Für Säuglinge, Kinder, Schwangere, Stillende und Kranke müssen sie mehr oder weniger abgewandelt werden, im Prinzip sind sie jedoch auch für diese Bevölkerungsgruppen anwendbar. Zur besseren Übersicht und als Hilfe für die Verbraucher bei der Lebensmittelauswahl dient die **Orientierungstabelle für die Vollwert-Ernährung,** in der die Lebensmittel in vier Wertstufen eingeteilt sind (Tab. 4-4).

Vorrangiges **Einteilungskriterium** ist die ernährungsphysiologische Qualität bzw. der Verarbeitungsgrad. Damit wird dem Zusammenhang Rechnung getragen, daß der Nährstoffgehalt, der die ernährungsphysiologische Qualität entscheidend mitbestimmt, in der Regel in hohem Maße vom Verarbeitungsgrad der Nahrung abhängt. Denn bis auf wenige Ausnahmen werden bei zunehmendem Grad der Lebensmittelverarbeitung auch in stärkerem Maße essentielle und gesundheitsfördernde Inhaltsstoffe abgetrennt, vermindert oder zerstört (z.B. Herstellung von Auszugsmehlen, Erhitzung von Gemüse u.a.). Dies verursacht eine Verminderung der Nährstoffdichte und damit eine Herabsetzung des ernährungsphysiologischen Werts. Während bei der ursprünglichen Tabelle von Kollath der Verarbeitungsgrad das einzige Einteilungskriterium war, wurden bei der Gießener Neufassung gesundheitliche bzw. ernährungsphysiologische Kriterien stärker berücksichtigt, die sich nicht immer allein aus dem Verarbeitungsgrad ergeben. Außerdem wurden ökologische und soziale Aspekte bei der Einteilung der Lebensmittel beachtet, die in einzelnen Fällen die Zuordnung veränderten oder den Ausschlag für die fließenden Übergänge zwischen den vier Spalten geben. Folglich wurden die Lebensmittel vorrangig nach den einfach nachzuvollziehenden Spalten-Überschriften „sehr empfehlenswert", „weniger empfehlenswert" bzw. „nicht empfehlenswert" eingeteilt. Dadurch können die Verbraucher deutlich erkennen, wie empfehlenswert die einzelnen Lebensmittel unter Einbeziehung ganzheitlich orientierter Kriterien sind.
Im folgenden werden anhand der wichtigsten Lebensmittelgruppen die konkreten Empfehlungen für die Vollwert-Ernährung genannt und kurz begründet [57].

Getreide

Vollkornprodukte, d.h. Produkte aus vollständigen (gemahlenen, geschroteten oder unzerkleinerten) Getreidekörnern, sollten in den Vordergrund gestellt werden. Zu den Vollkornprodukten zählen:

- Frischkornmahlzeiten (z.B. Frischkornmüsli) aus unerhitztem Vollkorn (frisch geschrotet oder gequetscht und eingeweicht oder auch angekeimt) mit frischem Obst und Milch oder Milchprodukten, evtl. statt Obst auch mit Gemüse und Kräutern
- Gerichte aus erhitztem Vollkorn, z.B. Aufläufe, Bratlinge oder als ganzes Korn gekocht
- Vollkornbrote und -brötchen verschiedener Sorten
- andere Produkte aus vollem Korn, z.B. Vollkorn-Nudeln, Vollkorn-Flocken, Vollkorn-Feinbackwaren und Vollkorn-Grieß.

Weniger empfehlenswert sind Nicht-Vollkornprodukte aus Auszugsmehlen oder nur teilweise ausgemahlenen Mehlen. Dazu zählen:

- Weißbrot, weiße Brötchen, Graubrot, Mischbrot und Toastbrot (sofern es sich nicht um Vollkorntoast handelt)
- geschälter (weißer) Reis, auch Parboiled-Reis, Graupen
- andere Produkte aus Auszugsmehlen oder teilweise ausgemahlenen Mehlen, z.B. Nudeln, Cornflakes, Feinbackwaren und Grieß.

Nicht empfehlenswert sind isolierte Produkte wie Getreidestärke (z.B. in Pudding) und Ballaststoffpräparate (z.B. Kleie).

Der Grund für diese Empfehlungen liegt hauptsächlich in der drastischen Wertminderung bei der Herstellung von hellen Mehltypen durch Verluste u.a. an Vitaminen, Mineralstoffen, Ballaststoffen und sekundären Pflanzenstoffen. Außerdem führen Vollkornprodukte in der Regel zu einer geringeren Blutzuckerbelastung als Weißmehlprodukte.

Für Frischkornmüsli mit unerhitztem Getreideschrot oder gekeimtem Getreide sprechen u.a. die nicht auftretenden Erhitzungsverluste bei den wertgebenden Inhaltsstoffen.

Die angegebene Lebensmittelkombination im Frischkornmüsli führt zu einer günstigen biologischen Wertigkeit des Proteins, zur Neusynthese von essentiellen Aminosäuren und Vitaminen beim Ankeimen sowie zu einer sehr niedrigen Blutzuckerbelastung, was für **Diabetiker** von besonderer Bedeutung ist [54, 55, 64].

Gemüse und Obst

Der Verzehr von Gemüse (reichlicher unerhitzter Frischkostanteil) und Obst sollte vielseitig sein – eher mehr Gemüse als Obst – und sich nach dem jahreszeitlichen Angebot richten. Tiefkühlgemüse und -obst sollten – wenn überhaupt – nicht täglich, sondern nur gelegentlich verwendet werden.

Weniger empfehlenswert sind Gemüse- und Obstkonserven in Dosen oder Gläsern.
Nicht empfehlenswert sind Tiefkühlfertiggerichte.

Die Empfehlung für den Verzehr von reichlich Gemüse und Obst beruht auf deren hohen Gehalten an Vitaminen, Mineral- und Ballaststoffen sowie sekundären Pflanzenstoffen. Gemüse und Obst leisten einen wesentlichen Beitrag für die Versorgung mit Vitamin C, Folsäure, Beta-Karotin und Magnesium. Auch für die Vitamine B_1, B_6 und Niacin sowie für die Mineralstoffe Kalium, Eisen und Zink sind Gemüse und Obst wichtige Quellen. Insbesondere für Beta-Carotin,

Folsäure, Vitamin B_1 und Vitamin B_6 wurde für bestimmte Bevölkerungsgruppen eine kritische Versorgung festgestellt [46].
Gleichzeitig ist der Energiegehalt von Gemüse und Obst in der Regel niedrig, so daß sich eine **hohe Nährstoffdichte** ergibt; trotzdem haben sie aufgrund des hohen Ballaststoffgehalts eine relativ gute Sättigungswirkung.
Gemüse und Obst nehmen auch deshalb eine Sonderstellung ein, weil der größte Teil in frischer, d.h. nicht erhitzter Form verzehrt werden kann, im Gegensatz zu anderen Lebensmittelgruppen wie Kartoffeln, Hülsenfrüchten, Fleisch, Fisch und Eier. Beim **Rohverzehr** entfällt der Verlust an Inhaltsstoffen durch Erhitzung, d.h. diese Lebensmittel ermöglichen die praktisch vollständige Zufuhr ihrer natürlicherweise enthaltenen Inhaltsstoffe (s. S. 41 f.).
Gegen die Verwendung von **Tiefkühlgemüse** und **-obst** spricht trotz der ernährungsphysiologisch recht günstig zu bewertenden Konservierungsmethode der hohe Energieeinsatz bei der Herstellung und Aufrechterhaltung der Kühlkette. Für die Lagerhaltung von selbst angebautem Gemüse und Obst sowie für auf Vorrat zubereitete Mahlzeiten bieten sich die Tiefkühlung zur schonenden Konservierung an. Nicht empfehlenswert sind Tiefkühlfertiggerichte, weil sie häufig ernährungsphysiologisch ungünstig zu bewertende Zutaten und Zusatzstoffe enthalten.

Kartoffeln

Pellkartoffeln sollten gegenüber geschälten Kartoffeln (Salzkartoffeln) bevorzugt werden.

Weniger empfehlenswert sind Kartoffel-Fertigmischungen, beispielsweise zur Herstellung von Püree und Knödeln.
Nicht empfehlenswert sind fettreiche Kartoffelerzeugnisse wie Pommes frites und Chips sowie isolierte Kartoffelstärke.

Kartoffeln weisen eine **hohe Nährstoffdichte** bezüglich essentieller Inhaltsstoffe auf, besonders für die Vitamine C, B_1 und Niacin sowie für die Mineralstoffe Magnesium, Kalium und Eisen. Außerdem sind sie reich an Ballaststoffen und enthalten hochwertiges Protein. Bei Pellkartoffeln können, anders als bei geschälten Kartoffeln (Salzkartoffeln), Nährstoffverluste durch Schälen und Auslaugen vermindert werden.

Hülsenfrüchte

Hülsenfrüchte, vor allem Bohnen, Erbsen, Linsen und Kichererbsen, als gekochte Samen oder blanchierte Keimlinge sind eine oft zu wenig verwendete Lebensmittelgruppe.
Hülsenfrüchte weisen von allen Lebensmitteln den höchsten **Proteingehalt** auf, der zwischen 15% (Erdnuß) und 35–40% (Sojabohne) liegt. Die biologische Wertigkeit des Proteins von Hülsenfrüchten wird durch die Kombination mit Getreide, Ei oder Milchprodukten deutlich erhöht.
Mit Ausnahme der Sojabohnen und Erdnüsse liefern Hülsenfrüchte zum größten Teil komplexe Kohlenhydrate in Form von Stärke und fast kein Fett; dies macht sie gerade bei den heutigen Ernährungsfehlern zu optimalen Lebensmitteln. Der **geringe Fettanteil** bei Erbsen, Linsen und Bohnen ergibt eine **hohe Nährstoffdichte** für zahlreiche Vitamine und Mineralstoffe. Hier sind besonders die B-Vitamine sowie Magnesium, Kalium und Eisen zu nennen. Hinzu kommt der hohe Gehalt an **Ballaststoffen,** der bei Bohnen, Erbsen, Kichererbsen und Linsen zwischen 10 und 18% liegt.

Texturierte Sojaprodukte (z.B. „Sojafleisch") sind aufgrund der starken Verarbeitung und der zahlreichen Zusatzstoffe nicht empfehlenswert.

Weniger empfehlenswert sind Sojaprodukte (z.B. „Sojamilch" und Tofu) sowie Fertigmischungen (z.B. Bratlingsmischungen).
Nicht empfehlenswert sind Produkte aus stark verarbeitetem, insbesondere texturiertem Sojaprotein (z.B. „Sojafleisch" – TVP, textured vegetable protein).

Nüsse, Fette und Öle

Der Gesamtfettverzehr sollte auf täglich 70–80 g/Tag begrenzt werden. Dies läßt sich vor allem durch die eingeschränkte Aufnahme von Fetten aus tierischen Lebensmitteln erreichen. Eine niedrige Fettaufnahme senkt das Risiko von Herz-Kreislauf-Erkrankungen [73]. Zahlreiche epidemiologische Studien belegen ein erhöhtes Krebsrisiko (Dickdarm- und Prostatakrebs) bei hoher Gesamt-Fettaufnahme [73]. Adipositas (einschließlich der Folgekrankheiten Bluthochdruck und Typ-II-Diabetes) ist eine weitere Auswirkung einer überhöhten Fettaufnahme.
Für die verschiedenen Verwendungszwecke werden folgende Produkte empfohlen: Als Streichfette eignen sich Butter oder ungehärtete Pflanzenmargarinen mit hohem Anteil an Kaltpreßöl. Kaltgepreßte, nicht raffinierte Öle sollen als Speiseöle (z.B. für Salate) verwendet werden. Zum Kochen und Backen eignen sich alle vorher genannten Fette und Öle.
Günstig ist der Verzehr von Nüssen, Nußmusen, Ölsamen und Ölfrüchten, allerdings in mäßigen Mengen.

Weniger empfehlenswert sind extrahierte, raffinierte Fette und Öle (einschließlich daraus hergestellten ungehärteten Pflanzenmargarinen) sowie Fette mit hohem Anteil an langkettigen, gesättigten Fettsäuren wie Kokosfett und Palmkernfett.

Der Konsum gesalzener Nüsse ist ebenfalls weniger empfehlenswert. Generell ist das Braten (Temperaturen um 200 °C) weniger zu empfehlen. Wenn überhaupt, sollte mit Kokosfett oder Butterschmalz gebraten werden, wobei der Rauchpunkt nicht erreicht werden sollte.

Nicht empfehlenswert sind gehärtete Margarinen und Nuß-(Nougat-)Cremes.

Kaltgepreßte, nicht raffinierte Speiseöle werden gegenüber extrahierten, raffinierten Ölen bevorzugt, da sie wesentlich schonender gewonnen werden: nur Pressung und Zentrifugieren ohne Hitzeanwendung, keine Entschleimung, Entsäuerung, Bleichung und Dämpfung. Dadurch bleiben die wertgebenden Inhaltsstoffe (Fettsäuren, Vitamin E, Phytosterine, Phosphatide) sowie der ursprüngliche Geschmack weitgehend erhalten.
Als Argument für die Verwendung raffinierter Öle wird häufig angeführt, daß durch die Raffination – anders als bei kaltgepreßten Ölen – vorhandene Gehalte an **Schadstoffen,** wie Pestizide, Schwermetalle, polyzyklische aromatische Kohlenwasserstoffe u.a., entfernt werden. Die Rohstoffauswahl muß folglich bei kaltgepreßten, unraffinierten Ölen zwangsläufig besser sein (nur frische Saat, kein Pestizideinsatz usw.), da eine nachträgliche Schönung durch Raffination nicht möglich ist. Dabei ist zu bedenken, daß selbstverständlich auch die kaltgepreßten Öle den gesetzlichen Höchstmengenverordnungen unterliegen und damit bei deren Erfüllung of-

fiziell als unbedenklich gelten; kaltgepreßte Öle wurden in der Praxis bisher wegen Pestizidrückständen nicht beanstandet.
Andererseits kann aus ökologischer Sicht die Möglichkeit, Pestizide durch Raffination zu entfernen, deren unbedenklichen Einsatz nicht rechtfertigen. Aus Entwicklungsländern, woher ein Großteil der Ölsaaten importiert wird, ist bekannt, daß durch den vergleichsweise unachtsamen Umgang mit Pestiziden sowohl die Gesundheit von Landarbeitern als auch die Umwelt geschädigt werden können.
Außerdem erfordern kaltgepreßte Öle bei der Verarbeitung weniger Energie, geringeren technischen Aufwand und keine chemischen Hilfsmittel.
Bei der **Fetthärtung** werden die Fettbegleitstoffe, z.B. Vitamin E, teilweise zerstört. Außerdem entstehen wie bei der Raffination Fettsäuren-Isomere (z.B. trans-Fettsäuren).
Argumente gegen den Verzehr von **Butter** wegen einer möglichen Erhöhung der Cholesterinkonzentration im Blut fallen bei sparsamer Verwendung im Rahmen einer ballaststoffreichen, fettverminderten und überwiegend pflanzlichen Kost wie der Vollwert-Ernährung nicht ins Gewicht.

Milch und Milchprodukte

Der Konsum von Milch und Milchprodukten sollte in **mäßigen Mengen** erfolgen. Im Idealfall sollte Vorzugsmilch oder pasteurisierte Vollmilch verwendet werden. Schwangere, Säuglinge und Kranke mit eingeschränkter Immunabwehr sollten wegen des nicht auszuschließenden Infektionsrisikos generell pasteurisierte Milch statt Vorzugsmilch zu sich nehmen.
Milchprodukte wie Dickmilch, Joghurt und Buttermilch sollten gegenüber fettreichen Milchprodukten wie süße und saure Sahne bevorzugt werden. Sie sollten jedoch keine Zutaten, beispielsweise zuckerhaltige Fruchtzubereitungen, und keine Zusatzstoffe enthalten. Käsesorten ohne Zusatzstoffe sind empfehlenswert, allerdings in mäßiger Menge.

Weniger empfehlenswert sind H-Milch (-produkte), Milchprodukte mit Zutaten sowie Käsesorten mit Zusatzstoffen.
Nicht empfehlenswert sind Sterilmilch, Kondensmilch, Milchpulver, Milch- und Käse-Imitate sowie Schmelzkäse.

Besonders hervorzuheben ist der **hohe Nährstoffgehalt** der Milch an hochwertigem Protein und Kalzium sowie den Vitaminen B_2 und B_{12}. Zusammen mit Proteinen pflanzlicher Lebensmittel, wie Getreide, Kartoffeln und Hülsenfrüchten, ergeben sich günstige Proteinkombinationen mit hoher biologischer Wertigkeit. Die Versorgung mit Kalzium wird derzeit durchschnittlich zu etwa 53%, die von Vitamin B_2 zu etwa 30% über den Konsum von Milch und Milchprodukten gedeckt [34, 35].
Eine Kostform mit Milch oder Milchprodukten erleichtert somit die Versorgung mit Nährstoffen, deren Zufuhr bei einer rein vegetarischen (veganen) Kost kritisch sein kann, insbesondere mit Kalzium sowie den Vitaminen B_2 und B_{12}.
Bei den Vitaminen kommt es infolge von **Erhitzung** vorwiegend bei Vitamin B_{12} und Folsäure zu stärkeren Verlusten, während die anderen B-Vitamine und die fettlöslichen Vitamine eher hitzestabil sind. Generell steigen die Verluste mit zunehmender Behandlungstemperatur und -dauer. Beim Pasteurisieren sind die Verluste relativ gering, bei der Ultrahocherhitzung (H-Milch) teilweise etwas höher. Bei H-Milch wird jedoch vielfach der Kochgeschmack als störend empfunden. Hinsichtlich weiterer eventueller Auswirkungen der Erhitzungsverfahren steht eine wissenschaftliche Klärung noch aus [57].

Fleisch, Fisch und Eier

Die Verwendung von Fleisch, Fisch und Eiern ist nicht nötig, ein mäßiger Verzehr wird in der Vollwert-Ernährung jedoch nicht abgelehnt. Unter mäßigem Verzehr werden bis zu zwei Fleischmahlzeiten, bis zu einer Fischmahlzeit und bis zu zwei Eier pro Woche verstanden. Insbesondere Fleisch und Eier sollten aus anerkannt ökologischer Landwirtschaft stammen.

Weniger empfehlenswert sind Fleisch-, Wurst- und Fischwaren sowie Fleisch-, Wurst- und Fischkonserven.
Nicht empfehlenswert sind Innereien.

Fisch trägt zur Versorgung mit Jod bei (s. S. 60). Fleisch und Eier sind ernährungsphysiologisch wertvolle Lebensmittel, die für die Versorgung mit essentiellen Inhaltsstoffen jedoch nicht notwendig sind, weder für die Versorgung mit Protein noch für Vitamine oder Mineralstoffe. Zudem enthält Fleisch teilweise beträchtliche Mengen an unerwünschten Begleitstoffen wie Fett, Cholesterin und Purinen.
Fleisch- und Wurstwaren enthalten häufig viel Fett in Form von gesättigten Fettsäuren, außerdem Cholesterin, Purine, Kochsalz und chemische Hilfsstoffe (z.B. Nitrit und Phosphate).
Gegen einen hohen Konsum tierischer Lebensmittel sprechen auch die in den Kapiteln 4.2 und 4.3 genannten Gründe (Veredelungsverluste, Primärenergieaufwand, Umweltprobleme bei der Massentierhaltung, Futtermittelimporte, Ernährungssituation in Entwicklungsländern).

Getränke

Der tägliche Flüssigkeitsbedarf sollte vorwiegend mit ungechlortem **Trinkwasser** oder **Quellwasser** (sofern sie hygienisch und toxikologisch unbedenklich sind) oder **natürlichem Mineralwasser** gedeckt werden. Zum Durstlöschen eignen sich auch ungesüßte Früchte- und Kräutertees, außerdem verdünnte Frucht- und Gemüsesäfte sowie Getreidekaffee; die Rohwaren sollten nach den Richtlinien der ökologischen Landwirtschaft erzeugt worden sein. Milch sowie unverdünnte Frucht- und Gemüsesäfte sind Nährstofflieferanten und sollten nicht zur Deckung des Flüssigkeitsbedarfs dienen. Die empfohlene Trinkmenge beträgt 1–2 l pro Tag, wobei sie je nach körperlicher Aktivität, Umgebungstemperatur und Wassergehalt der Nahrung relativ stark schwanken kann.

Weniger empfehlenswert sind Tafelwasser, Fruchtnektare sowie Getränke mit anregender Wirkung wie Bohnenkaffee, schwarzer Tee, Kakao, Bier und Wein. Es ist zu empfehlen, letztere nicht täglich und nicht in größeren Mengen zu trinken. Tees mit ausgeprägter medizinischer Wirkung und Heilwässer sollten über längere Zeit nur nach medizinischer Verordnung getrunken werden.
Nicht empfehlenswert sind Fruchtsaftgetränke, Limonaden, Cola-Getränke, Instant-Kakao, Instant- und Sportlergetränke sowie Spirituosen.

Zum Durstlöschen eignen sich besonders nicht-energieliefernde Getränke. Bohnenkaffee und schwarzer Tee sind wegen des Koffeingehalts, Bier und Wein wegen ihres Alkoholgehalts weniger empfehlenswert. Gegen Fruchtnektare und besonders gegen sog. Erfrischungsgetränke sowie Instant- und Sportlergetränke spricht der teilweise sehr hohe Gehalt an isolierten Zuckern oder Süßstoffen.

Gewürze, Kräuter und Salz

Zur Verminderung der Salzaufnahme sind Gewürze und Kräuter vielseitig zu verwenden. Es ist empfehlenswert, jodiertes Meersalz oder jodiertes Kochsalz – in mäßiger Menge – zu verwenden.

> Weniger empfehlenswert sind nicht jodiertes Meer-, Koch- und Kräutersalz.
> Nicht empfehlenswert sind Gewürzextrakte, Aromastoffe und Geschmacksverstärker (z.B. Glutamat).

Gewürze und Kräuter tragen nur unwesentlich zur Versorgung mit **essentiellen Nährstoffen** bei. Frische Kräuter, wie Schnittlauch und Petersilie, können einen – wenn auch geringen – Beitrag zur Vitaminversorgung leisten. Gewürze und Kräuter weisen jedoch einen hohen Gehalt an **sekundären Pflanzenstoffen** auf und zeigen vielfältige Wirkungen auf den Organismus. Sie regen beispielsweise die Speichelbildung an und beeinflussen den Magen-Darm-Trakt, die Leber, den Kreislauf und die Harnorgane.

Kochsalzempfindliche (natriumsensitive) Menschen reagieren auf die Zufuhr von zuviel Salz mit **erhöhtem Blutdruck** (Hypertonie). Sie können durch die Reduzierung der Salzaufnahme den Blutdruck senken. Darum wird eine Senkung der täglichen Salzzufuhr von derzeit durchschnittlich 12 auf 5–10 g empfohlen [26].

Die Verwendung von **jodiertem Speisesalz** wird empfohlen, da eine zufriedenstellende Jodversorgung durch übliche Lebensmittel in Deutschland nicht gewährleistet ist. Aufgrund der Jodarmut der Böden reicht selbst eine optimal auf die Jodzufuhr ausgerichtete Lebensmittelauswahl nicht aus, um die für Erwachsene empfohlene Jodzufuhr von 180–200 µg/Tag zu erreichen (auch nicht mit mehreren Salzwasserfisch-Mahlzeiten pro Woche). Trotz der grundsätzlichen Ablehnung von isolierten Nährstoffen und Nahrungsergänzungspräparaten erscheint derzeit die Verwendung von jodiertem Salz – auch in Lebensmittelindustrie und -handwerk sowie in der Gemeinschaftsverpflegung – als eine gute Möglichkeit, den bestehenden Jodmangel auszugleichen. Allerdings sollte dies konsequent, auch bei unverpackter Ware wie Brot, **gekennzeichnet** sein. Außerdem sollten alle Möglichkeiten geprüft werden, den Jodbedarf z.B. über die Salzanreicherung mit natürlichen Jodquellen (wie Algen) zu decken. Die gleichzeitige **Fluoridierung** von Jodsalz zur Kariesprophylaxe wird dagegen abgelehnt, da Karies keine Fluoridmangelkrankheit ist [56].

Süßungsmittel

Eine überhöhte individuelle Geschmacksschwelle für Süß sollte durch allmähliche Reduzierung des Verzehrs von stark gesüßten Lebensmitteln gesenkt werden, um eine Verringerung des hohen Verbrauchs an Süßungsmitteln zu erreichen. Zum Süßen sollten in erster Linie frisches, süßes Obst und in zweiter Linie nicht wärmegeschädigter Honig oder ungeschwefeltes, eingeweichtes Trockenobst aus anerkannt ökologischer Erzeugung verwendet werden. Die beiden letztgenannten Süßungsmittel sollten allerdings nur in geringen Mengen und nicht in konzentrierter Form eingesetzt werden.

> Weniger empfehlenswert sind wärmegeschädigter Honig, geschwefeltes, eingeweichtes Trockenobst, Fruchtdicksäfte, Vollrohrzucker, Ahornsirup und Zuckerrübensirup, die nur selten, in geringen Mengen und nicht in konzentrierter Form verwendet werden sollten.
> Nicht empfehlenswert sind isolierte Zucker (z.B. Haushalts-, Trauben-, Fruchtzucker, brauner Zucker) und Süßstoffe sowie damit hergestellte Produkte (Süßwaren, Süßigkeiten usw.).

Isolierte Zucker enthalten aufgrund ihres extremen Grades an „Reinheit“ praktisch keine bzw. **sehr wenig essentielle Nährstoffe.** Vielfach wird angenommen, daß bestimmte konzentrierte Süßungsmittel, wie Honig, Fruchtdicksäfte, Vollrohrzucker, Ahornsirup und Zuckerrübensirup, im Gegensatz zu weißem und braunem Zucker einen höheren Gehalt an wertgebenden Inhaltsstoffen aufweisen. Diese Aussage trifft nur begrenzt zu, denn die Vitamin- und Mineralstoffgehalte dieser Süßungsmittel sind ebenfalls niedrig, besonders wenn die Nährstoffdichte zugrundegelegt und diese in Relation zu natürlichen Lebensmitteln wie Obst oder Getreide gesetzt wird.

Neben der verminderten Nährstoffdichte der Kost durch isolierte Zucker wird ein Zusammenhang des Verzehrs isolierter Zucker mit bestimmten **Krankheiten** diskutiert, besonders mit Zahnkaries, Adipositas und Diabetes mellitus. Durch Vermeidung zuckerhaltiger Produkte kann die Nahrungsenergiezufuhr deutlich gesenkt werden. Außerdem zeigen klinische Beobachtungen, daß der gleichzeitige Verzehr von isolierten Zuckern und Vollkornprodukten bzw. unerhitzter Frischkost Unverträglichkeiten hervorrufen kann. Die Lösung zur Reduzierung des Zuckerverzehrs liegt vor allem in einer **Senkung der Süßschwelle.** Das bedeutet, einige Wochen lang konsequent Süßigkeiten sowie stark gesüßte Speisen und Getränke usw. zu meiden, bis die Geschmacksempfindung „süß“ auch schon bei geringeren Zuckerkonzentrationen auftritt und somit das Verlangen nach Süßem von selbst nachläßt. In diesem Fall reicht es aus, zum Süßen in mäßiger Menge und verdünnt beispielsweise Honig, Apfel- oder Birnendicksaft, Vollrohrzucker oder eingeweichtes Trockenobst zu verwenden. **Künstliche Süßstoffe** erschweren die angestrebte Senkung der Süßschwelle.

4.5 Empfehlungen für die Ernährungsumstellung

Jede Nahrungsaufnahme stellt physiologisch gesehen eine Anforderung an den Organismus dar, d.h. eine Anstrengung für Verdauung, Resorption, Transport, Stoffwechsel und Abwehrsystem. Dabei sollten die ernährungsphysiologischen Systeme weder unterfordert noch überfordert werden.

Um eine Ernährungsumstellung einzuleiten, empfiehlt es sich besonders für Menschen mit empfindlicher Verdauung, in **kleinen Schritten** vorzugehen. Hierzu bieten sich die folgenden „Vorschläge für Teilmaßnahmen“ an; sie dienen der Orientierung und können individuell abgewandelt und im eigenen Tempo vollzogen werden. In der Praxis hat sich die folgende Reihenfolge bewährt:

- Erhöhung des Anteils an Salaten aus Gemüse und/oder Obst
- Verminderung der Gesamtfettaufnahme (auf etwa 70–80 g pro Tag)
- Erhöhung des Anteils an Vollkornprodukten bei gleichzeitiger Verminderung des Verzehrs an isolierten Zuckern und damit hergestellten Produkten
- Verringerung des Anteils an tierischen Lebensmitteln
- Einbeziehung einer Frischkornmahlzeit in den Speiseplan.

Eine erleichternde Möglichkeit der Ernährungsumstellung auf Vollwert-Ernährung ist das **Fasten** (s. S. 185 ff.). Das Fasten für Gesunde wird im Gegensatz zum Heilfasten unter Arztbetreuung über mehrere Wochen in der Regel kürzer, z.B. eine Woche, durchgeführt. Ohne feste Nahrung werden täglich drei Liter Flüssigkeit durch Trinken von Wasser, Kräutertees, Gemüsebrühe sowie verdünnten Gemüse- und Obstsäften aufgenommen. Für Schwangere und Kinder ist Fasten nicht angebracht [67].

Für viele Menschen ist das Fasten zur Ernährungsumstellung deshalb gut geeignet, weil danach weniger Bekömmlichkeitsprobleme auftreten und somit der Einstieg in die Vollwert-Ernährung erleichtert wird.
Unterstützend für eine Ernährungsumstellung können auch **Entlastungstage,** z.B. Obst- und Reistage sein. Weiterhin kann der Stoffwechsel durch Bewegung (z.B. Ausdauer-Sportarten und Funktionsgymnastik) angeregt und gefördert werden.

4.6 Bewertung aus ernährungswissenschaftlicher Sicht

Jahrzehntelang entsprach es der vorherrschenden Lehrmeinung, alternative Kostformen als „unwissenschaftlich", „ideologisch", „dogmatisch", „weltanschaulich" oder „sektiererisch" abzutun. Heute wird die Vollwert-Ernährung von der etablierten Ernährungswissenschaft nicht mehr ignoriert oder abgetan, sondern als ernstzunehmende Ernährungsweise anerkannt. So wird festgestellt, daß „die Vollwert-Ernährung nach der Gießener Konzeption zu einer befriedigenden Bedarfsdeckung mit essentiellen Nährstoffen führen kann und eine konsequente Befolgung der ernährungsphysiologischen Empfehlungen der Vollwert-Ernährung zu ähnlich günstigen Ergebnissen führt wie andere gesundheitsbewußte Ernährungsformen" [34].
Die Vorurteile gegenüber alternativen Ernährungsweisen rührten u.a. daher, daß bis vor einigen Jahren kaum Daten aus klinischen oder epidemiologischen Studien vorlagen. Eine Erforschung dieser Kostformen wurde von der etablierten Wissenschaft bisher auch nicht für erforderlich gehalten. Inzwischen liegen Daten aus der Pilotstudie „Vollwert-Ernährung" der Gesellschaft für Konsumforschung [35] und aus der „Gießener Vollwert-Ernährungs-Studie" [1] vor. Die **Pilotstudie** über Vollwert-Ernährung zeigt, „daß Personen, die sich nach ihrer persönlichen Auffassung nach den Richtlinien der Vollwert-Ernährung ernähren, den Empfehlungen und Regeln der Deutschen Gesellschaft für Ernährung näherkommen als die Kontrollgruppe, die in ihrem Ernährungsverhalten dem Durchschnitt der deutschen Bevölkerung entspricht" [35].
Bestätigt werden diese Ergebnisse durch die **Gießener Vollwert-Ernährungs-Studie,** in der erstmals der Gesundheits- und Ernährungsstatus einer großen Bevölkerungsgruppe untersucht wurde, die Vollwert-Ernährung im Alltag praktiziert. Dabei wurde eine Gruppe von 243 Frauen, die seit mindestens fünf Jahren die Empfehlungen für die Vollwert-Ernährung durchführte (im folgenden Vollwertköstlerinnen genannt), mit einer Gruppe von 175 Frauen verglichen, deren Ernährungsweise dem Bundesdurchschnitt entsprach (im folgenden Mischköstlerinnen genannt).
Das Ernährungsverhalten der Untersuchungsteilnehmerinnen wurde mit Fragebögen und einem 7-Tage-Ernährungsprotokoll erfaßt, das auch die Grundlage für die Berechnung der Nährstoffzufuhr bildete. Dabei interessierte besonders, inwieweit die Empfehlungen für die Nährstoffzufuhr der Deutschen Gesellschaft für Ernährung [26] erreicht wurden. Darüber hinaus wurden Blutproben hinsichtlich der Vitaminkonzentrationen analysiert. Für den Gesundheitsstatus war von Interesse, wie sich die Vollwert-Ernährung auf die Risikofaktoren für ernährungsabhängige Krankheiten (z.B. Blutcholesterinspiegel) auswirkte. Im folgenden werden einige Ergebnisse dieser Untersuchung dargestellt.
Da die Untersuchungsteilnehmerinnen aufgrund ihres Ernährungsverhaltens für die Studie ausgewählt wurden, entsprach die Ernährungsweise der Vollwertköstlerinnen den Empfehlungen für die Vollwert-Ernährung und diejenige der Mischköstlerinnen dem Bundesdurchschnitt. Die Vollwertköstlerinnen praktizierten im Durchschnitt seit

acht Jahren Vollwert-Ernährung. Als Gründe hierfür wurden an erster Stelle gesundheitliche und an zweiter Stelle ökologische Motive angegeben. Ranggleich folgten soziale und geschmackliche Gründe.

Das ausgeprägte Gesundheitsbewußtsein der Vollwertköstlerinnen zeigte sich auch beim Körpergewicht und beim Rauchverhalten. So lag ihr durchschnittliches relatives Gewicht (bezogen auf die Körpergröße) im wünschenswerten Bereich und nur eine Vollwertköstlerin gab an, Raucherin zu sein. Der Anteil der Raucherinnen betrug in der Gruppe der Mischköstlerinnen 20% und der Anteil von Frauen mit leichtem bis schwerem Übergewicht war in dieser Gruppe ebenfalls deutlich höher.

Die Unterschiede im Ernährungsverhalten der Untersuchungsteilnehmerinnen zeigen sich beim Lebensmittelverzehr. Die Aufnahme von **Brot** und **Backwaren** war in beiden Gruppen etwa gleich hoch. Erwartungsgemäß wählten die Vollwertköstlerinnen überwiegend Produkte aus Vollkornmehl, die Mischköstlerinnen dagegen aus Auszugsmehlen. Während fast alle Mischköstlerinnen ihr Brot kauften, backte etwa die Hälfte der Vollwertköstlerinnen ihr Brot selbst. Dafür verwendeten fast alle Getreide aus anerkannt ökologischem Anbau. Die andere Hälfte der Vollwertköstlerinnen kaufte ihr Brot überwiegend in Naturkostläden, die in der Regel ebenfalls Vollkornbrot aus ökologisch angebautem Getreide anbieten.

Die Vollwertköstlerinnen verzehrten fast 70% mehr **Gemüse** und **Hülsenfrüchte** als die Mischköstlerinnen, wobei allein der Anteil an unerhitztem Gemüse bei den Vollwertköstlerinnen dem Gesamtgemüseverzehr der Mischköstlerinnen entsprach. Der Verzehr von **Obst** war bei den Vollwertköstlerinnen fast doppelt so hoch wie derjenige der Mischköstlerinnen. Wie beim Getreide bevorzugten die Vollwertköstlerinnen auch bei Gemüse und Obst Produkte aus anerkannt ökologischem Anbau (Gemüse zu 90%, Obst zu 85%).

Am stärksten unterschieden sich die Vollwertköstlerinnen und Mischköstlerinnen, wie zu erwarten, im Verzehr von **Fleisch** und **Fleischwaren.** Etwa die Hälfte der Vollwertköstlerinnen ernährte sich vegetarisch, d.h. sie aßen weder Fleisch und Fleischwaren noch Fisch. Die nicht-vegetarisch lebenden Vollwertköstlerinnen verzehrten etwa eine Portion Fleisch und zwei Scheiben Wurst pro Woche. Die Mischköstlerinnen aßen ungefähr fünfmal soviel Fleisch und Fleischwaren.

Beim Verzehr von **Milch und Milchprodukten** (einschl. Käse und Quark) bestand kein mengenmäßiger Unterschied. Die Vollwertköstlerinnen tranken zwar weniger Milch als die Mischköstlerinnen, aßen aber mehr Käse und Quark. Etwa 90% der Vollwertköstlerinnen und 40% der Mischköstlerinnen kauften ihre Milch umweltbewußt im eigenen Gefäß oder in Pfandflaschen. Wenn auch die Gesamttrinkmenge bei den Vollwertköstlerinnen und Mischköstlerinnen nicht unterschiedlich war, so bestanden doch deutliche Unterschiede bei der Art der **Getränke.** Vollwertköstlerinnen bevorzugten Mineralwasser sowie Früchte- und Kräutertees.

Aus den Angaben zum Lebensmittelverzehr wurde die **Nährstoffzufuhr** berechnet. Dabei zeigte sich, daß die Vollwertköstlerinnen im Vergleich zu den Mischköstlerinnen mehr Kohlenhydrate sowie weniger Fette und Proteine aufnahmen. Bezogen auf die Empfehlungen der Deutschen Gesellschaft für Ernährung (DGE) ist die Nährstoffrelation der vegetarisch lebenden Vollwertköstlerinnen nahezu optimal. Der hohe Verzehr pflanzlicher Lebensmittel, insbesondere in gering verarbeiteter Form, bei den Vollwertköstlerinnen spiegelt sich in einer hohen Aufnahme und guten Versorgung mit **Vitaminen** wider, die verstärkt in pflanzlichen Lebensmitteln vorkommen. Dies gilt besonders für Vitamin B_1, Vitamin B_6, Vitamin C und Folsäure. Die Zufuhr der Vitamine, die in erster Linie mit tierischen Lebensmitteln aufgenommen werden (Vitamine D, B_2, B_{12}), war dagegen etwas geringer.

Wird die Höhe der Vitaminzufuhr mit den Empfehlungen der DGE (1992) verglichen, zeigt sich, daß diese bei den Vollwertköstlerinnen – außer bei den Vitaminen D und B_{12} – höher war als die Empfehlungen. Die Mineralstoffzufuhr der Vollwertköstlerinnen überschritt ebenfalls die Höhe der DGE-Empfehlungen. Da diese Mineralstoffe jedoch größtenteils aus pflanzlichen Lebensmitteln stammen, muß deren geringere Verfügbarkeit berücksichtigt werden.

Aufgrund der vorwiegend pflanzlichen Ernährungsweise ist die Zufuhr an **Ballaststoffen** bei den Vollwertköstlerinnen sehr viel höher als bei den Mischköstlerinnen und liegt mit 45 g/d deutlich über der von der DGE empfohlenen Mindestzufuhr von 30 g/d.

Die überwiegend pflanzliche Kost der Vollwertköstlerinnen hat auch eine niedrige Aufnahme von **Cholesterin** zur Folge. Ihre Cholesterinzufuhr war mit 188 mg/d erheblich niedriger als die der Mischköstlerinnen (364 mg/d) und lag zudem deutlich unterhalb des von der DGE angegebenen Richtwerts von 300 mg/d.

Obwohl die Vitaminzufuhr der Vollwertköstlerinnen in den meisten Fällen höher war als diejenige der Mischköstlerinnen, ergaben sich bei den **Vitaminkonzentrationen im Blut** keine großen Unterschiede. Die einzige Ausnahme bildete das antioxidativ wirksame Beta-Karotin, wobei die Vollwertköstlerinnen fast doppelt so hohe Blutkonzentrationen aufwiesen wie die Vergleichsgruppe der Mischköstlerinnen.

In der Studie konnte ein günstiger Einfluß auf einzelne **Fettstoffwechsel-Parameter** nachgewiesen werden, der allein auf die Kostform Vollwert-Ernährung und nicht auf andere Einflüsse zurückzuführen war. So war der HDL-Cholesterinspiegel bei den Vollwertköstlerinnen höher, der Quotient aus LDL- und HDL-Cholesterin sowie der Triglyceridspiegel (letzterer nur bei den vegetarisch lebenden Vollwertköstlerinnen) niedriger als bei den Mischköstlerinnen. Keine Unterschiede wurden für Gesamt- und LDL-Cholesterin nachgewiesen. Hohe HDL-Cholesterinkonzentrationen und niedrige Triglycerid- und LDL-Cholesterinkonzentrationen sind günstig im Hinblick auf die Prävention von Herz-Kreislauf-Erkrankungen.

Fazit

Zusammenfassend kann aufgrund der Gießener Vollwert-Ernährungs-Studie festgestellt werden, daß die Empfehlungen für die Vollwert-Ernährung sehr gut in die alltägliche Praxis umsetzbar sind. Den untersuchten Vollwertköstlerinnen war es wichtig, sich gesundheitsbewußt zu ernähren. Darüber hinaus berücksichtigten sie mit ihrem Ernährungsverhalten weitere Aspekte der Ernährung (v.a. die Umweltverträglichkeit).

Zur Verminderung von Ernährungsrisiken fordern Ernährungswissenschaftler eine **energiereduzierte, fett- und cholesterinarme Kostform** [34]. Dieses Ziel läßt sich mit der Vollwert-Ernährung realisieren. Darüber hinaus ist die hohe Vitaminzufuhr, speziell bei den Vitaminen E und C, sowie die hohe Zufuhr an Carotinoiden ein weiteres positives Merkmal der Vollwert-Ernährung, da diesen Substanzen aufgrund ihrer antioxidativen Wirkung eine große Bedeutung bei der Prophylaxe von Herz-Kreislauf-Erkrankungen und Krebs zugesprochen wird [16].

Die Vollwertköstlerinnen der Gießener Vollwert-Ernährungs-Studie wiesen neben ihrer Ernährungsweise auch einen insgesamt günstigeren Lebensstil auf als die Frauen, die sich entsprechend dem Bundesdurchschnitt ernährten. So erfüllten die Vollwertköstlerinnen die Empfehlungen, wie sie – über Ernährungsaspekte hinausgehend – zum Reduzieren des Risikos u.a. für Herz-Kreislauf-Erkrankungen und Krebs allgemein gegeben werden (u.a. Normalgewicht, geringer Alkoholkonsum, Nicht-Rauchen).

Ein Thema, das einer Klarstellung bedarf, ist die Frage nach vermehrtem Auftreten von

Lebensmittelallergien bei Vollwert-Ernährung. Da einige Lebensmittel wie Gemüse und Obst bei entsprechend disponierten Personen vor allem in unerhitzter Form allergische Reaktionen auslösen können, besitzt die Vollwert-Ernährung theoretisch ein höheres allergenes Potential als Kostformen mit einem geringeren Rohkostanteil. Allergisch veranlagte Menschen müssen – wie bei jeder Ernährungsweise – die spezifischen allergieauslösenden Lebensmittel herausfinden und deren Verzehr vermeiden.
Ein bedeutender Vorteil der Vollwert-Ernährung in bezug auf Lebensmittelallergien und -unverträglichkeiten ist dagegen gerade im geringen Verarbeitungsgrad der verzehrten Lebensmittel zu sehen. Gering verarbeitete Lebensmittel bzw. im Haushalt zubereitete Speisen ermöglichen nämlich die vollständige Kenntnis aller verwendeten Zutaten. Bei allergischen Reaktionen kann daher das allergieauslösende Lebensmittel relativ leicht identifiziert und gemieden werden. Viele industriell verarbeitete Lebensmittel (v.a. Fertiggerichte) enthalten dagegen zahlreiche Zusatzstoffe, technische Hilfsstoffe und Zutaten wie Soja-, Milch- oder Hühnerprotein, die nicht in jedem Falle deklariert werden müssen [34]. Daher ist es für Allergiker zur Vermeidung dieser Substanzen am einfachsten, wenn sie gering verarbeitete Lebensmittel verzehren.
Die Vollwert-Ernährung erhebt keineswegs den Anspruch, alle Probleme unserer modernen Gesellschaft lösen zu wollen oder zu können. Mit der Konzeption der Vollwert-Ernährung verbindet sich aber das Ziel, den komplexen Zusammenhängen des Ernährungssystems gerecht zu werden. Im Rahmen eines vernünftigen Lebensstilkonzepts wird versucht, einen Beitrag zur besseren Gesundheit aller Menschen, zur Erhaltung der Umwelt und zur weltweiten sozialen Gerechtigkeit zu leisten.

4.7 Formen vegetarischer Ernährung

Vegetarismus

Vegetarische Ernährungsformen stoßen auf zunehmendes Interesse und werden inzwischen, nicht nur – wie in der Vergangenheit – in wissenschaftlichen Fachgremien, beispielsweise in der Ernährungswissenschaft und der Medizin, sondern in weiten Teilen der Bevölkerung diskutiert. Die potentiellen und inzwischen durch zahlreiche Untersuchungen belegten Vorteile einer vegetarischen Ernährung machen diese Kostform für immer mehr bewußt lebende Menschen zur praktikablen Alternative. Diese Entwicklung wird zudem gefördert durch problematische Tendenzen bei tierischen Lebensmitteln, durch die Kostenexplosion im Gesundheitswesen, die Hilflosigkeit der modernen Medizin bei bestimmten Erkrankungen sowie ein sensibilisiertes Bewußtsein der Verbraucher im Hinblick auf leidensfähige Mitgeschöpfe (Schlachttiertransporte, Massentierhaltung usw.).
Schätzungen haben ergeben, daß sich heute in Deutschland etwa drei Millionen Menschen und somit rund 3,5% der Bevölkerung vegetarisch ernähren. Nach Erhebungen der Vegetarierverbände gibt es allein in sieben europäischen Ländern über neun Millionen Vegetarier. In Großbritannien ist sowohl der absolute als auch der relative Anteil der Vegetarier mit 3,5 Millionen Menschen, was in etwa 7% der Bevölkerung entspricht, am höchsten. Das Verhältnis von Frauen und Männern wird bei solchen Untersuchungen meist mit 60:40 angegeben.
Die gesellschaftliche Anerkennung der Vegetarier und deren Ernährungsweise ist heute wesentlich höher als in der Vergangenheit. Ein allgemeiner Bewußtseinswandel und nicht zuletzt das öffentliche Bekenntnis prominenter Vertreter aus Musik, Theater, Kirche, Film und Sport zur vegetarischen

Lebensweise halfen dem Vegetarismus aus seinem ehemaligen Nischendasein heraus. Vegetarier werden zunehmend auch von Nicht-Vegetariern anerkannt, die Lebensmittelindustrie wie auch die Gastronomie reagieren mit einem immer breiter werdenden fleischlosen Angebot. Dennoch ist der Vegetarismus für Nicht-Vegetarier oftmals nur teilweise verständlich, klar abgrenzbar und in allen seinen Facetten erfaßbar. Selbst von Anhängern des Vegetarismus bzw. von Menschen, die sich selbst als Vegetarier bezeichnen, wird die inhaltliche Abgrenzung und die damit verbundene Selbsteinschätzung unterschiedlich gesehen. Nicht jeder, der sich selbst als Vegetarier bezeichnet, ist dies auch aus naturwissenschaftlicher oder philosophischer Sicht. Was also macht diese Ernährungs- und Lebensweise aus?

Formen des Vegetarismus

Der Vegetarismus, der unabhängig von den jeweils zugrundeliegenden Motiven in der Praxis existiert, ist keine homogene Ernährungsform. Vielmehr können unter dem Begriff Vegetarismus verschiedene Ernährungsformen zusammengefaßt werden, die sich in der Lebensmittelauswahl, v.a. aber in ihren Zielen und Beweggründen unterscheiden. Hierzu müssen zahlreiche alternative Ernährungsformen gezählt werden, die nicht als Vegetarismus verstanden werden wollen, in ihrem Erscheinungsbild jedoch eine vegetarische Ernährung darstellen.

Die Begriffe „Vegetarier", „vegetarisch" und „Vegetarismus" leiten sich vom lateinischen vegetare = beleben ab. Somit kennzeichnet „Vegetarismus" im ursprünglichen Sinne eine „lebende" Form des Seins und der Ernährung, in der neben pflanzlichen Lebensmitteln nur solche Produkte tierischen Ursprungs verzehrt werden, die von lebenden Tieren stammen (Milch, Eier, Honig). In diesem Sinne hatte der griechische Philosoph PYTHAGORAS (570–500 v. Chr.) – der Begründer des klassischen Vegetarismus – die Kostform benannt. Die Begriffswahl und Definition symbolisieren bereits, daß es in aller Regel weltanschauliche bzw. philosophische Gesichtspunkte waren, die bei der Entwicklung des Vegetarismus eine entscheidende Rolle spielten.

Ein wichtiges Kriterium, das der **Einteilung** vegetarischer Ernährungsweisen zugrunde liegt, ist die Lebensmittelauswahl: **Lakto-Ovo-Vegetarier** essen neben pflanzlicher Nahrung auch Milchprodukte und Eier, **Lakto-Vegetarier** verzehren Milch und Milchprodukte, jedoch keine Eier. **Ovo-Vegetarier,** die es eher selten gibt, nehmen weder Fleisch, Wurst und Fisch noch Milch zu sich, konsumieren allerdings Eier. Strenge Vegetarier, sog. **Veganer,** lehnen sämtliche Nahrungsmittel ab, die vom Tier stammen; im Extremfall wird im Rahmen der Einhaltung einer ausschließlich pflanzlichen Kost sogar der Verzehr von Honig gemieden. Viele vegan lebende Personen lehnen gleichermaßen Gebrauchsgegenstände, die von Tieren stammen, so z.B. Leder-Kleidung, ab. Sog. „Pudding-Vegetarier" erfüllen zwar den Anspruch, Fleisch und Fisch aus dem Speiseplan gestrichen zu haben, ernähren sich jedoch überwiegend von stark verarbeiteten und denaturierten Produkten, die zumeist eine hohe Energiedichte aufweisen, allerdings nichtenergieliefernde Nährstoffe (Vitamine, Mineralstoffe, sekundäre Pflanzenstoffe usw.) in nur geringem Maß enthalten.

Vor allem diese Gruppe hat der vegetarischen Ernährung einen schlechten Ruf eingebracht, denn ebenso wie auch bei einer nicht bedarfsgerechten gemischten Kost (mit Fleisch) ist hier die ausreichende Versorgung mit essentiellen Nährstoffen nicht gewährleistet.

Wie hoch die Anteile der verschiedenen Gruppen an der Gesamtheit der vegetarisch lebenden Personen ist, kann nur geschätzt werden. Zwei der großen in den 1980er Jahren durchgeführten Vegetarier-Studien (Berlin und Gießen) kommen übereinstimmend zu dem Ergebnis, daß die Lakto-Ovo-Vegetarier mit jeweils mehr als der Hälfte bzw. rund zwei Dritteln aller Befragten die Mehrheit stellen. Der Anteil der Lakto-Vegetarier lag bei etwa 30%, der der Veganer bei unter 10%. Eine besondere Gruppe unter den Veganern stellen die **Rohköstler** (s. S. 88 ff.) dar, die bezüglich der Lebensmittelauswahl mit den gleichen Einschränkungen leben, zusätzlich allerdings gekochte Nahrung meiden. Ein Teil der sich nach ihrem Instinkt richtenden Rohköstler essen auch rohe tierische Nahrungsmittel wie Fleisch, Eier und Insekten und sind damit keine Vegetarier. Die verschiedenen Ausprägungen des Vegetarismus zeigen, daß es sich nicht um eine homogene Gruppe handelt (Tab. 4-5).

Motive des Vegetarismus

Die Auswahl der Lebensmittel kann noch keinen Aufschluß über die unterschiedlichen Erscheinungsformen in der Praxis oder die der vegetarischen Lebensweise zugrundeliegenden Motivation geben. Wie sich der Vegetarismus letztlich darstellt und welch unterschiedliche Ausprägungen vorzufinden sind, wird im wesentlichen durch die Anschauungen und Ziele des einzelnen Menschen bestimmt, denn die Entscheidung, Vegetarier zu werden, basiert auf unterschiedlichsten Erfahrungen, Überlegungen und Erwartungen. Oftmals gewinnen ethische Fragen im Laufe der Zeit gegenüber gesundheitlichen Überlegungen an Bedeutung, denn die Motive der meisten Vegetarier sind nicht dauerhaft fixiert, sondern unterliegen im Laufe der Zeit einem Wandel.

Unter der Vielzahl möglicher Beweggründe dominieren ethisch-religiöse und gesundheitliche Motive, die etwa gleich häufig angegeben werden, oftmals jedoch nicht strikt voneinander zu trennen sind. In **ethischer** Hinsicht sind es in erster Linie die Ablehnung des Tötens und die Beschäftigung mit dem Verhältnis von Mensch und Tier, die die Hinwendung zum Vegetarismus bewirken. Vor allem die seit Mitte der 1970er Jahre erstmals rational geführte Diskussion über den Status von Tieren hat die Abkehr vom Fleischverzehr erneut unterstützt. Seit dieser Zeit wird von verschiedenen Ethikern der zunehmend erfolgreiche Versuch unternommen, für Tiere die gleichen ethisch-moralischen Rechte einzuklagen wie für den Menschen. In diesem Rahmen wird auch die Leidensfähigkeit von Tieren, hervorgerufen durch Angst oder Schmerz, anerkannt. Der Einblick in die nicht artgerechte Haltung der Tiere sowie die Bedingungen bei Aufzucht, Mast und Transport, die einer immer breiteren Öffentlichkeit bewußt werden, tragen gleichermaßen zur Sensibilisierung der Bevölkerung und zur Bevorzugung der vegetarischen Ernährungsweise bei.

Die **gesundheitliche Motivation** für eine vegetarische Ernährung umfaßt Aspekte wie allgemeine Gesunderhaltung, Körpergewichtsreduktion, Prophylaxe und Heilung verschiedener Krankheiten sowie Steigerung der körperlichen und geistigen Leistungs-

Tab. 4-5 Formen vegetarischer Ernährung (aus [66]).

Bezeichnung	Meiden von*
Ovo-Vegetarier	Fleisch, Fisch und Milch
Lakto-Vegetarier	Fleisch, Fisch und Eier
Lakto-Ovo-Vegetarier	Fleisch und Fisch
Veganer	alle vom Tier stammenden Lebensmittel (Fleisch, Fisch, Milch, Eier, Honig)

* Bei allen Lebensmitteln sind auch die jeweils daraus hergestellten Produkte eingeschlossen

fähigkeit. Auch Lebensmittelskandale wie der Einsatz verbotener oder erlaubter Masthilfen in der Tierzucht, die parasitäre Kontamination von Lebensmitteln tierischer Herkunft oder die aktuelle Diskussion über BSE und deren mögliche Übertragbarkeit auf den Menschen haben immer wieder einen Rückgang des – ohnehin seit Jahren sinkenden – Fleischkonsums zur Folge.

Dennoch sprechen sozialpsychologische Ansätze dafür, daß die Hinwendung zum Vegetarismus im allgemeinen nicht spontan, sondern schrittweise verläuft. Ausschlaggebend sind hier in erster Linie das Wissen über zeitgemäße Ernährung, Tierhaltung und nachweltgerechte Ökologie. Diese Bewußtseinsbildung führt zu anderen persönlichen Auffassungen und Einstellungen, aus denen schließlich eine Verhaltensänderung resultiert. Allerdings sind auch zahlreiche „Schlüsselerlebnisse“ (z.B. Schlachthofbesuch) bekannt, die zu spontaner Änderung der Ernährungsweise führen (Tab. 4-6).

Historische Entwicklung

Heute ist der Vegetarismus, der auch als Weltanschauung verstanden und gelebt wird, mehr als nur eine Ernährungsweise. Während sich die Menschheit über Millionen von Jahren besonders aus Gründen des Angebots an Nahrungsmitteln überwiegend oder völlig vegetarisch ernährte und dies ein großer Teil der Weltbevölkerung – allerdings zumeist aus ökonomischen Notwendigkeiten – auch heute noch tut, wurde in der Antike der Grundstein für eine fleischlose Ernährung aus **philosophisch-ethischen** Überlegungen gelegt, mit denen auch religiöse Aspekte eng verknüpft waren und sind. Erste Impulse für das Meiden von Fleisch gingen von der religiösen Sekte der ORPHIKER (Griechenland, 6. Jh. v. Chr.) aus. Im Mittelpunkt stand bei den Anhängern der mythischen Gestalt des Orpheus – Dichter, Sänger und nicht zuletzt Religionsstifter – das Streben nach Askese, nach Enthaltung in allen Lebensbereichen und somit auch der täglichen Kost. Durch das Streben nach Reinheit und durch eine religiös-sittliche Lebensweise sah diese religiös-ethische Bewegung die Möglichkeit der Befreiung der Seele. Den Anhängern, die den Verzehr alles „Beseelten“ mieden, war es neben einem Verbot des Fleischkonsums auch nicht gestattet, Eier zu essen oder Wolle zu tragen. Mit dieser Betrachtungsweise verliehen die ORPHIKER dem griechischen Religionsverständnis neue Impulse, denn die völlige und andauernde Enthaltung stellte im Vergleich mit kultischen Speiseverboten etwas völlig Neuartiges dar.

Die Ablehnung von Fleisch wurde von PYTHAGORAS aufgegriffen und weitergeführt. Der Philosoph und Mathematiker kam auf seinen Reisen als einer der ersten Europäer mit der asiatischen Welt, ihrem Gedankengut und ihren Religionen in Berührung. Im 6. Jh. v. Chr. wirkten in Asien Männer wie BUDDHA, LAO-TSE, KONFUZIUS und ZARATHUSTRA, die wesentliche Fundamente für die heutigen Religions- und Glaubenssysteme legten. Durch den Glauben an die Seelenwanderung und Wiedergeburt (Reinkarnation) wurde das Weglassen von Fleisch und damit der Nichtverzehr von „beseelten“ Wesen zu einem wesentlichen Bestandteil des Pythagoräismus, der bis in die Mitte des letzten Jahrhunderts fortwirkte, um dann vom „modernen“ Vegetarismus abgelöst zu werden.

Der griechische Philosoph PLUTARCH (46 bis 120 n. Chr.) verstand die Liebe und Milde gegenüber den Tieren als eine Übung für Nächstenliebe und Barmherzigkeit: „Mit beseelten Geschöpfen darf man nicht wie mit Schuhen und anderen Geräten verfahren, die man, wenn sie zerbrochen sind, wegwirft, sondern man soll sich an ihnen, wenn aus keiner anderen Ursache, wenigstens zur Übung in der Menschenliebe, zur Güte und Sanftmut gewöhnen.“ Die logische und praktische Konsequenz dieser Einstellung zu Tieren war der Vegetarismus. Allerdings war die freiwillig gewählte vegetarische Kost auch in der Antike eher die Ausnahme, wie die

Tab. 4-6 Gründe für eine vegetarische Ernährung (aus [66]).

ethisch/religiös	Töten als Unrecht/Sünde Fleischverzehr als religiöses Tabu Lebensrecht für Tiere Mitgefühl mit Tieren Ablehnung der Massentierhaltung Ablehnung der Tiertötung als Beitrag zur Gewaltfreiheit in der Welt Ablehnung des Verzehrs tierischer Nahrung als Beitrag zur Lösung des Welthungerproblems
ästhetisch	Abneigung gegen den Anblick toter Tiere Ekel vor Fleisch höherer kulinarischer Genuß vegetarischer Gerichte
spirituell	Freisetzung geistiger Kräfte Unterstützung von meditativen Übungen und Yoga Verminderung des Geschlechtstriebes
sozial	Erziehung Gewohnheit Gruppeneinflüsse
gesundheitlich	allgemeine Gesunderhaltung (undifferenziert) Körpergewichtsabnahme Prophylaxe bestimmter Erkrankungen Heilung bestimmter Erkrankungen Steigerung der körperlichen Leistung Steigerung der geistigen Leistungsfähigkeit
kosmetisch	Körpergewichtsabnahme Beseitigung von Hautunreinheiten
hygienisch-toxikologisch	bessere Küchenhygiene in vegetarischen Küchen Verminderung der Schadstoffaufnahme
ökonomisch	begrenzte finanzielle Möglichkeiten, sparen für andere Werte als Ernährung
ökologisch	Ablehnung tierischer Nahrung als Beitrag zur Lösung des Welthungerproblems Verminderung der durch Massentierhaltung bedingten Umweltbelastungen

Bemühungen von Hippokrates (Arzt, Griechenland, 460–370 v. Chr.) bestätigen, der schon frühzeitig auf die negativen Folgen eines zu hohen Fleischkonsums hinwies.

Auch in den verschiedenen Weltreligionen, die Ausdruck der Beschäftigung des Menschen mit dem Transzendentalen sind, finden sich Gedanken und Leitsätze, die sich mit der

Behandlung der Mitgeschöpfe befassen. Das Streben nach ethischen und moralischen Grundsätzen, nach Gewaltlosigkeit, Nächstenliebe und Barmherzigkeit läßt sich in dem zentralen Ausspruch „Behandle andere so, wie Du von ihnen behandelt werden willst“ zusammenfassen, der allen Religionssystemen zu eigen ist. Allerdings ist hier wohl zu unterscheiden, ob es sich um religiös geprägten Vegetarismus oder um vegetarisches Gedankengut in der jeweiligen Religion handelt. Und hier läßt sich eine deutliche Tendenz erkennen: Je älter die Glaubenssysteme sind und je weiter in der Religionsgeschichte zurückgegangen wird, umso mehr findet sich die Achtung vor allen Lebensformen wieder.
So ist eine der ältesten Religionen, der Hinduismus, ein sehr konsequenter Vertreter der vegetarischen Lebensweise, während der Islam, die jüngste der Weltreligionen, sehr viel weniger Gewicht auf den Vegetarismus legt. Für kleinere Religionsgemeinschaften scheint diese Regel allerdings nicht zuzutreffen. So sind einige Konfessionen, die sich erst in den letzten Jahrhunderten gebildet haben, wie die 7-Tages-Adventisten, die Quäker oder die Mormonen, sehr stark vom vegetarischen Gedankengut beeinflußt. In den östlichen Religionen stellt der Glaube an die Seelenwanderung einen ganz entscheidenden Impuls für ein religiöses Fleischverbot dar. Das Ashima – das Nichttöten sowie die Gewaltlosigkeit und damit die Ehrfurcht vor dem Leben – wurde in den Veden, den ältesten heiligen Schriften Indiens, eingearbeitet und im Sinne des Vegetarismus gedeutet. Auch im Buddhismus, der im 6. Jh. v. Chr. von SIDDHARTA GAUTAMA (Indien, 560–480 v. Chr.) und seinen Anhängern entwickelt wurde, sind Barmherzigkeit und vegetarische Lebensweise Grundvoraussetzung für die Erlangung der Weisheit. Das 5. Gebot im Alten Testament lautet: „Du sollst nicht töten!“ Dieses Gebot ist für Vegetarier eine alle Lebewesen einbeziehende Lebensregel.
Über die **Lebensreform-Bewegung** des ausgehenden 19. Jh., eine Gegenbewegung zu den rasanten gesellschaftlichen Veränderungen der Industrialisierung, erreichte der Vegetarismus eine breitere Öffentlichkeit. Im Zentrum der Bemühungen der Vertreter der Lebensreform stand ein neues Verständnis der Natur, des Individuums und seiner Beziehung zur Gesellschaft. Basis dieser Überlegungen war der Naturismus, eine Strömung, die gemäß der Devise „Zurück zur Natur!“ handelte und ein einfaches, naturverbundenes Leben im Grünen anstrebte. Die Lebensreform-Bewegung umfaßte alle Lebensbereiche und kann in zahlreiche Einzelbestrebungen unterteilt werden: Vegetarismus, Anti-Alkoholbewegung, Tierschutzbewegung, Bodenreform, Naturheilkunde, Siedlungs- und Gartenstadtbewegung, Naturschutzbewegung, Freikörperkulturbewegung, Reformpädagogik u.a. Vorreiter innerhalb der Lebensrefom waren Vertreter der Naturheilkunde, die bereits im ausgehenden 18. und beginnenden 19. Jh. mit CHRISTOPH WILHELM HUFELAND (Arzt, Deutschland, 1762–1836), SAMUEL HAHNEMANN (Arzt, Deutschland, 1755–1843) oder VINZENZ PRIESSNITZ (Arzt, Deutschland, 1799–1851) erste Impulse für eine naturgemäße Lebens- und Heilweise gaben.
Eine wichtige, aber nicht essentielle Stelle innerhalb der Lebensreform-Bewegung nahm die vegetarische Lebensweise ein. Entscheidend war hier der Ernährungswandel im 19. Jh. Durch die rasante Technisierung und Modernisierung des Nahrungsmittelsektors und der Landwirtschaft hatten sich die Ernährungsgewohnheiten innerhalb weniger Jahrzehnte grundlegend gewandelt. Insbesondere der seit 1850 stetig zunehmende Fleischkonsum und die parallel dazu steigende Zahl an Zivilisationskrankheiten gaben Anlaß zu Kritik an der modernen Lebensweise. Diese Kritik sowie die Betonung einer gesunden und vollwertigen Ernährung waren Ausgangspunkt der **Ernährungsreform.** Ihre Anhänger waren vorwiegend gesundheitlich orientiert und weniger ethisch-moralisch geprägt.

Der moderne Vegetarismus verstand sich als Strömung, die in die Öffentlichkeit treten wollte. Dies geschah insbesondere durch zahlreiche Publikationen, die durch die verbesserten technischen Möglichkeiten sowie den Ausbau des Kommunikationssektors möglich geworden waren sowie durch ein reges Vereinsleben. Das 19. Jh. war das Jahrhundert der Vereine. Die neuartige Möglichkeit, über Zeitschriften, Flugblätter und Bücher die vegetarische Idee zu verbreiten, gab der Bewegung einen bis dahin unbekannten Auftrieb.

Im Jahre 1867 wurde im nordthüringischen Nordhausen vom freireligiösen Pfarrer EDUARD BALTZER (1814–1887) der erste vegetarische Verein in Deutschland, der „VEREIN FÜR NATÜRLICHE LEBENSWEISE“, gegründet. In den beiden folgenden Jahrzehnten kam es zu zahlreichen lokalen Vereinsgründungen, vorwiegend in Großstädten und Ballungsgebieten. Im Jahre 1892 schlossen sich die beiden bedeutendsten deutschen Vegetarier-Vereine zum DEUTSCHEN VEGETARIER-BUND zusammen. Bald darauf wurde 1908 in Dresden die INTERNATIONALE VEGETARIER-UNION gegründet, die seitdem regelmäßig internationale Kongresse veranstaltet.

Naturheilkunde und Vegetarismus

Sowohl die Naturheilkunde als auch der Vegetarismus haben eine jahrtausendealte Tradition, deren Wurzeln in der griechischen Antike liegen. Schon früh sahen Ärzte die Ernährung als wesentliches Element im Wechselspiel zwischen Gesundheit und Krankheit an. Bereits bei den PYTHAGORÄERN spielten hygienische Gründe und diätetische Aspekte, im Sinne der ganzheitlichen Betrachtungsweise der **Diaitia** als Regelung der Lebensweise in ethischer wie physischer Hinsicht, für Empfehlungen zum Fleischverzicht bei Krankheit oder gesundheitlichen Beschwerden eine Rolle. So sagte der Arzt ANDROKYDES: „Heilmittel sind nicht nur die von der Heilkunst bereiteten, sondern auch die täglich zur Nahrung genossenen Speisen und Getränke.“

Zwar kann bei den großen Vertretern der antiken Heilkunst wie HIPPOKRATES, HERODIKOS, DIOKLES oder ASKLEPIADES nicht von einer ausgesprochen vegetarischen Richtung gesprochen werden, doch wird von allen der gesundheitliche Wert und die Bedeutung von pflanzlicher Nahrung für Vorbeugung und Behandlung bestimmter Krankheiten erkannt und geschätzt. So verordnete HIPPOKRATES bereits um 400 v. Chr. Fasten, Vollkornbrot, Obst und Rohgemüse und steht somit heutigen Ernährungsempfehlungen erstaunlich nahe.

Die Naturheilkunde des 19. Jh. entwickelte sich zu einer Strömung, die der sog. Schulmedizin sehr kritisch gegenüberstand und v.a. die Patienten mit Laien-Schrifttum über Gesundheitsbelehrung ansprach. Ihre Vertreter wendeten traditionelle Heilmethoden an und erweiterten diese, indem sie sich an den Bedürfnissen des Industriezeitalters orientierten. Innerhalb weniger Jahrzehnte wurden zahlreiche Sanatorien und Heilanstalten gegründet, deren Kuren auf natürlichen Heilmethoden basierten. Dazu zählen die Hydro- und Phytotherapie, die Licht- und Luftbehandlungen sowie die Lehm- und Erdheilkuren ebenso wie die vegetarische Ernährung. Der Schweizer Arzt MAX BIRCHER-BENNER (1867–1939) verordnete seinen Patienten z.B. pflanzliche Rohkost und ging damit neue Wege der Ernährungstherapie. Die ersten Vertreter der Naturheilkunde in der ersten Hälfte des letzten Jahrhunderts waren Vorreiter der späteren breiten Bewegung der Lebensreform. Oftmals ergänzten sich Forderungen aus beiden Bereichen gegenseitig: Vertreter der Naturheilkunde empfahlen vegetarische Kost zur Unterstützung der natürlichen Therapiemethoden und sahen die fleischlose Ernährung als wesentlichen Bestandteil des Heilprozesses bzw. der Prophylaxe an. Wegbereiter dieser engen Verbindung von Naturheilkunde und vegetarischem Gedankengut war der Apotheker THEODOR

HAHN (1824–1883). Seine Erkenntnisse von richtiger Ernährung und gesunder Lebensweise legte HAHN in seinem Werk „Die naturgemäße Diät, die Diät der Zukunft“ dar. Er wird auch als der erste Vegetarier in der Naturheilkunde bezeichnet. Auch heute noch besteht ein enger Zusammenhang zwischen vegetarischer Ernährung und Naturheilkunde. Besonders Vegetarier bevorzugen natürliche Heilmethoden.

Bewertung

Eine Reihe langfristiger Studien [17, 18, 80] über Ernährungsverhalten und Gesundheitszustand von vegetarisch lebenden Personen ergab, daß eine lakto-ovo-vegetarische Ernährung zahlreiche **positive Effekte** aufweisen kann. So haben Vegetarier seltener Übergewicht und weniger häufig hohen Blutdruck; außerdem sind ihre Serumcholesterinwerte in der Regel günstiger als bei Personen mit durchschnittlicher Ernährungsweise, da die Zufuhr ungünstig zu beurteilender Nahrungsinhaltsstoffe, wie gesättigte Fettsäuren, Cholesterin und Purine, niedriger ausfällt als bei Gemischtköstlern. Als Folge ihrer gesünderen Ernährungs- und Lebensweise ist ihr Risiko für Krebs und Herz-Kreislauf-Erkrankungen niedriger [28, 39, 50].

Die empfohlene Aufnahme von **Nahrungsenergie** wird von Vegetariern nur selten überschritten. Entsprechend findet sich bei Vegetariern häufig ein niedrigeres Körpergewicht als bei sich durchschnittlich ernährenden Vergleichsgruppen. Da die Verzehrsmuster von Vegetariern im wesentlichen von denen der Gemischtköstler abweichen, ist entsprechend auch die Relation und Zusammensetzung der energieliefernden Nährstoffe verändert. So schränken Vegetarier bei **Kohlenhydraten** die Zufuhr von Mono- und Disacchariden zugunsten der Polysaccharide (insbesondere Stärke) ein und erreichen gleichzeitig eine erhöhte Ballaststoffzufuhr. Mit der höheren Ballaststoffaufnahme ist jedoch gleichzeitig eine erhöhte Phytinsäure-Zufuhr verbunden, welche die Absorption verschiedener Mineralstoffe herabsetzen kann, praktisch aber keine große Bedeutung hat.

Ähnliche Unterschiede zu Gemischtköstlern bestehen hinsichtlich der aufgenommenen Menge an **Fett** und der Fettsäurenzusammensetzung, da das verzehrte Fett überwiegend pflanzlichen Ursprungs ist. Es werden dadurch etwas mehr Polyenfettsäuren (**polyunsaturated** fatty acids) und verhältnismäßig weniger gesättigte (**saturated**) und einfach ungesättigte Fettsäuren verzehrt. Häufig ergeben sich **P/S-Quotienten,** die den ernährungsphysiologisch angestrebten Wert von 1 erreichen oder überschreiten. Die Kost der Veganer ist weitgehend cholesterinfrei bzw. die der Lakto-Ovo-Vegetarier arm an **Cholesterin.** Die körpereigene Cholesterinsynthese paßt sich der alimentären Zufuhr an. Dieser Mechanismus scheint aber nicht unbegrenzt und v.a. nicht bei allen Individuen eine vollständige Adaptation zu erlauben. Auch die Cholesterinresorption ist begrenzt; sie liegt inividuell unterschiedlich meist deutlich unter 1000 mg pro Tag. Um arteriosklerotisch bedeutsamen Veränderungen des Serumcholesterinspiegels vorzubeugen, wird empfohlen, die Cholesterinzufuhr mit der Nahrung auf maximal 300 mg/d zu begrenzen.

Ein von Kritikern des Vegetarismus lange Zeit und teilweise immer noch ins Feld geführtes Argument besagt, daß mit vegetarischer Ernährung der menschliche Bedarf an **Protein** nicht oder nur teilweise gedeckt werden könne. In der Realität trifft dies allerdings keineswegs zu, denn die Proteinzufuhr der Durchschnittsbevölkerung ist gegenüber den Empfehlungen der Ernährungswissenschaft meist auf das Doppelte erhöht. Neben der Höhe der Zufuhr weist die Zusammensetzung des Proteins bei vegetarischer Nahrung ebenfalls Abweichungen auf. Einige Untersuchungen zeigen, daß die Proteinzufuhr bei vegetarischer Ernährung niedriger liegt als bei „Normalkost“. Dennoch kann insgesamt davon ausgegangen werden, daß trotz der oft geringeren biologischen Wertigkeit von pflanzlichem gegenüber tierischem Protein bei einer abwechslungsreichen vegetarischen Ernährung eine ausreichende Deckung des Proteinbedarfs (die DGE empfiehlt 0,8 g/kg Körpergewicht) gewährleistet ist. Die Proteinzufuhr bei Veganern liegt teilweise deutlich unter der anderer Vegetariergruppen, kann aber zumindest bei vielfältiger Nahrungszusammenstellung im Erwachsenenalter als ausreichend gelten.

Auch bei der Zufuhr von **Vitaminen** schneiden Vegetarier im Regelfall günstiger ab als Gemischtköstler. Ihre pflanzlich betonte Kost führt zu einer höheren Aufnahme von Vitamin C und E, Beta-Karotin, Folsäure sowie Vitamin B_1. Bedingt durch den teilweisen Ausschluß von Lebensmitteln tierischen Ursprungs weisen vegetarisch lebende Personen eine niedrige Zufuhr an Vitamin D auf. Insgesamt sind jedoch selbst bei Veganern Vitamin-D-Mangelerscheinungen selten, sofern sie sich ausreichend im Freien aufhalten. Durch Einwirkung von Sonnenlicht wird in der Haut Vitamin D aus entsprechenden Vorstufen gebildet. Da allerdings bereits bei nicht-vegetarisch lebenden Frauen der Vitamin-D-Gehalt der Muttermilch so niedrig ist, daß die Säuglinge bei einer längeren Stilldauer als sechs Monate Rachitis bekommen können, sollte bei veganer Ernährung grundsätzlich eine begleitende orale Supplementierung erfolgen.

Da **Vitamin B_{12}** von Pflanzen nicht gebildet werden kann, wird bei keinem anderen Nährstoff so kontrovers die Frage diskutiert, inwieweit mit ausschließlich pflanzlicher Ernährung eine ausreichende Versorgung möglich ist. Keine Probleme ergeben sich bei lakto- und lakto-ovo-vegetabilen Ernährungsformen. Studien mit Veganern zeigen, daß auch sie mit 0,3–1,2 mg/d geringe Mengen Vitamin B_{12} aufnehmen, wobei der Ursprung dieser Aufnahme nicht immer bekannt ist. Möglicherweise meiden nicht alle Veganer in letzter Konsequenz Milch und Milchprodukte. Denkbar ist auch die Aufnahme kleiner Cobalaminmengen über Teig- und Backwaren, denen bei der Herstellung Eier zugesetzt wurden. Sicher spielen auch die Mund- und Dünndarmflora, Kontamination von Lebensmitteln und Eßgeschirr sowie der Gehalt in fermentierten Produkten eine Rolle. Obwohl bei langfristiger veganer Ernährung überwiegend erniedrigte Cobalamin-Blutspiegel gefunden werden können, sind klinische Anzeichen eines Mangels bei Erwachsenen nur selten nachweisbar.

Zur Verbesserung der Versorgung – insbesondere der gefährdeten Kinder – bieten sich bei Veganern neben einer Vitamin-B_{12}-Supplementierung z.B. die in Großbritannien vorgeschriebene Anreicherung von „Sojafleisch“ oder Sojamilch mit Vitamin B_{12} an.

Die Versorgung mit **Vitamin B_2** ist bei lakto- und lakto-ovo-vegetarischer Ernährung ausreichend bis gut. Bei veganer Lebensweise gestaltet sich die Bedarfsdeckung – wie auch in verschiedenen Gruppen der Durchschnittsbevölkerung – etwas schwieriger, ist jedoch möglich. In der Tat sind klinisch-biochemisch kaum Mangelerscheinungen festzustellen. Auch bei **Vitamin B_6** erreichen Vegetarier meist nicht die empfohlene Zufuhr. Dennoch gibt es keinen Hinweis darauf, daß sich der Pyridoxinstatus der Vegetarier von dem der Gemischtköstler unterscheidet. Die Versorgung vegetarischer Bevölkerungsgruppen mit **Niacin** weist starke Schwankungen auf. Da keine Berichte über biochemisch-klinische Anzeichen eines Niacinmangels bei vielseitiger vegetarischer Ernährung vorliegen, kann im Falle einer niedrigen Zufuhr von einer erheblichen intermediären Synthese des Niacins ausgegangen werden.

Die Zufuhr an **Mineralstoffen** ist in der Regel höher als bei Mischköstlern, wobei zu berücksichtigen ist, daß die Verfügbarkeit aus pflanzlichen Lebensmitteln aufgrund hemmender Begleitstoffe wie Oxalsäure, Phytinsäure, Tannine oder Ballaststoffe geringer ist.

Ein oft als kritischer Nährstoff betrachtetes Spurenelement ist **Eisen.** Tatsächlich ist der Eisenmangel unter Vegetariern westlicher Industrienationen weniger weit verbreitet als aus der Art und der Menge des aufgenommenen Nahrungseisens abzuleiten wäre. Die meisten Vegetarier und Veganer haben eine relativ hohe Eisenaufnahme aus Lebensmitteln wie Vollgetreide, Blattgemüse und angereicherten Lebensmitteln. Aufgrund der schlechteren Verfügbarkeit ist jedoch insbesondere bei Vegetarierinnen in manchen Fällen eine unbefriedigende Versorgungslage für Eisen zu beobachten. Andere Untersuchungen kommen zu dem Schluß, daß vegetarisch lebende Menschen keinem erhöhten Risiko für Eisenmangel ausgesetzt sind, wenn sie eine ausgeglichene Auswahl der Nahrungsmittel berücksichtigen. So können die Eisenspeicher zwar reduziert sein, eine Eisenmangelanämie ist jedoch bei Vegetariern nicht häufiger zu finden als bei Nicht-Vegetariern. Da sich in verschiedenen Untersuchungen offenbar keine erkennbaren physiologischen oder klinischen Nachteile wie Leistungsschwäche oder Anämien aus diesen Eisenwerten ergeben, muß überlegt werden, ob die derzeit als normal geltenden Werte zu hoch angesetzt sind.

Ebenfalls als kritischer Nährstoff in der Versorgungslage der Gesamtbevölkerung gilt **Kalzium.** In der Regel ist die Versorgung von Vegetariern mit Kalzium ausreichend, eine überhöhte Aufnahme ist ganz im Gegenteil nicht wünschenswert, da dadurch die Resorptionsrate von Eisen und Zink gesenkt wird. Veganer nehmen die geringsten Kalziummengen auf. Da der menschliche Körper über verschiedene Anpassungsmechanismen an eine niedrige Nährstoffzufuhr verfügt, wird häufig die Resorptionsrate gesteigert. Die niedrige Proteinaufnahme bei Veganern wirkt sich wahrscheinlich günstig auf die Kalziumausnutzung aus, es wird weniger Kalzium im Urin ausgeschieden. Als kritisch ist die Kalziumversorgung vegan ernährter Kleinkinder zu bewerten.

Eine Reihe von Studien belegt, daß die Zufuhr von **Jod** bei Vegetariern zu gering ist. Dabei muß allerdings berücksichtigt werden, daß die Jodversorgung in Deutschland ohnehin unzureichend ist und auch bei Nicht-Vegetariern deutlich unter den Empfehlungen liegt. Ein Problem bei der Beurteilung der tatsächlichen Jodzufuhr ist jedoch, daß der Konsum von jodiertem Speisesalz bei Verzehrsstudien nicht miterfaßt wurde.

Höher als bei sich nicht vegetarisch ernährenden Vergleichsgruppen ist bei Vegetariern die Versorgung mit **Magnesium, Kalium** und **Mangan.** Etwa in gleichem Umfang wie bei Gemischtköstlern werden **Chlorid, Zink, Kupfer** und **Selen** aufgenommen. Die empfohlene Zufuhr an **Phosphor** richtet sich nach der Kalziumaufnahme, ist jedoch zumeist wie bei der Durchschnittsbevölkerung etwas hoch. **Natrium** als Bestandteil des Kochsalzes nehmen Vegetarier meist weit unter der üblichen, viel zu hohen Durchschnittszufuhr auf [80, 81].

Die Aufnahme der immer mehr Beachtung findenden gesundheitsfördernden Nahrungsinhaltsstoffe wie **Ballaststoffe,** Substanzen in **milchsauer vergorenen Lebensmitteln** (v.a. Milchsäurebakterien) sowie **sekundäre Pflanzenstoffe** ist bei Vegetariern ebenfalls hoch. Zur letzten Gruppe zählen u.a. Carotinoide, Phytosterine, Saponine, Polyphenole, Protease-Inhibitoren, Sulfide und Terpene (Tab. 4-7). Diesen physiologisch wirksamen Substanzen werden insbesondere antikanzerogene, antioxidative, antithrombotische, entzündungshemmende, Cholesterinspiegelsenkende und Blutglukose-regulierende Eigenschaften zugeordnet. Der bessere Gesundheitsstatus von Vegetariern [66] und die geringere Inzidenz verschiedener Erkrankungen lassen sich zu einem – nicht quantifizierbaren – Anteil auf die Zufuhr pharmakologisch wirksamer Nahrungsinhaltsstoffe zurückführen. Dies trifft insbesondere für das Krebserkrankungsrisiko zu. Die wiederholt festgestellte **geringere Karzinomhäufigkeit** bei Vegetariern ist somit nicht nur auf die geringere Gesamtfett- und höhere Ballaststoffaufnahme zurückzuführen, sondern wird auch durch eine höhere Zufuhr an Antioxi-

Tab. 4-7 Wesentliche sekundäre Pflanzenstoffe und ihre Wirkung (aus [100]).

Bezeichnung	Vorkommen	vermutete Wirkung
Carotinoide	gelbe und rote Pflanzenteile	Provitamin A antioxidativ, immunstimulierend
Phytosterine	fettreiche Pflanzenteile (Sonnenblumenkerne, Sesamsaaten)	Senkung des Blutcholesterinspiegels
Saponine	Leguminosen	Senkung des Blutcholesterinspiegels
Polyphenole	Randschichten	antioxidativ, antikanzerogen, antimikrobiell
Protease-Inhibitoren	Leguminosen, Getreide	antikanzerogen, antioxidativ
Terpene	ubiquitär (pflanzliche Aromastoffe)	Enzyminduktion, antikanzerogen
Phytoöstrogene	Lignin	antikanzerogen
Sulfide	Knoblauch, Lauch, Zwiebeln	antimikrobiell, antioxidativ, antikanzerogen, immunmodulierend

danzien und induktiv wirksamen Stoffen bedingt [39].
Auch der niedrigere Cholesterinspiegel, das geringe Vorkommen von Bluthochdruck und die geringere Diabeteshäufigkeit bei Vegetariern dürften zumindest partiell auf sekundäre Pflanzenstoffe zurückzuführen sein, die von Vegetariern in größerer Menge aufgenommen werden als von der Durchschnittsbevölkerung.
Da zahlreiche sekundäre Pflanzenstoffe hitzelabil sind, gelangen sie in erster Linie bei der Aufnahme von rohem Obst und Gemüse unverändert in den Gastrointestinaltrakt und, falls sie resorbiert werden, in den Gesamtorganismus. Die Empfehlung der Vollwert-Ernährung, etwa die Hälfte der Nahrung in Form unerhitzter Frischkost aufzunehmen, gewinnt daher nicht nur im Hinblick auf „klassische" Nährstoffe wie Vitamine, sondern auch in bezug auf sekundäre Pflanzenstoffe an Bedeutung.

Chinesische Ernährungslehre

Die chinesische Ernährungslehre [38, 90] ist neben sieben anderen Disziplinen (Akupunktur, Heilgymnastik, Meditation, Astrologie, Geomantie, Kräuterheilkunde und Massage) Teil der **Traditionellen Chinesischen Medizin (TCM)**, die sich aus dem Taoismus entwickelt hat. Ein zentraler Punkt dieser Lehre ist die Langlebensphilosophie sowie die Lehre von den Wandlungen, demnach im Kosmos kein statischer Zustand herrscht, sondern alles in Bewegung ist. Leben basiert auf Energie (Qi, Yang) und Substanz (Yin), beide unterliegen permanenten inneren Schwankungen und müssen immer wieder ausgeglichen werden, um das Entstehen von Krankheit zu vermeiden. Dies wiederum kann durch eine „energetisch ausgewogene" Ernährung, die alle Organe gut mit Energie versorgt, gewährleistet werden.

Ernährungsgrundsätze

Alle Nahrungsmittel werden hinsichtlich ihrer **thermischen Wirkung** eingeteilt in:

- heiß
- warm
- neutral
- erfrischend
- kalt.

Heiße Nahrungsmittel wie scharfe Gewürze, Fleisch oder hochprozentige Alkoholika schützen vor Kälte und sollten somit vor allem in der kalten Jahreszeit konsumiert werden. Neutrale Nahrungsmittel wie z.B. Getreide sollten immer den Hauptteil einer Speise ausmachen. Abkühlende Lebensmittel wie z.B. Südfrüchte eignen sich für den Hochsommer und sind demzufolge für gemäßigte Zonen ungeeignet.
Neben der thermischen Einteilung der Nahrungsmittel wird eine Zuordnung zu den **Fünf Elementen** vorgenommen. Dies sind:

- Holz
- Feuer
- Erde
- Metall
- Wasser.

Alle Elemente stehen in einem zyklischen Zusammenhang und „ernähren" sich gegenseitig. Jeder Prozeß und jedes Menschenleben durchläuft nacheinander alle fünf Stadien. Alles Existierende, z.B. auch die Organe, wird den Fünf Elementen zugeordnet. Ernährungsrelevant ist insbesondere die Einteilung in die **fünf Geschmacksrichtungen** sauer, bitter, süß, scharf und salzig.
Die Zusammensetzung und Zubereitung der Speisen sollte individuell nach den Regeln der „Goldenen Mitte" erfolgen. Die Nahrungsmittel sollen ausgewogen und der Jahreszeit entsprechend ausgewählt sowie in ihrer thermischen Wirkung kombiniert und mit Hilfe sanfter und neutraler Garmethoden (dünsten mit wenig Wasser, schwache Hitze, nicht scharf anbraten) zubereitet werden. Auch auf den ausgewogenen Einsatz der fünf Geschmacksrichtungen sowie der fünf Farben (Grün, Rot, Gelb, Weiß und Blau) ist zu achten.

> Nahrungsmittelschwerpunkt in der chinesischen Ernährungslehre ist Vollgetreide und gekochtes Gemüse.

Vegetarisch lebende Menschen sollten möglichst viel gekochte Speisen verzehren, um sich ausreichend Energie zuzuführen. Fleisch wird – abgesehen von Schweinefleisch – nicht als problematisch, sondern auch als Heilmittel betrachtet; lediglich ein Zuviel kann schädlich sein. Rohkost wird nur in geringen Mengen empfohlen, da gekochte Nahrung leichter verdaulich ist. Außerdem sind die Chinesen der Ansicht, daß „durch das Feuer beim Kochen das geistige Feuer des Menschen entfacht" wird.

> Abgelehnt werden Nahrungsmittel, die keine Lebendigkeit mehr haben: industriell verarbeitete, bestrahlte, tiefgekühlte oder in der Mikrowelle zubereitete Produkte.

Gesteigerter Wert wird auf den Aufbau einer gesunden Darmflora gelegt (Symbiontenlenkung).

Bewertung

Aus ernährungsphysiologischer Sicht gelten die Vorteile einer abwechslungsreichen, vegetarisch orientierten Kostform, die frische, möglichst wenig verarbeitete Lebensmittel bevorzugt. Die Ablehnung von Südfrüchten im Winter sowie der geringe Stellenwert der Rohkost erscheint etwas problematisch (Tab. 4-8).

Ayurveda

Der Ayurveda [19, 83] ist eine vorbeugende Gesundheits- und Heilkunde, die ihren Ursprung in der mehr als 5000 Jahre alten vedischen Hochkultur Indiens hat. Die beiden Sanskrit-Wörter „ayus" = Leben und „veda" = Wissen, Wissenschaft werden üblicherweise als „die Wissenschaft vom Leben" bzw. „das Wissen von den Lebensspannen" übersetzt. Die indische Ayurveda-Medizin geht davon aus, daß der Mensch durch körperlich-geistige Ausgewogenheit weder Krankheit noch vorzeitiger Alterung unterworfen ist. Krankheit ist eine sich im Körper manifestierende

Tab. 4-8 Bewertung einzelner Ernährungsformen.

Grundsätze und Ziele	Lebensmittelauswahl	Besonderheiten	ernährungsphysiologische Bewertung
Chinesische Ernährungslehre			
vorbeugende Gesundheits- und Heilkunde Ausgewogenheit von Energie (Qi, Yang) und Substanz (Yin)	vorwiegend vegetabil saisonale Lebensmittel „individuell" geeignete Lebensmittel Meiden: denaturierte Nahrungsmittel	Einteilung der Lebensmittel nach thermischer Wirkung und nach den Fünf Elementen	ausreichende Nährstoffzufuhr als Dauerkost geeignet geringer Rohkostanteil problematisch es gelten die Vorteile anderer vegetarisch orientierter Kostformen
Ayurveda			
vorbeugende Gesundheits- und Heilkunde körperlich-seelisch-geistige Ausgewogenheit	vorwiegend lakto-vegetabil, regionale und saisonale Lebensmittel „individuell" geeignete Lebensmittel Meiden: denaturierte Nahrungsmittel, Speisereste	individuelle Ernährung nach Konstitutionstyp möglichst frisch zubereitete Nahrung es gelten die Vorteile anderer vegetarisch orientierter Kostformen	ausreichende Nährstoffzufuhr als Dauerkost geeignet geringer Rohkostanteil problematisch
Mazdaznan			
ethisch-moralische Prinzipien der Mensch als Teil der Natur Schutz der Natur Vermeidung von Überernährung	lakto-ovo-vegetabil vorwiegend Rohkost und Getreidegerichte Meiden: Auszugsmehle, isolierte Zucker	Lebensmittel der Saison instinktive Auswahl der Speisen	abwechslungsreiche Kost ausreichende Nährstoffzufuhr als Dauerkost geeignet
Makrobiotische Ernährungsweise			
Ausgewogenheit von Yin und Yang Einklang mit dem Kosmos menschliche Bewußtseinsentwicklung Gesundheit als Grundlage für Glück, Freiheit und Wohlbefinden	vorwiegend vegetabil hoher Anteil an Vollgetreide, Hülsenfrüchte, Samen, Nüsse, Suppen, milchsauer vergorenes Gemüse, Algen, Sojaprodukte, geringe Mengen an Fisch, Fleisch Meiden: Milch, Milchprodukte, Nachtschattengewächse, Kaffee, Tee, Zucker, Honig, Süßstoff, Konserven, Tiefkühlkost	Nahrung aus der gleichen Klimazone	Makrobiotik nach Ohsawa nicht empfehlenswert Makrobiotik nach Kushi als vegane Kost für Kinder problematisch (Vitamin B_{12}, D, Kalzium, Eisen) moderne Form der Makrobiotik nach Acuff als bedarfsgerechte Ernährung für Erwachsene und Kinder möglich

Tab. 4-8 Fortsetzung

Grundsätze und Ziele	Lebensmittelauswahl	Besonderheiten	ernährungsphysiologische Bewertung
Anthroposophische Ernährungslehre			
Bewußtseinsentwicklung Gesunderhaltung und Heilung	vorwiegend lakto-vegetabil, hoher Anteil an Vollgetreide, „individuell" geeignete Lebensmittel, Lebensmittel aus biologisch-dynamischer Landwirtschaft, „lebendige" Nahrungsmittel Meiden: Nachtschattengewächse, Fertigprodukte	Nahrungsmittel der Saison und Region	ausreichende Nährstoffzufuhr als Dauerkost geeignet es gelten die Vorteile anderer vegetarisch orientierter Kostformen
Waerland-Kost			
Mensch als geistig-seelisch-körperliches Wesen, menschliche Bewußtseinsentwicklung, Harmonie mit den Kräften der Natur, Krankheitsvorbeugung, Ausgleich der Übersäuerung des Körpers, Beseitigung der Fäulnisbakterien im Dickdarm	lakto-vegetabil hoher Anteil an Rohkost reichliche Flüssigkeitszufuhr (3–3,5 l/Tag) Meiden: Zucker, konservierte und/oder konzentrierte Nahrungsmittel, Kochsalz, Genußmittel	Kruska: Getreidebrei aus geschrotetem Weizen, Roggen, Gerste, Hafer, gequollen	ausreichende Nährstoffzufuhr als Dauerkost geeignet tägliche Sonnen- und Luftbäder Wasserbehandlungen
Haysche Trennkost			
Schaffung optimaler Bedingungen für Verdauungsenzyme Verhinderung der Übersäuerung des Organismus Erhöhung der Lebensfähigkeit Ernährung als Prävention und Therapie	vorwiegend lakto-vegetabil Meiden: raffinierte und denaturierte Lebensmittel	reichlich basenbildendes Obst Gemüse	weitgehend getrennte Aufnahme von Proteinen und Kohlenhydraten schwierig und wissenschaftlich nicht begründbar als Dauerkost geeignet ausreichende Nährstoffzufuhr

Tab. 4-8 Fortsetzung

Grundsätze und Ziele	Lebensmittelauswahl	Besonderheiten	ernährungsphysiologische Bewertung
Evers-Diät			
Gesunderhaltung des Organismus Bekämpfung ernährungsabhängiger Krankheiten	vorwiegend lakto-ovo-vegetabil möglichst naturbelassene Lebensmittel geringe Mengen Fisch und Fleisch (auch roh) Meiden: denaturierte Lebensmittel	Ernährung als Prävention und Therapie; empfohlen für Multiple-Sklerose-Patienten	ausreichende Nährstoffzufuhr für Gesunde als Dauerkost geeignet Diät für Kranke: 100% Rohkost Diät für Gesunde: 80% Rohkost, 20% ausgewählte erhitzte Vollwertnahrungsmittel
Schnitzer-Intensivkost, Schnitzer-Normalkost			
Krankheitsprävention, Gesunderhaltung Stärkung der Abwehrkräfte	vegetabile Rohkost „lebendige“, natürliche Lebensmittel etwa 1500 kcal/d Lebensmittel aus ökologischer Erzeugung Meiden: raffinierter Zucker, Auszugsmehle, erhitztes Gemüse und Obst, Säfte, raffinierte Fette und Öle, Kaffee, Alkohol bei Schnitzer-Normalkost außerdem: geringe Anteile an Milch und Ei, gekochte Kartoffeln etwa 2200 kcal/d	Ernährung als Prävention und Therapie in jeder Mahlzeit ausgewogene Proteinkombination	Schnitzer-Intensivkost: ausreichende Nährstoffzufuhr nur bei guter Kenntnis gesichert vorübergehend als Heilnahrung geeignet Schnitzer-Normalkost: ausreichende Nährstoffzufuhr als Dauerkost geeignet

Störung dieser Harmonie, die jedoch durch das bewußte Anwenden verschiedener Techniken, zu denen neben vielen Therapiemethoden (z.B. physikalische Anwendungen, Phytotherapie, Meditation, Klangtherapien) in besonderer Weise auch die Ernährungsweise zählt, wiederhergestellt werden kann.

Im Ayurveda wird jeder Mensch ganz individuell betrachtet, nämlich nach seinem Konstitutionstyp (prakriti), einem Bauplan, der seine Eigenart und sein Wesen hervorbringt.

Im Ayurveda gibt es **drei Konstitutionsgrundtypen** (Doshas), die auf den drei Doshas (Funktionsprinzipien des lebendigen Organismus) basieren, die wiederum aus jeweils zwei Elementen entstanden sind:

- Vata (Luft und Raum)
- Pitta (Feuer und Wasser)
- Kapha (Erde und Wasser).

Jeder Mensch trägt lebensnotwendigerweise alle drei Doshas in unterschiedlicher Ausprä-

gung in sich. So ist Vata für alle Bewegungen im Körper und somit für Muskeln, Atem, Nahrungstransport und Nervenimpulse verantwortlich. Pitta steuert den Stoffwechsel, insbesondere das „Verdauungsfeuer" (agni), Kapha sorgt für Struktur.
Dominiert bei einem Menschen ein Dosha, sollte dieses nicht noch erhöht, sondern durch geeignete Maßnahmen, zu denen auch die Ernährung zählt, ausgeglichen werden.

Ernährungsgrundsätze

Allgemeine Ratschläge bezüglich der Ernährung sind:

- nur essen, wenn man Hunger hat
- essen in ruhiger Umgebung
- nie in erregtem Zustand essen
- während des Kauens nicht sprechen
- mindestens 2–6 Stunden Pause zur letzten Mahlzeit lassen
- sich nie völlig satt essen
- Mahlzeiten frisch zubereiten
- Ausgewogenheit der sechs Geschmacksrichtungen (süß, sauer, salzig, bitter, scharf und herb)
- regionale und saisonale Lebensmittel.

Als besonders günstig werden empfohlen: Milch (nur gekocht), Reis, Ghee (geklärte Butter), Sesam, Obst und süße Speisen. Weniger empfohlen werden: Fleisch, Geflügel und Fisch, Eier, Käse, Rohkost (schwer verdaulich), Konserven, Tiefkühlkost, übermäßig saure oder salzige Speisen sowie schwere, fettige Kost, Alkohol.

Zu diesen für alle Menschen gültigen Ernährungsempfehlungen kommt eine speziell auf den **jeweiligen Konstitutionstyp abgestimmte Lebensmittelauswahl** und Zubereitungsweise (z.B. roh oder gekocht, frisch oder getrocknet), um das eine oder andere Dosha anzuheben oder auszugleichen.

Bewertung

Aus ernährungsphysiologischer Sicht ist die Betonung einer vegetabilen, fettarmen und möglichst frischen Kost positiv zu bewerten; dies entspricht dem heutigen Stand der Wissenschaft. In den Empfehlungen für die einzelnen Konstitutionstypen findet sich eine abwechslungsreiche Nahrungsmittelauswahl (s. S. 351 ff.), die im Rahmen einer ausgewogenen Ernährung ebenfalls von Vorteil ist. Etwas problematisch erscheint der geringe Stellenwert der Rohkost (Tab. 4-8).

Mazdaznan-Ernährung

Die Mazdaznan-Ernährungslehre (auch: Masdasnan) geht auf den Propheten und Religionserneuerer Zarathustra zurück (Ost-Iran, heute Afghanistan, etwa 600 v. Chr.). Seine Philosophie ist uns in der Awesta-Sprache überliefert, aus der sich auch der Begriff „Mazdaznan" herleitet: ma = groß, gut; zda = Wissen, Denken; znan = beherrschen. Die beiden Grundpfeiler dieser Lebenslehre sind Atmung und Ernährung. Durch die Atmung nimmt der Mensch geistige Nahrung aus dem Kosmos zu sich, über die Lebensmittel führt er materielle Nahrung zu sich. Durch Atemübungen, eine natürliche Nahrungsauswahl sowie eine nicht ausschweifende Lebensweise soll schließlich ein neuer Mensch entstehen, der zu höheren Zielen strebt. Verbreitung fand die Mazdaznan-Lehre im Abendland in erster Linie durch Otoman Zar-Adusht Hamish (bürgerlich: Otto Hanisch, USA 1844–1936).

Ernährungsgrundsätze

Nach der Mazdaznan-Lehre [43] ist Ernährung ein Schöpfungsprozeß, der dem Menschen Hilfe und Stütze bei seinem Streben nach höherer Menschwerdung sein soll. Demnach darf Essen nie zu einem mechanischen Vorgang verkommen, der aus dem

Verschlingen der Nahrung besteht, sondern muß zur **geistigen, konzentrierten Handlung** werden. Die Frage lautet aus diesem Grund nicht „wieviel?", sondern: „wie wenig?" an Nahrungsmitteln nimmt der Mensch zu sich. Übergewicht gilt als eines der größten körperlichen und seelischen Übel überhaupt.
Im Gegensatz zu Fleisch sind Eier und Milchprodukte als „reife" Nahrungsmittel, die eine fertige Entwicklung hinter sich haben, erlaubt. Reine Rohkost wird mit der Begründung abgelehnt, daß sich der Mensch durch die „Umbildung" der Rohkost, also durch kochen, dämpfen, backen und braten zum „Herren" über die Natur mache, indem er deren Erzeugnisse nutzt. Weiterhin werden saisonale Lebensmittel empfohlen, konservierte Nahrung wird völlig abgelehnt.

Die Kost sollte zu etwa zwei Dritteln aus Gemüse, aus „ausscheidenden" Speisen, die zu Beginn der Mahlzeit verzehrt werden, und zu etwa einem Drittel aus vorwiegend stärke-, fett- und proteinhaltigen Lebensmitteln bestehen.

Getreide, Milch und Milcherzeugnisse, Eier und Nüsse schließen sich als „aufbauende" Nahrungsmittel an.

Bewertung

Die Mazdaznan-Ernährung [3, 65] ist eine lakto-ovo-vegetabile Kostform, die durch Abwechslungsreichtum eine einseitige Ernährung (Tab. 4-8) verhindert. Aus ernährungsphysiologischer Sicht gelten die allgemeinen Vorteile einer überwiegend vegetabilen Ernährung.

Makrobiotik

Die Makrobiotik (griech. makros = groß, lang; bios = Leben) gründet auf eine der ältesten Philosophien der Welt, dem chinesischen Zen-Buddhismus, der bereits vor 5000 Jahren lehrte, daß das Universum aus zwei entgegengesetzten Kräften, aus **Yin** und **Yang,** besteht. Diese beiden Energien ziehen sich an und ergänzen sich, bis ein Zustand der Harmonie erreicht ist: Frau und Mann, Erde und Himmel, Kälte und Wärme, ausdehnend und zusammenziehend usw. Ein wichtiger Teil einer nach Harmonie und Ausgleich strebenden ganzheitlichen Lebensgestaltung in der Makrobiotik ist die gesunde, vollwertige, lebenskraftspendende und die Selbstheilungskräfte des Organismus anregende Ernährung [2, 9, 62]. Diese soll sowohl in der Auswahl als auch der Zubereitung der Nahrungsmittel das Yin-Yang-Prinzip ebenfalls in ein optimales Verhältnis bringen. Gesundheit dient der Makrobiotik zufolge der persönlichen Weiterentwicklung; Körper und Geist bilden eine Einheit.

Ernährungsgrundsätze

Neben Schriften von Christoph Wilhelm Hufeland (Arzt, Deutschland, 1762–1836) bemühte sich vor allem der japanische Naturphilosoph Georges Ohsawa (1892–1966) um die Vertiefung und internationale Verbreitung der ursprünglichen Makrobiotik, um dem Verfall körperlicher, psychischer und spiritueller Gesundheit der Menschheit entgegenzuwirken. Sein radikales Ernährungskonzept beinhaltete in erster Linie Naturreis, etwas gekochtes Gemüse und Hülsenfrüchte, Meeresalgen, reichlich Kochsalz und ein Minimum an Flüssigkeit. Ausgeklammert waren Rohkost, Früchte, Kräuter, Kaffee, Zucker und Milchprodukte. Die Lebensmittel wurden in eine **Zehn-Stufen-Skala** eingeteilt, an deren Ende eine reine Getreidekost steht, die es vor allem bei Krankheiten einzuhalten galt. Außerdem vertrat Ohsawa die These, daß der Körper zur Vitamin-C-Synthese „erzogen" werden könne, wenn kein Vitamin C zugeführt wird.
Aus Gründen der sehr beschränkten und teilweise ungünstigen Lebensmittelauswahl ist

die Makrobiotik nach OHSAWA bis heute die umstrittenste der alternativen Ernährungsformen, die in erster Linie aus ernährungsphysiologischen Gründen abgelehnt wurde.
Nach OHSAWAS Tod entwickelte der japanische Politikwissenschaftler MISHIO KUSHI die Makrobiotik weiter. Dabei wird die Stufeneinteilung nicht mehr vertreten. Eine weitere Verbreitung erfährt diese inzwischen undogmatische Form der Makrobiotik in der westlichen Welt durch den Germanisten STEVEN ACUFF (USA). Die Empfehlungen sollen keine unumstößlichen Gesetze darstellen, sondern jedem Menschen eigene Erfahrungen ermöglichen, um schließlich gesteigerte Lebensfreude zu bewirken [20, 103].

Wichtigstes Grundnahrungsmittel ist nach wie vor Vollgetreide, dazu kommen frische Gemüse und Hülsenfrüchte in verschiedenen Zubereitungsformen sowie Nüsse, Samen und Algen.

Erlaubt sind geringe Mengen von Obst in Form von Kompott oder Trockenobst sowie Fisch. Getrunken werden soll nicht – wie ursprünglich falsch interpretiert – so wenig wie möglich, sondern so viel, wie der Durst verlangt. Eine breite Verwendung finden fermentierte Sojaprodukte wie Miso, Tamari und Tempeh. Fette und Öle werden dagegen nur in sehr geringen Mengen eingesetzt.

Als nicht empfehlenswert werden übermäßiger Salzkonsum, Nachtschattengewächse, rohe Früchte, Fleisch und Milch eingestuft.

In geringen Mengen können Sauermilchprodukte verzehrt werden. Rohkost wird nur sehr eingeschränkt empfohlen.
Generell abgelehnt werden Zucker, Kaffee, Tee, Alkohol, Lebensmittel mit Zusatzstoffen, unbefruchtete Eier und Konserven. Auch Nahrung, die mit Hilfe von Mineraldüngern und Pestiziden produziert und/oder nicht in der eigenen Lebensregion angebaut wurde sowie nicht der jeweiligen Saison entspricht, wird gemieden [3, 65].

Bewertung

Wissenschaftliche Untersuchungen [22, 23, 71] mit makrobiotisch ernährten Familien ergaben, daß vor allem bei Kindern für Eisen, Vitamin B_2 und B_{12} eine Unterversorgung bestehen kann. Außerdem führte der geringe Gehalt der Kost an Vitamin D und Kalzium oft zu rachitischen Symptomen. Eine nahezu vegane makrobiotische Ernährung (Tab. 4-8) sollte deshalb für Kinder, aber auch für Erwachsene nur bei ausreichendem Ernährungswissen praktiziert werden.

Anthroposophische Ernährungslehre

Die Anthroposophie gründet auf den Lehren RUDOLF STEINERS (Philosoph, Deutschland, 1861–1925), der in Österreich, Deutschland und in Dornach, Schweiz lebte und wirkte. Die Anthroposophie ist eine ganzheitliche Philosophie, die Naturwissenschaft und Psychologie verbinden will und den Menschen als seelisch-geistiges Wesen in seinem Zusammenhang mit der Welt und dem Kosmos begreift. Neben wichtigen Impulsen für Pädagogik (z.B. Waldorfschulen), Wirtschaft, Medizin und Landwirtschaft (biologisch-dynamische Wirtschaftsweise) empfiehlt die Anthroposophie auch eine Ernährung, die besonders von UDO RENZENBRINK (Arzt, Deutschland, 1913–1994) und der Oecotrophologin PETRA KÜHNE weiterentwickelt wurde.

Ernährungsgrundsätze

Im Vordergrund der Ernährung [61, 79] steht die **ganzheitliche** Qualität der Nahrungsmittel, die sich aus dem Zusammenwirken von irdischen Substanzprozessen und „ätherischen Bildekräften“ aus dem Kosmos ergibt. Aus diesen Gründen werden in der Anthroposophie Erzeugnisse aus **biologisch-dynamischem Anbau** (Demeter) bevorzugt.

Den Hauptnährstoffen werden folgende Bedeutungen zugemessen: Als ideale Quelle für **Protein** wird Getreide angesehen, pflanzliches Protein wird allgemein bevorzugt. In einer zu hohen Proteinzufuhr wird die Hauptursache für die Entstehung der „Sklerose" gesehen. **Fett** hat als wichtigste Aufgabe die Bildung von Wärme im Organismus. Zur Vermeidung ernährungsbedingter Zivilisationskrankheiten wird von einem Übermaß abgeraten und die Bevorzugung frischer, kaltgepreßter, möglichst aus der eigenen Lebensregion stammender Samenöle empfohlen. Dennoch wird Butter als ideale Kombination von gesättigten und mehrfach ungesättigten Fettsäuren erachtet. **Kohlenhydrate** (Zucker im natürlichen Verband) werden sowohl als mengenmäßig wichtigster Energielieferant als auch als Träger des menschlichen Ich in organischen Zusammenhängen betrachtet. So kann sich das Geistige im Irdischen verwirklichen. Im Übermaß verzehrt – insbesondere als isolierte Zucker –, sind sie allerdings Verursacher der Adipositas. Hauptquelle für Kohlenhydrate ist Stärke in Getreide, Obst und Gemüse.

Die Nahrungspflanzen werden wie der menschliche Körper in **drei analoge Teile** gegliedert: die Wurzel mit ihren feinen Sinnesorganen wird dem Kopf (Hauptsitz von Nerven und Sinnen) zugeordnet. Das Blattwerk und der Stengel als Ort der organischen Atmung und des Kreislaufs entsprechen dem Brustbereich des Menschen (Herz und Lunge). Blüte und Frucht finden ihr Spiegelbild in den Fortpflanzungsorganen und im Stoffwechsel. Entsprechend dieser Zuordnung wirken die jeweiligen Pflanzenteile heilend oder anregend auf die menschlichen Körpersysteme.

Ausgangspunkt einer anthroposophischen Ernährungsempfehlung ist demnach immer der einzelne Mensch in seiner jeweiligen körperlich-geistig-seelischen Verfassung (Vier-Temperamenten-Lehre: Feuer, Luft, Wasser, Erde bzw. Choleriker, Sanguiniker, Phlegmatiker, Melancholiker).

Als allgemeiner Ernährungsratschlag gilt die Einschränkung des Verzehrs von Nahrungsmitteln tierischer Herkunft wie Fleisch, Fisch, Eier und Milch, denn diese wirken beschwerend und ermüdend. Insbesondere Fleisch „bindet" an die Erde und fördert somit die Begierden als auch die Aggressivität. Ein gesund fortschreitendes Instinktleben wehrt sich gegen getötete tierische Nahrung durch Ekel und Abscheu. Dennoch – so STEINER – sei es besser, „Schinken zu essen, als ihn zu denken". Ein Meiden des Verzehrs von Fleisch aus rein gesundheitlichen Motiven ohne Bewußtseinsveränderung könne eher schaden als nutzen. Die Milch wird in erster Linie als Nahrungsmittel für Kinder und Heranwachsende betrachtet. Im Erwachsenenalter sollte die Milch eher gesäuert aufgenommen werden, um der Schwere entgegenzuwirken.

Nahrungsgrundlage in der anthroposophisch orientierten Ernährung ist eindeutig das Getreide. Bei Obst und Gemüse soll auf Ausgewogenheit der Dreigliedrigkeit geachtet werden, um auf alle Systeme des Menschen einzuwirken.

Nachtschattengewächse – und hier vor allem die Kartoffel – werden aufgrund ihres wuchernden, vegetativen Wachstums und der Alkaloidbildung (z.B. Solanin) weniger empfohlen, da sie die Denkprozesse störend beeinflußen. Aus diesem Grunde wird auch der Konsum von Alkohol völlig abgelehnt.

Bewertung

Die ernährungsphysiologische Bewertung [3, 65] muß sich bei der anthroposophischen Ernährungslehre darauf beschränken, wie sie sich in der Praxis darstellt, ohne über den philosophischen Hintergrund zu befinden. Bei der Bevorzugung einer überwiegend lakto-vegetabilen Kost aus ökologischer Erzeugung mit geringem Verzehr von Fleisch, Fett, isolierten Kohlenhydraten und Alkohol gelten die Vorteile anderer vegetarisch orientierter Ernährungsformen (Tab. 4-8).

WAERLAND-Kost

Anfang des 20. Jh. entwickelte der schwedische Naturphilosoph ARE WAERLAND (1876–1955) ein einfaches, in sich abgerundetes Ernährungs- und Lebensführungssystem. Nach dem Prinzip einer holistischen „Ganzheitsschau" betrachtete er den Menschen nicht – wie seiner Meinung nach die Schulmedizin – als ein aus seinem ursprünglichen Lebensmilieu herausgelöstes Individuum, sondern als geistig-seelisch-körperliches Wesen, das untrennbar mit der Natur und dem Kosmos verbunden ist. Die Ernährung hat demnach auch einen großen Einfluß auf die psychische und geistige Weiterentwicklung des Menschen.

Ernährungsgrundsätze

WAERLANDS Schriften [95, 96] stellen eine wichtige Grundlage für die Entwicklung verschiedenener Ernährungsformen dar (z.B. Rohkost-Ernährung).

Die Ursachen aller Krankheiten sah WAERLAND in nicht artgemäßen Lebensgewohnheiten, insbesondere einer falschen Ernährung. Wie für jedes Lebewesen die Nahrung ganz spezifisch ist, sei auch der Mensch kein „Allesfresser". Die übliche Mischkost fördere die **Übersäuerung** des Organismus, lagere „Schlacken" in den Geweben ab und begünstige die **Besiedelung des Dickdarms** mit Fäulnisbakterien.

Gemäß der Überzeugung, daß „die Natur der beste Koch" ist, sah WAERLAND in der pflanzlichen Rohkost die gesündeste und natürlichste Ernährung. Fleisch, Fisch und Ei werden gänzlich gestrichen, da diese Nahrungsmittel sehr säurebildend sind.

Als **Nahrungsgrundlage** empfiehlt WAERLAND aufgrund des basenbildenden Charakters rohes Gemüse.

Ergänzt wird dieses durch in der Schale gekochte Kartoffeln, rohes Obst, Milch und Milchprodukte (insbesondere milchsauer vergoren, da so die physiologische Bakterien-Besiedelung des Dickdarms gefördert wird) sowie **Kruska,** ein Getreidebrei aus verschiedenen geschroteten Vollkorngetreiden, der kurz aufgekocht und mehrere Stunden zum Quellen weggestellt wird. Erlaubt sind außerdem Vollkornbrot, Nüsse, Samen und Obstkompott.

Abgeraten wird von Zucker, konservierten und/oder konzentrierten Nahrungsmitteln (z.B. Weißmehlgebäck), zu hohem Fettkonsum, Alkohol und insbesondere von Kochsalz, das ebenfalls als grundlegender Faktor für die Entstehung vieler Zivilisationskrankheiten betrachtet wird.

Bewertung

Aus ernährungsphysiologischer Sicht [65] bietet die WAERLAND-Kost (Tab. 4-8) eine ausreichende Nährstoffversorgung und die Vorteile anderer lakto-vegetabilen Ernährungsformen mit hohem Rohkostanteil.

HAYsche Trennkost

Die HAYsche Trennkost geht zurück auf den amerikanischen Arzt HOWARD HAY (1866–1940), der an der als unheilbar geltenden BRIGHT-Nierenerkrankung litt. Während seiner Krankheit stieß HAY auf Berichte über die natürliche Ernährungs- und Lebensweise des im Himalaya lebenden Hunza-Volkes, bei dem Zivilisationskrankheiten wie Gicht, Rheuma, Obstipation oder Dickdarmentzündungen angeblich gänzlich unbekannt waren. Die Nahrungsgrundlage dieser Volksgruppe bildeten ausschließlich naturbelassene Nah-

rungsmittel wie Gemüse, Früchte, Nüsse, Brot aus vollem Korn, Milch und Käse.
HAY glaubte, seine Krankheit aufgrund der Umstellung seiner Ernährung unter Berücksichtigung der „chemischen Naturgesetze" geheilt zu haben. Demnach benötige ein Organ zur optimalen Funktion gesunde Zellen, die wiederum nur durch richtige Ernährung aufgebaut werden könnten.

Ernährungsgrundsätze

Auf dieser Grundlage entwickelte HAY die **Theorie** von den **chemischen Verdauungsgesetzen,** nach denen Kohlenhydrate und Protein im menschlichen Verdauungstrakt zur gleichen Zeit nicht optimal aufgespalten und resorbiert werden können. Begründet wird diese These mit dem unterschiedlichen Wirkungsgrad von proteinspaltenden Enzymen (wie Pepsin) und kohlenhydratspaltenden Enzymen (wie α-Amylase), die jeweils ein saures bzw. alkalisches Milieu benötigen. Da der Magen nicht gleichzeitig **Säuren** und **Basen** produzieren könne, würde bei einer Mahlzeit, die sowohl Protein als auch Kohlenhydrate enthält, der Kohlenhydratanteil unverdaut in den Dünndarm gelangen, wo er bei Wärme und Feuchtigkeit in Gärung und Fäulnis übergehe.
HAY meinte, daß durch die übliche „westliche" Mischkost eine „Übersäuerung" des Organismus durch die überwiegend proteinbetonte Ernährungsweise erfolgt. Diese führe zu einem Säureüberschuß im Körper, der nur durch vorhandene basische Reserven neutralisiert werden könne. Erschöpfen sich diese, verliert sich auch die natürliche Widerstandskraft. Um dem entgegenzuwirken, müsse eine ausgewogene Relation von säurebildender zu basenbildender Nahrung, im Verhältnis 20:80%, angestrebt werden [45, 97].
Auch andere naturheilkundlich orientierte Mediziner [44, 77] und Ernährungswissenschaftler vertreten die Auffassung, daß verschiedene Zivilisationskrankheiten wie Rheuma, Migräne, Schlaganfälle, Herzinfarkte u.a. auf eine Übersäuerung des Organismus zurückzuführen sind. Diese sog. latente Azidose (Gewebsazidose), die nicht ohne weiteres zu diagnostizieren ist, soll darauf zurückzuführen sein, daß überschüssige Säuren beim Transport von den Zellen zum Blut oder umgekehrt vorübergehend im Bindegewebe festgehalten werden. Dadurch können verschiedene Stoffwechselstörungen entstehen [44, 77]. Grundsätzlich fallen beim Abbau aller kohlenstoffhaltigen Verbindungen, also Kohlenhydraten, Fetten und Proteinen, große Mengen an Kohlendioxid (CO_2) an, das sich mit Wasser zu Kohlensäure verbindet, die wiederum sauer reagiert. In dieser Form wird das CO_2 über das Blut zur Lunge transportiert und abgeatmet. Sog. ausscheidungspflichtige Säuren entstehen beim Abbau schwefel- oder phosphorhaltiger Verbindungen. Schwefel ist Bestandteil vieler Proteine, Phosphor kommt in zahlreichen Lebensmitteln sowie in Form von Phosphat als Zusatzstoff, z.B. in Fleisch- und Wurstwaren sowie Cola-Getränken vor. Ein Großteil der pflanzlichen Nahrung hat hingegen eine alkalisierende (basische) Wirkung. Dies wird auf den Gehalt an Kationen wie Kalium, Kalzium und Magnesium zurückgeführt.
Die herkömmliche – teils widersprüchliche – Einteilung der Lebensmittel in säure- und basenbildende (Tab. 4-9) entsprechend dem resultierenden pH-Wert des Urins, bei dem lediglich die freien Säuren erfaßt werden, spiegelt allerdings nur einen Teilaspekt des komplexen Geschehens aus Bildung, Ablagerung, Neutralisierung und Ausscheidung der Säuren wider. Die Titration der Gesamtsäure ist aus diesem Grund ein besserer, jedoch auch nicht ausreichender Indikator der Gewebe-Säure-Belastung. Allerdings führen zusätzliche Aspekte wie die Messung der Säuren in Stuhl und Schweiß sowie die Berücksichtigung der Pufferkapazität der Nahrung kaum zu Veränderungen der Zuordnung zu Lebensmittelgruppen.
In Deutschland wurden HAYS Ernährungsgrundsätze durch die Ärzte LUDWIG WALB

Tab. 4-9 Einteilung der Lebensmittel in Säure- und Basenbildner (aus [57]).

stark säurebildend	schwach säurebildend	schwach basenbildend	stark basenbildend
Fleisch, Fisch	Quark, Sahne	Milch	Blattsalate
Eier, Käse, Süßwaren	Vollkornprodukte	Trockenobst	Gemüse, Obst
Alkohol	Nüsse	Pilze, Hülsenfrüchte	Kartoffeln
Weißmehlprodukte			

(1907–1992) und Thomas Heintze verbreitet, in deren Klinik die Trennkost in abgewandelter Form seit Jahrzehnten praktiziert wird.

Die Grundpfeiler [45] sind die Verwendung naturbelassener, möglichst wenig verarbeiteter Nahrungsmittel ohne Zusatzstoffe, der getrennte Verzehr von vorwiegend protein- bzw. vorwiegend kohlenhydrathaltigen Lebensmitteln, jeweils kombiniert mit neutralen Nahrungsmitteln wie Gemüse, Obst, Salate und Fette sowie die Bevorzugung von basenbildender Nahrung.

Die Proteinmahlzeit soll mittags, die Kohlenhydratmahlzeit abends eingenommen werden.
Nicht empfohlen werden neben allen stark verarbeiteten Produkten getrocknete Hülsenfrüchte, inklusive Erdnüsse (enthalten viel Protein und viel Kohlenhydrate), Kaffee, Tee, Kakao, Alkohol, aber auch scharfe Gewürze wie Senf, Ingwer, Pfeffer und verschiedene andere Lebensmittel (Rhabarber, Preiselbeeren).

Bewertung

Aus ernährungsphysiologischer Sicht [57, 65] ist die Haysche Trennkost als ballaststoffreiche, überwiegend lakto-vegetabile Ernährungsform mit moderatem Fett- und Energiegehalt zur Deckung des Nährstoffbedarfs geeignet. Die Trennung von Kohlenhydraten und Protein ist nicht immer durchführbar und wissenschaftlich nicht begründbar, denn der menschliche Körper ist durchaus in der Lage, beide Nährstoffe gleichzeitig zu verdauen. Da die Ernährungsweise insgesamt vollwertig ist und viele Menschen positive Erfahrungen (Bekömmlichkeit, Gewichtsreduktion) damit machen, spricht nichts gegen sie (Tab. 4-8).

Evers-Diät

Ende der 1930er Jahre entwickelte Joseph Evers (Arzt, Deutschland, 1894–1975) die nach ihm benannte Evers-Diät. Evers sah die Hauptursache für die stetige Zunahme „ernährungsbedingter Stoffwechselerkrankungen“ wie Fettsucht, Diabetes, Gicht, Karies, chronische Gallen-, Leber-, Nieren- und Darmleiden, Krebs, Kreislauferkrankungen sowie Erkrankungen des Muskel-Nerven-Systems in der Denaturierung der Lebensmittel. Neben einer vorbeugenden Wirkung seiner Ernährungsvorschriften sollte diese Diät [37] die genannten Erkrankungen – insbesondere die Multiple Sklerose – heilen können.

Ernährungsgrundsätze

Nahrungsmittel sollten lebendig sein und so verzehrt werden, wie die Natur sie anbietet.
Evers betrachtete **Früchte, Nüsse** und **Wurzeln** als die natürliche Nahrung des Menschen. Dies begründete er mit der Ähnlichkeit des menschlichen Verdauungsapparates – vor allem des Gebisses – mit dem der Schimpansen. Außerdem sei der menschliche

Instinkt auf die geeignete Nahrung ausgerichtet: Blatt-, Stengel- und Krautgemüse schmecken in rohem Zustand nicht, Fleisch in unzubereitetem Zustand erzeugt Widerwillen. EVERS entwickelte zwei Varianten seiner Kostform:

- Die Kurvorschrift für schwere („unheilbare") **Stoffwechselerkrankungen.** Erlaubt sind hier lediglich rohe Früchte, rohe Wurzeln, rohe Milch, Butter, Nüsse, rohe Haferflocken, Vollkornbrot, gekeimter Roggen und Weizen, rohe Eier, Bienenhonig und Wasser. Gelegentlicher Konsum von Wein und Bier sind gestattet. Bei einer Verbesserung des Krankheitsbildes sind zur Erleichterung erlaubt (max. einmal/Woche): roher Schinken und roher Speck, Spiegeleier, leicht angebratenes Fleisch und Fisch.
- Die EVERS-Diät für **Gesunde.** Früchte, Wurzeln, Milch und Milchprodukte (0,5–1 l/Tag) sollten immer roh verzehrt werden, Fleisch entweder roh oder leicht angebraten in kleinen Mengen. Der Verzehr von Kartoffeln sowie Blatt-, Stengel- und Krautgemüse ist mäßig zu halten und es sollte nur so lange wie nötig gekocht werden. Strikt zu meiden sind alle denaturierten Produkte wie Auszugsmehl, Zucker, erhitzte Milch und Margarine. Genußmittel wie Kaffee und Alkohol sind gelegentlich erlaubt.

Bewertung

Aus ernährungsphysiologischer Sicht gelten die Vorteile einer rohkostbetonten, überwiegend vegetabilen Ernährung mit möglichst geringer Verarbeitung der Lebensmittel (Tab. 4-8).

SCHNITZER-Kost

Die SCHNITZER-Kost wurde in den 50er Jahren von JOHANN GEORG SCHNITZER (Zahnarzt, Deutschland) entwickelt. Ziele dieser kurativen und präventiven Ernährungsweise sind gesteigerte Leistungsfähigkeit, Vitalität, Schönheit sowie Glücklichsein als Ausdruck von Gesundheit. Diese Ziele sollen erreicht werden über eine Normalisierung des Körpergewichts, durch die Heilung von Herz-Kreislauf-Erkrankungen, Rheuma und Zahn-Erkrankungen, durch die Regeneration des Verdauungssystems sowie eine Stärkung der Abwehrkräfte des Organismus.

Die SCHNITZER-Kost [81] orientiert sich an natürlichen Ernährungsformen, die die Entwicklung und Fortpflanzung des Menschen seit Urzeiten sicherstellen. Zweck der Ernährung ist es, dem menschlichen Organismus die vollwertigste und zugleich schadstoffärmste Nahrung zur Verfügung zu stellen, damit der Organismus sich selbst gesund erhalten kann. Insbesondere Zähne und Zahnfleisch sind SCHNITZER zufolge der empfindlichste Gradmesser der Gesundheit. Aufgrund der Gebißform definiert SCHNITZER den Menschen als Frugivoren, d.h. Früchteesser, der auf Samen, Nüsse, Wurzelknollen und Blattschößlinge ausgerichtet ist. Aus diesem Grund wird Fleisch als gänzlich ungeeignet für die menschliche Ernährung betrachtet.

Ernährungsgrundsätze

Grundsätzlich wird in der SCHNITZER-Kost nur natürliche, lebendige Nahrung empfohlen, die möglichst aus ökologischer Erzeugung stammen sollte. Eine Hauptursache vieler Zivilisationskrankheiten sieht SCHNITZER in der üblichen Überversorgung mit Protein.

> Protein sollte aus diesem Grund auf pflanzlicher Grundlage zugeführt werden, wobei in jeder Mahlzeit auf eine ausgewogene Proteinkombination (hohe biologische Wertigkeit) geachtet wird.

Die Schnitzer-Kost wurde in zwei Varianten entwickelt: die SCHNITZER-Normalkost und die SCHNITZER-Intensivkost.

Während bei beiden Auszugsmehle, raffinierter Zucker, Fleisch, Fisch, gehärtete und/oder raffinierte Fette und Öle, gekochtes Gemüse und Obst (inkl. Säfte), Kaffee sowie Alkohol gemieden werden, stellt die **Schnitzer-Normalkost** die gemäßigtere Form dar. Hier sind zusätzlich geringe Mengen an Vollkornbrot und -gebäck, Milchprodukten, Käse, Eiern sowie gekochte Kartoffeln erlaubt.

Als die Variante mit der stärksten Heilkraft wird allerdings die **Schnitzer-Intensivkost** angeraten. Wenn bei etwaigen Erkrankungen eine spürbare Verbesserung des Gesundheitszustands eingetreten ist, kann langsam auf die Schnitzer-Normalkost übergegangen werden. Dabei sollte jeder seine individuelle Ernährungsform zwischen den beiden Kostempfehlungen finden. Dies ist erreicht, wenn man sich vollkommen gesund und leistungsfähig fühlt, bei jeder Mahlzeit vollständig satt wird und das erreichte „Ideal"gewicht konstant hält. Der Tagesplan der Schnitzer-Intensivkost sieht morgens ein Schnitzer-Müsli in Form eines Frischkornbreis mit Obst vor, mittags und abends wird Salat-Rohkost mit geschrotetem oder gekeimtem Getreide bzw. Nüssen verzehrt.

Bewertung

Aus ernährungsphysiologischer Sicht gelten für die Schnitzer-Normalkost (Tab. 4-8) die Vorteile einer rohkostbetonten, überwiegend vegetabilen Ernährung mit sehr geringer Verarbeitung der Lebensmittel. Die Schnitzer-Intensivkost als vegane Rohkost-Ernährung kann nur bei ausreichendem Ernährungswissen als Dauerkost empfohlen werden (Tab. 4-8).

Rohkost-Ernährung

Die Rohkost-Ernährung umfaßt eine Vielzahl an Varianten, die jedoch im wesentlichen die Ziele Gesundheit, längeres Leben sowie die Vorbeugung bei der Entstehung und Heilung von Krankheiten verfolgen. Allen gemeinsam ist, daß sie einen sehr hohen Anteil an unerhitzter Frischkost beinhalten.

> Die Rohkost-Ernährung ist definiert als „eine Kostform, die weitgehend oder ausschließlich unerhitzte pflanzliche (teilweise auch tierische) Lebensmittel enthält.

Es werden auch Lebensmittel einbezogen, die verfahrensbedingt erhöhten Temperaturen ausgesetzt sind (z.B. kaltgeschleuderter Honig und kaltgepreßte Öle), ebenso Lebensmittel, bei deren Herstellung eine gewisse Hitzezufuhr erforderlich ist (z.B. Trockenfrüchte, Trockenfleisch und -fisch und bestimmte Nußarten). Außerdem können kaltgeräucherte Erzeugnisse (z.B. Fleisch und Fisch) sowie essig- und milchsaure Gemüse Bestandteil der Rohkost-Ernährung sein" [9].

Ernährungsgrundsätze

Die Ursprünge der Rohkost-Bewegung liegen zumeist im Ausland, z.B. in der Schweiz (Max Bircher-Benner, Arzt, 1867–1939) oder den USA (Natural Hygiene). Die bekanntesten Theoretiker der Rohkost-Bewegung in Deutschland sind Arnold Ehret (Arzt, Deutschland, 1866–1922), der die Ursache jeder Krankheit in einer „Verstopfung des Leitungssystems" des menschlichen Körpers sah [31]. Im Zentrum seiner Heiltherapien stand daher die Reinigung des Körpers durch Fastenkuren oder die sog. schleimfreie Heilkost, bestehend aus Obst und stärkefreiem Gemüse, das auch schonend gekocht zubereitet werden durfte. Für Norman Walker (Großbritannien, 1876–1985) stellen stärkehaltige Lebensmittel wie Getreide und Getreideprodukte aufgrund ihrer vermeintlichen „verstopfenden" Wirkung auf die Leber ein großes Gesundheitsrisiko dar, während Gemüse und Salate den Körper aufbauen und Früchte ihn reinigen [98].

Der Unternehmer HELMUT WANDMAKER tritt ein für eine reine Rohkost mit einem sehr hohen Obstanteil. Nach seiner Auffassung ist der Mensch genetisch nicht an gekochte Nahrung angepaßt, der Kochvorgang verändere Lebensmittel so, daß diese Degenerationen und Krankheiten verursachten [100]. Neben Getreide lehnt er auch Nüsse und andere Samen ab, da diese von der Natur als Grundlage für neue Pflanzen bestimmt und entsprechend mit Enzyminhibitoren ausgestattet seien und eine Verdauung nicht möglich sei. Das Obst-Gemüse-Verhältnis sollte mengenmäßig bei 3:1 liegen.

Während die bisher genannten Vertreter der Rohkost-Ernährung insbesondere auch tierische Produkte als extrem gesundheitsschädlich betrachten, nimmt die von dem französischen Physiker GUY-CLAUDE BURGER entwickelte **Instinktotherapie** eine besondere Stellung innerhalb der Rohkost-Bewegung ein. Nach seiner Theorie des Ernährungsinstinktes [15] sollen Nahrungsmittel vor dem Verzehr durch Riechen daraufhin überprüft werden, ob sie der Organismus wirklich braucht. Sollte dies nicht der Fall sein, wird aufgrund einer „instinktiven Sperre" kein angenehmer Geruch oder Geschmack empfunden. Da dieser angeborene Instinkt jedoch nur bei natürlicher Rohkost-Ernährung gewährleistet sei, werden alle gekochten Nahrungsmittel abgelehnt: so z.B. Milchprodukte, aufgrund der Unfähigkeit des Organismus, die verschiedenartige Proteinstruktur korrekt zu assimilieren. Rohes Fleisch und roher Fisch zählen dagegen zu den Nahrungsmitteln des Urmenschen und sind wichtige Bestandteile dieser Kostform.

Eine ebenfalls bekannter werdende Ausprägung der Rohkost-Ernährung ist die sog. **Lichtkost** oder Sonnenkost. Aufbauend auf den Arbeiten des Physikers FRITZ-ALBERT POPP, der eine ganzheitliche Betrachtung der Nahrungsmittelqualität über die Messung der gespeicherten Lichtintensität („Biophotonen" = Lichtquanten aus biologischen Systemen) definiert, gilt bei der Lichtkost die Maxime, daß Nahrung so natürlich wie möglich in den Organismus gelangen muß, um dort „auszustrahlen" [78]. Nahrungsmittel liefern über den Umweg Pflanze Sonnenenergie, die letztendlich alle Lebensvorgänge in Gang hält. Verzehrt werden bei dieser Ernährungsform lebendige Lebensmittel wie Obst, rohe und milchsauer vergorene Gemüse, Getreide, Nüsse, Sprossen, Rohmilch und -käse.

Bewertung

Da die einzelnen Rohkostformen von moderat bis streng reichen [27, 60, 75, 89], ist eine einheitliche Bewertung aus ernährungsphysiologischer Sicht nicht möglich. Die meisten Empfehlungen zur Rohkost-Ernährung sind allerdings Empfehlungen zu einer veganen Rohkost (Tab. 4-10). Einzelne Rohköstler können deshalb stärker als andere von der möglichen mangelnden Zufuhr bestimmter Nährstoffe wie Kalzium, Eisen, Jod und Vitamin B_{12} betroffen sein [63]. Demgegenüber bietet die unerhitzte Frischkost viele **ernährungsphysiologische Vorteile,** wie:

- hohe Dichte an sekundären Pflanzenstoffen
- hoher Ballaststoffgehalt
- Vermeidung von Vitaminverlusten durch Hitzeeinwirkung
- geringerer Energiegehalt bei gleichem Sättigungsgefühl
- positive Wirkung auf Zähne, Zahnfleisch und Verdauung durch gründliches Kauen und Einspeicheln.

Konstitutionsbedingt kann es jedoch, bei Einhaltung der Rohkost, zu Unverträglichkeiten kommen. Viele Rohköstler sind von Natur aus mager, untergewichtig, frieren und leiden an Blähungen. Unter Rohkost wird nicht selten eine weitere Abmagerung sowie eine Verschlechterung des Allgemeinbefindens und der klinischen Parameter beobachtet.

Der übergewichtige, verdauungsstarke, schwitzende Pykniker hingegen verträgt Rohkost sehr viel besser.

Tab. 4-10 Verschiedene Richtungen der Rohkost-Ernährung, chronologisch (Arbeitsgruppe Rohkost) (aus [9]).

Ernährungsform	Begründer/in, Begründungszeit und -ort	Rohkostanteil RK = Rohkost	empfohlene Lebensmittel (LM)	Besonderheiten
Ernährung nach Walker	Norman Walker, Anfang des 20. Jh., USA	100 %, vegan plus Honig	rohes Obst, rohes Gemüse, frische Hülsenfrüchte, Nüsse, Samen, Honig, pflanzliche Öle	RK = frische, rohe, pflanzliche LM, nicht über 45 °C erhitzt
Urgesetz der natürlichen Nahrung	Walter Sommer, 1920er, Deutschland	100 %; vegan	rohes Gemüse, rohes Obst, Kräuter, nicht über 42 °C erhitzt	RK = pflanzliche LM, Nüsse, Samen
Instinktotherapie	Guy-Claude Burger, 1964, Frankreich	100 %; omnivor	rohes Obst, rohes Gemüse, Nüsse, Samen, rohes Fleisch, roher Fisch, rohe Meeresfrüchte, rohe Eier	RK = Urkost, die weder thermisch noch mechanisch denaturiert ist; Auswahl nach dem Ernährungsinstinkt
Schnitzer-Intensivkost	Johann Schnitzer, 1950er, Deutschland	100 %; vegan	vollwertige, rohe, natürliche LM: Obst, Gemüse, Samen, keimfähiges Getreide	RK = nicht hitzedenaturierte, vollwertige pflanzliche LM
Ernährung nach Wandmaker	Helmut Wandmaker, 1980er, Deutschland	100 %; vegan	rohes Obst, rohes Gemüse, wenig Samen und Nüsse; bei Protein-Unterversorgung: Quark-Leinöl-Emulsion	RK = natürliche Urnahrung des Menschen
Urmedizin nach „Chrysostomos“	Franz Konz alias „Chrysostomos“, 1980er, Deutschland	100 %; vegan; toleriert: omnivor	wildgewachsene LM: Kräuter, rohes Obst, rohes Gemüse, Nüsse, Samen; toleriert: Fleisch „mit Haut und Haaren“	RK = Urkost aus rohen, natürlichen, saisonalen LM Urzeit-Bewegungstherapie
Vital-Ernährung	Jamila Peiter, 1980er, Deutschland Heute: überwiegend RK	Ursprung: 100 %; vegan plus Honig	frische Gemüse und Salate, wenig frisches Obst; in kleineren Mengen: Samen, Nüsse, gekeimtes oder eingeweichtes Getreide; sehr wenig Honig,	RK = Urkost: rohes Gemüse, rohes Obst, Nüsse, Samen, persönliche Entwicklung von der überwiegend vegan, strengen zur moderaten RK

Tab. 4-10 Fortsetzung

Ernährungsform	Begründer/in, Begründungszeit und -ort	Rohkostanteil RK = Rohkost	empfohlene Lebensmittel (LM)	Besonderheiten
Harmonische Ernährung	Devanando Otfried Weise, 1980er, Deutschland	100%; vegan als Heilkost, sonst lakto-vegetabil	rohes Obst und Gemüse (70%), Nüsse, Samen, Getreide, Hülsenfrüchte, Milchprodukte in Maßen	RK = nicht erhitzte, natürliche LM Verknüpfung verschiedener Ernährungsphilosophien

Literatur

[1] Aalderink, J., Hoffmann, I., Groeneveld, M., Leitzmann, C.: Ergebnisse der Gießener Vollwert-Ernährungs-Studie. Lebensmittelverzehr und Nährstoffaufnahme von Vollwertköstlerinnen und Mischköstlerinnen. Ern Umschau 41 (9), S. 328–335, 1994.

[2] Acuff, S.: Das Makrobiotische Gesundheitsbuch. Goldmann, München, 2. Aufl. 1989.

[3] Alternative Wege bewußter Ernährung. Auswertungs- und Informationsdienst für Ernährung, Landwirtschaft und Forsten (AID), Bonn 1994.

[4] Anemueller, H.: Vollwerternährung – aber richtig. Trias, Stuttgart 1991.

[5] Anemueller, H.: Das Grunddiät-System – Leitfaden der Ernährungstherapie mit vollwertiger Nahrung. Hippokrates, Stuttgart, 4. Aufl. 1993.

[6] Arbeitsgemeinschaft der Verbraucherverbände (AgV): Lebensmittel im EG-Binnenmarkt (Loseblattsammlung). AgV, Bonn, 2. Aufl. 1992.

[7] Arbeitsgemeinschaft Ökologischer Landbau (AGÖL): Ökologischer Landbau mit einer Stimme (Faltblatt). AGÖL, Darmstadt 1996.

[8] Arbeitsgemeinschaft Ökologischer Landbau (AGÖL): Rahmenrichtlinien zum ökologischen Landbau. Sonderausgabe Nr. 17, Stiftung Ökologischer Landbau (Hrsg.), Bad Dürkheim 1991.

[9] Arbeitsgruppe Rohkost: Institut für Ernährungswissenschaft, Universität Gießen, seit 1992.

[10] Bircher-Benner, M. O.: Ernährungsfragen vom Standpunkt der Erfahrungsheilkunde, S. 61–84, in: Adam, C. (Hrsg.): Die natürliche Heilweise im Rahmen der Gesamtmedizin. Fischer, Jena 1938.

[11] Blanckenburg, v. P.: Die Elendsfalle – Die Armen und die Reichen, S. 45–84, in: Deutsches Institut für Fernstudien (Hrsg.): Funkkolleg Humanökologie – Weltbevölkerung, Ernährung, Umwelt. Beltz, Weinheim, Studieneinheit 11, Studienbrief 4, 1991.

[12] Bruker, M. O.: Unsere Nahrung unser Schicksal. Verlag für Ernährung, Medizin und Umwelt. Lahnstein, 23. Aufl. 1991.

[13] Bundesministerium für Ernährung, Landwirtschaft und Forsten: Futtermittelimporte aus der Dritten Welt – Ursache von Hunger und Überschüssen? Kraftfutter Heft 9, 1986.

[14] Bundesminister für Verkehr: Verkehr in Zahlen. Bundesminister für Verkehr, Bonn 1991, hier 354–359 und 378–385.

[15] Burger, G. C.: Die Rohkosttherapie. Heyne, München, 3. Aufl. 1990.

[16] Byers, R., Perry, G.: Dietary carotenes, vitamin C, and vitamin E as protective antioxidants in human cancers. Ann Rev Nutr 12, pp. 139–159, 1992.

[17] Chang-Claude, J., Frentzel-Beyme, R., Eilber, K.: Prospektive epidemiologische Studie bei Vegetariern – Ergebnisse nach 10 Jahren. Follow-up. Deutsches Krebsforschungszentrum, Heidelberg 1991.

[18] Chang-Claude, J., Frentzel-Beyme, R.: Dietary and lifestyle determinants of mortality among German vegetarians. Epidem 3, pp. 395–401, 1992.

[19] Chopra, D.: Die Körperseele. Grundlagen und praktische Übungen der indischen Medizin. Knaur, München 1993.

[20] Clausnitzer, I.: Wegweiser in die Makrobiotik. Drei Eichen, München, 2. Aufl. 1970.

[21] Conrad, J.: Risiken der Gentechnologie in gesellschaftlicher Retrospektive und Prospektive, S. 56–86, in: Harms, J. (Hrsg.): Risiken der Genetik. Haag und Herchen, Frankfurt/M. 1988.

[22] Dagnelie, P., Vergote, F., Staveren v. W., Berg v. d., H., Dingjan, P., Hautvast, J.: High prevalence of rickets in infants on macrobiotic diets. Am J Clin Nutr 51 (2), 202–208, 1990.

[23] Dagnelie, P.: Makrobiotische Kinderernährung. Ern Umschau 37 (5), 194–201, 1990.

[24] Deutscher Naturschutzring (DNR): Positionspapier der Projektgruppe „Bio- und Gentechnologie" des DNR zur Novellierung des Gentechnikgesetzes. DNR, Bonn 1992.

[25] DGE (Deutsche Gesellschaft für Ernährung): „Vollwert-Ernährung" – eine Stellungnahme der Deutschen Gesellschaft für Ernährung. Ern Umschau 34 (9), 308–310, 1987.

[26] DGE (Deutsche Gesellschaft für Ernährung): Empfehlungen für die Nährstoffzufuhr. Umschau, Frankfurt/M., 1. korrig. Nachdruck der 5. Überarbeitung 1992.

[27] Diamond, H., Diamond, M.: Fit fürs Leben 2 (Fit for Life 2). Goldmann, München, 9. Aufl. 1992.

[28] Dwyer, J. T.: Nutritional consequences of vegetarianism. Ann Rev Nutr 11, pp. 61–91, 1991.

[29] Eder, H., Kiefer, J., Luggen-Hölscher, J., Rase, R.: Grundzüge der Strahlenkunde für Naturwissenschaftler und Mediziner. Paul Parey, Berlin 1986, S. 121–122.

[30] Ehlermann, D. A. E.: Lebensmittelbestrahlung. In: Tauscher, B. (Hrsg.): Berichte der Bundesforschungsanstalt für Ernährung (BfE), BfE, Karlsruhe 1990.

[31] Ehret, A.: Die schleimfreie Heilkost. Waldthausen, Ritterhude, 5. Aufl. 1991.

[32] Enquete-Kommission „Schutz der Erdatmosphäre": Klimaänderung gefährdet globale Entwicklung – Zukunft sichern, jetzt handeln. Economica, Bonn 1992.

[33] Ernährungsbericht 1988 und 1996. Deutsche Gesellschaft für Ernährung. Frankfurt/M., 1988 und 1996.

[34] Ernährungsbericht 1992. Deutsche Gesellschaft für Ernährung. Frankfurt/M., 1992, hier S. 44, S. 62–63, S. 68, S. 242.

[35] Ernährungsbericht 1992. Ergänzungsband (im Auftrag der DGE). Lebensmittel- und Nährstoffaufnahme in der Bundesrepublik Deutschland, 122 S. VERA-Schriftenreihe 12, 1994, S. 68 ff, S. 74ff, S. 88–89.

[36] Eurostat (Statistisches Amt der europäischen Gemeinschaften): Analytische Übersichten des Außenhandels (NIMEXE). 1986.

[37] Evers, J.: Warum Evers-Diät? Die Ernährung des Gesunden und des Kranken. Haug, Heidelberg, 12. Aufl. 1992.

[38] Flaws, B., Wolfe, H. L.: Das Yin und Yang der Ernährung. Barth, Bern, 3. Aufl. 1995.

[39] Frentzel-Beyme, R., Chang-Claude, J.: Vegetarian diets and colon cancer: The German experience. Am J Clin Nutr 59 (Suppl.), 1143–1152, 1994.

[40] Gey, K. F.: Prospects for the prevention of free radical disease, regarding cancer and cardiovascular disease. Br Med Bull 49, 679–699, 1993.

[41] Groeneveld, M.: Beurteilung einer vorwiegend lakto-vegetabilen Ernährungsform anhand der Zufuhr und der Versorgung mit Vitaminen. Unter spezieller Berücksichtigung der antioxidativ wirkenden Vitamine C und E und des β-Carotins. Dissertation, Wiss Fachverlag, Gießen 1994.

[42] Hammes, W. P., Vogel R. F., Gaier, W., Knauf, H. J.: Genetic Engineering – Möglichkeiten und Grenzen bei Lebensmitteln. Teil 1: Lebensmitteltechnik 1–2, 1991, Teil 2: Lebensmitteltechnik 3, 1991.

[43] Hanisch, O. Z. A.: Mazdaznan-Ernährungskunde. Ruf an die Welt. Bringhausen 1964.

[44] Heine, H.: Lehrbuch der biologischen Medizin. Hippokrates, Stuttgart 1991.

[45] Heintze, T.: Alles über die Haysche Trennkost. Falken, Niedernhausen 1994.

[46] Heseker, H., Kohlmeier, M., Schneider, R., Speitling, A.: Kübler, W.: Vitaminversorgung Erwachsener in der Bundesrepublik Deutschland. Ern Umschau 38 (6), S. 227–233, 1991.

[47] Hobbelink, H.: Bio-Industrie gegen die Hungernden. Rowohlt, Reinbek 1989, hier S. 45ff.

[48] Hoffmann, I.: Gießener Vollwert-Ernährungs-Studie. Untersuchung auf Bias am Beispiel von Fettstoffwechsel-Parametern. Dissertation, Wiss Fachverlag, Gießen 1995.

[49] Jany, K. D.: Gentechnik im Ernährungsbereich. AID-Verbraucherdienst 37 (11), S. 223–228, 1992.

[50] Johnston, P. (ed.).: Vegetarian Nutrition. Am J Clin Nutr 59 (5, Suppl.) 1994.

[51] Kaiser, M., Wagner, N.: Entwicklungspolitik – Grundlagen, Probleme, Aufgaben. Schriftenreihe der Bundeszentrale für politische Bildung, Bd. 303, Bonn, 3. Aufl. 1991, hier S. 330.

[52] Katalyse – Institut für angewandte Umweltforschung – und Buntstift. Grenzenlos kulinarisch? Katalyse und Buntstift, Köln, 2. Aufl. 1991.

[53] Katalyse – Institut für angewandte Umweltforschung: Was wir alles schlucken – Zusatzstoffe in Lebensmitteln, mit Tips für Verbraucher. Rowohlt, Reinbek 1985.

[54] Koerber, K. v., Hammann, B., Willms, G.: Für Diabetiker: Vollwert-Ernährung. Gräfe und Unzer, München, 3. Aufl. 1994a.

[55] Koerber, K. v.: Ernährung bei Diabetes mellitus mit kohlenhydrat- und ballaststoffreichen, gering verarbeiteten Lebensmitteln. Dissertation, Wiss Fachverlag, Gießen 1989.

[56] Koerber, K.v., Leitzmann, C., Franz, W., Martin, G.: Jodierung ja, aber bitte mit Deklarierung – Stellungnahme des Verbands für Unabhängige Gesundheitsberatung (UGB) und der Arbeitsgruppe Vollwert-Ernährung am Institut für Ernährungswissenschaft der Universität Gießen. UGB Forum 11 (6), S. 342–343, 1994b.

[57] Koerber, K. v., Männle, T., Leitzmann, C., Eisinger, M., Watzl, B.: Vollwert-Ernährung. Konzeption einer zeitgemäßen Ernährungsweise. Haug, Heidelberg, 8. Aufl. 1994c, hier S. 197.

[58] Koerber, K. v., Leitzmann, C.: Vollwert-Ernährung: genußvoll, gesund, ökologisch, sozialverträglich. aid Special 10 (3353), Auswertungs- und Informationsdienst für Landwirtschaft und Forsten (AID), Bonn 1995.

[59] Kollath, W.: Die Ordnung unserer Nahrung. Haug, Heidelberg (verwendet: 15. Aufl. 1992), 5. und letzte neubearbeitete Aufl. 1960.

[60] Konz, F. C.: Der große Gesundheits-Konz. Interessen-Gemeinschaft zurück zur Natur, St. Moritz 1995.

[61] Kühne, P.: Lebensmittelqualität und bewußte Ernährung. Freies Geistesleben, Stuttgart 1985.

[62] Kushi, M.: Das Buch der Makrobiotik. Bruno Martin, Frankfurt 1979.

[63] Kwanbunjan, K., Strassner, C., Dörries, S., Leitzmann, C.: Eisenstatus von Rohköstlern. Z Ernährungswiss 35 (1), 90 (Abstr.), 1996.

[64] Leitzmann, C., Laube, H., Million, H.: Vollwertküche für Diabetiker – Köstlich kochen und backen für die ganze Familie. Falken, Niedernhausen 1990.

[65] Leitzmann, C., Michel, P.: Alternative Kostformen aus ernährungsphysiologischer Sicht. Akt Ernährungmed 18 (1), 2–13, 1993.

[66] Leitzmann, C., Hahn, A.: Vegetarische Ernährung. Ulmer, Stuttgart 1996.

[67] Lützner, H., Million, H., Hopfenzitz, P.: Fasten – Selbständiges Fasten für Gesunde. Schritt für Schritt zum richtigen Essen und zu neuem Selbstbewußtsein. Gräfe und Unzer, München, 1992.

[68] Maschkowski, G., Koerber, K. v., Oltersdorf, U., Leitzmann, C.: „Ernährungsökologie" – Ernährung im Beziehungsgefüge Mensch–Umwelt. AID-Verbraucherdienst 36 (5), S. 95–99, 1991.

[69] Maschkowski, G.: Vermeidung von Nahrungsmitteln aus bestimmten Technologien (wie Gentechnik, Food Design, Lebensmittelbestrahlung). In: Koerber, K. v. et al. 1994c.

[70] Mersch-Sundermann, V.: Fremd- bzw. Schadstoffe in Lebensmitteln. In: Koerber, K. v. et al. 1994c, S. 61–68.

[71] Miller, D., Specker, B., Ho, M., Norman, E.: Vitamin B-12 status in a macrobiotic community. Am J Clin Nutr 53 (2), 524–529, 1991.

[72] Murray, D. R.: Biology of food irradiation. Research Studies Press, Somerset 1990, pp. 137–182.

[73] National Research Council: Diet and Health: Implication for reducing chronic disease risk. Report of the Committee on Diet and Health, Food and Nutrition Board. National academy Press. Washington 1989.

[74] Opitz, C.: Fit und gesund mit lebenden Makromolekülen. Bewußtes Dasein, Schlieren 1993.

[75] Peiter, J.: Pro und Contra Rohkost-Ernährung. Access, Königstein, 3. Aufl. 1993.

[76] Pfeilsticker, K.: Argumente gegen eine Bestrahlung von Lebensmitteln mit ionisierenden Strahlen. In: Stiftung Verbraucherinstitut (Hrsg.) Strahlenkonservierung Stiftung Verbraucherinstitut, Berlin 1985, S. 61–83.

[77] Pischinger, A.: Das System der Grundregulation. Haug, Heidelberg, 8. Aufl. 1990.

[78] Popp, F. A.: Die Botschaft unserer Nahrung. Fischer, Frankfurt 1993.

[79] Renzenbrink, U.: Ernährungskunde aus anthroposophischer Erkenntnis. Dornach, 2. Aufl. 1984.

[80] Rottka, H., Hermann-Kunz, E., Hahn, B., Lang, H. P.: Berliner Vegetarier-Studie. 1. Mitteilung: Lebensmittelverzehr, Nährstoff- und Energieaufnahme im Vergleich zu Nichtvegetariern. Akt Ernährungsmed 13 (6), 161–170, 1988. 2. Mitteilung: Anthropometrische und biochemische Meßdaten im Vergleich zu Nichtvegetariern. Akt Ernährungsmed 14 (1), 32–39, 1989.

[81] Schnitzer, J. G., Schnitzer, M.: Schnitzer-Intensivkost, Schnitzer-Normalkost. St. Georgen, 13. Aufl. 1988.

[82] Schönhöfer-Rempt, R., Leitzmann, C.: Ernährungsgewohnheiten von Vegetariern. Ern Umschau 36 (2), 56–61, 1989.

[83] Schrott, E.: Ayurveda für jeden Tag. Mosaik, München 1994.

[84] Sommer, W.: Das Urgesetz der natürlichen Ernährung. Sommer, Ahrensburg, 6. Aufl. 1991.

[85] Spitzmüller, E. M., Pflug-Schönfelder, K., Leitzmann, C.: Ernährungsökologie – Essen zwischen Genuß und Verantwortung. Haug, Heidelberg 1993.

[86] Statistische Jahrbücher über Ernährung, Landwirtschaft und Forsten (ELF) 1977–1991. Bundesministerium für Ernährung, Landwirtschaft und Forsten (Hrsg.), Landwirtschaftsverlag, Münster 1977–1991, hier S. 249–250; S. 187, S. 31.

[87] Strahm, R. H.: Warum sie so arm sind – Arbeitsbuch zur Entwicklung der Unterentwicklung in der Dritten Welt mit Schaubildern und Kommentaren. Hammer. Wuppertal 1985, hier S. 46–47.

[88] Tappeser, B.: Die Risiken gentechnisch hergestellter und verarbeiteter Lebensmittel. S. 92–101. In: Becktepe, C., Jacob, S. (Hrsg.): Genüsse aus dem Gen-Labor? Verbraucher-Initiative, Bonn 1991.

[89] Temelie, B.: Ernährung nach den Fünf Elementen. Joy, Sulzberg, 13. Aufl. 1996.

[90] Tritsch, G. L.: Food irradiation. Nutr Rev 50 (10), 311, 1992.

[91] Umweltbundesamt. Laufende Aktualisierung des Datenmaterials aus der bundesweiten Hausmüllanalyse. Umweltbundesamt, Berlin 1986.

[92] Umweltbundesamt. Papier – Kunststoff – Verpackungen, eine Mengen- und Schadstoffbetrachtung. Umweltbundesamt, Berlin 1989, hier S. 81.

[93] Verbraucher-Initiative: Kein Schutz vor genmanipulierter Nahrung – Stellungnahme der Verbraucher-Initiative zum Novel-Food-Entwurf der EG-Kommission. Verbraucher-Initiative, Bonn 1992.

[94] Verbraucher-Zentrale Nordrhein-Westfalen (Hrsg.): Schlaraffenland aus dem Labor? Lebensmittel durch Food Design. Verbraucher-Zentrale NRW, Düsseldorf 1993.

[95] Waerland, A., Waerland E.: Waerland-Kost für Gesunde, Kranke, Kleinkinder, Säuglinge. Waerland, Hamburg 1951.

[96] Waerland, A.: Gesund werden – gesund bleiben. Humata, Bern, 7. Aufl. o.J.

[97] Walb, L., Walb, I., Heintze, T., Heintze, M.: Original Haysche Trenn-Kost. Haug, Heidelberg 1991.

[98] Walker, N. W.: Auch Sie können wieder jünger werden, Waldthausen, Ritterhude, 3. Aufl. 1993.

[99] Wandmaker, H.: Willst Du gesund sein? Vergiß den Kochtopf! Waldthausen, Ritterhude, 6. Aufl. 1991.

[100] Watzl, B., Leitzmann, C.: Bioaktive Substanzen in Lebensmitteln. Hippokrates, Stuttgart 1995.

[101] Weise, O.: Harmonische Ernährung. Tabula Smaragdina, München, 4. Aufl. 1993.

[102] WHO (World Health Organization). Food irradiation. WHO, Genf 1988.

[103] Wrede, I.: Leitfaden Makrobiotik. Grundlagen einer Kostform, 98 S. Haug, Heidelberg 1996.

[104] Zurek, E.: Technischer Fortschritt und soziale Risiken – Die Grüne Revolution. S. 44–81. In: Deutsches Institut für Fernstudien (Hrsg.), Funkkolleg Humanökologie – Weltbevölkerung, Ernährung, Umwelt. Beltz, Weinheim, Studieneinheit 15, Studienbrief 6.

ORTHOMOLEKULARE MEDIZIN

Volker Schmiedel

5.1 Medizin der richtigen Nährstoffe

Die orthomolekulare Medizin dient – dem Begründer, Nobelpreisträger und „Vitamin-C-Papst“ Linus Pauling, zufolge – sowohl der Erhaltung guter Gesundheit als auch der Behandlung von Krankheiten. Durch die Gabe bestimmter Nährstoffe oder – dem Wort entsprechend – der „richtigen Moleküle“ wird die **Konzentration körpereigener,** für die Gesundheit wichtiger **Substanzen** verändert. Im Rahmen dieser Nährstoff- oder Nahrungsergänzungstherapie werden vorrangig Vitamine, Mineralstoffe, Spurenelemente, Aminosäuren, Fettsäuren und Enzyme verordnet. Durch die erhöhte Zufuhr dieser Substanzen, die über die Nahrung oder in isolierter Form erfolgen kann, werden Mangelzustände (z.B. Gabe von Magnesium bei Wadenkrämpfen und Magnesiummangel) ausgeglichen oder bestimmte pharmakologische Effekte (z.B. günstiger Effekt von Magnesium auf bestimmte Herzrhythmusstörungen, obwohl kein Magnesiummangel vorliegt) erzielt.

Die Therapie mit Substanzen, die der Nahrungsergänzung dienen, soll den Körper in die Lage versetzen, mit optimalen Konzentrationen aller wichtigen Substanzen eine gute Regulationsfähigkeit des Organismus zu erhalten oder wiederherzustellen. Regulationsfähigkeit bedeutet dabei die Fähigkeit, krankmachende Reize (z.B. Streß, Umwelteinflüsse, Bakterien) adäquat zu beantworten.

Wechselwirkungen zwischen gesundheitlichen Störungen und Nährstoffen

Zwischen gesundheitlichen Störungen und im Organismus natürlicherweise vorkommenden Substanzen sind verschiedene Wechselwirkungen möglich. So können einerseits körperliche Beschwerden durch einen **Nährstoffmangel** verursacht werden (z.B. Blutarmut bei Vitamin-B_{12}-Mangel). Andererseits kann eine **Krankheit** wiederum einen Nährstoffmangel (z.B. Kaliummangel bei starken, länger anhaltenden Durchfällen) hervorrufen und zu weiteren Beschwerden (z.B. Herzrhythmusstörungen) führen. Auch Medikamente oder Schadstoffe bedingen einen Nährstoffmangel und können dadurch weitere gesundheitliche Störungen verursachen. So rufen Entwässerungstabletten einen Magnesiummangel hervor, der die Entstehung von Herzrhythmusstörungen begünstigt. Rauchen verursacht Vitamin-C-Mangel, der wiederum für eine erhöhte Infektanfälligkeit verantwortlich ist. Die Nährstofftherapie beeinflußt die bestehenden Wechselwirkungen zwischen gesundheitlichen Störungen und den körpereigenen Substanzen, indem mögliche Nährstoffdefizite durch die Zufuhr vom Nährstoffpräparaten ausgeglichen werden.

Ursachen von Nährstoffdefiziten

Falsche Ernährung sowie übermäßiger Genußmittelkonsum sind die wichtigsten Ursachen für Mangelzustände an Nährstoffen.

Ernährungsbedingter Nährstoffmangel:

- Einseitige Ernährung (z.B. „fast food", Alkoholismus) bedingt die Mangelzufuhr einzelner Nährstoffe.
- Bei hoher Zufuhr bestimmter Nahrungsmittel ist der Bedarf einzelner Nährstoffe erhöht; so ist z.B. bei starkem Konsum ungesättigter Fettsäuren der Bedarf an Vitamin E erhöht.
- Die Gegebenheiten der industriellen Nahrungsmittelproduktion, z.B. chemisches Konservieren, lange Transportwege und Lagerung, verursachen Nährstoffverluste. Auch Lebensmittelzusatzstoffe beeinträchtigen den Nährstoffhaushalt. So werden Farbstoffe, Aromastoffe, Geschmacksverstärker und chemische Konservierungsmittel zwar auf ihre akute und chronische Toxizität untersucht, mögliche Wechselwirkungen mit den Nährstoffen sind bisher weitgehend unerforscht.
- Auch die individuelle Nahrungsverarbeitung (Erhitzen) kann zu Nährstoffverlusten führen.

Genußmittel:

- Alkohol kann einen Mangel an wichtigen Vitaminen und Mineralstoffen bedingen (z.B. Vitamine B_1, B_6, B_{12}, Niacin, Pantothensäure, Folsäure, Magnesium).
- Koffein in Kaffee, Tee, Cola-Getränken erhöht die Ausscheidung wichtiger Mineralstoffe (Kalium, Magnesium).
- Nikotin verbraucht Vitamin C sowie Zink, das zur Entgiftung des im Tabakrauch enthaltenen giftigen Kadmiums benötigt wird. Rauchen ruft also einen Mangel an Vitamin C und Zink hervor.

Situationsbedingter erhöhter Bedarf an Nährstoffen: Spezifische Situationen rufen einen erhöhten Bedarf an Nährstoffen hervor. Welche Substanzen mangelhaft vorliegen, ist von der Art der Belastung sowie der individuellen Ausgangslage abhängig.

- Lebensphasen:
  - Schwangerschaft und Stillzeit
  - Wachstumsphasen
  - Rekonvaleszenz, nach Krankheiten oder Operationen
  - Dialyse
  - starke physische und psychische Belastung.
- Umwelteinflüsse und Belastung des Körpers mit:
  - Schwermetallen
  - Pestiziden
  - halogenierten Kohlenwasserstoffen.
- Längerfristige Medikamenteneinnahme: Die Einnahme folgender Medikamente führt zu einem Mangel an:
  - Analgetika: Vitamin B_6, C, K
  - Antazida: Vitamin B_1, C, A, D, E, K
  - Antibiotika: Vitamin B_1, B_2, B_6, B_{12}, Folsäure, C, A, D, E, K
  - Diuretika: Folsäure, Kalium, Magnesium; Kalium- und Magnesiummangel begünstigen Bluthochdruck, zu dessen Behandlung Diuretika häufig eingesetzt werden.
  - Kontrazeptiva: Vitamin B_1, B_2, B_6, B_{12}, Folsäure, C, A, E, Kalium
  - Kortison und dessen Derivate: Vitamin B_6, Folsäure, C, D, Kalium, Kalzium
  - Laxanzien: Vitamin A, D, E, K, Kalium, Magnesium; Kalium- und Magnesiummangel begünstigen Obstipation
  - synthetische Lipidsenker: Vitamin B_{12}, Folsäure, A, D, E, K.

Zur **Prävention** eines Nährstoffmangels können folgende Maßnahmen durchgeführt werden:

- Genußgifte sollten weitestgehend gemieden werden.
- Auch Schwermetall- und Pestizidbelastungen sollten – soweit möglich – unterbleiben.
- Müssen Medikamente eingenommen werden, die einen Nährstoffmangel fördern können (s.o.), sollte die Ernährung vorwiegend mit Lebensmitteln erfolgen, die reich an den Nährstoffen sind, bei denen es zu einem Mangel kommen könnte. Bestehen bereits Mangelsymptome, sollten entspre-

chende Nährstoffpräparate großzügig eingenommen werden.
- Auch bei besonderen Belastungen, die einen Mangel an bestimmten Nährstoffen bedingen können, wie z.B. starken physischen oder psychischen Belastungen, Gravidität, Stillzeit, sollte Wert auf eine nährstoffreiche Ernährung sowie – falls erforderlich – auf die großzügige Ergänzung mit Nährstoffpräparaten gelegt werden.
- Die wichtigste Empfehlung ist, sich mit Lebensmitteln zu ernähren, die eine hohe Nährstoffdichte aufweisen, d.h. bei relativ geringem Kaloriengehalt nährstoffreich sind.

Bedarf an Nährstoffen

Über den Bedarf an biologischen Substanzen, die von außen zugeführt werden müssen, gibt es bisher keine einheitlichen Richtlinien. Zur Verfügung stehen die Empfehlungen der DGE (Deutsche Gesellschaft für Ernährung) und der amerikanischen RDA-Kommission (Recommended Dietary Allowances) (s. Anhang, S. 297). Allerdings wurden in beiden Auflistungen der situationsbedingte erhöhte Bedarf (z.B. bei Krankheit, starker physischer oder psychischer Belastung) nicht berücksichtigt.
Die therapeutischen Dosierungsempfehlungen, die für die einzelnen Substanzen in den entsprechenden Kapiteln angegeben sind (s. S. 104 ff., s. S. 225 ff.), stützen sich auf die in der Literatur angegebenen Empfehlungen zur Zufuhr bei Mangelzuständen.
Die Empfehlung der täglichen Zufuhr bezieht sich auf Dosierungen, bei denen keine Mangelerscheinungen zu befürchten sind. Möglicherweise ist eine optimale Funktion des Organismus jedoch erst bei höheren Dosierungen gewährleistet. Dies wird insbesondere – aber nicht nur – für Vitamin C diskutiert.

Diagnostik eines Nährstoffmangels

Mit den heute zur Verfügung stehenden Meßverfahren ist es möglich, Materialien auf Konzentrationen bis in den ppm-Bereich (parts per million, Teilchen pro Million) zu untersuchen und Zusammenhänge zwischen Spurenelementen und bestimmten Krankheitsbildern zu finden. Die gebräuchlichsten Untersuchungsmaterialien sind: Blutserum, Vollblut, Urin, Haar. Die Aussagekraft jedes einzelnen Materials ist jedoch begrenzt:

- Das **Serum** – Transportweg der Nährstoffe – erlaubt relativ wenige Rückschlüsse auf den Gehalt des Stoffes im Körper.
- Aus der Bestimmung des **Vollblut- und des Serumgehalts** kann jedoch annäherungsweise die Menge der in den Körperzellen befindlichen Substanzen errechnet werden.
- **Haaranalysen** geben gewisse Aufschlüsse über den Gesamtkörpergehalt bestimmter Mineralien. Haarwaschmittel, Haarfärbemittel sowie die besonders hohe oder niedrige Zufuhr eines Minerals oder Schwermetalls in den letzten 3 Monaten vor Probenentnahme können die Ergebnisse jedoch erheblich verfälschen.
- Der **Urin** spiegelt nur die aktuelle Ausscheidungssituation wider. Durch bestimmte Provokationstests (z.B. Erhöhung der Selen-, Zink- und Quecksilberausscheidung durch DMPS) können jedoch Rückschlüsse auf die Körperdepots gezogen werden.

Die Auswertung, vor allem die Interpretation der Untersuchungsergebnisse, sowie die folgerichtige Auswahl der therapeutischen Maßnahmen sind mitunter recht schwierig und sollten dem professionellen Therapeuten vorbehalten bleiben.

5.2 Möglichkeiten und Grenzen der orthomolekularen Medizin

Biologische Substanzen sollten gegeben werden, wenn Defizite dieser Substanzen nachgewiesen, aufgrund der Erkrankung zumindest wahrscheinlich sind oder bei der zu behandelnden Krankheit günstige Effekte erwarten lassen (s. S. 227). Insbesondere für bestimmte psychische Störungen werden gute Erfolge berichtet (z.B. Depressionen, Schizophrenien, Suchterkrankungen). Die Behandlung psychischer Erkrankungen wie Schizophrenie oder einer Depression mit z.B. Suizidneigung sollte jedoch dem professionellen Therapeuten vorbehalten bleiben.

Indikationen

Einzelne Störungen und Krankheiten lassen sich ausschließlich durch die gezielte Zufuhr einzelner Nährstoffe **kausal** heilen. Durch die Gabe von Magnesium können z.B. fast immer Wadenkrämpfe sowie – in vielen Fällen – bestimmte Herzrhythmusstörungen erfolgreich behandelt werden.

In anderen Fällen kann die gezielte, ausreichend hoch dosierte Nährstoffgabe andere Therapien wirksam unterstützen; so sind durch Zinkgaben bei Akne in jüngster Zeit Therapieerfolge berichtet worden, die denen von Tetrazyklinen nicht nachstehen. Trotzdem wird der ganzheitlich denkende und arbeitende Therapeut Zink in diesen Fällen nicht als Monotherapie einsetzen, sondern andere Aspekte wie z.B. die Dysbiose des Darms, die Zufuhr an Zucker, raffinierten Kohlenhydraten, gesättigten Fettsäuren sowie psychische Belastungen ebenfalls berücksichtigen. In der Therapie der rheumatoiden Arthritis wirkt die hohe Zufuhr von Omega-3-Fettsäuren über den Prostaglandinstoffwechsel entzündungshemmend. Die Gabe von Fischöl oder Leinsamen wird allerdings nicht ausreichen, diese chronische Erkrankung zum Stillstand zu bringen, kann jedoch ein wichtiger Baustein der Therapie sein.

Ein weiteres Anwendungsgebiet der orthomolekularen Therapie ist die **Vermeidung von Folgeschäden** der primären Erkrankung. So kann die Gabe antioxidativer Nährstoffe nicht die Entzündungsaktivität einer rheumatoiden Arthritis mindern, wie dies die Omega-3-Fettsäuren in gewissem Umfang tun. Jedoch können die Folgeschäden der bei chronischen, massiven Entzündungsprozessen vermehrt gebildeten freien Radikale begrenzt werden.

Hinsichtlich der **Schwermetallentgiftung** besitzt die Nahrungsergänzung einen herausragenden Stellenwert. Neben der großzügigen Vitamin-C-Zufuhr, die die Wasserlöslichkeit der Schwermetalle erhöht und somit deren Ausscheidung begünstigt, können die spezifischen Gegenspieler der Schwermetalle therapeutisch eingesetzt werden; so ist Kalzium der Gegenspieler zu Aluminium und Blei, Selen der Gegenspieler zu Quecksilber sowie Zink der Gegenspieler zu Kadmium.

Orthomolekulare Medizin sollte niemals unter monomanen Aspekten gesehen werden. Die optimale Versorgung mit Nährstoffen, vor allem mit den für die Erkrankung bedeutsamen Nährstoffen, vermag den Organismus in eine gute Ausgangsposition zu bringen, in dem die körpereigenen Selbstheilungskräfte aktiviert werden. Die orthomolekulare Therapie kann somit Therapieformen, die auf anderen Ebenen dasselbe Ziel verfolgen, sinnvoll unterstützen.

Kontraindikationen

Für die Behandlung eines nachgewiesenen Nährstoffmangels gibt es keine Gegenanzeigen. Besteht kein Mangel, sollten Gegenanzeigen und Nebenwirkungen der einzelnen Substanzen für die Therapie beachtet werden.

- **Vitamin A:** In der Schwangerschaft keine Dosen über 10000 IE täglich (Gefahr von Mißbildungen beim Kind!), bei hohen Dosen (25000 IE oder mehr) bei gebärfähigen Frauen Verhütung beachten, bei beginnenden rheumatischen Beschwerden oder Arthrosen keine hohen Dosen wegen Gefahr der Verschlechterung der Beschwerden, keine hohen Dosen über längere Zeit einnehmen wegen Gefahr der Überdosierung!
- **Vitamin B_1:** verursacht selten Überempfindlichkeitsreaktionen (z.B. Schweißausbrüche, schneller Herzschlag, Juckreiz).
- **Niacin (Vitamin B_3):** kann bei Patienten mit hohen Harnsäurespiegeln wegen der Gefahr der Ablagerung von Harnsäure in den Gelenken Gichtanfälle auslösen.
- **Vitamin C:** In sehr hohen Dosen (10 g und mehr) eingenommenes Vitamin C kann Magenbeschwerden oder Durchfall hervorrufen.
- **Vitamin D:** Vitamin D soll nicht bei Hyperkalzämie und vorsichtig bei bekanntem Nierensteinleiden oder Sarkoidose eingesetzt werden. In der Schwangerschaft dürfen keine hohen Dosen (über 400 IE) eingenommen werden.
- **Eisen:** Bei Eisenspeicherkrankheiten darf Eisen nicht gegeben werden. Wird Eisen in hohen Dosen eingenommen, sind Magen-Darm-Beschwerden oder Verstopfung recht häufig die Folge.
- **Kalium:** Kalium darf nicht gegeben werden bei eingeschränkter Nierenfunktion oder Morbus Addison. Als Nebenwirkungen können Übelkeit, Erbrechen, Sodbrennen, Blähungen, Durchfälle auftreten, bei Verwendung retardierter Präparate (verzögerte Abgabe des Wirkstoffes) in seltenen Fällen Magenschleimhautschäden und Magen-Darm-Blutungen.
- **Kalzium, Magnesium, Zink:** Kalzium, Magnesium und Zink dürfen bei eingeschränkter Nierenfunktion nicht angewendet werden.
- **Magnesium:** Magnesium kann bei hoher Dosierung Durchfälle hervorrufen.

Dauer der Behandlung

Die medikamentöse Behandlung mit Nährstoffen sollte so kurz wie möglich und so lange wie nötig erfolgen. So ist eine hochdosierte Magnesiumtherapie als „natürliches Abführmittel" bei der Behandlung der Obstipation hoch wirksam und ungefährlich, die Therapie sollte jedoch nur so lange durchgeführt werden, bis durch ballaststoffreiche Ernährung, ausreichende Flüssigkeitszufuhr sowie durch Bewegung und gegebenenfalls weitere Naturheilmaßnahmen eine Stuhlnormalisierung erreicht wurde, die das langsame Ausschleichen und später das Absetzen der zusätzlichen Magnesiumgabe ermöglicht. Allerdings kann auch eine jahre- oder lebenslange Behandlung erforderlich sein (z.B. Magnesium bei hochgradigen Herzrhythmusstörungen).

Die Behandlung mit Nährstoffen ist in der Regel sehr risiko- und nebenwirkungsarm. Bei längerer Behandlung oder bei höheren Dosen sollte ein in der Nährstofftherapie erfahrener Arzt hinzugezogen werden, da bei unkritischer Einnahme möglicherweise Mangelzustände anderer Stoffe hervorgerufen werden. So kann z.B. die Einnahme von Zink zu einem Eisen- und/oder Kupfermangel führen; die längere, hochdosierte Einnahme von Kalzium führt möglicherweise zu einem Magnesiummangel.

Dosierung

Die Dosierung der Nahrungsergänzungspräparate orientiert sich an dem therapeutischen Ziel. Um einen Mangel zu vermeiden, muß das Präparat gering dosiert werden, soll ein therapeutischer Effekt erzielt werden, muß eine höhere Dosis verordnet werden. So reichen in der Regel 75 mg Vitamin C (Schwangerschaft, viel Sport, Rauchen: 200 mg) aus, um diesbezügliche Mangelerscheinungen zu verhindern. Soll jedoch ein sich anbahnender grippaler Effekt behandelt oder Vitamin C zur Krebsbehandlung eingesetzt werden, sollte Vitamin C im Gramm- bzw. – bei Krebs – sogar im 10-Gramm-Bereich dosiert werden. Diese spezifischen therapeutischen Effekte werden also mit der 13- bzw. 133fachen Menge der Dosis erzielt, die Vitamin-C-Mangelerscheinungen verhindert.

Hinweise zu den einzelnen Kapiteln. Zur besseren Orientierung auf dem fast unüberschaubar großen Angebot an Vitaminpräparaten sind unten einige Handelspräparate aufgeführt, wobei ein Preisvergleich eine günstige Auswahl erleichtern soll. Gerade die bekannten, stark beworbenen Präparate zeichnen sich oft durch einen sehr hohen Preis aus. Andererseits sollte von den unten aufgeführten Präparaten nicht unbedingt das preiswerteste gewählt werden. Bei der Auswahl sollten auch andere Kriterien (z.B. bei Abneigung, Tabletten oder Kapseln einzunehmen, die meist teurere Brausetablette; bei Kindern oder älteren Menschen mit Schluckbeschwerden sind Tropfen oder Säfte oft günstiger als Dragees oder Tabletten) mitberücksichtigt werden.
Der Apotheker kann alle unten angegebenen Handelspräparate sowie die losen Nährstoffpräparate besorgen. Bei den Importeuren von ausländischen Produkten muß er ggf. nicht über den Großhandel, sondern beim Importeur direkt bestellen. Bei diesen Importeuren fallen allerdings zusätzliche Versandkosten von 5–10 DM an, die bei apothekenüblichen Präparaten nicht zu entrichten sind.
Die hier angegebenen Mittel sind rezeptfrei erhältlich. Die Erstattung von Nahrungsergänzungen durch Krankenkassen wird meist abgelehnt, ist aber prinzipiell möglich. Beispiele: Bei nachgewiesenem Mangel eines Nährstoffes (dieser Nachweis ist allerdings oft schwierig bis unmöglich) muß die Krankenkasse zahlen. Die ärztliche Verordnung von Magnesiumpräparaten bei Wadenkrämpfen oder Herzrhythmusstörungen wird meist problemlos erstattet. Ein mehrmonatiger Therapieversuch mit Gamma-Linolensäure bei bisher kaum beeinflußbarer Neurodermitis wird im Einzelfall nach Rücksprache mit der Krankenkasse nicht selten bezahlt. Im Einzelfall sollte immer mit dem Arzt, Apotheker und der Krankenkasse besprochen werden, ob es sich bei einem angezeigten Nährstoffpräparat um ein erstattungsfähiges Medikament handelt, welches in diesem speziellen Fall von der Kasse mit deren Genehmigung auch erstattet wird oder nicht.

5.3 Mineralstoffe

Mineralstoffe sind **essentielle,** lebensnotwendige **anorganische Nährstoffe.** Im engeren Sinn werden die Substanzen, die in einer Menge von mehr als 100 mg täglich mit der Nahrung zugeführt werden, als Mineralstoffe bezeichnet. Dies sind **Chlor, Kalium, Kalzium, Magnesium, Natrium, Phosphor** und **Schwefel,** während aufgrund dieser willkürlichen mengenspezifischen Unterteilung die anderen Mineralien als Spurenelementen klassifiziert werden.
Der Organismus hält die Konzentrationen der einzelnen Mineralstoffe im Serum und in der intrazellulären Flüssigkeit in relativ engen Bereichen konstant, wobei sich die intra- und extrazellulären Konzentrationen teilweise erheblich unterscheiden (z.B. Quotient extra-/intrazellulär für Natrium 14:1, für Kalium 1:40). Die wichtigsten allgemeinen Funktionen der Mineralien sind:

- Aufrechterhaltung des osmotischen Druckes der Körperflüssigkeiten
- Aufrechterhaltung des Säure-Basen-Gleichgewichtes
- Förderung der Funktion bestimmter Enzyme, so sind z.B. ca. 300 Enzyme magnesiumabhängig
- Aufrechterhaltung der Funktion von Muskeln (z.B. Kalzium) und Nerven (z.B. Natrium und Kalium)
- Strukturbestandteile von Knochen und Zähnen (z.B. Kalzium, Phosphor, Magnesium).

Natürliche Aufnahme. Die Zufuhr von **Natrium** und **Chlorid**, die in Form von Kochsalz reichlich mit der Nahrung zugeführt werden, sowie von **Phosphor** und **Schwefel** – beide sind in Lebensmittelzusätzen enthalten – ist durch die durchschnittliche Ernährung in westlichen Industrienationen gesichert. Hier bereitet eher die zu hohe Zufuhr gesundheitliche Probleme; so begünstigt die verstärkte Aufnahme von Natrium und Chlorid die Entwicklung der Hypertonie, die zu hohe Zufuhr von Phosphor fördert die Entwicklung der Osteoporose. Die Zufuhr von **Magnesium** und **Kalzium** hingegen ist in der Durchschnittsbevölkerung tendenziell zu niedrig. Nicht wenige Menschen sind somit von gesundheitlichen Störungen betroffen (z.B. verursacht Magnesiummangel Herzrhythmusstörungen sowie Obstipation, Kalziummangel Osteoporose).

Die Zufuhr von **Kalium** erscheint absolut in der durchschnittlichen Ernährung gesichert; Ausnahme: starke Kaliumverluste etwa durch Diuretika. In Relation zu der üblicherweise hohen Zufuhr von Natrium ist die Kaliumaufnahme jedoch eher zu niedrig. Hierdurch kann der wichtige Natrium/Kalium-Quotient (Hypertonie) ungünstig beeinflußt werden.

Die heutzutage vorherrschende industrielle Produktion und Verarbeitung von Lebensmitteln fördert Verluste von Mineralstoffen. Zu nennen sind hier beispielsweise zu schnelles Pflanzenwachstum durch intensivierte Landwirtschaft (relative Überdüngung an Nitraten und Phosphaten), Entfernung der mineralreichen Randschichten der Getreide, Ernte in unreifem Zustand aus Haltbarkeitsgründen wegen langer Transportwege, Schälen von Früchten, Verwerfen des mineralreichen Kochwassers von Gemüsen und Trinkwasserenthärtung. Hinzu kommen noch die veränderten Ernährungsgewohnheiten der letzten Jahrzehnte, die mit einem deutlich höheren Fleischkonsum, einem vermehrten Verbrauch an verarbeiteten Ölen und Kohlenhydraten (raffinierte Mehle, Zucker) und Alkohol bei gleichzeitig geringerer Zufuhr von Gemüse und komplexen Kohlenhydraten einhergehen.

Resorption. Zur Resorption der einzelnen Mineralstoffe können hier keine näheren Angaben gemacht werden, da diese Materie äußerst komplex ist und längst nicht alle diesbezüglichen Fragen erschöpfend beantwortet sind. So ist beispielsweise bekannt, daß Kaliumionen im Dünndarm praktisch zu 100% resorbiert werden. Die Resorptionsquote von Magnesium wird hingegen nur auf 35–55% geschätzt. Die Resorptionsquote von Magnesium z.B. ist von verschiedenen Faktoren abhängig:

- von der Höhe der Zufuhr; je höher die Zufuhr, desto geringer die Resorptionsquote
- von einem möglicherweise bestehenden Mangel; je größer der Mangel, desto größer die Resorption
- von der Art der Magnesiumverbindung; organische Verbindungen wie Zitrat oder Aspartat sollen besser aufgenommen werden als anorganische Verbindungen wie Oxid oder Karbonat
- von der Zufuhr anderer Nährstoffe; da im Darm für Kalzium und Magnesium derselbe Carrier zur Verfügung steht, sollen sich beide Substanzen in der Aufnahme gegenseitig behindern.

Allerdings liegen keine eindeutigen Erkenntnisse zur Resorption verschiedener Magnesiumverbindungen vor, da bisher kein allseits anerkanntes Magnesiumresorptionsmodell existiert.

Bei anderen Mineralstoffen gibt es ähnliche Probleme in der Beurteilung der Resorption. Ähnlich verhält es sich bei den Spurenelementen, für die noch weniger verläßliches Datenmaterial vorliegt.

Mangelzufuhr. Die länger andauernde Mangelzufuhr einzelner Mineralstoffe kann der Organismus aufgrund körpereigener Reserven für eine gewisse Zeit kompensieren (Abb. 5-1). Danach stellen sich langsam Man-

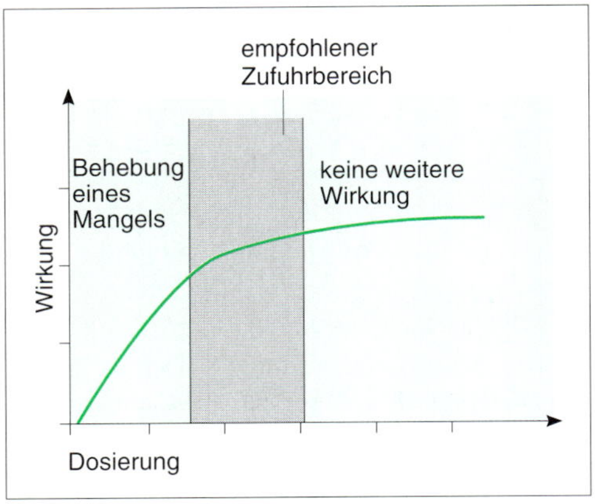

Abb. 5-1 Dosis-Wirkungs-Beziehung bei Mineralien (aus [5]).

gelsymptome ein, die oft unspezifisch sind (z.B. Nervosität oder Kopfschmerzneigung bei Magnesiummangel) oder erst nach Jahren erkennbare Spätschäden verursachen (z.B. Osteoporose bei Kalziummangel). Die jeweiligen Symptome sind in den einzelnen Kapiteln (s. S. 103 ff.) ausführlich beschrieben.

Übermäßige Zufuhr. Die übermäßige Zufuhr einzelner Mineralstoffe, vorausgesetzt sie ist nicht exzessiv, kann der Organismus in der Regel durch die verminderte Aufnahme im Darm und vermehrte Ausscheidung über die Niere kompensieren (Ausnahme: fortgeschrittene Niereninsuffizienz). Dennoch verursacht die vermehrte Aufnahme einzelner Substanzen gesundheitliche Störungen; bei sog. Salzsensitiven kann eine hohe Natriumchloridzufuhr die Entstehung der Hypertonie verstärken, wie auch die hohe Zufuhr an Phosphaten die Aufnahme von Kalzium behindern und so Kalziummangel verursachen kann.

Während bei den meisten Vitaminen, mit Ausnahme der fettlöslichen Vitamine, eine Zufuhr, die über dem Bedarf liegt, wahrscheinlich krankheitsvorbeugend und leistungsfördernd wirkt – selbst „Mega-Dosen“ wie etwa die hundertfache Menge der empfohlenen Vitamin-C-Zufuhr zeigen keine schädlichen Nebenwirkungen –, sind bei den Mineralstoffen von einer über dem optimalen Bereich gelegenen Zufuhr keine zusätzlichen positiven Wirkungen zu erwarten. Unter Umständen werden in diesem Fall sogar Schäden verursacht.

Diagnostik des Mineralstoffmangels

Da **Natrium** und **Chlor** überwiegend extrazellulär vorliegen, sind Blutuntersuchungen für einen Mangel, der in ganz spezifischen Situationen vorliegen kann, beweisend. Nicht ganz so einfach gestaltet sich der Nachweis eines Mangels von Kalium, Kalzium und Magnesium, also der Mineralien, deren ausreichende Versorgung eher problematisch ist.

Liegt auch der größere Anteil von **Kalzium** extrazellulär vor, so ist die überwiegende Menge jedoch in der Knochenmatrix abgelagert. Somit hat der Serumwert keinen Aussagewert für den Gesamtkörperbestand. Lediglich bei bestimmten Stoffwechselstörungen (z.B. Vitamin-D-Mangel, Hyperparathyreoidismus) ist das Serumkalzium zusammen mit anderen Laborwerten bedeutsam.

Bei **Kalium** und **Magnesium** liegt der überwiegende Anteil intrazellulär vor. Es besteht aus diesem Grund keine sehr enge Korrelation zwischen Serumwerten und Gesamtbestand. Bei Werten unterhalb oder im unteren Bereich der Norm ist jedoch ein Mangel möglich bis wahrscheinlich.

Bei **Phosphor** und **Schwefel** kommt ein Mangel praktisch nicht vor.

Entscheidender als die Laborwerte sind jedoch die klinische Symptomatik, die Begleitmedikation oder gleichzeitig vorliegende Erkrankungen. So können, obwohl kein laborchemischer Mangel vorliegt, bei Wadenkrämpfen (Magnesium, Kalzium), Digitalis- oder Diuretikagabe (Magnesium und Kalium) oder bei Herzrhythmusstörungen (Magnesium und Kalium) großzügig Mineralstoffe verabreicht werden.

Chlor (Cl)

Vorkommen

Chlor (Atomgewicht: 35,4) ist in elementarer Form ein stechend riechendes, desinfizierend und toxisch wirkendes Gas (Cl_2), dessen keimtötende Wirkung zur Desinfizierung von Wasser ausgenutzt wird. Aus Chlor werden zahlreiche Chlorverbindungen synthetisiert, die zu Lösungsmitteln, Insektiziden, PVC und zu Zwischenprodukten für Farben weiter verarbeitet werden. In der Natur kommt Chlor in Form von Salzen (Chloriden) vor, die teils in mächtigen Lagerstätten auftreten, teils in Wasser gelöst sind.

Eigenschaften

Im menschlichen Körper liegt Chlor in Form des ungiftigen Chlorids, als Bestandteil der Magensäure und der Gehirn-Rückenmarksflüssigkeit (Liquor cerebrospinalis) vor. Chlor und Natrium haben eine enge Verbindung, da sie als wichtigste extrazelluläre Mineralien für die Aufrechterhaltung des osmotischen Drucks wie auch für das Säure-Basen-Gleichgewicht zuständig sind. Darüber hinaus ist Chlor an der Aktivierung einiger Enzyme beteiligt.

Bedarf, Laborwerte

Empfohlene Zufuhr:	2–4 g
Therapeutische Zufuhr:	*
Serumspiegel in mmol/l:	97–107
in mg/dl:	344–380
Körperbestand:	80–100 g
Quotient, intra-/extrazellulär:	1:30

* Eine therapeutische Dosis existiert nicht, da Chlor nicht als Heilmittel eingesetzt wird.

Mangelsymptome

Selten kommt es zu einem ernährungsbedingten Chloridmangel. Langanhaltendes Erbrechen (Verlust von HCl) oder starkes Schwitzen (Verlust von NaCl) können Muskelschwäche sowie – bedingt durch den Mangel an Salzsäure im Magen – eine schlechte Verdauung hervorrufen.

Symptome bei Überdosierung

Eine andauernde zu hohe Zufuhr kann bei Menschen, die empfindlich auf Salz reagieren – etwa 30% der Bevölkerung gehören zu den sog. Salzsensitiven, bei Übergewichtigen ist der Anteil höher –, zu einer durch den Chloridanteil verursachten Blutdruckerhöhung führen.

Indikationen

Bei starkem Schwitzen kommt es neben Natrium- zu Chloridverlusten, die durch entsprechende Kochsalzgaben ausgeglichen werden sollten. Zusätzliches Kochsalz sollte jedoch nur bei sehr starkem und häufigem Schwitzen zugeführt werden (z.B. Marathontraining im Sommer mit einer Wochenleistung von über 100 km), da die Ernährung i.a. kochsalzreich ist und normale Salzverluste über den Schweiß ohne weiteres kompensiert werden.

Nahrungsmittel

Chlorid ist als Bestandteil des Kochsalzes in allen damit hergestellten Nahrungsmitteln wie Wurst- und Fleischwaren, Käse, Salzhering, Knabbereien (z.B. gesalzene Erdnüsse, Kartoffelchips) und Brot enthalten.

Handelspräparate

Handelspräparate werden nicht angegeben, da Chlor therapeutisch nicht eingesetzt wird.

Kalium (K)

Vorkommen

Reines Kalium (Atomgewicht 39,1) kommt in der Natur nicht vor, da es, wie viele Alkalimetalle, sehr reaktionsfreudig ist und mit Wasser und an der Luft sofort reagiert. Alle Pflanzen sind sehr kaliumreich; auch in der Landwirtschaft ist Kalium als Dünger von großer Bedeutung.
Der menschliche Organismus ist evolutionsbedingt auf eine pflanzlich betonte Nahrung, d.h. kaliumreiche und natriumarme Ernährung, eingestellt. Daher verfügt der Körper über gute Natriumspeicher, jedoch nur über geringe Kaliumsparmechanismen.

Eigenschaften

Kalium gehört mit Kalzium und Phosphor zu den mengenmäßig am häufigsten im Körper vorkommenden Mineralstoffen. Über 95% des im Körper befindlichen Kaliums liegen als frei bewegliche Kaliumionen (K^+) innerhalb der Zellen vor.
Die Kaliumkonzentration in den Zellen ist etwa 30- bis 40mal so groß wie außerhalb. Außerhalb der Zelle ist jedoch die Konzentration von Natrium sehr hoch. Diese ungleiche Konzentration des intrazellulären Kaliums und des extrazellulären Natriums sowie des intra- und extrazellulären Kaliums selbst sind die Grundlage für die **Aufrechterhaltung des osmotischen Drucks** in den Zellen wie auch für die **Erregbarkeit von Muskeln und Nerven.** Störungen im Kaliumhaushalt – sowohl ein Zuviel als auch Zuwenig – beeinträchtigen somit die Funktion aller Nerven- und Muskelzellen.
Da die Erregungsleitung im Herzen vorrangig kaliumabhängig ist, hat Kalium auch eine besondere Bedeutung für den **Herzmuskel.** Darüber hinaus ist Kalium (Abb. 5-2) wichtig für die Herstellung von körpereigenem Protein, für die Aktivität einiger Enzyme und steigert die Glykolyse (Abbau von Stärke), die Lipolyse (Abbau von Fett) sowie die Gewebsatmung. Auch für die Ausschüttung von Hormonen (Insulin, Kortison) sowie für die Säurefreisetzung im Magen ist es bedeutsam. Kalium reguliert den Wasserhaushalt und nimmt eine zentrale Stellung beim Aufbau energiereicher Phosphatverbindungen ein.

Bedarf, Laborwerte

Empfohlene Zufuhr:	2–4 g
Therapeutische Zufuhr:	1–8 g
Serumspiegel in mmol/l:	3,5–5,5
in mg/dl:	13,5–21,5
Körperbestand:	150 g
Quotient, intra-/extrazellulär:	40:1

Ursachen eines Kaliummangels

Ein Kaliummangel kann bei normaler Ernährung und ohne besondere Belastungen oder Erkrankungen nicht hervorgerufen werden. Bestimmte Ernährungsweisen, Medikamente und Krankheiten sowie spezifische Situationen können jedoch einen Kaliummangel verursachen:

- **Ernährungbedingter Kaliummangel:**
  - Aufgrund einseitiger und zu stark salzbetonter Ernährung, durch Alkoholismus oder extreme Schlankheitskuren sowie

Abb. 5-2 Kaliumjodid (Institut Kage, Lauterstein).

durch Anorexia nervosa (Magersucht) kann Kaliummangel hervorgerufen werden.
  - Auch der starke Genuß von Lakritze kann zu einem deutlichen Kaliummangel führen. Dabei müssen allerdings über längere Zeit größere Mengen verzehrt werden (z.B. täglich etwa 100 g über mehrere Wochen).
- **Stoffwechselerkrankungen, Krankheiten des Magen-Darm-Trakts:**
  - Diabetes mellitus
  - Cystinose (eine seltene Stoffwechselstörung)
  - Leberzirrhose
  - Fisteln im Magen-Darm-Trakt.
- **Hormonelle Störungen:** Einige hormonelle Störungen (z.B. primärer oder sekundärer Hyperaldosteronismus, Morbus Cushing, ektope ACTH-Produktion) führen zu verstärkten renalen Kaliumverlusten.
- **Nierenerkrankungen:** Bestimmte Nierenerkrankungen, die mit fortgeschrittener Nierenschwäche einhergehen, wie z.B. verschiedene Formen der interstitiellen Nephritis, die renal-tubuläre Azidose, das Fanconi-Syndrom sowie die Nephrokalzinose, verursachen hingegen erhöhte Kaliumwerte.
- **Erbkrankheiten:** Seltene Erbkrankheiten (z.B. familiäre Hypokaliämie) bewirken Kaliummangel.
- **Medikamente:**
  - Entwässerungsmittel, Kortison-Präparate sowie einige Asthmamittel, die Theopyhillin (gehört zu den Methylxanthinen) enthalten, führen bei längerem Gebrauch zu einem Kaliumverlust über die Niere. Bei sog. kaliumsparenden Entwässerungsmitteln ist diese Gefahr geringer.
  - Abführmittel entziehen dem Darm Kalium und beeinträchtigen die Motilität der Darmmuskulatur (Kalium wirkt auf die Muskelzellen). Die ständige Einnahme auch pflanzlicher und die Darmschleimhaut reizender Mittel (Aloe, Faulbaum, Senna) führt zu einem Kaliummangel, der Obstipation verursacht und somit eine höhere Dosierung des Abführmittels verlangt, die – im Sinne eines Teufelskreises – wiederum zur Verstopfung führt.

Mangelsymptome

Kaliummangel verursacht zunächst allgemeine Erschöpfung und Apathie und kann konsekutiv zu körperlicher, muskulärer Schwäche bis hin zu Lähmungen führen. Auch Appetitlosigkeit, Übelkeit und eine verminderte Glukosetoleranz (höherer Blutzucker bei Belastung mit zuckerhaltigen Nahrungsmitteln) sowie Obstipation können auftreten. Herzrhythmusstörungen (bis zum tödlichen Kammerflimmern) können auf einen Mangel an Kalium hinweisen.

Wie kann ein Kaliummangel festgestellt werden? Liegt ein erniedrigter Serumwert vor (Hypokaliämie), kann in der Regel von einem Kaliummangel ausgegangen werden. Bei einem Kaliumbelastungstest werden innerhalb von 2 Stunden 6 g Kalium oral zugeführt. Werden innerhalb von 24 Stunden im Sammelurin weniger als 5 g ausgeschieden, so spricht dies für einen Kaliummangel.

Indikationen

- **Starkes Schwitzen:** Häufiges, starkes Schwitzen durch Sport, Sauna, körperliche Arbeit (1 Liter Schweiß enthält etwa 200 mg Kalium) sowie starke muskuläre Belastung fördern den Ausstrom von Kalium aus den Muskelzellen ins Blut, um von dort über die Niere ausgeschieden zu werden. Kalium geht also nicht nur über den Schweiß, sondern auch über den Urin verloren.
- **Erbrechen, Diarrhö:** Starkes Erbrechen oder heftige Durchfälle gehen häufig mit größeren Kaliumverlusten einher.
- **Obstipation:** Durch die gleichzeitige Zufuhr von Kalium (und Magnesium) sowie

durch die reichliche Aufnahme von Ballaststoffen und Flüssigkeit kann bei Abführmitteldauergebrauch eine „Entwöhnung" erreicht werden.

- **Herz- und Kreislauferkrankungen:**
  - Herzschwäche mit Ödemen
  - Kalium ist der natürliche Gegenspieler von Natrium. Die Zufuhr von Kalium sollte doppelt so hoch wie die von Natrium sein; in der bundesdeutschen Ernährung ist es jedoch eher umgekehrt. Bei hierfür empfindlichen Menschen (sog. Salzsensitiven) kann dies zur Blutdruckerhöhung führen. Durch Kochsalzbeschränkung und reichliche Zufuhr von Kalium kann der Blutdruck (s. S. 117) günstig beeinflußt werden.
- **Medikamenteneinnahme:** Werden regelmäßig Medikamente eingenommen (s. S. 105), die die Kaliumausscheidung fördern, sollte vorbeugend oder zur Behandlung eines dadurch bedingten Mangels Kalium eingesetzt werden.

Kontraindikationen und Nebenwirkungen

Kalium sollte nicht bei Hyperkaliämie (zuviel Kalium im Blut) oder eingeschränkter Nierenfunktion eingenommen werden.

Die Einnahme von Kalium kann zu Übelkeit, Blähungen und Durchfällen führen. Die Gabe von retardierten Präparaten (verzögerte Wirkstofffreigabe) kann bei empfindlichen Menschen Magen-Darm-Schleimhautschäden und Blutungen verursachen.
Eine gefährliche Überdosierung kann praktisch nur bei (zu schneller) parenteraler Zufuhr bei fortgeschrittener Niereninsuffizienz vorkommen.

Hyperkaliämie kann zur Asystolie (Herzstillstand) führen.

Nahrungsmittel

Sojabohnen, Kidneybohnen, aber auch dicke Bohnen sowie Bananen und getrocknete Aprikosen enthalten viel Kalium. Kaliumreich sind auch Nüsse, Pilze, Hülsenfrüchte, Gemüse, Obst und alle Vollkornprodukte.

Handelspräparate

Kalium-Präparate*	Dosis/Einheit in mg	Preis/g in DM
Kalinor®-Brausetabl.	1560	0,61
Kalinor®-retard P Kps.	315	0,90
Kalitrans® Brausetabl.	985	0,61
Kalium-Duriles® Retardtabl.	394	0,72
KCl-retard Zyma®	315	0,90
Rekawan®-Granulat	528	0,61
Rekawan®-Kps.	315	0,61
Rekawan®-Filmtabl.	528	0,47
Kalziumzitrat (lose, Apotheke) 1 gehäufter TL =	ca. 2000	0,31 (bei 250 g)

* nach [14]

Kaliumpräparate sollten immer nach den Mahlzeiten mit reichlich Flüssigkeit eingenommen werden.

Kalzium (Ca)

Vorkommen

Kalzium (Atomgewicht: 40,1) kommt in der Natur nur in gebundener Form, in Carbonatmineralien (Calcit, Dolomit) und Sulfatmineralien (Gips), vor. Die Dolomiten, auch Kalkalpen genannt, bestehen aus Kalksteinen. Kalziumverbindungen (Abb. 5-3) werden als Düngemittel in der Landwirtschaft eingesetzt. In vorchristlicher Zeit wurde Kalzium im asiatischen Raum bereits als blutstillendes Mittel verwendet. Im Bauhandwerk findet Kalzium in Form von Mörtel und Gips Anwendung.

Eigenschaften

Im Körper befindet sich ca. 1 kg Kalzium, das zu 99% in den Knochen und Zähnen gebunden ist und diesen **Festigkeit** verleiht. Bei Mangelzuständen kann Kalzium aus den Knochen herausgelöst und an das Blut abgegeben werden. Das restliche, nicht im Knochen gebundende Kalzium liegt als freies Kalzium vor und stabilisiert zum einen die Zellmembranen; durch diese schützende Funktion kann Kalzium auch allergische Reaktionen lindern. Zum anderen ist das freie Kalzium notwendiger Bestandteil der **Blutgerinnung.** Im Muskel löst das ungebundene Kalzium die Muskelkontraktionen aus, im Nervengewebe ist es an der Impulsübertragung beteiligt und zudem wichtig für die **Weiterleitung** der **Nervenimpulse** an die **Muskelzellen.**

Abb. 5-3 Kalziumphosphat (Institut Kage, Lauterstein).

Die gleichbleibende Konzentration des physiologisch aktiven Kalziums wird im Rahmen des Kalziumstoffwechsels sowohl durch Vitamin D als auch durch die beiden in der Schilddrüse und Nebenschilddrüse produzierten Hormone, Parathormon und Calcitonin, gewährleistet. Während das Parathormon den Kalziumgehalt im Blut erhöht, indem sowohl Kalzium aus dem Knochen freigesetzt als auch die Ausscheidung über die Nieren gedrosselt wird, senkt Calcitonin den Blutkalziumgehalt. Calcitonin hemmt die Freisetzung des gebundenen Kalziums und fördert zugleich den Einbau des freien Kalzium in den Knochen. Neben den Schilddrüsenhormonen sind weitere Hormone (Östrogen, Testosteron sowie Wachstumshormone) am Kalziumstoffwechsel beteiligt.

Bedarf, Laborwerte

Empfohlene Zufuhr:	0,8–1 g*
Therapeutische Zufuhr:	bis 1,5 g
Serumspiegel in mmol/l:	2,1–2,8
in mg/dl:	8,4–11,2
Körperbestand*:	ca. 1000 g*
Quotient, intra-/extrazellulär:	1:2,5

* Schwangere und Stillende 1,2 g, Jugendliche 1–1,2 g

Mangelsymptome

Die unzureichende Zufuhr von Kalzium führt zunächst zu einer Übererregbarkeit der Muskeln in Form von Muskelkrämpfen, Zucken der Augenlider, Mundwinkel oder Nasenflügel. Auch Herzrhythmusstörungen können Zeichen eines Kalziummangels sein. Langfristig verursacht ein Kalziummangel Osteoporose. Rachitis, die klassische Kalziummangelkrankheit, beruht auf einem Mangel an Vitamin D (s. S. 163).

Symptome bei Überdosierung

Entgegen früherer Ansichten spielt Kalzium bei der Entstehung der Arteriosklerose keine Rolle. Die hier bestehende Kalkanlagerung ist vielmehr Endpunkt eines Krankheitsprozesses, der durch andere Risikofaktoren, die die Atherogenese fördern (z.B. Hypercholesterinämie, Hypertonie, oxidativer Streß), bedingt ist. Auch die Entstehung kalziumhaltiger Nierensteine (Kalziumoxalat) kann nicht als Folge einer überschüssigen Kalziumaufnahme gewertet werden. In wissenschaftlichen Studien wurde inzwischen belegt, daß bei kalziumreicher Nahrung aufgrund der Oxalsäurebindung im Darm durch Kalzium die Neigung zu Nierensteinen eher geringer ist.

Indikationen

- **Nervosität, Schlaflosigkeit:** Schlaflosigkeit, Konzentrationsmangel und Nervosität können durch Kalziummangel hervorgerufen und versuchsweise mit Kalzium behandelt werden.
- **Ernährungsbedingter Kalziummangel:**
  - Durch proteinreiche und phosphathaltige Ernährung (Schmelzkäse, alle Fleisch- und Wurstwaren, Fische, Hülsenfrüchte, Schwarztee, Cola-Getränke und Limonaden) wird die Kalziumaufnahme gehemmt.
  - Auch Nahrungsmittel, die Oxalat enthalten – Rhabarber, Spinat, rote Bete, Bohnen und aus Kakaopulver hergestellte Produkte wie Schokolade, Nuß-Nougat-Creme und Ovomaltine –, vermindern die Resorption von Kalzium und sollten gemieden werden.
  - Übermäßiges Fett und die in rohem Getreide enthaltenen Phytate hemmen ebenso die Kalziumaufnahme. Daher sollte Getreide etwa für einen Frischkornbrei mehrere Stunden in Wasser eingeweicht werden.
  - Die Kalziumaufnahme wird verbessert durch Vitamin D, Milchzucker und Säuren (z.B. Zitronensäure, Ascorbinsäure = Vitamin C).
- **Wachstumsphasen:** Bis zur Beendigung des Knochenwachstums ist auf die ausreichende Versorgung mit Kalzium zu achten.
- **Schwangerschaft:** Während der Schwangerschaft und Stillperiode ist der Kalziumbedarf erhöht, insbesondere wenn phosphathaltige Lebensmittel (z.B. Wurst und andere Fleischprodukte, Schmelzkäse, Limonaden, Cola-Getränke) in großem Umfang verzehrt werden.
- **Muskelkrämpfe:** Bei Muskelkrämpfen, wenn Magnesium nicht hilft, ist Kalzium das Mittel der zweiten Wahl.
- **Allergische und toxische Belastungen:**
  - Bestehen Allergien, kann Kalzium in hohen Dosen oral oder intravenös verabreicht werden. Kalzium stabilisiert die Mastzellen (Speicherzellen für Histamin) und behindert so die Freisetzung des für allergische Reaktionen wichtigen Histamins.
  - Kalzium wirkt antagonistisch zu Blei und Aluminium und kann bei Belastungen mit diesen Metallen therapeutisch eingesetzt werden.
- **Osteoporose:**
  - Die wichtigste Anwendung für Kalzium ist die Vorbeugung und Behandlung der Osteoporose. Der sog. Knochenschwund entsteht als Folge eines gestörten Kalziumstoffwechsels und betrifft überwiegend Frauen jenseits der Menopause. Die Verordnung von Kalzium bei bestehender Osteoporose ist nur bei bestehendem Mangel sinnvoll.
  - Darüber hinaus wird das mit der Nahrung zusätzlich zugeführte Kalzium (z.B. als Medikament oder durch reichliche Zufuhr von Milchprodukten) nur dann in den Knochen eingebaut, wenn die Knochenbildung durch **Bewegungsreize** und somit die Aktivierung der knochenbildenden Osteoblasten angeregt wird. Die Zufuhr von Kalzium bei bewegungsarmen Menschen ist also nicht nur sinn-

los, sondern kann den Organismus unnötig belasten. Erst die Kombination von Kalzium und Bewegungstherapie macht in der Vorbeugung und Behandlung der Osteoporose einen Sinn.

- **Rheumatische Erkrankungen:** Die Gabe von 1 g Kalzium zusammen mit 500 I.E. Vitamin D und mehreren Gramm Vitamin C – zur Verminderung des bei rheumatischen Erkrankungen häufigen Knochenabbaus um die entzündeten Gelenke – empfiehlt sich zur Behandlung rheumatischer Erkrankungen.

Nahrungsmittel

Milchprodukte, Nüsse, Gemüse, Vollkornprodukte, kalziumreiche Mineralwässer (über 200 mg/l) sind kalziumreiche Nahrungsmittel. In westlichen Gesellschaften wird das meiste Kalzium aus Milch und Milchprodukten aufgenommen. Auch eine milch- und milchproduktfreie Ernährung gewährleistet – entgegen konventionellen Empfehlungen – die ausreichende Versorgung mit Kalzium. So kommt es in anderen Teilen der Welt trotz geringen Milchkonsums zu eher weniger Osteoporosefällen. Verantwortlich hierfür sind eine geringere Fleischzufuhr bei hohem Gemüsekonsum und vor allem ausreichende Bewegung.
Im Vergleich zu Milchprodukten weisen Gemüse eine sehr viel höhere Nährstoffdichte auf, d.h., sie enthalten viel Kalzium bei geringer Energiezufuhr. Allerdings muß viel davon verzehrt werden, um auch große absolute Kalziummengen zuzuführen.

Kontraindikationen und Nebenwirkungen

Bei Hyperkalzämie (zuviel Kalzium im Blut) und bei eingeschränkter Nierenfunktion dürfen keine hohen Dosen Kalzium über längere Zeit ohne ärztliche Kontrolle eingenommen werden. Hohe Dosen können außerdem zu Verstopfung führen.

Handelspräparate

Kalzium-Präparate*	Dosis/Einheit in mg	Preis/g in DM
Calcium Dago®-Steiner Granulat	160 mg/3g (1/2 TL)	1,33
Calcium-Sandoz® forte Brausetabl.	500	1,07
Calcium-Sandoz® fortissimum Brausetabl.	1000	0,94
Kalzan® Tabl.	98	1,32
Löscalcon 500	500	1,05
Löscalcon 1000	1000	0,93
Ospur® Ca 1000 Brausegranulat	1000	0,83
Calciumcitrat (lose, Apotheke) 1 gehäufter TL =	ca. 735	0,75 (bei 250 g)

* nach [14]

Magnesium (Mg)

Vorkommen

Magnesium (Atomgewicht: 24,3) ist als Zentralatom des Chlorophylls ein wichtiger Bestandteil der Pflanzenwelt und hat über die Photosynthese und die Entstehung der jetzigen sauerstoffreichen Erdatmosphäre das tierische und menschliche Leben erst ermöglicht. Magnesium findet sich auch in zahlreichen Gesteinen (z.B. Dolomit, Magnesit, Kieserit) sowie im Meerwasser. Talk, Magnesia alba, Asbest und Bittersalz sind magnesiumhaltig und werden seit langem technisch bzw. medizinisch angewendet.

Eigenschaften

Ähnlich wie Kalium findet sich auch Magnesium vorwiegend innerhalb der Zellen der Organe und ist nur zu etwa 1% im Serum des

Blutes enthalten. Mehr als die Hälfte, 50–70% des im Körper vorkommenden Magnesiums (25 g), ist im Knochen gebunden. Nach Bedarf kann dieses freigesetzt werden. Das restliche Magnesium befindet sich in der Muskulatur, in der Leber, den Nieren, im Gehirn und im Blut.

Magnesium ist neben Kalzium der wichtigste Mineralstoff für den menschlichen Organismus; beide Mineralien haben ein ähnliches Wirkspektrum. So hat Magnesium auch einen großen Einfluß auf die **Erregbarkeit von Nerven und Muskeln.** Unter Magnesiummangel kann es aus diesem Grund leicht zu Muskelkrämpfen und Herzrhythmusstörungen kommen. An den Muskelzellen wirkt Magnesium hingegen als „natürlicher Kalziumantagonist". Therapeutisch werden Kalziumantagonisten (z.B. Adalat®, Dilzem®, Isoptin®) zur Behandlung erhöhter Blutdruckwerte eingesetzt.

Abb. 5-4 Magnesiumsulfat (Institut Kage, Lauterstein).

Magnesium hat auch eine große Bedeutung für die **Knochenfestigkeit.** Bei Magnesiummangel kann das im Knochen gespeicherte Magnesium mobilisiert werden, um einen starken und für den Organismus bedenklichen Abfall des Serumgehalts zu verhindern. Dies wirkt sich allerdings negativ auf die Knochenfestigkeit aus.

Magnesium (Abb. 5-4) ist ferner am **Aufbau von Proteinen** beteiligt und gewährleistet die Funktion von ca. 300 Enzymen. Es ist wichtig für die Energiegewinnung, erhält den physiologischen Ruhestoffwechsel aufrecht und ist an vielen Stoffwechselfunktionen beteiligt. Da die Biosynthese von DNA und RNA magnesiumabhängig ist, spielt Magnesium auch bei der Bildung der Erbsubstanz eine wichtige Rolle.

Bedarf, Laborwerte

Empfohlene Zufuhr:	280–350 mg*
Therapeutische Zufuhr:	300–900 mg**
Serumspiegel in mmol/l:	0,7–1,1
in mg/dl:	1,7–2,6
Körperbestand:	25 g
Quotient, intra-/extrazellulär:	13:1

* Dies ist lediglich der Bedarf für den erwachsenen „Normalbürger". Der „künstlich" erhöhte Bedarf etwa von Menschen, die Entwässerungsmedikamente einnehmen, ist hierbei nicht berücksichtigt. Auch durch „natürliche" Faktoren wie Schwangerschaft, Stillzeit oder intensive sportliche Betätigung kann der Bedarf deutlich über den oben angegebenen Werten liegen. In letzter Zeit wird diskutiert, ob die offiziellen Ernährungsempfehlungen nicht zu niedrig angesetzt sind und von einem höheren Bedarf an Magnesium ausgegangen werden muß. Einige Autoren schätzen, daß bei bis zu 50% der Bevölkerung ein Magnesiummangel vorliegt.

** Bei einem nachgewiesenen Mangel sollte die Dosis 300–600(–900) mg betragen. Um die abführende Wirkung von Magnesium auszunutzen, sind 300–900 mg erforderlich. Die Spannweite der empfohlenen Dosis ist groß, weil individuelle Unterschiede existieren; es gibt Menschen, die bereits bei Einnahme eines einzigen Beutels mit

300 mg Magnesium Durchfall bekommen, während andere mehrere Tage hintereinander 900 mg täglich benötigen, damit ein täglicher, halbwegs normal fester Stuhl in Gang kommt.

Wie kann ein Magnesiummangel festgestellt werden? Die einfachste Methode ist die Bestimmung des Magnesiumgehaltes im Serum. Da jedoch – wie oben aufgezeigt – Magnesium in den Zellen und in den Knochen konzentriert ist, vermag der **Serumgehalt** über einen möglichen Magnesiummangel nur bedingt Auskunft geben. So ist es durchaus denkbar, daß vorübergehend durch plötzliche starke Verluste (z.B. durch Alkoholexzeß oder unmittelbar nach einer Durchfallerkrankung) der Gehalt im Serum deutlich unterhalb der Norm liegt, während die Magnesiumreserven in den Zellen noch nicht wesentlich betroffen sind. Zudem kann der Körper einen durch Fehlernährung oder Abführmittelmißbrauch hervorgerufenen chronischen Verlust kompensieren, indem der Serumgehalt gerade noch im Normbereich oder nur geringfügig darunter gehalten wird.

Hypomagnesiämie – erniedrigtes Magnesium im Blut – ist nicht unbedingt identisch mit einem Magnesiummangel. Ebensowenig gibt ein normaler Wert die Sicherheit, daß kein Mangel besteht.

Wiederholt niedrige Werte sprechen allerdings für einen Magnesiummangel, insbesondere dann, wenn auch entsprechende Symptome bestehen (s. S. 113).
Etwas genauer, jedoch aufwendiger als die ausschließliche Serumbestimmung ist die gleichzeitige Bestimmung von **Serum- und Vollblutgehalt.** Daraus kann der Gehalt in den roten Blutkörperchen berechnet werden. Dieser Wert spiegelt in etwa den Gehalt des Magnesiums in den anderen Körperzellen wider. Fehler sind hierbei allerdings auch möglich.
Die genaueste und mit Abstand aufwendigste Methode, die aus diesen Gründen nicht routinemäßig angewendet wird, ist der **Magnesiumbelastungstest.** Dabei wird eine Infusionslösung mit 30 mmol (730 mg) Magnesium langsam intravenös verabreicht. Erscheinen innerhalb der nächsten 24 Stunden mehr als 60% dieser Magnesiummenge im Urin (es muß nach der Infusion 24 Stunden lang Urin gesammelt werden), so kann ein Mangel ausgeschlossen werden. Bei einer Ausscheidung von weniger als 50% ist ein Magnesiummangel anzunehmen.
Urinbestimmungen auf Magnesium sind dann sinnvoll, wenn erhöhte Verluste über die Niere angenommen werden. Liegen bei einem erniedrigten Serummagnesium erhöhte Werte im Urin vor, darf ein solcher Verlust angenommen werden (z.B. bei Zuckerkrankheit, Nierenkrankheiten oder durch Entwässerungsmittel).

Ursachen eines Magnesiummangels. Die zu geringe Zufuhr an Magnesium mit der Nahrung ist eine der Voraussetzungen für die Entstehung eines Magnesiummangels. Auch die Einnahme bestimmter Medikamente sowie durch spezifische Krankheiten bedingte Verwertungsstörungen können einen Mangel an Magnesium hervorrufen. Streß sowie mit vermehrtem Schwitzen einhergehende Betätigungen (Sport, körperliche Arbeit) sind weitere Faktoren, die zu Magnesiummangel führen können. In erster Linie wird der Mangel an Magnesium durch eine zu geringe Zufuhr dieser Substanz verursacht.

- **Ernährungsbedingter Magnesiummangel:**
  - Zu stark raffinierte und **denaturierte Lebensmittel** (Weißmehl- und zuckerhaltige Produkte), viel Fleisch, Wurst, zuwenig Gemüse, Rohkost und Früchte können zu einem Magnesiummangel führen, da Zucker sowie Fette zu einer verminderten Aufnahme von Magnesium im Darm führen.
  - Da die hohe Zufuhr von **Natrium** die renale Ausscheidung von Magnesium fördert, begünstigt die Durchschnittskost, die tendenziell auch zu salzig ist, Magnesiummangel.

- **Kalziumreiche Nahrung** soll neueren Erkenntnissen zufolge die Aufnahme von Magnesium behindern, da im Darm nur ein Transportmechanismus für beide Mineralien existiert. Demzufolge verursacht eine großzügige Zufuhr von Milch, Milchprodukten oder Kalziumpräparaten, wie dies zur Vorbeugung und Behandlung der Osteoporose empfohlen wird, möglicherweise einen Magnesiummangel. Dieser trägt wiederum zu einer verminderten Knochenfestigkeit bei.

- **Genußmittel:**
  - Zu starker **Alkoholkonsum** führt sowohl zu verstärkten Magnesiumverlusten über die Niere als auch zur Hemmung der Magnesiumaufnahme aus dem Magen-Darm-Trakt. Nach Genuß einer Flasche Wein ist der Magnesiumstoffwechsel für mehrere Tage durcheinander. Chronische Alkoholzufuhr ist fast immer von einem Magnesiummangel begleitet, da neben den erhöhten Verlusten über die Niere meist gleichzeitig keine ausreichende Versorgung über die Nahrung gewährleistet ist.
  - Auch für **Koffein,** wenn dieser in reichlichen Mengen getrunken wird, werden Magnesiumverluste über die Niere diskutiert.
- **Flüssigkeitsverluste:** die durch Durchfall oder Erbrechen bedingt sind.
- **Medikamente:**
  - **Kortisonhaltige Medikamente** und deren Derivate sowie **Diuretika** (Entwässerungsmittel) fördern die Ausscheidung von Magnesium. Bei sog. kaliumsparenden Entwässerungsmitteln wird nicht nur Kalium, sondern auch Magnesium eingespart und die Gefahr eines Mangels ist geringer.
  - Auch **Digitalispräparate** fördern die renale Magnesiumausscheidung. Liegt ein Magnesiummangel vor, ist die Empfindlichkeit auf Digitalis erhöht, die wiederum möglicherweise Digitalisvergiftungen hervorrufen kann.
  - Auch bestimmte **Asthmamittel,** die Methylxanthine, d.h. Theophyillin, enthalten, können Magnesiumverluste verursachen.
  - Weitere Medikamente, die durch unterschiedliche Wirkmechanismen zu Störungen des Magnesiumhaushalts im Sinne eines Verlustes führen können, sind einige **Antibiotika** (Gentamicin, Amphotericin B, Carbenicillin, Ticerallin), **Zytostatika** (Mittel zur Krebsbekämpfung, in erster Linie Cisplatin), **Hormonpräparate** (Insulin, Schilddrüsenhormone, Wachstumshormone, Parathormon, Aldosteron) sowie **D-Penicillamin** (ein Rheumamittel) und **Ciclosporin,** ein Mittel, das bei Organtransplantationen zur Vermeidung von Abstoßungsreaktionen eingesetzt wird.
  - Eine ganz besondere Bedeutung bei der Entwicklung eines Magnesiummangels haben **Abführmittel.** Prinzipiell kann jedes Abführmittel, selbst Leinsamen, wenn es in hoher Dosis über längere Zeit eingenommen wird, zu Magnesiumverlusten über den Darm führen (s. S. 105).
- **Darmerkrankungen:**
  - Da Magnesium im Dünndarm resorbiert wird, können entzündliche Darmerkrankungen (Morbus Crohn) sowie angeborene oder erworbene Darmschäden (z.B. Teilentfernung des Dünndarms, Darmfisteln) einen Magnesiummangel verursachen.
  - Auch akute und chronische, infolge der schlechten Fettausnutzung im Darm mit Fettstühlen (Steatorrhö) einhergehende Bauchspeicheldrüsenerkrankungen können zu Magnesiummangel führen.
- **Erhöhte Hormonwerte:** Erhöhte Hormonwerte führen ebenfalls zu Magnesiumverlusten über die Nieren:
  - erhöhte Werte der Schilddrüsenhormone bei Hyperthyreose
  - erhöhte Werte für die Katecholamine, die sog. Streßhormone; dies ist besonders fatal, da Magnesium, das „Anti-

Streß-Mineral“, die Übererregbarkeit dämpfen hilft
- erhöhte körpereigene Kortisonproduktion, die bei bestimmten Stoffwechselerkrankungen vorliegt
- Hyperkalzämie.

Mangelsymptome

Aufgrund einer Untersuchung, an der mehr als 2000 Personen teilgenommen haben, konnte bei bis zu ca. 50% der Bevölkerung ein Magnesiummangel (Abb. 5-5) festgestellt werden. Dabei können viele, meist sehr unspezifische Symptome auf Magnesiummangel hinweisen. So kommt es zu körperlicher und psychischer Erschöpfung, zu Übererregbarkeit, Unruhe, Schlaflosigkeit, Konzentrationsschwäche, Angstgefühlen und auch zu Depressionen. Auf der körperlichen Ebene können Muskelzittern, Muskelschwäche, und Muskelkrämpfe (auch Darmspasmen) auftreten. Beklemmungen in der Herzgegend sowie Extrasystolen werden durch einen Mangel an Magnesium begünstigt. Auch die erhöhte Brüchigkeit der Fingernägel, vermehrter Haarausfall sowie eine größere Kariesanfälligkeit wurden bei Magnesiummangel beschrieben.

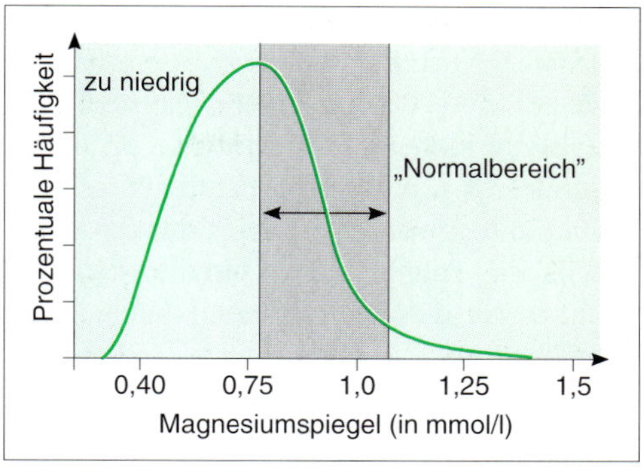

Abb. 5-5 Magnesiumverteilung der Magnesiumwerte bei 1033 Personen.

Symptome bei Überdosierung

Nur bei sehr hohen Magnesiumgaben kann die Erregbarkeit von Muskeln und Nerven stark herabgesetzt werden. Starke Müdigkeit und AV-Blockierungen sind weitere Symptome. Das wichtigste Zeichen einer oralen Überdosierung ist das Auftreten **dünner Stühle.**

Indikationen

- **Herz- und Kreislauferkrankungen:**
  - Bei **Herzrhythmusstörungen** wie ventrikulären Extrasystolen (Extraschläge), Tachykardien (sehr schnelles Herzschlagen), absoluten Arrhythmien (völlig unregelmäßiges Herzschlagen) wirkt Magnesium – vor allem, wenn ein Mangel vorliegt, aber nicht nur dann – stabilisierend. Nicht jede Rhythmusstörung wird allerdings durch Magnesium verbessert (höhergradige AV-Blockierungen werden sogar verschlechtert). Es sollte individuell mit Langzeit-EKG-Kontrollen ausgetestet werden.
  - Bei **Spasmen** der Herzkranzgefäße ist Magnesium, neben Kalziumantagonisten, das Mittel der Wahl, um Krämpfe mit nachfolgenden Angina-pectoris-Anfällen zu verhindern.
  - Die rechtzeitige Gabe von Magnesium (intravenös) kann die Sterblichkeit beim **Herzinfarkt** deutlich reduzieren.
  - Auch **koronaren Herzkrankheiten** scheint Magnesium vorzubeugen.
  - An Magnesiummangel sollte gedacht werden, wenn die Herzkatheteruntersuchung ohne Befund bleibt und keine Verengung der Herzkranzgefäße als Ursache für pektanginöse Beschwerden nachgewiesen werden kann.
- **Hypertonie:** Bei Behandlung des Bluthochdrucks wirkt Magnesium milde blutdrucksenkend.
- **Vegetative Dystonie:** Bei vegetativer Dystonie wirkt Magnesium beruhigend und ausgleichend.
- **Obstipation:** Die Behandlung einer Obstipation sollte mit einer Dosis von etwa

300 mg Magnesium begonnen werden. Tritt keine Verbesserung ein, kann die Dosis auf 600–900 mg gesteigert werden. Magnesium sollte nicht in Form von Tabletten, sondern als in Wasser gelöstes Pulver eingenommen werden. Magnesium regt einerseits die Tätigkeit der Darmmuskelzellen an, wenn diese durch einen Magnesiummangel beeinträchtigt sind, andererseits wirkt es abführend, da in der Regel nicht das ganze Magnesium im Darm aufgenommen wird.

- **Diabetes:** Bei schlecht eingestelltem Diabetes geht durch die erhöhte renale Zucker- und Wasserausscheidung auch vermehrt Magnesium verloren; je mehr Zucker im Urin erscheint, desto größer sind auch die Magnesiumverluste.
- **Stoffwechselerkrankungen:** Bei schwerem Magnesiummangel sind Verschlechterungen des Fettstoffwechsels beschrieben; so wird das „schlechte" LDL-Cholesterin erhöht, während das „gute" HDL-Cholesterin reduziert wird.
- **Thromboseprophylaxe:** Die Neigung zur Gerinnselbildung (Thrombosen, Embolien) ist bei Magnesiummangel verstärkt.
- **Hyperkalzämie**
- **Leberzirrhose:** besonders im Endstadium
- **Schwangerschaft, Säuglinge:**
  - Während der Schwangerschaft kann Magnesium vorbeugend gegen Frühgeburt und Eklampsie eingesetzt werden. Besonders im letzten Schwangerschaftsdrittel ist der Magnesiumbedarf stark erhöht. Während der Geburt, bei zu starker Wehentätigkeit, empfiehlt sich die Gabe von Magnesium.
  - Um die Magnesiumversorgung des Kindes sicherzustellen, sollte der Magnesiumbedarf der stillenden Mutter ausreichend gedeckt sein. Bei Kindern, die mit der Flasche ernährt werden, kann – nach Rücksprache mit dem Arzt – die Flaschennahrung mit kleinen Mengen von Magnesium ergänzt werden.
  - Magnesium kann zur Behandlung von Krämpfen bei Neugeborenen und Säuglingen eingesetzt werden.
- **Nierensteine:** Die Bildung von Nierensteinen, vor allem von Kalziumoxalatsteinen, kann mit Magnesium vorbeugend therapiert werden.
- **Menstruationsstörungen:** Bei Dysmenorrhö (schmerzhafte Regelblutung mit Krämpfen) sollte Magnesium zur Linderung der Krämpfe – am besten schon einige Tage vor Beginn der Regel – in hoher Dosis (300–600 mg, je nach Verträglichkeit) eingenommen werden.
- **Allergien:** Die leicht allergisierende Wirkung von Magnesium kann darauf zurückgeführt werden, daß Magnesium die Zellmembranen stabilisiert. Allergien können unterstützend mit Magnesium behandelt werden.
- **Streß, Ausdauersport, Fasten:**
  - Sportler, insbesondere Ausdauersportler, haben einen erhöhten Bedarf an Magnesium, das großzügig ergänzt werden sollte. Auch körperliche Arbeit kann durch vermehrtes Schwitzen zu einem Mangel führen. Ebenso kann Streß über die freigesetzten Katecholamine einen Magnesiummangel begünstigen.
  - Während des Fastens, bei intravenöser Ernährung oder während des Hungerns kann, wird nicht darauf geachtet, die Magnesiumbilanz ebenfalls negativ (täglicher Verlust von ca. 125 mg) werden.
- **Muskelkrämpfe:** Die meisten Muskelkrämpfe reagieren sehr gut auf Magnesiumgaben; hier ist Magnesium das Mittel der Wahl.

Kontraindikationen und Nebenwirkungen

Magnesium darf nicht – oder nur nach ärztlicher Rücksprache – bei eingeschränkter Nierenfunktion angewendet werden.

Bei intakter Nierenfunktion wird durch eine orale Magnesiumzufuhr keine Hypermagnesiämie hervorgerufen, da überschüssiges Magnesium über die Niere ausgeschieden wird. Hohe Dosen können zu dünnen Stühlen führen. Die Dosis sollte dann reduziert oder über den Tag verteilt werden. Starke Müdigkeit kann – besonders bei parenteraler Zufuhr – ein Zeichen einer Überdosierung sein. Bei AV-Blockierungen darf keine parenterale Magnesiumgabe erfolgen.

Nahrungsmittel

Magnesium ist enthalten in grünem Gemüse (Chlorophyll), in Vollkornprodukten, Nüssen, Hülsenfrüchten, und hier vor allem in Sojabohnen, in Kakao sowie in magnesiumreichen Mineralwässern (ca. 100 mg/l und mehr).

Handelspräparate

Magnesium-Präparate*	Dosis/ Einheit in mg	Preis/100 g in DM
Biomagnesin® Lutschtabl.	43	0,29
magnerot N Tabl.	49	0,22
Magnesium-Diasporal® N Lutschtabl.	99	0,25
Magnesium-Diasporal® N 300 Granulat	296	0,20
Magnesium-Optopan Kps.	151	0,18
Magnesium-ratiopharm® Kautabl.	122	0,22
Magnetrans® forte Kps.	151	0,22
Mg 5 – Longoral® Kautabl.	122	0,23
Magnesiumcitrat (lose, Apotheke) 1 gehäufter TL =	ca. 450	0,08 (bei 250 g)

* nach [14]

Magnesiumpräparate sollten nicht zusammen mit Kalziumpräparaten oder mit Milch eingenommen werden, da Magnesium und Kalzium sich möglicherweise gegenseitig in der Aufnahme aus dem Darm behindern.

Ist die Zufuhr von Kalzium und Magnesium sinnvoll, wie z.B. bei Muskelkrämpfen oder bei Knochenschwund, sollten keine Kombinationspräparate, sondern zwei Einzelpräparate im Abstand von mehreren Stunden eingenommen werden.

Viele Handelspräparate enthalten relativ wenig Magnesium.

Eine effektive Therapie beginnt ab einer Dosis von mindestens 120 mg täglich. Es sollten entweder hoch dosierte Präparate oder bei niedrig dosierten Präparaten mehrere Dosen am Tag eingenommen werden. In vielen Präparaten ist die Menge der Magnesiumverbindung, jedoch nicht die Menge des enthaltenen Magnesiums angegeben. In der folgenden Tabelle ist der Anteil des Magnesiums an der Verbindung in Prozent angegeben, so daß der reine Magnesiumgehalt leicht berechnet werden kann. Beispiel: 1830 mg Mg-Citrat enthalten 16,4%, d.h. 300 mg Magnesium.
Die möglicherweise unterschiedliche Resorption ist hier nicht berücksichtigt. Allgemein ist anerkannt, daß organische Magnesiumsalze (z.B. Citrat, Aspartat, Orotat) besser aufgenommen werden als anorganische Verbindungen (z.B. Oxid, Carbonat). Es existiert bisher jedoch kein Modell zur Messung der Magnesiumresorption, das diese Vermutung verifizieren könnte.

Magnesiumverbindung	Magnesiumgehalt in%
Mg-Adipat	14,4
Mg-Carbonat	28,8
Mg-Citrat	16,4
Mg-Hydrogenaspartat	6,8
Mg-Orotat	6,6
Mg-Oxid	60,0

Natrium (Na)

Vorkommen

In reiner Form kommt Natrium (Atomgewicht: 23) in der Natur nicht vor, da es wie alle Alkalimetalle an der Luft oder mit Wasser sofort reagiert. Natrium ist ein metallisches Element, das in Verbindung mit Chlorid als Kochsalz und in anderen Verbindungen als Soda, Natronlauge oder Glaubersalz in Haushalt und Industrie eine wichtige Rolle spielt.
Da Nahrungsmittel normalerweise sehr natriumarm sind, war Kochsalz als lebenswichtiges und begehrtes Gewürz in der Antike und im Mittelalter sehr wertvoll. Außerdem wurde die lebensmittelkonservierende Eigenschaft von Kochsalz geschätzt. Erst durch den industriellen Abbau von Salz aus Salzbergwerken wurde es für jedermann in großen Mengen erschwinglich.
In der Industrie werden Natriumverbindungen als Düngemittel, zur Wasserenthärtung, in der Photographie sowie in der Glasindustrie eingesetzt.

Eigenschaften

Natrium liegt im menschlichen Körper vor allem extrazellulär, in Körperflüssigkeiten, vor und ist neben Chlor das mengenmäßig häufigste Mineral im Blut. Die Natriumkonzentration in der extrazellulären Flüssigkeit beträgt etwa 142 mmol/l, in der intrazellulären hingegen nur 20 mmol/l. Zusammen mit dem Chloridion erhält Natrium den **osmotischen Druck** außerhalb der Zellen aufrecht; Kalium als Gegenspieler reguliert den osmotischen Druck im Intrazellulärraum. Infolge des Konzentrationsunterschiedes des Intra- und Extrazellulärraumes wird auch die **Erregbarkeit von Nerven und Muskeln** gewährleistet.
Darüber hinaus reguliert Natrium den **Säure-Basen-Haushalt** und steuert die Aufnahme von Zucker- und Proteinbausteinen und hat – als wichtigste physiologische Eigenschaft – die Fähigkeit, Wasser zu binden.

Bedarf, Laborwerte

Empfohlene Zufuhr:	2–3 g*
Therapeutische Zufuhr:	**
Serumspiegel in mmol/l:	132–155
in mg/dl:	300–350
Körperbestand:	100 g
Quotient, intra-/extrazellulär:	1:14

* Mindestzufuhr 0,5–1 g, 1 g Kochsalz enthält ca. 0,4 g Natrium, mit ca. 2 g Kochsalz wird also der Bedarf an Natrium bereits gedeckt. Eine kochsalzarme Diät enthält ca. 5 g, die bundesdeutsche Durchschnittsernährung weit über 10 g Kochsalz. Der Bedarf wird also mit der Ernährung üblicherweise mehr als gedeckt.

** Es existiert keine therapeutische Dosis für Natrium, da Natrium nicht als Heilmittel angewandt wird. Lediglich bei großen Schweiß- und damit auch Natriumverlusten (z.B. bei großen Ausdauerbelastungen) können zusätzliche Salzgaben sinnvoll sein.

Mangelsymptome

Natriummangel kann durch Flüssigkeitsverluste (Erbrechen, Diarrhö), durch exzessives Wassertrinken oder durch hoch dosierte Entwässerungsmittel (Diuretika) hervorgerufen werden. Ferner können Magenfisteln, polyurische Phasen eines Nierenversagens sowie seltene Stoffwechselstörungen (z.B. Morbus Addison, ketoazidotisches diabetisches Koma) zu einem Mangel führen.
Durst, Übelkeit, Teilnahmslosigkeit, Muskel-

schwäche und Hypotonie sowie als weitere Folge Muskelkrämpfe und Bewußtseinsstörungen sind die auftretenden Mangelsymptome.

Symptome bei Überdosierung

Reichliche Salzzufuhr, bei zu geringer Flüssigkeitszufuhr, die Einnahme großer Mengen natriumhaltiger Medikamente (z.B. Natriumbicarbonat) sowie seltene Stoffwechselstörungen (z.B. Diabetes insipidus, Morbus Cushing, primärer Hyperaldosteronismus, hyperosmolares diabetisches Koma) können mit Natriumerhöhungen einhergehen.
Da Natrium überwiegend extrazellulär vorliegt, wird durch die Eigenschaft, Wasser zu binden, das Volumen der Extrazellulärflüssigkeit erhöht. Dies kann zur Bildung von Ödemen sowie zur Belastung von Herz, Kreislauf und Nieren führen.

Indikationen

- **Starkes Schwitzen, Flüssigkeitsverluste:** Extreme Ausdauerbelastungen sowie durch Erbrechen und Diarrhö hervorgerufene Flüssigkeitsverluste können einen Mangel an Natríum hervorrufen, der durch entsprechendes Salzen der Nahrung ersetzt werden sollte.
- **Natrium und Hypertonie:** Hinsichtlich der Entstehung des Bluthochdrucks wird Natrium in Verbindung mit Chlor, d.h. also als Kochsalz, nicht jedoch in anderen Verbindungen eine fördernde Wirkung zugesprochen. Nicht alle Bluthochdruckkranken sind allerdings „salzsensitiv", sondern nur ca. jeder dritte ist kochsalzsensibel und reagiert auf die verstärkte Kochsalzzufuhr mit einer Blutdrucksteigerung. Dieser Anteil ist bei Übergewichtigen noch weit höher. Bei Gewichtsreduktion kann die Kochsalzsensibilität abnehmen.
  Bei den Kochsalzsensiblen bzw. bei jedem Bluthochdruckkranken ist der Ersatz von Kochsalz durch Kräuter, Gewürze oder Salzersatz sinnvoll. Die früher und teilweise auch heute noch ausgesprochene Empfehlung, natriumreiche Mineralwässer bei Bluthochdruck zu meiden, hält einer wissenschaftlichen Überprüfung nicht stand. Es konnte bisher in keiner wissenschaftlichen Untersuchung eine Blutdruckerhöhung durch natriumreiche Mineralwässer nachgewiesen werden. Im Gegenteil, es kam bei solchen Mineralwasserkuren sogar zu Blutdrucksenkungen im Vergleich zu Kontrollgruppen, die Leitungswasser zu sich genommen hatten.

Nahrungsmittel

Natrium ist Bestandteil des Kochsalz und in allen damit hergestellten Nahrungsmitteln wie Wurst- und Fleischwaren, Käse, Salzhering, Knabbereien (z.B. gesalzene Erdnüsse, Kartoffelchips), Brot enthalten. Für eine natriumarme Kost sind geeignet: alle Gemüse- und Obstsorten, Pilze, Getreide und daraus hergestellte Produkte – wenn dabei nicht gesalzen wird –, Teigwaren, Hülsenfrüchte, Samen und Nüsse, Butter (ungesalzen), pflanzliche Öle und Fette.
Flaschennahrung für Säuglinge sollte relativ natriumarm sein und nicht mit natriumreichem Mineralwasser zubereitet werden, da die Nieren der Säuglinge noch nicht in der Lage sind, große Natriummengen auszuscheiden.

Handelspräparate

Handelspräparate werden nicht angegeben, da Natrium therapeutisch nicht eingesetzt wird.

Phosphor (P)

Vorkommen

Phosphor (Atomgewicht 31) kommt in der Natur hauptsächlich gebunden in Form von

Phosphaten, den Salzen der Phosphorsäure, vor. Verwendet wird Phosphor zur Herstellung von Zündhölzern und von Sprengstoffen. Viele Düngemittel (z.B. Guano) sind phosphorhaltig. Die meisten Insektizide bestehen aus phosphororganischen Stoffen. Phosphate sind bzw. waren wichtige Bestandteile von Waschmitteln.

Eigenschaften

Nach Kalzium (1000 g) ist Phosphor (700 g) mengenmäßig das Mineral mit dem zweithöchsten Anteil im Körper. Es liegt fast ausschließlich in Form von Phosphat vor. Mehr als 85% des Phosphats befinden sich als anorganische Verbindungen in Knochen und Zähnen, während nur ca. 10–15% als organische Phosphatverbindungen im Gewebe und Blut vorkommen.

Phosphorverbindungen sind vor allem für die Energieproduktion und -übertragung aus den Nährstoffen zuständig. Energiereiches ATP (Adenotriphosphat) – in diesem Molekül ist Phosphor enthalten – ist die wichtigste **Energiequelle** für alle Vorgänge des **Zellstoffwechsels.** Somit ist Phosphor an allen energieverbrauchenden Vorgängen beteiligt; sei es die Energie wird in Arbeit (Muskeltätigkeit, Sinneswahrnehmung) oder Wärme (Körperwärme) umgesetzt.

In den **Phospholipiden** (fettähnliche Stoffe mit einer Phosphorgruppe, z.B. Lezithin) ist Phosphor ein wichtiger Bestandteil der Zellmembranen und vor allem in den Gehirn- und Nervenzellen enthalten. Im Blut sind Phosphorverbindungen auch an der Regulierung des Säure-Basen-Haushaltes mitbeteiligt.

Zwischen dem Kalzium- und dem Phosphatstoffwechsel besteht eine enge Beziehung, da das Parathormon aus der Nebenschilddrüse sowohl für die Einlagerung und Mobilisierung von Kalzium im Skelett als auch für die Phosphatausscheidung über die Niere zuständig ist.

Ein hoher Konsum von Phosphor führt über die vermehrte Sekretion von Parathormon zur verstärken Mobilisierung von Kalzium aus den Knochen.

Bei bestehender Osteoporose oder deren vorbeugender Behandlung sollten aus diesem Grund phosphathaltige Nahrungsmittel nur in geringem Umfang verzehrt werden.

Bedarf, Laborwerte

Empfohlene Zufuhr:	0,8–1 g
Therapeutische Zufuhr:	**
Serumspiegel in mmol/l	0,8–1,45
in mg/dl:	2,5–4,5
Körperbestand:	700 g
Quotient, intra-/extrazellulär:	50:1

* Wichtiger als die absolute Zufuhr scheint das Verhältnis zur Kalziumzufuhr zu sein, wobei eine Relation Kalzium/Phosphor von etwa 1:1 angestrebt werden sollte. In der durchschnittlichen Ernährung ist jedoch Phosphor wesentlich stärker als Kalzium vertreten.

** Der Bedarf wird mit der Ernährung üblicherweise mehr als gedeckt. Es existiert keine therapeutische Dosis, da Phosphor nicht als Heilmittel angewandt wird.

Mangelsymptome

Aufgrund des Phosphatreichtums zahlreicher Lebensmittel kommt es selten zu Mangelerscheinungen. Allerdings können sich Mangelsymptome bei Alkoholismus, Malabsorption, Tumorerkrankungen sowie unter ausschließlicher parenteraler Ernährung einstellen. Ein Abfall der Serumphosphatkonzentration kann zu folgenden klinischen Symptomen führen:

- Osteomalazie
- periphere Neuropathie
- metabolische Azidose
- Störungen der Erythrozyten- und Leukozytenfunktion.

Symptome bei Überdosierung

Ein Zusammenhang zwischen hoher Phosphoraufnahme und hyperkinetischem Syndrom wird diskutiert, ist jedoch sehr umstritten. Ein über einige Wochen bis Monate durchgeführter Ernährungsversuch mit phosphatarmer Ernährung kann jedoch nicht schaden. Bei Besserung des subjektiven Befindens sollte eine solche phosphatarme Diät über längere Zeit eingehalten werden. Kritiker einer phosphatarmen Diät führen Besserungen unter einer solchen Kost nicht auf das Fehlen von Phosphat, sondern auf das reichliche Vorhandensein weiterer Nährstoffe, das Fehlen anderer Lebensmittelzusatzstoffe sowie auf die Reduktion von Zucker und zuckerhaltigen Produkten zurück.

Nahrungsmittel

Phosphate sind in allen stark verarbeiteten Lebensmitteln als Zusatzstoffe enthalten; so als Säuerungsmittel (Cola-Getränke und Limonaden), als Schmelzsalze (Schmelzkäse), als Hilfsmittel zur Wurstherstellung. Auch Milch, Fische, Hülsenfrüchte und Fleisch sind phosphatreiche Lebensmittel. Getreide ist ebenfalls reich an Phosphor, der jedoch als Phytatphosphor vorliegt und schlecht aufgenommen wird.

Handelspräparate

Handelspräparate werden nicht angegeben, da Phosphor therapeutisch nicht eingesetzt wird.

Schwefel (S)

Vorkommen

Schwefel (Atomgewicht 32,1) gehört zu den häufigeren Elementen der Erdkruste und kommt in der Natur als freier Schwefel an tätigen Vulkanen vor. Bereits in der Antike wurden zahlreiche Schwefelverbindungen zu technischen Zwecken (Pyrit, Zinkblende, Zinnober, Gips) oder zur therapeutischen Behandlung (Bittersalz, Glaubersalz) genutzt. Viele Lebensmittel (z.B. Trockenfrüchte, Wein) werden zur Erhöhung der Haltbarkeit geschwefelt. Schwefel ist wichtig, um Autoreifen zu vulkanisieren, und ist, da Erdöl schwefelhaltig ist, auch in Benzin und Heizöl enthalten. Schwefeldioxid wird also bei Verbrennungsvorgängen freigesetzt und hat als eine der wichtigsten Verbindungen, die Schadstoffbelastungen in der Luft sowie den „sauren Regen“ verursachen, traurigen Ruhm erlangt.

Auch zahlreiche **Medikamente** sind schwefelhaltig:

- **Schleimlösende Mittel** für Bronchialverschleimungen (z.B. Acetylcystein).
- **Entzündungshemmende Mittel,** die zur Behandlung entzündlicher Darmerkrankungen eingesetzt werden (z.B. Sulfasalazin).
- **Antidiabetika** (Sulfonylharnstoffe z.B. Glibenclamid in Euglucon®) wie auch Insulin enthalten Schwefel.
- Fast alle **Diuretika** (Entwässerungsmittel) sind schwefelhaltig.
- Viele **herzwirksame Mittel** (z.B. Sotalol, Doxazosin, ACE-Hemmer, Dilzem) bestehen aus Schwefelverbindungen.
- Einige **Magenmittel, Zytostatika** und **Psychopharmaka** enthalten Schwefel.
- Den schwefelhaltigen und daher geruchsintensiven Wirkstoffen des **Knoblauchs** werden die günstigen Wirkungen zugeschrieben.
- **Vitamin B_1** (Thiamin) ist schwefelhaltig.
- **Schwefelbäder,** die zur Behandlung bestimmter Hauterkrankungen sowie beim rheumatischen Formenkreis verordnet werden.

Eigenschaften

Schwefel (Abb. 5-6) ist mit etwa 150 g eines der am häufigsten im Körper vorkommenden Elemente. Schwefel wird dem Körper hauptsächlich über die Aufnahme von Protein, d.h.

Abb. 5-6 Elementarer gelber Schwefel (Institut Kage, Lauterstein).

über die schwefelhaltigen Aminosäuren (Proteinbausteine) Cystein und Methionin, zugeführt. Alle proteinhaltigen Bestandteile des Organismus (z.B. Enzyme, viele Hormone) sind also schwefelhaltig. Vor allem das Binde- und Stützgewebe (Haut, Haare, Nägel, Knorpel) enthalten den Großteil des im Körper vorkommenden Schwefels. In der Leber sind schwefelhaltige Verbindungen (z.B. Glutathion) an der Entgiftung beteiligt.

Bedarf, Laborwerte

Empfohlene Zufuhr:	*
Therapeutische Zufuhr:	**
Serumspiegel in mmol/l	0,5
in mg/dl:	48
Körperbestand:	150 g
Quotient, intra-/extrazellulär:	*

* Nicht bekannt
** Eine therapeutische Dosis kann nicht angegeben werden, da Schwefel – zumindest in reiner Form – nicht zur Therapie eingesetzt wird.

Mangelsymptome

Da ausreichend Schwefel in tierischer, pflanzlicher und proteinreicher Kost enthalten ist, sind Mangelsymptome nicht bekannt.

Symptome bei Überdosierung

Eine Überdosierung von Schwefel durch Proteinzufuhr kann nicht vorkommen. Durch **künstliche,** der Nahrung zugesetzte **Schwefelverbindungen** können jedoch Überdosierungserscheinungen hervorgerufen werden. So können Sulfite aus entsprechend behandelten Trockenfrüchten oder Weinen zu Pulsbeschleunigung, Benommenheit und Kopfschmerzen führen. Sulfit hemmt eine Reihe von Stoffwechselvorgängen und zerstört das Vitamin B_1.
Sulfate, die in Mineralwässern sowie in Glauber- und Bittersalz vorkommen, sind hingegen nicht schädlich, da sie vom Darm nicht in den Körper aufgenommen werden. Sulfathaltigen Mineralwässern werden sogar gewisse cholesterinsenkende Effekte nachgesagt. Glauber- oder Bittersalz wird als nebenwirkungsarmes Abführmittel eingesetzt. Heilfasten wird in der Regel mit dem sog. Glaubern begonnen. Dabei wird sulfathaltiges Glaubersalz (Natriumsulfat) oder Bittersalz (Magnesiumsulfat) eingesetzt. Bei häufigem Abführen mit Sulfaten können sich allerdings auch bedenkliche Kalium- und Magnesiumverluste einstellen.

Nahrungsmittel

Schwefelhaltige Aminosäuren kommen in jeder Form von Protein, d.h. in fast jedem Nahrungsmittel, wenn auch in unterschiedlichem Ausmaß, vor. Ausgenommen sind isolierte Nahrungsmittel wie Zucker oder Öl.
Geschwefelte Trockenfrüchte oder Wein enthalten die nicht ganz unbedenklichen Sulfite. Bei entsprechender Empfindlichkeit sollten diese Lebensmittel gemieden werden. Im Reformhaus sind auch ungeschwefelte Trocken-

früchte erhältlich. Ein guter Winzer oder Weinhändler kann über den Schwefelgehalt seiner Weine Auskunft geben und schwefelarme Weine anbieten.

Handelspräparate

Handelspräparate werden nicht angegeben, da Schwefel therapeutisch nicht eingesetzt wird.

5.4 Spurenelemente

Auch Spurenelemente sind – wie die Mineralstoffe – essentielle, anorganische Nährstoffe. Sie unterscheiden sich von den Mineralstoffen durch die **geringeren Quantitäten,** in denen sie im Körper vorliegen und auch von außen zugeführt werden. So liegt der Bestand im Körper bei wenigen Gramm bis hinunter in den Milligrammbereich.

Als Spurenelemente bezeichnet man Mineralstoffe, die im menschlichen Organismus in einer Konzentration vorhanden sind, die definitionsgemäß unter 50 mg/kg Körpergewicht beträgt. Die täglich zuzuführende Menge liegt deutlich unter 100 mg bis in den Mikrogrammbereich. Insgesamt beträgt die Gesamtmenge aller Spurenelemente nur ca. 10 g. Die mengenmäßig bedeutsamsten Spurenelemente sind **Eisen, Zink und Fluor,** die jeweils mit einigen Gramm im Organismus vertreten sind und mehr als 90% der Menge aller Spurenelemente ausmachen. Alle anderen Elemente liegen nochmals um eine bis mehrere Größenordnungen darunter.

Im Gegensatz zu den Mineralstoffen ist die Anzahl der Spurenelemente keineswegs gesichert. So wurde beispielsweise die Essentialität (Lebensnotwendigkeit) von Selen, das bis zu diesem Zeitpunkt ausschließlich als toxisches Element bekannt war, erst vor wenigen Jahren bewiesen. Inzwischen ist Selen ein für die Prävention und Therapie zahlreicher Erkrankungen äußerst bedeutender Nährstoff. Für weitere Elemente wird derzeit die Möglichkeit der Essentialität diskutiert. Hier sollen nur solche Spurenelemente ausführlich dargestellt werden, deren Essentialität weitgehend gesichert ist und die bereits in der Therapie eingesetzt werden. Diese Spurenelemente sind: Chrom, Eisen, Fluor, Jod, Kobalt, Kupfer, Mangan, Molybdän, Selen, Silizium und Zink.

Zu den fraglich essentiellen Spurenelementen, die in extrem niedrigen Konzentrationen ubiquitär in pflanzlichen und tierischen Organismen vorkommen, gehören: Arsen, Brom, Bor, Germanium, Lithium, Nickel, Vanadium und Zinn.

Ernährungswissenschaftliche Kenntnisse über physiologische Funktionen und eine eventuelle Lebensnotwendigkeit sind derzeit aber noch sehr spärlich. Verschiedene Autoren kommen zu unterschiedlichen Ergebnissen bezüglich der Essentialität einiger Spurenelemente. In den nächsten Jahren ist jedoch mit einem weiteren Zuwachs an Wissen auf dem Gebiet der Spurenelemente zu rechnen, so daß auch Informationen der entsprechenden Kapitel dieses Buches zukünftig wohl mancher Korrektur bedürfen.

Resorption. Ebenso wie bei den Mineralstoffen werden zur Resorption der verschiedenen Spurenelemente in diesem Buch keine näheren Angaben gemacht. Es soll jedoch nicht unerwähnt bleiben, daß die Resorptionsquoten u.a. stark von der chemischen Verbindung, in der das jeweilige Spurenelement vorliegt, abhängen. Beispielsweise wird anorganisches Chrom nur zu maximal 3% resorbiert, während die Aufnahme von Chrom aus Hefe 10–15% beträgt.

Zahlreiche Erkrankungen werden mit Mangelzuständen bestimmter Spurenelemente als ursächliche oder zumindest begünstigende Faktoren in Zusammenhang gebracht; so können z.B. Selen Arteriosklerose, Krebs und Zink Akne sowie Chrom Altersdiabetes begünstigen. Hieraus könnten sich für Prävention und Therapie neue, faszinierende Möglichkeiten ergeben. Einige der diskutierten Zusammenhänge werden von kritischen Medizinern und

Ernährungswissenschaftlern noch sehr skeptisch betrachtet. Es besteht noch ein erheblicher Forschungsbedarf, um hier in den nächsten Jahren Klarheit zu schaffen.
Wie bereits bei den Mineralstoffen erwähnt, ist aufgrund veränderter Ernährungsgewohnheiten, Anbau- und Aufzuchtbedingungen in der Landwirtschaft und „Fortschritten" in der Nahrungsmitteltechnologie mit zunehmenden Mangelerscheinungen einiger Spurenelemente zumindest bei Teilen der Bevölkerung zu rechnen (z.B. Zinkmangel bei überwiegender Ernährung mit „Junk food").

Chrom (Cr)

Vorkommen

Chrom (Atomgewicht: 52) wird zum Verchromen von Gebrauchsgegenständen verwendet. Es ist Bestandteil rostfreier Stähle und von Speziallegierungen. Viele Farbstoffe, Gerbstoffe, Holzimprägnierungsmittel, Korrosionsschutzmittel und Feuerwerkskörper enthalten Chrom. Zement ist chromhaltig. Musikfreunden sind die Chromoxid-Tonbänder bekannt.

Eigenschaften

Im Körper liegen etwa 5 mg Chrom vor. Chrom ist Bestandteil des in zuckerreichen Pflanzen enthaltenen sog. Glukosetoleranzfaktors, der jedoch bei der Weiterverarbeitung, d.h. bei der Zuckerraffination, verlorengeht. Dieser Glukosetoleranzfaktor verbessert den Einbau von Glukose in das **Leber- und Muskelglykogen.** Chrom erhöht außerdem die Wirksamkeit des körpereigenen oder von außen zugeführten **Insulins** bei Altersdiabetes. Chrom ist offenbar daran beteiligt, daß Insulin seine Wirkung an der Zelle entfalten kann, und verbessert die Blutzuckereinstellung. Chrommangel beeinträchtigt den Fettstoffwechsel und führt möglicherweise auch zu erhöhten Cholesterinwerten und damit zu einer Beschleunigung arteriosklerotischer Prozesse.

Bedarf, Laborwerte

Empfohlene Zufuhr:	50–200 µg *
Therapeutische Zufuhr:	100–300 µg
Körperbestand:	5 mg = 5000 µg

* Bei hoher Kohlenhydratzufuhr steigt der Chrombedarf.

Mangelsymptome

Klinische Mangelsymptome sind kaum bekannt, jedoch liegen die Chromwerte nicht selten an der unteren Grenze, wenn die Zufuhr stark verarbeiteter Lebensmittel und raffinierter Produkte (Weißmehl, Zucker) im Vordergrund steht. Verminderte Glukosetoleranz sowie erhöhte Fettwerte können Folge eines Chrommangels sein.

Symptome bei Überdosierung

Für Menschen, die berufsbedingt mit der Substanz in Berührung kommen, insbesondere für Bauarbeiter (Zement) und Gerber (chromhaltige Gerbstoffe), sind Hautentzündungen (Kontaktdermatitis) und Chromatallergien beschrieben. Auch ein erhöhtes Risiko für Tumoren der Atemwege (z.B. Lungenkrebs) konnte festgestellt werden.

Indikationen

- **Altersdiabetes:** Chrom ist eine wichtige Substanz zur Vorbeugung und Behandlung der Altersdiabetes, indem es die Wirkung von Insulin unterstützt. Bei ausreichender Insulineigenproduktion kann durch die Gabe von Chrom die Dosis von Insulin oder Zuckertabletten reduziert werden. Allerdings sollten auf die Einhaltung sonstiger für Diabetiker wichtiger Maßnahmen (z.B. Ernährung und Bewegung) geachtet sowie engmaschige Blutzuckerkontrollen durchgeführt werden.
- **Fettstoffwechselstörungen:** Möglicherweise können Chromgaben bei bestehendem

Chrommangel den Fettstoffwechsel verbessern. Versuchsweise kann daher bei Fettstoffwechselstörungen – besonders bei Diabetikern – Chrom verordnet werden.

Nahrungsmittel

Chrom wird hauptsächlich durch Schwarztee, Käse, Vollkornprodukte, Bierhefe, Weizenkeime, Nüsse, Kartoffeln, Kakao, Leber aufgenommen.

Handelspräparate

Chrom-Präparate*	Dosis/ Einheit in µg	Preis/100 µg in DM
Chrom-GTF-Kps., TerraBion (Fa. BioPan)	100	0,50
Chelated Chromium Tabl. (Formula)	200	0,20
Chromium Piccolinate (GTF) (Formula)	200	0,24
Pico-Chrom 200mcg (Orthica)	200	0,13
Chromium Picolinate (Vitamine & mehr)	200	0,14

* nach [14]

Eisen (Fe)

Vorkommen

Eisen (Atomgewicht 55,8) ist das am häufigsten vorkommende Element der Erde (ca. 5% der Erdkruste). Schon in der Antike fand Eisen bei den Griechen und Etruskern Verwendung. Im Rahmen der industriellen Revolution wurde durch neue Verhüttungs- und Prozeßtechniken die breite Anwendung von eisenhaltigen Industriegütern und Gebrauchsgegenständen ermöglicht. In der Natur kommt Eisen sehr häufig in Gesteinen vor (z.B. Rot- und Brauneisenstein, Eisenspat, Pyrit).

Eigenschaften

Im Körper sind etwa 4–5 g Eisen (Abb. 5-7) enthalten. 70% dieser Menge sind Bestandteil des Hämoglobins, während das restliche Eisen in verschiedenen Organen (Leber, Milz) sowie im Knochen und in den Muskeln als Reserveeisen, das bei Bedarf mobilisiert wird, gespeichert ist. Ca. 2% des Eisens sind Bestandteil des Transferrins, der Serumtransportform des Eisens. Eisen gewährleistet den **Sauerstofftransport** von der Lunge zu den verschiedenen Organen (Hämoglobin), ist wesentliches Element für die **Muskelfunktion** (Myoglobin) sowie Bestandteil sauerstoffübertragender Enzyme der Atmungskette. Katalase, ein wichtiges Enzym mit antioxidativen Eigenschaften, enthält Eisen. Auch im Immunsystem kommt Eisen eine wichtige Funktion zu.

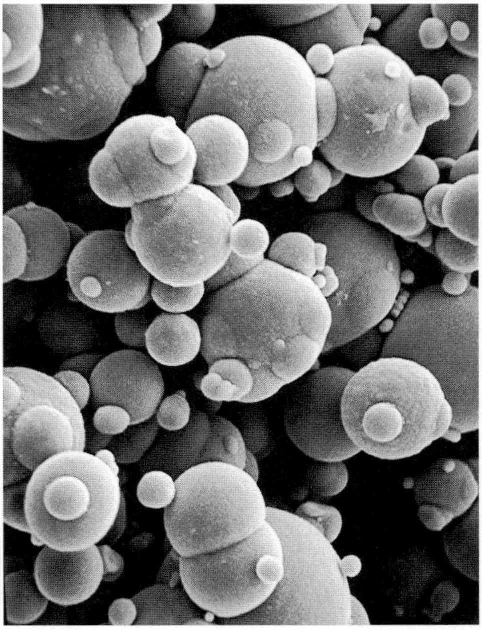

Abb. 5-7 Amorphes Eisen (Institut Kage, Lauterstein).

Bedarf, Laborwerte

Empfohlene Zufuhr:	10–18 mg*
Therapeutische Zufuhr:	10–100 mg
Körperbestand:	4–5 g

* Bei menstruierenden Frauen 15–18 mg, bei Schwangeren und Stillenden 20–25 mg.

Mangelsymptome

Bei Eisenmangel durch Blutverluste (Verletzung, Menstruation, Blutspenden), bei ungenügender Eisenzufuhr oder Aufnahmestörungen im Darm sowie durch vermehrten Erythrozytenabbau kann der Anteil des Hämoglobins in den Erythrozyten absinken (hypochrome Anämie). Dadurch kann sich die Sauerstoffversorgung der Gewebe verschlechtern und zu folgenden klinischen Symptomen führen: zu leichter Ermüdbarkeit, Atemnot bei körperlichen Anstrengungen, zu Schwindel und Kopfschmerzen. Auch Veränderungen an Haut (schlecht wachsende Haare und Nägel, Rhagaden der Mundwinkel) und Schleimhaut (veränderte Mundschleimhaut) sowie eine erhöhte Infektanfälligkeit können beobachtet werden.

Wie kann Eisenmangel erkannt werden?
Die oben angegebenen Symptome geben lediglich Hinweise auf einen möglicherweise bestehenden Mangel. Bei erniedrigtem Hämoglobingehalt ist ein Eisenmangel sehr wahrscheinlich, wenn die Erythrozyten klein und mit wenig Hämoglobin beladen sind.
Ein **latenter Eisenmangel** liegt vor, wenn das Hämoglobin noch normal, das Serumeisen jedoch erniedrigt ist; das Serumeisen ist allerdings sehr störanfällig, da jede Entzündung wie etwa ein akuter Infekt oder eine chronische Polyarthritis zu einem Absinken des Serumeisens führt, ohne daß ein Eisenmangel vorliegt.
Ein **prälatenter Eisenmangel** kann diagnostiziert werden, wenn Serumeisen und Hämoglobin noch normal sind, das Serumferritin, ein zuverlässiger Parameter für das Speichereisen, jedoch erniedrigt ist.
Eine Metananalyse verschiedener Studien zur Eisenversorgung in Deutschland ergab, daß eine Eisenmangelanämie bei nur 0,6% der Bevölkerung, ein latenter Eisenmangel bei 4% der Bevölkerung vorliegt.
Auch Vegetarier, mit Ausnahme stark menstruierender junger Vegetarierinnen, haben in der Regel keinen Eisenmangel. Die eher im unteren Normbereich befindlichen Werte bei Vegetariern erklären möglicherweise einen Teil der bei dieser Personengruppe niedrigeren Morbidität und Mortalität (bessere Blutfließeigenschaften, geringerer oxidativer Streß, s.u.). Hohe Vitamin-C-Zufuhr durch Obst und Gemüse verbessert die Eisenresorption und schützt gleichzeitig vor freien Radikalen.

Symptome bei Überdosierung

Eine Eisenüberdosierung ist normalerweise nicht möglich, da der Organismus gegebenenfalls die Resorption von Eisen in den Darm blockiert. Dies gilt allerdings nicht bei Menschen, die viel Alkohol konsumieren oder an einer angeborenen Eisenspeicherkrankheit leiden. Bei Menschen, die viel Fleisch verzehren, werden nicht selten erhöhte Hämoglobinwerte gefunden. Der Hämatokrit (Anteil der festen Bestandteile im Blut, zum überwiegenden Teil rote Blutkörperchen) kann dabei so stark ansteigen, daß die Fließeigenschaften des Blutes und damit die Sauerstoffversorgung verschlechtert werden kann.
Die ausreichende Versorgung mit Eisen ist für den Menschen lebensnotwendig, eine großzügige Eisenzufuhr wird jedoch kontrovers diskutiert. So wird von einigen Ärzten die geringe Rate an Herzinfarkten bei menstruierenden Frauen – nach den Wechseljahren steigt die Herzinfarktrate steil an – nicht nur auf hormonelle Faktoren, sondern auch auf den „regelmäßigen“ Blut- und Eisenverlust zurückgeführt.

Die Blutfließeigenschaften sind bei niedrigen Hämoglobinwerten eher günstiger als bei sehr hohen. Die Normalwerte für den roten Blutfarbstoff sind möglicherweise zu hoch angesetzt, da sie den Normalwerten einer Bevölkerung mit sehr fleischreicher Ernährung entsprechen und mögliche durch körperliche Verletzungen ausgelöste Blutverluste nicht berücksichtigen. Im Laufe der Evolution haben sich diese Bedingungen (hoher Fleischverzehr, wenig körperliche Verletzungen) ergeben, für unsere Vorfahren waren sie jedoch nicht normal.

Eine hohe Zufuhr von Eisen mit der Nahrung oder durch Nahrungsergänzung wird zunehmend kritisch betrachtet, da in einigen Studien Hinweise auf Zusammenhänge zwischen dem Konsum von rotem, d.h. eisenreichem Fleisch und Tumoren bzw. koronarer Herzkrankheit gefunden wurden. Diese Korrelation ließe sich durch die vermehrte Entstehung freier Radikale durch die bei Eisenübersättigung vermehrt vorhandenen freien Eisenionen erklären. Der hierdurch vermehrte oxidative Streß könnte sowohl die Häufigkeit bösartiger Tumoren als auch arteriosklerotischer Prozesse erhöhen.

Inwiefern „Eisenmangelzustände" im zweiten Trimenon der Schwangerschaft und in den ersten Lebensmonaten des mit relativ eisenarmer Muttermilch ernährten Säuglings zwingend mit Eisen behandelt werden sollten, wird in letzter Zeit auch kontrovers diskutiert. Möglicherweise handelt es sich hier um einen „physiologischen Eisenmangel", der gewisse protektive Effekte hätte, indem der Organismus vor Infektionen mit Bakterien geschützt wird, da diesen durch den bestehenden Eisenmangel ein wichtiges Substrat entzogen wird. Hier ist die Diskussion allerdings noch nicht abgeschlossen.

Indikationen

- **Eisenmangelanämie durch:**
  - gesteigerten Bedarf (z.B. Wachstum, Schwangerschaft, Stillperiode)
  - Eisenverluste durch Blutungen (z.B. Verletzungen, Operationen, extreme Monatsblutungen bei der Frau)
  - ungenügende Aufnahme aus der Nahrung: eisenarme Kost, viel Kaffee oder Tee, die die Aufnahme von Eisen behindert.

Kontraindikationen und Nebenwirkungen

Eisen darf nicht bei Eisenspeicher- und -verwertungsstörungen (z.B. Hämochromatose) eingenommen werden.

Die Einnahme von Eisen kann zu Verstopfung und Magen-Darm-Beschwerden führen. Die Dunkelfärbung des Stuhls bei Einnahme von Eisenpräparaten ist physiologisch. Stuhluntersuchungen auf okkultes Blut sind bei oraler Eiseneinnahme nicht aussagefähig. Gelegentlich kann es zu Reizungen der Magenschleimhaut kommen.

Nahrungsmittel

Gemüse, Hülsenfrüchte, vor allem Sojabohnen, Vollkornprodukte, Bierhefe, rotes Fleisch, Innereien enthalten Eisen. Aufgrund des niedrigen Energiegehaltes hat Gemüse außerordentlich hohe Nährstoffdichte an Eisen. Hohe Eisendichte haben außerdem Hülsenfrüchte, Getreide – besonders Weizenkeime, Hirse – sowie Innereien. Andere Fleischwaren, auch magere, haben aufgrund des hohen Fett- und damit Energiegehaltes geringe relative Nährstoffdichten an Eisen. Auch unter Berücksichtigung der verbesserten Aufnahme von Eisen aus Fleisch können Gemüse unter Umständen relativ mehr zu einer Eisenversorgung beitragen. Oxalreiche Gemüse (z.B. Spinat) tragen trotz eines relativ hohen Eisengehaltes vermutlich wenig zur Eisenversorgung bei, da Oxalsäure die Eisenresorption vermindert.

Die **Eisenaufnahme** aus der Nahrung wird **verbessert** durch:

- Fleisch
- Fisch
- Protein
- Vitamin C
- Eisenmangel im Organismus (die normale Resorptionsrate von 10–20% kann im Mangel auf über 80% gesteigert werden).

Die **Eisenaufnahme** wird **verschlechtert** durch:

- Kaffee
- Tee
- Ovalbumin (in Eiern)
- Phytat (in frisch gemahlenem, nicht eingeweichtem Getreide)
- Eisen und Zink behindern sich gegenseitig in der Aufnahme.
- Bestimmte Medikamente (z.B. Tetrazyklin, Cimetidin) behindern die Eisenaufnahme.
- Oxalsäurehaltige Lebensmittel (z.B. Rhabarber, Spinat).

Handelspräparate

Eisen-Präparate*	Dosis/ Einheit in mg	Preis/ 100 mg in DM
Dreisafer (enthält zusätzl. Vitamin C) Filmtabl.	100	0,28
Eisendragees-ratiopharm	50	0,40
Eryfer 100 Kps.	100	0,46
Ferro 66 Tr.	44/ml	0,76
Ferroglukonat-ratiopharm Drg./Sirup	23/Drg., 15/5 ml	0,40/0,72
ferro sanol duodenal Kps.	100	0,48
Lösferron Brausetabl.	80	0,52
Rulofer G Saft	25/5 ml	1,00
Vitaferro 100 Fe/50 Fe Kps.	100/50	0,38/0,46

* nach [14]

Eisen sollte – sofern es vom Magen vertragen wird – möglichst nüchtern bzw. zwischen den Mahlzeiten eingenommen werden, damit die Aufnahme durch andere Nahrungsbestandteile nicht behindert wird.
Tabletten oder Kapseln sollten mit reichlich Flüssigkeit eingenommen werden, am besten mit Orangensaft, welcher durch den Vitamin-C-Gehalt die Aufnahme verbessern kann.

Fluor (F)

Vorkommen

Fluor (Atomgewicht: 19) ist Bestandteil einiger Mineralien (z.B. Flußspat, Kryolith, Topas, Apatit).

Eigenschaften

Mehr als 95% des Fluorbestandes im Körper sind in den Knochen und Zähnen gebunden. Fluor härtet den Zahn und macht ihn widerstandsfähiger gegen Karies. Auch in der Behandlung der Osteoporose soll Fluor zur Festigkeit des Knochens und zur Vorbeugung gegen Knochenbrüche beitragen.

Bedarf, Laborwerte

Empfohlene Zufuhr:	1–2 mg
Therapeutische Zufuhr:	1–10 mg und mehr*
Körperbestand:	2–3 g

* Bei Kindern zur Kariesprophylaxe 0,25–1 mg

Mangelsymptome

Durch falsche Ernährung können Karies (bei gleichzeitig zahnschädigender Lebensweise) sowie Osteoporose hervorgerufen werden.

Indikationen

- **Karies:** Fluor kann während der Zahnentwicklung als Vorbeugung gegen Karies eingesetzt werden. Bei Kindern, die sich schlecht ernähren (z.B. viele Süßigkeiten,

zuckerhaltige Lebensmittel, Limonaden) und eine schlechte Zahnhygiene befolgen, kann die zusätzliche Gabe von Fluor die Häufigkeit der Karies vermindern. In Ländern mit Trinkwasserfluoridierung konnte eine Verminderung der Karies von ca. 50% beobachtet werden.
Bei einer Ernährung, die wenig Säurebakterien (Milchsäure, Süßigkeiten) enthält, und einer vernünftigen Zahnhygiene erscheinen Gaben von Fluor überflüssig. Vielmehr besteht dann die Gefahr von Nebenwirkungen, indem sich durch eine zu starke Zufuhr der Zahnschmelz vermindert und sich die Zähne gelbbraun verfärben. Weitere giftige oder sogar krebsbegünstigende Effekte von Fluor werden diskutiert, sind jedoch nicht bewiesen.

- **Osteoporose:** Der Einsatz von Fluor bei Osteoporose ist umstritten, da Studien auf eine erhöhte Rate von Knochenbrüchen hinweisen. Solange hier keine einheitliche Empfehlung ausgesprochen werden kann, sollte der Einnahme von Fluor zurückhaltend begegnet werden. Wird Fluor zur Behandlung oder Vorbeugung der Osteoporose verordnet, geschieht dies in Dosisbereichen, die ein bis zwei Größenordnungen über dem normalen Bedarf liegen. Eine solche Therapie ist rezeptpflichtig und sollte nur unter Aufsicht eines mit dieser Behandlung erfahrenen Arztes erfolgen.

Insgesamt muß betont werden, daß die Diskussion zur Anwendung des Fluors – bei der Behandlung sowohl der Karies als auch der Osteoporose – sehr kontrovers und noch keineswegs abgeschlossen ist.

Kontraindikationen und Nebenwirkungen

Bei Überschreiten der empfohlenen Fluormenge in den ersten Lebensjahren können sich Flecken im Zahnschmelz und bei höherer Dosierung auch Störungen des Knochenaufbaus entwickeln. Da Fluor chemisch dem Jod sehr nahe steht, kann es bei Zufuhr großer Mengen das Jod verdrängen und Störungen der Schilddrüsenfunktion verursachen.

Nahrungsmittel

In fast allen Nahrungsmitteln ist Fluor ausreichend vorhanden. Besonders viel Fluor enthalten manche Leitungs- und Mineralwässer (wenn ca. 1 mg/l enthalten ist), Schwarztee sowie Fisch, Gemüse, Getreide und Fleisch. Wird hiermit bereits eine gute Zufuhr erreicht, so verbietet sich die zusätzliche Gabe zur Vorbeugung der Karies ohnehin, besonders wenn das Trinkwasser sehr fluorhaltig ist.
Hinsichtlich der Behandlung der Osteoporose bewegt man sich allerdings in anderen, viel höheren Dosisbereichen.

Handelspräparate

Fluor-Präparate*	Dosis/Einheit in mg	Preis/mg in DM
Fluoretten		
0,25/0,5/ 0,75/1 mg	0,25/0,5/ 0,75/1	0,14/0,08/ 0,06/0,05
Zymafluor		
0,25/0,5/ 0,75/1 mg	0,25/0,5/ 0,75/1	0,15/0,09/ 0,07/0,06

* nach [14]

Bei keinem anderen Mineralstoff oder Spurenelement ist die therapeutische Spannweite zwischen wirksamer kariesprophylaktischer (1–2 mg) und toxischer (ab 4–5 mg) Dosis so eng wie beim Fluor.

Jod (J)

Vorkommen

Jod (Atomgewicht 126,9), das zu den Halogenen (Salzbildnern) gerechnete Element, wurde zu Beginn des 19. Jahrhunderts entdeckt und nach der veilchenartigen Farbe des Joddampfes (iodos = griechisch für veilchenfarbig) benannt. Jod ist Bestandteil vieler Desinfektionsmittel.

Eigenschaften

Der menschliche Körper enthält nur einige mg Jod, das sich zu über 90% in der Schilddrüse befindet. Jod ist der entscheidende Bestandteil der beiden Schilddrüsenhormone, des Trijodthyronins (T_3) und des Thyroxins (T_4), die die körpereigenen Stoffwechselvorgänge regulieren, den Grundumsatz steuern und während der kindlichen Entwicklung das Wachstum und die Skelettreife fördern. Die Menge des von den Schilddrüsenhormonen in die Blutbahn abgegebenen Jods wird über das in der Hypophyse gebildete Hormon TSH (Thyreotropin) gesteuert, das die Schilddrüse anregt.

Bedarf, Laborwerte

Empfohlene Zufuhr:	0,1–0,25 mg*
Therapeutische Zufuhr:	0,1–1 mg**
Körperbestand:	10–20 mg

* Schwangere und Stillende 0,2–0,25 mg. Jod gehört zu den Nährstoffen, deren Bedarf bei großen Teilen der Bevölkerung nur marginal gedeckt wird.

** Einige Schilddrüsenpräparate enthalten Dosierungen über 1 mg = 1000 µg und werden 1mal/Wo. eingenommen.

Mangelsymptome

Die Böden Mitteleuropas gelten als jodarm, so daß eine ausreichende Versorgung mit Jod nicht gewährleistet ist. Bei Jodmangel wird die Schilddrüsenfunktion durch eine vermehrte Ausschüttung des TSH kompensiert und demzufolge das Wachstum der Schilddrüse stimuliert. Diese Jodmangelstruma liegt bei mehreren Millionen Bundesbürgern vor. Weitere Symptome, die durch eine Unterversorgung mit Jod entstehen, erklären sich aus der Verlangsamung aller Stoffwechselvorgänge und zeigen sich in einer geringeren geistigen Leistungsfähigkeit, Müdigkeit und Trägheit, in einer Gewichtszunahme bis hin zum Übergewicht, einer blassen, rauhen und trockenen Haut, struppigen Haaren sowie den folgenden klinischen Symptomen: Obstipation, Fettstoffwechselstörungen, Menstruationsstörungen und Verlangsamung des Herzschlags. Auch Sterilität kann durch Jodmangel verursacht sein.

Bei Kindern und Jugendlichen besteht durch den Mangel an Jod die Gefahr der geistigen Retardierung, insbesondere wenn die Versorgung mit Jod während der Schwangerschaft nicht ausreichend war.

Symptome bei Überdosierung

Bei einem autonomen Adenom der Schilddrüse kann Jodzufuhr zu einer Hyperthyreose (Überfunktion der Schilddrüse) führen. Eine Überfunktion führt zur Steigerung aller Stoffwechselvorgänge und verursacht folgende Symptome: Gewichtsverlust bei gutem Appetit, starkes Schwitzen, häufiger Stuhlgang, schnelles Herzschlagen, Wärmeunverträglichkeit, Menstruationsstörungen, Jodakne und im psychischen Bereich Reizbarkeit und Labilität. Bei massiver Hyperthyreose kann es sogar zu einer lebensgefährlichen thyreotoxischen Krise kommen.

Eine Thyreoiditis kann bei langfristiger Zufuhr von 1–2 mg täglich, das Zehnfache der empfohlenen Dosis, auftreten.

Indikationen

- **Hypothyreose:** Jod kann zur Vorbeugung der Hypothyreose sowie bei bestehender Hypothyreose eingesetzt werden.
- **Arteriosklerose:** Seit langem wird Jod zur Vorbeugung bzw. Behandlung der Arteriosklerose empfohlen. In letzter Zeit wird die mögliche antioxidative Wirkung von Jod diskutiert. Da sich oxidiertes LDL-Chole-

sterin bevorzugt an die Gefäßwände ablagert, könnte Jod als Antioxidans die Entwicklung der Arteriosklerose verzögern.

- **Jodmangelstruma:** In Jodmangelgebieten kann Jod zur Vorbeugung der Jodmangelstruma (Kropf) verordnet werden. In Schleswig-Holstein – hier ist durch Fischkonsum und jodreiche Böden die Jodversorgung relativ gut – gibt es in der Bevölkerung nur ca. 4% Jodmangelstrumen, in Bayern, einem ausgesprochenen Jodmangelgebiet, beträgt der Anteil hingegen über 30%. Mittlerweile wird die gesamte Bundesrepublik Deutschland als Jodmangelgebiet klassifiziert. Die großzügige Versorgung mit Jod (jodiertes Salz, Brot und Fleischprodukte mit jodiertem Salz) wird aus diesem Grund von seiten der Endokrinologen propagiert. Die möglichen Nebenwirkungen und Schäden bei Menschen mit einer möglicherweise unerkannten Schilddrüsenüberfunktion werden geringer eingeschätzt als die Gefahren, die sich aus der Unterfunktion der Schilddrüse ergeben. Die oft in höherem Lebensalter notwendigen Operationen (Jodmangelkröpfe) sind mit nicht ganz unerheblichen Risiken verbunden.
  Allerdings ist aus rechtlicher und ethischer Sicht eine zwangsweise Jodierung abzulehnen und gleichzeitig eine Kennzeichnungspflicht jodierter Lebensmittel zu fordern, damit Patienten mit Überfunktion der Schilddrüse und Menschen, die keine jodierten Lebensmittel wünschen, solche Lebensmittel erkennen und vermeiden können.
- **Schwangerschaft:** Während der Schwangerschaft und Stillzeit ist der Jodbedarf erhöht. Da die Jodzufuhr mit der Nahrung in der Regel den Bedarf nicht deckt – es sei denn, es wird täglich Fisch verzehrt –, sollte hier eine großzügige Zufuhr erfolgen.
  Besteht Verdacht auf eine Überfunktion der Schilddrüse, muß dies diagnostisch abgeklärt und ausgeschlossen werden. Die zusätzliche Jodzufuhr (z.B. 200 µg täglich oder 1500 µg einmal wöchentlich) dient der Vorbeugung der Strumabildung sowohl bei der Mutter als auch beim Kind. Auch der in Jodmangelgebieten bei schwerem Jodmangel gelegentlich vorkommende Kretinismus kann so sicher verhindert werden.

Kontraindikationen und Nebenwirkungen

Jod darf nicht bei Überfunktion der Schilddrüse eingenommen werden.

In seltenen Fällen kommt es bei Einnahme von Jod zu Überempfindlichkeitsreaktionen.

Nahrungsmittel

Meeresprodukte – Fische, Krustentiere, Tang – sind reich an Jod. Auch Gemüse, je nach Jodgehalt des Bodens, Milch und Milchprodukte sind jodhaltig. Jodiertes Speisesalz und damit hergestellte Produkte enthalten viel Jod.

Handelspräparate

Jod-Präparate*	Dosis/Einheit in µg	Preis/100 µg in DM
Jodetten® 100/200/depot Henning	100/200/ 1530	0,09/0,07/ 0,04
Jodid 100/200/ 500	100/200/ 500	0,10/0,07/ 0,06
jodminerase 100/2500	100/2500	0,13/0,02
Kaliumiodid 200 Berlin-Chemie	200	0,07
Strumedical® 400 Henning	400	0,06
Strumex	100	0,09

* nach [14]

Kobalt (Co)

Vorkommen

Kobalt (Atomgewicht: 58,93) war bereits im Altertum bekannt, ohne daß seine metallische Natur erkannt worden wäre. So färbten bereits die Chinesen und die Ägypter lange vor Beginn unserer Zeitrechnung mit Kobaltfarben. 1735 wurde es als chemisches Element entdeckt.

Eigenschaften

Kobalt spielt nicht als eigenständiges Spurenelement eine Rolle, sondern ist Zentralatom des auch als Cobalamin bezeichneten Vitamin B_{12}. Kobalt ist als Bestandteil des Vitamin B_{12} an der Bildung der Erythrozyten beteiligt. Daneben aktiviert Kobalt – im Zusammenhang mit Vitamin B_{12} – auch einige Enzyme.

Bedarf, Laborwerte

Empfohlene Zufuhr:	3–10 µg
Therapeutische Zufuhr:	*
Körperbestand:	ca. 1 mg

* Eine therapeutische Dosis kann nicht angegeben werden, da Kobalt, außer in Form von Vitamin B_{12}, nicht zur Therapie eingesetzt wird.

Mangelsymptome

Ein Kobaltmangel läßt sich beim Menschen nicht erzeugen (zur Symptomatik der perniziösen Anämie s. S. 160).

Symptome bei Überdosierung

Künstliche Lebensmittelzusätze, die Kobalt enthalten, können Vergiftungserscheinungen hervorrufen und z.B. bei Trinkern von kanadischem Bier (Kobaltzusatz) zu Herzmuskelschäden führen. Die Förderung der Kropfbildung durch Kobalt wird diskutiert.

Nahrungsmittel

Kobalt ist in Nüssen, in Gemüse, Getreide, weißen Bohnen und roten Beten enthalten. Auch an Vitamin-B_{12}-reiche Lebensmittel wie Leber, Ei, Fleisch und andere tierische Produkte enthalten Kobalt.

Handelspräparate

Handelspräparate werden nicht angegeben, da Kobalt therapeutisch nicht eingesetzt wird.

Kupfer (Cu)

Vorkommen

Kupfer, eines der ältesten Metalle, hat die menschliche Geschichte bereits in der Bronzezeit (in Mitteleuropa 2000–100 v.Chr.) mitgeprägt – Bronze besteht aus Kupfer und Zinn. In Verbindung mit Zink kann aus Kupfer Messing hergestellt werden, das einen hohen Gebrauchswert besitzt. Aufgrund seiner elektrischen Leitfähigkeit wird Kupfer auch heute noch in großem Umfang in der Elektroindustrie eingesetzt.

Eigenschaften

Kupfer (Abb. 5-8) ist Bestandteil vieler wichtiger Enzyme im Proteinstoffwechsel und einiger körpereigener Enzyme, die antioxidativ wirken und somit als körpereigene Radikalefänger bedeutsam sind (Superoxiddismutasen). Da Kupfer beim Einbau von Eisen in den roten Blutfarbstoff hilft, greift der Kupferstoffwechsel eng in den Eisenstoffwechsel ein. Darüber hinaus ermöglicht Kupfer die Aufnahme des Eisens aus dem Darm und begünstigt so die Aufnahme von Eisen aus der Nahrung.

Abb. 5-8 Kupfer, rekristallisiert (Institut Kage, Lauterstein).

Bedarf, Laborwerte

Empfohlene Zufuhr:	1–3 mg
Therapeutische Zufuhr:	2–4 mg
Körperbestand:	ca. 100 mg

Mangelsymptome

Ein Kupfermangel kann entsprechend dem Spurenelement Eisen durch große Blutverluste verursacht werden. Kupfermangel führt zu Blutarmut (mikrozytäre Anämie, ähnlich einer Eisenmangelanämie). Auch die Abwehrfunktionen des Organismus können beeinträchtigt werden. Hautentzündungen, Wachstumsstörungen, Skelettveränderungen sowie neurologische und psychische Störungen wurden bei schwerem Kupfermangel ebenfalls beobachtet.

Symptome bei Überdosierung

Durch Verwendung von Trinkwasser aus stark kupferhaltigen Leitungen, durch Rauchen, durch die Pille oder durch Zinkmangel kann es zu einem Kupferüberschuß mit folgenden Symptomen kommen:

- Erbrechen und Schleimhautreizungen (bei akuter, massiver Vergiftung)
- Bei Säuglingen, deren Nahrung mit stark kupferhaltigem Wasser zubereitet wird, kann eine u.U. lebensbedrohliche Leberzirrhose hervorgerufen werden.
- Ein Zusammenhang zu psychischen Erkrankungen wie Depression wird diskutiert.

Die reichliche Zufuhr von Zink als natürlichem Kupferantagonisten kann vor Kupferüberschuß schützen.

Indikationen

- **Anämie:** die durch Kupfermangel verursacht wurde
- **Arthritis:** Trotz erhöhter Kupferwerte im Blut besteht oft Kupfermangel.

Kontraindikationen und Nebenwirkungen

Kupfer darf nicht angewendet werden bei Lebererkrankungen, eingeschränkter Nierenfunktion sowie bei Morbus Wilson (hereditäre Kupferspeicherkrankheit).

Nahrungsmittel

Nüsse, Kakao, Gemüse, Hülsenfrüchte, Pilze, Kokosnüsse, Käse, Fisch, Innereien enthalten Kupfer.

Handelspräparate

Kupfer-Präparate*	Dosis/ Einheit in mg	Preis/mg in DM
Chelated Copper Tabl. (Importeur Formula)	2,5	0,14
cuprenase® peroral Trinkampullen	0,705	4,14
Kongo® Tabl.	0,014	6,32
Kupferorotat Tabl.	0,310	0,74
Kupfer-comp-Kps. (Fa. BioPan)	1,5	0,33

* nach [14]

Mangan (Mn)

Vorkommen

Mangan (Atomgewicht: 54,9) wurde Ende des 18. Jahrhunderts entdeckt. Heute wird Mangan in Stahl und zahlreichen weiteren Metallegierungen verwendet, um deren Festigkeit und die Korrosionsbeständigkeit zu erhöhen. Glas und Glasuren, manche Katalysatoren und Düngemittel sind ebenfalls manganhaltig.

Eigenschaften

Mangan ist Bestandteil vieler Enzyme, die für den Proteinstoffwechsel, die Energiegewinnung und den Aufbau von Knochen und Bindegewebe verantwortlich sind. Darüber hinaus ist es, wie auch Kupfer, Bestandteil des körpereigenen Radikalefängerenzyms Superoxiddismutase. Vitamin B_1 benötigt die Anwesenheit von Manganionen, um als Coenzym im Kohlenhydrat- und Fettstoffwechsel seine Aufgaben erfüllen zu können.

Bedarf, Laborwerte

Empfohlene Zufuhr:	2–5 mg
Therapeutische Zufuhr:	2–50 mg
Körperbestand:	ca. 20 mg

Mangelsymptome

Klinische Mangelerscheinungen sind nicht gesichert, doch wird der Zusammenhang zwischen Depressionen und vorzeitiger Altersdemenz sowie zwischen Wachstumsstörungen und Störungen der Knochenbildung – letztere konnte tierexperimentell beobachtet werden – diskutiert.

Symptome bei Überdosierung

Manganstäube können bei belasteten Arbeitern zu Krankheitserscheinungen führen, die einer Lungenentzündung ähnlich sind. Alle weiteren Folgen einer „Manganüberdosierung" sind nicht gesichert: Bei Leberentzündungen, Leberzirrhose und schwerer koronarer Herzkrankheit wurden überhöhte Manganwerte im Blut gefunden, so daß ein Zusammenhang möglich erscheint.
Ein hoher Mangangehalt der Nahrung führt zu Störungen der Eisenaufnahme und damit möglicherweise zu einer Blutarmut. Magen-Darm-Störungen, Wachstumsverzögerungen, Störungen der Knochenverkalkung, Muskelschwäche und Zittern könnten weitere Folgen einer Manganüberdosierung sein.

Indikationen

- **Degenerative Erkrankungen:**
  - Bandscheibenschäden
  - Arthrose und Arthritis
- **Bindegewebsschwäche:** Krampfadern, Gewebebrüche
- **Hypotonie:** Dosierungen von 25–50 mg erhöhen den Blutdruck.
- **Allergien:** Mangan behindert die Histaminfreisetzung aus den Mastzellen.
- **Psychisch-seelische Erkrankungen, Nervenerkrankungen:**
  - Bestimmte seelische und Nervenerkrankungen wie Depression, Schizophrenie und Epilepsie sollen durch Mangan gebessert werden.
  - Überaktivität, Lernstörungen
  - Altersschwachsinn

Da zur Therapie von Erkrankungen mit Mangan noch nicht viele Erfahrungen vorliegen, sollte die Behandlung mit Mangan bevorzugt durch einen in der Nährstofftherapie erfahrenen Therapeuten – gegebenenfalls nach Nachweis eines Manganmangels – erfolgen. Die Behandlung sollte zusätzlich zu anderen Therapien durchgeführt werden.

Nahrungsmittel

Tropische Früchte, vor allem Papaya und Mango, Gemüse, Hülsenfrüchte, Obst (Hei-

delbeeren) sowie Getreide (Weizenkeime) sind reich an Mangan. Auch Schwarztee, manche Trink- und Mineralwässer sind manganhaltig.
Eine übliche, ausgewogene Ernährung deckt den Manganbedarf, für Vegetarier wurde ein höherer Bedarf errechnet. Die ernährungsbedingte Überdosierung ist in der Regel nicht möglich, da bei höherer Zufuhr die Aufnahme über den Darm gedrosselt wird.
Phosphate (in Schmelzkäse, allen Fleisch- und Wurstwaren, Fischen, Getreiden, Getreideprodukten, Hülsenfrüchten, colahaltigen Getränken und Limonaden) können die Aufnahme von Mangan behindern.

Handelspräparate

Mangan-Präparate*	Dosis/ Einheit in mg	Preis/ 10 mg in DM
Chelated Manganese Tabl. (Formula)	50	0,06
Mangan 12 mg (Orthica)	12	0,14
Mangan-Kps. (Fa. BioPan)	2,5	1,25
Manganese (Vitamine & mehr)	50	0,05

* nach [14]

Molybdän (Mo)

Vorkommen

Molybdän (Atomgewicht: 96) ist ein hartes, sprödes Schwermetall, das vor allem zur Herstellung von Molybdänstahl verwendet wird, der sich durch hohe Korrosionsbeständigkeit, Festigkeit und Zähigkeit auszeichnet. Auch manche Schmiermittel, Farbstoffe und Kunststoffe enthalten Molybdän.

Eigenschaften

Molybdän ist im Körper – und hier bevorzugt in Leber, Nieren, Knochen und Zahnschmelz – nur in geringen Mengen vorhanden. Als Bestandteil bestimmter Enzyme (Nitritreduktase, Sulfitoxidase) trägt Molybdän wesentlich zur **Entgiftung** der **Nitrite** und **Sulfite** bei. Nitrite sind vielen Lebensmitteln als Konservierungsstoffe (Pökelsalz in Schinken und Wurstwaren) beigesetzt, auch Sulfite haben eine konservierende Wirkung und verhindern unerwünschte, durch den Zutritt von Luftsauerstoff bedingte Veränderungen (Ranzigwerden von Fetten, Gärung). Sulfite, die auch in Medikamenten enthalten sind, können häufig Überempfindlichkeitsreaktionen hervorrufen.
Molybdän ist auch Bestandteil eines Enzyms (Xanthinoxidase), das den **Abbau** körpereigener oder durch Lebensmittel aufgenommener (Innereien, Ölsardinen, Fleischextrakte) **Purine** zur Harnsäure begünstigt und damit der Ablagerung der unlöslichen Harnsäurekristalle (Gicht) entgegenwirkt. Molybdän begünstigt ferner die Fluorspeicherung im Zahnschmelz.

Mangelsymptome

Klinische Zeichen eines Molybdänmangels wurden bisher nicht beobachtet. Bei Erkrankungen mit langanhaltender, starker Diarrhö (z.B. Morbus Crohn, Colitis ulcerosa) oder bei langdauernder parenteraler Ernährung wäre ein Molybdänmangel denkbar.

Bedarf, Laborwerte

Empfohlene Zufuhr:	50–250 µg
Therapeutische Zufuhr:	100–1000 µg
Körperbestand:	ca. 10 mg (= 10000 µg)

Symptome bei Überdosierung

Bei Überdosierung (z.B. in molybdänreichen Gegenden Armeniens) kommt es durch die Überaktivität des molybdänhaltigen Enzyms Xanthinoxidase zu einem Anstieg der Harnsäure mit gichtartigen Gelenkbeschwerden.

Indikationen

- **Karies:** Es soll mit dazu beitragen, Karies zu verhindern.
- **Potenzstörungen:** Potenzstörungen in höherem Lebensalter können versuchsweise mit Molybdän behandelt werden.

Nahrungsmittel

Molybdän ist in allen Vollkornprodukten, ferner in Hülsenfrüchten (besonders Sojabohnen), Eiern, Innereien und in Bierhefe enthalten.

Handelspräparate

Molybdän-Präparate*	Dosis/ Einheit	Preis/ 0,1 mg in DM
Chelated Molybdenum Tabl. (Formula)	0,15 mg	0,20
Molybdän 75 Mikrogramm	0,075 mg	0,51
Molybdän-Kps. (BioPan)	0,075 mg	0,66
Molybdenum 75 mcg (Vital Cell Life)	0,075 mg	0,32

* nach [14]

Selen (Se)

Vorkommen

Selen (Atomgewicht: 79) wurde erst zu Beginn des 19. Jahrhunderts entdeckt und war zunächst nur wegen seiner toxischen Wirkungen bei hohen Dosierungen bekannt. Als man jedoch in den letzten Jahrzehnten den Zusammenhang zwischen bestimmten Tierkrankheiten und selenarmen Böden vermutete und diese Tierkrankheiten durch die Zufuhr von Selen geheilt werden konnten, wurde die Essentialität (Lebensnotwendigkeit) von Selen erkannt.
Verwendet wird das graue, metallische Selen aufgrund seiner Halbleitereigenschaften, da es im Dunkeln den elektrischen Strom sehr wenig leitet und zugleich die Leitungsfähigkeit bei Belichtung bis auf das Tausendfache steigert. So wird Selen vor allem in der Elektrophotographie zur Herstellung von Photozellen und Belichtungsmessern verwendet.
In der Natur findet man Selen als Bestandteil der Erdkruste häufig in Ackerböden.

Eigenschaften

Besonders selenreich sind Nerven und Gehirn, Schilddrüse, Leber, Nieren, Lunge, Herz und Muskulatur, d.h. alle Organe und Zellen, die einem besonders oxidativen Stoffwechsel unterliegen. Selen (Abb. 5-9) ist Bestandteil der Glutathionperoxidase, eines der wichtigsten antioxidativen Enzyme, und schützt damit vor **Oxidationsprozessen,** die

Abb. 5-9 Selen (Institut Kage, Lauterstein).

für den Prozeß des Alterns sowie für die Entstehung vieler Krankheiten wie Krebs oder Arteriosklerose bedeutsam sind. Die Glutathionperoxidase ist ein Radikalefänger und verhindert die zellschädigende Wirkung der über die Nahrung und aus der Umwelt aufgenommenen Stoffe, die sich im Körper unter Zutritt von Sauerstoff zu hochaktiven Radikalen entwickeln.
Darüber hinaus neutralisiert Selen viele **Schwermetalle** (z.B. Quecksilber, Arsen, Blei, Kadmium). In den letzten Jahren wurden weitere selenhaltige Proteine im Körper entdeckt, deren Funktion teilweise geklärt, teilweise noch unbekannt ist: So wandelt die Jodthyronin-Dejodase das Schilddrüsenhormon T_4 in die biologisch aktive Form T_3 um.

Bedarf, Laborwerte

Empfohlene Zufuhr:	50–200 µg *
Therapeutische Zufuhr:	50–300 (–1000 µg)
Körperbestand:	ca. 15 mg (= 15000 µg)

* Empfehlung der WHO, die DGE empfiehlt 20–100 µg.

Mangelsymptome

Aufgrund selenarmer Böden erkrankten in bestimmten Gegenden Chinas, so auch in der Provinz Keshan, vor allem junge Mütter und Kinder an einer Kardiomyopathie, die als Keshan-Krankheit bezeichnet wurde.
Aufgrund geologischer Gegebenheiten sind Deutschland und Finnland selenarme Gebiete. Die tägliche Selenzufuhr wird in Deutschland durchschnittlich auf 40–60 µg geschätzt und liegt daher am unteren Rand der empfohlenen Zufuhr. Die natürliche und als grenzwertig zu bezeichnende Versorgung mit Selen könnte die Entstehung von Krebs, koronaren Herzkrankheiten sowie rheumatischen Erkrankungen fördern.
Auch die Schwächung des Immunsystems, die Entwicklung des Diabetes mellitus und von Katarakten kann durch Selenmangel begünstigt werden.
Eine finnische Studie verweist auf einen möglichen Zusammenhang zwischen niedriger Selenzufuhr und Herzinfarkt.

Symptome bei Überdosierung

Bei einer Zufuhr von 3000 µg täglich über mehrere Monate hinweg wurden knoblauchartige Atemluft, gastrointestinale Störungen, Kopfschmerzen sowie Haarausfall und Nagelveränderungen beobachtet.

Indikationen

- **Krebs:** Zur Vorbeugung und Behandlung von Krebs sollten – zumindest vorübergehend – hohe Dosen von bis zu 300 µg täglich eingenommen werden. Wird die Therapie unter Kontrolle eines in der Nährstofftherapie erfahrenen Behandlers durchgeführt, können für kurze Zeit noch höhere Dosen verabreicht werden.
- **Arteriosklerose:** Zur prophylaktischen Behandlung der Arteriosklerose.
- **Arthritis:** Bei entzündlichen Schüben der Arthritis fallen vermehrt Radikale an, die mit Hilfe der selenhaltigen Glutathionperoxidase unschädlich gemacht werden können. Rheumatiker haben oft sehr niedrige Selenspiegel. Die Zufuhr von Selen – vor allem im entzündlichen Schub, aber nicht nur dann – ist aus diesem Grund sinnvoll.
- **Katarakt:** Zur prophylaktischen Behandlung des Katarakts.
- **Immunsteigerung:** Zusammen mit Vitamin E kann die Infektabwehr gesteigert werden, indem die Lymphozytenproliferation sowie die Antikörpersynthese erhöht werden.
- **Herzerkrankungen:** In bestimmten Gegenden Chinas mit sehr selenarmen Böden kommt es zur sog. Keshan-Krankheit, die mit einer Kardiomyopathie einhergeht.

- **Pankreatitis:** Aufgrund des vermehrten Anfalls von Radikalen ist durch die antioxidative Wirkung von Selen eine günstige Wirkung zu erwarten, die für die akute Pankreatitis inzwischen auch belegt wurde.
- **Schwermetallbelastungen:** Selen wirkt als Antidot der Schwermetalle Quecksilber, Blei und Kadmium. Im Rahmen einer Amalgamsanierung ist daher die Gabe von Selen sinnvoll, ebenso bei starker Belastung mit Blei (z.B. Berufskraftfahrer, an verkehrsreichen Straßen wohnende Personen). Auch bei Rauchern, die eine starke Kadmiumbelastung aufweisen, kann Selen – besser noch wäre Nikotinkarenz – die Belastungen zum Teil auffangen.

Kontraindikationen und Nebenwirkungen

Selen weist eine geringe therapeutische Breite auf, d.h., es kann bei übermäßiger Zufuhr leicht zu Überdosierungen bzw. Vergiftungen kommen. Die Einnahme von mehr als 200 μg über längere Zeit sollte nur unter ärztlicher Kontrolle erfolgen.

Nahrungsmittel

Fleisch, Eier, Vollkornprodukte, Sojabohnen, Meerestiere, Hefe, besonders sog. Selenhefe, sowie Knoblauch sind selenreich. Der Selengehalt einiger tierischer Lebensmittel ist höher als der von pflanzlichen Lebensmitteln. Doch die Selenversorgung von Vegetariern ist nicht schlechter. Selen aus pflanzlichen Quellen wird offenbar besser resorbiert.

Handelspräparate

Selen-Präparate*	Dosis/ Einheit in μg	Preis/100 μg in DM
Cefasel® mite/forte Tabl.	50/100	0,74/0,49
Heweselen mono Tabl.	25	0,42
Selit® Tabl.	79	0,48
Selen 50 mcg (Vital Cell Life)	50	0,32
Selen 100 mcg (Vital Cell Life)	100	0,24
Selen 200 mcg (Vital Cell Life)	200	0,12
Selenminerase® Tabl.	50	1,83
Seltrans® peroral Trinkampullen	60	2,30
Seleno-6 Tablets 50/100/200 mcg. (Formula)	50/100/ 200	0,52/0,39/ 0,22
L-Selenomethionin 100 mcg Kps. (Orthica)	100	0,37
Selenium (Vitamine & mehr)	50/200	0,32/0,15

* nach [14]

Anorganische Selenverbindungen (z.B. Natriumselenit) sollten nicht zusammen mit Vitamin C eingenommen werden, da dies die Aufnahme von Selen behindert. Bei Einnahme von organischen Selenverbindungen (z.B. Selenmethionin, Selenhefe) bestehen diese Bedenken nicht.

Silizium (Si)

Vorkommen

Silizium (Atomgewicht: 28,1) ist nach Sauerstoff das zweithäufigste Element der Erdkruste und findet sich in der Natur in Sand und Quarz, in Edelsteinen (z.B. Bergkristall, Amethyst, Tigerauge, Opal, Rosenquarz) sowie in zahlreichen Pflanzen (Schachtelhalme, Gräser, Algen), denen Silizium die Festigkeit des Gewebes verleiht. Silizium ist ein wichtiger Bestandteil von Glas, Porzellan und Zement und ist das herausragende Material der Mikroelektronik (Silicon Valley).

Eigenschaften

Die biologisch wichtige Siliziumverbindung ist die Kieselsäure (SiO_2). Silizium (Abb. 5-10) kommt in allen Organen vor, besonders häufig jedoch in der **Haut** und den **Hautanhangsgebilden** (Haare, Nägel). Silizium sorgt für **Elastizität** und **Festigkeit** des Bindegewebes, der Blutgefäße, des Knorpels und der Knochen.

Es fördert die Kalkaufnahme in den Knochen und greift somit in den Kalkstoffwechsel von Zähnen und Knochen ein. Darüber hinaus spielt es eine wesentliche Rolle beim Wachstum von Haaren und Nägeln. Außerdem stärkt es die **Immunabwehr,** indem es Makrophagen („Freßzellen") aktiviert.

In der Schwangerschaft steigt der Siliziumgehalt im Blut auf das Doppelte an; ein Hinweis auf die besondere Bedeutung der ausreichenden Siliziumversorgung des Fetus. Bei Arteriosklerose ist der Kieselsäuregehalt in den Arterien erniedrigt. Inwiefern mit Kieselsäure der Arteriosklerose vorgebeugt werden kann, ist allerdings noch nicht erforscht.

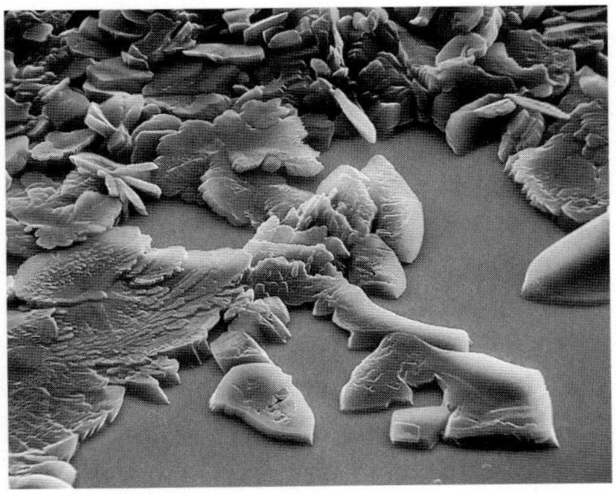

Abb. 5-10 Silizium (Institut Kage, Lauterstein).

Bedarf, Laborwerte

Empfohlene Zufuhr:	20–30 mg*
Therapeutische Zufuhr:	**
Körperbestand:	1 g

* Silizium wird nicht von allen Autoren als essentielles Spurenelement anerkannt.
** Nicht bekannt.

Mangelsymptome

Da Silizium schlecht resorbiert wird, können bei geringer Zufuhr Mangelerscheinungen auftreten. Diese zeigen sich in Form von brüchigen Nägeln und einer allgemeinen Bindegewebsschwäche.

Symptome bei Überdosierung

Symptome einer Überdosierungen mit Siliziumverbindungen sind nicht bekannt, doch kann sich durch langjährigen Kontakt mit hohen Konzentrationen silikathaltiger Stäube eine Lungenerkrankung (Silikose) entwickeln.

Indikationen

- **Haare, Nägel:** Silizium kann verordnet werden bei Störungen der Haar- und Nagelbildung. Bei Haarausfall sollte auf die ausreichende Versorgung mit Kieselsäure geachtet werden. Brüchigkeit der Fingernägel ist das erste und wichtigste Zeichen eines Kieselsäuremangels.
- **Bindegewebsschwäche:** Silizium fördert die Elastizität des Bindegewebes.
- **Osteoporose:** Nicht nur die Mineralien wie z.B. Kalzium sind für gesunde Knochen wichtig, sondern auch die organische Matrix. Siliziumverbindungen tragen vermutlich zur Festigkeit und Elastizität des Knochens bei.
- **Parodontose:** Zahnfleischschwund und Anfälligkeit für Karies können mit Silizium behandelt werden.

- **Haut:** Bei entzündlichen Prozessen (z.B. Ekzem, Mundschleimhautentzündungen) sind äußerlich angewendete Siliziumverbindungen (Silicea-Gel) unterstützend hilfreich.

Nahrungsmittel

Vollkorngetreide, vor allem Hafer, Gerste und Hirse, ist siliziumhaltig. Alle grünen Gemüse mit starker Faserbildung sind kieselsäure- und somit siliziumreich (besonders Petersilie). Einen aus Zinnkraut zubereiteten Tee sollte man mehrere Minuten kochen lassen, damit sich die Kieselsäure löst. Kieselsäurehaltige Mineralwässer enthalten mindestens 25 mg/l Silizium.

Handelspräparate

Silizium-Präparate*	Dosis/Einheit	Preis/ 10 mg in DM
Oceanic Silica 25 mg Kps. (Formula)	25 mg	0,17
Silicea Gel (im Reformhaus erhältlich)	1,3 g/100 g	0,04
Biotin Kieselsäure Gelfert Kps.	50 mg (+ 0,25 mg Biotin)	0,05

* nach [14]

Zink (Zn)

Vorkommen

Zink (Atomgewicht: 65,4) ist ein bläulichweißes, sprödes Metall, das zur Herstellung von Messing und anderen Zinklegierungen (z.B. Zinkblech in der Automobilindustrie) sowie für Batterien und Druckplatten verwendet wird. Zink ist ferner in Farbstoffen, Weichgummi und Spezialgläsern enthalten. In der Landwirtschaft kommt es in Spurenelementdüngern und Fungiziden vor. Viele Wundsalben enthalten Zinkverbindungen.

Eigenschaften

Neben Eisen ist Zink, mit 2–4 g, mengenmäßig das zweithäufigste Spurenelement im menschlichen Körper. Zink ist in den Erythrozyten, den Leukozyten und in allen Organen vorhanden. Die Spermienflüssigkeit, Prostata, Nebenhoden, Eierstöcke, Knochen, Haut, Haare und Nägel weisen einen besonders hohen Zinkgehalt auf.

Zink ist Bestandteil von ca. 200 Enzymen und an wesentlichen **Stoffwechselvorgängen** des Körpers entscheidend beteiligt: So ist Zink z.B. Bestandteil der Superoxiddismutase (Radikalefänger), der Carboanhydrase, die den CO_2-Transport in den Erythrozyten reguliert, sowie der für die Knochenneubildung zuständigen alkalischen Phosphatasen.

Ferner ist Zink als Teil der Alkohol-Dehydrogenase, die für die **Alkoholentgiftung** in der Leber zuständig ist, sowie der Glutamatdehydrogenase, die die **Harnstoffsynthese** in der Leber reguliert, an wesentlichen Stoffwechsel- und Ausscheidungsprozessen beteiligt. Zink ist in der Speicherform des Insulins in der Bauchspeicheldrüse enthalten und somit auch für die **Regulierung** des **Blutzuckers** wichtig.

Außerdem befindet sich Zink in der DNS- und RNS-Polymerase (Zellneubildung). Es hat ferner eine zentrale Bedeutung für die zelluläre Abwehr (Lymphozyten), die bei älteren Menschen oft vermindert ist. Zink ist bedeutsam für den **Vitamin-A-Stoffwechsel.** Für die Wundheilung ist es ebenfalls bedeutsam.

Bedarf, Laborwerte

Empfohlene Zufuhr:	12–15 mg*
Therapeutische Zufuhr:	20–100 (–150) mg
Körperbestand:	2–3 g

* Schwangere und Stillende 25 mg

Mangelsymptome

Aufgrund des großen Wirkungsspektrums des Spurenelements Zink können durch unzureichende Versorgung vielfältige Symptome verursacht werden. Zudem gehen bestimmte Krankheiten häufig mit einem Zinkmangel einher (Pankreasinsuffizienz, Morbus Crohn, Colitis ulcerosa, einheimische Sprue, Leberzirrhose). Manche Medikamente (z.B. Penicillamin, Diuretika, Steroide) führen zu erhöhten Zinkverlusten.

Bei älteren Menschen besteht nicht selten auch eine nur grenzwertig ausreichende Zinkversorgung.

Da pflanzliche Nahrung relativ zinkarm ist und die Aufnahme aus pflanzlichen schlechter als die aus tierischen Lebensmitteln ist, stellt Zink für Vegetarier ein „Problemelement“ dar. Bei entsprechenden Erkrankungen sollte – insbesondere bei älteren Menschen, Leistungssportlern und Vegetariern – an Zinkmangel gedacht werden.

Durch einen Zinkmangel werden zunächst relativ unspezifische Symptome hervorgerufen, die sich an Haut und Nägeln durch Haarausfall, trockene, schuppige Haut, durch gestörte Wundheilung sowie durch quergestreifte Fingernägel äußern. Adynamie, Appetitlosigkeit, depressive Verstimmungen, Störungen des Geruchs- und Geschmackssinns sind neben der verstärkten Infektanfälligkeit weitere Zeichen, die auf einen Zinkmangel verweisen können. Auch Minderwuchs kann mit einem Zinkmangel einhergehen.

Gewisse Hinweise auf einen Mangel können Blutuntersuchungen geben, wobei der Serumgehalt normalerweise 80–150 µg/dl (12–23 µmol/l) und der Erythrozytengehalt 0,88–1,6 mg/dl (133–245 µmol/l) beträgt.

Symptome bei Überdosierung

Bei oraler Aufnahme im therapeutischen Bereich ist nicht mit einer Überdosierung zu rechnen. Symptome einer akuten Vergiftung, die durch Einatmen von Zinkdämpfen oder durch das Aufbewahren saurer Lebensmittel in Zinkbehältern verursacht werden können, sind: Übelkeit, Erbrechen, Koliken, Durchfälle, Fieber sowie Gelenk- und Muskelschmerzen.

Indikationen

- **Hautkrankheiten, Haare:**
  - Acne vulgaris, Neurodermitis, Psoriasis können mit Zink und Vitamin A behandelt werden.
  - Die Wundheilung wird gefördert durch die Gabe von Zink und Vitamin C.
  - Haarausfall kann versuchsweise mit Zink behandelt werden.
- **Störungen der Geschmacks- und Geruchsnerven:** können versuchsweise mit Zink behandelt werden.
- **Immunabwehr:** Zink fördert die Lymphozytentransformation, T-Zell-Reifung (Co-Faktor des Thymulins), die T-Zell-Differenzierung sowie die B-Zell-vermittelte Immunabwehr.
- **Krebs:** Bei Krebs sollte auf eine gute Zinkversorgung geachtet werden.
- **Stoffwechselerkrankungen:** Diabetiker haben oft einen Zinkmangel; Zink vermindert die Insulinresistenz.
- **Ulcus cruris:** Zink beschleunigt die Wundheilung.
- **Ulcus ventriculi:** Zink fördert die Wundheilung und hemmt das Wachstum des Helicobacter pylori.
- **Arthritis:** Die rheumatischen Symptome bei rheumatoider Arthritis werden unter Zinkgabe geringer.
- **Schwangerschaft, Stillzeit:**
  - Zink soll das Risiko von Fehlgeburten und Mißbildungen verringern.
  - Milchschorf und Entzündungen im Analbereich treten beim Säugling seltener auf, wenn die Mutter Zink einnimmt.
- **Darmerkrankungen:** Chronisch entzündliche Darmerkrankungen (z.B. Morbus Crohn, Colitis ulcerosa) können mit Zink therapiert werden.

- **Lebererkrankungen:** Da Zink viele Leberenzyme unterstützt, empfiehlt es sich zur zusätzlichen Behandlung von Lebererkrankungen (z.B. Leberzirrhose, Fettleber).
- **Psychische Erkrankungen:** Bei Depressionen oder hirnorganischem Psychosyndrom wird zusammen mit Mangan eine positive Wirkung von Zink diskutiert, vor allem wenn die Erkrankung mit einem erhöhten Kupferspiegel einhergeht.
- **Akrodermatitis enterohepatica:** Dosen bis 150 mg täglich bringen bei dieser seltenen erblichen Zinkmangelkrankheit sichere Behandlungserfolge.
- **Morbus Wilson:** Zink, der Gegenspieler von Kupfer, vermindert die Kupferresorption und -anreicherung bei der Behandlung dieser Kupferspeicherkrankheit.
- **Kupfervergiftung:** Zur Behandlung der Kupfervergiftung (s. S. 131) kann Zink als Antagonist des Kupfers, der die Kupferresorption und -anreicherung vermindert, eingesetzt werden.

Kontraindikationen und Nebenwirkungen

Zinkpräparate nicht bei schweren Nierenfunktionsstörungen anwenden.

Wegen der relativ geringen Toxizität auch größerer Zinkmengen sind bei Dosierungen wie oben angegeben keine Nebenwirkungen zu befürchten.

Nahrungsmittel

Alle Meerestiere, vor allem Austern, Fleisch, Milch, Vollkorngetreide, Gemüse, Hülsenfrüchte, Käse enthalten viel Zink.
Die Aufnahme von Zink wird durch Phytate in rohem Getreide, kalzium- oder phosphatreiche Kost sowie durch fettreiche Nahrung behindert.

Handelspräparate

Zink-Präparate*	Dosis/ Einheit in mg	Preis/10 mg in DM
Chelated Zink Tabl. (Formula)	22	0,12
Tri-Zink 50 mg (Orthica)	50	0,05
Unizink® 50 Filmtabl.	9,8	0,35
Zinc Citrate 30 mg Kps. (Formula)	30	0,09
Zink-D-Longoral® Filmtabl.	6,5	0,62
Zinkit® 3/-10/-20 Drg.	3/10/20	0,93/0,30/0,20
Zinkit® 3/-10/-20 Brausetabl.	3/10/20	2,66/0,84/0,45
Zinkorot® 25 Tabl.	25	0,16
Zinkorotat 20/ -Pos® Tabl.	3,2/6,3	1,13/0,65
Zink „50" Tabl. (Formula)	50	0,06
Zink-15 mg (Orthica)	15	0,15

* nach [14]

Kalzium, Eisen oder Kupfer hemmen möglicherweise die Aufnahme von Zink. Zink sollte aus diesem Grund nicht mit entsprechenden Präparaten oder Lebensmitteln (z.B. Milchprodukte) zusammen eingenommen werden.
Es empfiehlt sich die Nüchterneinnahme (1–2 Stunden vor dem Frühstück oder zwischen den Mahlzeiten).

5.5 Vitamine

Vitamine sind organische Verbindungen, die für Wachstum, Erhaltung und Fortpflanzung lebenswichtig sind. Sie können vom tierischen und menschlichen Körper nicht synthetisiert werden und müssen in geringen Mengen ständig zugeführt werden. Die unzureichende Zufuhr eines Vitamins führt zu Mangelerscheinungen, zu spezifischen Erkrankungen und schließlich zum Tod. Bei einigen Vitaminen kann auch die Vorstufe zugeführt werden, die der Körper dann selbst zum Vitamin umwandelt (z.B. Beta-Karotin zu Vitamin A). Für den Menschen als essentiell, d.h. lebensnotwendig, gelten heute die Vitamine **A, D, E, K,** die **fettlöslichen Vitamine,** sowie **B_1, B_2, Niacin (B_3), Pantothensäure (B_5), B_6, Folsäure (B_9), B_{12}, Biotin und C,** die **wasserlöslichen Vitamine.** Fast alle Vitamine üben ihre Funktion als Enzyme oder Coenzyme aus, ohne die eine Vielzahl biochemischer Prozesse nicht oder nur sehr verlangsamt ablaufen könnte.

Die wasserlöslichen Vitamine sind mit Ausnahme des Vitamin C Bestandteil von Enzymen, kommen vorwiegend in Zellen vor und sind wichtig für den Abbau der Fette, Kohlenhydrate und Proteine. Sie rufen im Gegensatz zu den fettlöslichen Vitaminen, die überwiegend im Blut vorkommen und spezifische Aufgaben zu erfüllen haben, keine Symptome der Überdosierung hervor.

Mangelerscheinungen sind jedoch bei allen Vitaminen, die nicht ausreichend zugeführt werden, zu verzeichnen.

Der Begriff „Vitamin" geht auf den Biochemiker Casimir Funk zurück, der 1912/13 im Anschluß an seine Untersuchungen über die Mangelkrankheit Beriberi den Stoff Thiamin, dessen Fehlen bei Ernährung mit poliertem Reis diese Krankheit hervorruft, als Vitamin, d.h. als lebensnotwendiges Amin (Stickstoffverbindung), bezeichnete. Die Bezeichnung wurde beibehalten, obwohl einige Vitamine keine Stickstoffverbindungen, sondern Neutralstoffe oder Säuren sind.

Vitaminmangelzustände

Die häufigsten, auch als Avitaminosen bezeichneten Vitaminmangelerkrankungen haben in der Medizin eigenständige Krankheitsbezeichnungen erhalten und sind z.B. als Skorbut (Vitamin-C-Mangel), Rachitis (Vitamin-D-Mangel), Beriberi (Vitamin-B_1-Mangel), Pellagra (Vitamin-B_3-Mangel) oder perniziöse Anämie (Vitamin-B_{12}-Mangel) bekannt. Für die westlichen Industriegesellschaften sind die extremen klinischen Mangelzustände kaum von Bedeutung. Bedeutsamer sind jedoch **latente Mangelzustände,** die die optimale Funktion bestimmter Abläufe innerhalb des Organismus nicht mehr gewährleisten. Zunächst zeigen sich unspezifische Symptome. In dieser Phase der marginalen Bedarfsdeckung lassen sich weder laborchemisch noch klinisch Anzeichen einer mangelnden Zufuhr erkennen. Erst im letzten Stadium, nach Durchlaufen des subklinischen Stadiums, kommt es zu den für das Vitamin charakteristischen klinischen Symptomen.

Aus den vorliegenden Abbildungen lassen sich die verschiedenen Stadien in der Entwicklung von Mangelzuständen erkennen. Erst wenn die Nährstoffspeicher weitgehend aufgebraucht sind (Abb. 5-11), kommt es zu Veränderungen des Stoffwechsels, die sich meist nur mittels Spezialuntersuchungen nachweisen lassen und auch nicht immer spezifisch für den Mangel eines bestimmten

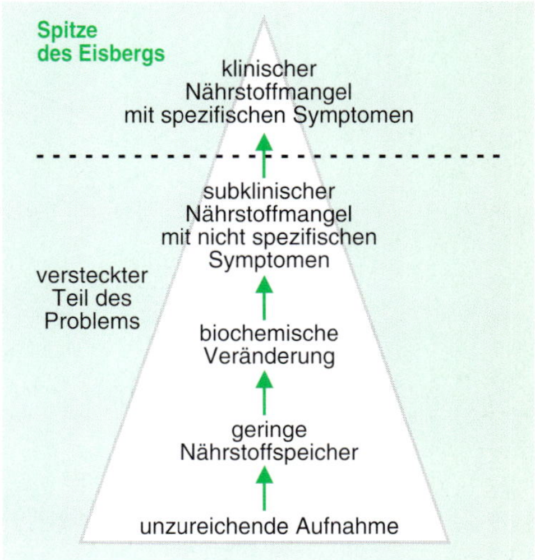

Abb. 5-11 Der „Eisberg" des Nährstoffmangels (aus [9]).

Nährstoffes sind. Die klinische Symptomatik entwickelt sich langsam, während zunächst unspezifische Symptome überwiegen. Erst nach lange bestehendem Mangel kommt es zu typischen Symptomen, die auf den Mangel eines bestimmten Vitamins oder anderen Nährstoffes hinweisen. Es wird angenommen, daß latente Mangelzustände relativ häufig vorkommen und relevant für die Entstehung und Ausprägung vieler Krankheiten (z.B. Infektionen, Krebs, Arteriosklerose) sind.

Am Beispiel des Thiaminmangels (Vitamin B_1) soll dies verdeutlicht werden. Es ist zu erkennen, daß bereits nach 2 Monaten Thiaminmangel (Abb. 5-12) keine relevanten Gewebespiegel mehr nachweisbar sind, die klinische Symptomatik ist selbst zu diesem Zeitpunkt noch milde und unspezifisch. Erst im Verlauf weiterer Monate nehmen die klinischen Symptome langsam zu, anatomische Veränderungen setzen erst nach einem halben Jahr ein. Der subklinische Mangel und das Frühstadium des manifesten klinischen Mangels zeichnen sich durch verminderte Leistungsfähigkeit, erhöhte Reizbarkeit und leichte Depressionen aus. Diese Symptome sind eher unspezifisch und können auch bei vielen anderen Mangelzuständen bzw. auch unabhängig von einem Nährstoffmangel vorkommen.

Im Hinblick auf die Diagnose verschiedener Mangelzustände kommt erschwerend hinzu, daß selten ein Vitamin einen isolierten Mangel aufweist, sondern möglicherweise eine Kombination aus latenten Mangelzuständen verschiedener Nährstoffe vorliegt, die sich in der Wirkung gegenseitig verstärken können. So liegen bei chronisch erhöhtem Alkoholkonsum ein Mangel an den Vitaminen B_1, B_6, B_{12}, Folsäure und an Magnesium vor, auch bei Einnahme von Kontrazeptiva zeigt sich, daß verschiedene Vitamine (B_1, B_2, B_6, B_{12}, Folsäure) in nicht ausreichenden Mengen

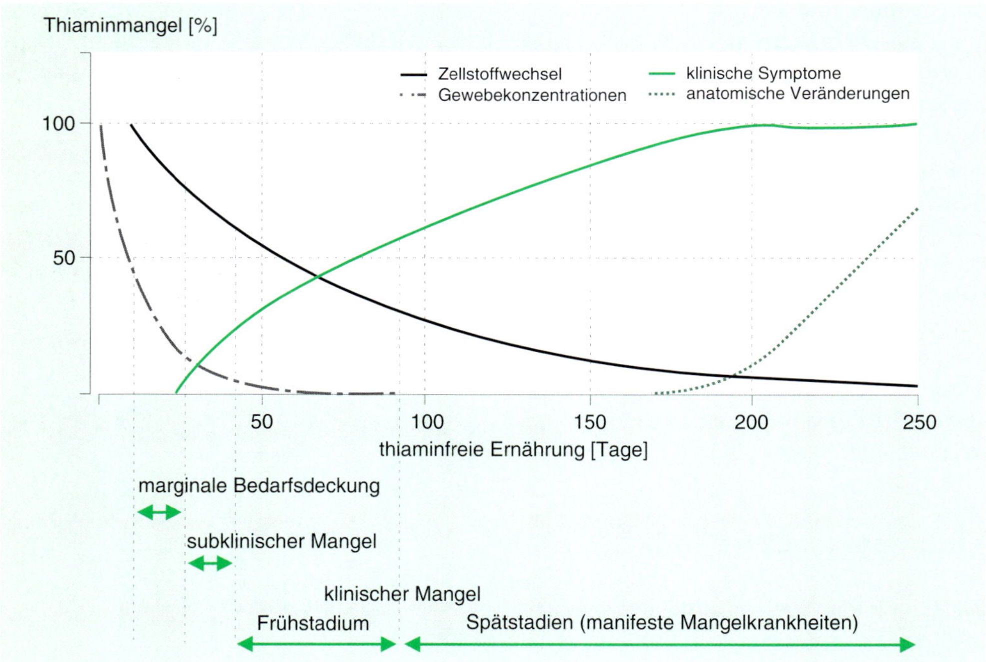

Abb. 5-12 Stadien des Thiaminmangels beim Menschen (aus [9]).

vorhanden sind. Diese Mangelzustände sind nicht zu verifizieren, sondern können nur ex juvantibus behandelt werden, wenn Beschwerden vorliegen, die einen Mangel als möglich erscheinen lassen. Daß solche **latenten Mangelzustände** von immenser Bedeutung sein können, zeigen Studien, in denen ein deutlicher Rückgang der Abortrate und der Rate an Fehlbildungen am Neuralrohr nachgewiesen werden konnte, als den Frauen vor und während der Frühphase der Schwangerschaft Folsäure verabreicht wurde, obwohl keine klinischen Hinweise auf einen Folsäuremangel bestanden.
Nicht bei allen Erkrankungen ist der Zusammenhang zwischen klinischen Symptomen und Vitaminmangelerscheinungen bisher so gut belegt worden wie im angeführten Beispiel zwischen der Gabe von Folsäure und dem Rückgang der Abortrate. Angesichts der relativen Unschädlichkeit von Vitamingaben – sieht man von hoch dosierten Vitamin-A- und -D-Gaben ab – und deren möglichen großen therapeutischen Nutzen sind die Zurückhaltung und ebenso warnenden wie ablehnenden Empfehlungen mancher Mediziner vor einer Vitamintherapie kaum nachzuvollziehen.

Vitamine und Evolution

Pflanzen sind von der Zufuhr von Vitaminen unabhängig, da sie alle benötigten organischen Stoffe aus Wasser, Kohlensäure, Mineralstoffen und Energie selbst synthetisieren können. Tiere müssen jedoch einige organische Verbindungen – eben die Vitamine – mit den Pflanzen oder mit Tieren, die diese Pflanzen gefressen haben, zuführen.
Überraschend mag dabei für viele die Erkenntnis sein, daß Vitamine zwar sehr wichtige Substanzen sind, jedoch nicht ganz so wichtig sind wie andere Substanzen, die nicht mit der Nahrung zugeführt werden müssen (z.B. Cholesterin). Die Vitamine standen dem Menschen bzw. seinen tierischen Vorfahren im Laufe der Evolutionsgeschichte in ausreichendem Maße über die Nahrung zur Verfügung, so daß der Verlust der körpereigenen Synthese keinen Mangel bedeutete, der sich im Selektionsprozeß nachteilig bemerkbar gemacht hätte. Im Gegenteil scheint es sogar von Vorteil zu sein, wenn Energie und die Bereitstellung entsprechender Produktionskapazitäten eingespart werden können.
Am Beispiel des Vitamin C kann dies anschaulich dargestellt werden. Die meisten Tiere benötigen kein Vitamin C von außen, da sie es selbst synthetisieren können. Ausnahmen sind die Primaten und die Meerschweinchen. Man nimmt an, daß unsere Vorfahren vor ca. 25 Millionen Jahren die Fähigkeit zur Vitamin-C-Synthese verloren haben. Erst dadurch hat Vitamin C den Vitamincharakter angenommen, den es ja für die meisten Tiere nicht hat. Wäre dieser Verlust für unsere Vorfahren ein Nachteil gewesen, hätten diese nicht überlebt, sondern diejenigen, die weiterhin die Synthese beherrschten. Zu jener Zeit war die Nahrung dieser Primaten fast ausschließlich pflanzlich und daher sehr reich an Vitamin C. Man nimmt an, daß unsere Vorfahren täglich mindestens 500 mg zu sich nahmen, so daß Mangelerscheinungen nicht auftreten konnten. Einige Wissenschaftler postulieren daher Zufuhrmengen von 500 mg bis zu mehreren Gramm. Dies entspricht übrigens auch der Menge, die die Vitamin-C-synthetisierenden Tiere, bezogen auf das menschliche Körpergewicht, in etwa täglich produzieren.

Empfohlene und optimale Zufuhr

Offizielle Behörden der einzelnen Länder haben für alle Vitamine Zufuhrempfehlungen ausgesprochen. Diese offiziell angegebenen Werte suggerieren eine optimale Zufuhr, stellen jedoch nur eine Mindestzufuhr dar, die ausreicht, um manifeste Mangelerscheinungen zu verhindern. Zudem orientieren sich die Empfehlungen an einem gesunden leistungsfähigen Durchschnittsbürger, nicht jedoch an einem kranken oder von Krankheit bedrohten Menschen. Darüber hinaus werden weder besondere physische oder psychische Situationen noch umweltbedingte Belastungen oder Phasen einer Medikamenteneinnahme berücksichtigt, die alle eine wesentlich höhere Zufuhr an Vitaminen erforderlich machen können.

Die Bestimmung einer ausreichenden Mindestzufuhr ist noch relativ leicht, da die einzige Forderung die Vermeidung manifester Mangelzustände ist. Zur Erhöhung der Sicherheit ist meist eine gewisse Spanne eingebaut, die diese Mindestzufuhr wirklich garantiert: So führt z.B. die Zufuhr an Vitamin C von weniger als 10 mg täglich über längere Zeit zu Skorbut. In Deutschland gilt daher eine Zufuhrempfehlung von 75 mg, in anderen Ländern hingegen nur von 60 oder gar 30 mg; der größere Bedarf bestimmter Bevölkerungsgruppen ist dabei nicht berücksichtigt, so etwa der zwei- bis dreifach erhöhte Bedarf bei Rauchern.

Nicht vergessen sollte man, daß die offiziellen Zufuhrempfehlungen nicht zuletzt auch politische Entscheidungen darstellen. So dürfen die Empfehlungen nicht in einem zu großen Gegensatz zu den tatsächlichen Lebens- und Ernährungsgewohnheiten der Bevölkerung stehen, da dies politisch unerwünscht wäre. Daher stieße die Forderung nach einer Erhöhung bestimmter Zufuhrempfehlungen, die dann nur durch radikale Ernährungsänderungen (z.B. Ersatz des größten Teils der Fleischzufuhr durch Gemüse und Obst) oder Einnahme von Nahrungsergänzungen zu erfüllen wären, auf den massiven Widerstand seitens großer Teile der Bevölkerung, aber auch starker wirtschaftlicher Interessengruppen.

Wissenschaftliche Fragestellungen. Viele Fragen zum Thema „Vitamine" sind längst noch nicht ausreichend erforscht. Dies liegt an der Komplexität und Vielschichtigkeit des Forschungsgegenstand selbst, da Vitamine – zumindest in der Nahrung – nicht isoliert, sondern im Verbund mit anderen Vitaminen und Nährstoffen auftreten und viele mögliche Interaktionen zwischen den einzelnen Vitaminen, aber auch zu anderen Nährstoffen berücksichtigt werden müßten. So weiß man mittlerweile, daß beispielsweise Vitamin C in der Lage ist, „verbrauchtes" Vitamin E wieder zu regenerieren, eine hohe Zufuhr ungesättigter Fettsäuren erhöht hingegen den Bedarf an Vitamin E. Innerhalb dieses komplexen Themenbereiches sind viel Interaktionen noch nicht bekannt. Zudem sind klinische Langzeituntersuchungen zeitlich und materiell sehr aufwendig. Wenige Forscher sind an Studien interessiert, deren Forschungsergebnisse erst nach Jahren oder gar Jahrzehnten veröffentlicht werden können. Das kommerzielle Interesse an Vitaminforschung ist längst nicht so groß wie an Medikamentenforschung.

Es gibt noch viele Fragen, die nicht hinreichend geklärt sind und einer eindeutigen Antwort bedürfen, so z.B.:

- Führt eine gute Vitaminversorgung, gegebenenfalls mit Dosierungen über den bestehenden Zufuhrempfehlungen, zu einer höheren Lebenserwartung?
- Bestehen Zusammenhänge zwischen latenten Vitaminmangelzuständen und chronischen Erkrankungen wie z.B. Krebs, Arteriosklerose, Rheuma oder Morbus Alzheimer?
- Lassen sich diese Erkrankungen bzw. Rezidive mit einer erhöhten Zufuhr verhindern?

Nebenwirkungen und Toxizität von Vitaminen

Eine Zufuhr von Vitaminen in der Größenordnung der empfohlenen Zufuhr hat keine Nebenwirkungen. Auch bei Zufuhr sehr hoher Dosen („Mega-Dosen") zeichnen sich Vitamine durch eine große therapeutische Breite aus. Bei einzelnen Vitaminen kann die 50- bis über 1000fache Dosis der empfohlenen Tageszufuhr gegeben werden, bis Nebenwirkungen auftreten, die meist harmloser Natur und bei Absetzen rasch reversibel sind (z.B. Diarrhö bei mehr als 10 g Vitamin C, Hitzewallungen bei Nikotinsäure im Grammbereich). Ausnahmen bilden hier lediglich die fettlöslichen Vitamine A und D, bei denen 25000 I.E. bzw. 1000 I.E. als sichere obere Grenze für eine Dauertherapie angesehen werden. Dies entspricht dem 7- bzw. 5fachen der empfohlenen Tageszufuhr. Schwangere sollen sogar nicht mehr als 10000 I.E. Vitamin A zu sich nehmen.

Rechtfertigung einer Therapie oder Prävention mit Vitaminen

Für viele Krankheiten ist die Wirksamkeit einer therapeutischen oder präventiven Vitamingabe nach strengen wissenschaftlichen Kriterien noch nicht endgültig gesichert. Es stellt sich jedoch die Frage, inwiefern eine Therapie, deren Wirksamkeit zwar nicht bewiesen, aber doch möglich bis wahrscheinlich ist, die nebenwirkungsarm bis -frei ist und die in der Regel im Vergleich zu anderen therapeutischen Maßnahmen recht kostengünstig ist, dem Kranken oder dem von Krankheit bedrohten Menschen vorenthalten werden darf.
Für die therapeutische Wirksamkeit einiger Vitamine bei bestimmten Krankheiten, so z.B. für die Wirkung der antioxidativen Vitamine bei Arteriosklerose oder Krebs, haben sich mittlerweile so starke Indizien ergeben, daß es kaum gerechtfertigt erscheint, noch Jahre oder Jahrzehnte bis zum endgültigen Beweis zu warten, selbst wenn eine solche Therapie von Kritikern teilweise als „Produktion teuren Urins" bezeichnet wird.

Vitaminoide

Vitaminoide sind organische, vitaminähnliche Substanzen, die der Organismus selbst synthetisieren kann und die gleichzeitig als Nahrungsbestandteil aufgenommen werden. Bei diesen Substanzen zeigen sich keine Mangelerscheinungen, solange die körpereigene Synthese ausreichende Mengen bereitstellt, selbst wenn mit der Nahrung keine nennenswerte Zufuhr erfolgt. Bei nachlassender Synthese durch Alter, Krankheit oder Enzymstörungen können jedoch möglicherweise Nachteile entstehen: Dies wird z.B. beim Coenzym Q_{10} diskutiert. Demnach könnte Vitamin D als Vitaminoid klassifiziert werden, da Vitamin D bei intakter Nierenfunktion und ausreichender UV-Bestrahlung selbst synthetisiert wird.

Vitaminkombinationen

Auf dem Arzneimittel- und Nahrungsergänzungspräparatemarkt existiert derzeit eine nahezu unüberschaubare Vielfalt sehr unterschiedlich zusammengesetzter Kombinationen von Vitaminen. Bei einem großen Teil der Vitaminkombinationen handelt es sich um sog. Multivitaminpräparate, die den täglichen Bedarf an Vitaminen sicherstellen sollen, wenn aus unterschiedlichen Gründen (z.B. Krankheit mit ungenügender Nahrungsaufnahme, Fasten) eine ausreichende Zufuhr nicht gewährleistet ist oder ein erhöhter Bedarf besteht (z.B. Krankheit, besondere physische oder psychische Belastungen wie Schwangerschaft oder Leistungssport). Die Gabe solcher Präparate kann unter Umständen sinnvoll sein. Diese sind jedoch hinsichtlich der Art und Menge ihrer Zusammensetzung kritisch zu prüfen, denn oft sind in diesen Präparaten die Vitamine, deren Zufuhr in Industrienationen als problematisch angesehen wird, recht niedrig dosiert oder fehlen ganz. So enthalten einige Multivitaminpräparate zwar mehr als ausreichend Vitamin B_{12}, teilweise das Mehrfache des Tagesbedarfs, obwohl die Versorgung dieses Vitamins in der Bevölkerung von ganz wenigen Ausnahmen gesichert ist, während etwa die Folsäure, von

der ein latenter Mangel (s. S. 158) recht häufig angenommen wird, oft nicht berücksichtigt oder in der Dosis unzureichend ist.
Mit Mineralien kombinierte Multivitaminpräparate sind meist unsinnig, da die zugeführten Mineralmengen (z.B. von Kalzium oder Magnesium) oft nur wenige Prozent des Tagesbedarfs ausmachen, dem unkritischen Anwender jedoch verheißen, alle Vitamine und Mineralstoffe in ausreichendem Maße zuzuführen.
Bei einigen der angebotenen Präparate, die nur bestimmte, indikationsspezifische Vitamine enthalten, werden jedoch auch positive Wirkungen verzeichnet. Beispielhaft seien hier Vitamin-B-Kombinationspräparate genannt, die bei vielen Schmerzzuständen und neurologischen Erkrankungen positive Effekte entfalten sollen. Tatsächlich konnte nachgewiesen werden, daß die Schmerzen abnahmen und Analgetika eingespart werden konnten, ohne daß der genaue Mechanismus der Schmerzreduktion bekannt wäre. Auch eine Reduktion des Arterioskleroserisikos erscheint möglich, wenn erhöhte Homocysteinwerte im Blut vorliegen: So ist die Senkung erhöhten Homocysteins durch Folsäure, Vitamin B_6 und B_{12} nachgewiesen.
Daß die Kombination bestimmter Vitamine, deren ausreichende Zufuhr als problematisch angesehen wird, zusammen mit einigen Spurenelementen sinnvoll sein kann, beweist eine amerikanische Studie, in der der Effekt einer Kombination von Vitamin A, Beta-Karotin, Vitamin B_1, B_2, B_6, B_{12}, C, D, E, Niacin, Folsäure sowie Kupfer, Selen, Jod und Zink gemessen wurde. In dieser doppelblinden, placebokontrollierten, randomisierten Studie an älteren Menschen konnten innerhalb eines Jahres eine signifikante Beeinflussung bestimmter Immunparameter sowie eine deutlich geringere Infektionshäufigkeit nachgewiesen werden.

Antioxidanzienkombinationen

Antioxidanzien wirken sog. freien Radikalen entgegen. **Freie Radikale** sind hochreaktive chemische Stoffe, die körpereigene Fette, Proteine sowie Zellstrukturen (z.B. Zellmembran, Erbsubstanz) angreifen und schädigen. Bekannte Beispiele für Radikale oder deren Vorstufen sind Wasserstoffperoxid, das früher gebräuchliche Haarentfärbungsmittel der Blondinen, und Ozon. Radikale entstehen natürlicherweise in begrenzten Mengen im körpereigenen Stoffwechsel. Bei jedem Atemzug und der nachfolgenden Verbrennung des Sauerstoffes (Oxidation) entstehen natürlicherweise auch freie Radikale. Darüber hinaus werden vermehrt Radikale durch bestimmte äußere Einflüsse gebildet:

- durch Infektionen in den weißen Blutkörperchen
- durch die Verbrennung von Sauerstoff (bei körperlichen Anstrengungen vermehrt) als physiologischer Vorgang in der Atmungskette
- bei Diabetes mellitus fallen vermehrt Radikale an
- bei Sauerstoffmangelzuständen (z.B. Angina-pectoris-Anfall, Zustand nach Herzinfarkt, besonders nach lysiertem Herzinfarkt) entstehen vermehrt Radikale
- bei Hyperhomocysteinämie (erhöhtes Homocystein im Blut, z.B. Mangel an Vitamin B_6, B_{12} oder Folsäure)
- durch ionisierende Strahlen (Röntgen, UV-Strahlung, radioaktive Substanzen)
- Luftverunreinigungen (Stickoxide aus dem Autoverkehr, Ozon)
- Zigarettenrauch
- Pestizide
- manche Arzneimittel (z.B. Narkosemittel, Zytostatika)
- fraglich auch durch psychischen Streß.

Schädliche Mengen freier Radikale können durch diese Einflüsse wie auch durch Versagen der körpereigenen Abwehrmechanismen entstehen. Es gibt nämlich einige Enzyme (z.B. Glutathionperoxidase, Katalase, Superoxiddismutase), die Radikale unschädlich machen können. Bestimmte Nährstoffe wirken selbst antioxidativ (z.B. Vitamin E) oder unterstützen die antioxidativen Enzyme (z.B. ist die Glutathionperoxidase weitgehend selenabhängig). Als Folgeerkrankungen der Radikalwirkungen werden u.a. Arteriosklerose, Lungenemphysem und der beschleunigte Altersprozeß diskutiert. Krankheiten wie Rheuma oder Diabetes führen über eine vermehrte Radikalebildung zu entsprechenden Folgeschäden.

Bei folgenden Erkrankungen werden positive Wirkungen von Antioxidanzien diskutiert, wobei einige Anwendungen (z.B. bei Arteriosklerose, Krebs) schon recht gut belegt, andere (z.B. Morbus Alzheimer, Parkinson) noch umstritten sind:

- Arteriosklerose
- Krebserkrankungen
- Nebenwirkungen von Krebsmitteln
- chronische Gelenkerkrankungen und Rheuma
- Asthma
- Schwächung des Immunsystems mit wiederholten Infektionen
- diabetische Gefäßerkrankungen
- Katarakt
- Hautalterung
- erhöhte Belastung mit Radikalen (z.B. Zigarettenrauch)
- intensive sportliche Belastungen mit deutlich erhöhtem Sauerstoffumsatz (z.B. Langstreckenlauf)
- Herzinsuffizienz
- unmittelbar nach einer Organspende oder nach einer Lysetherapie des Herzinfarktes
- Erkrankungen des Nervensystems (Morbus Alzheimer, Morbus Parkinson, Epilepsien).

Handelspräparate

Antioxidanzien-Präparate*	Selen	Beta-Karotin	Vitamin C	Vitamin E	Preis/Einheitin DM
Oxytex®	50 µg	18 mg	225	36 mg	0,53
SelvitEac®	100 µg	18 mg	225 mg	54 mg	0,65
Syxxyl-Selen-forte®	100 µg	7,5 mg	100 mg	36 mg	0,53
Symbion®	60 µg	6 mg	200 mg	36 mg	ca. 0,75
Antioxirell®	50 µg	8,1 mg	60 mg	12 mg	0,65
H.E.L.P.P. Suppletten	50 µg	4,8 mg	–	36 mg	0,90
AntOxid Tabl. (Orthica)	50 µg	6 mg	600 mg	140 mg	1,03
Selen-Vitamine A-E-Kps. (Fa. Biopan)	50 µg	–	2,4 mg	12 mg	0,50
Adult Chewable Antioxidant Tablets (Formula)	20 µg	3 mg	250 mg	86 mg	0,67
Selen-Hefe-Tabl. mit Vitamin A+C+E (Pharmadrog)	50 µg	0,9 mg	50 mg	12 mg	0,18
Vitace-Pascoe® Drg.	–	1,8 mg	50 mg	5 mg	0,22

* nach [14]

Es können noch keine gesicherten Dosisempfehlungen gegeben werden. Mit 1(–2) Dosen eines der oben aufgeführten Präparate wird bereits eine gute Grundlage geschaffen. Bei einzelnen Krankheiten können jedoch wesentliche höhere Dosierungen einzelner Antioxidanzien sinnvoll sein (z.B. Vitamin C bei Krebs im Grammbereich, Vitamin E bei Arteriosklerose 100–400 mg, bei Rheuma bis zu 1200 mg).

Vitamin A (Retinol) und Beta-Karotin (Provitamin A)

Eigenschaften

Vitamin A kommt in tierischen, Beta-Karotin in pflanzlichen Produkten vor. Beta-Karotin (Abb. 5-13) ist eine Vorstufe des Vitamin A und kann im Körper in dieses umgewandelt werden. Bei ausreichendem Vitamin-A-Bestand wird Beta-Karotin nicht umgewandelt, sondern verbleibt als Antioxidans im Körper bzw. wird über die Niere ausgeschieden.

Abb. 5-13 Beta-Karotin (Institut Kage, Lauterstein).

Als Bestandteil des **Sehpigments** ist Vitamin A Voraussetzung für gutes Sehen, besonders beim Nacht- und Dämmerungssehen. Ein Mangel macht sich zunächst beim Nachtsehen bemerkbar. Aber auch andere Sinnesfunktionen wie Hören, Riechen und Schmecken sind von Vitamin A abhängig. Vitamin A ist zudem für die Funktion der Haut und Schleimhäute mitverantwortlich.
Für die embryonale Entwicklung sowie für die Entstehung der Keimzellen ist es unentbehrlich. Auch ein gut funktionierendes **Immunsystem** ist auf eine ausreichende Versorgung angewiesen. Vitamin A ist bedeutsam bei der **Verstoffwechslung** von **Protein.** Die Entstehung von Tumoren (Tumorinduktion) und das Wachstum maligner Zellen wird durch Retinsäure gehemmt. Beta-Karotin wirkt über seine Eigenschaft als Radikalefänger protektiv bei Krebserkrankungen (besonders bei Ösophagus- und Mundkrebs). In letzter Zeit werden die **antioxidativen Eigenschaften** von Vitamin A und Beta-Karotin stark diskutiert. Sie schützen den Körper und seine Strukturen vor einer Schädigung durch Oxidation.

Bedarf

Vitamin A	
Empfohlene Zufuhr:	4–5000 I.E.*
Therapeutische Zufuhr:	10–100000 I.E**
Beta-Karotin	
Empfohlene Zufuhr:	3 mg*
Therapeutische Zufuhr:	5–50 (–150) mg

* Umrechnung: 1000 I.E. Vitamin A = 0,6 mg Beta-Karotin, 1 mg Beta-Karotin = 1667 I.E. Vitamin A, 1 mg Vitamin A = 3300 I.E., 1000 I.E. = 0,3 mg Vitamin A
** Schwangere max. 10.000 I.E.

Mangelsymptome

Proteinreiche Ernährung, Schwangerschaft, Streß und Krankheiten können zu einem er-

höhtem Bedarf an Vitamin A führen. Weltweit ist der Vitamin-A-Mangel vermutlich die häufigste Vitaminmangelkrankheit und betrifft vor allem die Bevölkerung in der dritten Welt und hier in erster Linie Kinder. Dabei kommt es zu Sehstörungen, zunächst beim Dämmerungssehen, die sich jedoch bis hin zur Blindheit entwickeln können. Auch andere Sinnesempfindungen (Hören, Riechen, Schmecken) sind beeinträchtigt. An der Haut können sich Störungen – Trockenheit von Haut und Schleimhäuten, akneiforme Hautveränderungen – zeigen. Auch Wachstumsstörungen können auftreten.
Durch die Schwächung des Immunsystems ist die Infektanfälligkeit erhöht. So kann die hohe Mortalität an Masern in der dritten Welt durch Vitamin-A-Gaben drastisch reduziert werden. Ferner besteht ein größeres Risiko für die Entstehung bestimmter Krankheiten: so für bestimmte Tumoren (besonders Mamma-, Uterus-, Kolon-, Lungen- und Prostatakarzinom), für die Katarakt sowie für größere neurologische Schäden bei Apoplex. Ein erhöhtes Risiko für koronare Herzkrankheit wird diskutiert.

Symptome bei Überdosierung

Vitamin A kann bei Überdosierung zu Vergiftungserscheinungen führen. Daher sind hochdosierte Vitamin-A-Präparate rezeptpflichtig. Beta-Karotin hingegen ist auch in hohen Dosen nicht giftig, kann aber in sehr hohen Dosen zu einer unangenehmen Gelbfärbung der Haut führen. Eine hohe Zufuhr von Vitamin A (über 50000 I.E. über längere Zeit) kann toxische Schäden verursachen, die zu Appetitverlust, Kopfschmerzen, Gleichgewichtsstörungen und Abgeschlagenheit, zu Haarausfall sowie zu schuppiger und trockener Haut führen. Auch Knochen-, Gelenk-, Muskelschmerzen können sich zeigen. Schwangere sollten nicht mehr als 10000 I.E. täglich zuführen, da eine Überdosierung das teratogene Risiko (kindliche Fehlbildungen in der Schwangerschaft) erhöht.

Indikationen

- **Krebsprophylaxe:** Die antioxidative Wirkung des Vitamins hat wachstums- und differenzierungsregulierende Eigenschaften und wirkt somit hemmend auf die Tumorinduktion.
- **Krebstherapie**: Neben der Hemmung der Tumorinduktion wird durch das Vitamin A die durch Bestrahlung oder Chemotherapie angegriffene Integrität der Epithelien geschützt.
- **Akne, Hautkrankheiten:**
  - Zur Behandlung der Akne sind hohe Dosen Vitamin A erforderlich (bis zu 10000 I.E. tägl.); die Therapie sollte nur unter ärztlicher Aufsicht erfolgen.
  - Bestimmte Hautkrankheiten (z.B. Ichthyosis, Keratosis follicularis) sprechen auf die Gabe von Vitamin A an.
  - Die zusätzliche Gabe von Zink (25–50 mg) wirkt synergistisch.
- **Sonnenallergie, erhöhte Lichtempfindlichkeit:** Sonnenallergie und andere Störungen mit erhöhter Lichtempfindlichkeit (z.B. Einnahme von Medikamenten, die die Lichtempfindlichkeit der Haut erhöhen) können mit 25–50 mg Beta-Karotin behandelt werden.

> Beta-Karotin ersetzt nicht das Auftragen von Sonnenschutzmitteln und schützt auch nicht vor Sonnenbrand. Eine Behandlung über 4 Wochen mit 25–50 mg Beta-Karotin entspricht dem Lichtschutzfaktor 2–4.

Bei Porphyrie, einer seltenen vererbten Krankheit mit hoher Lichtempfindlichkeit, empfiehlt sich die Gabe von 50–150 mg Beta-Karotin.

- **Schleimhautschutz, Wundheilung:** als Schutz der Haut und der Schleimhäute (z.B. bei Erkrankungen des Magen-Darm-Traktes, der Bronchien, bei Verbrennungen, bei Allergien).
- **Arteriosklerose:** Die antioxidative Wir-

kung des Vitamin A kann zur Vorbeugung arteriosklerotischer Veränderungen (z.B. koronare Herzkrankheit, Schlaganfall, Durchblutungsstörungen der Beine) therapeutisch genutzt werden. Hier ist eine Dosierung von 15–25 mg Beta-Karotin angezeigt.
- **Infektabwehr:** Durch die Stimulation der Makrophagen und der Lymphozytenfunktion wird das Immunsystem gestärkt.
- **Sehstörungen:** Vor allem Störungen des Dämmerungs- und Nachtsehens werden durch die Gabe von Vitamin A günstig beeinflußt.
- **Toxische Leberschädigungen:** Vitamin A trägt zur Regeneration des Leberparenchyms bei und kann z.B. durch Alkohol oder Medikamenteneinnahme verursachte Leberschäden günstig beeinflussen.

Kontraindikationen und Nebenwirkungen

In der Schwangerschaft sollte – aufgrund der Fehlbildungsgefahr bei hohen Dosen – die tägliche Dosis Vitamin A maximal 10000 I.E. betragen.

Frauen im gebärfähigen Alter sollten bei Dosen über 25000 I.E. eine sichere Verhütung betreiben. Dosierungen deutlich über 10000 I.E. über längere Zeit sollten nur nach ärztlicher Rücksprache erfolgen, da Überdosierungen bei Vitamin A – im Gegensatz zu Beta-Karotin – möglich sind.
Bei rheumatischen Beschwerden oder Arthrosen dürfen keine hohen Vitamin-A-Dosen verabreicht werden. Dies gilt auch bei eingeschränkter Nierenfunktion.

Nahrungsmittel

Vitamin A ist vorrangig in Eiern, Milchprodukten und in der Leber enthalten. Beta-Karotin kommt reichlich vor in gelb-roten Früchten und Gemüse und hier insbesondere in Karotten, Paprika, Grünkohl, Tomaten, Hagebutten, Orangen, und Pfirsichen. Geringe Mengen Fett verbessern die enterale Resorption von Vitamin A.

Leber sollte wegen der Schwermetallbelastung und der Gefahr der Überdosierung nicht von Schwangeren verzehrt werden.

Handelspräparate

Vitamin-A-Präparate*	Dosis/Einheit in I.E.	Preis/10000 I.E. in DM
A-Mulsin® forte Emulsion	1 ml = 30000	0,07
Vitamin A-Saar Drg.	10000	0,18
A-10.000 I.E. (Orthica)	10000	0,13
Beta-Karotin-Präparate*	**Dosis/Einheit in mg**	**Preis/10 mg in DM**
Beta-Carotene Kps. (Formula)	15	0,33
Beta-Carotin 25.000 I.E (Orthica)	15	0,21
Beta-Carotin 30 mg (Vital Cell Life)	30	0,13
Beta-Carotin 60 mg (Vital Cell Life)	60	0,13
Carotaben Hermal Kps.	25	0,25
Carotinin (Fortuna)	20	0,25
Beta Carotin (Vitamine & mehr)	15	0,21

* nach [14]

Vitamin B_1 (Thiamin, Aneurin)

Eigenschaften

Vitamin B_1 nimmt an vielen Reaktionen im **Kohlenhydrat- und Fettstoffwechsel** teil, so z.B. an der Transketolasereaktion, die im Glukoseabbau eine wichtige Rolle spielt. Dies erklärt den erhöhten Vitamin-B_1-Bedarf bei hohem Zuckerkonsum. Auch an der oxidativen Decarboxylierung von Pyruvat und Ketoglutarat ist Vitamin B_1 beteiligt. Es ist ferner ein Bestandteil für die Synthese des Acetylcholins, eines wichtigen Botenstoffes im Nervensystem, und somit wichtig für den Ablauf einer normalen **Erregungsfunktion** in den **Zellen.**

Bedarf

Empfohlene Zufuhr:	1–1,5 mg
Therapeutische Zufuhr:	10–3000 mg

Mangelsymptome

In Entwicklungsländern sind klinisch manifeste Mangelzustände aufgrund einseitiger Ernährung, z.B. durch geschälten Reis, häufig. Dabei kommt es zu neurologischen Störungen – Überempfindlichkeit, später Taubheit der Extremitäten – sowie zu zerebralen Symptomen (Wernicke-Enzephalopathie) und zu Beschwerden des Herz-Kreislauf-Systems (Tachykardie, Arrhythmie bis hin zur Herzinsuffizienz). In den westlichen Industrienationen können subklinische Vitamin-B_1-Mangelsymptome durch Alkoholismus, durch einseitige Reduktionsdiäten, Leistungssport sowie während der Schwangerschaft entstehen. Symptome dieses meist latenten Thiaminmangels sind zunächst unspezifisch und zeigen sich in Appetitmangel, Diarrhö, Erbrechen sowie Müdigkeit, Schlaflosigkeit und Verdauungsstörungen.

Symptome bei Überdosierung

Symptome bei Überdosierung sind nicht bekannt.

Indikationen

- **Beriberi:** Zur Behandlung der Vitamin-B_1-Mangelkrankheit Beriberi können zunächst täglich 100 mg Vitamin B_1 i.m. injiziert, später oral verordnet werden.
- **Erhöhter Bedarf:**
  - während Schwangerschaft und Stillzeit
  - durch Alkoholismus
  - durch Leistungssport
  - während länger andauernder parenteraler Ernährung.
- **Neuritiden, alkoholbedingte Polyneuritis:**
  - Bei Alkoholismus tritt oft auch ein Vitamin-B_1-Mangel auf. Diese Mangellagen führen zu einer Degeneration der peripheren Nerven und in der Folge zu motorischen und sensiblen Lähmungen.
  - Bei akuten Neuralgien kann bis zu 1g täglich, zur Rezidivprophylaxe, 50 bis 100 mg, verordnet werden.
- **Wernicke-Enzephalopathie:** Stammhirnerkrankung, die durch chronischen Alkoholismus entsteht und zu Augenmuskellähmungen, Schlafsucht sowie Ataxie führt.
- **Depressionen:** Es empfiehlt sich die versuchsweise Gabe von 50 mg Vitamin B_1 täglich.
- **Diabetes mellitus:** Zur Vorbeugung oder Behandlung der Diabetesneuropathie können 100 mg täglich verabreicht werden.
- **Multiple Sklerose:** Hier kann versuchsweise ein Vitamin-B-Komplex verordnet werden.
- **Schmerzzustände**: Schmerzzustände, z.B. Kopfschmerzen, Rückenschmerzen, sprechen gelegentlich auf hohe Dosen von Vitamin B_1 (bis zu 1 g täglich) an. Vitamin B_1 beeinflußt die Neurotransmitter GABA und Serotonin.
- **Hyperkinetisches Syndrom:** Das sog. Zappelphilipp-Syndrom kann versuchsweise mit Vitamin B_1 behandelt werden.
- **Hasenscharte:** Bei Neigung zu Hasenscharte in der Familie soll Vitamin B_1 vor und in der Schwangerschaft gegeben vorbeugend wirken.

Kontraindikationen und Nebenwirkungen

Selten kommt es zu Überempfindlichkeitsreaktionen mit Schweißausbrüchen, schnellem Herzschlagen und/oder Juckreiz, vor allem bei parenteraler Anwendung.

Nahrungsmittel

Vollkorngetreide, Fleisch, Fisch, Hülsenfrüchte, besonders Sojabohnen, Hefe, Erdnüsse, Gemüse, Pilze enthalten Vitamin B_1.

Beim Erhitzen von Lebensmitteln sinkt der Gehalt des recht hitzelabilen Thiamins deutlich um bis zu 70% ab.

Handelspräparate

Vitamin-B_1-Präparate*	**Dosis/ Einheit in mg**	**Preis/ 100 mg in DM**
Aneurin-AS Tabl.	500	0,10
B_1-100 mg (Orthica)	100	0,18
Benfogamma® Drg.	50	0,75
Betabion® 10 Tabl.	10	2,49
Betabion® 100 Tabl.	100	0,65
Vitamin B_1 5 mg Jenapharm Tabl.	5	2,26
Vitamin B_1 Kattwiga Drg.	100	0,19
Vitamin B_1-ratiopharm® Tabl.	200	0,11

* nach [14]

Vitamin B_2 (Riboflavin)

Eigenschaften

Vitamin B_2 ist Bestandteil der Coenzyme FMN (Flavinmononucleotid) und FAD (Flavinadenindinucleotid), die zentrale Bedeutung im **oxidativen Stoffwechsel** haben. Riboflavin nimmt somit in Form der Coenzyme eine Schlüsselstellung im **Stoffwechsel** von **Kohlenhydraten, Aminosäuren, Fettsäuren und Vitaminen** ein. Vitamin B_2 ist auch entscheidend am Sehvorgang beteiligt.

Bedarf

Empfohlene Zufuhr:	1,2–5 mg
Therapeutische Zufuhr:	10–50 mg

Mangelsymptome

Ein Mangel an Vitamin B_2 tritt selten isoliert, sondern meist zusammen mit einem Mangel an anderen Vitaminen der B-Gruppe auf. Die entstehenden Mangelsymptome zeigen sich entsprechend der Bedeutung des Vitamin B_2 für alle Stoffwechselvorgänge und entzündlichen Schleimhautveränderungen vor allem im Bereich von Nase und Mund sowie im Magen-Darm-Trakt. Auch Hautveränderungen und hier vor allem Hautschuppung (Dermatitis) sowie eine Veränderung an der Netzhaut, Linsentrübung und Keratitis können beobachtet werden.

Symptome bei Überdosierung

Symptome bei Überdosierung sind nicht bekannt.

Indikationen

- **Erkrankungen von Haut und Schleimhäuten:** Bei allen Hauterkrankungen ist die Verordnung eines Vitamin-B_2-haltigen Präparates sinnvoll.
- **Grauer Star (vorbeugend):** Bei beginnendem Star oder bei Gefährdung können vorbeugend 10 mg täglich verordnet werden.
- **Diabetes mellitus:** Durch vermehrte renale Verluste ist der Bedarf an Vitamin B_2 erhöht.
- **Medikamenteneinnahme:** Bei Einnahme

von Theophyllin, Penicillin und Kontrazeptiva ist der Bedarf an Vitamin B_2 erhöht.

Nebenwirkungen und Kontraindikationen

Nebenwirkungen und Gegenanzeigen sind nicht bekannt. Die verstärkte Gelbfärbung des Urins zeigt eine erhöhte Riboflavinausscheidung an und ist harmlos.

Nahrungsmittel

Gemüse, Pilze, Hefe, Milchprodukte, Innereien, Fleisch, Fisch sind reich an Vitamin B_2.

Handelspräparate

Vitamin-B_2-Präparate*	Dosis/ Einheit in mg	Preis/ 10 mg in DM
B_2-100 mg (Orthica)	100	0,02
B_2 100 mg (Vital Cell Life)	100	0,02
Vitamin B_2 10 mg Jenapharm Drg.	10	0,19
Werdo® 10 Riboflavin Tabl.	10	0,59

* nach [14]

Vitamin B_3 (Niacin, Nicotinamid, Nicotinsäure, PP)

Eigenschaften

Niacin ist an zahlreichen Oxidations- und Reduktionsprozessen beteiligt. Es bildet die Coenzyme NAD und NADH, die für ca. 200 enzymatische Reaktionen mit verantwortlich sind. Niacin spielt eine wichtige Rolle im **Kohlenhydrat-, Protein- und Fettstoffwechsel.** In hohen Dosen wirkt es gefäßerweiternd, in sehr hohen Dosen (500–4000 mg) kann es die körpereigene Cholesterinproduktion hemmen. Es kann oxidiertes Vitamin E und C reduzieren und hilft so, diese wichtigen antioxidativen Vitamine zu erhalten.

Bedarf

Empfohlene Zufuhr:	15–20 mg*
Therapeutische Zufuhr:	50–4000 mg

* Niacin ist kein „reines“ Vitamin, da der Organismus aus 60 mg Tryptophan, einer Aminosäure, 1 mg Niacin synthetisieren kann. Ein Mindestbedarf ist daher schwer anzugeben.

Mangelsymptome

Bei Einnahme von Tuberkulostatika, bestimmten Analgetika und Psychopharmaka kann ein Niacinmangel auftreten. Der schwere Niacinmangel, der z.B. durch einseitige Ernährung mit Mais hervorgerufen wird, führt zu der Avitaminose Pellagra mit folgenden klinischen Zeichen: Nach einem Stadium von uncharakteristischen Symptomen (Appetitlosigkeit, Leistungsschwäche und Schlaflosigkeit) entwickeln sich braune Hautpigmentierungen vor allem an den Stellen, die der Sonne ausgesetzt sind, und Verdauungsstörungen (Diarrhö). Im fortgeschrittenen Stadium kommt es zu Störungen des zentralen Nervensystems (Demenz, Halluzinationen, Verwirrtheit).

Symptome bei Überdosierung

Bei hoher Dosierung kann es zu Hautrötungen, verbunden mit Hitzegefühl (Flush), zu Leberfunktionsstörungen sowie zu einer Beeinträchtigung der Kohlenhydrattoleranz kommen. Auch eine Erhöhung der Harnsäurewerte ist zu erwarten.

Indikationen

- **Pellagra:** Klinisch manifeste, durch einseitige Ernährung mit Mais hervorgerufene Vitamin-B_3-Mangelerkrankung.

- **Durchblutungsförderung:**
  - Bei Durchblutungsstörungen, vor allem der Beine, können Dosen von 100–300 mg täglich verabreicht werden.
  - Bei Morbus Raynaud (Gefäßspasmen an den Händen) empfiehlt sich dieselbe Dosierung (100–300 mg tägl.).
- **Arthritis:** Bei Arthritis empfiehlt sich folgende Vitaminkombination: 3 × 1000 mg + 500 I.E. Vitamin D + mehrere Gramm Vitamin C.
- **Arteriosklerose:** Nicotinamid soll das arterioskleroseférdernde Lipoprotein (a) senken.
- **Fettstoffwechselstörungen:** Während einer Therapie mit 3 g Nicotinsäure/Tag sinken die Cholesterinwerte um 10–25%, die Triglyzeridwerte sogar um 40–60%. Dadurch wird auch der Prozeß arteriosklerotischer Veränderungen verlangsamt.
- **Thromboseneigung:** Nikotinsäure steigert die Fibrinolyse.
- **Entzündliche Hautveränderungen:** Vor allem die durchblutungsfördernde Wirkung des Vitamin B_3 und die Aktivierung der Zellatmung beschleunigen die Heilung entzündlicher Hauterkrankungen.
- **Hypertonie:** Die Vasodilatation hoher Dosen Nicotinsäure wirkt leicht blutdrucksenkend.
- **Neurologische Erkrankungen:** Neurologische Erkrankungen, die mit Störungen des Neurotransmitters Serotonin einhergehen, sprechen oft gut auf die Kombination von Tryptophan und Niacin an. Dies betrifft z.B. Demenz, Depression, Neuralgien sowie Schizophrenie.
- **Tumorerkrankungen:** Vitamin B_3 soll die Entstehung von Tumoren inhibieren. Es erhöht die Strahlenempfindlichkeit von Tumoren.
- **Eingeschränkte Resorption/erhöhter Bedarf:**
  - Durch Alkoholismus, Malabsorption oder Maldigestion kann Niacinmangel entstehen.
  - Während der Schwangerschaft, Stillzeit, Rekonvaleszenz sowie während Wachstumsphasen besteht ein erhöhter Bedarf.
  - Die regelmäßige Einnahme folgender Medikamente kann einen Vitamin-B_3-Mangel hervorrufen: L-Dopa, INH (Bei Tuberkulose), Diazepam (z.B. Valium®), Antiepileptika, (Phenytoin, Barbitural), Azathioprin (Immunsuppressivum), Analgetika (Paracetamol).

Kontraindikationen und Nebenwirkungen

In hohen Dosen wirkt Vitamin B_3 gefäßerweiternd und kann zu unangenehmen Hautrötungen und Kribbeln führen. Bei einer angestrebten hohen Dosis sollte mit 3 × 100–250 mg täglich zu den Mahlzeiten begonnen werden, dann langsam je nach Verträglichkeit die Dosis langsam gesteigert werden, bis 2–4 g täglich erreicht sind. Bei Auftreten von Nebenwirkungen (Hautrötung, Kribbeln) sollte die Dosis etwas zurückgenommen und nach einer Woche weiter gesteigert werden. Der Körper „gewöhnt" sich im Laufe der Zeit an Nikotinsäure und „verträgt" nach einiger Zeit Dosierungen, die ein Mehrfaches über derjenigen liegt, die am Anfang der Behandlung nicht vertragen wird.

> Bei Patienten mit hoher Harnsäure kann es die Ablagerung von Harnsäurekristallen in den Gelenken fördern.

Nahrungsmittel

Pilze, Fleisch, Leber, Fisch und Vollkornprodukte enthalten viel Vitamin B_3. Das im Getreide enthaltene Niacin wird allerdings nur schlecht resorbiert.

Handelspräparate

Vitamin-B_3-Präparate*	Dosis/ Einheit in mg	Preis/ 100 mg in DM
B-3 100 mg (Vitamine & mehr)	100	0,08
B_3 Niacin (Vital Cell Life)	500	0,03
Complamin® spezial	1000	0,12
Hexanicit® forte	600	0,13
Nicolip®	800	0,10
Niacin 100 mg Tabl. (Orthica)	100	0,11
Niacinamid 250 mg Tabl. (Orthica)	250	0,06
Niacin 100 mg Tabl. (Formula)	100	0,16
Niacin 500 mg Tabl. (Formula)	500	0,07
Nicobion® Tabl.	200	0,40
Nicotinsäureamid 200 mg Jenapharm Tabl.	200	0,33
B-3 100 mg (Vitamine & mehr)	100	0,08

* nach [14]

Vitamin B_5 (Pantothensäure)

Eigenschaften

Pantothensäure ist Bestandteil des Coenzyms A und hat damit zentrale Bedeutung für den Abbau von Nährstoffen, aber auch für verschiedene Biosynthesen. Als Vorstufe des **Zitronensäurezyklus,** der **Fettsäuren** und des **Cholesterins,** aus dem wiederum wichtige Hormone gebildet werden (Kortison, Aldosteron, Sexualhormone, Vitamin-D-Vorstufe), kommt dem Coenzym A und somit auch dem Vitamin B_5 eine zentrale Stellung im Energiestoffwechsel zu. Auch für die Wundheilung ist Pantothensäure von Bedeutung.

Bedarf

Empfohlene Zufuhr:	4–7 mg
Therapeutische Zufuhr:	50–1000 mg

Mangelsymptome

Ein isolierter Mangel an Vitamin B_5 kommt selten vor. Im Tierversuch wurden bei Pantothensäuremangel Wachstumsstörungen, neurologische Störungen und die Beeinträchtigung der Fruchtbarkeit beobachtet. Beim Menschen werden verminderte Immunabwehrkraft, Kopfschmerzen, Müdigkeit, Magen-Darm-Störungen und Diarrhö sowie Wundheilungsstörungen diskutiert.

Symptome bei Überdosierung

Bei hohen Dosierungen (im Grammbereich) kann es zur Diarrhö kommen.

Indikationen

- **Colitis ulcerosa:** Bei Colitis ulcerosa soll ein Mangel an Coenzym A vorliegen. Die Abheilung der Geschwüre kann durch Vitamin B_5 beschleunigt werden.
- **Lupus erythematodes:** Bei Lupus erythematodes, einer seltenen Autoimmunerkrankung mit Hautbeteiligung, können unter ärztlicher Aufsicht versuchsweise hohe Dosen Vitamin B_5 (10–15 g) in Kombination mit Vitamin E (1000–2000 mg) eingesetzt werden.
- **Infektabwehr:** Die Verbesserung der Antikörperproduktion durch Vitamin B_3 wird diskutiert.
- **Allergien:** Da die Pantothensäure an der Bildung des körpereigenen Kortisons beteiligt ist, kann dessen entzündungshemmende Wirkung bei der Behandlung von Allergien ausgenutzt werden.
- **Fettstoffwechselstörungen:** Durch die Gabe von 1 g Vitamin B_5 werden die Cholesterin- und Triglyzeridwerte bedeutend gesenkt.
- **Wundheilungsstörungen:** Äußerlich als Salbe angewendet, beschleunigt Vitamin B_5 die Wundheilung. Viele Wundsalben enthalten Vitamin-B_5-Derivate.

Kontraindikationen und Nebenwirkungen

Kontraindikationen und Nebenwirkungen sind nicht bekannt. Selbst Megadosen von 10 g (mehr als das Tausendfache der Zufuhrempfehlung) führen höchstens zu vorübergehenden leichten Darmstörungen. Selten werden Kontaktallergien auf Salben mit Dexpanthenol hervorgerufen.

Nahrungsmittel

Vollkorngetreide, Pilze, Hefe, Gemüse, Obst, besonders Wassermelone, Fisch, Fleisch, Leber enthalten viel Vitamin B_5.

Handelspräparate

Vitamin-B_5-Präparate*	Dosis/ Einheit in mg	Preis/ 100 mg in DM
B_5 Pantothens. (Vital Cell Life)	200	0,06
Pantothenic Acid 200 mg Kps. (Formula)	200	0,19
Pantothenic Acid 550 mg Kps. (Formula)	550	0,07
Panthenol 100 mg Jenapharm Tabl.	100	0,28
Pantothensäure 250 mg (Orthica)	250	0,08
Pantothensäure B 5 (Vitamine & mehr)	200	0,10

* nach [14]

Vitamin B_6 (Pyridoxin)

Eigenschaften

Vitamin B_6 (Abb. 5-14) ist Coenzym für ca. 200 Enzyme (z.B. der Lebertransaminasen) und ist in erster Linie mit dem Aminosäurestoffwechsel und dem Stoffwechsel des zentralen Nervensystems verknüpft sowie an der Synthese von Lezithin beteiligt. Darüber hinaus ist ohne Pyridoxin weder die Synthese von Hämoglobin noch die Zellteilung möglich.

Mangelsymptome

Bei vielen Menschen, vor allem bei Jugendlichen und älteren Menschen, die sich oft einseitig ernähren, ist die Zufuhr von Vitamin B_6 nicht gesichert. Bei Darmerkrankungen mit Diarrhö ist die Resorption gestört. Auch einige Arzneimittel können einen Mangel hervorrufen (Kontrazeptiva, Östrogene, L-Dopa, Penicillamin) und zu Wachstumsstörungen, Hautveränderungen, zu neurologischen Störungen (Neuritis, Sensibilitätsstörungen) führen sowie die Traumerinnerung beeinträchtigen. Bei chronischem Mangel kann eine mikrozytäre Anämie entstehen. Auch Reizbarkeit und Schlaflosigkeit sind möglich.

Symptome bei Überdosierung

Bei längerer Zufuhr von mehr als 1 g können Neuropathien hervorgerufen werden.

Bedarf

Empfohlene Zufuhr:	1,5–2 mg*
Therapeutische Zufuhr:	10–300 mg

* Schwangere sowie Frauen, die Kontrazeptiva einnehmen, ebenso ältere Menschen und (möglicherweise) HIV-Infizierte haben einen höheren Bedarf. Bei hoher Proteinzufuhr ist der Bedarf ebenfalls erhöht.

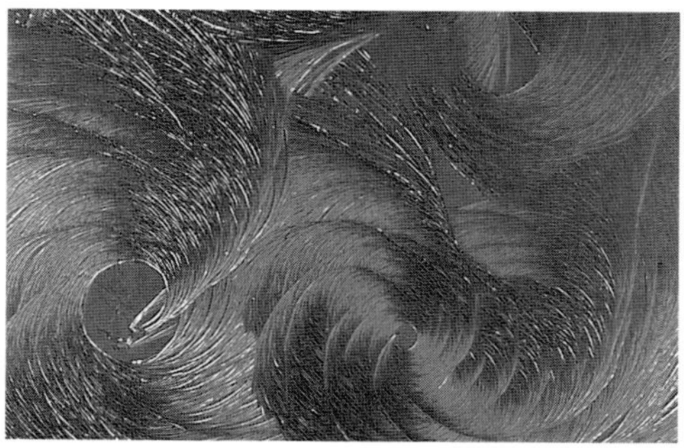

Abb. 5-14 Vitamin B_6 (Institut Kage, Lauterstein).

Indikationen

- **Menstruationsbeschwerden:** Bei Menstruationsbeschwerden und prämenstruellem Syndrom kann Vitamin B_6 die Beschwerden lindern.
- **Schwangerschaftserbrechen:** Versuchsweise können zur Linderung täglich 10–25 mg Vitamin B_6 verordnet werden.
- **Nervös bedingte Störungen:** Lernstörungen, Konzentrationsschwäche sowie Überaktivität gehen oft mit dem Mangel der Gamma-Aminobuttersäure, einer für die Erregung der Nerven wichtigen Aminosäure, einher. Hier kann Vitamin B_6 zusammen mit Glutamin eingesetzt werden. Auch bei folgenden Symptomen wurde ein Mangel an Gamma-Aminobuttersäure festgestellt:
  - Depressionen, Schlafstörungen, Alpträume oder fehlende Traumerinnerung
  - Reisekrankheit
  - Nervenkrankheiten (z.B. Epilepsie, Nervenentzündungen).
- **Karpaltunnelsyndrom:** Bei bestehendem Karpaltunnelsyndrom sollten vor einer Operation versuchsweise 3 Monate lang 50–300 mg Vitamin B_6 täglich eingenommen werden.
- **Homocysteinämie:** Zusammen mit Folsäure und Vitamin B_{12} werden erhöhte Homocysteinwerte und somit das Arterioskleroserisiko gesenkt.
- **Nierensteine:** Bei Oxalatsteinbildung in der Niere kann zur Verringerung der Oxalsäureausscheidung in den Nieren und zur Vermeidung von Rezidiven Vitamin B_6 eingesetzt werden.
- **Infektabwehr:** Sowohl die zelluläre als auch die humorale Abwehr werden durch Vitamin B_6 unterstützt.
- **Tumorerkrankungen:** Bei Tumoren sollte zur Steigerung der Immunabwehr Vitamin B_6 sicherheitshalber eingenommen werden, da niedrige Serumspiegel gefunden wurden.
- **Anämie:** Bei mikrozytärer Anämie, die nicht auf Eisen (und Kupfer) anspricht, sollte auch an einen Vitamin-B_6-Mangel gedacht werden.
- **Medikamenteneinnahme:** Zur Vorbeugung eines Vitamin-B_6-Mangels soll Pyridoxin therapeutisch verordnet werden, wenn Kontrazeptiva, Östrogene, L-Dopa, Penicillamin eingenommen werden. Besonders bei jahrelang erfolgter Einnahme von Sexualhormonen ist die Gabe von Pyridoxin angezeigt.

Kontraindikationen und Nebenwirkungen

Bei extrem hohen Dosen im Bereich von ca. 1000 mg wurden Sensibilitätsstörungen beobachtet. Eine Dosis bis zu 300 mg wird auch bei längerfristiger Anwendung als sicher angesehen.

Während der Schwangerschaft und Stillzeit sollten von Vitamin B_6 nicht mehr als 25 mg eingenommen werden.

Nahrungsmittel

Vollkorngetreide, Obst, Gemüse, Kartoffeln, Fisch und hier vor allem Sardinen, Innereien, Fleisch und Milch sind reich an Pyridoxin.

Handelspräparate

Vitamin-B_6-Präparate*	Dosis/ Einheit in mg	Preis/ 100 mg in DM
B_6-50 mg Tabl. (Orthica)	50	0,35
B_6-100 mg Kps. (Orthica)	100	0,23
B_6-Vicotrat® Tabl.	40	0,39
B_6-Vicotrat® forte Drg.	300	0,26
Vitamin B_6-Hevert® Tabl.	100	0,13
Vitamin B_6-ratiopharm Lacktabl.	40	0,35
Vitamin B_6 20 mg Jenapharm	20	0,46
Vitamin B_6 250 mg Kps. (Formula)	250	0,18
B_6-100 mg (Vitamine & mehr)	100	0,16

* nach [14]

Vitamin B_9 (Folsäure)

Eigenschaften

Folsäure ist an der Bildung von Bestandteilen der DNS beteiligt und aus diesem Grund für alle **Wachstumsprozesse,** bei denen Zellteilungen mit Vermehrung der DNS stattfinden, bedeutsam. Sie überträgt als Coenzym C_1-Gruppen (z.B. Methyl-, Methylen- und Formylgruppen) und ist somit ein wichtiger Faktor im **Aminosäure- und Nukleinstoffwechsel.** Folsäure beeinflußt die Hämoglobinsynthese und den Stoffwechsel von Neurotransmittern.

Mangelsymptome

Folsäure gehört vermutlich zu den Nährstoffen, die vor allem bei Schwangeren und älteren Menschen aufgrund des erhöhten Bedarfs nicht ausreichend zugeführt werden und Mangelerscheinungen hervorrufen. Einige Autoren sehen im Folsäuremangel den häufigsten in den Industrienationen vorkommenden Mikronährstoffmangel, wobei bis zu 15% der erwachsenen Bevölkerung Vitamin B_9 nicht ausreichend zuführen und von einem Mangel betroffen sein sollen. Auch Morbus Crohn oder hoher Alkoholkonsum kann einen Mangel an Folsäure hervorrufen.

Die ersten klinischen Symptome treten nach 4 Monaten auf und zeigen sich in Veränderungen der Mundschleimhaut, Verdauungsstörungen (Diarrhö), in Depressionen sowie in Appetitlosigkeit und Haarausfall.

Auch Fehlbildungen beim ungeborenen Kind können durch einen Mangel an Folsäure bei der Mutter verursacht werden (Neuralrohrdefekte).

Symptome der Überdosierung

Hohe Dosen von 15 mg täglich können Befindlichkeitsstörungen (Depressionen, Schlafstörungen, Reizbarkeit) sowie gastrointestinale Störungen hervorrufen.

Bedarf

Empfohlene Zufuhr:	0,16–0,2 mg
Therapeutische Zufuhr:	0,4–5 mg

Indikationen

- **Megaloblastische Anämie:** Da die Zellteilung Vitamin B_{12} und Folsäure benötigt, kann bei megaloblastischer Anämie Folsäure verordnet werden. Megaloblastische Anämie ist oft die Folge eines Mangels an Vitamin B_{12} und Folsäure.
- **Leukozytopenie, Thrombozytopenie:** Auch hier kann Folsäure, die mit Vitamin B_{12} an der Zellteilung beteiligt ist, eingesetzt werden.
- **Schwangerschaft:** Vor allem in den ersten Schwangerschaftswochen, besser noch vor der (geplanten) Schwangerschaft, vermag Folsäure das Risiko bestimmter Fehlbildungen zu reduzieren. Die Abortrate ist unter Folsäure ebenfalls deutlich niedriger.
- **Medikamenteneinnahme:**
  - Da Antibiotika folsäurebildende Darmbakterien zerstören, empfiehlt sich die Einnahme von Folsäure während und einige Zeit nach Antibiotikaeinnahme.
  - Die Einnahme von Kontrazeptiva erhöht den Bedarf an Folsäure.
  - Auch Acetylsalicylsäure, Antiepileptika sowie Methotrexat können zu einem Mangel führen.
- **Psychische und neurologische Erkrankungen:** Bei Depressionen, Vergeßlichkeit sowie bei Reizbarkeit ist die Einnahme von Folsäure angezeigt.
- **Sterilität:** Bei Unfruchtbarkeit der Frau, die vor allem auf die langjährige Einnahme von Kontrazeptiva zurückzuführen ist, kann Folsäure verordnet werden.
- **Gebärmutterdysplasie:** Folsäure führt bei Dysplasie des Gebärmutterhalses (Vorstufe für Gebärmutterkrebs) oft zu einer Differenzierung der Epithelien.

- **Gicht:** Die Gabe von 3 × 5 mg Folsäure + 3 × 1 g Vitamin C soll die Ablagerung von Harnsäurekristallen in den Gelenken mindern. Bei normalisierter bis niedriger Harnsäure können die Vitamine wieder weggelassen werden.
- **Homocysteinämie:** Zusammen mit Vitamin B_6 und B_{12} werden erhöhte Homocysteinwerte und somit das Arterioskleroserisiko gesenkt.
- **Infektabwehr:** Folsäure fördert die Zellteilung der Abwehrzellen und stärkt so das Immunsystem.
- **Parenterale Ernährung:** Werden Aminosäurelösungen infundiert, empfiehlt sich die Gabe von Folsäure.
- **Mangel- oder Fehlernährung:** Alkoholismus sowie chronische Diarrhö (Morbus Crohn) können zu Folsäuremangel führen.

Kontraindikationen und Nebenwirkungen

Ist die megaloblastische Anämie Folge eines Vitamin-B_{12}-Mangels, darf Folsäure erst nach Behebung des Vitamin-B_{12}-Mangels gegeben werden, da sonst neurologische Schäden drohen.
Sehr hohe, unübliche Dosen (15 mg täglich) können zu gastrointestinalen Störungen und Schlaflosgkeit führen.
Bei Epileptikern können hohe Dosen die Krampfneigung erhöhen.

Nahrungsmittel

Hefe, Gemüse, besonders Spinat, Brokkoli, Endivien, Hülsenfrüchte, besonders Sojabohnen, Vollkornprodukte, Eier, Leber sind reich an Folsäure.

Kochen zerstört ca. 75% der Folsäure in Nahrungsmitteln.

Handelspräparate

Vitamin-B_9-Präparate*	Dosis/ Einheit in mg	Preis/mg in DM
Folgamma® Tabl.	1,5	0,26
Folic Acid (Vitamine & mehr)	0,4	0,16
Folic Acid 400 mcg Tabl. (Formula)	0,4	0,28
Folic Acid 800 mcg Tabl. (Formula)	0,8	0,22
Folic Acid (Vitamine & mehr)	0,4	0,16
Folsäure-Biosyn® Tabl.	5	0,12
Folsäure 800 mcg (Vital Cell Life)	0,8	0,20
Innovafolat® Tabl.	5	0,07

* nach [14]

Vitamin B_{12} (Cobalamin)

Eigenschaften

Vitamin B_{12} ist, wie auch die Folsäure an der Bildung von DNS-Bestandteilen beteiligt und hat entscheidenden Einfluß auf alle **Wachstumsprozesse,** die mit Zellteilung einhergehen. In vielen Funktionen ergänzen sich die beiden Vitamine. Vitamin B_{12} ist für ein gut funktionierendes **Nervensystem** verantwortlich.
Damit Vitamin B_{12} aus der Nahrung aufgenommen wird, bedarf es des im Magen gebildeten „Intrinsic-Faktors" („Transportfaktor"). Bei bestimmten Magenerkrankungen (z.B. Magenentfernung, chronisch atrophische Magenschleimhautentzündung) muß aus diesem Grund Vitamin B_{12} in regelmäßigen Abständen injiziert werden.
In der Leber kann eine Menge Vitamin B_{12} gespeichert werden, die den Bedarf für mehrere Monate bis Jahre deckt und somit Mangelerscheinungen nur sehr langsam entstehen

läßt. Ein Teil des Vitamin-B_{12}-Bedarfes wird vermutlich im Darm aus der dortigen Darmflora synthetisiert. Über die dabei entstehenden Mengen wird derzeit noch kontrovers diskutiert.

Bedarf

Empfohlene Zufuhr:	2–3 µg
Therapeutische Zufuhr:	10–1000 µg

Mangelsymptome

Ältere Menschen mit atrophischer Gastritis entwickeln Mangelsymptome wie auch Patienten, denen der Magen oder der terminale Ileus – hier erfolgt die Resorption – entfernt wurde, wird Vitamin B_{12} nicht parenteral zugeführt. Da Vitamin B_{12} nur mit tierischer Nahrung zugeführt wird und die Versorgung über eine mikrobielle Synthese im Darm nicht als gesichert gilt, wird bei veganischer Ernährung das Entstehen eines Mangels angenommen.
An klinischen Symptomen eines Vitamin-B_{12}-Mangels manifestiert sich die perniziöse Anämie. Liegt ein latenter Mangel vor, können eventuell psychische Störungen, vor allem Depressionen, hervorgerufen werden.

Symptome bei Überdosierung

Symptome bei Überdosierung sind nicht bekannt.

Indikationen

- **Perniziöse Anämie:** Diese typische Vitamin-B_{12}-Mangelkrankheit geht mit einer verringerten Anzahl, jedoch vergrößerten Erythrozyten einher. Auch Leukopenie sowie Thrombopenie können hervorgerufen werden.
- **Diabetes mellitus:** Prophylaktisch zur Vermeidung diabetischer Neuropathien kann Vitamin B_{12} zusammen mit Vitamin B_1 und Vitamin B_6 gegeben werden.
- **Homocysteinämie:** Zusammen mit Vitamin B_6 und Folsäure werden erhöhte Homocysteinwerte und somit das Arterioskleroserisiko gesenkt.
- **Neurologische Erkrankungen:** Bei peripheren Neuropathien, Gedächtnisschwäche und Demenz empfiehlt sich die Gabe von Vitamin B_{12}.
- **Psychische Erkrankungen:** Vor allem Depressionen, aber auch Vergeßlichkeit sowie mangelnder Antrieb können mit Vitamin B_{12} behandelt werden.
- **Medikamente:** Die Einnahme von Kontrazeptiva, Biguaniden, H_2-Rezeptorenblokkern, Aminosalicylsäure, Cholestyramin, manchen Antibiotika (z.B. Neomycin) kann einen Vitamin-B_{12}-Mangel verursachen.

Kontraindikationen und Nebenwirkungen

Bei Injektion hoher Dosen können allergische Reaktionen hervorgerufen werden.

Nahrungsmittel

Vitamin B_{12} kommt nur in tierischen Produkten, d.h. in Fleisch, besonders Innereien, Fisch, Eiern und Milchprodukten und Mikroorganismen vor. Bei Vegetariern, die sich ovo-lakto-vegetabil, mit Ei und Milchprodukten ernähren, besteht daher keine Gefahr eines Mangels.

Handelspräparate

Vitamin-B_{12}-Präparate*	Dosis/ Einheit in µg	Preis/ 100 µg in DM
B_{12}-Ehrl Tr.	1 ml = 30	1,48
B_{12}-Ehrl forte Tr.	1 ml = 60	0,98
B_{12}-Vicotrat® Tabl.	5	3,96
B_{12}-Vicotrat® forte Tabl.	10	2,90
B_{12}-Vicotrat® 100 Tabl.	100	0,35
Berubi® Tr.	1 ml = 50	0,88
Cytobion® 300 Drg.	300	0,10
Vitamin B_{12} „Phytopharma" Kindertr.	1 ml = 50	0,86
Vitamin B_{12}-ratiopharm® Lacktabl.	1000	0,02
Vitamin B-12 100 mcg Kps. (Formula)	100	0,15
Vitamin B-12 500 mcg Kps. (Formula)	500	0,08

* nach [14]

Vitamin C (Ascorbinsäure)

Eigenschaften

Vitamin C (Abb. 5-15) gehört mit Vitamin E zu den **antioxidativen Nährstoffen,** die als Radikalefänger die Zellbestandteile vor oxidativem Streß schützen. Während das fettlösliche Vitamin E seine antioxidative Wirkung vor allem an den Zellmembranen oder an den LDL entfaltet, kommt die antioxidative Eigenschaft von Vitamin C besonders im wäßrigen Milieu, so z.B. im Zytoplasma, zur Wirkung. Vitamin C kann Vitamin E also nicht ersetzen, vermag aber verbrauchtes, d.h. „oxidiertes" Vitamin E zu regenerieren. Diese Schutzfunktion kann Vitamin C, das wichtigste wasserlösliche Antioxidans, auch für andere Vitamine übernehmen und dazu verhelfen, diese einzusparen.

Es hat eine Schlüsselstellung bei der **Kollagensynthese** und ist wichtig für den Aufbau und Erhalt der Haut, des Bindegewebes sowie der Knochen und Zähne. Alle Wundheilungsvorgänge werden von Vitamin C unterstützt.
Es verbessert die **Eisenaufnahme** im Darm und auf diesem indirekten Weg die Blutbildung. Ascorbinsäure verhindert die Bildung von krebserzeugenden Nitrosaminen im Magen-Darm-Trakt. Es fördert bestimmte **Stoffwechselaktivitäten,** wie z.B. die Bildung von körpereigenem Kortison. Es stärkt das **Immunsystem** gegenüber viralen und bakteriellen Infekten, indem die Produktion von Antikörpern und Interferon sowie die Funktion der Lymphozyten gefördert wird. Es ist auch an der Biosynthese des Carnitins beteiligt.
Vitamin C ist nur für Menschen, Primaten, Meerschweinchen sowie einige Vogel- und Fischarten ein essentieller Nährstoff. Dies unterstreicht die Bedeutung von Vitamin C als einem universellen, unersetzbaren Baustein.

Bedarf

Empfohlene Zufuhr:	75 mg*
Therapeutische Zufuhr:	50–10 000 mg (und mehr**)

* Empfehlung der DGE, die absolute Mindestzufuhr zur Vermeidung des Skorbuts liegt wohl bei 10 mg. Prähistorische Menschen nahmen wohl ca. 500 mg täglich zu sich, eine Dosis, die von vielen orthomolekularen Medizinern als sinnvoll angesehen wird. Einige Autoren empfehlen sogar tägliche Dosierungen im Grammbereich.

** Im Einzelfall werden auch die 10 g noch deutlich überschritten. Die Grenze ist hierbei die Dosis, bei der dünne Stühle auftreten. Bei längerer Anwendung von „Mega-Dosen" im Grammbereich sollte die Vitamin-C-Gabe nicht abrupt abgesetzt, sondern ausgeschlichen werden, damit es nach der langen hohen Versorgung und der Gewöhnung des Körpers daran zu keiner anschließenden Unterversorgung kommt.

Abb. 5-15 Vitamin C (Institut Kage, Lauterstein).

Mangelsymptome

Die klassische Vitamin-C-Mangelkrankheit Skorbut tritt in den westlichen Industriegesellschaften sehr selten auf. Wichtiger sind jedoch Symptome, die sich infolge der suboptimalen Zufuhr von Vitamin C entwickeln und überwiegend durch die ungenügende Zufuhr bei erhöhtem Bedarf, so in der Schwangeschaft, bei Rauchern, bei Infektionen und bei langfristiger Medikamenteneinnahme, entstehen.
Es kommt zunächst zu einer allgemeinen Schwäche und verminderten Leistungsfähigkeit sowie zu einer erhöhten Infektanfälligkeit; in mehreren Studien konnten die Häufigkeit von Erkältungen und/oder die Dauer und Intensität der Symptome mit Dosierungen von 500–1000 mg reduziert werden. In einem späteren Stadium zeigt sich das klinische Bild des Skorbuts.
Diese „Mangelerscheinungen" werden durchaus noch kontrovers diskutiert.

Symptome bei Überdosierung

Eine Überdosierung von Vitamin C ist nicht möglich, da bei hoher oraler Zufuhr die relative Resorption absinkt (80–90% bei 180 mg, 40% bei 3 g täglich). Bei hohen Dosen (etwa ab 10 g) können dünne Stühle auftreten, die Dosis sollte dann reduziert werden.

Indikationen

- **Skorbut:** Durch erhöhte Kapillarbrüchigkeit kommt es zu Blutungen an den Schleimhäuten, der Muskulatur und den inneren Organen sowie zur Entzündung des Zahnfleischs und zu Zahnausfall.
- **Wundheilung:** Bei verzögerter Wundheilung, nach Verletzungen oder Operationen können hohe Dosen mit mehreren Gramm täglich zusammen mit Zink gegeben werden. Gleichzeitig sollte äußerlich Panthenol-Salbe appliziert werden.
- **Infektabwehr:** Bei allen bakteriellen und viralen Infekten kann bei Beginn des Infekts 1 g jede halbe Stunde verordnet werden. Es ist wichtig, früh genug und hinsichtlich der Dosierung hoch genug mit der Behandlung zu beginnen. Später soll mindestens 3 × 1 g täglich eingenommen werden. Vitamin C bewirkt die Steigerung der Synthese von IgA, IgM und Interferon und stimuliert die Funktion von Granulozyten und Makrophagen.
- **Vergiftungen:** Giftstoffe wie Schwermetalle, manche Pharmaka, Nikotin werden unter Vitamin-C-Gaben besser gebunden und ausgeschieden.
- **Krebsprophylaxe und Krebstherapie:** Da Ascorbinsäure antioxidativ und zellschützend wirkt, kann die Zellteilung vermindert werden. Die Krebstherapie sollte mit extrem hohen Dosen – je nach Verträglichkeit im 10-Gramm-Bereich und darüber hinaus – durchgeführt werden. Dem Magenkrebs kann durch eine Nitrosamininhibierung vorgebeugt werden.
- **Arthrose und Arthritis:** Im Anfangsstadium ist eine positive Beeinflussung möglich, da Vitamin C die Kollagenbildung fördert: Bei bestehender rheumatoider Arthritis kann die antioxidative Wirkung des Vitamin C das chronisch entzündliche Geschehen, das durch die anfallenden oxidativer Substanzen verursacht wird, günstig beeinflussen.
- **Arteriosklerose, Herzkrankheiten:** Vit-

amin C schützt die Gefäßwände vor dem Angriff oxidativer Substanzen, ferner soll die Ablagerung von Cholesterin an den Gefäßwänden behindert werden.

- **Fettstoffwechselstörungen:** In hoher Dosierung (Grammbereich) bewirkt Vitamin C möglicherweise eine leichte Senkung von Cholesterin.
- **Allergien:** Ascorbinsäure fördert den Abbau von Histamin, das die spezifischen allergischen Reaktionen auslöst. Bei beginnender akuter Allergie soll Vitamin C hoch dosiert – mindestens 5 g Vitamin C oder besser noch Kalziumascorbat (Kalziumsalz der Ascorbinsäure) – eingenommen werden.
- **Glaukom:** Eine 1%ige Vitamin-C-Lösung, die vom Apotheker (Sterilität) hergestellt werden muß, sollte tropfenweise lokal aufgetragen werden. Auch die innerliche hochdosierte systematische Einnahme von Vitamin C, mindestens 2 × täglich 1 g, soll den Augeninnendruck senken.
- **Erhöhter Bedarf:** Raucher haben aufgrund des erhöhten oxidativen Stresses einen erhöhten Vitamin-C-Bedarf, der ein Mehrfaches über den normalen Zufuhrempfehlungen liegt.

Kontraindikationen und Nebenwirkungen

Da Vitamin C den Zahnschmelz angreifen kann, sollte der Mund nach der Einnahme von Brausetabletten oder Pulver gut ausgespült werden.

Eine Überdosierung von Vitamin C ist nicht möglich, da bei hoher oraler Zufuhr die relative Resorption absinkt (80–90% bei 180 mg, 40% bei 3 g tägl.). Bei hohen Dosen (etwa ab 10 g) können dünne Stühle auftreten, die Dosis sollte dann reduziert werden. Bei schweren Erkrankungen werden, bedingt durch den erhöhten Verbrauch, oft erstaunlich hohe Dosen (z.T. weit über 10 g) vertragen, ohne Diarrhö hervorzurufen. Die oft geäußerte Gefahr der Bildung von Oxalatsteinen in der Niere durch erhöhte Oxalsäureausscheidung ist wohl nicht gegeben, da auch bei Gabe von 15 g täglich keine vermehrte Ausscheidung von Oxalsäure gemessen wurde.

Nach längerer Zufuhr hoher Dosen sollten diese nicht abrupt abgesetzt werden, da Mangelerscheinungen die Folge sein könnten. Vielmehr sollte die additive Vitamin-C-Gabe langsam ausgeschlichen werden.

Nahrungsmittel

Obst und hier vor allem Zitrusfrüchte, Johannisbeeren, Kiwi, Acerola, Sanddorn und Hagebutten enthalten viel Vitamin C. Alle Gemüse, vor allem Paprika, Brokkoli und alle Kohlsorten, sind Vitamin-C-reich, ebenso Petersilie, Kartoffeln und Innereien.

Handelspräparate

Vitamin-C-Präparate*	Dosis/ Einheit in mg	Preis/ 100 g in DM
Ascorvit® 200/500 Drg.	200/500	0,98/0,57
Cetebe® Kps.	500	0,67
Hermes Cevitt® Vitamin C Brausetabl.	1000	0,25
Ascorbinsäure (lose, Apotheke)	1 TL = ca. 5 g	ca. 0,06

* nach [14]

Vitamin D (Vitamin D_3 = Cholecalciferol)

Eigenschaften

Die Vitamine der D-Gruppe bestehen aus mehreren biologischen Wirkstoffen, die als Calciferole bezeichnet werden. Die wichtigsten Vertreter sind die Vitamine D_2 und D_3. Vitamin D_3 wird unter Sonnenlichtbestrah-

lung in der Haut aus der in Leber und Darmschleimhaut aus Cholesterin synthetisierten Vorstufe gebildet. Bei ungenügender Sonnenbestrahlung und gleichzeitig unzureichender Zufuhr über die Nahrung kommt es zu einem Mangel.
Vitamin D_3 fördert die **Aufnahme** von **Kalzium** und **Phosphor** aus der Nahrung, die Rückresorption von Kalzium und Phosphor in der Niere und ist aus diesem Grund für gesunde Knochen und Zähne wichtig.

Bedarf

Empfohlene Zufuhr:	200–400 I.E.*
Therapeutische Zufuhr:	400–1000 I.E.

* 1 µg = 40 I.E., 100 I.E. = 2,5 µg; bei ausreichender Sonnenbestrahlung wird genügend Vitamin D selbst gebildet, so daß die Ermittlung einer Zufuhr von außen schwierig ist.

Mangelsymptome

Da Vitamin D durch die Regulierung des Kalzium- und Phosphatstoffwechsels entscheidend an der Bildung der Kochen beteiligt ist, zeigen sich Mangelerscheinungen bei Kindern und Jugendlichen als klinische Symptome der Rachitis; es kommt zu Verformungen der Röhrenknochen, des Schädels sowie der Wirbelsäule. Bei Erwachsenen entsteht aufgrund der gestörten Einlagerung von Mineralien Osteoporose.
Da die Säuglingsnahrung heutzutage mit Vitamin D angereichert ist, kommt es bei uns kaum zur Rachitis. Bei vielen älteren Menschen ist jedoch von einem latenten Mangel auszugehen.

Symptome bei Überdosierung

Wie bei Vitamin A ist auch bei Vitamin D die Gefahr der Überdosierung gegeben, da die therapeutische Breite recht gering ist (Abstand zwischen therapeutischer und toxischer Wirkung: nur Faktor 5–7).
Unter starker Sonnenbestrahlung, auch unter künstlicher UV-Bestrahlung kann es nicht zur Überdosierung kommen, da die körpereigene Synthese entsprechend gedrosselt wird. Die Symptome bei Überdosierung – Schwäche, Müdigkeit, Kopfschmerzen, Appetitlosigkeit, vermehrter Durst, Übelkeit, Erbrechen – sind auf die resultierende Hyperkalzämie zurückzuführen. Bei Digitalisgabe können unter Vitamin D Herzrhythmusstörungen verursacht werden. Bei langdauernder, hochdosierter Vitamin-D-Gabe sollte aus diesem Grund das Serumkalzium kontrolliert werden.

Indikationen

- **Rachitis:** Zur Rachitisprophylaxe bei Säuglingen und Kleinkindern kann Vitamin D (200–400 I.E.) eingesetzt werden. Bei älteren Kindern, Jugendlichen und Erwachsenen ist die Gabe von Vitamin D nur bei ungenügender Sonnenbestrahlung notwendig. Die Gabe von Vitamin D ist während der Schwangerschaft und Stillzeit (200 I.E.) äußerst empfehlenswert.
- **Nierenerkrankungen:** Bei chronischen Nierenerkrankungen im fortgeschrittenen Stadium ist der Einsatz von Vitamin D sinnvoll, da die Vorstufe des Vitamin D in der Niere aktiviert wird. Dies kann die erkrankte Niere nicht mehr leisten.
- **Osteoporose:** Als unterstützende Therapie können 500–1000 I.E. zusammen mit 500–1000 mg Kalzium verordnet werden.
- **Rheumatische Erkrankungen:** Bei rheumatoider Arthritis und Arthrose können 500 I.E. + mehrere Gramm Vitamin C + 1 g Kalzium gegeben werden.
- **Psoriasis:** Psoriasis kann versuchsweise über einige Monate durch die äußerliche Anwendung (Vitamin-D-Creme) und die innerliche Anwendung von Vitamin D therapiert werden.
- **Krebsprophylaxe und Krebstherapie:** Bei Brustkrebs kann Vitamin D möglicherweise einem Rezidiv vorbeugen. Eine gute Vit-

amin-D-Zufuhr wirkt vorbeugend gegen Darmkrebs.

Kontraindikationen und Nebenwirkungen

Vitamin D darf nicht bei Hyperkalzämie eingesetzt werden. Bei Nierensteinen in der Vorgeschichte sowie bei Morbus Boeck sollte Vitamin D nur nach Rücksprache mit dem Arzt verordnet werden.

Werden bestimmte Entwässerungsmittel (Thiazide) eingenommen, sollte Vitamin D nur nach Rücksprache mit dem Arzt verabreicht werden. In der Schwangerschaft sollten maximal 200 I.E. gegeben werden.

Nahrungsmittel

Vitamin D kommt nur in tierischen Nahrungsmitteln vor. Milch, Eier, Butter und vor allem Leber, hier besonders Fischleber und Fischlebertrane, sind äußerst Vitamin-D-haltig. Letztere sind allerdings mit Pestiziden und Schwermetallen belastet. An Fischen weisen vor allem Heringe, Lachse und Aale hohe Vitamin-D-Werte auf. Provitamin D_2 kommt auch in Pilzen und Hefe vor.

Handelspräparate

Vitamin-D-Präparate*	Dosis/ Einheit in I.E.	Preis/ 1000 I.E. in DM
Vigantoletten® 500/1000 Tabl.	500/1000	0,25/0,15
Vigorsan® 500/1000 Tabl.	500/1000	0,25/0,15
Vitamin D_3-Hevert® Tabl.	1000	0,09

* nach [14]

Vitamin E (Tocopherol)

Eigenschaften

Es gibt verschiedene Tocopherole, die zusammen als Vitamin E bezeichnet werden und durch I.E. (= Internationale Einheiten) miteinander vergleichbar sind. Vitamin E ist ein **starkes Antioxidans** und schützt körpereigene Strukturen vor Angriffen oxidativer Substanzen – insbesondere ungesättigte Fettsäuren, Vitamine, Hormone, Enzyme und Zellmembranen. Es hemmt die Thrombozytenagglutination und wirkt so der Gerinnselbildung entgegen. Zusammen mit Selen stimuliert es die **Antikörperbildung.**
Vitamin E und Vitamin C verhindern die Bildung krebserregender Nitrosamine im Magen-Darm-Trakt.

Bedarf

Empfohlene Zufuhr:	8–12 I.E.*
Therapeutische Zufuhr:	100–1200 I.E.

* 1 I.E. (D-Alpha-Tocopherol) = 0,7 mg, 1 mg = 1,4 I.E.; bei reichlichem Verzehr ungesättigter Fettsäuren ist der Bedarf erhöht (pro Gramm einfach ungesättigte Fettsäure 0,3 mg, pro Gramm doppelt ungesättigte Fettsäure 0,6 mg und pro Gramm dreifach ungesättigte Fettsäure 0,9 mg Vitamin E); manche Autoren empfehlen deutlich höhere Mengen (15–100 I.E. und mehr).

Mangelsymptome

Ein manifester Mangel an Vitamin E zeigt sich sehr selten und geht mit Muskelschmerzen und einer Instabilität der Erythrozyten einher. Latente Mangelerscheinungen kommen vermutlich weit häufiger vor und sind auf vermehrten oxidativen Streß – Umweltgifte, UV- und radioaktive Strahlung, Zigarettenrauch, Arzneimittelkonsum – zurückzuführen. Obwohl noch kontrovers darüber diskutiert wird, wird ein Vitamin-E-Mangel mit bestimmten Erkrankungen in Zusammenhang gebracht, so z.B. mit Arteriosklerose, Krebs, Infektionen, Rheuma, vorzeitiges Altern, Diabetes mellitus und Katarakt.

Symptome bei Überdosierung

Bei sehr hohen Dosen (3000 I.E. und mehr) kann es zu Verdauungsstörungen, Muskelschwäche sowie zur Erschöpfung kommen.

Indikationen

- **Arteriosklerose:** Durch die antioxidative Wirkung des Vitamin E werden die Gefäßwände in gewissem Maße vor Ablagerungen geschützt; auch die Hemmung der Thrombozytenagglutination spielt vermutlich ebenfalls eine schützende Rolle. In einer epidemiologischen Studie fand sich bei Vitamin-E-Zufuhr über 200 I.E. eine Reduktion der koronaren Mortalität um 30–40%. Vitamin E eignet sich zur vorbeugenden Behandlung von Apoplex und Herzinfarkt.
  Eine optimale Dosis ist nicht bekannt, die Einnahme von 400 I.E. ist empfehlenswert.
- **Herzerkrankungen:** In verschiedenen Bevölkerungsgruppen erwiesen sich niedrige Vitamin-E-Spiegel als stärkerer Risikofaktor für koronare Herzerkrankungen als Cholesterin oder Bluthochdruck.
- **Krebsprophylaxe und Krebstherapie:** Niedrige Vitamin-E-Spiegel erhöhen das Risiko der Entstehung von Krebs. Zur Vorbeugung und zur unterstützenden Therapie bei Krebs ist Vitamin E inzwischen weitgehend etabliert.
- **Arthrose und Arthritis:** Freie Radikale, die bei Entzündungsprozessen entstehen und die Gelenke schädigen können, werden durch Vitamin E abgefangen.
- **Infektabwehr:** Vitamin E und Selen, zusammen verabreicht, erhöhen die Antikörperproduktion.
- **Menstruationsbeschwerden:** Bei Menstruationsbeschwerden und prämenstruellem Syndrom kann Vitamin E die Beschwerden lindern.
- **Menopause:** Klimakterische Beschwerden sprechen gut auf die Behandlung mit Vitamin E an. Es empfiehlt sich die Gabe von 400–800 I.E. Vitamin E.
- **Altern:** Vitamin E ist kein „Verjüngungsvitamin", vermag jedoch durch den Schutz vor oxidativem Streß Zellalterungsvorgänge zu bremsen und das im Alter oft vermindert leistungsfähige Immunsystem zu stimulieren.
- **Diabetes mellitus:** Vitamin E (200–800 I.E. tägl.) soll den Insulinbedarf senken und vor den bei Diabetes vermehrt entstehenden freien Radikalen schützen.
- **Umweltbelastung:** Vitamin E unterstützt die Entgiftung von Schwermetallen, insbesondere von Blei und Quecksilber.
- **Wundheilung:** Die Entstehung unschöner Wulstnarben soll durch das Auftragen von Vitamin E verhindert werden.

Kontraindikationen und Nebenwirkungen

Bis zu einer Dosis von 800 mg (= ca. 1200 I.E.) gilt Vitamin E heute als sicher und praktisch nebenwirkungsfrei. Bei Dosierungen um 3000 mg wurden Verdauungsstörungen, Muskelschwäche und Erschöpfung beobachtet. Da das Blut bei Einnahme hoher Dosen schlechter gerinnt, sollte bei Blutgerinnungsstörungen keine hochdosierte Therapie erfolgen. Bei Einnahme von Antikoagulanzien müssen engmaschige Kontrollen anberaumt werden.

Nahrungsmittel

Vitamin E kommt nur in Pflanzen und Mikroorganismen vor. Pflanzliche Öle, besonders Weizenkeimöl, Sonnenblumenöl, Walnußöl, Getreidekeime, Nüsse und Samen enthalten viel Vitamin E. Die meisten Gemüse, vor allem Schwarzwurzel, Fenchel, Paprika, Sojabohnen, und einige Obstsorten sind ebenfalls reich an Vitamin E.

Handelspräparate

Vitamin-E-Präparate*	Dosis/ Einheit in I.E.	Preis/ 100 I.E. in DM
Embial® 600 Kps.	600	0,12
E-Mulsin® forte Emulsion	1 ml = 36	0,62
E-Mulsin® fortissimum Emulsion	1 ml = 150	0,24
Ephynal® Kaudrg.	100	0,20
Eusovit® 300 Kps.	300	0,12
E-Vitamin-ratiopharm® 400 Kps.	400	0,12
Kneipp® Vitamin E Kps.	200	0,12
Pexan® E 600 Kps.	816	0,08
Sanavitan S Kps.	544	0,06
Togasan® Kps.	544	0,06
Vitagutt® Vitamin E 1000 Kps.	1360	0,06
Vitamin E 100 mg Jenapharm Kps.	136	0,22
Vitamin-E-300-Kapseln (Twardy)	300	0,12

* nach [14]

Vitamin H (Biotin)

Eigenschaften

Einige Enzyme, hauptsächlich Carboxylasen, sind in ihrer Wirkung auf Biotin angewiesen. Biotin ist an der **Energiegewinnung der Zelle** beteiligt und ist ebenso bedeutsam für die Verstoffwechslung von **Aminosäuren** und bei der **Fettsäuresynthese.**

Mangelsymptome

Bei exzessiver Zufuhr von rohem Protein kann durch das im Eiklar enthaltene Avidin, das Biotin bindet und biologisch unwirksam macht, ein Biotinmangel entstehen. Da Biotin durch Darmbakterien synthetisiert wird, können auch durch länger dauernde parenterale Ernährung Mangelerscheinungen hervorgerufen werden. Bei alkoholtoxischen Leberschäden wurden niedrige Biotinserumkonzentrationen gefunden. Antiepileptika scheinen die Biotinaufnahme zu stören. Unter diesen Bedingungen treten Symptome wie Dermatitiden, Haarausfall, Übelkeit und erhöhte Cholesterinwerte auf. Auch Panikzustände und Depressionen können sich als psychische Symptome zeigen.

Symptome bei Überdosierung

Symptome bei Überdosierung sind nicht bekannt.

Bedarf

Empfohlene Zufuhr:	30–200 µg *
Therapeutische Zufuhr:	300–5000 µg

* Der genaue Bedarf ist schwierig zu ermitteln, da Darmbakterien durch ihre Biotinsynthese zur Versorgung des Menschen mit beitragen können.

Indikationen

- **Haut, Haare:** Störungen an der Bildung von Haut, Haaren und Nägeln können mit Biotin behandelt werden. Auch seborrhoische Hautveränderungen bei Säuglingen und Kleinkindern können in hohen Dosen (1 mg und mehr) mit Biotin therapiert werden.
- **Psychische Erkrankungen:** Bei psychischen Störungen (Depressionen, Angst- und Panikzustände) sollte Biotin zusammen mit Vitamin C, Folsäure, Vitamin B_1, B_3, B_6 und B_{12} großzügig eingesetzt werden. Diese Anwendung ist noch nicht gesichert und sollte versuchsweise in Verbindung mit anderen Maßnahmen durchgeführt werden.
- **Genetische Störungen im Biotinstoffwechsel:** Bei genetisch bedingten Störun-

gen (Carboxylasemangel) des Biotinstoffwechsels können 5–10 mg Vitamin H verabreicht werden.

Kontraindikationen und Nebenwirkungen

Auch bei hohen Dosen bis 40 mg wurden keine Nebenwirkungen beobachtet.

Nahrungsmittel

Hülsenfrüchte, vor allem Sojabohnen, Gemüse und hier besonders Blumenkohl, Pilze, Erdnüsse, Walnüsse, Innereien, Eigelb enthalten reichlich Biotin. Der häufige Verzehr von rohen Eiern (Avidin) kann Biotinmangel verursachen.

Handelspräparate

Biotin*	Dosis/Einheit in mg	Preis/mg in DM
BIO-H-TIN® Tabl.	2,5	0,39
BIO-H-TIN® 5 mg Tabl.	5	0,30
Biotin Gelfert Kps.	0,25	0,97
Deacura® Drg.	2,5	0,27
Deacura® Drg.	2,5	0,27
Gabunat Kps.	5	0,15
medobiotin Tabl.	2,5	0,30
Rombellin Tabl.	2,5	0,32

* nach [14]

Vitamin K (Phyllochinon)

Eigenschaften

Vitamin K (Abb. 5-16) ist eine Sammelbezeichnung für verschiedene Stoffe (Phyllochinon = Vitamin K_1, Menachion = Vitamin K_2, Menadion = Vitamin K_3). Vitamin K ist notwendig zur Bildung der vier lebensnotwendigen **Gerinnungsfaktoren** – des Prothrombins (Faktor II) sowie der Faktoren VII, IX, X. Es wird prophylaktisch Schwangeren vor der Entbindung und Neugeborenen gegeben, um Gerinnungsstörungen zu vermeiden. Patienten, deren Blutgerinnung künstlich mit Phenprocoumon (z.B. Marcumar®, Coumadin®, Phenpro-ratiopharm®) gehemmt wurde, enthalten Vitamin K, wenn die Gerinnung rasch verbessert werden soll.
Vitamin K ist lebensnotwendig für die **Synthese** von **Osteocalcin** und spielt aus diesem Grund eine wichtige Rolle für den Knochenaufbau.

Bedarf

Empfohlene Zufuhr:	60–80 µg *
Therapeutische Zufuhr:	1–10 mg**

* Der genaue Bedarf ist schwierig zu ermitteln, da vermutlich etwa die Hälfte der benötigten Menge durch Darmbakterien erzeugt wird.
** Zur Behandlung bzw. Prävention von Vitamin-K-Mangelblutungen (z.B. bei Neugeborenen oder Patienten unter Cumarinantikoagulation, um einen zu niedrigen Quick-Wert schneller anzuheben).

Mangelsymptome

Durch die verminderte Resorption bei einigen Darmerkrankungen und nach Einnahme

Abb. 5-16 Vitamin K_3 (Institut Kage, Lauterstein).

von Antibiotika – diese schädigen die Vitamin-K-produzierende Darmflora – kann ein Mangel an Vitamin K hervorgerufen werden. Klinisch am bedeutsamsten ist jedoch der iatrogen bedingte (und gewollte) Vitamin-K-Mangel durch Antikoagulanzien vom Cumarintyp, der durch die Verminderung einiger Gerinnungsfaktoren zu Blutungen führt. Eine Erniedrigung des Quick-Wertes begleitet die klinische Symptomatik.

Indikationen

- **Prophylaxe von Gerinnungsstörungen bei Neugeborenen und Kleinkindern:** Am 1. Tag, am 4.–6. Tag sowie in der 4. Woche nach der Geburt empfiehlt sich die Gabe von jeweils 1 mg Vitamin K.
- **Leber- und Darmerkrankungen:** Bei Mukoviszidose, chronischer Diarrhö oder Hepatitis sollte Vitamin K 1 × im Monat parenteral verordnet werden.
- **Mangelzustände:** Zur Prophylaxe von Gerinnungsstörungen bei Patienten mit schweren Darmerkrankungen (z.B. Morbus Crohn, Colitis ulcerosa, einheimische Sprue) sollte aufgrund der gestörten Resorption Vitamin K parenteral zugeführt werden.
- **Osteoporose:** Aufgrund der Bedeutung von Vitamin K für die Synthese von Osteocalcin sollte Vitamin K großzügig vor allem bei nachgewiesener Hyperkalzurie gegeben werden.

Kontraindikationen und Nebenwirkungen

Für die orale Gabe von Vitamin K sind keine Nebenwirkungen bekannt. Ein erhöhtes Karzinomrisiko nach parenteraler Vitamin-K-Prophylaxe bei Neugeborenen wird diskutiert, ist jedoch umstritten. Aus diesem Grund wird sicherheitshalber die orale Prophylaxe empfohlen.

Unter Antikoagulation mit Cumarinderivaten stehende Patienten sollten keine Vitamin K enthaltenden Kombinationspräparate einnehmen, da hierunter der Quick-Wert ansteigt. Zudem ist es nicht sinnvoll, gleichzeitig Vitamin K und einen Vitamin-K-Antagonisten einzunehmen. Bei parenteraler Gabe kommt es selten zu allergischen Reaktionen.

Nahrungsmittel

Vitamin K ist reichlich in grünen Gemüsen, vor allem Kohlsorten (Brokkoli, Spinat, Sauerkraut), Sojabohnen, und Innereien enthalten.
Deswegen wird Patienten, die gerinnungshemmende Medikamente einnehmen, oft vom Genuß dieser Lebensmittel abgeraten, da diese Medikamente und Vitamin K Gegenspieler sind. Diese Empfehlung ist jedoch falsch. Richtig ist vielmehr, daß nach reichlichem Genuß dieser für unsere Gesundheit sehr empfehlenswerten Gemüse die Dosis des Gerinnungshemmers angepaßt werden muß. Es ist auf ein stabiles Gleichgewicht zwischen Vitamin K und Gerinnungshemmern zu achten. Bei gleichbleibend hohem Genuß – entscheidend ist der Durchschnitt mehrerer Tage – bleibt auch die Medikamentendosis gleich. Bei plötzlicher Änderung der Ernährungsgewohnheiten – egal in welche Richtung – sind jedoch die Gerinnungsparameter dieser Patienten in der Übergangsphase engmaschiger zu überwachen.

Handelspräparate

Vitamin K*	Dosis/Einheit in mg	Preis/mg in DM
Kanavit® Tr.	1 mg/Tr.	0,11
Konakion® N Kaudrg.	10 mg	0,07
Konakion® N Lsg.	1 mg/Tr.	0,16

* nach [14]

Lezithin

Eigenschaften

Lezithin gehört zu der Gruppe der Phospholipide und ist kein Vitamin im engeren Sinne. Lezithin ist, ähnlich den Triglyzeriden, aus zwei Fettsäuren sowie aus Cholin aufgebaut. Lezithin hält das fettähnliche Cholesterin löslich und findet sich in Substanzen, die cholesterinreich sind, so z.B. im Eigelb, aber auch in den Lipoproteinen LDL und HDL. Die vitaminähnliche Substanz Cholin, die der menschliche Organismus aus der Aminosäure Methionin synthetisieren kann, ist Bestandteil des Acetylcholins, eines wichtigen Botenstoffes bei der Übermittlung von Nervenimpulsen. Ein lezithinhaltiges Enzym des menschlichen Organismus (Lezithin-Cholesterin-Acetyl-Transferase) ist an der Umwandlung von Cholesterin beteiligt und hilft so, arteriosklerotische Ablagerungen zu vermeiden.

Bedarf

Empfohlene Zufuhr:	1–3 g
Therapeutische Zufuhr:	bis zu 10 g

Mangelsymptome

Tierversuche mit lezithin- und damit cholinfreier Ernährung führten zu Leberverfettung und Nierenveränderungen sowie zur Erhöhung der Blutfette. Eine suboptimale Versorgung mit Lezithin kann zu den in der Bevölkerung von Industrienationen weit verbreiteten Leberverfettungen und Fettstoffwechselstörungen mit beitragen. Auch Gedächtnisschwäche und Fettstoffwechselstörungen werden mit einem Lezithinmangel in Zusammenhang gebracht.

Indikationen

- **Fettstoffwechselstörungen:** In einer Studie an Patienten mit allerdings sehr hohen Ausgangswerten fanden sich nach Gabe von Lezithin Cholesterin- und Triglyceridsenkungen von mehr als 20% bei gleichzeitigem HDL-Anstieg. Manche Autoren führen die Lipidsenkungen allerdings nicht auf das Lezithin, sondern auf die mit dem Lezithin aufgenommenen essentiellen Fettsäuren (Alpha-Linolensäure beim Sojalezithin) zurück.
- **Arteriosklerose:** Über die Lezithin-Cholesterin-Acetyl-Transferase ist ein gewisser Schutz vor Arteriosklerose denkbar.
- **Hepatitis:** Günstige Effekte einer Behandlung mit Lezithin werden bei chronischer Hepatitis beschrieben.
- **Fettleber:** Ein Mangel an Lezithin fördert die Entwicklung der Fettleber.
- **Gedächtnisschwäche:** Hier kann Lezithin versuchsweise eingesetzt werden.
- **Progressive Muskeldystrophie:** Versuchsweise mit Vitamin E kann Lezithin bei progressiver Muskeldystrophie verordnet werden.

Nahrungsmittel

Lezithin ist reichlich enthalten in Hefe, Leber, Soja und Eigelb.

Handelspräparate

Lezithin-Präparate*	Menge/ Einheit in g	Preis/g in DM
Lecithin 1200 mg Kps. (Orthica)	1,2	0,21
Lecithin Kps. Vaniplan	1,2	0,21
Lecithin Softgels 1360 (Formula)	1,36	0,18
Lecithin Granulat Allpharm	–	0,07
Lecithin Pulver (Hans Bischoff GmbH)	–	0,07
Lecithin „95“ Granules (Formula)	–	0,09
PHD Lecithin Granulat	–	0,08

* nach [14]

Pangamsäure („Vitamin B_{15}")

Eigenschaften

Pangamsäure steigert die **Sauerstoffausnutzung** in den Zellen. Darüber hinaus wirkt es gefäßerweiternd und trägt so zur Verbesserung der Sauerstoffversorgung von Herz, Gehirn und anderen Geweben bei.

Bedarf

Empfohlene Zufuhr:	ca. 5 mg*
Therapeutische Zufuhr:	5–240 mg

* Es existiert keine offizielle Zufuhrempfehlung, da Pangamsäure nicht als Vitamin anerkannt ist.

Mangelsymptome, Symptome bei Überdosierung

Mangelsymptome sowie Symptome bei Überdosierung sind nicht bekannt.

Indikationen

- **Herzkrankheiten:** Bei koronaren Herzkrankheiten kann Pangamsäure (120 bis 240 mg) als Zusatztherapie verordnet werden.
- **Migräneprophylaxe:** Zur Vorbeugung der Schmerzanfälle empfiehlt sich die Gabe von 120–240 mg Vitamin B_{15}. Es sollte jedoch nicht während der Migräne gegeben werden.
- **Durchblutungsstörungen:** Pangamsäure kann zusätzlich zur Behandlung arterieller Durchblutungsstörungen der Beine eingesetzt werden.
- **Leistungsschwäche, Müdigkeit:** Bei Vergeßlichkeit, Schwindel, Müdigkeit, Wetterfühligkeit, Leistungsschwäche empfiehlt sich die Gabe von 120–240 mg Pangamsäure.
- **Ohrensausen:** Bei Ohrensausen kann Pangamsäure versuchsweise mit anderen Maßnahmen und anderen Präparaten (z.B. Ginkgo-Präparate) eingesetzt werden.

Kontraindikationen und Nebenwirkungen

Die Anwendung von Pangamsäure ist umstritten, in den USA sogar verboten, nachdem Hinweise auf mutagene Effekte gefunden worden waren.

Nahrungsmittel

Pangamsäure ist in Hefe, Obst, Samen, Gemüse, Leber enthalten.

Handelspräparate

Vitamin-B_{15}-Präparate*	Dosis/ Einheit in mg	Preis/ 100 mg in DM
Oyo® Drg.	40	1,07
B-15 50 mg (Vitamine & mehr)	50	0,56

* nach [14]

Ubichinon 10 (Coenzym Q_{10}, „Vitamin Q_{10}")

Eigenschaften

Ubichinone sind Chinone, die ubiquitär – daher der Name – im Bereich der Tiere, Pflanzen und Mikroorganismen vorkommen und für den Energiestoffwechsel bedeutsam sind. Q_{10} ist ein nicht ersetzbares Coenzym beim Elektronentransport in der Atmungskette. Menschliches und von Säugetieren gebildetes Ubichinon enthält 10 Isoprenseitenketten (daher Q_{10}). In Pflanzen, Bakterien und anderen Mikroorganismen gebildetes Ubichinon enthält weniger Isoprenseitenketten. Der menschliche Organismus kann aus diesen Ubichinonen sowie aus den Aminosäuren Tyrosin und Phenylalanin (unter Anwesenheit einiger Vitamine) selbst Q_{10} synthetisieren. Aus diesem Grund ist Ubichinon 10 kein Vitamin, sondern allenfalls ein Vitaminoid.

Besonders hohe Konzentrationen an Q_{10} weisen Muskeln, Herz, Leber und Nieren auf. Mit zunehmendem Alter nimmt die Konzentration jedoch bedeutend ab; so sind die Konzentrationen im höheren Alter etwa nur noch halb so hoch wie im mittleren Lebensalter.
Das Wirkungsspektrum des Ubiquinons wird in den letzten Jahren stark diskutiert. Inwiefern die Bezeichnungen „Herzwunder" oder „Energievitamin" gerechtfertigt sind, werden zukünftige Studien zeigen. Doch sind die **antioxidativen Wirkungen** des Ubiquinons mittlerweile nachgewiesen, so daß der therapeutische Nutzen dieser Substanz durchaus möglich ist.

Bedarf

Empfohlene Zufuhr:	ca. 10 mg*
Therapeutische Zufuhr:	10–150 mg

* Eine genaue Zufuhrempfehlung ist schwierig, da der menschliche Organismus aus Ubichinonen mit weniger als 10 Seitenketten Q_{10} selbst synthetisieren kann.

Mangelsymptome

Im höheren Lebensalter nehmen die Organkonzentrationen als Folge der Leistungsminderung dieser Organe deutlich ab. Manifeste Mangelerscheinungen wurden jedoch bisher nicht dokumentiert. Ein verminderter Q_{10}-Gehalt wurde auch bei Patienten gefunden, die mit sog. Cholesterinsynthesehemmern behandelt werden. Da der Syntheseweg bis auf wenige Schritte dem des Cholesterins entspricht, schränken Cholesterinsynthesehemmer sowohl die Produktion von Cholesterin als auch die des Ubichinon 10 stark ein.

Symptome bei Überdosierung

Symptome bei Überdosierung sind nicht bekannt.

Indikationen

Aufgrund der antioxidativen Effekte und der Bedeutung in der Energiebereitstellung sind folgende Indikationen denkbar, jedoch noch nicht gesichert:

- **Herzerkrankungen:** Einige Studien ergaben klinische Verbesserungen bei einem großen Teil herzinsuffizienter Patienten nach mehrwöchiger hochdosierter Behandlung. Auch Angina pectoris konnte bei hoher Dosierung reduziert werden. Vitamin Q_{10} kann zur Behandlung von chronischer Herzinsuffizienz, Kardiomyopathien und koronaren Herzkrankheiten eingesetzt werden.
- **Bluthochdruck:** Hier scheinen Personen mit niedrigem Ubichinonspiegel zu profitieren.
- **Zur Vorbeugung von Mangelerscheinungen:** Um latenten Mangelerscheinungen vorzubeugen, könnte bei älteren Menschen eine Dauertherapie im Niedrigdosisbereich sinnvoll sein.
- **Einnahme von Cholesterinsynthesehemmern:** Lipidsenker aus der Klasse der HMG-CoA-Reduktasehemmer (z.B. Mevinacor®, Pravasin®, Zocor®) führen zu einem Mangel an Vitamin Q_{10}, der großzügig ausgeglichen werden sollte.

Kontraindikationen und Nebenwirkungen

Kontraindikationen und Nebenwirkungen sind bisher nicht bekannt.

Nahrungsmittel

Sojaöl, Olivenöl, Keimöle, Fisch, Eier, Fleisch enthalten reichlich Ubichinon 10.

Handelspräparate

Ubichinon 10*	Dosis/ Einheit in mg	Preis/ 10 mg in DM
Co-Enzym Q10 (Orthica)	30	0,35
Coenzyme Q10 (Vitamine & mehr)	30	0,22
Coenzyme Q10 50 mg (Vitamine & mehr)	50	0,27
Coenzyme Q10 30/60/120 (Formula)	30/60/ 90	0,34/0,30/ 0,28
Q10 Kps. (ascopharm)	30	0,16
Ubitec 10®	50	0,18
Vivit Q10®	30	0,26
* nach [14]		

Weitere Vitaminoide

Da das ernährungsmedizinische Wissen zum Thema Vitamine keineswegs vollständig ist, ist es durchaus denkbar, daß der Vitamin- oder Vitaminoidcharakter weiterer Stoffe zukünftig entdeckt wird. An dieser Stelle sollen der Vollständigkeit halber weitere Substanzen kurz erwähnt werden, die in diesem Zusammenhang derzeit diskutiert werden.

Alpha-Liponsäure
Es handelt sich um eine schwefelhaltige Fettsäure, die beim Aufbau von Carbonsäuren wichtig ist. Sie wird derzeit angewendet bei diabetischer Polyneuropathie sowie bei Lebererkrankungen (200–600 mg täglich).

Carnitin
Carnitin ist aminosäureähnlich. Der menschliche Organismus kann es aus Lysin und Methionin selbst synthetisieren. Es ist wichtig bei der Lipolyse. Der größte Teil des im Körper enthaltenen Carnitins (mit 20 g eine recht große Menge, die dessen Bedeutung unterstreicht) ist auf Muskel, Herz, Leber und Niere konzentriert. Carnitin wird derzeit eingesetzt (0,5–3 g) zur Behandlung von Herzerkrankungen (Kardiomyopathien, koronare Herzkrankheit) und bei Diabetes mellitus. Auch zur Leistungssteigerung (Ausdauersport), zur Stärkung des Immunsystems und der Hirnleistung sowie bei Gedeihstörungen der Kinder wird Carnitin verordnet. Alle genannten Indikationen sind jedoch nicht gesichert.

Orotsäure
Orotsäure ist ein Zwischenprodukt in der Pyrimidinsynthese (Teile der Erbsubstanz). Günstige Wirkungen der Orotsäure werden angenommen bei Leber- und Herzerkrankungen.

Vitamin F
Hierunter wurden die essentiellen Fettsäuren Linolsäure und Alpha-Linolensäure verstanden (die Bezeichnung ist mittlerweile überholt). Es handelt sich also um essentielle Nährstoffe, aber eben nicht um Vitamine, sondern um Fettsäuren, die im entsprechenden Kapitel ausführlich abgehandelt werden.

5.6 Aminosäuren

Aminosäuren sind stickstoffhaltige Moleküle, aus denen Protein gebildet wird. Menschliches Protein besteht aus 20 verschiedenen Aminosäuren. **Essentielle Aminosäuren** können vom Körper nicht gebildet und müssen unbedingt mit der Nahrung zugeführt werden. Die essentiellen Aminosäuren sind: **Isoleucin, Leucin, Lysin, Methionin, Phenylalanin, Threonin, Tryptophan und Valin.** Histidin ist außerdem für Kinder essentiell. Unter besonderen Bedingungen wie Infektionen oder nach Operationen reicht die Eigensynthese bestimmter Aminosäuren nicht aus, so daß diese dann essentiell sind (z.B. Cystein, Thyrosin, Arginin, Glutamin). Würde nur eine einzige essentielle Aminosäure fehlen (in jeder proteinhaltigen Nahrung sind sie

mehr oder weniger ausgewogen enthalten), könnte kein Protein mehr aufgebaut werden und Wachstumsstillstand bzw. die Unfähigkeit zu Regeneration sowie Stoffwechselstörungen und die Schwächung des Immunsystems wären die Folgen.
Die Gesamtproteinzufuhr sollte 0,6–0,8 g/kg Körpergewicht betragen (also ca. 50 g bei einem 70 kg schweren Menschen). Wird Protein mit hoher biologischer Wertigkeit (z.B. Kartoffel + Ei oder Milch + Getreide) zugeführt, ist auch eine etwas geringere Zufuhr noch ausreichend. Bei Kindern, Schwangeren, Stillenden oder Personen mit hoher physischer oder psychischer Belastung besteht ein höherer Bedarf.
In der Regel gibt es in Industrienationen keinen Proteinmangel, sondern die empfohlene Zufuhr wird deutlich überschritten, was möglicherweise einige Erkrankungen in der Entstehung und in ihrem Ausmaß fördert. Bestimmte essentielle und auch manche nichtessentielle Aminosäuren können in hohen Dosen zur Behandlung von Erkrankungen eingesetzt werden.

Cystein, Cystin

Eigenschaften

Cystein und Cystin sind schwefelhaltige, nichtessentielle Aminosäuren. Aus Cystein kann der Organismus Cystin bilden. Cystein ist ein wichtiger Bestandteil der Glutathionperoxidase, eines der wirksamsten antioxidativen Enzyme. Auch die Produktion des antioxidativ wirksamen Glutathions ist wesentlich von der Bereitstellung von Cystein abhängig. Keratin, welches in Haaren, Nägeln und Hornhaut enthalten ist, enthält einen großen Anteil Cystin.
Beide Aminosäuren bilden mit Schwermetallen wasserlösliche Verbindungen, die über die Nieren ausgeschieden werden können.

Bedarf

Da es sich um eine nichtessentielle Aminosäure handelt, können keine Angaben gemacht werden.

Therapeutische Zufuhr: 0,5–1,5 g

Indikationen

- Haarausfall, Störungen der Haar- und Nagelbildung
- Wundheilung nach Verletzungen oder Operationen
- Schwermetallbelastungen.

Handelspräparate

Cystein-Präparate*	Dosis/ Einheit in mg	Preis/g in DM
L-Cystein 500 mg Kps. (Formula)	500	2,35
L-Cysteine (Vitamine & mehr)	500	1,36
ACC® 600 tabs	600	1,08
NAC-ratiopharm® 600 Trinktabl.	600	1,18

* nach [14]

Anstelle eines reinen Cysteinpräparates ist es auch möglich, N-Acetylcystein, das identische Wirkungen aufweist, zu verordnen. Hierzu zählen die beiden letztgenannten Präparate.

Glutamin

Eigenschaften

Glutamin spielt eine wichtige Rolle bei der Entgiftung von Ammoniak. Ein Abkömmling der Glutaminsäure ist die Gamma-Amino-Buttersäure (GABA), ein wichtiger Botenstoff im zentralen Nervensystem.

Bedarf

Da es sich um eine nichtessentielle Aminosäure handelt, können keine Angaben gemacht werden.

Therapeutische Zufuhr:	2 g und mehr

Indikationen

- Kann die Leber das anfallende Ammoniak infolge eines schweren Leberschadens (z.B. Leberzirrhose) nicht mehr entgiften, kann Glutamin eingesetzt werden.
- Umstritten ist der Einsatz von Glutamin zur Behandlung von Lernschwierigkeiten und Konzentrationsschwäche bei Kindern. Bei verminderter GABA kommt es zu einer erhöhten Erregbarkeit des zentralen Nervensystems mit der Folge von Konzentrationsschwäche. Glutamin kann die Konzentration von GABA erhöhen. Versuchsweise sollte Glutamin zusammen mit Vitamin B_6 eingesetzt werden.

Handelspräparate

Glutamin-Präparate*	Dosis/ Einheit in mg	Preis/g in DM
Glutamin 500 mg (Vital Cell Life)	500	0,96
L-Glutamine 500 mg Kps. (Formula)	500	1,04
* nach [14]		

Lysin

Eigenschaften

Lysin ist in den meisten Getreidesorten (z.B. Weizen) nur in geringer Menge enthalten. Es ist wichtig bei der Synthese von Kollagen und für gesundes Wachstum und Regeneration erforderlich. Lysin soll eine gewisse antivirale Wirkung haben.

Bedarf

Empfohlene Zufuhr:	1 g
Therapeutische Zufuhr	1–6 g

Indikationen

- Bei Herpesinfektionen führt die möglichst früh begonnene Einnahme von Lysin zu einer deutlich schnelleren Abheilung. Bei Herpes simplex, im Bereich des Gesichtes, sollten 1000–3000 mg täglich, bei Herpes genitalis, im Bereich der Geschlechtsorgane, 3000–6000 mg täglich eingenommen werden.
- Während Schwangerschaft, Wachstum und Wundheilung können zusätzliche Lysingaben (z.B. 1000 mg) sinnvoll sein.

Handelspräparate

Lysin-Präparate*	Dosis/ Einheit in mg	Preis/g in DM
L-Lysine Tablets 1000 mg (Formula)	1000	0,43
L-Lysin 500 mg Tabl. (Orthica)	500	0,51
Lysin 250 mg (Vital Cell Life)	250	0,48
* nach [14]		

Methionin

Eigenschaften

Methionin, eine schwefelhaltige essentielle Aminosäure, ist nicht nur als Proteinbaustein, sondern auch für zahlreiche Stoffwechselschritte, so z.B. für Methylierungsreaktionen, Entgiftungsvorgänge in der Leber sowie für die Bildung von Cholin, einem Bestandteil von Lezithin, von entscheidender Bedeutung.

Bedarf

Empfohlene Zufuhr:	ca. 1 g
Therapeutische Zufuhr:	2–3 g

Indikationen

- Zur Unterstützung von Entgiftungsreaktionen der Leber, Behandlung der Fettleber sowie als „Leberschutz" kann Methionin eingesetzt werden.
- Blutgefäße enthalten schwefelhaltige Kollagene. Schwefelhaltige Aminosäuren werden aus diesem Grund bei der Gefäßeinsprossung in Wundgebiete und somit zur Wundheilung benötigt.
- Methionin trägt dazu bei, Histamin, das Allergiereaktionen auslöst, durch Methylierung abzubauen.
- Da Methionin den Harn ansäuert und somit ebenso das Bakterienwachstum behindert, wie es die Wirksamkeit von Antibiotika erhöht, kann es zur Behandlung sowie Vorbeugung bei sich häufig wiederholenden Harnwegsinfekten eingesetzt werden.
- Vorbeugend bei wiederholtem Auftreten von Nierensteinen, vor allem von Phosphatsteinen.

Handelspräparate

Methionin-Präparate*	Dosis/ Einheit	Preis/g in DM
L-Methionine 500 mg Vegicaps (Formula)	500 mg	1,85
Acimethin® Filmtabl.	500 mg	1,37

* nach [14]

Phenylalanin

Eigenschaften

Phenylalanin ist die Vorstufe von Thyroxin, Dopamin, Adrenalin und Noradrenalin, die wichtige Botenstoffe im Nervenstoffwechsel sind.

Bedarf

Empfohlene Zufuhr:	ca. 1 g
Therapeutische Zufuhr:	1–6 g

Indikationen

- Phenlylalanin verhindert den Abbau der analgetisch wirkenden körpereigenen Endorphine.
- Die Parkinsonsche Erkrankung beruht auf dem Mangel von Dopamin in bestimmten Hirnarealen. Als Vorstufe von Dopamin kann Phenylalanin in der Behandlung Erfolge bringen.
- Da Phenylalanin die Vorstufe wichtiger Botenstoffe im zentralen Nervensystem ist, kann es auch zur Behandlung von Depressionen eingesetzt werden.

Handelspräparate

Phenylalanin-Präparate*	Dosis/ Einheit	Preis/g in DM
L-Phenylalanine 500 mg Vegicaps (Formula)	500 mg	1,13
L-Phenylalanin 500 mg Kps. (Orthica)	500 mg	1,69
Phenylalanin 500 mg (Vital Cell Life)	500 mg	1,44

* nach [14]

Tryptophan

Eigenschaften

Tryptophan ist eine Vorstufe des körpereigenen Neurotransmitters Serotonin und kann im Gegensatz zu diesem die Blut-Hirn-

Schranke überwinden, vorausgesetzt, es muß nicht – z.B. wie bei proteinreicher Kost – mit anderen Aminosäuren um den Transportmechanismus konkurrieren.
Schlafstörungen werden u.a. auf einen Serotoninmangel im Stammhirn zurückgeführt. Bei Depressionen werden Antidepressiva eingesetzt, die die Rückresorption von Serotonin in den präsynaptischen Pool behindern. Auch MAO-Hemmer, die Serotonin durch Desaminierung inaktivieren, finden hierbei Verwendung.
Die großzügige Bereitstellung von Tryptophan führt durch die vermehrte Synthese zu einer größeren Serotoninkonzentration im synaptischen Spalt. Tryptophan ist ferner Provitamin für die Nikotinsäure (Vitamin B_3).

Bedarf

Empfohlene Zufuhr:	ca. 250 mg
Therapeutische Zufuhr:	0,5–3 g

Indikationen

- Bei Schlafstörungen können 30 Minuten vor dem Schlafengehen 500–1000 mg Tryptophan eingenommen werden; bei schwerer Schlafstörung oder Tranquillanzienabhängigkeit kann eine Intervalltherapie durchgeführt werden: mit 2000 mg an drei Tagen, dann vier Tage Pause, in den nächsten Wochen langsame Reduktion des synthetischen Schlafmittels, später auch des Tryptophans.
- Bei Depressionen empfiehlt sich die Einnahme von 3 × 500–1000 mg Tryptophan.

Kontraindikationen und Nebenwirkungen

Beeinträchtigungen des Reaktionsvermögens (Straßenverkehr) sind möglich, in hohen Dosen können auch Schwindel, Übelkeit, Kopfschmerz, Müdigkeit verursacht werden.

Das Eosinophilie-Syndrom mit z.T. letalem Ausgang, auf das das Verbot der Substanz in Deutschland bis 9/96 zurückzuführen war, war die Folge einer Verunreinigung durch die gentechnische Produktion (die erste, vermutlich jedoch nicht die letzte Katastrophe durch gentechnische Herstellung eines Medikaments bzw. Nahrungsmittels) und wurde nicht durch Tryptophan selbst verursacht. Jetzt freigegebene Chargen werden auf diese Verunreinigung gezielt kontrolliert.

Handelspräparate

Tryptophan-Präparate*	Dosis/ Einheit	Preis/g in DM
Ardeytropin® Tabl.	500 mg	0,97
Lyphan® Tabl.	500 mg	2,80

* nach [14]

5.7 Fettsäuren

Im Bereich der Fettsäuren hat sich das Wissen in den letzten Jahren geradezu explosionsartig vermehrt. So konnte u.a. festgestellt werden, daß Erkrankungen wie Asthma, Neurodermitis, ja selbst Bluthochdruck oder Herzrhythmusstörungen von der qualitativen und quantitativen Fettsäurezufuhr beeinflußt werden können. Während sich im Bewußtsein der Ärzte und der Bevölkerung weitgehend etabliert hat, daß die ausreichende Zufuhr von Vitaminen oder Mineralstoffen durch die Nahrung gegeben sein sollte und gegebenenfalls aus therapeutischen Gründen eine höhere Dosierung verabreicht werden muß, ist noch relativ wenig bekannt, daß die beiden Fettsäuren **Alpha-Linolensäure** bzw. **Linolsäure** die mengenmäßig bedeutsamsten essentiellen Nährstoffe überhaupt darstellen.
Linolsäure sollte in einer Dosierung um die 10 g, die Omega-3-Fettsäure Alpha-Linolensäure im Grammbereich zugeführt werden.

Der Gesamtkörpergehalt an Linolsäure beträgt ca. 1 kg. Außer Wasser oder Kalzium gibt es keinen Einzelstoff, der in dieser Menge im Körper gespeichert ist.

Neben dem mengenmäßigen Vorkommen der beiden Fettsäuren scheint das Verhältnis von Linolsäure zu Alpha-Linolensäure ebenfalls bedeutsam zu sein. Während die Zufuhr der Omega-6-Fettsäure Linolsäure (z.B. in Sonnenblumen-, Distelöl) in den letzten Jahrzehnten in Industrienationen stetig zugenommen hat, war die Zufuhr der Omega-3-Fettsäuren (z.B. in Leinsamen, Fischen) kontinuierlich rückläufig, so daß sich das Verhältnis immer mehr zugunsten der Linolsäure verschoben hat. Ein Quotient von 1:3 bis 1:5 wird als günstig angesehen.

Eine weitere bedeutsame Fettsäure ist die einfach ungesättigte Omega-9-Fettsäure **Ölsäure,** die in besonders großer Konzentration in Olivenöl, Mandeln und Avocados enthalten ist. Ihr werden günstige Wirkungen auf die Zusammensetzung der Serumlipide zugeschrieben. Während Linolsäure in hoher Dosierung das Gesamtcholesterins über eine Senkung des „ungünstigen" LDL-, aber auch des „günstigen" HDL-Cholesterins zu senken vermag, führt Ölsäure nur zur Senkung von LDL, nicht aber von HDL und verbessert somit den LDL/HDL-Quotienten.

Die **Arachidonsäure,** eine weitere Omega-6-Fettsäure, führt durch die Beeinflussung des Prostaglandinstoffwechsels zu vermehrten entzündlichen Reaktionen, zur vermehrten Thrombozytenaggregation sowie zur Wasser- und Natriumretention in den Nieren und infolgedessen zu einem leichten Blutdruckanstieg). Arachidonsäure kommt in großer Menge in tierischen Fetten (Fleisch, Milchprodukte) vor. Zwischen Linolsäure und den Omega-3-Fettsäuren auf der einen und Arachidonsäure auf der anderen Seite bestehen antagonistische Beziehungen. Die Abbildung 5-17 veranschaulicht in vereinfachter Form den Omega-3- und Omega-6-Fettsäure-Stoffwechsel.

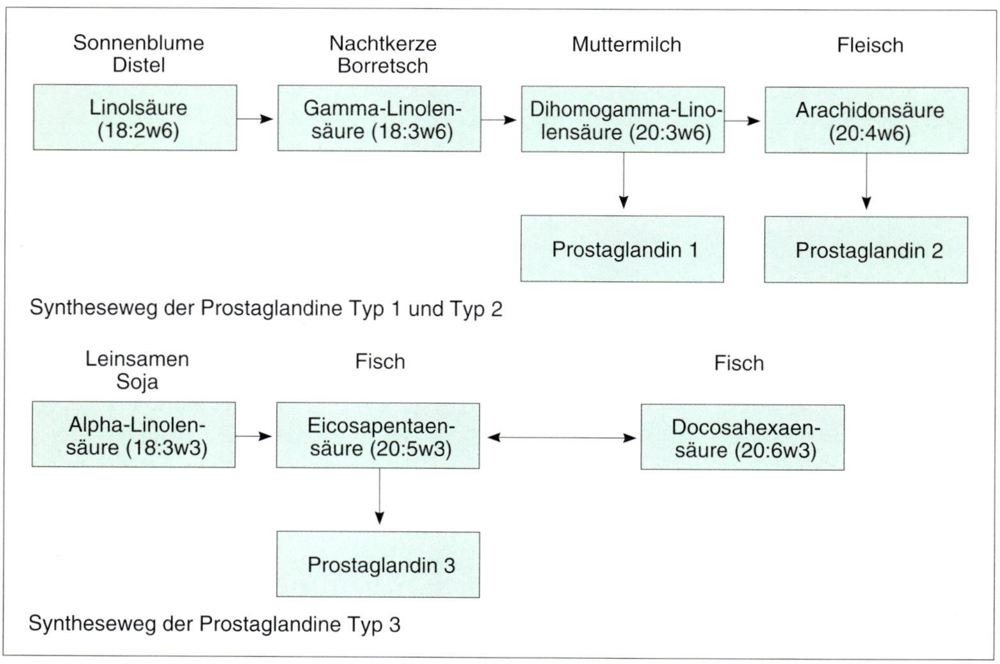

Abb. 5-17 Synthesewege der Prostaglandine.

Linolsäure

Eigenschaften

Linolsäure kann in Gamma-Linolensäure – beide werden auch als Omega-6-Fettsäuren bezeichnet –, diese wiederum in bestimmte entzündungshemmende Prostaglandine umgewandelt werden. Bei bestimmten Erkrankungen (z.B. Neurodermitis) scheint das Enzym Desasturase, das die Linolsäure in Gamma-Linolensäure umwandelt, in der Funktion beeinträchtigt zu sein. Aus diesem Grund wird auch bei ausreichender Linolsäurezufuhr ein Mangel an Gamma-Linolensäure sowie in der Folge an entzündungshemmenden Prostaglandinen hervorgerufen.

Bedarf

Die therapeutische Dosis liegt bei 10 g Linolsäure (bis 30 g); die Therapie mit Gamma-Linolensäure erfordert die Gabe von ca. 1 g täglich.

Indikationen

- Zur vorbeugenden Behandlung der Neurodermitis (atopisches Ekzem) kann Gamma-Linolensäure zugeführt werden.
- Da das Prostaglandin E_1 krampflösend auf die Bronchialmuskulatur wirkt, kann Gamma-Linolensäure vorbeugend zur Behandlung des Asthma bronchiale eingesetzt werden.
- Hohe Dosen von Linolsäure senken das Gesamt- sowie das LDL-Cholesterin, in gleichem Ausmaß allerdings auch das günstige HDL-Cholesterin, so daß der LDL/HDL-Quotient im wesentlichen gleich bleibt und die Linolsäure sich zur Behandlung der Hypercholesterinämie gut eignet.

Kontraindikationen und Nebenwirkungen

Patienten, die Phenothiazine (z.B. in Atosil®) einnehmen, dürfen keine Omega-6-Fettsäuren zusätzlich einnehmen. Bei Kindern unter 1 Jahr sollte die Gabe unter ärztlicher Kontrolle erfolgen.

Einer hohen Dosierung von Linolsäure, die früher aufgrund der cholesterinsenkenden Wirkung propagiert wurde, stehen Ernährungswissenschaftler heute eher kritisch gegenüber, da sowohl in Tierexperimenten als auch in klinischen Versuchen mit hohen Dosen nicht die erwartete Reduktion der Gesamtmortalität eintrat. Im Gegenteil, es gibt sogar Hinweise auf die Förderung des Entstehens bzw. Wachstums von Tumoren. Die Menge von 10 g wird jedoch als unbedenklich angesehen.

Vorkommen

Linolsäure ist in allen pflanzlichen Ölen (z.B. Sonnenblumen-, Soja-, Distelöl 50–70%, Olivenöl 10%), Gamma-Linolensäure in Borretschsamenöl, schwarzem Johannisbeeröl und Nachtkerzenöl enthalten.

Handelspräparate

Gamma-Linolensäure-Präparate*	Menge/Einheit in mg	Preis/g in DM
Borretschöl Kps. (Pharmadrog)	ca. 100	3,97
Glandol® Kps.	120	4,08
Glandol forte® Kps.	180	5,00
Glandol spezial® Kps.	360	3,89
Unigam®	40	10,07
Quintesal 180®	180	5,46
Quintesal 360®	360	4,16
GridiMed® Nachtkerzenöl	1 TL = ca. 450	3,17

* nach [14]

Alpha-Linolensäure

Eigenschaften

Aus Alpha-Linolensäure kann der Organismus Eicosapentaen- und Docosahexaensäure – alle diese Säuren werden auch als Omega-3-Fettsäuren bezeichnet – synthetisieren. Aus den Omega-3-Fettsäuren werden bestimmte Thromboxane und Prostaglandine gebildet, die die Gefäße erweitern sowie die Zusammenklumpung von Blutplättchen behindern und somit die übermäßige Gerinnselbildung verhindern. Ferner wurden deutliche **antiarrhythmische Effekte** beschrieben, so konnten z.B. eine **geringere Mortalität** nach **Herzinfarkt** sowie ein geringeres Risiko eines plötzlichen Herztodes im Vergleich zur Placebobehandlung beobachtet werden. Diese Versuche wurden allerdings mit Omega-3-Fettsäuren aus Fischöl, nicht jedoch mit Alpha-Linolensäure durchgeführt.

Bedarf

Wird eine Therapie mit Eicosapentaen- und Docosahexaensäure durchgeführt, so empfiehlt sich die Dosierung von 1(–4 g) täglich. Bei Alpha-Linolensäure erzielt die dreifache Menge möglicherweise die gleichen Effekte.

Indikationen

- Aufgrund der gefäßerweiternden Wirkung eignet sich Alpha-Linolensäure zur vorbeugenden Behandlung von Arteriosklerose und koronarer Herzkrankheit.
- Die antiarrhythmischen Effekte der Alpha-Linolensäure können zur Behandlung von Herzrhythmusstörungen ausgenützt werden.
- Da Omega-3-Fettsäuren Triglyzeride (bis zu 50%) sowie in geringem Maß Cholesterin senken und zugleich das günstige HDL-Cholesterin angehoben wird, eignen sie sich gut zur Behandlung von Fettstoffwechselstörungen.
- Omega-3-Fettsäuren sollen erhöhtes Homocystein im Blut normalisieren helfen und können somit gute Effekte in der Behandlung der Hyperhomocysteinämie erzielen.
- Da unter Omega-3-Fettsäuren entzündungshemmend wirksame Prostaglandine verstärkt gebildet werden, sind sie sinnvoll zur Behandlung der rheumatoiden Arthritis.

Vorkommen

Alpha-Linolensäure kommt in allen pflanzlichen Ölen, allerdings nur in geringer Menge, vor. Besonders reich an Alpha-Linolensäure ist Leinöl (58%), etwas weniger enthalten ist in Weizenkeimöl, in Sojaöl und in Walnüssen bzw. dessen Öl (5–7%).
Eicosapentaen- und Docosahexaensäure sind reichlich in Kaltwasserfischen enthalten (ca. 30% des Fettanteils).

Handelspräparate

Omega-3-Fettsäuren-Präparate*	Menge/ Einheit in mg (nur Omega-3-Fettsäuren)	Preis/g in DM
Ameu® Kps.	175	1,67
Bilatin® Fischöl-Kps.	500/1000	2,40/2,00
Lachsöl (Fa. Caelo)	1 TL = ca.1250	0,46**
Omega-3 „700" Softgels (Formula)	700	1,66
Leinöl (Reformhaus)	ca. 2500	0,29***

* nach [14]
** Probleme mit der Haltbarkeit (nur kleine Mengen bei Luftabschluß im Kühlschrank über wenige Tage bis Wochen haltbar)
*** 3 g Alpha-Linolensäure entsprechen in der biologischen Wirksamkeit wahrscheinlich 1 g Omega-3-Fettsäure aus Fischöl, da die Alpha-Linolensäure im Körper erst in die Vorstufen der Prostaglandine umgewandelt werden muß.

5.8 Enzyme

Eigenschaften

Enzyme sind kompliziert aufgebaute Proteinkörper, die in allen lebenden Organismen natürlicherweise vorkommen und als Biokatalysatoren bestimmte chemische Prozesse (z.B. Lipolyse, die Spaltung von Fett) ermöglichen, ohne selbst bei diesem Prozeß verändert zu werden. Enzyme sind in der Regel spezialisiert und sind nur für einen bestimmten chemischen Reaktionsschritt zuständig; so haben sie beispielsweise Aufgaben im Stoffwechsel (z.B. Amylase bei der Verdauung von Stärke) oder in der körpereigenen Abwehr (z.B. Lysozym in der Tränenflüssigkeit zur Bekämpfung von Bakterien).
Die in der Enzymtherapie eingesetzten Enzyme **Amylase, Lipase, Trypsin** und **Chymotrypsin** kommen im menschlichen Körper vor, aufgrund dessen diese Therapie unter die Orthomolekulare Medizin subsumiert werden kann. Es werden jedoch auch Enzyme aus Pflanzen (Bromelain, Papain) oder Bakterien (Streptokinase, Urokinase) eingesetzt. Amylase und Lipase werden aus Pilzen, Trypsin und Chymotrypsin aus Tieren gewonnen.

Indikationen

Auch die Schulmedizin bedient sich der Enzyme, so werden z.B. in der Behandlung des Herzinfarkts Enzyme erfolgreich zur Auflösung von Gerinnseln eingesetzt, die ein Herzkranzgefäß verstopfen (Lysetherapie). Auch Verdauungsstörungen, die durch den Mangel an Verdauungsenzymen, so z.B. bei herabgesetzter Funktion der Bauchspeicheldrüse, verursacht sind, werden durch die Zufuhr dieser Enzyme behandelt.
Im Rahmen der Enzymtherapie im engeren Sinne werden die Enzyme jedoch nicht gespritzt oder lokal im Darm eingesetzt – wie bei der Behandlung des Herzinfarkts oder von bestimmten Verdauungsstörungen –, sondern nach der oralen Aufnahme über den Darm in den Körper aufgenommen, um an den erkrankten Organen ihre Wirkung zu entfalten. Diese Anwendung wird von den Kritikern abgelehnt, da die Aufnahme relativ großer Moleküle, wie Enzyme sie darstellen, über die Darmschleimhaut nicht für möglich gehalten wird. Von Physiologen wird jedoch seit mehr als 10 Jahren die Aufnahme solcher großmolekularer Stoffe anerkannt. Die Enzymtherapie wird vor allem bei Entzündungen, Tumorkrankheiten und Verletzungsfolgen eingesetzt:
- Entzündungen aller Art (z.B. Mittelohrentzündung, Bronchitis, Colitis ulcerosa, Prostataentzündung, Psoriasis)
- Entzündungen durch Viren (z.B. Gürtelrose)
- traumatisch (durch Verletzung) bedingte Ödeme und Entzündungen (z.B. Sportverletzung, Zahnextraktion, nach Operationen)
- rheumatische Erkrankungen (z.B. rheumatoide Arthritis, Sehnenscheidenentzündung)
- Gefäßerkrankungen (Lymphödeme, chronisch-venöse Insuffizienz)
- Krebstherapie (als unterstützende Maßnahme).

Kontraindikationen und Nebenwirkungen

Im Rahmen einer sinnvollen, dem Patientenwohl dienenden Nutzen-Risiko-Bewertung müssen – wie bei allen Medikamenten und sonstigen therapeutischen Maßnahmen – Gegenanzeigen und Nebenwirkungen auch bei der so nebenwirkungsarmen natürlichen Enzymtherapie bedacht werden.

- Viele Enzympräparate enthalten Enzyme aus Ananas oder Papaya. Da mittlerweile ca. 1% der deutschen Bevölkerung allergisch auf Ananas reagiert, sollten die Präparate bei bestehender Allergie auf diese Früchte nicht angewendet werden.
- Bei Gerinnungsstörungen (z.B. Bluter, aber auch Therapie mit Antikoagulanzien wie

Marcumar®) sollte die Enzymtherapie – wenn überhaupt – nur stationär, unter ständiger Überwachung der Gerinnungswerte, erfolgen.
- Wird gleichzeitig eine Therapie mit Blutegeln durchgeführt, sollten die Enzympräparate 24 Stunden vor der geplanten Blutegeltherapie abgesetzt werden.
- Liegen schwere funktionelle Störungen vor, z.B. Leberfunktionsstörungen mit eingeschränkter Syntheseleistung oder eine Nierenfunktionsstörung mit Kreatinin über 1,8 mg/dl, muß von der Enzymtherapie abgesehen werden.
- Während Schwangerschaft und Stillzeit sollte die Anwendung kritisch abgewogen werden.

Nebenwirkungen können sein:
- Völlegefühl, Blähungen und Übelkeit bei hohen Dosen; es empfiehlt sich, die Dosis über den Tag zu verteilen
- allergische Reaktionen, die das Absetzen des Präparates erforderlich machen und die nach Absetzen abklingen
- harmlose Stuhlveränderungen (Farbe, Geruch, Beschaffenheit)
- erhöhte Blutungsneigung bei gleichzeitiger Therapie mit ASS (Acetylsalicylsäure, z.B. Aspirin®).

Bei Beachten dieser Gegenanzeigen und der möglichen Nebenwirkungen können mit der Enzymtherapie bei vielen Krankheiten deutliche Verbesserungen bzw. eine raschere Heilung erzielt werden.

Anwendungshinweise:
- Die Einnahme sollte nüchtern, 1/2–1 Stunde vor den Mahlzeiten, erfolgen.
- Bei akuten Prozessen (z.B. Verletzung, starke Entzündung) sollte möglichst hoch dosiert werden (Beispiel: 3 × 20 Dragees Wobenzym®, bei Sportverletzung oder schwerer rheumatoider Arthritis). Die Dosis kann dann in Abhängigkeit von der Schwere und der Entwicklung der Erkrankung reduziert und nach dem Abklingen der Symptome abgesetzt werden.
- Enzympräparate können mit allen anderen therapeutischen Maßnahmen und Medikamenten kombiniert werden, z.B. mit pflanzlichen Mitteln, Homöopathika, Mineral- und Vitaminpräparaten, aber auch Chemotherapeutika und Antibiotika.

Handelspräparate

Enzympräparate*	Hersteller	Anwendungsgebiete
Antiflazym®	Madaus	Entzündlich bedingte Schwellungen und Eiterungen
Bromelain-POS®	Ursapharm	Entzündliche Schwellungen, unterstützend zur Tumortherapie
Enzym-Wied®	Wiedemann	Arteriosklerose, Venenentzündungen, Thrombosen, stumpfe Verletzungen, Schwellungen, Entzündungen
Frubienzym®	Biotherax	Örtliche Behandlung entzündlicher Erkrankungen im Mund-Rachen-Bereich
Mulsal® N	Mucos	Rheumatische Erkrankungen, entzündliches Ödem
Phlogenzym®	Mucos	Entzündungen aller Art
Proteozym®	Wiedemann	Entzündliche Prozesse, posttraumatische Schwellungen
traumanase®	Rorer	Entzündliche Schwellungen, Schwellungen nach Verletzungen, Ulcus cruris (offenes Bein)
Wobenzym® N	Mucos	Entzündungen aller Art
Wobe-mugos®	Mucos	Unterstützende Tumortherapie, Viruserkrankungen

* nach [14]

Enzympräparate*	Zusammensetzung	Tagesdosis	Kosten/Tag in DM
Antiflazym®	Serrapeptase 5 mg	3 x 1–2	3,00–6,00
Bromelain-POS®	Bromelaine 500 F.I.P.-E.	3 x 1	2,79
Enzym-Wied®	Pankreatin 100 mg, Bromelaine 45 mg, Papayotin 60 mg, Triacylglycerollipase 10 mg, Amylase 10 mg, Trypsin 24 mg, Chymotrypsin 1 mg, Rutosid 50 mg	3 x 2–3	1,70–2,68
Frubienzym®	Lysozym 5 mg	4–6 x 1	1,33–2,00
Mulsal®	Trypsin 24 mg, Bromelaine 45 mg, Papain 60 mg = 770 F.I.P.-E.	3 x 3	2,46
Phlogenzym®	Bromelaine 90 mg, Trypsin 48 mg, Rutosid 100 mg	3 x 2	2,91
Proteozym®	Bromelaine 45 mg = 225 F.I.P.-E	3 x 1–2	1,18–2,36
traumanase®	Bromelaine 20 mg = 50 F.I.P.-E	3 x 2	4,94
traumanase®-forte	Bromelaine 40 mg = 100 F.I.P.-E	3 x 1	3,42
Wobenzym® N	Pankreatin 100 mg, Trypsin 24 mg, Chymotrypsin 1 mg, Bromelaine 45 mg, Papain 60 mg, Rutosid 50 mg	3 x 2	1,68

* nach [14]

Enzympräparate unterscheiden sich bezüglich ihrer Zusammensetzung und der Konzentration der einzelnen Bestandteile teilweise ganz erheblich und sind daher nur bedingt miteinander vergleichbar. Auch die vom Hersteller angegebene Tageserhaltungsdosen müssen keineswegs wirkungsäquivalent sein. Der Preisvergleich kann daher nur eine grobe Orientierung darstellen.

Literatur

[1] Bessler, E.: Magnesiummangel beheben. Gräfe und Unzer, München 1990.

[2] Burgerstein, L.: Burgersteins Handbuch der Nährstoffe. Haug, Heidelberg 1997.

[3] Die große GU Nährwerttabelle. Gräfe und Unzer, München 1997.

[4] Die große GU Vitamin- und Mineralstofftabelle. Gräfe und Unzer, München 1996.

[5] Dietl, H., Ohlenschläger, G.: Handbuch der Orthomolekularen Medizin. Haug, Heidelberg 1994.

[6] Glagau, K., Ohlenschläger, G.: Vitalstoffe – Bausteine der Gesundheit. Haug, Heidelberg 1994.

[7] Ilies, A.: Kaliummangel beheben. Gräfe und Unzer, München 1990.

[8] Inderst, R., Augustin, M.: Enzymtherapie, in: Augustin, M., Schmiedel, V.: (Hrsg.): Praxisleitfaden Naturheilkunde. Jungjohann Verlagsgesellschaft, Neckarsulm 1992.

[9] Kasper, H.: Ernährungsmedizin und Diätetik. Urban & Schwarzenberg 1996.

[10] Pfeiffer, C. C.: Nährstofftherapie bei psychischen Störungen. Haug, Heidelberg 1995.

[11] Rias-Bucher, S.: Kalziummangel beheben. Gräfe und Unzer, München 1991.

[12] Righi-Spanfellner, G.: Eisenmangel beheben. Gräfe und Unzer, München 1991.

[13] Scheef, W.: Enzymtherapie. In: Schimmel, K-C.: Lehrbuch der Naturheilverfahren. Band II, 253–260. Hippokrates, Stuttgart, 1990.

[14] Schmiedel, V., Augustin, M.: Handbuch Naturheilkunde. Haug, Heidelberg 1997.

[15] Schmiedel, V.: Cholesterin naturgemäß behandeln. Haug, Heidelberg 1996.

[16] Scholz, H.: Mineralstoffe und Spurenelemente, Trias, Stuttgart 1996.
[17] Schünke, G., Kuhlmann, D., Lau, W.: Orthomolekulare Medizin – Grundlagen der Nährstofftherapie. BioMedoc, Lürschau 1991.
[18] Wrba, H., Kleine, W. M., Miehlke, K. et al. (Hrsg.): Systemische Enzymtherapie. MMV München. Basisbroschüre zur Systemischen Enzymtherapie, Mucos Pharma, Geretsried 1996.

6

FASTEN UND INTENSIVDIÄTETIK

HELLMUT LÜTZNER

Essen und Nichtessen sind wie Schlafen und Wachen, Bewegung und Ruhe zwei Pole menschlichen Lebens. Auch wenn wir uns dessen nicht immer bewußt sind, findet Ernährung nicht nur von außen, sondern auch von innen statt, denn der Mensch hat die Fähigkeit, die über den Bedarf hinausgehende Nahrung zu speichern und im Bedarfsfall zu verwenden. Dies geschieht täglich, z.B. während der Nacht. Der sog. Grundumsatz während des Schlafes wird aus den körpereigenen Nahrungsdepots gespeist. **Speichern** und **Entspeichern** von Nahrung ist eine Grundfunktion, die in den Tag- und Nachtrhythmus eingebunden ist. Vorausgesetzt, die Vorgänge des Speicherns und Entspeicherns befinden sich in einem ausgewogenen Verhältnis zueinander, sind Gesundheit und Gewichtskonstanz die Folge. Doch in unserer Wohlstandsgesellschaft überwiegt die Tendenz zur Speicherung mit ihren Folgen von Übergewicht und Überflußkrankheiten. Fasten als ausgleichendes Element erscheint dann zwingend notwendig, wenn Gesundheit erhalten, Erkrankung vermieden und chronische Krankheit geheilt werden soll. Alle Kulturen der Geschichte nutzten diese Möglichkeit der Besinnung auf das rechte Maß und der Korrektur maßlosen Lebens. Die Wurzeln unserer abendländischen Heilkultur gehen auf den griechischen Arzt HIPPOKRATES (460–377 v. Chr.) zurück. Seine Schule der Diätetik kannte bereits die Kultur der strengen Nahrungsenthaltung zwischen den Mahlzeiten des Tages wie auch die verlängerte Nahrungspause der Nacht, das sog. Morgenfasten. Fasten in Form von tage- bis wochenlangem Verzicht auf Nahrung und Genußmittel wurde beim gesunden Menschen als Maßnahme der Hygiene ebenso praktiziert wie beim kranken Menschen, um dessen Heilungschance zu erhöhen.

6.1 Das therapeutische Konzept des Fastens

Diätetik im hippokratischen Sinn („diaita") meint nicht nur Ernährung, sondern Ordnung aller Grundfunktionen des Menschen: Aufnehmen und Ausscheiden, Atmen, Bewegen, die Reaktion auf Wärme und Kälte sowie die Pflege seelisch-körperlicher Steuerungsmechanismen. Heute, im Zeitalter der toxischen Belastung, werden wir die Begriffe Ausleitung, Entgiftung und Entschlackung als diätetische Ziele hinzufügen. Mit der Person des betroffenen und handelnden Menschen ist der ganzheitliche Anspruch solcher Diätetik gekennzeichnet. Die innere Ordnung ist ständig aufzubauen und zu erhalten, gleichzeitig hat man sich in die Gegebenheiten der Umwelt einzuordnen, aber auch Umwelt sinnvoll zu gestalten, so daß die Ordnung aller Lebensbezüge aufrechterhalten werden kann. Diätetik im engeren Sinne ist eine Ernährungsstrategie, die diesem hohen Anspruch genügt.

Mit dem Wort **Intensivdiätetik** wird ein kurzfristiger partieller oder totaler Verzicht auf Nahrung bezeichnet. Katabole Kostformen ermöglichen Überflußkorrektur, Entgiftung und Entschlackung. Sie sind ernährungstherapeutische Eingriffe in den Stoffwechsel des Menschen, aber auch in seine Gewohnheiten und sein Eßverhalten.

Fasten ist die strengste Form der Intensivdiätetik und gleichzeitig der stärkste Impuls, die eigenen In- und Umweltbezüge neu zu ordnen und damit einen Lebensstil zu finden, der Gesundung und Gesunderhaltung ermöglicht. So wird z.B. Nikotinabstinenz während des Fastens im Zusammenhang mit Bewegung und Reflexion des bisherigen Lebensstils weit besser gelingen. Auch eine Eßverhaltensstörung kann zwar allein mit Verhaltens- und Psychotherapie, erfolgreicher aber in Verbindung mit Fasten angegangen werden.
Intensivdiätetik umfaßt verschiedene Fastenformen wie auch strenge Diätformen:

- **Fastenformen:**
  - Wasserfasten/Teefasten
  - Saftfasten nach Heun und Breuss
  - Molkefasten
  - Schleimfasten
  - Kombiniertes Fasten nach Buchinger.
- **Strenge Diätformen:**
  - F.-X.-Mayr-Kur
  - Schroth-Kur
  - Rohkost nach Bircher-Benner
  - Reis-Obst-Gemüse-Diät nach Kemper.

Fasten und Intensivdiätetik sind gekennzeichnet durch:

- totalen oder teilweisen Verzicht auf Nahrung und Genußmittel
- reichliche Flüssigkeitszufuhr
- Förderung aller Ausscheidungsvorgänge und
- die Freiwilligkeit.

Intensivdiätetik fordert **interdisziplinäres Denken.** Sie ist ein Angebot für den Gesunden wie für den Kranken, für den Internisten wie für den Gynäkologen, den Augen- oder Ohrenarzt, den Neurologen wie für den Orthopäden [3, 4]. Dies macht ihre Positionsbestimmung innerhalb der Medizin nicht einfacher. Wo gibt es heute schon das interdisziplinäre Fach des Diätetikers/Intensivdiätetikers? Er benötigt Ausbildung und durch Erfahrung erworbene Fachkompetenz wie die Vertreter aller Disziplinen. Für die Gesunden ist die Sache einfacher: Die Vermittlung von Wissen auf diesem Gebiet ist eine Sache der Erwachsenenbildung und unterliegt deren Spielregeln.
Um intensivdiätetisch führen zu können, müssen neben dem Wissen, das man sich durch eine Ausbildung aneignen kann, Selbsterfahrung sowie pädagogische Befähigung als Voraussetzungen gegeben sein.
Für die **Selbsterfahrung** stehen viele Möglichkeiten zur Verfügung. Alle Formen der Intensivdiätetik sollten unter kundiger Anleitung ebenso erfahren werden, wie das für ein Erstfasten empfohlen wird:

- selbständiges Fasten zu Hause mit einem Ratgeber in Buchform [24, 27]
- Erstfasten in der Klinik oder in einem Fastenheim
- Fastenwoche in den Ferien, geführt durch ausgebildete Fastenleiter [K4]
- Seminarwochen für Ärzte und ihre Angehörigen „Selbsterlebnis Fasten und Naturheilverfahren" [K2]
- F.-X.-Mayr-Ausbildungswochen für Ärzte [K3].

Jeder Fastenleiter wird ab und zu eine Fastenzeit von 5 bis 7 Tagen oder eine andere Form der Diätetik in seinen Jahresrhythmus einfügen und weitere Entdeckungen machen, vor allem an Selbstsicherheit gewinnen. Dies schafft Impulse für die große oder kleine Ernährungsumstellung: Nach jedem Fasten wächst das Bedürfnis nach einfacher, aber qualitativ hochwertiger Nahrung; damit wachsen auch die Neugier, mehr über Nahrung zu wissen, und der Wunsch, Wissen und Erfahrung weiterzugeben.
Pädagogische Fähigkeiten sind von großem Nutzen, gruppendynamische Erfahrungen eminent wichtig. Sie sind im Rahmen einer psychotherapeutisch geleiteten Selbsterfahrungs- oder Balint-Gruppe zu gewinnen. Die eigene Krankheit als Lehrmeister ist nicht zu unterschätzen. Besonders günstig ist, wenn die Eltern naturheilkundliche Wege gegangen sind, den hochfieberhaften Infekt mit Fasten,

Klistier und PRIEẞNITZ-Wickel behandelten und Ernährungsalternativen praktizierten.
Sollten Sie ein chronisches, ernährungsabhängiges Leiden haben, das Sie durch Fasten und richtige Ernährung überwinden konnten, dann werden Sie anderen am besten helfen können. Allerdings werden Sie sich strikt versagen, Ihr eigenes Erfolgserlebnis oder Ihre eigene Ernährungsstrategie anderen als allgemeingültig aufzudrängen. Ernährungsabhängigkeit und die dazu passenden Ernährungsempfehlungen sind so vielgestaltig, wie es verschiedene Menschen gibt. Kurz: Ein Diätetiker wird sich hüten zu missionieren.
Fastenleiter können sein:

- Ärzte, Ärztinnen, Arztfrauen
- Schwestern, Pfleger, Arzthelferinnen
- Gesundheitslehrer/innen, Heilpraktiker
- Ökotrophologen, Sozialpädagogen
- Pfarrer, Seelsorger
- Laienhelfer, Hausfrauen, Mütter.

Wo **Wissen** erworben werden und **Ausbildung** erfolgen kann, ist der Literatursammlung [LI] und der Adressenliste [K] zu entnehmen. Verwiesen sei auf die im Rahmen der Weiterbildungswochen für die Zusatzbezeichnung „Naturheilverfahren" durchgeführten attraktiven Selbsterfahrungswochen „Heilfasten/Naturheilverfahren im Selbsterlebnis".
Ein neuer Ausbildungsgang für ein ärztliches Diplom „Fasten und Ernährung" in vier Stufen wird von der Ärztegesellschaft Heilfasten und Ernährung angeboten [K1]. Die Ausbildung zum F.-X.-MAYR-Arzt kann in 3 Kursen zu je 14 Tagen erworben werden [K3].
Die Qualifizierung zum Fastenarzt oder zur Fastenschwester bedarf nach Bewährung in üblichen Krankenhäusern einer mindestens ein- bis zweijährigen Mitarbeit in einer Fastenklinik, wobei sie selbständig eine Station geleitet haben sollten.
Für den Bereich „Fasten für Gesunde" gibt es die Ausbildung zum/r Fastenleiter/in [K4]. Sie setzt Erfahrung in der Erwachsenenbildung voraus; auch Fastenselbsterfahrung und diätetische Kenntnisse werden verlangt. Eine 3wöchige Weiterbildung in Ernährung und Fasten für Gesunde schließt mit Prüfung und Diplom ab. Diese Ausbildung ist ideal für alle, die Gesunde durch ein kurzes Fasten zur gesunden Ernährung führen wollen. Sie berechtigt nicht zur Therapie, also weder zum Heilfasten noch zur Ernährungstherapie. Für den diätetisch tätigen Arzt jedoch ist die Fastenleiterin die ideale Helferin. Sie wird als selbständige Partnerin in einer diätetisch orientierten ärztlichen Praxis tätig sein können.

Wer trägt die Verantwortung? Der Arzt trägt für alle Patienten, die zu ihm kommen, die gesetzlich definierte ärztliche Verantwortung für alles, was er tut. Ist er im Fach Intensivdiätetik nicht ausgebildet, darf er sich diese spezielle Verantwortung nicht zumuten. Er könnte immerhin gesunde Fastende beraten, sofern er eigene intensivdiätetische Erfahrung an sich selbst gemacht hat. Ein klinisches Heilfasten kann nur von voll ausgebildeten Fastenärzten verantwortet werden, denen das für eine Fastenklinik typische Personal zur Verfügung steht [4].
Beim „Fasten für Gesunde" wird nach den Regeln der Erwachsenenbildung oder des Sports verfahren. Der Teilnehmer/in trägt die Verantwortung für seine eigene Gesundheit, für seine Entscheidung zur Teilnahme an einer Fastenwoche oder bei selbständigem Fasten für die richtige Durchführung zu Hause nach Anleitung durch Buch oder Fastenleiter. Im Gespräch zwischen Fastenleiter und Teilnehmer müssen Grenzfragen geklärt werden; günstig ist, den behandelnden Arzt in die Fragen einzubeziehen und dadurch auch mit der Verantwortungsfrage zu konfrontieren.
Die Autoren von Fastenratgebern sind verantwortlich für das, was sie schreiben, und für das, was der Leser verstehen kann. Autoren von Ernährungsbüchern tragen außerdem die Verantwortung für Machbarkeit und Verträglichkeit ihrer Empfehlungen.

Fasten als Ordnungstherapie

Fasten ist kein Angebot der „sanften Medizin“ und ist bestimmt kein Spaziergang durch den Gesundheitspark. Intensivdiätetik meint sowohl Eingriff in den Stoffwechsel („Operation ohne Messer“) als auch eine radikale **Unterbrechung** von **Gewohnheitsmustern;** sie ist Voraussetzung für das Gelingen einer auf das Fasten folgende Ernährungsumstellung. Je eindrucksvoller das Erlebnis eines Fastens war, desto bewußter werden Essenserlebnisse aufgenommen.

Der totale und freiwillige Verzicht auf Nahrung und Genußmittel ermöglicht das Erlebnis innerer Freiheit und Unabhängigkeit, zwingt zu überdenken, was ich brauche und was ich nicht brauche, und läßt schließlich erkennen, mit wie wenig ich – erstaunlich gut und sogar mit gesundheitlichem Gewinn – leben kann. Vertieftes Fasten kann auch den Verzicht auf Fernsehen, Radio, Zeitung und „Zerstreuungen“ jeglicher Art bedeuten (Bibel: „In die Wüste gehen“). Stille und die Abschirmung gegenüber Außenreizen ermöglichen die bewußte Wahrnehmung des eigenen Innen und des umgebenden Außen, Besinnung auf Werte, die unser Leben bestimmen. Die Rohkost nach BIRCHER-BENNER, die F.-X.-MAYR-Kur, die SCHROTH-Kur und die Molketrinkkur fordern nicht nur Verzicht auf die alltägliche Nahrung und Beschränkung auf Weniges, sondern auch bewußte Hinwendung aufs Essen und Kauen. Fragen des Eßverhaltens, des Genießens und Aufhören-Könnens werden gelöst. Impulse werden vermittelt, die für eine langfristige Ernährungskorrektur entscheidend sein können. Die in Jahrzehnten gereifte Methodik strenger Diätetik enthält einen bedeutenden erzieherischen Effekt: Er führt zur Übernahme von Verantwortung für die eigene Gesundheit und gibt Raum zur Sensibilität gegenüber der Umwelt, in der wir leben, wie auch zur Entfaltung des Spürsinns für die Qualität der Nahrung, die wir zu uns nehmen. Dies geschieht nicht nur durch erweitertes Wissen, sondern mit wiedergewonnenem Instinkt. Die Einstellung zur Nahrung und zur Eßkultur hat einen höheren Bewußtseinsgrad erlangt.

Begleitende Gespräche

Diätratschläge, Merkblätter oder Verbotslisten haben wenig Chancen, den Patienten zu beeindrucken. Intensive Diätetik muß sowohl von seiten des Diätetikers als auch von seiten des Patienten, der mitarbeitet und sich mit seiner ganzen Person einbringt, aktiv betrieben und gestaltet werden. Sowohl in der Fasten- als auch in der Nachfastenzeit bleiben beide im Gespräch. Der Fastende wird durch eine erlebnisreiche Zeit geführt, wobei der Abbau von Ängsten und die Konfrontation mit Labilitäten, Fastenflauten oder -krisen vorrangig sind. Die Unterbrechung alltäglicher Ernährungs- und Konsumgewohnheiten fordert in der Nachfastenzeit Impulse zur Ernährungsumstellung. Die Auseinandersetzung mit dem „alten Adam“ oder den alten Gewohnheiten ist höchst personengebunden und braucht Zeit. Einzelgespräche wären dafür angemessen und sind letztlich auch unverzichtbar, die Finanzierbarkeit aber hat leider enge Grenzen.

Eher realisierbar ist das **Gruppengespräch.** Es führt 8 bis 10 Personen mit demselben Problem zusammen. Die Erlebnisbasis beim Fasten ist die gleiche, Eßverhaltensfragen hat jede/r, und die Strategie eines Kostaufbaus wie auch der langfristigen Ernährungsumstellung kennt Grundregeln, die so ziemlich für alle gelten. Die Gruppe ermutigt und stabilisiert sich gegenseitig. Sie läßt das Gefühl von Schicksalsgemeinschaft wachsen und führt zu gegenseitigem Erfahrungsaustausch, der außerordentlich fruchtbar werden kann. Je mehr Befindensstörungen/Krankheiten als ernährungsbedingt erkannt werden, desto eher wächst Vertrauen in die Möglichkeiten einfacher Hilfe. Nicht selten werden eindrucksvolle Erfolge berichtet.

Ernährungstherapie ist ohne Gespräch zum Scheitern verurteilt.

Gesprächsort für die Gruppe kann das ärztliche Wartezimmer sein, ein großes Wohnzimmer oder der Seminarraum einer Volkshochschule bzw. Familienbildungsstätte. Wesentlich ist die gleichlautende Vorinformation durch einen Ratgeber in Buchform, z.B. fürs Fasten [24], und die darauf abgestimmte Fibel für die Nachfastenzeit [25]; dies schafft eine gemeinsame Gesprächsplattform. Genauere Informationen über das ernährungstherapeutische Gespräch sind in [4] zu finden.

Welche Art von Diätetik in Frage kommt, ergibt sich aus den Gesprächen, aus Signalen des Behandlers, daß er Erfahrung besitzt und führen kann, und aus der Indikation im Einzelfall. Die Offenheit der Bevölkerung gegenüber Fasten und Ernährungsfragen ist heute bemerkenswert groß. Die Akzeptanz des Behandlers wird sich im gleichen Maße verbessern, indem er sich ernsthaft um Ernährungsfragen bemüht. Gut eingeführte Ernährungstherapie löst ein hohes Maß an Befriedigung auch beim Therapeuten aus.

Bewegung als unverzichtbare Ergänzung

Bewegung gehört wie die Ernährung zu den Urbedürfnissen des menschlichen Lebens. Unser diätetisches Konzept (Abb. 6-1) verlangt die sorgfältige Pflege dieser wichtigen Grundfunktion. Während kataboler Kostformen ist es doppelt wichtig, Bewegung in jeder Form anzuregen. Dafür gibt es viele **Gründe:**

- Belastende Bewegung vermittelt die notwendigen Impulse zur Ernährung von Knorpel, Knochen und Muskulatur.
- Der Aufbau von Muskulatur ist angewiesen auf den Belastungsreiz. Nur Training kann Muskulatur aufbauen, und der Gebrauch der Muskulatur ist ihr Schutz vor Abbau.
- Die Frage, ob im Fasten Muskulatur oder Fett abgebaut wird, hängt von der Bewegungsintensität ab. Ziel ist: Alle Muskelgruppen trainieren und damit erhalten bedeutet gleichzeitig maximal viel Fett abbauen.
- Die Ernährung des Bewegungsapparates ist sowohl von außen als auch von innen gewährleistet. Auch im Fasten wird Muskulatur aufgebaut, soforn sie trainiert wird. Umgekehrt: Proteinreiche Zusatznahrung wird niemals Muskulatur aufbauen, wenn der Bewegungsreiz fehlt.
- Kreislaufstabilität kann nur durch Bewegungstraining erreicht werden.
- Die Sauerstoffsättigung des Körpers und damit des Bindegewebes und der Organe kann nur in Verbindung mit Bewegung und Atmung in frischer Luft garantiert werden.

Durch körperliche Bewegung werden auch **seelisch-geistige Dimensionen** im Menschen angesprochen, die der ganzheitlichen Gesundung dienen.

- Den urmenschlichen Bewegungsdrang zu sättigen heißt gleichzeitig: zufrieden sein, sich wohl fühlen und das Bewußtsein haben dürfen, ein lebendiger Mensch zu sein. Sättigen hat nicht nur mit Ernährung, sondern auch mit Bewegung zu tun.
- Beweglichkeit ist nicht nur körperlich zu verstehen, sondern trifft auch seelisch-geistige Beweglichkeit; sie mündet in Bewegungsfreude. Fortbewegung heißt nicht nur einen Ruhepunkt aufgeben, sondern auch

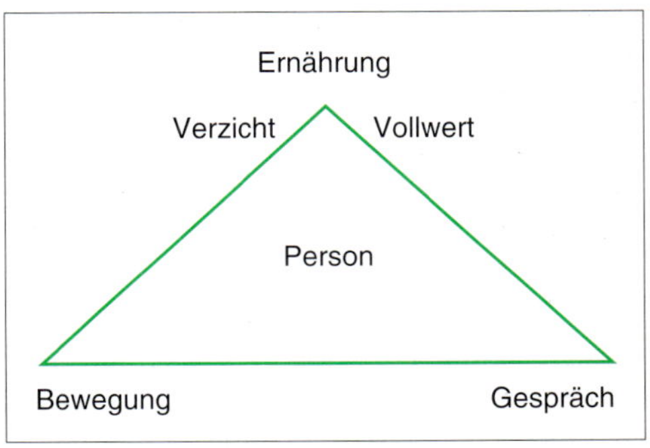

Abb. 6-1 Ganzheitliches Konzept der Intensivdiätetik.

alte Bindungen, heißt neue Standpunkte beziehen.
- Im Rhythmus gehen, seinen Atemrhythmus finden, „in seine Mitte kommen" bedeutet Weite und Harmonie und ist damit gleichzeitig Überwindung von Streß, Atemlosigkeit, Angst und Enge.

6.2 Fasten und Heilfasten

Unter freiwilligem Fasten wird verstanden:

- Verzicht auf Nahrung und Genußmittel für begrenzte Zeit (5 Tage bis 5 Wochen)
- reichliche Flüssigkeitszufuhr
- Sorge für regelmäßige Darmentleerung
- ausreichend Bewegung im Wechsel mit Ruhe

Geschichte

Aus dem alten Ägypten, von Hippokrates und im Essener-Evangelium wird von den Heilwirkungen des Fastens berichtet. Als Form der seelischen Reinigung und geistigen Übung wurde das Fasten jahrhundertelang von den Kirchen, besonders in Klöstern, gepflegt, als Behandlungsverfahren jedoch vergessen.

Ende des 19. Jahrhunderts wurde das therapeutische Fasten von zwei amerikanischen Ärzten wiederentdeckt. H. TANNER führte 1880 einen vielbeachteten Selbstversuch am Medical College in New York durch und bewies durch sein 42tägiges Fasten, daß ein langes, strenges Fasten ohne gesundheitliche Nachteile möglich ist. E. H. DEWEY, ein praktischer Arzt, entdeckte die therapeutischen Möglichkeiten des Fastens und legte seine Erfahrungen aus 17jähriger eigener Fastenpraxis in seinen Büchern nieder (1885). Seine Schüler waren GUELPA in Frankreich, VON SEGESSER und BERTHOLET in der Schweiz und H. SHELTON in den USA, sicher auch S. MOELLER in Dresden (1918) und G. RIEDLIN in Freiburg (1928). Von den Professoren GROTHE und BRAUCHLE gab es 1934 berühmt gewordene Gespräche zwischen Naturheilkunde und Schulmedizin; dabei spielte das klinisch geführte Fasten im Krankenhaus eine nicht geringe Rolle. Eine wissenschaftliche Dokumentation legte E. G. SCHENCK im Rahmen seines 26tägigen Fastenselbstversuchs in Heidelberg 1938 vor.

Weite Verbreitung fand die Methode durch das 1935 von OTTO BUCHINGER veröffentlichte Buch „Heilfasten". Er war mit 40 Jahren als Vollinvalide (chronische Polyarthritis, chronische Cholezystitis) als Marinearzt entlassen worden und kaum imstande, eine Praxis aufzubauen. Durch ein 19tägiges Fasten bei RIEDLIN und später ein 26tägiges Fasten bei MÖLLER hatte er volle Gesundheit erlangt. Er berichtet in seinem Buch über 15 Jahre Erfahrung mit dem „königlichen Heilweg" des Fastens. Die methodische Ausformung und Dokumentation der Wirkungen erfolgte durch seine Schüler, von denen K. SPISKE, H. FAHRNER und H. LÜTZNER neben seinem Sohn OTTO BUCHINGER genannt seien. Die Enkelgeneration bemüht sich um den Brückenschlag zur universitären Ernährungsmedizin.

Verbreitung

Weltweit sind die drei BUCHINGER-Kliniken bekannt geworden. Im deutschsprachigen Raum gibt es sechs spezialisierte Fastenkliniken, in denen 7000 bis 8000 Patienten pro Jahr behandelt werden, sowie zahlreiche Sanatorien und Kliniken für Naturheilweisen, in denen therapeutisches Fasten angeboten wird. Bis auf wenige Ausnahmen konnte sich das Fasten im universitäten Wissenschaftsbetrieb als Forschungsgegenstand kaum etablieren. Die Physiologie des Nahrungsverzichts wurde besonders von der Ulmer Schule (DITSCHUNEIT, WECHSLER) wissenschaftlich untersucht und zur Adipositastherapie genutzt

(„Nulldiät"). Im Osten Deutschlands gab es den Lehrstuhl Physiotherapie an der Humboldt-Universität Berlin; hier wurde im Rahmen der Facharztausbildung das therapeutische Fasten von KRAUSS gelehrt und geprüft. Die offizielle Ernährungsmedizin bietet keine Information zur Physiologie des Nahrungsverzichts an und erwähnt Fasten als Therapie höchstens am Rande. Damit wird verständlich, warum die junge Ärztegeneration an der Universität häufig nichts über Fasten erfährt, in der außeruniversitären Weiterbildung jedoch begierig das uralte Heilwissen aufnimmt.
Neben dem Heilfasten, das sich vorrangig an kranke Menschen wendet, wird seit 1975 mit der Veröffentlichung des Buches „Wie neugeborenen durch Fasten [24]" von vielen gesunden Menschen ein Kurzzeitfasten von 5- bis 7tägiger Dauer durchgeführt. Dieses Fasten wird von etwa 2–3 Mio. Bürgern/innen eigenverantwortlich realisiert, angeleitet durch Ratgeber in Buchform oder durch ausgebildete Fastenleiter/innen. Dieses „Fasten für Gesunde" bewährt sich auch als Erst- oder Zweitprävention in der Langzeitdiätetik ernährungsabhängiger Krankheiten sowie als Selbsthilfe bei akuten Schüben einer chronisch entzündlichen Erkrankung.

Heilfasten nach BUCHINGER

Der Ablauf eines BUCHINGER Fastens erfolgt in drei Phasen. Nach der einleitenden Phase, die der Vorbereitung des Fastens dient, folgen die Fastentage, die nach einer Fastendauer von 14–28 Tagen in den stufenweisen Kostaufbau übergehen. In dieser dritten Phase wird auch der Umstellung der Ernährung und der Möglichkeit zur Ernährungsveränderung Raum gegeben.

Vorbereitung des Fastens

Ziel der einleitenden Phase ist die Schaffung einer ausgeglichenen vegetativen Ausgangslage, indem Streß und Ängste abgebaut werden sowie ausreichend über das Fasten informiert und für das Fasten motiviert wird. Die Patienten erhalten zusätzlich folgende Patienteninformationen:

Ihre Regeln für die Fastentage

Nichts essen:
Für ein, zwei oder mehrere Wochen. Nur trinken: Tee, Gemüsebrühe, Obst- oder Gemüsesäfte und Wasser, mehr als der Durst verlangt.

Alles weglassen, was nicht lebensnotwendig ist:
Alles das, was dem Körper zur lieben Gewohnheit geworden ist, aber dem Körper während der Fastenzeit schadet: Nikotin und Alkohol in jeder Form; Süßigkeiten und Kaffee; Medikamente – soweit entbehrlich. Auf jeden Fall aber Entwässerungstabletten, Appetitzügler und Abführmittel weglassen.

Sich vom Alltag lösen:
Heraus aus beruflichen und familiären Bindungen; weg von Terminkalender und Telefon, Verzicht auf Illustrierte, Radio und Fernsehen. Statt Reizüberflutung von außen – Begegnung mit sich selbst; statt sich der Steuerung von außen zu unterwerfen – sich der Innensteuerung überlassen.

Sich natürlich verhalten:
Das tun, was dem Körper guttut, wonach der Körper verlangt. Der Erschöpfte soll sich ausschlafen, der Bewegungsfreudige soll wandern, Sport treiben, schwimmen. Das tun, was Spaß macht: bummeln, lesen, tanzen, Musik genießen, Hobbys pflegen.

Alle Ausscheidungen fördern:
Den Darm regelmäßig entleeren, die Nieren durchspülen, schwitzen, abatmen, Haut und Schleimhäute pflegen.

Gleichzeitig finden ärztliche Anamnese und Untersuchung mit sorgfältiger Biographie des Lebensstils und der Ernährungsweise statt. Diätetische Entlastung wird mit kalorienreduzierter, ballaststoffreicher Kostform – je nach Verträglichkeit – angeboten.

Fastenzeit

Das Fasten nach BUCHINGER umfaßt 14 bis 32 Tage.

Die Fastenzeit beginnt mit einer gründlicher Darmreinigung. Es kann wahlweise Glaubersalz (30 g auf $^1/_2$ l trinkwarmes Wasser) eingenommen oder ein Einlauf gemacht werden. Zusätzlich kann Kräutertee getrunken werden.

Fastengetränke. Die Gesamttrinkmenge soll mindestens 2–3 l betragen. Zusätzlich zu den Fastengetränken sollen zwischendurch 1–2 l Wasser getrunken werden. Als Fastengetränke empfehlen sich:
- morgens: $^1/_4$ l Kräutertee
- mittags: $^1/_4$ l heiße Gemüsebrühe
- nachmittags: $^1/_4$ l Früchtetee
- abends: $^1/_4$ l Obst- oder Gemüsesaft, 3:1 mit Wasser verdünnt.

Regelmäßige Darmentleerung. Alle zwei Tage wird mit 1–2 l körperwarmem Wasser eine Dickdarmspülung (Einlauf) durchgeführt.

Bewegung im Wechsel mit Ruhe. Auf den Wechsel zwischen Aktivität und Ruhe soll besonderer Wert gelegt werden:
- mittags: Bettruhe mit feucht-heißer Leberpackung
- Anwendungen wie Massagen oder Kneippgüsse, anschließend $^1/_2$ Stunde Ruhe
- Bewegung in jeder Form: Gymnastik, Schwimmen, Wandern
- der Austausch mit anderen Menschen ist ebenso wichtig wie die Stille und Introversion
- Entspannungsübungen und kulturelle Angebote.

Energiebedarfsdeckung im Fasten. Das Schema (Abb. 6-2) orientiert sich an einem Menschen, der normale Kost zu sich nimmt und sich von 2200 kcal pro Tag ernährt; d.h., er deckt seinen Energiebedarf von außen. Während des Fastens erhält er durch die übliche „Fastenverpflegung" nur 250 kcal, während er den körpereigenen Depots 1250 kcal entnimmt. Er braucht also nur 1500 kcal pro Tag und kann damit das gleiche leisten wie zuvor mit 2200 kcal. Dieses erstaunliche Phänomen ist der Tatsache zu verdanken, daß die Produktion von Verdauungsenzymen und deren Rückresorption sowie der gesamte enterale und intrazelluläre Stoffwechsel etwa 30% der Gesamtenergie benötigen. Dieser Teil des Energiebedarfs wird jetzt gespart. Erkennbar wird dies u.a. im vermehrten Frieren eines Fasters, da aus der Verdauungsarbeit Wärme frei wird, die uns sonst zur Verfügung steht.

Stufenweiser Kostaufbau

Die Rückschaltung von Fasten auf Essen ist schwieriger als der Einstieg ins Fasten. Sie braucht mehr Zeit, mehr Sorgfalt und vor allem mehr Aufmerksamkeit und Disziplin. Wer meint, jetzt die gewohnte Nahrungsmenge wieder zu sich nehmen zu können, wird bald eines Besseren belehrt: Völle, Unwohlsein und Leistungsverlust bis hin zur Gastritis werden die Folge sein. Vor allem aber ist die Chance, einen neuen Essensstil zu gewinnen, rasch vertan. „Aufbau" bedeutet Wiederaufbau von Stoffwechsel- und Verdauungsfunktionen, die während des Fastens geruht haben. Verdauungsenzyme und Fermente stehen nicht sofort zur Verfügung, sondern werden innerhalb von einigen Tagen

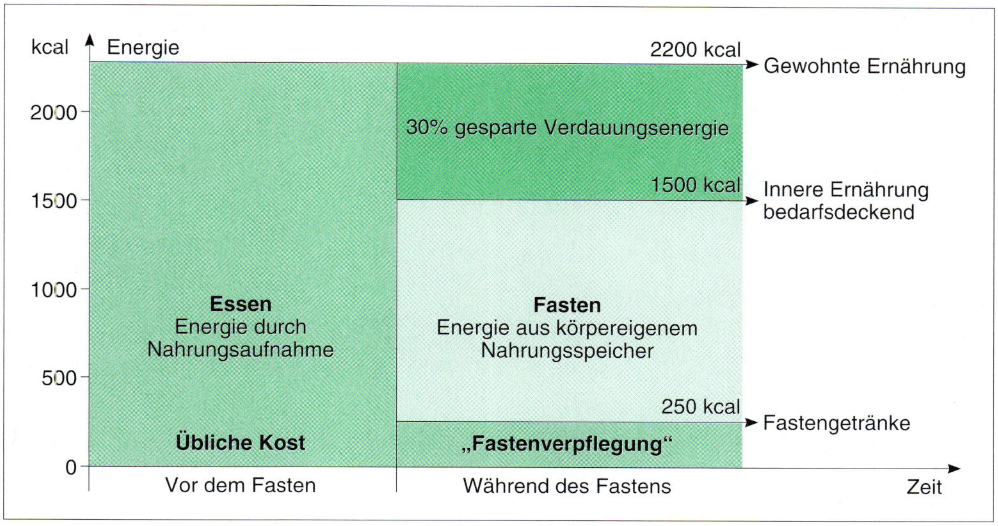

Abb. 6-2 Energiebedarfsdeckung während des Fastens.

zögernd bereitgestellt. Entsprechend dem stufenweisen Kostaufbau zeigt das Schema (Abb. 6-3), daß erst am 4. Tag eine Kalorienzahl von ca. 1200 erreicht wird. Der Fastende erlebt, daß er auch mit der kleineren Nahrungsmenge vollständig satt ist, genauso wie in den drei vorhergehenden Tagen, in denen er nur 400 oder 700 oder 900 Kalorien bekam.

Der wirkliche Bedarf ist von Mensch zu Mensch sehr verschieden. Er kann weder im Labor noch durch ein starres Kostschema ermittelt werden. Das Geheimnis eines erfolgreichen Kostaufbaus liegt in der Erfahrung, daß der jeweilige Nahrungsbedarf exakt durch Körpersignale bestimmt werden kann, wie „ich bin satt“, „ich bin voll“, „ich bin befriedigt“. Wer dann seine Mahlzeit konsequent abbricht, hat seine natürliche Sättigung erlebt und damit gleichzeitig auch ein Maß für seinen wirklichen Nahrungsbedarf gewonnen. Jedermann versteht, daß dies jedoch nicht in der Hektik, beim Nebenbeiessen oder beim Fernsehessen erlebt werden kann. Deshalb heißt die Vorbereitung auf den Aufbau schon während des Fastens: einen Bezug zum eigenen Körper aufbauen, Körpersignale wahrnehmen lernen, weniger vom Kopf her, öfter nach dem Gespür handeln.

Bewußt essen während der Aufbauphase ist der Schlüssel für eine Veränderung der Eßgewohnheiten. Es beginnt mit einer einfachen Regel:

> Langsam essen – intensiv kauen – schweigen.

Das Essen in der Gruppe und die fachkundige Anleitung sind ebenso wichtig wie die fachgerechte und persönliche Führung durchs Fasten. Das Eßverhaltenstraining beginnt mit einem Apfel, der schweigend und mit viel Zeit gegessen wird. Meditativ essen und damit optimal genießen will gelernt sein; exakte Anweisungen finden sich im Ratgeber „Richtig essen“ [25].

Die Dauer des Aufbaus richtet sich nach der Fastendauer. Man rechnet nach 5 Tagen zwei Aufbautage, nach 10 Tagen mindestens drei und nach 15 Tagen fünf Aufbautage. Als Faustregel gilt:

> Aufbauzeit = $^{1}/_{3}$ der Fastendauer

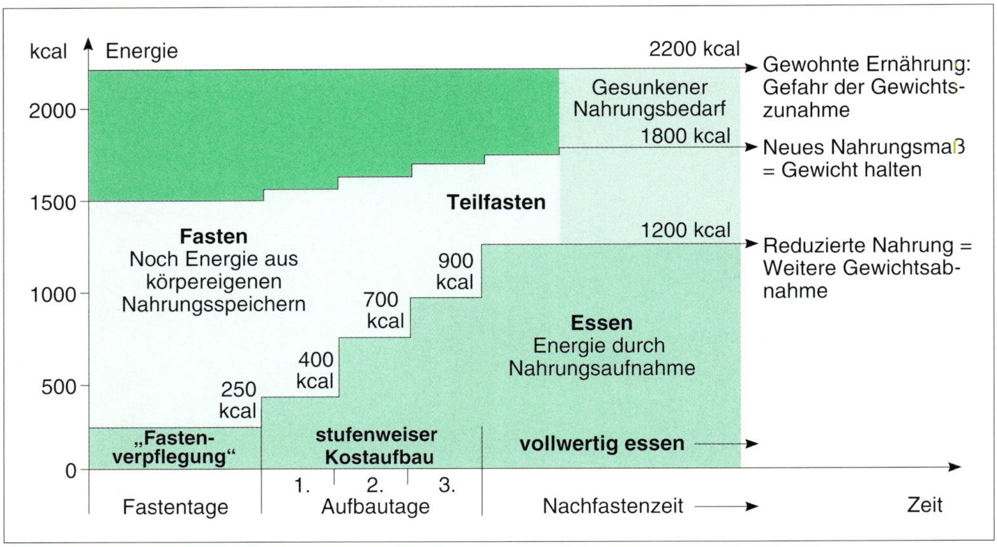

Abb. 6-3 Energiebdarfsdeckung im Kostaufbau. Im Fasten betrug der Energiebedarf dank der eingesparten Verdauungsenergie nur 1500 Kilokalorien. Beim stufenweisen Kostaufbau steigt der Bedarf mit zunehmender Verdauungsarbeit auf 1800 Kilokalorien. Nehmen Sie mit der Nahrung diese Energiemenge auf, halten Sie in Zukunft Ihr Gewicht. Für eine weitere Gewichtsabnahme sollten Sie nur 1200 Kilokalorien zu sich nehmen.

In der Nachfastenzeit wird das Eßverhaltenstraining fortgesetzt, während man die nötigen Schritte in Richtung auf eine Vollwerternährung geht. Tastend und probierend wird jeder Suchende die ihm gemäße Ernährungsform finden.

Individuelle Wahl der Ernährungsform. Ein Teil der Menschen hat jetzt ein betontes Verlangen nach Frischkost, andere eher nach Warmem, und ein dritter Teil sucht die ausgewogene Vollwert-Ernährung für sich und seine Familie. In der Klinik konnten die notwendigen Kenntnisse gemeinsam mit praktischem „Gewußt, wie!" in der Lehrküche vermittelt werden. Zu Hause wird man nach einem „Kochkurs" für Vollwert-Ernährung schauen und ihn idealerweise an die Fastenwoche anschließen. Für Patienten mit ernährungsabhängigen Krankheiten stellt sich in der Nachfastenzeit die Frage, welche Ernährungsstrategie notwendig ist. Der Milchallergiker wird lernen, ohne Milch und Milchprodukte eine schmackhafte vollwertige Ernährung zu finden. Das gleiche gilt für Glutenabhängige, für Unverträglichkeiten von Fisch, Fleisch und Wurst und für Neurodermitiker und Psoriatiker, die neben der Nahrungsmittelintoleranz oft auch eine Gewürzempfindlichkeit haben.

Die im Fasten erworbenen Kenntnisse hinsichtlich einer bewußten Gestaltung des Essens und Trinkens können jetzt nach und nach umgesetzt werden:

- Kräuter- und Früchtetees können attraktive Getränke sein, die in den Tagesablauf integriert werden.
- Durst sollte mit Wasser gelöscht werden.
- Es sollte nicht während des Essens, sondern zwischen den Mahlzeiten getrunken werden.
- Nahrungspausen sollten bewußt eingehalten, Zwischenmahlzeiten durch Trinken ersetzt werden.

- Nicht jeder hat am Morgen Hunger, nicht alle brauchen drei oder vier Mahlzeiten; viele finden es richtig, nur zweimal am Tag zu essen, andere wiederum brauchen 5 oder 6 kleine Mahlzeiten. Jeder sollte seinen individuellen Mahlzeitenrhythmus herausfinden.

Fasten in einer Fastenklinik

BUCHINGER und seine Schüler prägten den Stil einer Fastenklinik. Durch moderne Möglichkeiten der Diagnostik und Verlaufsbeobachtung (Labor und Kreislauffunktionstests) sowie durch einen Tag-und-Nacht-Bereitschaftsdienst der Ärzte und Schwestern bietet die Klinik Sicherheit. Die ärztlichen Leiter sind meist Internisten, die zusätzlich in Naturheilverfahren, Sportmedizin oder Chirotherapie ausgebildet sind. Eine gute psychologische Betreuung durch Ärzte, Schwestern, Behandler und das umsorgende Personal, die alle Fastenden an sich selbst erfahren haben, ist gewährleistet. Dazu gehört die psychotherapeutische Einzel- und Gruppenbehandlung für den Bedarfsfall. Klassische Naturheilverfahren dominieren in der Bade- und Bewegungsabteilung. Eine der therapeutischen Abteilungen ist die Küche mit einem in Diätetik und Vollwerternährung geschulten Team. Die Lehrküche, geführt von einer Ökotrophologin, dient der praxisnahen Patienteninformation und Dokumentation der Ergebnisse gemeinsam mit den Ärzten.

Bewußt wird Krankenhausatmosphäre vermieden. Die vorwiegend in Einzelzimmern untergebrachten Patienten sollen sich in einer betont angenehmen Atmosphäre mit frohen Farben und Formen wohl fühlen können. Dies ist angesichts der strengen Hausregeln ratsam, die z.B. Alkohol und Nikotin verbieten, Radio und Fernsehen in wenige Räume verbannen und eine ausreichende Mittags- und Nachtruhe garantieren.

Daß solche Kliniken nicht in der Stadt, sondern in einer natürlichen Umgebung liegen, ist kein Luxus, sondern dem Fasten zugehörige Grundbedingung: sauerstoffreiche Luft, vielfältiges Bewegungsangebot, Auseinandersetzung mit Wind und Wetter und unmittelbarer Kontakt mit der umgebenden Natur – „Ernährung aller Sinne"; „der ganze Mensch in der Natur".

Damit sei eine „Fachklinik für ernährungsabhängige Krankheiten" skizziert, die eine Verbindung von moderner offizieller Medizin und klassischen Naturheilverfahren darstellt. Gewiß mit einer Betonung von Fasten und Diätetik; damit ist sie vorwiegend nicht-medikamentöse Therapie, jedoch interdisziplinär offene Medizin für Prophylaxe, Therapie und Rehabilitation. Alle dem Internisten gebräuchlichen Medikamente stehen zur Verfügung, werden gewußt, aber selten gebraucht. Jahrzehntelange Erfahrung lehrt, daß etwa 80% der üblichen Medikation durch dieses Behandlungskonzept entbehrlich ist.

Der Tagesablauf in einer **Fastenklinik** gestaltet sich folgendermaßen:

- 6 bis 7 Uhr: Kneippsche Hydrotherapie (Waschung am Bett, kleiner Kneippguß oder Tautreten), Morgengymnastik, Kontakt mit der Schwester
- 8 Uhr: Tee, Erfahrungsaustausch unter Fastern
- vormittags: Anwendungen in der Badeabteilung, Einzel- und Gruppengymnastik. Ärztliche Sprechstunde
- 12 Uhr: Gemüsebrühe, Betreuung durch die Schwester (Leberpackung)
- ab 14 Uhr: Tee
- 14.30 Uhr: Gehen und Wandern in vier leistungsabgestuften Gruppen, danach Zeit zum Ruhen
- 16.30 Uhr: themenzentrierte Gespräche, kreatives Tun, Lehrküche o.ä
- 18 Uhr: Obst- oder Gemüsesaft nach Wahl
- abends: autogenes Training, Musik, Vortrag oder Lesung.

Indikationen

Die Indikationsliste ist lang und erregt den Verdacht auf Polypragmasie. Da therapeutisches Fasten ein sehr umfassendes und tiefgründiges Heilmittel ist, das sich auf jedes Organ, auf das interstitielle Gewebe, das gesamte Kapillarnetz und jede Zelle auswirkt, erklärt sich das umfassende Spektrum möglicher Indikationen:

- **Metabolisches Syndrom:**
  - Adipositas
  - Diabetes Typ IIb
  - Hyperlipidämie
  - Fettleber (-hepatitis)
  - Hypertonie
  - Hyperurikämie (Gicht)
  - Polyglobulie.
- **Herz-/Gefäßerkrankungen:**
  - Arteriosklerose
  - koronare Herzkrankheit
  - muskuläre Herzinsuffizienz
  - periphere arterielle Durchblutungsstörung
  - „fixierte" Hypertonie
  - Mikroangiopathien
  - venös-lymphatischer Symptomenkomplex.
- **Schmerzsyndrome außer:**
  - Gewebeschmerzen als Pannikulitis
  - Traumafolgen, Ödematosen
  - segmentale Schmerzsyndrome
  - Kopfschmerzen
  - Migräne
  - Glaukom.
- **Rheumatischer Formenkreis:**
  - Polyarthritis im Frühstadium
  - Fibromyalgien/Weichteilrheumatismus
  - Morbus Reiter
  - Begleittherapie bei Arthrosen
  - Spondylarthrosen und Tendomyopathien
- **Krankheiten der Verdauungsorgane:**
  - Gastroenteropathien (cave Ulcus duodeni)
  - chronische Hepatopathien
  - Cholezystopathien
  - Morbus Crohn
  - chronisch rezidivierende Kolitiden
  - Obstipation.
- **Haut- und Schleimhauterkrankungen:**
  - endogenes Ekzem
  - Neurodermitis
  - Nahrungsmittelallergien
  - Psoriasis
  - bakterielle Dermatosen
  - chronische Rhinosinusitis
  - Asthma bronchiale
  - Infektanfälligkeit
  - Allergenabwehr
  - Porphyria cutanea tarda
  - Sklerodermie im Frühstadium.
- **Begleittherapie:**
  - prä- oder postoperativ: Abbau von Risikofaktoren und Gewichtsreduktion vor oder nach orthopädischer Operation, Herz- und Gefäßoperation, Karzinomnachsorge
  - Entwöhnungsbehandlung bei Alkohol-, Nikotin- u. Medikamentenabusus, Therapiebaustein bei Bulimie/Eßverhaltensstörungen.

Auswirkungen des Fastens

Die Gewichtsabnahme ist eine selbstverständliche Folge der Nahrungsenthaltung. Gemeinsam mit ihr finden **Entlastung, Entsalzung**, **Entwässerung** des Bindegewebes und **Entfettung** auch der Organe statt.
Abbau von eingelagertem Material wird im Volksmund „Entschlackung" genannt. Wir wissen, daß dieses bildhafte Wort von der Sache her richtig ist (s. S. 185 ff.) – für jeden nachprüfbar, indem tastbare und schmerzende Ablagerungen in Haut, Unterhaut und Bindegewebe nach 3 Wochen Fasten nicht mehr tastbar und die Gewebe nicht mehr schmerzhaft sind. Warum sollte man z.B. die Ausscheidung von Salz und Harnsäure aus dem Gewebe, den Abbau von Cholesterin und Proteinen aus atherosklerotisch veränderten Gefäßwänden nicht Entschlackung nennen und die Entbindung des Bindegewebes von eingelagerten Substraten nicht als „Entsorgung" bezeichnen? Die Bezeichnung „Entgiftung" – geboren aus der Beobachtung von Fastenden

und Fastenärzten – kam lange einem Glaubensbekenntnis gleich, das unüberprüfbar im Raum stand und angenommen oder verworfen werden konnte. Heute können wir die verstärkte Elimination von Porphyrinen und Pentachlorphenol (PCP) nachweisen; Porphyrine und Pentachlorphenol werden infolge steigender Umweltbelastungen und langjähriger Medikamenteneinnahme im Organismus gespeichert. Die **Ausscheidung** von Salz und Harnsäure aus dem Gewebe, der Abbau von Cholesterin und Proteinen aus atherosklerotisch veränderten Gefäßwänden sowie die Entbindung des Bindegewebes von eingelagerten Substraten sind weitere physiologische Vorgänge, die während des Fastens stattfinden. Im subjektiven Befinden kann der Abbau von eingelagertem Material deutlich wahrgenommen werden, indem tastbare und schmerzende Ablagerungen in Haut, Unterhaut und Bindegewebe nach 3 Wochen Fasten nicht mehr tastbar und die Gewebe nicht mehr schmerzhaft sind.

Auch die rasche Aufhellung der braungrauen Verfärbungen der **Haut** eines Rauchers bei konsequenter Nikotinabstinenz und Fasten läßt vermuten, daß eingelagerte Kondensate rascher als sonst ausgeschieden werden. Die wechselnde Farbe des Zungenbelags, die oft penetrant riechenden Ausscheidungen durch den Urin, durch die Haut und **Ausatemluft** sprechen für eine erhöhte Elimination von Stoffen, die wir nicht genau definieren können. Hier liegt ein eminenter Forschungsbedarf. Die größte Ausscheidungsfläche des menschlichen Körpers ist der **Darm** (innere Oberfläche ca. 300 qm); damit wird verständlich, daß auf regelmäßige Darmentleerung während kataboler Kostformen so großer Wert gelegt wird.

Bemerkenswert ist auch die Veränderung hypergischer Reaktionsformen im Sinne einer **fastentypischen Desensibilisierung** gegenüber Allergenen oder im Körper abgelagerten Immunkomplexen. In jedem Falle wird die Fähigkeit des menschlichen Organismus zur Selbstheilung gefördert bzw. wiedergewonnen. Dies mag die große Indikationsbreite des therapeutischen Fastens erklären. Außer strenger langfristiger Diätetik gibt es wohl kaum eine andere Methode in der Medizin, die gleiches in kurzer Zeit zu leisten vermag. Gut beobachtende Diätetiker jedenfalls können seit Jahrzehnten bezeugen, daß mit eingreifender Ernährungstherapie chronische Erkrankungen in Richtung auf Heilung zu bewegen sind, die sonst als unheilbar gelten.

Kontraindikationen

Doch die Indikation zum Fasten muß streng gestellt und an den verbliebenen körperlichen Ressourcen des Kranken sowie an seiner Fähigkeit zur Selbstregulation und seiner Bereitschaft zum Verzicht überprüft werden. Vor allem gilt es, sich des qualitativen Standards des zur Verfügung stehenden therapeutischen Teams zu vergewissern. Gefürchtet ist die Selbstüberschätzung des Therapeuten oder der Klinik, die sich manchmal der Verantwortung und der Durchführbarkeit eines Heilfastens bei schweren Krankheiten nicht voll bewußt sind. In folgenden Fällen ist Fasten kontraindiziert:

- fehlende Gewichtsreserve
- mit Kachexie einhergehende Erkrankungen (Tbc, Karzinom)
- Spätphasen chronischer Erkrankungen
- Erschöpfungszustände, postoperative Mangelsituationen
- Neurosen, Psychosen
- Anorexia nervosa
- aktuelle psychische Belastung
- Schwangerschaft und Stillzeit
- Zahnbeherdungen; diese sind vor der Fastenzeit zu sanieren
- Einnahme von Antikoagulanzien (z.B. Marcumar®)
- hoch dosierte Kortison-Immunsuppressions- oder Chemotherapie.

Folgenreiche Kunstfehler ergeben sich aus der Interaktion von Fasten und Antikoagu-

lanzien, Diuretika, Digitalis, Antihypertonika und Antidiabetika.
Zur Dosierung von Medikamenten seien nur wenige Beispiele genannt. Digitalis in wirksamer Dosierung wirkt innerhalb von 7 Fastentagen toxisch. Marcumar® u.a. Antikoagulanzien können lebensgefährliche Blutungen hervorrufen; der Quick-Wert vermindert sich rapide. Antihypertonika in üblicher Dosierung führen im Fasten zur hypotonen Krise, Antidiabetika zu Hypoglykämien. Insulin muß sehr sorgfältig an den veränderten Bedarf angepaßt werden.

Daß Fasten per se ein stark wirksames Medikament ist, wurde lange übersehen.

Fasten zur Prävention und Rehabilitation

Um den verantwortlichen Umgang mit der eigenen Gesundheit zu fördern, kann Fasten eingesetzt werden:
- zur Infarktprophylaxe und -metaphylaxe
- zum Abbau von Risikofaktoren: Hypercholesterinämie, Hypertriglyzeridämie, Tendenz zur Fettleber, Hypertonie, Absinken der kardiopulmonalen Leistung, Bewegungsmangel, Rauchen, Tendenz zum Übergewicht, Prädiabetes II
- im Rahmen von Nachsorge- und Rehabilitationsstrategien
- bei familiären Krankheitsbelastungen (z.B. Karzinomhäufung)
- zur Prävention gegen Alterskrankheiten.

Bewertung aus ernährungswissenschaftlicher Sicht

Die physiologischen Grundlagen des lang dauernden Nahrungsverzichts sind von der Ulmer Schule [14] und anderen Universitätsinstituten sehr gut untersucht. Die pathophysiologischen Vorgänge lassen sich am besten mit der Vorstellung von der Entsorgung/Entschlackung des Grundgewebes (Pischinger, Perger, Draczynski, Heine [16]) und mit der von Wendt formulierten Pathologie der Eiweißspeicherkrankheiten [7] verstehen. Sie bieten die wichtigsten Hypothesen, die die moderne Medizin, insbesondere die Diätetik, heute braucht, um die seit Jahrzehnten beobachteten therapeutischen Phänomene zu deuten. Ein lückenloser Beweis steht wie in vielen Bereichen der Medizin zwar noch aus, jedoch ergeben Indizien und die seit 60 Jahren von Fastenärzten an rund 500000 Menschen vorgenommenen Beobachtungen einen hohen Wahrscheinlichkeitsgrad für die Richtigkeit unserer Vorstellungen.
Vermutet werden darf, daß der bewußte **Verzicht auf Proteine** im Fasten einer der entscheidenden therapeutischen Faktoren ist. Das gilt z.B. für die erstaunliche Beeinflußbarkeit von Mikroangiopathien, auch der diabetischen, wobei die verdickte kapilläre Basalmembran als Eiweißspeicherfolge und damit als Diffusionshindernis für die Nährstoffe in Richtung Erfolgsorgan und als Entsorgungsbarriere für Stoffwechselmetaboliten gesehen wird. Auch hier besteht hoher Forschungsbedarf.
Mit einer Fülle von Einzelbeispielen kann die therapeutische Potenz intensivdiätetischer Strategien gezeigt werden [3, 4]. Der wissenschaftliche Nachweis gelang bei den entzündlichen Gelenkerkrankungen [28] und bei Morbus Reiter [29]. Dabei sind Schlagworte wie Immunmodulation und Immunstimulation eng verbunden mit Vorgängen der Entgiftung und Entschlackung; sie sind die Voraussetzung für eine gewebliche Reparation und Gesundung.
Der Nachweis erfolgreicher Behandlung des **metabolischen Syndroms** gelang durch eine klinisch kontrollierte Zwei-Jahres-Studie [4, 9], die die Wirksamkeit klinisch-diätetischer Intervention und vom Hausarzt kontrollierter Nachsorge an allen Stoffwechselparametern zeigen konnte. Im Rahmen der Qualitätssicherung der Methode wurde eine weitere Rehabilitationsstudie begonnen, deren Ergebnisse seit 1997 vorliegen.

6.3 Fasten für Gesunde

Das „selbständige Fasten für Gesunde nach BUCHINGER/LÜTZNER“ – so die offizielle Bezeichnung – hat in den letzten 20 Jahren seine Eigenständigkeit nach und nach außerhalb des klinischen Rahmens unter Beweis gestellt. Jedem gesunden, eigenverantwortlich handelnden Menschen steht es frei, Erfahrungen mit zeitweisem Nahrungsverzicht zu machen. Somit bleibt Fasten nicht ausschließliches Anliegen der Medizin, sondern wird auch zu einer Sache der Erwachsenenbildung. Gebraucht werden hierfür Berufe mit pädagogischer Begabung: die ausgebildete Fastenleiterin, die Ernährungsberaterin, Sozialpädagogin, Lehrerin und erfahrene Mutter. Organisationshilfen werden durch wohnortnahe Bildungsstätten wie Volkshochschulen und kirchliche Bildungswerke angeboten.

Geschichte

Schon immer haben einzelne Menschen auf eigene Faust gefastet. In den Klöstern trafen sich Gruppen zum meditativen bzw. religiösen Fasten. Auch BUCHINGER äußert in einer der späteren Auflagen seines Buches „Heilfasten“ den Wunsch, Fasten solle ein Thema der Erwachsenenschulen sein; jeder vernünftige Mensch solle sich selbst ein jährliches „Reinfasten“ verordnen. Dies jedoch taten nur sehr wenige. 1976 wurde durch das Buch [24] und vier Fernsehsendungen eine Aktion „Selbständiges Fasten für Gesunde“ gestartet, die bis heute ein ungeahntes Echo zur Folge hatte. Offenbar war innerhalb einer Zivilisationsgesellschaft die Frage nach dem „Nicht-haben-Müssen“ und damit die Frage nach dem Sinn einer Fastenzeit immanent. Es wird geschätzt, daß in Deutschland mindestens 6 Mio. Erwachsene das Fasten kennengelernt haben; 2 bis 3 Mio. praktizieren es jährlich. Der Wunsch, gemeinsam zu fasten und dabei sicher geführt zu werden, veranlaßte die Organsisation einer Fastenleiterausbildung seit 1987. Sie enthält gleichzeitig soviel Wissen um praktizierbare Ernährung, daß während des Kostaufbaus Impulse zur Ernährungsumstellung gegeben werden können [K4].
Gewiß gibt es fließende Übergänge zwischen „Heilfasten“ und „Fasten für Gesunde“. Dennoch lassen sich einige Charakteristika gegenüberstellen.

Fasten für Gesunde	Heilfasten
Kurzzeitfasten	Langzeitfasten
in eigener Verantwortung	unter fastenärztlicher Leitung
Gesundheitsförderung	Krankenbehandlung
Form der Erwachsenenbildung	medizinische Methode
zu Hause oder in den Ferien	Fastenklinik
Risiken vorher auszuschließen	deckt Risiken ab
DM 0–100–800/Woche	DM 1000 bis 2500/Woche
Krankenkasse fördert	Krankenkasse zahlt

Fastenwochen am Wohnort

Diese Form des Fastens umfaßt neben dem Entlastungstag 5 Tage Fasten sowie 2 Tage Kostaufbau und wird am Wohnort von einer Fastenleiterin verantwortlich organisiert. Ihre Arbeit wird durch Teilnehmergebühren finanziert. Krankenkassen, die selbstverantwortliche Gesundheitspflege fördern, erstatteten diese Beiträge zu 50–80 Prozent.
Während des Informationsabends wird auf die spezifischen gesundheitlichen Bedingungen jedes Fastenwilligen eingegangen und

offengelegt, unter welcher medikamentösen Behandlung der einzelne steht; eventuell ist eine Klärung, ob Risikofreiheit besteht, durch den Hausarzt notwendig. Meist wird ein Haftungsausschluß unterschrieben oder im Gefährdungsfall an eine Fastenklinik verwiesen. Die Lektüre eines Fastenratgebers [24] ist gemeinsame Gesprächsbasis. Man trifft sich jeden Tag oder jeden 2. Tag zu einem informatorischen Gespräch, oft auch zu gemeinsamem Sport; auch der Kostaufbau wird zum Teil gemeinsam erlebt, in jedem Fall hinterfragt.

Bewertung. Für Erstfaster wird die geführte Gruppe empfohlen, während für Erfahrene Fasten in der Familie und während der Arbeit mit allen Nachteilen (Auseinandersetzung mit den alltäglichen Versuchungen, fehlende Ruhe und Besinnung im Alltag) und Vorteilen (Lerneffekt für Ehepartner und Kinder) realisierbar ist. Das geführte Fasten ist die billigste und praktikabelste Fastenvariante. Während des Kurzzeitfastens wird ein wichtiger Impuls zur Ernährungsumstellung gesetzt. Ideal sind die Fortsetzung durch einen Kurs „Nachfastenernährung" und ein monatliches Treffen der gleichen Gruppenteilnehmer zu Information und Ermutigung.
Eine wissenschaftliche Langzeitstudie [30], die mit 500 Probanden durchgeführt wurde, läßt erkennen, daß auch nach 2–3 Jahren bemerkenswerte Veränderungen des Lebensstils bei den Teilnehmern und deren Familien festzustellen waren. Dieses Ergebnis könnte zu einem Modellversuch ermutigen, der den damaligen Bedingungen nachempfunden ist und zunächst mit einem vierwöchigen Intensivseminar am Wohnort beginnt. In der ersten Woche kann entweder eine Woche gefastet oder eine Woche Vollwertkost von 1200 kcal zu sich genommen werden. Alle Probanden werden aktiviert durch einen diätetisch orientierten Arzt, Küchenchef, Sportlehrer und eine Psychologin und ein halbes Jahr mit Ernährung, Sport und psychologischen Aspekten nachbetreut. Effektivitätskontrolle nach 2–3 Jahren. Fazit: „Der Einstieg in eine Ernährungsveränderung ist durch Kurzzeitfasten günstiger."

> Kurzzeitfasten ist ein wichtiger Impuls zur Ernährungsumstellung.
>
> Die langzeitig geführte Gruppe stabilisiert die Ernährungsveränderung.

Die Fastenwoche in den Ferien

Diese Fastenwoche entspricht einem auf den einfachsten und kürzesten Nenner gebrachten BUCHINGER-Fasten.

> Die Fastenwoche folgt immer dem Schema:
> Entlastungstag – 5 Fastentage – 2 Aufbautage.

Nur ausnahmsweise wird eine zweiwöchige Fastenkur entsprechend mit einem Entlastungstag, zehn Fastentagen und drei Aufbautagen durchgeführt.
Es wird ebenfalls in kleiner Gruppe von maximal 20 Teilnehmern durchgeführt, die von zwei Gruppenleitern betreut werden. Gegenüber der ambulanten Fastenwoche kann jeder in der sich bildenden Fasten- und Erlebnisgemeinschaft vielerlei Anregungen erhalten. Die Erlebnisdichte ist gewöhnlich außerordentlich hoch, weswegen sich immer mehr Menschen für diese Form der Fastenerfahrung offen zeigen. Durch das Wohnen der Fastengruppe unter einem Dach, in einem Hotel, einer Pension, Bildungseinrichtung, Jugendherberge oder Berghütte, durch das „Sitzen um einen Tisch" mit der Möglichkeit, Gespräche zu führen und sich zu einem neuen Lebensstil anregen zu lassen, kann Gesundheit ganzheitlich gefördert werden.
Die Gruppenleiter leben in dieser Gemeinschaft, zum Teil fasten sie mit. Ihr ganztägiges Engagement wird durch die Begegnung mit interessanten Menschen belohnt und durch

Teilnehmergebühren finanziert. Jährlich werden von verschiedenen Anbietern rund 300 Fastenwochen mit 4000–5000 Teilnehmern durchgeführt, allein von der Deutschen Ferienakademie 150 Fastenwochen, die ausschließlich von geprüften Fastenleitern/innen betreut werden [K4]. Der gesundheitliche Wert dieser Intensivferien kann nicht hoch genug eingeschätzt werden. Nach dem gleichen Modell sind auch die Weiterbildungsseminare für Ärzte (Zusatzbezeichnung Naturheilverfahren) gestaltet, die sowohl Selbsterfahrung anbieten als auch über Physiologie, Pathophysiologie und Methode des therapeutischen Fastens informieren [K2].

Bewertung. Die „Ferienfastenwochen für Gesunde" bewähren sich. Ernste Komplikationen sind bisher nicht bekannt geworden. Gesundheitliche Probleme konnten mit einfachen Mitteln überwunden werden. Qualifizierte Fastenleiter vorausgesetzt, kann von einem hohen Sicherheitsstandard ausgegangen werden.

Fastenwandern

Dies ist die Variante eines Fastens für Gesunde. Man geht in Gruppen fastend von Unterkunft zu Unterkunft. Ein Begleitwagen übernimmt das Gepäck und die Getränke. So werden in einer Woche bis zu 300 km zurückgelegt. Hier ist der Erlebnisgehalt noch höher anzusetzen. Die Teilnahme an Fastenwanderwochen setzt eine stabile Grundgesundheit und die entsprechende Bewegungskondition voraus [K5].

> Fasten in den Ferien bedeutet frei sein von Alltagszwängen.
> In aktiv-fröhlicher Gemeinschaft gelingen Nahrungs- und Genußmittelverzicht leichter.

6.4 Fastenvarianten

Wasserfasten, Nulldiät

„Nulldiät" bedeutet nichts anderes als Null-Kalorien-Diät, d.h. also Wasserfasten; beides ist identisch mit dem Begriff „totales Fasten". 1955 veröffentlichte Benedict, USA, die als klassisch zu bezeichnende Studie über langes Fasten, in der er nachweisen konnte, daß fettsüchtige Personen Monate des totalen Fastens gefahrlos überstehen. Bloom, USA, trug 1959 weitere physiologische Daten zur totalen Nahrungsenthaltung zusammen. 1970 veröffentlichten Ditschuneit und seine Mitarbeiter (Universität Ulm) die physiologischen Grunddaten hinsichtlich der Veränderung des Stoffwechsels bei der Nulldiät. Seit dieser Zeit ist wissenschaftlich bestätigt, daß Fasten **physiologischen Grundgesetzen** gehorcht und – ausreichende Gewichtsreserven vorausgesetzt – durchaus als Form menschlichen Lebens/Überlebens gesehen werden kann.

Die Nulldiät wurde daraufhin in den meisten Krankenhäusern zur Behandlung gravierender Adipositas eingeführt. Leider scheiterte die am besten untersuchte Fastenmethode an methodischen und didaktischen Fehlern und verlor damit ihren guten Ruf. Neben einer mangelnden Aufklärung der Patienten wurden die fastenspezifischen Gegebenheiten hinsichtlich der Dosierung der Medikamente (Überdosierung), des Kostaufbaus (Verabreichung von Vollkost) sowie der Notwendigkeit, durch Bewegung einen Ausgleich zu schaffen (Kreislaufinstabilität und Abbau der Muskulatur), nicht berücksichtigt.

Indikationen

Nulldiät wurde vorwiegend zur Behandlung gravierenden Übergewichts eingesetzt [14]. In einer multizentrischen Studie [15] liegt das mittlere Gewicht der Frauen bei 93 kg und der Männer bei 102 kg.

Durchführung

Die Nulldiät ist sowohl **ambulant** als auch **stationär** durchführbar. Charakteristika der Nulldiät sind:
- Einnahme von täglich 3 × 1 Liter Wasser
- Vitamin- und Mineralienpräparate
- ausreichend Bewegung.

In der Untersuchungsphase war stationäre Aufnahme in die Universitätsklinik bevorzugt, später wurde wegen der hohen Tageskosten die ambulante Behandlung gewagt; sie bewährte sich und ermöglichte eine Durchführung auch über 4 Wochen hinaus bis zu 8 Wochen. Als tägliche Gewichtsabnahme wurden bei Männern 460 g und bei Frauen 385 g angegeben. DITSCHUNEIT charakterisierte die Nulldiät wie folgt: „Von der guten Wirksamkeit und Ungefährlichkeit des totalen Fastens haben wir uns selbst überzeugen können. Ungünstige nachhaltige Wirkungen auf irgendwelche Organfunktionen haben wir niemals beobachtet, auch keine nachteiligen Stoffwechselwirkungen" [15].

Bewertung

Wasserfasten/Nulldiät könnte ebenso mit therapeutischer Zielsetzung durchgeführt werden wie das BUCHINGER-Fasten. Wasserfasten wird in unserer Klinik durchgeführt, wenn eine Aversion gegen Tees und Säfte besteht. Dies kommt vorwiegend bei jungen Menschen in Frage, die zwar adipös, aber sonst gesund sind und bei denen man eine ausreichende Alkalireserve zur Kompensation der fastenbedingten Azidose vermuten darf. Für uns ist der (Wasser-)Faster ein „normaler Mensch", nicht ein Krankenhauspatient, den man ins Bett stecken muß; er wird voll belastet, genießt frische Luft und versteht sich selbst als gesund – auch wenn er bei der Eingangsuntersuchung pathologisch erhöhte Blutwerte aufwies. Denn wir wissen, daß Risiken in wenigen Tagen abgebaut sind. Das einzige Risiko liegt höchstens beim Patienten selbst, nämlich daß er sich unvernünftig verhält: ißt, raucht oder Alkohol trinkt.

Teefasten

Diese Form des kalorienfreien Fastens hat gegenüber dem reinen Wasserfasten den Vorzug, daß mit Kräutertees dem Körper **basische Valenzen** als Ausgleich zur physiologischen Fastenazidose angeboten werden.

Durchführung

Aus der Vielfalt angebotener Teesorten können sowohl indikationsbezogene als auch geschmacklich orientierte Tees als Fastengetränke verwendet werden. Um die Möglichkeit einer Überdosierung zu vermeiden, sollten täglich **unterschiedliche Teesorten** getrunken werden. Zu unterscheiden sind Blütentees, Früchtetees, Samentees, Kräutertees, Rindentees und Wurzeltees.

Tees lassen sich auch als Imitation einer warmen Mahlzeit – der Frühstückstee, die warme Mittagsmahlzeit, die Teestunde und das gemütliche Abendgetränk – einsetzen. Wichtig ist, nur gut gepflegte Teedrogen aus der Apotheke, dem Reformhaus oder dem spezialisierten Teeladen zu verwenden und die Angebotsvielfalt zu nutzen.

Wenig Honig als Würze ist erlaubt; es sollte nicht mehr als ½ TL ein, und Honig ist nicht für jeden Tee geeignet. Zucker oder andere Süßmittel gehören nicht zum Fasten. Zitrone paßt nur zum Schwarztee oder zu säuerlichen Teesorten wie Hagebutten-, Malven- und Apfelschalentee. Bei anderen Sorten kann die Zitrone das feine Teearoma „erschlagen".

Bewertung

Von vorwiegend gesunden Menschen kann Teefasten für 10 oder 14 Tage ohne Probleme durchgeführt werden, da deren körpereigene

Alkalireserve vor einer überhöhten Azidose schützt. Die Gewichtsabnahme wird etwas günstiger sein als beim BUCHINGER-Fasten. Entscheidend ist auch hier das Ausmaß an Bewegung und Training aller Muskelgruppen, die vor Abbau geschützt werden sollen.

Die Molke-Trinkkur

Molke entsteht bei der Quark- oder Käsezubereitung, wobei Kasein vom Serum der Milch, einer grünlich-gelben Flüssigkeit, getrennt wird, und ist eigentlich ein Abfallprodukt. Sie enthält 8% Proteine und weist als überwiegend rechtsdrehende Milchsäure Milchzucker und Orotsäure („oros" = Molke) und somit einen hohen biologischen Wert auf. Frischmolke besitzt einen angenehm säuerlichen Geschmack, schmeckt aber nach längerem Stehen unangenehm fad.

Molkereitechnisch kann heute die „Alterung" der Molke verhindert werden, um den charakteristischen Geschmack über viele Tage zu erhalten. Bereits im klassischen Altertum wird von Molke-Trinkkuren berichtet. GALEN (121 bis 180 n. Chr.) empfahl, Molke-Trinkkuren auf dem „Milchberg" in der Nähe der medizinischen Schule von Salerno/Sizilien mit Heilkräuterzusätzen zu sich zu nehmen. Die Blütezeit der Molke-Trinkkur begann, ausgelöst durch einen spektakulären Heilerfolg, Mitte des 18. Jahrhunderts im schweizerischen Bergdorf Geis und endete mit dem Ausgang des 19. Jahrhunderts. In den deutschsprachigen Ländern Schweiz, Österreich und Deutschland soll es bevorzugt in alpennahen Regionen mehr als 160 Molke-Kurorte gegeben haben.

Da die Molke damals nur frisch gut schmeckte, wurde um Mitternacht mit dem Käsen und der Bereitung der Molke begonnen. Ab 3 Uhr kamen die Senner von den Bergen in die Molke-Kurorte. Ab 6 Uhr wurde die Frischmolke den Kurgästen angeboten, die dies zu einem Morgengang im Freien oder in Wandelhallen benutzten. Die große Gesellschaft ganz Europas fand sich – oft mit dem gesamten Hofstaat – zur Molke-Trinkkur ein.

Durchführung

Die Molke-Trinkkur umfaßt 20 bis 24 Tage. Die „klassische Molke-Trinkkur" sollte – den berichteten Heilwirkungen zufolge – ein echtes Fasten gewesen sein. Doch sind die Angaben keineswegs gesichert, und die Frage, ob neben der Trinkkur gegessen wurde, muß letztendlich unbeantwortet bleiben. Als Heilmittel wurden zusätzlich frisch gesammelte Kräuter und daraus hergestellte Kräutersäfte nach ärztlicher Auswahl angeboten. Heute werden neben der klassischen Molke-Trinkkur drei weitere Varianten angeboten, die sich folgendermaßen voneinander unterscheiden:

Klassische Molke-Trinkkur:

- Im Zentrum der klassischen Molke-Trinkkur steht die Trinkmolke, von der täglich 1–1,5 l in kleinen, über den Tag verteilten Schlucken getrunken werden.
- Zusätzlich werden **Frischpflanzensäfte** mit Wasser verdünnt (1:1) (Brennessel, Löwenzahn, Artischocke, Weißdorn) zu sich genommen.
- Der tägliche Flüssigkeitsbedarf soll mit **Quell- oder Mineralwasser** oder ungezuckerten Tees bis auf 3 l pro Tag aufgefüllt werden.

Abgewandelte Form des Molke-Trinkens:

Für die heute therapeutisch genutzten abgewandelten Formen des Molke-Fastens wird die **Diät-Kurmolke** verwendet, die gegenüber der Original-Molke (8 g Eiweiß) auf 30 g Molkeneiweiß verdichtet wurde. Sowohl die Original- als auch die Diät-Kurmolke können geschmacklich durch Obstsaftzugabe verbessert werden. Nur die klassische Molke-Trinkkur kann als Fasten bezeichnet werden, die anderen Trinkkuren sind als Diäten zu bewerten. Folgende Varianten können unterschieden werden:

- Bei der **ausschließlichen Trinkkur** (Nahrungsverzicht) werden 1–1½ l „Diät-Kurmolke" sowie Frischpflanzensäfte und Kräutertees verordnet.
- Eine Variante sieht eine **1000-kcal-Reduktionskost** vor, bei der zusätzlich 1 l Diät-Kurmolke, Frischpflanzenauszüge und Kräutertees eingenommen werden.
- Als weitere Möglichkeit kann eine **Diät** von 2000 kcal (Plan) mit Diät-Kurmolke und Frischpflanzensäften kombiniert werden.

Beide Varianten, die klassische Molke-Trinkkur und die proteinsubstituierte Molke-Trinkkur, lassen sich sowohl ambulant als auch stationär durchführen. Durch den hohen Anteil rechtsdrehender Milchsäure wirken sie mild laxierend und machen in den meisten Fällen den Einlauf überflüssig.

Die Kombination mit einem Buchinger-Fasten läßt sich durch Zugabe von „Molke-dry", der Original-Molke, leicht herstellen. Entscheidend ist der Verzicht auf Nahrung, Genußmittel und entbehrliche Medikamente.

Bewertung

Der Geschmack der Molke ist trotz geschmacksverbessernder Zusätze für manche Menschen nicht akzeptabel, für andere ein Vorzug. Man sollte heute sicher häufiger an die Molke-Trinkkur denken, da vorzügliche Produkte (Heirler) im Reformhaus zur Verfügung stehen. Ähnlich dem Heilfasten wird bei der Molke-Trinkkur zusätzlich für Ausgleich durch Bewegung und Information gesorgt.

Eine wissenschaftliche Studie [8] zeigt die Normalisierung von Serumtriglyzeriden und Serumcholesterin sowie eine deutliche Reduktion des Körpergewichts. Beides allerdings ist durch jede Fastenvariante zu erreichen, muß also keineswegs von der Molke abhängen. Bemerkenswert ist jedoch – als mögliche Folge der spezifischen Molkewirkung – die Senkung der Serumharnsäure. Besonders günstig wirkt Molke bei der Behandlung der chronischen Obstipation. Im übrigen gelten die typischen Indikationen des Fastens.

Schleimfasten

Alle Schleime, unabhängig welcher Art (Gersten-, Hafer-, Reis- oder Leinsamenschleim), haben den Vorzug, daß sie sich als schützender Film über empfindliche Schleimhäute legen können und Frucht- oder Gemüsesäuren binden. Sie sind zudem kalorienarm. Wer auch immer während eines Fastens eine Stomatitis, Ösophagitis oder Gastritis oder Durchfall bekommt, kann zur Linderung der Beschwerden auf Schleimfasten umschalten.

Durchführung

3- bis 6mal täglich wird eine Tasse eines Gersten-, Hafer-, Reis- oder Leinsamenschleims schluckweise getrunken. Bei Durchfall kann der Schleim mit Salz gewürzt sein, während des Kostaufbaus auch mit milden Kräutern.

Kombination mit anderen Fastenformen. Wer eine Empfindlichkeit gegenüber Obst- oder Gemüsesäuren hat, gebe zu den angebotenen Säften je 1 EL Schleim und verrühre ihn. Früchtetees, Pfefferminze, Mischtees, sollten zugunsten von Kamille-, Fenchel-, Malven- und Leinsamentee, die sich durch feine Schleime auszeichnen, gemieden werden. Magen-Darm-Empfindliche können nach Buchinger oder Heun fasten, tun aber gut daran, sich täglich eine Thermoskanne

Schleim zur Abpufferung der Säfte bereitzustellen.
Auch als kleine „Zwischenmahlzeit" kann der Schleim schluck- bzw. eßlöffelweise eingenommen werden. Auch langes Fasten kann nur mit Schleim durchgeführt werden. Angenehm ist dann der Wechsel zwischen den verschiedenen Schleimarten.

Die Rohsäfte-Kur nach Heun

E. Heun, Internist und Psychotherapeut, entwickelte die Rohsäfte-Kur aus seiner eigenen Fastenpraxis (1921) sowie angeregt durch die Fruchtsafternährung von Bircher-Benner, die er während einer Hospitation 1924 kennenlernte. Die Rohsäfte-Kur fordert totale Nahrungsenthaltung bei gleichzeitiger Zufuhr – wie wir heute sagen würden – „bioaktiver Substanzen". Bedingungen sind die frische Zubereitung und der sofortige Genuß, damit wertvolle Inhaltsstoffe nicht verlorengehen.

Durchführung

Die Behandlungsdauer beträgt 3–4 Wochen, bei einer täglichen Gesamtkalorienzahl von ca. 400 bis max. 500 kcal. Täglich werden 3mal $^1/_4$ l Frischsaft aus Gemüse oder/und Obst verabreicht.

Die Säfte sollen schluckweise oder löffelweise genossen und eingespeichelt werden. In den Zwischenzeiten werden Kräutertees und Wasser angeboten.
Die Mischung von zwei oder drei Säften ist Sache der Erfahrung. Säfte mit hohem Fruchtsäureanteil werden durch Mandelmilch abgepuffert, andere durch Honig verbessert oder fade Säfte durch kleine Mengen Rettich oder Zitrone geschmacklich korrigiert. Obst- und Gemüsefrüchte werden saisonal geordnet, so gibt es Wochenpläne für Frühjahr, Sommer, Herbst und Winter. Als Beispiel drucken wir den Wochenplan einer Rohsäfte-Kur im Sommer ab, aus dem ersichtlich wird, daß morgens vorrangig Obstsäfte, mittags vorwiegend Gemüsesäfte, nur selten mit Obst gemischt, und abends erneut Obstsäfte angeboten werden.

Wochenplan einer Rohsäfte-Kur im Sommer*

1. Tag

morgens:	Glaubersalzlösung, $^3/_4$ l
mittags:	Wasser oder Kräutertee
abends:	Zitronensaft

2. Tag

morgens:	125 g Erdbeeren, 125 g Rhabarber
mittags:	120 g Kohlrabi, 120 g Grapefruit, 10 g Petersilie
abends:	120 g Kirschen, 120 g Apfelsine, 10 g Zitrone

3. Tag

morgens:	140 g Stachelbeeren, 110 g Mandelmilch
mittags:	110 g Kopfsalat, 110 g Grapefruit, 30 g Rettich
abends:	250 g Apfelsinensaft

4. Tag

morgens:	125 g Himbeeren, 125 g rote Johannisbeeren
mittags:	120 g Spinat, 20 g Zitrone, 110 g Mandelmilch
abends:	140 g Heidelbeeren, 110 g Mandelmilch

5. Tag

morgens:	150 g Erdbeeren, 100 g Johannisbeeren
mittags:	120 g Kohlrabi, 120 g Apfelsine, 10 g Petersilie
abends:	125 g Aprikose, 125 g Grapefruit

6. Tag

morgens:	130 g Brombeeren, 120 g Mandelmilch

mittags:	100 g Kopfsalat, 100 g Grapefruit, 50 g Rettich
abends:	125 g Aprikose, 125 g Grapefruit
7. Tag	
morgens:	120 g Stachelbeeren, 120 g Mandelmilch, 10 g Honig
mittags:	120 g italienische Tomaten, 80 g Spinat, 50 g Rettich
abends:	125 g Mirabellen, 125 g Grapefruit

*aus [17]

Der regelmäßigen Entleerung des Darms wird ebenso Beachtung geschenkt wie bei BUCHINGER; zu Beginn wird Glaubersalz verordnet, später – falls nicht die Rohsäfte zum spontanen Stuhlgang führen – werden regelmäßige Einläufe gemacht.

Der Kostaufbau der Rohsäfte-Kur erfolgt wie bei BIRCHER-BENNER in Richtung frischkostreiche Ernährung, um sich später als frischkostreiche vegetarische Dauerkost etablieren zu können.

Günstig ist, die Rohsäfte-Kur in einem Sanatorium zu beginnen und zu Hause fortzusetzen. Sie ist aber auch ambulant durchführbar, wenn auch schwieriger und weniger kontrolliert.

Bewertung

Der Reichtum an **bioaktiven Substanzen,** die großzügige Zufuhr an **basischen Valenzen** sowie die Orientierung an natürlichen Lebensrhythmen (saisonale Herkunft der Produkte) haben eine günstige Wirkung auf den gesamten Organismus. Die Rohsäfte-Kur ist auch von geschmacklicher Seite als recht angenehm einzustufen.

Als weniger günstig muß neben der aufwendigen Zubereitung die Tatsache gesehen werden, daß der Magen-Darm-Kanal dreimal täglich deutlich angeregt wird und somit Hungerfreiheit nicht immer garantiert ist. Zudem nähert sich das tägliche 400–500-kcal-Angebot bereits den Formen der strengen Diäten. HEUN hat mehrere Bücher [17, 19] veröffentlicht, die die Inhaltsstoffe der Rohsäfte detailliert aufzeigen und interessante Einblicke in die Arbeit eines Psychotherapeuten mit intensivdiätetischer Strategie vermitteln.

Fasten nach BREUSS

R. BREUSS (1899–1992), Heilpraktiker in Vorarlberg/Österreich, behandelte mit einfachen Naturheilmitteln und wurde durch seine „Krebskur – total" bekannt, durch die er seit 1950 etwa 2000 Krebskranke behandelt habe. In einer Reihe von Fallschilderungen wird von ungewöhnlichen Besserungen, ja sogar Heilungen berichtet, die jedoch niemals dokumentiert wurden. Es gibt wenige gut bezeugte Fälle von extrem langem Fasten bei Karzinomen, unter anderem aus einer onkologischen Klinik über acht Patienten [12] mit der Frage: „Hat das Fasten in der Therapie von Tumorpatienten einen Sinn?" Während der 42tägigen Gemüsesaft-Fastenkur sei es allen Patientinnen sehr viel besser gegangen, als zu erwarten war. Da es sich um metastasierende Karzinome handelte, war Heilung nicht zu erwarten. Klinische Nachprüfungen sind praktisch unmöglich, weil solche Alles-oder-Nichts-Versuche niemals verantwortet werden könnten. Auch in der vorgenannten Arbeit lagen Wunsch und Verantwortung in der Entscheidung der Patienten, so wie bei BREUSS auch.

Durchführung

Im Vordergrund steht der Nahrungsverzicht, der sich über 42 Tage erstreckt. Während dieser Zeit werden zugeführt:

- täglich bis zu 1/2 l Liter **Gemüsesäfte** (2/3 rote Bete, 1/3 Karotten, 1/3 Sellerie, wenig Rettich, eine Kartoffel); zusätzlich soll eine milchsauer vergorene „BREUSS-Gemüsesaftmischung" (früher Rohsäfte) über den

ganzen Tag verteilt, schluckweise und gut eingespeichelt zu sich genommen werden.
- **Kräutertees** (Salbei, Johanniskraut, Pfefferminze, Melisse, Geranium und andere Heilkräutertees) können abwechselnd mit den Säften schluckweise getrunken werden.
- Zusätzlich kann Wasser nach Bedarf getrunken werden.
- Für **Darmreinigung** muß gesorgt werden (Einlauf).
- **Bewegung** und Arbeit sollen nicht vernachlässigt werden.

Proteinsubstituiertes Fasten

H. Ditschuneit, der auch die Wirkungen der Nulldiät auf ihre physiologische Gesetzmäßigkeiten untersuchte, hat durch Untersuchungen die Stickstoffausscheidung im Harn erfaßt. Somit kann die katabolisierte Proteinmenge bestimmt werden. In diesem Zusammenhang wurde festgestellt, daß bei Zufuhr kleiner Eiweißmengen (33 g Protein/Tag) der Eiweißkatabolismus spätestens in der 3. Fastenwoche vollständig kompensiert werden kann.
Normalerweise verliert ein Schwergewichtiger in 28 Fastentagen etwa 900–1100 g Eiweiß. Durch Proteinzufuhr kann der Eiweißverlust etwa halbiert werden [15].

Durchführung

Der „Ulmer Trunk" enthält 33 g Eiproteine mit Vitamin- und Mineralzusätzen, der in drei Portionen verteilt und in kaltem Wasser gelöst, eingenommen wird. Die Gesamttrinkmenge sollte bei Übergewichtigen mindestens 3 l kalorienfreie Flüssigkeit betragen. Zusätzliche Bewegung wird auch hier als eine der wichtigsten Voraussetzungen für die Erhaltung der vollen Leistungsfähigkeit betrachtet.

Vergleiche von Übergewichtigen zwischen totalem und modifiziertem Fasten ergaben einen Gewichtsverlust von 12,5 kg bei ersterem und 11,6 kg bei modifiziertem Fasten und einen täglichen Gewichtsverlust von 446 g pro die gegenüber 415 g pro die. Da das Ziel jeglicher Adipositastherapie vorrangig in der Reduktion der Körperfettmasse liegt und Schwergewichtigen aus diesem Grund zu einer möglichst langen Fastenzeit verholfen werden sollte, ist eine Proteinsubstitution vor allem hinsichtlich eines verlängerten Fastens über 4 Wochen hinaus empfehlenswert.
Aus dem ursprünglichen „Ulmer Trunk" wurde später das industriell gefertigte Präparat „Modifast". Weitere Produktnamen (Bionorm, Cambridge-Diät, Dresdner Trunk) oder auch Strategien (wie das Optifast-Programm) stehen für eine Proteinsubstitution, die während kalorienreduzierter Diäten oder des Fastens durchgeführt werden kann.

Beim therapeutischen Fasten hingegen ist der Proteinkatabolismus bei überernährten, ja auch eiweißüberernährten Menschen therapeutisches Ziel. Deshalb wird auf Eiweißsubstitution bewußt verzichtet, es sei denn, man strebt eine sehr lange Fastenzeit an (über 4 Wochen hinaus).

Bewertung

Vom ernährungswissenschaftlichen Standpunkt sind die obengenannten Daten in der **Adipositasbehandlung** allgemein anerkannt und werden in der klinischen Diätetik und der ambulanten Gewichtsverminderung sachgerecht gebraucht [23]. Aus naturheilkundlicher Sicht wird von der natürlichen Fähigkeit zur Eiweißspeicherung ausgegangen, wie sie den Biologen bei Vögeln, Säugern und Fischen längst bekannt sind. Es bleibt unerfindlich, warum man im Bereich der Humanmedizin nicht an eine physiologische Proteinspeicherung glauben mag. Die Frage, wo denn das Überangebot an Proteinen in der Luxusernährung einer Wohlstandsgesellschaft bleibe, kann ohne Annahme einer Eiweißspeicherung nicht geklärt werden. Aus dieser Frage und der jahrzehntelangen Beobachtung von klinisch tätigen Fastenärzten sind die Hypothesen von WENDT [7] über die Eiweißspeicherkrankheiten zwingend notwendig. Der therapeutische Erfolg bewußt eingesetzter Eiweißkatabolie nebst allen meßbaren Parametern bestätigt seine Forschung. Der selektive, sinnvolle Proteinabbau (Tab. 6-1) muß als Erklärung für Erfolge gesehen werden, die man mit anderen Therapiemethoden nicht erreicht (z.B. bei den Mikroangiopathien, dem rheumatischen Formenkreis, den diabetischen Spätkomplikationen oder den Immunkrankheiten).

Eiweißorientierte Fastenindikationen

Differenziert werden muß nach der Zielrichtung und der Dauer des Fastens:

- Eiweiß-Fett-Überernährte können und müssen lange eiweißfrei fasten. Sie haben eine Hypertrophie auch der fettfreien Masse.

Tab. 6-1 Tägliches Eiweißangebot verschiedener Fastenarten.

Fastenart	Eiweiß-angebot
Wasserfasten/Nulldiät/ Teefasten	0–1 g
BUCHINGER-Fasten	2–3 g
Rohsäftekur nach HEUN	5–6 g
Molkefasten	8 g
Eiweißergänztes „Fasten" mit Diätkurmolke	30 g
Modifiziertes „Fasten" (Modifast)	33 g
Andere EW-substituierte Diäten	50 g
F.X.MAYR-Kur	40 g
SCHROTH-Kur	10 g

- Fehlernährte Übergewichtige – nach häufigen, einseitigen Diäten, langfristigen Reduktionskostformen ohne ausreichender biologischer Wertigkeit, Bewegungsmangel – mit hohem Fettanteil und geringer fettfreier Masse (geringe Leistung!) fahren besser mit proteinsubstituiertem Fasten.
- Für eiweißmangelernährte Patienten kommt höchstens aus therapeutischen oder psychosomatischen Gründen ein Kurzzeitfasten in Frage, im übrigen aber eine lange Ernährungsphase mit an die Verdauungsfähigkeit angepaßter Vollwertnahrung.
- Jeder gesunde, normalernährte Mensch kann 10–20 Tage ohne Gefahr und ohne Zugabe von Proteinen fasten.
- Jeder ältere Mensch (über 60 Jahre) darf zwar fasten, sollte aber bei notwendig werdenden längeren Fastenzeiten proteinsubstituiert werden.
- Beim Langzeitfasten Schwergewichtiger bedarf es nach Aussage von DITSCHUNEIT in den ersten 4 Wochen keiner Eiweißsubstitution, dann aber der regelmäßigen und kontrollierten Einnahme eines biologisch hochwertigen Eiweißgemisches.
- Die Therapie der Eiweißspeicherkrankheiten erfordert die konsequente und langdauernde proteinfreie Fastenstrategie (bis zu 40 Tage).

Übrigens: Training ist der natürliche Reiz zum Aufbau von Muskulatur; fehlt es, wird Muskulatur physiologischerweise abgebaut. Eine Proteinsubstitution – welcher Art auch immer – kann den Abbau von Muskulatur nicht verhindern, wenn kein Trainingsreiz vorliegt! Dies gilt für Vollernährte genauso wie für Fastende. Bewiesen ist der Aufbau von Muskulatur unter Trainingsbedingungen selbst unter Fasten ohne Eiweißsubstitution.

Die Eiweißabbau-Diät nach WENDT

L. WENDT (1910–1988) lehrte in Frankfurt und war dort niedergelassener Internist. Sein

Lebenswerk und die ungewöhnlich umfangreiche Literatursammlung in seinen Büchern kreisen um die Pathogenese von Krankheiten in Zeiten allgemeiner Eiweißüberernährung, um den Ort der Eiweißspeicherung, und definiert die daraus resultierenden Eiweißspeicherkrankheiten. In 30 Jahren Praxis beweist er, daß diese reversibel sind, wenn man lange genug (1–3 Monate) die Eiweißmast beendet und eine Entspeicherung des Eiweißpools durch eine eiweißkatabole Kostform sorgt. Seine Erfolge bei ernährungsabhängigen Krankheiten entsprechen exakt denen der Fastentherapie.

Durchführung

Die Eiweißabbau-Diät soll auf 1–3 Monate begrenzt werden. Die Diät soll durch einen Arzt geführt, die Blutparameter sollen kontrolliert werden. Ziel ist, einen Hämatokrit von 40 Vol.% zu erreichen. Mit wöchentlichem Aderlaß von 100–200 ml kann der Prozeß der Eiweißentspeicherung beschleunigt werden.

- Im Vordergrund steht der Verzicht auf tierische Proteine: Fleisch, Fisch, Milchprodukte, Eier, aber auch auf pflanzliche Proteine in Erbsen, Linsen, Bohnen, Soja.
- Es soll die übliche „Hausmannskost“, angereichert mit mehr Gemüse und Obst, zugeführt werden.
- Vor allem soll viel getrunken werden.
- Es empfiehlt sich, nur noch 3, besser 2 Mahlzeiten täglich einzunehmen und das Hungergefühl zwischendurch zu akzeptieren.

Bewertung

Wendt ging davon aus, daß seine Patienten zunächst nicht bereit sind, ihre gewohnte „bürgerliche Kost“ zu verlassen. Es genügte ihm, eine Minimierung des Proteinanteils herbeizuführen. Insofern ist seine Kostform als erster Schritt einer Ernährungsumstellung praktikabel. Später wurde versucht, die Ernährungsgewohnheiten Schritt für Schritt in Richtung vegetarische Kost zu bewegen. Die Erfolge dieses praxisnahen Vorgehens sind belegt [7]. Das Wort „Eiweißfasten“ birgt ein doppeltes Mißverständnis, nämlich, es handle sich um ein Fasten und sogar um ein proteinsubstituiertes Fasten. Dies ist jedoch nicht der Fall. Mit der Lehre von Wendt ist die hohe therapeutische Potenz von Intensivdiätetik verstehbar geworden. Darüber hinaus ist die Grundlagenforschung Wendts wohl als einer der wichtigsten Beiträge zur Pathogenese in der Medizin zu sehen. Es gehört zur Tragik seiner Zeit, daß seine belegte Hypothese der Eiweißspeicherung mit der herrschenden Lehrmeinung kollidierte, Proteine könnten nicht gespeichert werden. Bis heute fehlt die ernsthafte Auseinandersetzung mit den belegten Hypothesen Wendts; die intensivdiätetische Praxis bestätigt ihre Richtigkeit seit Jahrzehnten.

6.5 Intensivdiätetische Kuren

Intensivdiätetik nach F. X. Mayr

Der österreichische Arzt Dr. Franz Xaver Mayr (1875–1965) entwickelte zwischen 1912 und 1921 seine fundamentale Diagnostik der Verdauungskrankheiten und deren Auswirkungen auf Statik und Haltung des Körpers. Er hatte als Mitglied einer Bergbauernfamilie in der Steiermark gelernt, die Gesundheit von Tieren an Abdomen und Haltung zu beurteilen. An den Universitäten Graz und Wien zu exaktem Messen angeleitet, füllte er eine offensichtliche diagnostische Lücke durch seine berühmt gewordene 5-Sinne-Diagnostik nach F. X. Mayr aus. Bis heute gibt es keine bessere und exaktere Beurteilung des Abdomens als die von MAYR, und es ist jedem Arzt anzuraten, sich die Methode lehren zu lassen [5]. Damit waren sowohl sichtbare, tastbare, meßbare und überprüfbare Kriterien als „Zeichen der Gesundheit" gefunden als auch die Möglichkeit gegeben, den Verlauf diätetischer Krankenbehandlung objektiv beurteilen zu können. Unabhängig von seinen Zeitgenossen MÖLLER, RIEDLIN und später BUCHINGER entwickelte MAYR seine 3stufige Diätetik, die neben dem Fasten die „Milch-Semmel-Kur", anschließend die „milde Ableitungsdiät" empfiehlt. Bestandteil dieses dreistufigen Konzepts ist die Eßkultur nach MAYR.

Die Wichtigkeit regelmäßiger Entleerung des Darms und die damit verbundenen Heilmöglichkeiten lernte MAYR in Karlsbad kennen, dem damaligen „Mekka der Verdauungskranken". Im Fasten und in der Darmentleerung sah MAYR die „therapia magna" und den höchsten Grad aller Schonung des Magen-Darm-Kanals. Dem Gesunden schreibt er ins Stammbuch: „Es gibt kaum einen Menschen, der so gesund ist, daß er nicht durch zeitweiligen Verzicht auf seine übliche Ernährung noch gesünder, leistungsfähiger und lebensfroher werden könnte."

Später, als niedergelassener Arzt in Wien, wollte er das strenge Fasten ambulanten Patienten nicht mehr zumuten; so blieb die „Milch-Semmel-Kur nach MAYR" Hauptteil der strengen Diätetik.

Durchführung

Die Therapie nach MAYR beruht auf den „drei S", die für Schonung (Erholung und Regeneration), Säuberung (Entgiftung und Entschlackung) und Schulung (Training und Wiederertüchtigung) stehen. „Therapie nach MAYR ist jede Behandlung, in der die drei Heilprinzipien gleichzeitig, individuell richtig und ausreichend lange zur Anwendung gebracht werden" [5].

> Durch basenreiche Diätetik, durch intensive Kauschulung, die tägliche Einnahme von Bittersalz sowie durch eine täglich ausgeführte Leibmassage sollen die therapeutischen Ziele – Schonung, Säuberung und Schulung – umgesetzt werden.

Stationäre MAYR-Behandlung

Morgens nüchtern wird täglich 1 TL Bittersalz, in 1/4 l warmem Wasser aufgelöst, eingenommen. Die stationären Kuren umfassen einen Zeitraum von 3–4 Wochen.

Teefasten. Das Teefasten wird für die Dauer von 7–14(–21) Tagen vor allem mit basischen Kräutertees durchgeführt. Ergänzend werden reichlich basisches Mineralwasser, das mit etwas Orangensaft oder wenig Honig geschmacklich varriiert werden kann, sowie wohlschmeckende Basenbrühe (mittags) verordnet. Vormittags sollte Bettruhe (feuchte Auflagen) eingehalten werden. Im übrigen wird ein ähnliches Behandlungs- und Bewegungsprogramm wie beim BUCHINGER-Fasten durchgeführt.

Die Milch-Semmel-Diät. Die Kursemmel ist ein 3–4 Tage altes luftgetrocknetes, noch „elastisches" Weißmehlbrötchen (Weizen oder Dinkel), das zum Frühstück und zum Mittagessen intensiv und kleinbissenweise gekaut bzw. eingespeichelt wird. Dazu gehört: 1/2 Liter frische Milch – bei Unverträglichkeit kann Buttermilch, Soja- oder Mandelmilch eingenommen werden. Die Milch wird früh und mittags teelöffelweise zwischen den Kauakten zu sich genommen. Sie soll eingesogen und ebenfalls gekaut werden.

Abends gibt es nur Tee, der ebenfalls teelöffelweise genommen werden soll.

Milde Ableitungsdiät. Diese Diät wird über einem Zeitraum von 3–4 Wochen durchgeführt. Zur Überbrückung wird die Milch-Semmel-Kur durch die Einnahme von Quark oder Hüttenkäse variiert. Statt Milch kann auch Hafer- oder Reisschleim mit Gemüsebrühe zugeführt werden.
Später wird eine Schonkostform mit sehr leicht verdaulichen und gering bemessenen Nahrungsmitteln bevorzugt. Die Betonung wird vor allem auf eine basenreiche Ernährung gelegt, während „Vollwertkost" vermieden werden soll. Abends wird auch in dieser Phase ebenfalls neben Kräutertee noch immer eine Kursemmel, bei Bedarf mit Brotaufstrich oder Zulage, gegessen.

Die ambulante Mayr-Behandlung

Die ambulante Mayr-Behandlung beginnt mit einer **Vorkur,** in der der Patient durch ein Merkblatt auf das Trinken des morgendlichen Bittersalzes, reichlich Bewegung, das Trinken von Kräutertees und reichlich Flüssigkeit zwischen den Mahlzeiten sowie auf eine erste Stufe der Ernährungsveränderung eingestimmt wird. Verboten sind Bohnenkaffee, Zucker, Süßigkeiten, grobes und unreifes Obst, Rohkost, fette und schwer verdauliche Speisen, Schweineprodukte, grobe Vollkornbrote, Alkohol und Nikotin. Der Einstieg in die ambulante Mayr-Behandlung kann, falls indiziert (s. S. 196), über ein kurzes, 5- bis 8tägiges Teefasten erfolgen.
Über einen längeren Zeitraum, d.h. über 2–3 Wochen, schließt sich die Milch-Semmel-Kur oder die erweiterte Milchdiät mit Zusätzen von Quark, Frischkäse, Brotaufstrichen oder Schleimsuppen an. Als Langzeitdiätetik dient die „milde Ableitungsdiät", wobei auch in dieser Phase noch verboten sind: schwerverdauliche Gerichte, insbesondere Fette, zuviel tierische Proteine, ebenso Rohkost und Vollkornprodukte, da schwer verdaulich, Fabrikzucker und natürlich Bohnenkaffee, Alkohol und Nikotin. Besonderer Wert wird auf den Basenreichtum der Nahrung gelegt, da beim Kranken oder Zivilisationsgeschädigten eine Verschiebung des Säure-Basen-Haushaltes in Richtung Gewebsazidose angenommen wird. Beim Fasten gibt man deshalb Basenpulver in Kombination mit Mineralstoffmischungen, auch alkalische Mineralwässer (z.B. Karlsbader Wasser).

Indikationen und Kontraindikationen

Indikationen und Kontraindikationen stimmen weitestgehend mit den für Buchinger-Fasten (s. S. 196) genannten überein. Darüber hinaus gibt es jedoch typische Primärindikationen:

- die Enteropathie und das Enteropathie-Syndrom mit Störung aller Verdauungsorgane, wie z.B. Obstipation, Diarrhö, Gärungs- und Fäulnisdyspepsie, Divertikulose, Hämorrhoiden
- als Folge die intestinale Autointoxikation
- zahlreiche Beschwerdebilder im Bereich der Wirbelsäule. Es werden besondere Zusammenhänge zwischen krankem Darm und Wirbelsäule mit Fehlhaltungen und Verspannungen, Zervikal- und Lumbalsyndromen bis hin zum Bandscheibenprolaps gesehen.

Bewertung

Die intensivdiätetische Behandlung nach F. X. Mayr gehört neben dem Buchinger-Heilfasten zu den weitverbreiteten klassischen Naturheilverfahren, die sich seit Jahrzehnten besonders in Österreich und im süddeutschen Raum überaus bewährt haben. Die meisten Mayr-Ärzte sind ambulant tätig. Die Akzeptanz der Patienten ist hoch, so daß ein „Modeverfahren" mit Sicherheit auszuschließen ist. Die Weiterbildung zum Mayr-Arzt wird in drei Kursen von jeweils 14tägiger Dauer durchgeführt. Sie ist kombiniert mit einer Selbsterfahrung sowohl in der Milch-Semmel-Kur als auch in der Ausleitungsdiät, mit praktischen Übungen in der Diagnostik nach F. X. MAYR sowie einer sorgfältigen Anleitung zur Leibmassage, die jeder MAYR-Arzt beherrschen muß [K3].

SCHROTH-Kur

J. SCHROTH (1789–1856), in Schlesien geboren, wuchs in der Landwirtschaft auf und übernahm mit 17 Jahren ein kleines Fuhrunternehmen. Durch den Hufschlag eines Pferdes erlitt er eine schwere Kniegelenksverletzung, die ihn erheblich behinderte. Auf Empfehlung eines Wandermönchs legte er sich selbst kalte Umschläge um sein versteifendes Knie und erlebte Heilung.
Das Erlebnis der feuchten Wärme als heilendes Naturprinzip und die Beobachtung kranker Tiere, die das Futter mieden und nur tranken, führten ihn zu seinem Behandlungskonzept. Das große Verdienst SCHROTHS war, daß er neben der Hydrotherapie auch die Diätetik in den Vordergrund stellte. 1829 gründete er eine eigene Heilanstalt in Niederlindewiese. 1840 wurde durch ein Dekret des kaiserlichen Hofes zu Wien die freie Ausübung seines Naturheilverfahrens erlaubt.
Nach dem Zweiten Weltkrieg fand die SCHROTH-Kur in Oberstaufen im Allgäu eine neue Heimat. Das Behandlungskonzept nach SCHROTH umfaßt die SCHROTHsche Schwitzpackung, die SCHROTHsche Diät sowie als weitere Säule den rhythmischen Wechsel von Trink- und Trockentag.

Die drei Säulen der SCHROTH-Kur

Die Therapie nach SCHROTH soll in der Regel 3–4 Wochen entweder klinisch in einem Sanatorium oder auch ambulant in darauf eingerichteten Kurheimen durchgeführt werden. Das gesamte therapeutische Konzept, die Dauer der Therapie und besonders die Einhaltung des Trockentages, an dem der Patient auch angehalten wird, sich körperlich eher ruhig zu verhalten, bewirken erfahrungsgemäß eine Umstimmungsreaktion im vegetativen Nervensystem.

Die SCHROTHsche Packung. In den frühen Morgenstunden wird dem Patienten nach Verabreichung eines Glases heißen Kräutertees eine feucht-kalte Ganzpackung angelegt. Mit Hilfe eines Federbetts, von Wolldecken und dreier Wärmflaschen fängt er rasch an zu schwitzen. Packbänder halten die Umhüllung fest zusammen, so daß die Wärme nicht entweichen kann. Im Verlauf der 2–3 Stunden dauernden Packung kommt es zu einem individuellen Temperaturanstieg. Über kutiviszerale Reflexe sind Einwirkungen auf die inneren Organe zu vermuten. Bei chronisch-entzündlichen Prozessen werden Ablagerungen im Bindegewebe aktiviert und sollen einer Resorption zugeführt werden. Speziell beim rheumatischen Formenkreis ergänzen sich hyperämisierende, spasmolytische und metabolische Effekte und damit analgetische Wirkungen. Die Wärmeproduktion in der Packung bewirkt einen höheren Kalorienverbrauch und unterstützt so die Gewichtsreduktion.

Die SCHROTHsche Diät. Die verordnete Kost ist hypokalorisch, dabei relativ kohlenhydratreich, fett-, eiweiß- und salzarm. Es ist eine im strengsten Sinne vegetarische Ernährung in Form von Gemüsesuppen, eingeweichtem Trockenobst, Kompotten, salzarmem Brot, Kartoffeln, Reis, Grieß, Graupen, frischen Kräutern und Frischpreßsäften aus Zitrusfrüchten. Die Kost muß so reizarm wie möglich sein. Aufgabe der Diät soll sein, die Selbstheilungskräfte zu wecken.

Der rhythmische Wechsel von Trink- und Trockentag. Dieser rhythmische Wechsel ist eine Besonderheit des Naturheilverfahrens nach JOHANN SCHROTH; er entzieht sich bis heute streng wissenschaftlichen Erklärungen. Hier bewegen wir uns auf dem Gebiet der Empirie.

An den sog. Trockentagen erhält der Patient außer dem vor der Packung gereichten Tee lediglich noch 1/4 l frisch gepreßten Orangensaft, an kleinen Trinktagen ab 15.00 Uhr 1/2 Liter Flüssigkeit, an großen Trinktagen 1 Liter Flüssigkeit in Form von Wasser, Säften, Tee oder nach ärztlicher Verordnung Wein. Diese Flüssigkeit soll schlückchenweise über mehrere Stunden verteilt getrunken werden. Bei entsprechenden Indikationen wie Hyperurikämie, Nephropathien, KHK, ausgeprägten Fettstoffwechselstörungen wird die tägliche Flüssigkeitsmenge individuell erhöht.

Wochenplan der SCHROTH-Kur. Während der SCHROTH-Kur (Tab. 6-2) wird täglich außer Sonntag in den frühen Morgenstunden eine Schwitzpackung durchgeführt. Zuvor gibt es 1 Glas Kräutertee sowie Knäckebrot oder Zwieback. Als Mittag- und Abendessen sind vorgesehen:

Tab. 6-2 Wochenplan der Schroth-Kur.**

	Trockentage	Kleine Trinktage	Große Trinktage
	Mo, Mi, Fr	Di, Sa	Do, So
Morgens	Schwitzpackung, davor 1 Glas Kräutertee und Knäckebrot oder Zwieback	Schwitzpackung, davor 1 Glas Kräutertee und Knäckebrot oder Zwieback	Schwitzpackung, davor 1 Glas Kräutertee und Knäckebrot oder Zwieback (außer Sonntag)
Mittagessen	eingeweichte Pflaumen oder Aprikosen oder Sauerkraut 1/4 l frisch gepreßter Orangensaft	Gemüsesuppe Kompott 1/4 l Wein* oder Wasser, Tee, Säfte	Gemüsesuppe Grieß oder Reis 1/4 l Wein* und 1/2 l Wasser, Tee oder Säfte
Abendessen	gekochte Kartoffel, Karottengemüse oder Kräuterbrot, täglich im Wechsel		

* Der Wein darf nur auf ärztliche Verordnung gegeben werden.
** Nährstoffrelation: 10 g EW; 1,5 g Fett; 74 g KH = 350 kcal/Tag zusätzlich: 1–1,5 l Wein/Woche = < 500 kcal/Tag

Indikationen

Die Indikationen der SCHROTH-Kur haben sich seit JOHANNES SCHROTH gewandelt. Während zu seiner Zeit in erster Linie chronische Infektionskrankheiten erfolgreich behandelt wurden, stehen heute die sog. **zivilisationsbedingten Erkrankungen** wie Hypertonie, Fettstoffwechselstörungen, Diabetes mellitus Typ IIb, Adipositas und Hyperurikämie im Vordergrund. Daneben gehören rheumatische Erkrankungen, chronisch entzündliche Prozesse (wie z.B. Sinusitiden, Bronchitiden, Adnexitiden) Hauterkrankungen (wie z.B. Akne, Neurodermitis, Furunkulose, Psoriasis) und auch chronische Vergiftungen (Nikotin, Amalgam, Medikamente) zu den Hauptindikationen (Ref. nach Dr. BROSIG, Oberstaufen).

Bewertung

SCHROTH-Kuren sind recht beliebt in der Bevölkerung, „weil es da noch etwas zu essen gibt", vielleicht auch wegen des Weins. Immer häufiger wird Alkohol abgelehnt und durch Fruchtsäfte ersetzt. Die Trockengebäcke werden jetzt vorwiegend aus Vollkornprodukten hergestellt.
Wissenschaftlich untersucht wurde die SCHROTH-Kur durch WENZEL [14, 15] an der

Universität Ulm. Die naturwissenschaftlich nachweisbare Wirksamkeit des Naturheilverfahrens zeigt sich im signifikanten Abfall des Körpergewichts, des Cholesterins, der Triglyzeride und des Blutdrucks und der verbesserten Glukosetoleranz. Damit bewirkt die SCHROTH-Kur eine Verringerung des Arterioskleroserisikos. Mit Laborparametern nicht nachweisbar sind die Besserung der physischen und auch der psychischen Befindlichkeit, die Steigerung der Abwehrkräfte und der Leistungsfähigkeit.

Frischkost/Rohkost nach BIRCHER-BENNER

Sie ist eine Form der Intensivdiätetik, die wegen ihrer bemerkenswerten Heilwirkungen weltberühmt wurde. Sie geht von der Vorstellung aus, daß jeder Koch- und Backprozeß die Nahrung verändert und daß dabei viele „Lebensstoffe" zugrunde gehen. Eine gekochte Pflanze enthält weniger Vitamine als eine rohe – und fast gar keine aktiven Fermente mehr. Rohe Pflanzenkost enthält ein Optimum an „bioaktiven Substanzen" und ein Minimum an belastenden oder ungünstigen Nahrungsbestandteilen. Aus der intensivdiätetischen Form – unterkalorisch, Eiweißminimum – entwickelt sich die frischkostreiche, vollkalorische und vollwertige Ernährung, die sich wie folgt bestimmen läßt:

- ausschließlich pflanzliche Rohanteile
- Verzicht auf tierische Produkte, insbesondere tierische Proteine und tierische Fette
- Verzicht auf Hitzebehandlung in jeder Form
- Maximum an bioaktiven Substanzen
- katabole Kostform: 800–1000 kcal
- Produkte aus ökologischem Anbau.

Kontraindiziert ist Frischkost bei ungenügender Kaufähigkeit des Gebisses, bei Unverträglichkeit roher Pflanzennahrung bzw. verringerter Verdauungsfähigkeit und bei Aversion gegen Rohkost.

Geschichte

BIRCHER-BENNER (1867–1939) gehört zu den Klassikern der Naturheilkunde. Er war nicht einfach nur der „Erfinder des Bircher-Müslis" oder der Verfechter der Rohkost, sondern er war der Promotor eines neuen Denkens in der Medizin seiner Zeit. Die „Grundzüge meiner Ordnungstherapie/Am Weg zur großen Heilkunde", seine „Theorie des Organismus" und sein Buch „Vom Wesen des neuen Arztes" sind heute so aktuell wie damals. Es geht um den Verlust der hippokratischen Basis in der Medizin und um ein neues Rollenverständnis von Arzt und Patient, auch um die Übernahme der Eigenverantwortung für die eigene Gesundheit eines jeden Bürgers.
In der 1897 gegründeten Privatklinik in Zürich schuf er noch vor BUCHINGER eine therapeutische Organisation, in der neben erforderlicher Technik und Diagnostik Ganzheitsmedizin getrieben und echte Heilung angestrebt wurde. Der Patientenzustrom aus aller Welt bestätigte seine diätetische Strategie. Er war seiner Zeit mit den psychosomatischen Leitlinien und der Förderung der Lebensqualität durch hochwertige Nahrung weit voraus.

Durchführung

Das intensivdiätetische Konzept der **Rohkost** kann für 14 Tage, 4 Wochen oder bis zu 6 Wochen notwendig sein und umfaßt:

- morgens: Tees
- später Rohobstsäfte oder Rohgemüsesäfte
- mittags: rohe Gemüsesalate mit Nüssen, Samen; angemacht mit kaltgepreßten Pflanzenölen, Mandelmilch, Frischkräutern. Salz und Fremdgewürze werden vermieden, heimische Kräuter, Zwiebel, Knoblauch bevorzugt.
- abends: Frischkostteller oder bei Bedarf Rohobst.

Stufenweise setzt man je nach Konstitution je eine Zwischenmahlzeit vormittags und nachmittags mit Obst, Nüssen oder einem kleinen Frischkornmüsli an. Wichtig ist die Ergänzung durch kalorienfreie Getränke wie Wasser und Kräutertees.

Erweiterte Frischkost. Diese „Heilkost" mit ca. 2000 kcal als Vollkost für Schlanke kann monatelang gegessen werden. Sie wird ergänzt durch eine warme Beilage und durch Eiweiß in Form von Korn- und Milchprodukten und mit 1200 kcal als Dauerkost für Übergewichtige, die langsam und stetig abnehmen möchten. Sie kann monatelang gegessen werden und ist auch für Milchallergiker mit ausreichend pflanzlichem Eiweiß vollwertig zu gestalten.

Der Tagesplan der erweiterten Frischkost sieht vor:
- morgens: Frischkornmüsli, Vollkornbrot, Butter, Kräuterquark
- mittags: große Frischkornplatte mit Pellkartoffeln, Reis oder Hirse. Quarknachspeise
- nachmittags: Joghurt, Vollkornkeks oder Knäckebrot, evtl. Obst
- abends: Obst- oder Frischkornplatte, Vollkornbrot, Butter, Käse, Quark

Grundregel: frisch bereitet und frisch auf den Tisch – sehr gut kauen.
Langsam essen, am besten im Schweigen.
Kaum Salz – aber gut gewürzt.
Verträglichkeit verbessern durch kleinschneiden oder passieren.

Besondere Wirkungen. Im Rahmen der Frischkostbehandlungen können folgende Wirkungen erwartet werden:

- Anregung der Darmtätigkeit (zwei- bis dreimal Stuhlgang pro Tag kann dann normal sein)
- Aktivierung der Sekretion der Verdauungsdrüsen
- vermehrte Diurese
- Entlastung von Herz und Kreislauf
- Senkung eines Hypertonus
- Verminderung der Entzündungsmediatoren
- Absenkung der Arachidonsäure im Gewebe und damit Schmerzverminderung.

Im übrigen gilt die Indikationsliste des BUCHINGER-Fastens. Als ergänzende Getränke bewähren sich Buttermilch, Molke, Kräutertees.
Die Proteinversorgung ist bei der strengen Frischkost bewußt so gestaltet, daß sie unterhalb des Bedarfs liegt und damit eine Eiweißkatabolie ermöglicht. Bei der erweiterten Frischkost/„vegetabilen Vollrohkost" (ANEMUELLER) ist eine zufriedenstellende Eiweißversorgung zu erzielen, wenn vegetabile Proteine sich ergänzende Aminosäurespektren zuführen und sich eine optimale biologische Eiweißwertigkeit ergibt.

Bewertung

Eine Frischkostbehandlung ist im wesentlichen gebunden an eine Klinik oder an ein Sanatorium, das die küchentechnischen Voraussetzungen zur Bereitung einer schmackhaften Rohkost bietet. Keine Rohkost wird lange gegessen, wenn sie nicht schmeckt und nicht ideenreich variiert wird. Rohkostfanatiker haben dazu beigetragen, daß sie als weltanschaulich geprägte Spinnerei abgelehnt wurde. Das Wort von der „Lebendigkeit" der Nahrung gewinnt in letzter Zeit zunehmend Bedeutung, da Ernährungswissenschaftler zahlreiche „bioaktive Substanzen" nachweisen können [6]; es steht zu erwarten, daß in Zukunft noch mehr davon zu hören ist.

Nicht nur die Ganzheit des Menschen ist ein Thema der Naturheilkunde, sondern auch die Ganzheit seiner Nahrung.

Reis-Obst-Gemüse-Diät nach Kempner

Der amerikanische Arzt Kempner beschrieb um 1944 das „naturheilkundliche Diuretikum“. Es ist natriumarm und kaliumreich und wirkt vorzüglich entwässernd und blutdrucksenkend.

Durchführung

> 4 bis 5 Reismahlzeiten/Tag entweder als Obstgerichte wie z.B. Apfelreis, Erdbeerreis, Tomatenreis, Gurkenreis und Paprikareis. Kein Zusatz von Kochsalz, würzen mit Rohzwiebel, Rohknoblauch und Frischkräutern.

Reis kann mit naturbelassenem Sonnenblumenöl angedünstet werden. Säuerliche Reis-Obst-Gerichte werden durch Rosinen oder Feigen gesüßt, nicht durch Zucker.
An Getränken werden Kräutertees, Wasser, Molke eingenommen. Gesamtkalorienzahl nicht über 1000 kcal/Tag. Als Reis wird Vollreis oder Wildreis empfohlen.
Bis zu 8 Tagen, später wöchentlich ein Reistag, der immer an einem bestimmten Tag einzuhalten ist, z.B. am Freitag.

Bewertung

Die Reisdiät von Kempner bewährt sich als noch sättigende, einfach zuzubereitende Diät. Ihr Nachteil ist, daß Reis spätestens nach 8 Tagen als zu eintönig abgelehnt wird.

6.6 Diätetische Strategie beim metabolischen Syndrom

Die einzelnen Fasten- oder Diätformen sind unverzichtbare Bausteine einer langfristigen Behandlungsstrategie, an der sich der diätetisch tätige Arzt in der Behandlung chronisch ernährungsabhängiger Krankheiten orientieren muß. Das Ziel eines langfristigen Behandlungskonzepts liegt in der Ernährungsumstellung. Die Fasten- und Diätformen sind der rasch und intensiv wirkende Einstieg.
Am Beispiel des metabolischen Syndroms mit seinen kardiovaskulären Folgen soll aufgezeigt werden, welche therapeutischen Ziele das ärztliche Handeln bestimmen. Die Krankheiten des „metabolischen Syndroms“: Adipositas, Hyperlipidämie, Fettleber, Diabetes IIb, Gicht und Hypertonie haben eine gemeinsame pathogenetische Wurzel [23]. Die Ursachen lassen sich mit Über- und Fehlernährung, Bewegungsmangel und Genußmittelabusus kennzeichnen. Ihre Folgen sind Fett- und Eiweißspeicherung, zum Teufelskreis geformt durch Insulinresistenz und Blockade der Insulinrezeptoren. Mit „Wohlstandskrankheiten“ ist für jedermann die zeitimmanente Bedeutung gekennzeichnet, mit „Eßverhaltensstörung“ der psychosomatische Aspekt. Für Ärzte wie für Laien ist wichtig zu verstehen, daß es sich um langsame Prozesse handelt, die zu schwerwiegenden Erkrankungen führen: Mikroangiopathie, Atheromatose, Schlaganfall und Herzinfarkt. Wir sind uns bewußt, daß das metabolische Syndrom und seine Folgen zu den kostenträchtigsten Krankheiten unserer Zeit gehört.

Therapiekonzept

Die therapeutische Aufgabe läßt sich mit zwei Worten kennzeichnen: **Entspeicherung** und **Verhaltenskorrektur.** Medikamentöse Therapie ist nur Zwischenlösung, solange nicht kausal gehandelt werden kann. Eine genetische Disposition ist zwar eine wichtige Erkenntnis, sie darf aber nicht zum Alibi für Nichtstun werden. Falls gegen den Hyperinsulinismus ein blockierendes Medikament oder zur Verbesserung der Rezeptoraktivität ein Regulans gefunden werden sollte: Was hätte man damit erreicht? Wiederum nur symptomatische Therapie an anderer Stelle.

Es besteht weltweit Konsens – und hier berühren sich Naturheilverfahren und universitäre Medizin in idealer Weise – über die Ziele kausaler Behandlung, die in einer Normalisierung des Gewichts sowie in der qualitativen Veränderung der Ernährung liegen. Auch die intensive Pflege der Bewegung sowie der Verzicht auf Genußgifte sind für das Gelingen der Behandlung unverzichtbare Bestandteile. Folgende Zielvorgaben bestimmen die diätetische Strategie des metabolischen Syndroms:

- **Gewichtsnormalisierung:**
  - Verzicht auf Überernährung
  - Fettzufuhr: 20–30% der Gesamtkalorien
  - Eiweißzufuhr: 15%
  - Kohlenhydrate: 60%.
- **Qualitative Veränderung der Nahrung:**
  - Ersatz tierischer Fette (vorwiegend gesättigte Fettsäuren) durch pflanzliche Fette (mehrfach ungesättigte Fettsäuren). P/S-Quotient > 1
  - Verzicht auf Fleisch von gemästeten Tieren; dafür eher Fisch (mit hohem Anteil von Eicosapentaensäure)
  - Cholesterinzufuhr weniger als 300 mg täglich
  - Verzicht auf hochraffinierte Kohlenhydrate zugunsten faserreicher, langsam resorbierbarer Kohlenhydrate
  - Vergrößerung des Ballaststoffanteils in der Nahrung, z.B. durch Rohkost und Vollkornprodukte.
- **Erweiterung des Bewegungsumfangs:**
  - durch körperliche Arbeit, Sport und Spiel.
- **Verzicht** auf **Nikotin** und **Reduktion** von **Alkohol.** Für eine Regression der kardiovaskulären Folgen des metabolischen Syndroms allerdings gelten härtere Bedingungen:
  - totaler und dauerhafter Verzicht auf Nikotin
  - Normalgewicht anstreben
  - Serumcholesterin dauerhaft unter 200 mg/dl senken
  - erhebliche Vergrößerung des täglichen Bewegungsumfangs [23].

Mäßigung und Aktivität ist leichter zu fordern als zu realisieren. Wie kann es gelingen, einen Wohlstandsbürger zur Aufgabe seines bequemen Lebensstils zu bewegen und Einsichten so zu vermitteln, daß langfristige Erfolge erwartet werden können?

Durchführung

Bewährt haben sich seit Jahrzehnten sowohl der intensivdiätetische Eingriff während eines stationären Heilverfahrens als auch die Einübung langzeitdiätetischer Maßnahmen während des Aufenthalts in der Fachklinik Im Rahmen dieser **stationären Intensivdiätetik** können durchgeführt werden:

Intensivdiätetik:
- Fasten (Wasser-, Tee- oder BUCHINGER-Fasten, 0–200 kcal) von 14 bis 32 Tagen und/oder
- strenge Diäten wie Frischkost nach BIRCHER-BENNER, F.-X.-MAYR-Kur oder SCHROTH-Kur (500–800 kcal) von 14 bis 21 Tagen
- begleitende Maßnahmen: Bewegungstherapie im aeroben Trainingsbereich
- intensive Motivations- und Beratungstätigkeit (Gruppengespräche, Vorträge, Lehrküche, psychosoziale Betreuung).

Langzeitdiätetik:
- Einüben einer Reduktionskost von 1200 kcal: vollwertig, bekömmlich, sättigend, schmackhaft und befriedigend
- Eßverhaltenstraining (auf den Verzichtserlebnissen des Fastens wird das Genießen-Können von „wenig und gut“ aufgebaut und positiv bewertet)

- Herausfinden der Bewegungsform, die auch zu Hause realisiert werden kann.

Ernährungsveränderung zu Hause kann nur gelingen, wenn mit der Reduktionskost auch Beispiele für die normale Ernährung der Familie gezeigt werden.

Die Psychogenese des metabolischen Syndroms wird bei unserem Klientel auf etwa 70% geschätzt. Eine psychotherapeutische Aufarbeitung gelingt wenigstens teilweise mit vorwiegend nonverbalen Methoden. Fasten enthält eine bemerkenswerte Tendenz zur Psychokatharsis, die sich mit dem hohen Erlebnisgehalt des Fastens verbindet [21].

Ambulante Nachsorge

Wenn ein erlebnisdichter Impuls zur Veränderung in der Klinik gesetzt wurde, hat es der Hausarzt unendlich viel leichter, seinen Patienten an die Hand zu nehmen. Dies wird um so eher gelingen, als der Arzt zwar die Rolle des Führenden und Kontrollierenden übernimmt, nicht aber die des Besserwissers. Der geschulte Patient hat manchmal mehr über Ernährung gelernt als der Arzt, vor allem aber weiß er oft besser als dieser, welche Schritte für ihn im Hinblick auf sein psychosoziales Umfeld zu realisieren sind. Eine wichtige Vermittlerfunktion haben didaktisch und fachlich gut geschulte Ernährungsberater/innen.

Verbindende Elemente zwischen Arzt und Patient sind das Einzelgespräch, regelmäßig terminierte Gruppengespräche sowie der Nachsorge-Paß (Abb. 6-4).

Der Nachsorge-Paß enthält neben dem Gewicht die wichtigsten Stoffwechselparameter und ermöglicht dem Arzt eine Verlaufsbeobachtung über 1–2 Jahre. Der Patient lernt, die Daten mit seinem Konsumverhalten in Verbindung zu bringen. Die Labordaten werden zu Regelgrößen, die es erlauben, Lebensstil und Gesundheit zu einem vernünftigen Maß einzupendeln. Es sind gleichzeitig die wichtigsten Parameter, die der Arzt für eine fruchtbare Sprechstunde mit dem Stoffwechselkranken braucht.

Nachsorge-Paß

Name ....

Adresse ....

....

Hausarzt
(Stempel)

Der Nachsorgepass begleitet Sie zwei Jahre; er zeigt Ihnen, wie es mit dem Gewicht und dem Stoffwechsel seit dem Heilverfahren vorwärts geht. Nehmen Sie ihn immer mit, wenn Sie zu Ihrem Arzt oder in die Kurklinik gehen.

KURPARK-KLINIK ÜBERLINGEN / BODENSEE
Fachklinik für ernährungsabhängige Krankheiten
Gällerstraße 10 · 7770 Überlingen · Tel. 07551/806-0

		Heilverfahren ____ Tage		Hausarzt →	
	Datum →				
Gewicht *kg*	leicht bekleidet ohne Schuhe				
Blutfett *mg %*	Cholesterin ges.				
	Triglyceride				
Blutzucker *mg % enzym.*	nüchtern				
	2 Std. p. p.				
	nach 50 g Glucose oral – 1 Std.				
	nach 50 g Glucose oral – 2 Std.				
Hämatokrit *%*					
Harnsäure im Blut *mg %*					
Leberwerte *IU/L*	Gamma-GT				
	SGOT				
	SGPT				
Blutdruck	RR				
Medikamente (Laborwerte mit „+M" kennzeichnen, sofern sie unter Medikation abgenommen wurden.) **Ernährung** (Fasten; Red. Kost; Feste; Kostfehler)					

Abb. 6-4 Nachsorge-Paß.

6.7 Effektivität diätetischer Langzeitstrategie

Sie wurde in einer klinisch kontrollierten Zwei-Jahres-Studie an 300 sozialversicherten Patienten mit mehr oder weniger ausgeprägtem metabolischem Syndrom geprüft (Design und Statistik durch das Universitätsinstitut für medizinische Dokumentation Heidelberg). Die „Rehabilitations-Studie Baden" [9] wurde in Buchform 1982 veröffentlicht. Alle Patienten wurden während des gleichartigen stationären Heilverfahrens und nach zwei Jahren kontrolliert. Die Nachsorgegruppe erhielt darüber hinaus nach einem Jahr eine Zwischenkontrolle gemeinsam mit einem 14tägigen Lehrgang, der das Gelernte erinnern und Ernährungserlebnisse wiederholen sollte. Die Patienten standen im Briefkontakt mit der Klinik, wurden von ihrem Hausarzt verlaufskontrolliert und von Sozialberatern der LVA Baden zu Hause besucht.

Die Ergebnisse zeigen die hohe Normalisierungstendenz aller Stoffwechselparameter – parallel zur Gewichtsverminderung – während des intensivdiätetischen Heilverfahrens. Für den Patienten sind die rasche Besserung seiner Beschwerden und die steigende Leistungsfähigkeit bedeutende Motivatoren für die Langzeitdiätetik.

Das Gewichtsverhalten der Nachsorgegruppe (Abb. 6-5) ist erwartungsgemäß besser als das der Kontrollgruppe. Im internationalen Vergleich mit Reduktionsdiäten können sich beide sehen lassen.

72% der Nachsorgepatienten konnten ihr anfängliches Übergewicht in zwei Jahren um 3–55% abbauen; bei der Kontrollgruppe schafften dies immerhin noch 60% der Patienten. Aus der Versagerquote von 8 bzw. 15% lernen wir die Grenzen kennen: mangelnde Intelligenz, Desinteresse, psychosoziale Belastung, einschneidende Ereignisse und zusätzliche Krankheit.

Daß auch die Kontrollgruppe nicht schlecht abgeschnitten hat, läßt vermuten, daß die Intensität und die Personotropie des Heilverfahrens positive Auswirkungen bis weit in die rehabilitative Nachphase zeigen. Dies spricht für Intensivdiätetik.

Auch die psychosozialen Langzeitwirkungen wurden sorgfältig studiert; sie beweisen, daß Veränderungen in der Familie, am Arbeitsplatz, in bezug auf die Arbeitsunfähigkeitszeiten, das Freizeitverhalten und den Gebrauch an Genußmitteln möglich sind [4].

Andere intensivdiätetische Verfahren haben ihre Effektivität zumindest für die stationäre Phase unter Beweis gestellt. Ihre Ergebnisse lassen sich mit den unseren vergleichen, so daß gefolgert werden kann:

Alle katabolen Kostformen sind geeignet, das metabolische Syndrom erfolgreich zu behandeln. Ihr Langzeiterfolg gründet sich auf methodischer Qualität und didaktisch guter Langzeitführung/Nachsorge.

Konsequenz aus Studien und Erfahrung

Die jahrzehntelange Bewährung naturheilkundlich orientierter Intensivdiätetik läßt nicht nur für das metabolische Syndrom, sondern für die meisten ernährungsabhängigen Krankheiten erkennen, daß es sich lohnt, gesundheitspolitisch zu fördern:

- Kliniken oder Sanatorien, die Fasten oder strenge Diätetik fachgerecht durchführen und ein entsprechendes Mitarbeiterteam aufgebaut haben
- die ärztliche Weiterbildung zu diätetisch geschulten Ärztinnen und Ärzten
- die bessere Honorierung zuwendungsintensiver Leistungen für das diätetische Einzelgespräch und für regelmäßig geführte Gruppengespräche
- den Aufbau von Nachsorgestrukturen bzw. Stoffwechselambulanzen

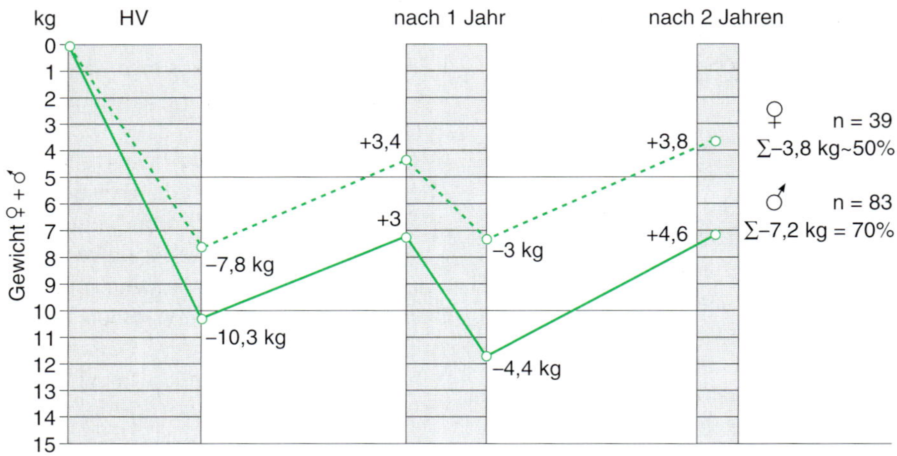

Gewichtsveränderung zwei Jahre nach Heilverfahren (HV), Reha-Studie Baden.				
% Übergewicht		Nachsorgegruppe	Kontrollgruppe	
Vorzügliche Gewichtsabnahme	(max. −55%) > 20% −	15%	10%	
Gewichtsabnahme	−20% / −3%	57% (zus. 72%)	50%	zus. 60% erfolgreich
Gewicht unverändert	+ / −3%	20%	25%	Toleranzzone
weiter zugenommen	+ 3% → 15% (max. +50%)	8%	15%	Versager
n =		130 Pat.	139 Pat.	

Abb. 6-5 Gewichtsverlauf (Männer und Frauen) Nachsorgegruppe, Reha-Studie Baden.

- Akzeptanz und Finanzierung von Ernährungsberater/innen und Fastenleiter/innen.
- die Finanzierung von ambulanter diätetischer Nachsorge bzw. Rehabilitation durch die Krankenkassen [30].

Bedauerlich ist die derzeitige Rücknahme des Finanzierungsangebots durch die Krankenkassen für präventive und rehabilitative Leistungen. Wir fürchten, daß eine ungenügende Behandlung des metabolischen Syndroms sehr viel mehr Kosten verursachen wird.

6.8 Diätetische Strategien bei chronischen Krankheiten

Ernährungsabhängige Krankheiten sind zahlreicher, als allgemein bewußt ist. Das metabolische Syndrom und die Stoffwechselkrankheiten lassen sich labortechnisch leicht erfassen. Schwierig wird es bei anderen chronischen Erkrankungen, bei deren Ursachenforschung Ärzte oft nicht an die Ernährung denken. Ihre Besonderheit besteht darin, daß man ihre Ernährungsabhängigkeit selten durch Labortests erkennen kann, sondern meist nur ex juvantibus. Zum anderen geht die Bedingungsdiagnose „ernährungsabhängig“ quer durch fast alle Diagnosegruppen. Die Zuordnung zu gemeingebräuchlichen Diagnosen gelingt deshalb nur ungenügend. Innerhalb des rheumatischen Formenkreises kann z.B. die rheumatoide Arthritis zu 20, 40 oder 80 Prozent ernährungsmitbedingt sein; entsprechend hoch ist ihre therapeutische Beeinflußbarkeit [28].

Allen strengen katabolen Kostformen ist gemeinsam: die **selektive Katabolie** – als bevorzugter Abbau, Verstoffwechselung und Ausscheidung von Substanzen, die ursprünglich nicht zum Körper gehörten, und die Protektion körpereigener Substanz – als Ausdruck sinnvoll gesteuerter Regelmechanismen, mit dem Ziel der Selbstheilung.

Wir haben gelernt, uns auf diese natürlichen Grundgesetze zu verlassen, und sind damit gut gefahren. Wir begreifen, was Paracelsus mit dem „inneren Arzt“ meinte, und erleben tagtäglich, daß Erstaunliches unter vorgegebenen Bedingungen geschieht. Ausheilungen oder wesentliche Besserungen beim Morbus Reiter, Morbus Crohn, bei Frühformen der Polyarthritis, beim Weichteilrheumatismus, bei chronischen Hauterkrankungen, um nur einige zu nennen, werden von allen Fastenärzten bzw. strengen Diätetikern berichtet [3, 4, 13, 29].

Die diätetische Strategie gleicht der des metabolischen Syndroms und orientiert sich dementsprechend an den Stufen Fasten, strenge Diäten und Ernährungsumstellung. Im Verlauf ist sie charakterisiert durch ein Auf und Ab von Besserung, Heilkrise und wiederum Besserung, so daß die klinisch stationäre Behandlung fast ausnahmslos empfohlen werden muß. Der Heilungsverlauf läßt verschiedene Phasen erkennen. Auf die Entlastung folgen die Phasen des Abbaus, der Provokation und der Besserung. Am Ende der Prozesse steht die Suche nach der richtigen Ernährung.

Patienten mit chronisch entzündlichen Erkrankungen erleben anfangs meist eine Entlastung von Entzündung und Schmerz und damit eine nicht geringe Ermutigung, dann aber eine scheinbare Verschlimmerung ihres Leidens, die wir als „Heilkrise“ begrüßen, wieder eine deutliche Besserung, oft eine zweite Heilkrise und schließlich die „noch nie erlebte Besserung“ als Zeichen dafür, daß etwas Wesentliches im Körper passiert ist.

Individuelle Ernährungsform

Die Suche nach der dem jeweiligen Patienten verträglichsten Ernährungsform muß noch in der Klinik beginnen, wird den Patienten aber Monate und Jahre beschäftigen. Dabei braucht er dringend den ernährungserfahrenen Arzt.

Wir gehen zumeist nach einem Vier-Stufen-Plan (Tab. 6-3) vor: Da viele Erkrankungen schlicht Nahrungsmittelunverträglichkeiten sind, wird man in der Klinik dem Patienten zunächst die verträglichsten Kostformen anbieten und ihm damit gleichzeitig seine Lebensmöglichkeit zeigen. Zu Hause aber beginnt die schwierige Phase der Konfrontation mit üblicher Nahrung. Jetzt kommt alles darauf an, daß der Patient den Zusammenhang

Tab. 6-3 Vier-Stufen-Plan in der Behandlung chronischer Krankheiten.

1.	2.	3.	4.
Fasten	Frischkost	Erweiterte Frischkost	Vegetabile Vollwertkost
0–200 kcal	600–1000 kcal	1200–2000 kcal	1800–2500 kcal
14–40 Tage	2–6 Wochen ohne tierische Eiweiße/Fett „Intensivdiätetik"	2–6 Monate	jahrelang oder lebenslang

zwischen Nahrung und Besserung oder Verschlimmerung seiner Erkrankung verstanden hat. Für den Hausarzt ergibt sich die einfachste Form der Ernährungstherapie, wenn er gezielt fragt und sich Patientenerfahrung berichten läßt.

Ernährungstherapie für zu Hause

Folgende Kriterien können bei der Suche nach der geeigneten Ernährung als Orientierung herangezogen werden:

- **weglassen,** was als unmittelbar schädlich erlebt wurde/Schübe auslöst (z.B. Schokolade, Mastfleischprodukte, Zucker – Fett – Gebackenes)
- **meiden,** was sich bei langer Beobachtung als ungünstig erwies (verfeinerte, ballaststoffarme, industriell stark veränderte Nahrungsmittel, jedes Zuviel)
- **bevorzugen,** was sich als günstig erwies (knapp bemessen), „so natürlich wie möglich" (Kollath), frischkostreiche Vollwertkost, und vertragen wird
- **Ausscheidungen fördern,** Pflege der Darmfunktion.

Ernährungstherapie für Allergiker

Allergiker brauchen eine intensivere diätetische Führung. Ihr Behandlungsverlauf kann etwa so skizziert werden:

- Fasten: Allergenkarenz, die zur Besserung führt
- strenge Diätetik: vorsichtige Allergenbelastung, Suchtdiät
- Ernährungsumstellung: Eliminations- oder Rotationsdiät.

Die Entlastungsphase ist für Allergiker, z.B. Neurodermitiker, oft so eindrucksvoll, daß sie motiviert sind, die nächsten, viel schwierigeren diätetischen Schritte zu gehen. Allergenexposition und Verschlimmerung verhelfen zur Erkenntnis, was unter allen Umständen weggelassen werden muß. Die langfristige Begleitung durch Hausarzt und Diätassistentin muß dafür sorgen, daß die verbliebenen Ernährungsmöglichkeiten auch vollwertig genug gestaltet werden. Tatsache ist, daß es zahlreiche Allergiker gibt, die gesund werden und lebenslang gesund bleiben, weil sie diätetisch richtig geführt wurden und weil sie selbst ihre Ernährungsabhängigkeit in den Griff bekamen.

Für jedermann ist einsichtig, daß diätetische Langzeittherapie zu den zeitraubenden und anspruchsvollen Therapieformen gehört. Damit lassen sich aber auch Erfolge erreichen, die mit keinem anderen Mittel erreichbar sind.

Grenzen naturheilkundlicher Diätetik

Sie finden sich in der Schwere der Erkrankung und in der Frage, inwieweit die verbliebene Gesundheit ausreicht, noch Selbstheilungstendenzen zu aktivieren, schließlich in der Erkenntnis, daß katabole Kostformen nur dann erlaubt sind, wenn verbliebene Gewichtsreserven vorhanden sind. Selbstverständlich muß auch die Bereitschaft des Patienten vorhanden sein, einen naturheilkundlich orientierten Weg zu gehen, denn er fordert persönlichen Einsatz.

Klinische Ernährungsmedizin als Schwester der naturheilkundlichen Diätetik sollte ebenso gelernt werden wie das Rüstzeug der allgemeinen Medizin. Wir begrüßen, daß klinische Ernährungsmedizin jetzt verstärkt angeboten wird; sie ist nicht einfach, ihr Stoffumfang immens. Sicher ist die Forderung nach mehr Ernährungsmedizin an den Kliniken berechtigt. Unter vielen Büchern sei als Übersicht nur eins genannt [20].

Literatur

I. Vertiefende Literatur/Grundlagen

[1] Anemueller, H.: Das Grunddiätsystem, Hippokrates, Stuttgart 1980/1993.

[2] Bircher-Benner, M. O.: Ordnungsgesetze des Lebens. Bircher-Benner Verlag, Bad Homburg 1992.

[3] Fahrner, H.: Fasten als Therapie, Hippokrates Stuttgart 1985/1991.

[4] Lützner, H.: Aktive Diätetik. Hippokrates, Stuttgart 1993.

[5] Rauch, E.: Lehrbuch der Diagnostik und Therapie nach F. X. Mayr, Haug-Verlag, Heidelberg 1994.

[6] Watzl, B.; Leitzmann, C.: Bioaktive Substanzen in Lebensmitteln. Hippokrates, Stuttgart 1995.

[7] Wendt, L.: Die Eiweißspeicherkrankheiten. Haug, Heidelberg, 2. Aufl. 1987.

II. Ergänzende Literatur

[8] Anemueller, H.: Die Molke-Trinkkur, Hädecke, Weil der Stadt 1983.

[9] Beck, N., Eissenhauer, W., Löffler, H.: Rehabilitation heute. Die Reha-Studie Baden. Braun, Karlsruhe 1982.

[10] Bircher-Benner, M. O.: Frischsäfte, Rohkost und Früchtespeisen. Bircher-Benner Verlag, Bad Homburg/Zürich 1979.

[11] Bircher-Benner, M. O.: Mein Testament, vom Werden des neuen Arztes. Bircher-Benner Verlag, Bad Homburg 1989.

[12] Douwes, W. et al.: „Hat das Fasten in der Therapie von Tumorpatienten einen Sinn?", Krebsgeschehen 5 und 6 (1984).

[13] Buchinger, O.: Das Heilfasten. 22. Aufl., Hippokrates, Stuttgart 1992.

[14] Ditschuneit, H., Wechsler, J. G.: Möglichkeiten und Grenzen der Adipositastherapie. Witzstrock Baden-Baden.

[15] Ditschuneit, H., Wechsler, J. G.: Ergebnisse der Adipositasforschung. perimed Verlag, Erlangen 1984.

[16] Heine, H.: Lehrbuch der biologischen Medizin. Hippokrates, Stuttgart 1991.

[17] Heun, E.: Die Rohsäfte-Kur, Hippokrates-Verlag Stuttgart 1951, 2. Aufl. 1960.

[18] Heun, E.: Das Fasten als Erlebnis und Geschehnis, Klostermann, Frankfurt 1953/1963.

[19] Heun, E.: Indikationen des Fastens, stationär und ambulant. Hippokrates, Stuttgart 1957.

[20] Kasper, H.: Ernährungsmedizin und Diätetik. Urban und Schwarzenberg, München 1982.

[21] Lützner, H.: Erlebnisbetonte Impulse zur Veränderung des Konsumverhaltens in der diätetischen Behandlung des Metabolischen Syndroms. Akt. Ernähr.-med. 20 (1995), 232–23.

[22] Müller, M. J.: Adipositas. Internist 37 (1996), 101–118.

[23] Wechsler, J. G., Schusdziarra, V., Hauner, H., Gries, F. A.: Therapie der Adipositas. Dt. Ärztebl. 93 (1996), A–2214–2218.

III. Patientenratgeber

[24] Lützner, H.: Wie neugeboren durch Fasten. Gräfe und Unzer, München 1976, 34. Aufl. 1996.

[25] Lützner, H., Million, H.: Richtig essen nach dem Fasten. Gräfe und Unzer München 1984, 8. Aufl.1996.

[26] Petri, S., Wendt, L.: Eiweißfasten. Haug-Verlag, Heidelberg 1984.

[27] Wilhelmi-Buchinger, M.: Heilfasten ist nicht Hungern. Trias, Stuttgart 1990.

Nachtrag:

[28] Kjeldsen-Kragh, J. et al.: controlled trial of fasting and one year vegetarian diet in rheumatoid arthritis. Lancet 338 (1991), 899–902.

[29] Lützner, H.: Intensivdiätetik des chronisch Immunkranken. Therapeutikon 4 (1990), 111–116 (beim Verf. anfordern).

[30] Grohmann, U.: Ernährungsumstellung nach Teilnahme an Ernährungskursen. Diplomarb. Univ. Gießen, 1986.

Weiterbildungsangebote

Weiterbildung zum/zur

[W1] **Fastenarzt/ärztin:** mindestens 1 Jahr Mitarbeit in einer anerkannten Fastenklinik, Selbsterfahrung Fasten, nach Vollapprobation und 2 Jahre ärztlicher Tätigkeit.

Ärztliches Diplom „Fasten und Ernährung“, vierstufige Weiterbildung mit Hospitation in einer Fastenklinik, kombinierbar mit Zusatzbezeichnung „Naturheilverfahren“
Ärztliche Fortbildung 1–2× jährlich durch „Ärztegesellschaft Heilfasten und Ernährung“

[W2] **Fastenschwester:** 1 Jahr Mitarbeit in anerkannter Fastenklinik, Selbsterfahrung Fasten. Grundlage: ausgebildete, erfahrene Krankenschwester.

[W3] **Fasteninformierter Arzt/Ärztin:** 1wöchiges Intensivseminar „Fasten und Naturheilverfahren im Selbsterlebnis“, anerkannt für Weiterbildung „Naturheilverfahren“.

[W3] **Fastenleiter/in:** 3wöchige Weiterbildung in Fasten und Ernährung, Selbsterfahrung Fasten und Erfahrung in der Erwachsenenbildung, für Grundberufe wie Lehrer, Sozialpädagogen, Psychologen, Ökotrophologen, Ernährungsberater, medizin. Berufe.

Kontaktadressen [K]

[K1] Ärztegesellschaft Heilfasten und Ernährung, Wilhelm-Beck-Straße. 27, 88662 Überlingen, Tel.: 0 75 51/80 78 05, Fax: 0 75 51/6 58 89. Ärztliches Diplom, „Fasten und Ernährung“.

[K2] Zentralverband der Ärzte für Naturheilverfahren, Alfredstr. 21, 72250 Freudenstadt, Tel.: 0 74 41/21 51, Fax: 0 74 41/8 78 30. Seminare über „Heilfasten/Naturheilverfahren im Selbsterlebnis.

[K3] Gesellschaft für MAYR-Ärzte e.V., Gesundheitszentrum am Wörthersee, A-9082 Maria-Wörth-Dellach oder Postfach 10 28 40. Ausbildung zum MAYR-Arzt.

[K4] Deutsche Ferien/Fastenakademie (dfa), Mühlenweg 22, 88633 Heiligenberg/Steigen, Tel. und Fax: 0 75 54/92 69. Fastenleiterausbildung „Fasten für Gesunde“ und Vermittlung von Fastenferienwochen.

[K5] Verband für unabhängige Gesundheitsberatung (UGB), Keplerstr. 1, 35390 Gießen. Ausbildung zum Ernährungsberater und Gesundheitstrainer.

[K6] Fasten-Wander-Zentrale, Postfach 2869, 67616 Kaiserslautern, Tel.: und Fax: 06 31/ 4 74 72. Vermittlung von Fastenwanderwochen. oder Dr. Zorn, Bosenholz 11, 33154 Salzkotten, Tel. 0 52 58/81 52, Fax: 0 52 58/93 01 67.

THERAPEUTISCHE MASSNAHMEN

EMPFEHLUNGEN FÜR SPEZIELLE ERKRANKUNGEN UND BESCHWERDEN

VOLKER SCHMIEDEL

Bei der Ausarbeitung der im nachfolgenden angegebenen therapeutischen Empfehlungen wurden mit großer Sorgfalt langjährige klinische und praktische Erfahrungen sowie neuere Forschungsergebnisse berücksichtigt. Vor allem im Bereich der Ernährungsmedizin mußten aufgrund neuer Erkenntnisse in den letzten Jahren viele Empfehlungen revidiert werden. Über einige Empfehlungen bestehen auch durchaus kontroverse Ansichten. Dies trifft für Therapieempfehlungen in der gesamten Medizin zu, jedoch in besonderem Maße für die Ernährungsmedizin.

Bei einigen Erkrankungen sind Ernährungsempfehlungen die Therapie der Wahl, mit der die Krankheit vorrangig und mit nachgewiesenem gutem Erfolg behandelt werden kann: dies betrifft z.B. die vollwertorientierte Diabetesdiät bei Diabetes mellitus, das Heilfasten bei bestehendem metabolischem Syndrom sowie die Gabe von Magnesium bei Herzrhythmusstörungen. Der Therapeut ist jedoch in jedem Fall verpflichtet, den Behandlungserfolg kritisch zu überprüfen und falls notwendig, weitere Maßnahmen zu ergreifen. Bei vielen Krankheiten hingegen sind Ernährungsempfehlungen nur ein Baustein innerhalb eines ganzheitlichen Behandlungskonzeptes (z.B. Ernährung sowie zusätzliche Nährstoffgaben bei Krebs).

Teilweise werden in den einzelnen Kapiteln vorrangig naturheilkundliche Therapien erwähnt, die Anregungen für die ganzheitliche Behandlung geben können. Diese Beispiele entbinden jedoch den Behandler nicht davon, die individuell erforderlichen weiteren diagnostischen und therapeutischen Maßnahmen einzuleiten, auch wenn sie hier nicht erwähnt sind.

Wie im gesamten Buch werden zunächst allgemeine Ernährungsratschläge, danach Empfehlungen aus der orthomolekularen Medizin und abschließend Hinweise zum Heilfasten gegeben. Daran anschließend finden sich die Möglichkeiten weiterer naturheilkundlicher Therapien. Diese Reihenfolge ist strukturell bedingt und soll nicht der Wertigkeit der Verfahren entsprechen. Nähere Informationen zu weiteren naturheilkundlichen Maßnahmen siehe [1] (für Therapeuten) und [3] (für Laien).

7.1 Herz und Kreislauf

Herzinsuffizienz

Ernährung

Kochsalzarme Ernährung. Bei Herzinsuffizienz empfiehlt sich die Einhaltung einer kochsalzarmen Kost. Bei Stadium III und IV – klinische Symptome bei leichten Belastungen bzw. bereits in Ruhe – mit Wasseransammlungen im Körper, sollte die Flüssigkeitszufuhr sparsam erfolgen und bei 1,5 l täglich liegen. Da eine natriumarme Diät nicht immer durchzuhalten ist, bieten sich, vor allem nach Diätfehlern, auch einzelne Entlastungstage mit starker Natriumrestriktion in Form von Reis- oder Obsttagen an.

Rohkostreiche Ernährung. Rohkostreiche Ernährung, die natriumarm, jedoch reich an

Kalium und anderen Mineralstoffen ist, ist in jedem Stadium sinnvoll.
Zur Vermeidung einer raschen Progredienz sollte die Ursache (z.B. koronare Herzkrankheit, Bluthochdruck) der Herzinsuffizienz unbedingt berücksichtigt und optimal behandelt werden. Liegt eine Kardiomyopathie ursächlich zugrunde, so sollte auf strikte Alkoholkarenz geachtet werden.

Orthomolekulare Medizin

Mineralstoffe. Die Behandlung der Herzinsuffizienz mit Diuretika führt oft zu einem Mangel an Kalium und Magnesium. Diese beiden wichtigen Elektrolyte sollten dann großzügig substituiert werden; Kalium: 1–2 g, Magnesium: 300–600 mg. Als Kombinationspräparat kann bei bestehendem Kaliummangel z. B. Tromcardin forte® hochdosiert, 3 × 2–4 Tabletten, gegeben werden.

Heilfasten

Vor allem bei kardial bedingten Ödemen ist die günstige Wirkung des Fastens hinsichtlich der Herzentlastung durch Entwässerung und Salzausscheidung – „Fasten ist das Digitalis der Naturheilkunde" – belegt (Grote). Auch während der chronischen Herzinsuffizienz, die sich z.B. durch Zunahme der Ödeme oder Dyspnoe akut verschlechtert, kann gefastet werden. Allerdings muß die Betreuung durch einen erfahrenen Fastenarzt gewährleistet sein.

Weitere Maßnahmen

Diätetische Maßnahmen sind für die Therapie der Herzinsuffizienz bedeutsam, doch steht bei fortgeschrittener Herzinsuffizienz die medikamentöse Therapie mit ACE-Hemmern, Nitraten, Diuretika und Digitalis im Vordergund. Empfehlenswert sind ferner:
Bewegungstherapie. Zu achten ist auf richtig dosierte Bewegung; Patienten mit milder Herzinsuffizienz (Stadium I–II) sollten sich nicht übertrieben schonen, Patienten mit fortgeschrittener Herzinsuffizienz sollten sich jedoch körperlich auch nicht überlasten. Die Festlegung der Belastungsintensität, -frequenz und -dauer ist durch einen kardiologisch erfahrenen Arzt vorzunehmen.
Phytotherapie. Eine Herzinsuffizienz im Stadium II – Beschwerdefreiheit in Ruhe und bei leichter körperlicher Belastung, während körperliche Belastung Symptome hervorruft – kann durch pflanzliche Heilmittel (z.B. Weißdorn, Digitaloide) unterstützt werden.
Schulmedizinische Therapie. An den Einsatz schulmedizinischer Medikamente (z.B. Digitalis, ACE-Hemmer) ist vor allem bei Herzinsuffizienz III° und IV°, aber auch im Stadium II° zu denken.

Koronare Herzkrankheit

Ernährung

Die Progression der koronaren Herzkrankheit läßt sich durch Ernährungsmaßnahmen – vorausgesetzt sie greifen tief genug in das Geschehen ein – aufhalten bzw. verzögern. In diesem Sinne ist die Einhaltung folgender Ernährungsrichtlinien sinnvoll.
Rohkostreiche, weitgehend vegetarische Ernährung. Rohkostreiche Vollwert-Ernährung ist anzustreben. Tierische Fette sollten gemieden und einer weitgehend vegetarischen Ernährung der Vorzug gegeben werden.
Fleisch und Wurst sind durch Fisch, Gemüse und Salate zu ersetzen.
Meiden von Genußmitteln. Kaffeekonsum ist einzuschränken, da nachgewiesenermaßen mehr als fünf Tassen Kaffee täglich das Risiko erhöhen. Empfehlenswert ist, weniger oder gar keinen Kaffee zu sich zu nehmen.

Orthomolekulare Medizin

Insbesondere die Verordnung antioxidativer Nährstoffe, die die Oxidation von Cholesterin behindern, ist angezeigt, um das Voranschreiten arteriosklerotischer Prozesse zu verhindern. Oxidiertes LDL-Cholesterin wird von wandständigen Makrophagen als fremd erkannt und aus dem Blut aufgenommen. Bei hohen Spiegeln von oxidiertem LDL kommt es jedoch zur Schaumzellbildung und zur Initiierung bzw. raschen Progredienz arteriosklerotischer Prozesse.

Antioxidanzien. Die Antioxidanzien sollten relativ hoch dosiert werden:

- Beta-Karotin: 5–15 mg
- Vitamin C: 1–2 g (1/2 TL)
- Vitamin E: 100–400 I.E.
- Selen: 50–200 µg

Vitaminkombinationen. Auch Kombinationspräparate können verabreicht werden.

Magnesium. Magnesium, 300–600 mg täglich, werden gewisse protektive Effekte zugeschrieben.

Heilfasten

Heilfasten beeinflußt die meisten Risikofaktoren (Hyperlipidämie, Hypertonie, Diabetes) der koronaren Herzerkrankung positiv. Die Rückbildung verengter Herzkranzgefäße durch Fasten wird diskutiert; hierzu sollte das Fasten klinisch-stationär über einen längeren Zeitraum (3 Wochen) durchgeführt werden.

Weitere Maßnahmen

Eine Studie [2], die unter strenger vegetarischer Diät, mit täglichen Entspannungsübungen, regelmäßiger sportlicher Betätigung (Ausdauersport), bei Nikotinkarenz durchgeführt wurde, sowie das Erlernen von Konfliktverarbeitungsstrategien in das Konzept miteinbezog, konnte die Rückbildung koronarer Gefäßverengungen belegen. Es gilt daher:

Ordnungstherapie. Ohne Beachtung ordnungstherapeutischer Hinweise, wie z.B. Verzicht auf Nikotin, Streßbewältigung, Konfliktverarbeitung, sind alle anderen Maßnahmen kaum erfolgreich.

Bewegungstherapie. Richtig dosierte Bewegungstherapie schützt das Herz, erhöht die Leistungsfähigkeit und verbessert die Lebensqualität.

Schulmedizinische Behandlung. Bei Vorliegen hochgradiger Verengungen sind schulmedizinische Koronarmittel bzw. invasive therapeutische Maßnahmen (z.B. Operation, Ballondehnung) angezeigt.

Herzrhythmusstörungen

Die folgenden Hinweise beziehen sich hauptsächlich auf ventrikuläre und supraventrikuläre Rhythmusstörungen und auf die Neigung zu absoluten Arrhythmien.

Ernährung

Unterstützende, rhythmusstabilisierende Effekte sind durch **magnesiumhaltige Nahrungsmittel,** d.h. durch Vollkornprodukte, viel grünes Gemüse und Salat zu erwarten.

Orthomolekulare Medizin

Häufig sind Elektrolytstörungen die Ursache von Herzrhythmusstörungen: Vor allem bewirken die Einnahme von Entwässerungstabletten, von pflanzlichen, darmirritierenden Abführmitteln sowie Fehlernährung, Magnesium- und/oder Kaliummangel. Bei Nachweis eines Kalium- oder Magnesiummangels im Blut sollten diese wichtigen Mineralien auf jeden Fall ersetzt werden. Da im Serum oft noch normale Spiegel dieser Mineralien gemessen werden, obwohl im Körper bereits ein Mangel vorliegt, sollte eine großzügige Gabe zumindest versucht werden. Bei deutlicher subjektiver Verbesserung der Rhythmusstörungen oder objektiver Reduzierung im Langzeit-EKG ist die Effektivität dieser Therapie bewiesen.

Mineralstoffe. An Mineralien können verordnet werden:

- Magnesium: 300–600(–900) mg, dies entspricht z.B. 1–3 Beutel Magnesium Diasporal® oder 1–3 TL Magnesiumzitrat (Apotheke). Bei Auftreten dünner Stühle sollte die Dosis reduziert werden.
- Kalium: 1000–2000 mg, z.B. als Fertigpräparat Kalinor® Brausetabletten.

Kombinationspräparate. Präparate, die Kalium und Magnesium enthalten, so z.B. Tromcardin forte®, 3–6 Tabletten täglich, sind bevorzugt einzunehmen.
Fettsäuren. Im Tierversuch ließen sich experimentelle Arrhythmien nach Gabe von Omega-3-Fettsäuren deutlich weniger auslösen, so daß der Zufuhr dieser Fettsäuren (z.B. in Fisch, Leinsamen, Soja, Walnüssen, Raps, Weizenkeimen oder in Form von Fischöl-Präparaten) ein gewisser, protektiver Effekt zugesprochen wird.

Heilfasten

Ein bestehender Kalium- und/oder Magnesiummangel kann durch Fasten vergrößert werden, so daß Herzrhythmusstörungen neu auftreten oder verstärkt werden können. Magnesium und eventuell Kalium sollten in diesen Fällen großzügig durch die Gabe von: Magnesium 300–600 mg (z.B. Magnesium Beutel) oder Kalium und Magnesium enthaltende Kombinationspräparate (z.B. Tromcardin forte®, 3 × 2 Tabletten täglich) substituiert werden.

Weitere Maßnahmen

Ordnungstherapie. Ordnungstherapeutische Hinweise sollten unbedingt beachtet werden. Bei Patienten mit Herzrhythmusstörungen ist nicht selten auch im täglichen Leben einiges in Unordnung oder in einem „arrhythmischen" Zustand (z.B. ungelöste Konflikte, unregelmäßiger Schlaf-Wach-Rhythmus).

Meiden von Genußmitteln. Auch der Genußmittelkonsum sollte kritisch hinterfragt werden, da sowohl Alkohol als auch Tabak und Kaffee einen Mangel an Magnesium und Kalium verursachen und somit die Entstehung von Rhythmusstörungen begünstigen. Auf Alkohol, Tabak und Kaffee sollte also verzichtet oder deren Konsum auf das Minimum reduziert werden.
Schulmedizinische Therapie. Bei hochgradigen, gefährlichen Herzrhythmusstörungen ist der Einsatz von Antiarrhythmika angezeigt.

Hypertonie

Eine wesentliche Ursache der essentiellen Hypertonie liegt in einer jahrzehntelangen Fehlernährung, einer zu hohen Kochsalzzufuhr und vermutlich einem zu hohen Proteinkonsum.

Ernährung

Gewichtsreduktion. Liegt Übergewicht vor, sollte die Reduktion des Körpergewichts unbedingt angestrebt werden, da hierdurch meist eine Blutdrucksenkung erreicht wird.
Kochsalzarme Ernährung. Jeder Dritte reagiert auf die Zufuhr von Kochsalz mit einer Blutdrucksteigerung. Bei Gewichtsreduktion kann die Kochsalzsensibilität abnehmen. Es empfiehlt sich, Kochsalz durch Kräuter, Gewürze und Salzersatz (Diätetikum auf Kalium-Basis; Reformhaus) zu ersetzen.
Kalium-, magnesium- und kalziumreiche Kost. Kalium- und magnesiumreiche Kost, Vollkornprodukte, Obst, Gemüse, Salate (s. S. 333 ff., 338 ff.) ist zu bevorzugen.
Da Kalziummangel zur Steigerung des Blutdrucks führen kann, ist auf eine ausreichende Kalziumversorgung mit der Nahrung zu achten.
Rohkostreiche Ernährung. Der Konsum von tierischem Protein, insbesondere Fleisch, Geflügel, Eier zugunsten von Gemüse und Salat ist einzuschränken, während der Anteil an

Rohkost (Salate, Frischkornbrei) gesteigert werden soll.
Fische. Fische können aufgrund des Gehalts an Omega-3-Fettsäuren milde blutdrucksenkend wirken.
Meiden von Genußmitteln. Alkohol ist zu meiden, da Alkohol einen signifikanten blutdrucksteigernden Effekt hat, auch wenn er in geringen Mengen regelmäßig getrunken wird. Kaffee steigert den Blutdruck nur in geringem Umfang, von einem größeren Kaffeekonsum ist bei Hypertonikern jedoch abzuraten.

Orthomolekulare Medizin

Mineralstoffe, Fettsäuren. Es empfiehlt sich die Einnahme von:

- Magnesium: 300–600 mg täglich
- Kalium: 1–2 g täglich, vor allem, wenn Diuretika eingenommen werden
- Omega-3-Fettsäuren: 1–2 g täglich.

Heilfasten

Deutliche Blutdrucksenkungen, die oft auch nach dem Fastenende Bestand haben, werden durch Heilfasten rasch erreicht. Blutdrucksenkende Medikamente können oft reduziert oder gar abgesetzt werden.

> An den ersten Fastentagen sollten in Absprache mit einem fastenerfahrenen Arzt blutdrucksenkende Medikamente, insbesondere Entwässerungstabletten, rasch reduziert oder abgesetzt werden.

Entlastungstage. Auch einzelne Entlastungstage (Obsttage, Safttage, Reistage) können über die Entwässerung und Entsalzung des Körpers zu einer Blutdrucksenkung führen.

Weitere Maßnahmen

Diätetische Maßnahmen sind nur ein Teil der Blutdruckeinstellung. Auf andere Faktoren muß ebenso geachtet werden:
Vermeidung begünstigender Faktoren. Bluthochdruckbegünstigende Faktoren wie z.B. Zigaretten, „Streß“, inadäquates Leistungsstreben, Ärger sollen ausgeschaltet werden.
Entspannungstherapie. Entspannungstechniken wie z.B. Yoga, autogenes Training, progressive Muskelentspannung sind verstärkt in den Alltag zu integrieren.
Bewegungs- und Hydrotherapie. Bewegungstherapie, bevorzugt Ausdauersport, sowie die Anwendungen nach KNEIPP sind durchzuführen.
Schulmedizinische Behandlung. Bei nicht ausreichender Blutdrucksenkung durch naturheilkundliche Maßnahmen sollten Antihypertonika eingenommen werden.

Hypotonie

Ernährung

Flüssigkeitszufuhr. Die Flüssigkeitszufuhr soll auf mindestens 1,5–2 l täglich erhöht werden. Versuchsweise kann 1–2 × täglich eine gut gewürzte und gesalzene, warme Gemüsebrühe zugeführt werden.
Meiden von Genußmitteln. Koffeinhaltige Produkte (z.B. Kaffee, Schwarztee, Cola) sind zu meiden. Werden diese Getränke aufgrund ihrer kurzfristig positiven Wirkung auf den Kreislauf in reichlichem Maße zugeführt, können sich bei plötzlichem Absetzen die Beschwerden verstärken. Dies zeigt an, inwieweit die eigenständige Gefäßregulation von Koffein abhängig ist. Ein Entzug mit Unterstützung durch andere therapeutische Maßnahmen ist in diesem Fall sehr sinnvoll und wird nach einigen Tagen bis Wochen oft erfolgreich sein.

Heilfasten

Bei Patienten mit niedrigem Blutdruck kann es – insbesondere in den ersten Fastentagen – zu einer weiteren Absenkung des Blutdrucks und zur Verstärkung der subjektiven Beschwerden kommen.

Aus diesem Grund sollten diese Patienten bereits vorbeugend großzügig die anderen beschriebenen Maßnahmen, insbesondere Bewegungstherapie, physikalische Therapie, durchführen.
Veratrum album D4 oder Korodin® Tropfen sollen für den „Notfall" immer griffbereit sein.

Weitere Maßnahmen

Hydrotherapie, Bewegungstherapie. Die Therapie nach KNEIPP steigert den Blutdruck und bessert die Befindlichkeit.
Bewegungstherapie, vor allem Krafttraining sowie isometrische Übungen, können die Gefäßregulation deutlich verbessern.
Homöopathie, Phytotherapie. Homöopathie (z.B. Haplopappus, Veratrum album) oder Pflanzenheilkunde (z.B. Weißdorn, Besenginster) wirken ebenfalls unterstützend.
Schulmedizinische Behandlung. Kreislaufwirksame Medikamente zur Steigerung des Blutdrucks sollten nur bei starken Beschwerden eingesetzt werden, da die körpereigene Gefäßregulation hierdurch gestört wird.

Arteriosklerose

Ein realistisches Ziel ist es, den arteriosklerotischen Prozeß zum Stillstand zu bringen, um so die Verschlechterung der Beschwerden zu verhindern.

Ernährung

Da arteriosklerotische Veränderungen verstärkt im Alter auftreten, müssen Ernährungsempfehlungen die spezifische Situation älterer Menschen berücksichtigen.
Rohkostreiche, weitgehend vegetarische Ernährung. Rohkostreicher Vollwert-Ernährung sollte der Vorzug gegeben werden. Bei Gebißproblemen kann auf Vollkornbrot, das nicht aus Schrot, sondern aus feingemahlenem Vollkornmehl hergestellt wurde und keine Körner enthält, zurückgegriffen werden; rohes Gemüse oder Salate können auch püriert verzehrt werden.
Eine Ernährung, die wenig tierische Proteine enthält, um so mehr aus Gemüse besteht, ist zu empfehlen. Mit Milch und Milchprodukten sollte sparsam umgegangen werden.
Flüssigkeitszufuhr. Alte Menschen trinken in der Regel zu wenig, bei fortgeschrittener Herzschwäche oder Nierenfunktionseinschränkung ist die Trinkmenge mit dem Arzt zu besprechen.
Kochsalzarme Ernährung. Bei Bluthochdruck ist sparsam zu salzen und Salz möglichst durch frische Kräuter und Gewürze zu ersetzen.
Knoblauch. Knoblauch hat milde antiarteriosklerotische Effekte.

Orthomolekulare Medizin

Aufgrund der geringeren Nahrungszufuhr entwickeln ältere Menschen häufig Mangelerscheinungen an lebenswichtigen Vitaminen und Mineralstoffen. Zudem steigern manche Medikamente (z.B. Diuretika, Kortison, Laxanzien) den Bedarf an bestimmten Nährstoffen. Es empfiehlt sich, bei Verdacht eines Nährstoffmangels, Vitamine und Mineralstoffe großzügig zuzuführen. Unspezifische Beschwerden lassen sich durch Kombinationspräparate behandeln:
Kombinationspräparate. Echtrovit®, Geriatron Pharmakon®, Glutergen® + H3, Vigodana®, Vita-Gerin-Geistlich®, Geriakneipp® N, Pasgensin®.
Wenn arteriosklerotische Patienten Schluckschwierigkeiten haben, sollten als Emulsion vorliegende Präparate eingesetzt werden (z.B. Geriatrie-Mulsin® Emulsion).

Vitamine. Zur Behandlung der Arteriosklerose empfiehlt sich die Einnahme folgender Vitamine:

- Vitamin A: 5000–10 000 I.E. (oder Beta-Karotin 3–6 mg)
- Vitamin C: 1–2 g (1/2 TL)
- Vitamin E: 100–400 I.E.

Spurenelemente, Fettsäuren. Aufgrund des antioxidativen Effektes – oxidiertes LDL-Cholesterin lagert sich leichter an die Gefäßwände an – sollte Selen, 50–200 µg täglich, verordnet werden. Auch die Einnahme von Zink, 10–20 mg täglich, ist angezeigt.
An Fettsäuren sind Omega-3-Fettsäuren, 1 g täglich, bevorzugt einzunehmen.

Heilfasten

Heilfasten wirkt sich generell günstig auf die meisten Risikofaktoren (Hypertonie, Hyperlipidämie, Diabetes mellitus) der Arteriosklerose aus und macht die Verzögerung der Progression der Arteriosklerose wahrscheinlich. Grundsätzlich gelten die gleichen Gegenanzeigen wie bei anderen Altersgruppen (s. S. 197 f.). Der ältere Mensch sollte intellektuell noch leistungsfähig genug sein, um die Fastenregeln zu verstehen und zu befolgen.

> Die Wirkung vieler Medikamente ist im Fasten verstärkt. Das Absetzen oder die reduzierte Einnahme der Medikamente ist mit einem im Fasten erfahrenen Arzt zu besprechen.

Weitere Maßnahmen

Vermeidung der Risikofaktoren. Die bekannten Risikofaktoren, die die Entstehung und das Fortschreiten einer Arteriosklerose begünstigen, sollten weitestgehend minimiert werden (z.B. erhöhtes Cholesterin, erhöhte Blutfette, Zuckerkrankheit, Nikotin, Blutdruck, erhöhte Harnsäure, Übergewicht).

Naturheilverfahren. Naturheilverfahren und hier vorrangig Pflanzenheilkunde, Homöopathie, Bewegungstherapie und die Anwendungen nach Kneipp können unterstützend zur Anwendung kommen.

Arterielle Verschlußkrankheit

Ernährung

Bevorzugt werden soll eine rohkostreiche weitestgehend vegetarische Vollwert-Ernährung. Um tierische Fette zu meiden, sind Fleisch und Wurst weitestgehend durch Fisch, Gemüse und Salate zu ersetzen.

Orthomolekulare Medizin

Vitamine. Vitamin E, 400–1200 I.E. täglich, schützt vor Oxidation und verlangsamt die Bildung arteriosklerotischer Ablagerungen.
Nicotinamid, 100–300 mg täglich, wirkt gefäßerweiternd. Bei Fettstoffwechselstörungen soll die Dosis auf 2–4 g gesteigert werden.

Heilfasten

Die günstige Beeinflussung der meisten Risikofaktoren (z.B. Hypertonie, Hyperlipidämie, Diabetes mellitus) verbessert die Prognose. Die Rückbildung der Gefäßverengungen durch Fasten wird diskutiert.

Weitere Maßnahmen

Bewegungstherapie. Die Durchführung einer adäquaten Bewegungstherapie ist die wichtigste Maßnahme zur Behandlung der arteriellen Verschlußkrankheit.
Hydrotherapie. Maßnahmen der Kneipp-Therapie sind hilfreich, da sie die Durchblutung fördern, sollten jedoch dem Stadium der Erkrankung angepaßt werden.
Phytotherapie. Ginkgo-Präparate führen nachweislich zu einer Verbesserung der Sauerstoffversorgung im Gewebe.

Nikotinkarenz. Wird weiter geraucht, sind alle angegebenen Maßnahmen praktisch sinnlos.

Zerebraler Insult

Ernährung

Vorbeugend. Bevorzugt werden soll eine rohkostreiche sowie, um tierische Fette zu meiden, eine weitestgehend vegetarische Vollwert-Ernährung. Fleisch und Wurst können durch Fisch, Gemüse und Salate ersetzt werden.
Nachbehandlung. Bei Bettlägerigkeit und Lähmungen sollte der Kreislauf sowie der gesamte Organismus durch leicht verdauliche, weiche Gemüse, Kartoffeln und durch frischgepreßte Obst- und Gemüsesäfte, die schlückchenweise einzunehmen sind, entlastet werden.

Orthomolekulare Medizin

Vitamine. Vitamin A, 10 000 I.E. täglich, oder Beta-Karotin, 6 mg täglich, vorbeugend bei Risikopatienten führen bei einem Schlaganfall zu verringerter Sterblichkeit und kleineren neurologischen Schäden.
Antioxidanzien. Der Einsatz einer Antioxidanzienkombination (z. B. Beta-Karotin, Vitamin C, Vitamin E, Selen) ist zu empfehlen.

Weitere Maßnahmen

Schulmedizinische Behandlung. Vorbeugend sowie zur Vermeidung eines Rezidivs sollten unbedingt die Risikofaktoren (Hypertonie, Hyperlipidämie, Diabetes mellitus, Rauchen), die die Entstehung eines Apoplexes begünstigen, insbesondere der Bluthochdruck, optimal eingestellt werden. Außerdem sind wichtig:
Phytotherapie. Ginkgo-Präparate zur Unterstützung der Hirnleistung.
Bewegungstherapie, physikalische Therapie. Vorbeugend, jedoch auch nach eingetretenem Schlaganfall, ist Bewegungstherapie zur Verbesserung der Beweglichkeit und damit der eigenen Unabhängigkeit sinnvoll. Weitere Maßnahmen der physikalischen Therapie können die durch den Schlaganfall hervorgerufenen Beschwerden lindern.

Venenerkrankungen und Ulcus cruris

Ernährung

Rohkostreiche, weitgehend vegetarische Ernährung. Die Ernährung sollte wenig tierische Proteine enthalten sowie, wenn möglich, zumindest für einige Wochen vegetarisch sein. Leicht verdauliche Gemüse, Obst und Vollkornprodukte sind verstärkt zuzuführen.
Um Gärungsprozesse und Blähungen zu vermeiden, sollten zunächst keine Rohkost, kein rohes Getreide, keine Getreide- oder Obstmischungen, ferner nichts Süßes (auch keine Fruchtsäfte) zusammen mit Vollkornprodukten eingenommen werden, es sei denn, diese Nahrung wurde bisher auch ohne Blähungen vertragen.

Orthomolekulare Medizin

Enzyme. Die Behandlung mit Wobenzym® N 3 × 5 oder Phlogenzym® 3 × 2 ist über 3–4 Wochen durchzuführen. Der Wirkungseintritt ist erst nach 1–2 Wochen zu erwarten.

Heilfasten

Über die verbesserte Durchblutung im Bereich der Kapillaren sowie über den Abbau der überschüssigen Proteine zwischen Kapillaren und Zellen ist eine Entstauung sowie bei vorliegendem Geschwür ein Abheilen möglich. Um Rezidive zu vermeiden, ist ein anschließender Kostaufbau im Sinne der Vollwert-Ernährung sowie, um die Darmflora zu normalisieren, eine mikrobiologische Therapie, empfehlenswert.

Weitere Maßnahmen

Meiden von Genußmitteln. Genußgifte (Nikotin, Alkohol) sind zu meiden.
Gewichtsreduktion. Zur Verbesserung der Abflußverhältnisse sollte das bestehende Übergewicht abgebaut werden.
Behandlung der Verdauungsstörungen. Blähungen und Verstopfung sind durch geeignete Maßnahmen zu behandeln.
Physikalische Therapie. Eine Kompressionstherapie sollte nur unter fachkundiger Anleitung von erfahrenen Schwestern, Arzthelferinnen oder Krankengymnastinnen durchgeführt werden.
Bewegungstherapie. Richtige Bewegung, d.h., viel Spazierengehen, Schwimmen, kein langes Sitzen, keine übereinandergeschlagenen Beine, sind von entscheidender Bedeutung.

Lymphödem

Ernährung

Leicht verdauliche, weitgehend vegetarische Ernährung. Tierisch proteinarme Ernährung – wenn möglich, zumindest für einige Wochen vegetarisch – ist zu bevorzugen. Wert zu legen ist auf leicht verdauliche Gemüse, Obst und Vollkornprodukte.
Um Gärungsprozesse und Blähungen zu vermeiden, sollen zunächst keine Rohkost, kein rohes Getreide, keine Getreide/Obstmischungen, nichts Süßes, auch keine Fruchtsäfte zugeführt werden. Wurde diese Nahrung bisher auch ohne Blähungen vertragen, können Ausnahmen gemacht werden.

Orthomolekulare Medizin

Enzyme. Die Kurzzeittherapie sollte über 3–4 Wochen mit Wobenzym® N 3 × 5 oder Phlogenzym® 3 × 2 durchgeführt werden. Bei hartnäckigen chronischen Fällen sollen im Rahmen einer Langzeittherapie Wobenzym®N 3 × 2 oder Phlogenzym® 3 × 1–2 über 4–6 Monate verordnet werden.

Spurenelemente. Selen, 100–200 µg täglich, wirkt nachweislich günstig.

Heilfasten

Die Förderung der Durchblutung im Bereich der Kapillaren sowie des Abbaus der überschüssigen Proteine zwischen Kapillaren und Zellen bewirken möglicherweise eine kurzfristige Entstauung. Durch den anschließenden Kostaufbau im Sinne der Vollwert-Ernährung sowie durch die mikrobiologische Therapie, die zur Normalisierung der Darmflora führt, kann eine dauerhafte Entstauung erzielt werden.

Weitere Maßnahmen

Naturheilverfahren. Manuelle Lymphdrainage und Bewegungstherapie stehen noch vor diätetischen Maßnahmen an erster Stelle der auszuführenden therapeutischen Maßnahmen. Auch die physikalische Therapie und insbesondere die Kompressionsbehandlung, die von erfahrenen Schwestern, Arzthelferinnen oder Krankengymnastinnen gezeigt werden soll, sind unterstützend anzuwenden.

7.2 HNO und Atemwege

Rhinitis

Ernährung

Bei Appetitlosigkeit sollte kein Essen erzwungen werden; leichte, frische Speisen (z.B. Obst, frische Getränke) sollten bevorzugt werden. Um der Schleimeindickung vorzubeugen, ist auf reichliche Flüssigkeitszufuhr zu achten.

Orthomolekulare Medizin

Vitamine. Bei beginnendem Schnupfen kann frühzeitig hochdosiert eingenommenes Vitamin C (500–1000 mg, alle 30–60 Minuten) die Infektion unter Umständen kupieren.

Aminosäuren, Enzyme. Bei zähem, dickem Schleim ist Acetylcystein, 600 mg täglich, einzunehmen. Bei chronischem Schnupfen können Wobenzym® N 3 × 5 oder Phlogenzym® 3 × 2 für 2–6 Wochen eingenommen werden.

> Zu Beginn der Behandlung kommt es zur vermehrten Schleimproduktion.

Weitere Maßnahmen

Physikalische Therapie. Fußbäder, Kopfdämpfe sowie Erkältungsbad sind als Reiztherapie zu empfehlen.

Phytotherapie, Homöopathie. Immunstärkende Mittel (z.B. Echinacea-Präparate) sollten möglichst frühzeitig und hoch dosiert eingenommen werden. Das richtig gewählte Homöopathikum kann die Symptome günstig beeinflussen.

Äußerliche Anwendung. Bei trockener Schleimhaut ist Coldastop® Nasenöl hilfreich.

> Abschwellende Nasentropfen sind nur über wenige Tage einzunehmen, da die Gefahr der Gewöhnung und der Abhängigkeit gegeben ist.

Sinusitis

Ernährung

Vollwert-Ernährung. Nicht selten ist eine schlechte Ernährung die Grundlage, auf der die chronische Nasennebenhöhlenentzündung gedeiht, da sowohl der Nährstoffmangel eine Abwehrschwäche begünstigt als auch Milchprodukte die Verschleimung fördern. Aus diesem Grund sollte zusätzlich zu anderen Maßnahmen für mindestens einige Monate die Ernährung konsequent auf Vollwert-Ernährung, mit einem hohen Frischkostanteil, umgestellt werden. Zucker, Weißmehl und daraus hergestellte Produkte sollten in dieser Zeit völlig, später fast völlig weggelassen werden. Bei chronisch rezidivierenden Sinusitiden, vor allem bei Kindern, können versuchsweise für mindestens 3 Monate Milch und Milchprodukte weggelassen werden.

Orthomolekulare Medizin

Enzyme, Aminosäuren. Wobenzym® N 3 × 5 oder Phlogenzym® 3 × 2 für 2–6 Wochen können – unterstützend zu anderen Maßnahmen – den Erfolg der Behandlung deutlich verbessern.

Bei zähem, dickem Schleim kann Acetylcystein, 600 mg täglich, eingenommen werden.

Weitere Maßnahmen

Phytotherapie. Pflanzliche Heilmittel (z.B. Echinacea) stehen zur Immunstärkung, zur Schleimlösung und zur Linderung der Symptome zur Verfügung.

Physikalische Therapie. Physikalische Therapiemaßnahmen helfen dem Körper, die Entzündung besser zu überwinden, bei immer wiederkehrenden Entzündungen wirken sie abhärtend und somit vorbeugend.

Mikrobiologische Therapie. Bei chronischen oder rezidivierenden Entzündungen ist eine mikrobiologische Therapie durchzuführen.

Pneumonie

Ernährung

Bei Appetitlosigkeit sollte kein Essen erzwungen werden; leichte, frische Speisen (z.B. Obst, frische Getränke) sollten bevorzugt werden. Um einer Schleimeindickung vorzubeugen, ist auf reichliche Flüssigkeitszufuhr zu achten.

Heilfasten

Die meist vorhandene Appetitlosigkeit soll durch Heilfasten unterstützt werden. Der

Organismus wird von der Verdauungsarbeit zugunsten der Immunabwehr entlastet. Einläufe wirken leicht fiebersenkend.

Weitere Maßnahmen

Physikalische Therapie. Das Beklopfen des Thorax verhilft zur Lösung des Schleims und beugt Komplikationen vor.
Phytotherapie, Homöopathie. Pflanzliche Heilmittel (z.B. Echinacea) unterstützen die Immunabwehr und die Schleimverflüssigung. Das richtig gewählte Homöopathikum kann die Heilung beschleunigen.

Bronchitis

Ernährung

Besteht akute Bronchitis, sollte bei Appetitlosigkeit kein Essen erzwungen werden; leichte, frische Speisen (z.B. Obst, frische Getränke) sind zu bevorzugen. Bei chronischer Bronchitis soll auf Vollwert-Ernährung, die sehr viel Frischkost enthält, umgestellt werden. Empfehlenswert ist auch eine ein- bis mehrwöchige Frischkosternährung.
Um einer Schleimeindickung vorzubeugen, soll reichlich getrunken werden.

Heilfasten

Die bei akuter Bronchitis meist vorhandene Appetitlosigkeit soll durch Heilfasten unterstützt werden. Der Organismus wird von der Verdauungsarbeit zugunsten der Immunabwehr entlastet. Einläufe wirken leicht fiebersenkend. Auch bei chronischer Bronchitis ist Heilfasten indiziert.

Orthomolekulare Medizin

Enzyme. Die Therapie mit Wobenzym® N 3 × 5 oder Phlogenzym® 3 × 2 für 2–6 Wochen kann eine deutliche Besserung bewirken; zu Beginn ist eine vermehrte Schleimproduktion möglich.

> Bei asthmoider Bronchitis können durch die Enzyme allergische Reaktionen ausgelöst werden.

Weitere Maßnahmen

Phytotherapie, Homöopathie. Im Vordergrund stehen pflanzliche Heilmittel (z.B. Eibisch, Huflattich, Primel, Thymian), die die Symptome der Bronchitis günstig beeinflussen können. Das richtig gewählte Homöopathikum kann die Heilung beschleunigen.
Physikalische Therapie. Ansteigende Armbäder sowie Thoraxauflagen mit Senfmehl sind unterstützend hilfreich. Bei Bronchitis ohne Fieber sollten heiße, bei Fieber kalte Wickel appliziert werden.
Ordnungstherapie. Vor allem bei chronischer Bronchitis müssen ordnungstherapeutische Aspekte unbedingt berücksichtigt werden (z.B. Nichtrauchen).
Ausleitende Verfahren. Eigenbluttherapie kann sich günstig auf die chronische Bronchitis auswirken.

Asthma bronchiale

Ernährung

Vollwert-Ernährung. Durch die Umstellung auf Vollwert-Ernährung fallen Lebensmittelzusatzstoffe als Allergene weg. Besteht Verdacht auf Nahrungsmittelallergie, sollte ein Nahrungsmittelauslaßversuch unternommen werden:

- Milcheiweiß, das auch in Wurst und vielen Fertiggerichten enthalten ist, Eier und Zitrusfrüchte sind die häufigsten Allergene bei Asthma.
- Es gibt Hinweise, daß eine hohe Kochsalzzufuhr die Empfindlichkeit der Bronchialmuskulatur steigert.

Orthomolekulare Medizin

Mineralstoffe. Magnesium, 300–600 mg täglich (z.B. 1–2 TL Magnesiumzitrat in Wasser oder Fruchtsaft), vermag die Krampfneigung der Bronchien günstig zu beeinflussen.

Fettsäuren, Antioxidanzien. Omega-3-Fettsäuren wirken der Entzündungsneigung entgegen. Antioxidanzien, so z.B. Vitamine A, E, C, Selen wirken einzeln oder als Kombination unterstützend.

Heilfasten

Die allgemeine durch das Fasten erzielte Umstimmung führt zur Erhöhung der Vital- und Einsekundenkapazität, in deren Folge Medikamente abgesetzt oder reduziert werden können. Bei Vorliegen von Nahrungsmittelallergien eignet sich das Fasten hervorragend als Einstieg in eine Suchdiät.

Der Asthmatiker sollte in einer auf das Fasten spezialisierten Klinik fasten, da somit die optimale Steuerung der Medikamente sowie die medizinische Versorgung während einer möglichen Fastenkrise gewährleistet sind.

Weitere Maßnahmen

Ordnungstherapie. Ordnungstherapeutische Maßnahmen stehen an erster Stelle der Behandlung. Dies betrifft sowohl die zeitlich günstige Einnahme der Medikamente als auch das Meiden von Genußmitteln sowie die Berücksichtigung psychosomatischer Aspekte, denn Asthma ist auch eine psychosomatische Erkrankung.

Physikalische Therapie, Homöopathie. Ein ansteigendes Fußbad, Brustwickel oder eine heiße Rolle wirken oft hilfreich.

Das richtig gewählte Homöopathikum kann Linderung verschaffen.

> Keine Asthmabehandlung ohne Rauchverzicht, auch in der Umgebung (Passivrauchen). Keine Asthmabehandlung ohne Berücksichtigung psychosomatischer Aspekte.

Tonsillitis

Ernährung

Meiden von Milchprodukten und zuckerhaltigen Nahrungsmitteln. Bei akuter Entzündung sollte der Patient bei Appetitlosigkeit nicht zum Essen gezwungen werden. Starke Schluckbeschwerden erfordern vorübergehend flüssige oder pürierte Nahrung. Milch und Milchprodukte sind wegen des verschleimenden Effekts zu meiden. Da Zucker die Aufnahme zahlreicher Nährstoffe behindert sowie für dessen Verstoffwechslung Nährstoffe benötigt werden, die dem Immunsystem nicht mehr zur Verfügung stehen, sollte auf zuckerhaltige Getränke oder Nahrungsmittel verzichtet werden.

Vollwert-Ernährung. Ein rezidivierender Verlauf erfordert die konsequente Ernährungsumstellung auf Vollwert-Ernährung. Der Anteil an Frischkost sollte dabei erhöht, zuckerhaltige Nahrungsmittel – viele Getränke und Fertiggerichte enthalten Zucker – sowie weißmehlhaltige Produkte deutlich reduziert oder weggelassen werden.

Orthomolekulare Medizin

Bei akutem Krankheitsbeginn. Hier empfiehlt sich die stündliche Gabe von Vitamin C, 1 g, sowie von Zink, ca. 5 mg. Später ist die Dosierung für Vitamin C, 3 × 1 g, sowie für Zink, 3 × 5 mg täglich, ausreichend.

Bei sich häufig wiederholenden Infekten. Für den rezidivierenden Verlauf ist die Gabe folgender Substanzen zu empfehlen:

- Vitamin C: 2 × 1 g
- Zink: 10–20 mg
- Vitamin E: 400 I.E.
- Selen: 50 µg.

Bei nachgewiesenem Mangel ist auch Eisen zu verordnen. Werden die Nährstoffe frühzeitig eingenommen, kann der Ausbruch einer massiven Entzündung eventuell noch verhindert werden.

Weitere Maßnahmen

Phytotherapie, Homöopathie. Hoch dosierte und häufige Gaben von pflanzlichen Immunstimulanzien (Echinacea-Präparate, stündlich 20 Tropfen oder 1 Tablette) oder das passende Homöopathikum beeinflussen den Verlauf günstig.
Physikalische Therapie. Bei Fieber sind wärmeentziehende Wickel hilfreich.
Mikrobiologische Therapie. Bei chronischen oder immer wiederkehrenden Infekten ist die Durchführung einer mikrobiologischen Therapie sinnvoll.

Otitis media

Ernährung

Meiden von Milchprodukten und zuckerhaltigen Nahrungsmitteln. Bei akuter Entzündung sollte der Patient bei Appetitlosigkeit nicht zum Essen gezwungen werden. Starke Schluckbeschwerden erfordern vorübergehend flüssige oder pürierte Nahrung. Milch und Milchprodukte sollten wegen des verschleimenden Effekts gemieden werden. Da Zucker die Aufnahme zahlreicher Nährstoffe behindert sowie für dessen Verstoffwechslung Nährstoffe benötigt werden, die dem Immunsystem nicht mehr zur Verfügung stehen, sollte auf zuckerhaltige Getränke oder Nahrungsmittel verzichtet werden.
Vollwert-Ernährung. Ein rezidivierender Verlauf erfordert die konsequente Ernährungsumstellung auf Vollwert-Ernährung. Der Anteil an Frischkost sollte dabei erhöht, zuckerhaltige Nahrung – viele Getränke und Fertiggerichte enthalten Zucker – sowie weißmehlhaltige und Milchprodukte gemieden werden.

Orthomolekulare Medizin

Bei akutem Krankheitsbeginn. Hier empfiehlt sich die stündliche Gabe von Vitamin C, 1 g, sowie von Zink, ca. 5 mg. Später ist die Dosierung für Vitamin C, 3 × 1 g, sowie für Zink, 3 × 5 mg täglich, ausreichend.
Bei sich häufig wiederholenden Infekten. Für den rezidivierenden Verlauf ist die Gabe folgender Substanzen zu empfehlen:

- Vitamin C: 2 × 1 g
- Zink: 10–20 mg
- Vitamin E: 400 I.E.
- Selen: 50 µg.

Bei nachgewiesenem Mangel ist auch Eisen zu verordnen.

Weitere Maßnahmen

Phytotherapie, Homöopathie. Pflanzliche Heilmittel können zur Immunstimulation (z.B. Echinacea) und zur Linderung der Beschwerden (Kamillenauflage) eingesetzt werden. Bei chronischem Verlauf ist das passende Homöopathikum oft hilfreich.
Ausleitende Verfahren, mikrobiologische Therapie. Bei chronischen oder immer wiederkehrenden Entzündungen sollte eine Eigenbluttherapie und/oder eine mikrobiologische Therapie durchgeführt werden.

7.3 Magen-Darm-Trakt

Gastritis

Ernährung

Meiden säurelockender Nahrungsmittel. Basenreiche bzw. basenbildende Lebensmittel wie Obst, Gemüse und Kartoffeln sollten bevorzugt werden, um die meist vorhandene Säureüberproduktion des Magens zu neutralisieren. Kaffee, schwarzer Tee, Alkohol und zuckerhaltige Nahrung sollten in der Entzündungsphase strikt, in den entzündungsfreien Phasen zumindest weitgehend gemieden werden, da sie die Säurebildung anregen.
Auch Milch sowie bestimmte Gewürze (z.B. Pfeffer, Meerrettich, scharfer Senf) regen die Säureproduktion des Magens an und sollten

daher – zumindest bei akuten Beschwerden – nicht zugeführt werden.
Roher Kartoffelsaft oder Kohlsaft vermindern die Hyperazidität, dürfen aber nicht über längere Zeit eingenommen werden.

Orthomolekulare Medizin

Maßnahmen der orthomolekularen Medizin zur Behandlung der Gastritis sind nicht bekannt.

Heilfasten

Bei akuter Entzündung sollte Heilfasten, wenn überhaupt, nur mit Kamillentee oder in Form des Schleimfastens durchgeführt werden. Fastende, die bereits Gastritis hatten, sollten nur mit Magenschutz, so z.B. mit Luvos Heilerde 1 oder ultra oder mit Kamillentee fasten.

Weitere Maßnahmen

Phytotherapie. Pflanzliche Heilmittel unterstützen den Heilungsprozeß. Heilerde neutralisiert die Magensäure und schützt die Schleimhaut.
Physikalische Therapie. Feuchtwarme Leibauflagen lindern oft die Beschwerden.
Meiden von Genußmitteln. Auf den Konsum von Genußmitteln, Alkohol, Kaffee, Nikotin, ist zu achten.
Psychische Faktoren. Auch persönliche Einstellungen und das Verhalten (Streß, Konflikte) sind bedeutsam (s. u.).
Schulmedizinische Behandlung. Bei häufig rezidivierenden Gastritiden sollte eine Gastroskopie mit Biopsie durchgeführt werden (Helicobacter).

Ulcus ventriculi und duodeni

Ernährung

Meiden säurelockender Nahrungsmittel. Basenreiche bzw. -bildende Lebensmittel wie reifes Obst, Gemüse und Kartoffeln sollten bevorzugt werden, um die meist vorhandene Säureüberproduktion des Magens zu neutralisieren. Säurelockende Nahrungsmittel (Kaffee, schwarzer Tee, Alkohol und zuckerhaltige Nahrung) hingegen sind zu meiden. Auf Gewürze (z.B. Pfeffer, Meerrettich, scharfer Senf), Milch, auf Zitrusfrüchte und süße Säfte, die die Säureproduktion des Magens anregen, sollte zumindest bei akuten Beschwerden ebenfalls verzichtet werden.

Orthomolekulare Medizin

Vitamine. Pantothensäure, 500–1000 mg täglich, sowie Vitamin C, 1–2 g täglich, und der Vitamin-B-Komplex fördern die Abheilung des Ulcus.

Heilfasten

Heilfasten ist in der akuten Phase nicht angezeigt, da die Beschwerden eventuell verstärkt werden. Fastende, die bereits ein Geschwür hatten, sollten nur mit Magenschutz fasten (z.B. Heilerde 1 oder Luvos ultra, Kamillentee).

Weitere Maßnahmen

Phytotherapie. Pflanzliche Heilmittel (z.B. Kamille, Süßholzwurzel, Weißkohl) unterstützen den Heilungsprozeß. Heilerde neutralisiert die Magensäure und schützt die Schleimhaut.
Meiden von Genußmitteln. Alle Genußmittel (Kaffee, Schwarztee, Alkohol und vor allem Nikotin) sind zu meiden. Ist das Geschwür abgeheilt, sollten Koffein und Alkohol höchstens in Maßen genossen werden, Nikotin fördert die Bildung eines Rezidivs und sollte weiterhin strikt gemieden werden.
Psychische Faktoren. Auch persönliche Faktoren (Streß, Konflikte, unterdrückte Aggressionen, Ehrgeiz, Streben nach Anerkennung) können die Beschwerden auslösen. Die Patienten sollten sich der möglichen Probleme

bewußt werden und die Änderung der Einstellungen und Verhaltensweisen anstreben. Falls erforderlich, sollte eine verhaltenstherapeutisch orientierte Psychotherapie erwogen werden.

Bei Verdacht auf Ulcus sollte eine Gastro-/Duodenoskopie mit Biopsie durchgeführt werden (Helicobacter).

Akute Enteritis

Ernährung

Nahrungsverzicht. Da die geschädigte Darmschleimhaut Nährstoffe nur in geringer Menge aufnehmen kann, und zudem die Erkrankung durch Nahrungszufuhr verlängert wird, ist zunächst auf feste Nahrung völlig zu verzichten. Mögliche Mineral- und Flüssigkeitsverluste können durch reichliche Zufuhr von stillen Mineralwässern, Kräutertees und frisch gekochten, leicht gesalzenen, fettarmen Gemüsebrühen ersetzt werden. Tritt kein Erbrechen oder Durchfall mehr auf, kann mit dem stufenweisen Kostaufbau begonnen werden.

Stufenweiser Kostaufbau. Zunächst können Bananenpüree, geriebene Äpfel und/oder Zwieback, später Kartoffeln, Gemüse und Brot (ohne Margarine oder Butter) gegessen werden. Bei guter Verträglichkeit können später proteinhaltige Lebensmittel (z.B. Milchprodukte) sowie fetthaltige Nahrungsmittel – Fett wird erst gegen Ende der Erkrankung wieder vertragen – zugefügt werden.

Orthomolekulare Medizin

Besteht die Enteritis über längere Zeit oder handelt es sich um eine schwere Form der Erkrankung, die mit großem Verlust von Flüssigkeit und Mineralien einhergeht, müssen Mineralien ersetzt werden. Industrielle Fertigmischungen wie Elotrans® oder Oralpädon® oder eine selbst hergestellte Salzlösung können verwendet werden (s. Tab. 7-1, S. 244).

Weitere Maßnahmen

Phytotherapie, naturheilkundliche Präparate. Pflanzliche Heilmittel (Heidelbeere, Tormentillwurzel, Uzara) und/oder mikrobiologische Präparate (z.B. Perenterol®) wirken unterstützend.
Heilerde oder Kohle binden die Toxine der Infektionserreger.

Colitis ulcerosa und Morbus Crohn

Ernährung

Akutes Stadium. Bei sehr stark abgemagerten Patienten muß über 2–3 Wochen eine ballaststofffreie Diät („Astronautenkost“) durchgeführt werden. Falls erforderlich, müssen sogar Infusionen im Rahmen einer klinisch-stationären Therapie erfolgen. Erst danach ist der vorsichtige Kostaufbau bestehend aus frischen Säften, Obst, Gemüse und Kartoffeln sinnvoll. Daran anschließend können naturbelassene Fette sowie leichtverdauliche Kost zugesetzt werden. Da bei Patienten oft ein Mangel an den fettlöslichen Vitaminen (A, D, E, K) besteht, sollte darauf geachtet werden, daß die Nahrung reich an diesen Vitaminen ist.

Beschwerdefreies Intervall. Langsamer Kostaufbau, eventuell nach HAY oder MAYR, ist zu empfehlen. Rohkost kann nach individueller Bekömmlichkeit eingesetzt werden.
Langfristig ist eine ballaststoffreiche Vollwert-Ernährung anzustreben.

Bei gesicherten ausgedehnten Stenosierungen im Darm ist ballaststoffreiche Kost kontraindiziert.

Orthomolekulare Medizin

Vitamine. Alle fettlöslichen Vitamine (A, D, E, K) sollen vor allem im akuten Stadium, d.h., wenn es zu dem durchfallbedingten Vitaminverlust kommt, 1 ×/Woche intramuskulär (z.B. Adek®) injiziert werden:

- Vitamin B_{12} 1000 µg ist intramuskulär alle 3 Monate zu injizieren.
- Das zur Behandlung entzündlicher Darmerkrankungen eingesetzte Azulfidine® ist ein Folsäureantagonist; um dem Folsäuremangel vorzubeugen, empfiehlt sich die Verordnung von Folsäure, 5 mg täglich.
- Vitamin E kann, 400 I.E. täglich, eingenommen werden.

Mineralstoffe. Eisen, 10–20 mg täglich, sowie Zink, 20–50 mg täglich, können eingesetzt werden.

Fettsäuren. Durchfälle mit Fett im Stuhl (Stuhluntersuchung auf Fett) zeigen an, daß die Fettverdauung nicht mehr funktioniert. In diesem Fall sollten sog. MCT-Fette (z.B. Ceres®-Öl/Fett) zugeführt werden.

Heilfasten

Akutes Stadium. Im akuten Stadium kann kurzes, mehrtägiges Heilfasten eine deutliche Minderung der Beschwerden bewirken sowie die Entzündungsaktivität reduzieren. Allerdings sollte kein ausgeprägtes Untergewicht bestehen.

Beschwerdefreies Intervall. Im beschwerdefreien Intervall kann eventuell zuhause, unter Aufsicht eines erfahrenen Fastenarztes, gefastet werden. Sind diese Bedingungen nicht gegeben, ist die Fastenklinik vorzuziehen. Bei entzündlichen Darmerkrankungen erweist sich Fasten meist als erfolgreich.

Der anschließende Kostaufbau (z.B. milde Ableitungsdiät nach Mayr) ist besonders vorsichtig durchzuführen.

Weitere naturheilkundliche Therapien, vor allem eine mikrobiologische Therapie, die die Immunmodulation über den Darm fördert, sollten sich an das Fasten anschließen.

Weitere Maßnahmen

Entspannungs- und Psychotherapie. Bei bestehender Anspannung ist die Durchführung von Entspannungstherapien sinnvoll. Nicht selten ist eine Psychotherapie angezeigt.

Mikrobiologische Therapie. Ein Versuch mit mikrobiologischer Therapie sollte unbedingt, vor allem nach kurzem Heilfasten, durchgeführt werden.

Colon irritabile

Ernährung

Zunächst sollten täglich mehrere kleine, ballaststoffreiche Mahlzeiten eingenommen werden; empfehlenswert ist der Zusatz von Weizenkleie oder Leinsamen (1–3 EL täglich). Bei starken Blähungen sollte vorübergehend auf Rohkost und Frischgetreide verzichtet werden. Warme Getränke und Gemüsebrühen helfen, den Darm zu entspannen. Später sollte der Darm nach Möglichkeit an drei größere Mahlzeiten gewöhnt werden.

Orthomolekulare Medizin

Maßnahmen der orthomolekularen Medizin zur Behandlung des Colon irritabile sind nicht bekannt.

Heilfasten

Der durch das Fasten gesetzte starke Umstimmungsreiz kann die Beschwerden deutlich lindern. Nach dem Fasten ist ein besonders sorgfältiger Kostaufbau erforderlich.

Weitere Maßnahmen

Psychische Faktoren. Da diese Beschwerden oft durch Probleme im seelischen Bereich ausgelöst werden, sind Zusammenhänge zwischen Streß oder Konflikten und den vorliegenden Beschwerden zu beachten.

Entspannungstherapien. Da oft Anspannungen vorliegen, sind Entspannungstherapien fast immer hilfreich.

Meteorismus

Ernährung

Ballaststoffreiche Ernährung. Ballaststoffreiche Vollwert-Ernährung sollte bevorzugt, zuckerhaltige Nahrungsmittel hingegen vermieden werden. Da während der Nahrungsumstellung Blähungen verstärkt werden können, sollten in dieser Zeit blähungstreibende Nahrungsmittel (z.B. Hülsenfrüchte, Kohl) gemieden werden.
Ballaststoffreiche Nahrungsmittel sollten nicht zusammen mit zuckerhaltiger Nahrung verzehrt werden, wobei auch Fruchtsäfte oder süßes Obst zu meiden sind, da hierunter die Verstärkung der Beschwerden nicht selten beobachtet wird. Auch Fertiggerichte, Konserven und stark kohlensäurehaltige Mineralwässer sollen gemieden werden.

Orthomolekulare Medizin

Im Rahmen der orthomolekularen Therapie können keine Empfehlungen gegeben werden.

Weitere Maßnahmen

Ordnungstherapie. Ordnungstherapeutische Hinweise sollten vorrangig beachtet werden:

- langsames Essen und gutes Einspeicheln der Nahrung; jeder Bissen sollte mindestens 15mal gekaut werden
- Mahlzeiten und Stuhlgänge regelmäßig zu denselben Zeiten
- besteht der Drang zum Aufstoßen oder zum Ablassen von Winden, sollte dieser nicht unterdrückt werden. Der Abgang von Winden kann durch Dehnung des Afters erleichtert werden
- ist Luftschlucken die wesentliche Ursache der Blähungen, sollten die seelischen Zusammenhänge behandelt werden.

Phytotherapie. Akute Beschwerden können meist leicht mit entsprechenden Pflanzenpräparaten (Kümmel, Fenchel, Anis, Pfefferminze) gelindert werden.
Mikrobiologische Therapie. Bei weiterhin bestehenden Beschwerden sollte unbedingt eine mikrobiologische Therapie durchgeführt werden, da nicht selten eine Fehlbesiedlung mit ungünstigen Keimen (Darm-Dysbiose) vorliegt.

Diarrhö

Ernährung

Nahrungsverzicht. Hier haben die auch für die Enteritis gegebenen Empfehlungen Gültigkeit. Da die geschädigte Darmschleimhaut Nährstoffe nur in geringer Menge aufnehmen kann und zudem die Erkrankung durch Nahrungszufuhr verlängert wird, ist zunächst auf feste Nahrung völlig zu verzichten. Mögliche Mineral- und Flüssigkeitsverluste können durch reichliche Zufuhr von stillen Mineralwässern, Kräutertees und frisch gekochten, leicht gesalzenen, fettlosen Gemüsebrühen ersetzt werden. Tritt kein Erbrechen oder Durchfall mehr auf, kann mit dem stufenweisen Kostaufbau begonnen werden.
Stufenweiser Kostaufbau. Zunächst können Bananenpüree, geriebene Äpfel und/oder Zwieback, später Kartoffeln, Gemüse und Brot (ohne Margarine oder Butter) gegessen werden.
Bei guter Verträglichkeit können später proteinhaltige Lebensmittel (z.B. Milchprodukte) sowie fetthaltige Nahrungsmittel – Fett wird erst gegen Ende der Erkrankung wieder vertragen – zugefügt werden.
Chronische Diarrhö. Eine durch schlechte Ernährung (z.B. zuviel Zucker) hervorgerufene Dysbiose sowie Nahrungsmittelallergien, ferner Gluten- oder Milchzuckerunverträg-

lichkeit können den chronischen Verlauf der Diarrhö verursachen.
Eine exkretorische Pankreasinsuffizienz, die nicht selten vorliegt, wird meist erst sehr spät diagnostiziert.

Orthomolekulare Medizin

Mineralien, Elektrolytlösung. Bei lang andauernder oder schwerer Erkrankung, die mit großem Flüssigkeits- oder Mineralienverlust einhergeht, sollten Mineralien z.B. durch industrielle Fertigmischungen (Elotrans® oder Oralpädon®) oder durch eine selbst hergestellte Salzlösung (Tab. 7-1) ersetzt werden.
Vitamine. Bei chronischem Durchfall kann eventuell ein Folsäure-, Niacin- oder Vitamin-D-Mangel vorliegen, der entsprechend behandelt werden sollte.

Weitere Maßnahmen

Phytotherapie, naturheilkundliche Präparate. Pflanzliche Heilmittel (Heidelbeere, Tormentillwurzel, Uzara) wirken schleimhautabdichtend und beschleunigen so das Ende der Durchfälle. Medizinische Kohle und Heilerde binden Giftstoffe im Darm.

Tab. 7-1 Rezepte für Elektrolytlösungen.

Rezept 1 (WHO):	Rezept 2 (einfacher):
1/2 TL Kochsalz	1 TL Kochsalz
1/2 TL Kaliumchlorid	4 EL Haushaltszucker
1/4 TL Natriumbikarbonat	
2 EL Traubenzucker auf 1 l abgekochtes Wasser	auf 1 l abgekochtes Wasser

Obstipation

Ernährung

Ballaststoff- und mineralreiche Ernährung. Durch die Steigerung des Ballaststoff- und Mineralgehalts der Nahrung kann die Stuhlmenge erhöht und die Darmmuskeltätigkeit verbessert werden. Folgende Maßnahmen sollten eingehalten werden:

- morgens **Frischkornbrei** statt Brötchen mit Marmelade und Kaffee
- **Gemüserohkost** bzw. Salat vor jedem Mittag- und Abendessen
  Vollkorn- statt Weißmehlprodukte (z.B. Vollkornbrot, -nudeln, -reis)
- viel frisches **Obst**
- Fleisch- und Wurstgerichte, die wenig Mineralien und Ballaststoffe enthalten, auf ein Minimum (1–2 × wöchentlich) reduzieren und **Gemüsegerichte** (reichlich Ballaststoffe und Mineralien) bevorzugen
- Süßigkeiten, Fertigsaucen und Fertiggerichte sollten gemieden werden
- Alkohol-, Nikotin- und Koffeinkonsum (Kaffee, auch entkoffeiniert, Schwarztee, Cola) einschränken oder unterlassen
- auf ausreichende **Flüssigkeitsmenge** ist zu achten, mindestens 2 l Mineralwasser oder Kräutertee sind täglich zuzuführen
- je nach Bedarf soll zusätzlich **Weizenkleie** oder **Leinsamen** (1–3 EL täglich) eingenommen werden.

> Weizenkleie oder Leinsamen sind nur mit reichlich Flüssigkeit einzunehmen, da sich sonst die Beschwerden verstärken oder sogar Darmverschluß hervorgerufen wird.

- **milchsäurehaltige Gemüse** (z.B. Sauerkraut) sowie Milchprodukte (z.B. Molke, Bioghurt) sind besonders zu empfehlen.

Orthomolekulare Medizin

Mineralstoffe. Magnesium, 300–900 mg täglich, soll in Form von 1–3 TL Magnesiumzitrat (aus der Apotheke) oder als Fertigpräparat (z.B. Magnesium Diasporal®; 1–3 Beutel)

in Wasser oder Fruchtsaft eingenommen werden. Bei Auftreten dünner Stühle soll die Dosis reduziert werden.
Bei Unverträglichkeit von Zitronensäure muß ein anderes Magnesiumpräparat (z.B. mit Mg-Oxid oder Mg-Karbonat) gewählt werden.

Magnesium ist bei schwerer Nierenfunktionsstörung nicht zu verordnen.

Heilfasten

Werden nach dem Heilfasten die Ernährungsgewohnheiten dauerhaft geändert, sind sehr gute Erfolge in der Behandlung der Obstipation möglich. Um den Aufbau einer physiologischen, verdauungsfördernden Darmflora zu begünstigen, ist die Durchführung einer mikrobiologischen Therapie zu empfehlen.

Weitere Maßnahmen

Ordnungstherapie. Grundlage der Behandlung sollten folgende ordnungstherapeutische Hinweise sein:

- sich vom Zwang der täglichen Stuhlentleerung befreien; so kann Stuhlgang, der zweimal pro Woche erfolgt, durchaus normal sein
- auf die Normalisierung der **Lebensrhythmen** ist zu achten; dies betrifft einen geregelten Tag-Nacht-Rhythmus mit Aktivitäts- und Ruhephasen zu möglichst gleichen Tageszeiten sowie die Einnahme der Mahlzeiten zu den gleichen Zeiten
- jeden Morgen zur gleichen Zeit (z.B. nach dem Frühstück) sollte eine Stuhlentleerung versucht werden; bei vergeblichem Versuch nicht lange verweilen (maximal 5 Minuten)
- Stuhlentleerungsdrang – wenn er spontan auftritt – nicht unterdrücken, weil man etwas „Wichtigeres" zu tun hat.

Psychosomatische Aspekte. An der Obstipation können auch „Persönlichkeitsstörungen" ursächlich mitbeteiligt sein. Sind Hinweise z.B. auf nicht ausgelebte Aggressionen oder auf ein „Nichtloslassenkönnen" vorhanden, sollten eventuell vorhandene Konflikte gelöst werden, um mit anderen und sich selbst ins reine zu kommen.

Entspannungstherapie. Streßbelastungen sollten, soweit möglich, vermieden und zugleich Gegenpole zum Streß (z.B. Entspannungsübungen, Meditation, Yoga, autogenes Training) geschaffen werden.
Massagen, vor allem Fußreflexzonenmassage, Bindegewebs- oder Kolonmassage, können hilfreich sein.

Phytotherapie. Pflanzliche Ballaststoffpräparate, Magnesium in hohen Dosierungen oder Milchzuckerpräparate sind Mittel der ersten Wahl zur Behandlung der Obstipation.

Es sind keine synthetischen oder pflanzlichen Laxanzien einzunehmen. Besteht bereits eine Abhängigkeit, sollten diese Mittel unter Verwendung der hier gegebenen Ratschläge langsam ausgeschlichen werden.

Hämorrhoiden

Ernährung

Um einen weichen Stuhl zu ermöglichen, sollte ballaststoffreiche Ernährung bevorzugt werden. Die tägliche Einnahme von 1–3 EL Leinsamen mit viel Flüssigkeit ist hierbei hilfreich.

Orthomolekulare Therapie

Mineralstoffe. Magnesium, 300–900 mg täglich, kann zu harten Stuhl normalisieren.

Weitere Maßnahmen

Meiden von Genußmitteln. Da Genußmittel (Nikotin, Koffein) die Obstipation fördern sowie die Gefäße erweiteren (Alkohol), sollten diese weitgehend gemieden werden.

Phytotherapie. Pflanzliche Heilmittel (z.B. Mäusedorn, Hamamelis) verbessern den venösen Abfluß und können Blähungen (Fenchel, Kümmel) vermeiden helfen.
Hydrotherapie, Bewegungstherapie. Kurze, kalte Sitzbäder oder kaltes Duschen des Afters können unangenehme Symptome lindern. Ausdauerbelastungen beugen der Hämorrhoidenbildung vor, während Kraftanstrengungen mit Pressen zu meiden sind.

7.4 Leber und Galle

Gallensteine, Gallenkolik

Ernährung

Vollwert-Ernährung. Die Umstellung auf eine ballaststoffreiche Vollwert-Ernährung ist zu empfehlen. Vor allem tierische Fette, Kaffee und Alkohol sollten – wenn überhaupt – nur sehr sparsam konsumiert werden.
Gewichtsreduktion. Besteht Übergewicht, kann die Bildung von Gallensteinen durch Gewichtsabnahme verhindert werden. Allerdings ist während der Gewichtsreduktion das Risiko der Bildung von Gallensteinen erhöht. Häufige und zugleich drastische Gewichtsabnahmen mit anschließender Gewichtszunahme (Jojo-Effekt von Diäten) begünstigen die Entstehung von Gallensteinen.

Heilfasten

Während des Fastens ist die Sludgebildung (Gallengrieß) erhöht, da die Cholerese sistiert und keine Fettverdauung erfolgt. Somit steigt das Risiko der Entstehung oder Vergrößerung von Gallensteinen.
Die tägliche isotonische Bittersalzgabe ist hier möglicherweise hilfreich, da sulfathaltige Lösungen choleretisch wirken. Über das vermehrte Auftreten von Gallenkoliken wird im Fasten allerdings nicht berichtet, vielmehr wurde in Einzelfällen sogar der Abgang von Gallengrieß und kleinen Steinen beobachtet.

Weitere Maßnahmen

Phytotherapie. Pflanzliche Heilmittel, die den Gallenfluß anregen (z.B. Artischocke, Schöllkraut) wirken ebenfalls vorbeugend.
Physikalische Therapie. Bei einer Kolik wirken lokale Wärmeanwendungen (z.B. feuchtwarme Oberbauchkompressen) entkrampfend und schmerzlindernd.

Hepatitis

Ernährung

Heutzutage ist die Einhaltung einer „Leberschonkost“ nicht mehr angezeigt, vielmehr ist auf eine fettarme Vollwert-Ernährung zu achten, wobei die Bekömmlichkeit der einzelnen Nahrungsmittel berücksichtigt werden sollte. Alkohol ist strikt, Kaffee weitestgehend zu meiden.

Orthomolekulare Medizin

Vitamine. Hohe Dosen Vitamin-B-Komplex sowie Vitamin C (10 g) sollen die Serumtransaminasen sowie das subjektive Wohlbefinden rascher normalisieren.
Mineralstoffe, Spurenelemente. Zink (10 bis 50 mg) und Selen (50–200 μg) unterstützen die Immunabwehr.

Heilfasten

Bei akuter Hepatitis sollte Saftfasten nach Heun durchgeführt werden. Bei chronischer Hepatitis wurden Restitutionen unter einem Heilfasten nach Buchinger, mit Zugabe von Fruchtsäften beobachtet.

Weitere Maßnahmen

Physikalische Therapie. Leber- und Rumpfwickel oder heiße Leberauflagen sind oft hilfreich. Im hochakuten Stadium ist Ruhe, eventuell sogar Bettruhe angebracht.
Phytotherapie. Pflanzliche Heilmittel, vor allem die Mariendistel, unterstützen die Leber.

Leberverfettung

Ernährung

Eine streng fettarme Ernährung sollte nur bei Übergewicht oder Fettstoffwechselstörungen eingehalten werden. Ansonsten ist die rohkostreiche Vollwert-Ernährung ausreichend. Süßigkeiten und Zwischenmahlzeiten sollten vermieden werden.
Bei alkoholischer Fettleber liegt meist ein Vitamin-B-Mangel vor. Aus diesem Grund ist bei gleichzeitiger Alkoholabstinenz eine Vitamin-B-reiche Nahrung zu bevorzugen.

Orthomolekulare Medizin

Vitamine. Lezithin, 10 g täglich, ist unterstützend hilfreich (Nachweis des Rückgangs von Serumtransaminasen in klinischen Studien).

Heilfasten

Eine deutliche Verbesserung des Krankheitsbildes (z.B. Rückgang der Serumtransaminasen) ist durch Heilfasten fast immer gewährleistet. Fasten ist hier geradezu das Mittel der Wahl. Der Erfolg ist jedoch nur dann gesichert, wenn anschließend die Ernährung entsprechend umgestellt sowie ordnungstherapeutische Hinweise beachtet werden.

Weitere Maßnahmen

Kausale Behandlung. Soweit möglich, sollte die Ursache der Fettleber behandelt werden; so können Alkoholabstinenz bis zur Normalisierung (danach nur geringe Mengen), bei Übergewicht die Gewichtsreduktion sowie die Behandlung von Fettstoffwechselstörungen oder die optimale Einstellung eines bestehenden Diabetes in der Therapie der möglichen Ursachen angezeigt sein.
Phytotherapie. Pflanzliche Heilmittel (z.B. Mariendistelpräparate, Artischocke) wirken unterstützend.

Leberzirrhose

Ernährung

An erster Stelle steht die absolute Alkoholkarenz (cave: Lebertoxische Medikamente). Die Energiezufuhr sollte ausreichend sein, um einen Eiweißkatabolismus zu vermeiden. Gleichzeitig muß die Eiweißzufuhr eher niedrig gehalten werden (nicht über 1 g/kg Körpergewicht); bei fortgeschrittener Zirrhose, mit Gefahr der Enzephalopathie, ist eine Diät mit 40–60 g Eiweiß angezeigt.
Eiweißarme, ballaststoffreiche Kost. Toxische Eiweißabbauprodukte lassen die Restfunktion der Leber schneller abnehmen. Um hepatotoxische bzw. neurotoxische Effekte zu vermeiden, die durch bakteriellen Eiweißabbau im Darm hervorgerufen werden können und zur Bildung von Ammoniak, Phenolen, Indolen, Merkaptanen und Aminen führen, sollten bevorzugt pflanzliche Proteine zugeführt werden. Pflanzliche Eiweißträger haben aufgrund ihres relativ hohen Gehaltes an verzweigtkettigen Aminosäuren eine geringere toxische Wirkung, während Fleisch und Fisch einen hohen Anteil der eher ungünstigen aromatischen Aminosäuren (Tyrosin, Phenylalanin, Methionin) enthalten. Eine ballaststoffreiche Kost (bei Verträglichkeit) bindet Toxine des bakteriellen Eiweißabbaues im Darm und verkürzt die Darmpassagezeit.
Bei Aszites ist die Zufuhr von Flüssigkeit – dies betrifft auch flüssigkeitsreiche Nahrungsmittel wie Obst, Säfte, Milch – einzuschränken sowie auf Kochsalzrestriktion (maximal 3–5 g) zu achten. Kochsalz kann durch Diätsalze mit Kaliumchlorid ersetzt werden. Gleichzeitig sind Fertiggerichte, Salzheringe, Gemüsekonserven oder Knabberartikel zu meiden.
Bei Ösophagusvarizen sollte die Nahrung weich sein (z.B. gut gekaut oder gar passiert), um eine mechanische Reizung der Varizen und damit die Blutungsgefahr zu minimieren (z.B. keine scharfkantigen Kartoffelchips).

Bei einer Steatorrhoe sollte die Nahrung fettarm sein, die zusätzliche Gabe von MCT-Fetten (mittelkettigen Fettsäuren, Ceres®) ist dann sinnvoll.
Regelmäßige Diätberatung durch erfahrene Diätassistentinnen ist sinnvoll.

Orthomolekulare Medizin

Vitamine. Fettlösliche Vitamine (A, D, E, K) sind großzügig zuzuführen. Bei Störung der Fettresorption (40% der Leberzirrhotiker) ist die Injektion (z.B. Adek-Falk®) zu empfehlen.
Auch ein Vitamin-B-Kombinationspräparat mit Folsäure, B_1, B_2, B_6 und B_{12} ist sinnvoll.
Mineralstoffe, Aminosäuren. Kalzium, Eisen, Zink und Kalium sollten großzügig verordnet werden.
Bei strikter diätetischer Eiweißrestriktion ist die zusätzliche Gabe von Eiweißkonzentraten mit einem hohen Anteil verzweigtkettiger Aminosäuren (Valin, Leucin und Isoleucin) sinnvoll, um dem Eiweißkatabolismus entgegenzuwirken.
Bei primär biliärer Zirrhose wird der Juckreiz durch Ursodeoxycholsäure (oder durch Medikamente, die Gallensäure im Darm binden) deutlich gelindert.

Heilfasten

Das Heilfasten ist bei Leberzirrhose wegen des Eiweißkatabolismus und der Gefahr der Enzephalopathie streng kontraindiziert.

Weitere Maßnahmen

Lactulose, ein künstliches Disaccharid aus Fruktose und Galaktose, wird im Darm bakteriell gespalten. Die bakterielle Eiweißspaltung und damit die Produktion von Ammoniak und anderen Toxinen nimmt ab. Die Darmpassagezeit des Stuhlbreies wird verkürzt.

7.5 Urogenitalsystem

Pyelonephritis

Ernährung

Zur Durchspülung der Nieren sollte die Flüssigkeitszufuhr auf mindestens 3 l täglich gesteigert werden.

Orthomolekulare Medizin

Enzyme. Zur Unterstützung der Behandlung empfiehlt sich Wobenzym® N 3 × 5 oder Phlogenzym® 3 × 2 für 3–6 Wochen.

Heilfasten

Im akuten Stadium ist Heilfasten als Basistherapie möglich.

Weitere Maßnahmen

Phytotherapie. Pflanzliche Heilmittel mit durchspülender bzw. bakterienhemmender Wirkung (Bärentraubenblätter, Goldrute) sind Grundlage der naturheilkundlichen Behandlung.
Physikalische Therapie. Ansteigende Fußbäder oder warme Packungen auf die Nierengegend lindern die Beschwerden.

Meist ist eine antibiotische Therapie erforderlich.

Infektionen der ableitenden Harnwege

Ernährung

Die Flüssigkeitszufuhr soll z.B. durch Nieren-Blasen-Tees auf mindestens 3 l gesteigert werden. Säuernde Mineralwässer (z.B. Kalzium-Sulfat-Wässer, Kalzium-Chlorid-Säuerlinge) sollen vermehrt zugeführt werden, da die säuernde Wirkung das Bakterienwachstum behindert.

Orthomolekulare Therapie

Aminosäuren. Methionin, 3 × 500–1000 mg, säuert den Harn an und behindert das Bakterienwachstum. Bei chronischen oder sich wiederholenden Entzündungen sollte vorbeugend Methionin, 3 × 500 mg täglich, eingenommen werden.

Heilfasten

Heilfasten kann aufgrund der krankheitsbedingten starken Säuerung des Harns hilfreich sein. Während des Fastens sollte viel getrunken werden.

Weitere Maßnahmen

Phytotherapie. Pflanzliche Heilmittel (Goldrute, Bärentraube) wirken entzündungswidrig und antibakteriell.

Physikalische Therapie. Wärmeanwendungen – ansteigende Fußbäder, Sitzbäder, T-Wickel oder feucht-heiße Packungen auf den Unterbauch – wirken krampf- und schmerzlindernd.

Hydrotherapie. Zur Vorbeugung chronischer oder rezidivierender Entzündungen ist die Durchführung KNEIPPscher Abhärtungsmaßnahmen sinnvoll. Die Kaltanwendungen sollen nur langsam gesteigert werden.

> Bei schweren Infektionen ist oft eine antibiotische Therapie erforderlich (Urinkontrollen).

Harnsteine

Ernährung

Magnesiumreiche Ernährung. Heutzutage ist die Empfehlung, kalziumreiche Nahrung bei der Behandlung kalziumhaltiger Steine zu meiden, nicht mehr gültig. Vielmehr sollten tierische Proteine gemieden sowie Nahrungsmittel, die reich an Oxalsäure sind – Spinat, Rhabarber, rote Bete, Bohnen, Kakao und daraus hergestellte Produkte –, eingeschränkt und statt dessen magnesiumreiche Nahrungsmittel (nicht bei Magnesium-Phosphat-Steinen) bevorzugt werden.

Flüssigkeitszufuhr. Auf ausreichende Flüssigkeitszufuhr von täglich 2 l, besser sind 3 l, sollte geachtet werden. Hoher Zuckerkonsum begünstigt möglicherweise die Entstehung von Steinen.

Meiden purinreicher Nahrungsmittel. Bei Phosphatsteinen sollten zur Rezidivprophylaxe phosphathaltige Lebensmittel – z.B. Wurst- und Fleischwaren, Schmelzkäse, Kakao und kakaohaltige Produkte –, bei Harnsäuresteinen (Tab. 7-2) purinreiche Nahrungsmittel (s. S. 257) gemieden werden.

Orthomolekulare Medizin

Mineralstoffe. Zur Vorbeugung von Kalziumoxalatsteinen kann Magnesium, 300–600 mg täglich, verordnet werden: Bei Magnesiumphosphatsteinen soll dieses nicht eingenommen werden.

Die hohe Zufuhr von Vitamin C begünstigt entgegen anderslautenden Empfehlungen nicht die Bildung von Oxalatsteinen.

Heilfasten

Die Mobilisation vorhandener Steine im Fasten konnte festgestellt werden.

Weitere Maßnahmen

Ordnungstherapie. Richtiges Ernährungs- und Trinkverhalten kann der Steinbildung vorbeugen. Vor allem abends und nachts ist auf ausreichende Flüssigkeitszufuhr zu achten.

Phytotherapie. Pflanzliche Heilmittel (z.B. Löwenzahn) können die Wasserausscheidung über die Niere fördern und somit der

Tab. 7-2 Ernährung und Mineralwasserempfehlung in Abhängigkeit von der Steinart.

Steinart	Kalziumoxalat	Kalziumphosphat	Harnsäure	Infektstein
Ernährung	oxalsäurearm	phosphatarm	purinarm	–
Mineralwasser	magnesiumreich Ca-/Mg-Quotient (kleiner als 2,5)	magnesiumreich Ca-/Mg-Quotient (kleiner als 2,5)	Natrium-Hydrogen-karbonat	Kalzium-Sulfat-Säuerling

Steinbildung vorbeugen bzw. die Ausschwemmung von Steinen fördern.

Chronische Niereninsuffizienz

Ernährung

Bei erhöhtem Kalium sollten kaliumreiche Lebensmittel gemieden werden (s. S. 104 f.). Die Reduzierung von Natrium (s. S. 116 ff.) durch die Beschränkung natriumhaltiger Nahrungsmittel ist nur bei Bluthochdruck oder Ödemen vorzunehmen. In anderen Fällen kann eine **natriumarme** Ernährung aufgrund der durch die Hypovolämie ausgelösten Minderdurchblutung weitere Funktionseinbußen zur Folge haben.

Die Nahrung sollte **phosphatarm** und **kalziumreich** sein, da ein erhöhter Phosphatspiegel Kalziumphosphatablagerungen im Nierengewebe induziert und in Folge entzündliche und fibrinöse Reaktionen auslöst. Kalzium verhält sich partiell antagonistisch zu Phosphor. Die Flüssigkeitszufuhr – ausgenommen sind fortgeschrittene Erkrankungen mit Ödemen – sollte reichlich sein (Diuresemenge von ca. 2,5 l).

Eiweißarme Ernährung. Da hohe Proteinzufuhr zur Progression der Niereninsuffizienz, vor allem bei diabetischer Nepropathie, führt, sollte die Ernährung eiweißarm sein. Durch strikte Restriktion von Proteinen, bei Zufuhr biologischer hochwertiger Proteine und ausreichender Proteinzufuhr wird der Verlauf der Erkrankung günstig beeinflußt. Pflanzliche Proteine scheinen aufgrund ihres Aminosäuremusters überlegen zu sein (Tab. 7-3 und 7-4).

Tab. 7-3 Biologische Wertigkeit von Proteinen (Vollei = 100).

Proteinhaltige Nahrungsmittel	Wertigkeit
Vollei und Kartoffel (35%/65%)	137
Vollei und Milch (71%/29%)	122
Vollei und Weizen (68%/32%)	118
Bohnen und Mais (52%/48%)	101
Kartoffel	ca. 95
Milch	ca. 86
Rindfleisch	ca. 85
Soja	ca. 84
Reis	ca. 83

Je höher die biologische Wertigkeit eines Proteins ist, desto weniger muß davon eingenommen werden, um die lebensnotwendige Mindestmenge zu erreichen, desto mehr Protein kann also eingespart werden.

Für die Zufuhr von Proteinen gelten folgende Empfehlungen:

Tab. 7-4 Proteinzufuhr in Abhängigkeit vom Stadium der Erkrankung.

Harnstoff in mg/dl	Kreatinin in mg/dl	Proteinzufuhr in g/kg
< 100	< 3	0,6–0,8
100–150	3–6	0,5–0,6
> 150	> 6	0,3–0,4
Dialyse	–	1,0

Diäten. Um bei geringer Proteinbelastung möglichst viel essentielle Aminosäuren zuzuführen, ist auf die Zufuhr biologisch hochwertiger Kombinationen von Proteinen zu achten. Im fortgeschrittenen Stadium können eine Kartoffel-Ei-Diät oder Schweden-Diät durchgeführt werden. Individuelle Diätpläne sollten dann von einer Diätassistentin ausgearbeitet werden. Mit diesen Maßnahmen kann das Fortschreiten der Niereninsuffizienz aufgehalten oder zumindest verzögert werden.

Orthomolekulare Medizin

Aminosäuren. Essentielle Aminosäuren sollten bei stark proteinarmer Kost zur Sicherstellung der Mindestzufuhr verordnet werden.

Heilfasten

Heilfasten ist kontraindiziert.

Saftfasten nach Heun ist unter fastenärztlicher Aufsicht gegebenenfalls möglich.

Weitere Maßnahmen

Phytotherapie. Pflanzliche Heilmittel (Zinnkraut, Goldrute) können unterstützend hilfreich sein.
Schulmedizinische Therapie. All diese Maßnahmen ersetzen jedoch keine Diuretika, die im fortgeschrittenen Stadium der Erkrankung notwendig sind.

Prostatahyperplasie

Ernährung

Eiskalte Getränke, Alkohol, Kaffee sowie stark kohlensäurehaltige Getränke sollten weitgehend gemieden werden, da hierunter subjektive Verschlechterungen angegeben werden.

Bestimmte bioaktive Substanzen, so die in Kürbiskernen enthaltenen Sitosterine sind günstig. Eine weitgehend vegetarische Kost bietet aufgrund des hohen Gehaltes an hormonähnlichen Pflanzeninhaltsstoffen (Phytoöstrogene, die z.B. in Soja enthalten sind) einen gewissen Schutz vor der Prostatahyperplasie. Darauf deuten phytopharmakologische sowie epidemiologische Untersuchungen hin.

Weitere Maßnahmen

Phytotherapie. Durch pflanzliche Heilmittel (z.B. aus Zwergpalme, Brennessel, Kürbis) ist eine gewisse Verkleinerung bzw. eine Verzögerung der Vergrößerung der Prostata sowie eine Minderung der Restharnmenge belegt.
Homöopathie. Bei passender Symptomatik können Homöopathika (z.B. Sabal serrulata) hilfreich sein.

Prostatitis

Ernährung

Ernährungstherapeutische Maßnahmen zur Behandlung der Prostatitis sind nicht bekannt.

Orthomolekulare Medizin

Enzyme. Wobenzym® N 3 × 3 oder Phlogenzym® 3 × 2 für 3–6 Wochen können bei einer nicht bakteriellen Entzündung verordnet werden.

Weitere Maßnahmen

Phytotherapie, Homöopathie. Pflanzliche Heilmittel (Sägepalme, Echinacea) können die Entzündungsaktivität mindern. Homöopathie ist bei passender Symptomatik hilfreich.
Physikalische Therapie. Bei chronischer Prostatitis sind warme Sitzbäder, 39–40 °C, die 3mal pro Woche für jeweils 10 Minuten durchgeführt werden sollten, sinnvoll.

Sexuelle Funktionsstörungen

Ernährung

Ernährungstherapeutische Maßnahmen zur Behandlung sexueller Funktionsstörungen sind nicht bekannt.

Orthomolekulare Medizin

Mineralstoffe. Der bei Impotenz oft bestehende Zinkmangel – Sperma ist sehr zinkreich – kann durch die Gabe von Zink, täglich 10–40 mg, über mindestens 3 Monate, ausgeglichen werden. Bei Potenzstörungen alter Männer kann versuchsweise Molybdän, täglich 75–150 µg, verordnet werden.

Weitere Maßnahmen

Da die Ursache sexueller Funktionsstörungen oft seelischer Natur ist, müssen ordnungstherapeutische und psychosomatische Aspekte unbedingt beachtet werden:
Psychosomatische Aspekte. Beziehungskonflikte können unter Anleitung eines erfahrenen Sexualtherapeuten bearbeitet werden.
Ordnungstherapie. Da Rauchen die Durchblutung negativ beeinflußt, sollten Männer, die an Erektionsstörungen leiden, dieses unbedingt einstellen.
Auch der Konsum von Alkohol – erhöht nur die Bereitschaft, nicht aber die Fähigkeit zum Verkehr – soll eingeschränkt oder beendet werden.
Beruflicher Streß soll soweit möglich vermieden oder durch die Schaffung von Gegenpolen (z.B. durch Entspannungsübungen) ein Ausgleich geschaffen werden.
Umweltbelastungen sollten minimiert werden.
Hydrotherapie. Vegetativ ausgleichende Maßnahmen wie die Hydrotherapie nach Kneipp sind unterstützend sinnvoll.
Akupunktur, Homöopathie. Akupunktur/-pressur oder Homöopathie können gute Wirkungen zeigen.

Sterilität

Ernährung

Ernährungstherapeutische Maßnahmen zur Behandlung der Sterilität sind nicht bekannt.

Orthomolekulare Medizin

Mineralstoffe, Vitamine. Großzügige Zufuhr der für die Fortpflanzung wichtigen Nährstoffe Zink (10–40 mg) und Vitamin E (100–400 IE täglich). Bei Frauen, die lange Zeit die „Pille" genommen haben, besteht häufig ein Mangel an bestimmten Vitaminen, so vor allem an Folsäure und Vitamin B_6. Folsäure (1–5 mg) und Vitamin B_6 (10–50 mg) sollten daher großzügig eingenommen werden.

Heilfasten

Auch in austherapierten Fällen von Unfruchtbarkeit, sowohl bei Mann und Frau, kann ein 10- bis 20tägiges Fasten die Fertilität wiederherstellen.

Weitere Maßnahmen

Ordnungstherapie. Ohne Berücksichtigung ordnungstherapeutischer und psychosomatischer Gesichtspunkte sollte heutzutage keine Sterilitätsbehandlung, auch keine schulmedizinische Therapie, durchgeführt werden. Umweltbelastungen (z.B. Amalgam, Pestizide) sollten vermieden bzw. minimiert werden. Rauchen sollte unbedingt von beiden Partnern eingestellt werden.
Homöopathie. Homöopathische Mittel können funktionelle Sterilität bei passender Symptomatik beseitigen.
Vegetativ ausgleichende Maßnahmen. Massagen, Moorbäder, Anwendungen nach Kneipp, Sport, Kuren und Urlaub sind, da sie auch psychisch stabilisieren, ergänzend miteinzubeziehen.

Menstruationsbeschwerden

Ernährung

Fleisch- und fettarme Ernährung. Die Bevorzugung von Omega-6- und Omega-3-fettsäurereichen Lebensmitteln (z.B. kaltgepreßtes Sonnenblumen-, Distel-, Leinöl, fette Kaltwasserfische) fördern die Bildung günstiger, entzündungshemmender Prostaglandine. Fleisch hingegen enthält viel Arachidonsäure – die Vorstufe „schlechter" Prostaglandine – und sollte vor allem in der zweiten Zyklushälfte eher gemieden werden. Prostaglandine der Gruppe 2, die aus Arachidonsäure gebildet werden, fördern entzündliche Prozesse, die als Ursache prämenstrueller Beschwerden diskutiert werden.
Durch starke Reduktion der Fettzufuhr bei gleichzeitiger Steigerung des Kohlenhydratanteils können prämenstruelle Beschwerden reduziert werden.

Orthomolekulare Medizin

Prämenstruelles Syndrom. Bei prämenstruellem Syndrom sind Vitamin B_6, 50–100 mg täglich, und Omega-6-Fettsäuren, ca. 1 g Gamma-Linolensäure täglich, mitunter sehr gut wirksam. Die Behandlung sollte ca. 1 Woche vor der Menstruation beginnen. Gamma-Linolensäure fördert die „günstigen" und hemmt die „schlechten" Prostaglandine.
Amenorrhö. Bei Amenorrhö kann versuchsweise über mehrere Monate Zink, 10–40 mg, verordnet werden.
Dysmenorrhö. Bei Dysmenorrhö wirkt Magnesium (300–600 mg) krampflindernd. Zusätzlich können Vitamin B_6 50–100 mg, Vitamin E 400–800 I.E., Vitamin C 1–2 g, verabreicht werden.

Weitere Maßnahmen

Vegetativ ausgleichende Maßnahmen. Massagen und hier vor allem Bindegewebsmassage, Hydrotherapie sowie Entspannungsübungen wirken ebenso vegetativ augleichend wie psychisch stabilisierend. Körperliche Symptome werden somit erträglicher.
Homöopathie. Das richtig gewählte Homöopathikum vermag Beschwerden deutlich zu lindern.

Klimakterische Beschwerden

Ernährung

Ernährungstherapeutische Maßnahmen zur Behandlung klimakterischer Beschwerden sind nicht bekannt.

Orthomolekulare Medizin

Vitamine. Vitamin E in hohen Dosen (400, eventuell bis 1200 I.E. täglich), Vitamin C, $2 \times 500–1000$ mg täglich, sind oft hilfreich.

Weitere Maßnahmen

Psychosomatische Aspekte. Von entscheidender Bedeutung kann das Annehmen des Älterwerdens sein, denn der Verlust der Reproduktionsfähigkeit bedeutet nicht den Verlust des Frauseins.
Phytotherapie, Homöopathie. Pflanzliche oder homöopathische Heilmittel können die Beschwerden deutlich lindern.
Physikalische Therapie. Wasseranwendungen oder Massagen wirken vegetativ ausgleichend und psychisch stabilisierend.
Weitere Naturheilverfahren. Akupunktur, ausleitende Verfahren sowie Neuraltherapie können im Einzelfall das „richtige" Verfahren sein, das dramatische Besserung ermöglicht.

Mastodynie und Mastopathie

Ernährung

Ernährungstherapeutische Maßnahmen zur Behandlung der Mastodynie und Mastopathie sind nicht bekannt.

Orthomolekulare Medizin

Enzyme, Vitamine. Werden Phlogenzym®, 3 × 2 Kapseln, sowie 1000 I.E. Vitamin E täglich versuchsweise über 6 Wochen eingenommen, nehmen die Schwellungsneigung und das Spannungsgefühl hierunter nicht selten ab.

Weitere Maßnahmen

Hydrotherapie. Wasseranwendungen nach Kneipp wirken oft lindernd.

Phytotherapie, Homöopathie. Pflanzliche Heilmittel (z.B. Mönchspfeffer) sind bei Mastodynie bewährt. Das richtig gewählte Homöopathikum kann die Beschwerden entscheidend verringern.

7.6 Endokrinium

Diabetes mellitus

Ernährung

Vermeidung zuckerhaltiger Nahrungsmittel. Zucker, alle zuckerhaltigen Lebensmittel, Fertiggerichte und Getränke – auch Honig, Ahorn-, Rübensirup, Birnen- oder Apfeldicksaft – sollten weitestgehend gemieden werden. „Diabetiker-Produkte" wie Diabetiker-Marmelade, -Pralinen, -Schokolade werden heute in der Ernährung des Diabetikers als überflüssig angesehen. Ebenso sollte auf Süßstoffe und daraus hergestellte Nahrungsmittel verzichtet werden, da sie zwar scheinbar Kalorieneinsparung bedeuten, die Gesamtenergieaufnahme scheint jedoch bei süßstoffhaltiger Nahrung sogar erhöht zu sein, da Süßstoffe zu einem vermehrten Verzehr führen. Dies ist für den meist übergewichtigen Diabetiker ungünstig.

Fruchtzucker und die daraus hergestellten Produkte sind, obwohl Fruchtzucker insulinunabhängig verstoffwechselt wird, für den Organismus „leere Kalorien" und somit physiologisch fast wertlose Substanzen. Vollwert-Ernährung sollte möglichst eingehalten werden, wobei besonders auf Zuckerfreiheit, Fettarmut sowie auf einen hohen Ballaststoff- und Rohkostanteil geachtet werden sollte.

Bei Typ-I-Diabetes und beim insulinpflichtigen Typ-II-Diabetiker sollten drei Haupt- und mehrere Zwischenmahlzeiten eingehalten und die Nahrungsmenge nach Broteinheiten berechnet werden. Um diese einhalten zu können, ist die Schulung durch eine Diätassistentin oder in einer Diabetes-Klinik unbedingt erforderlich.

Für den tablettenpflichtigen Typ-II-Diabetiker ist die Berechnung nach Broteinheiten nicht erforderlich. Bis zur Gewichtsnormalisierung sollte die Nahrung jedoch unterkalorisch sein, also weniger Energie enthalten, als vom Körper verbraucht wird. Auf Zwischenmahlzeiten kann bei Vollwert-Ernährung, guter Blutzuckereinstellung und Gewichtsnormalisierung verzichtet werden.

Die herkömmliche Zählung nach Broteinheiten berücksichtigt zwar die Kohlenhydrate, unterscheidet jedoch nicht zwischen einfachen oder komplexen Kohlenhydraten, auch der Ballaststoffgehalt, der die Geschwindigkeit des Blutzuckeranstieges nach einer Mahlzeit wesentlich beeinflußt, geht in die Broteinheiten nicht mit ein. So führt beispielsweise ein Frischkornbrei zu keinem Blutzuckeranstieg, während derselbe Frischkornbrei, nach Kochen des Getreideanteils, den Blutzucker signifikant ansteigen läßt. Vollkornbrot hat einen deutlich geringeren Anstieg des Blutzuckers zur Folge wie dieselbe Menge Weißbrot.

Orthomolekulare Medizin

Bestimmte Vitamine und Mineralstoffe helfen, die Blutzuckereinstellung (in Grenzen) zu verbessern oder wirken vorbeugend bei Zuckerspätschäden:

Verbesserung der Blutzuckereinstellung. Die Blutzuckereinstellung kann durch die Einnahme folgender Spurenelemente, Mineralstoffe und Vitamine günstig beeinflußt werden:

- Chrom: 100–200 µg täglich
- Vitamin E: 400 I.E. täglich
- Magnesium: 300–600 mg (engmaschige Blutzuckerkontrollen, Gefahr der Unterzuckerung) sowie
- Zink: 10–20 mg
- Mangan: 10–50 mg
- Kalium: 1–2 g
- Niacin: bis 50 mg
- Vitamin C
- Vitamin-B-Komplex.

Vorbeugung und Behandlung diabetischer Nervenschädigungen. Folgende Vitamine und Aminosäuren sind zur Behandlung diabetischer Nervenschädigungen angezeigt:

- Vitamin B_1: 10–50 mg
- Vitamin B_6: 50–100 mg
- Vitamin B_{12}: 10–100 µg
- Niacin: 50 mg
- Lezithin: 10 g
- Alpha-Liponsäure: 600 mg.

Vorbeugung diabetischer Netzhautschäden. Zur Vorbeugung von Netzhautschäden sollten verordnet werden:

- Zink: 10–40 mg
- Selen: 50 µg
- Magnesium: 300–600 mg
- sowie Vitamin-A-C-E Kombinationspräparat (s. S. 147).

Diabetische Wundheilungsstörung. Mit Zink, 20–40 mg, sowie Vitamin C, mindestens 2 × 500 mg, kann die Wundheilung verbessert werden.

Heilfasten

Neben körperlicher Bewegung ist Fasten die schnellste und sicherste Möglichkeit, eine vorhandene Insulinresistenz abzubauen. Da bereits geringe Gewichtsabnahmen die Insulinresistenz deutlich verringern, und somit die Blutzuckereinstellung verbessern, ist Heilfasten bei übergewichtigen Diabetikern die Methode der Wahl. Dauerhafter Erfolg ist jedoch nur durch die konsequente Ernährungsumstellung gegeben.

> Diabetes-Tabletten und Insulin müssen bei Fastenbeginn abgesetzt werden, da sonst eine gefährliche Unterzuckerung droht. Nur durch Diät eingestellte Diabetiker können zu Hause fasten. Medikamentös eingestellte Diabetiker sollten dies in einer Fastenklinik (oder unter Anleitung eines erfahrenen Fastenarztes tun). Bei Typ-I- oder Typ-II-Diabetikern mit absolutem Insulinmangel ist Fasten kontraindiziert (Gefahr des ketoazidotischen Komas). Fasten ist nur bei strenger Indikationsstellung in einer Fastenklinik möglich.

Weitere Maßnahmen

Bewegungstherapie. Bewegung verbraucht Zucker, hilft beim Abbau des Übergewichtes und wirkt der Insulinresistenz entgegen. Tägliche Ausdauerbelastungen wie Schwimmen, Radfahren, Walking oder Jogging, die mindestens ½ Stunde durchgeführt werden, erweisen sich als sinnvoll.

Schulmedizinische Therapie. Medikamente, die die Insulinresistenz fördern, wie Diuretika oder Beta-Blocker, sollten möglichst durch stoffwechselneutrale Arzneimittel ersetzt werden.

Gewichtsreduktion. Auch das Übergewicht sollte abgebaut werden (s. S. 257).

Hyperlipidämie

Ernährung

Rohkostreiche, vegetarische Vollwert-Ernährung. Bevorzugt werden soll eine rohkostreiche, vegetarische Vollwert-Ernährung.

Ungehärtete pflanzliche Fette und Öle sind der Butter – Butter spielt nicht die Rolle, die ihr in der Cholesterindiskussion oft zukommt – vorzuziehen. Bei ansonsten vegetarischer Ernährung können geringe Mengen an Butter toleriert werden. Da Cholesterin allein in tierischen, jedoch nicht in pflanzlichen Fetten vorkommt, sollte die Zufuhr tierischer Fette, auch „versteckte in Fleisch und Wurst, die auch in mageren Sorten enthalten sind, auf ein Minimum beschränkt werden.
Da Ballaststoffe den enterohepatischen Kreislauf von Cholesterin und Gallensäuren behindern, ist auf eine hohe Ballaststoffzufuhr in Form von Vollkornprodukten, Obst und Gemüse zu achten. Bei erhöhten Triglyzeriden ist zusätzlich auf fettarme und eventuell bis zur Gewichtsnormalisierung kalorienreduzierte Kost zu achten.
Vor allem die ungesättigten Omega-3-Fettsäuren bewirken eine Triglyzeridsenkung, während Cholesterinwerte etwas weniger reduziert werden. Aber auch Omega-6-Fettsäuren (Cholesterin-, aber auch HDL-Senkung) und die Ölsäure (Cholesterin-, nicht jedoch HDL-Senkung) tragen zur Senkung der Triglyzeride bei. Diese Fettsäuren sind in Fischölen, Leinsamen, Lein-, Walnuß-, Weizenkeim-, Raps- und Sojaöl (Omega-3), in Sonnenblumen- und Distelöl (Omega-6) bzw. in Olivenöl, Avocados, Mandeln (Ölsäure) vorhanden (s. S. 177 ff.).

Orthomolekulare Medizin

Vitamine. Niacin, 2–4 g täglich, senkt deutlich die Triglyceride und mäßig das Cholesterin.

> Beginn mit 3 × 100–250 mg täglich zu den Mahlzeiten, dann langsam je nach Verträglichkeit die Dosis langsam steigern, bis 2–4 g täglich erreicht sind.

Lezithin senkt milde das Cholesterin.
Fettsäuren. Omega-3-Fettsäuren (z.B. in Fischöl), 1–3 g täglich, senken deutlich die Triglyceride und mäßig das Cholesterin.

Antioxidanzien. Antioxidantien (z.B. Vitamine C, E, Beta-Karotin, Selen) (s. S. 145 ff.) schützen das erhöhte Cholesterin vor Oxidation und damit vor Ablagerung an die Gefäßwände (s. S. 177 ff.).

Heilfasten

Im Fasten läßt sich – auch nach Weglassen fettsenkender Medikamente – fast immer eine Normalisierung der Werte erreichen. Ist dies nicht der Fall, so ist die Fettstoffwechselstörung entweder durch eine schwere, vererbte Stoffwechselstörung (familiäre Hypercholesterinämie), durch andere Erkrankungen, die eine Erhöhung der Werte hervorrufen (z.B. Hypothyreose), möglicherweise aber auch durch seelische Konflikte, die die körpereigene Bildung von Cholesterin fördern, bedingt.
Ein guter Erfolg während des Fastens spricht für die Ernährungsabhängigkeit der Fettstoffwechselstörung und verlangt nach dem Fasten nach einer konsequenten Ernährungsumstellung.

Weitere Maßnahmen

Bewegungstherapie. Ausdauerbelastungen von mehr als einer halben Stunde Dauer (mit 50–75% der maximalen Leistungsfähigkeit) können die Fettsenkung unterstützen, da nur in diesem Intensitätsbereich und bei dieser Dauer eine relevante Linolyse stattfindet.
Phytotherapie. Pflanzliche Heilmittel (Artischocke, Knoblauch) bewirken eine milde Absenkung.
Ordnungstherapie. Die Behandlung von Fettstoffwechselstörungen sollte keinesfalls ohne Berücksichtigung ordnungstherapeutischer Hinweise durchgeführt werden. Liegen Streßbelastungen oder Konflikte vor, die das Cholesterin erhöhen? Wieviel Alkohol wird konsumiert? (Triglyzeriderhöhung?) Werden Medikamente eingenommen, die den Fettstoffwechsel verschlechtern (Diuretika, Beta-

Blocker, Kortison)? Wird geraucht? (vermehrte Oxidation des erhöhten LDL-Cholesterins?)

Gicht/Hyperurikämie

Ernährung

Purinarme Ernährung. Die Kost sollte aufgrund der darin enthaltenen Harnsäurevorstufen (Purine) keine oder nur sehr wenige Fleisch- und Wurstprodukte sowie Fisch und Geflügel enthalten. Auf reichliche Zufuhr von Obst und Flüssigkeit (mehr als 2 l täglich, während des Anfalls 3 l täglich) ist unbedingt zu achten, sofern keine fortgeschrittene Herz- oder Niereninsuffizienz vorliegt.
Hülsenfrüchte (z.B. Linsen, Erbsen, Sojabohnen) sollten aufgrund des hohen Puringehaltes nur sparsam eingesetzt, auf Innereien (z.B. Leber, Niere, Bries, Herz) ganz verzichtet werden.

Orthomolekulare Medizin

Vitamine. Bei erhöhter Harnsäure im Blut behindern Folsäure, 3 × 5 mg täglich, und Vitamin C, 3 × 1 g täglich, die Ablagerung von Harnsäurekristallen in den Gelenken.

Heilfasten

Durch Heilfasten und die anschließende Ernährungsumstellung ist langfristig eine Verbesserung der Harnsäurewerte möglich.

> Im Fasten kommt es aufgrund der Mobilisierung körpereigener Harnsäuredepots zu einem vorübergehenden Anstieg der Harnsäure im Blut, der – bei entsprechender Disposition – sogar einen Anfall auslösen kann. Daher sollten Fastende, die erhöhte Harnsäurewerte aufweisen, während des Fastens besonders viel trinken und zur Anfallsvorbeugung ein harnsäuresenkendes Medikament einnehmen (z.B. Allopurinol).

Weitere Maßnahmen

Meiden von Genußmitteln. Da Alkohol die Ausscheidung der Harnsäure behindert, soll er ganz weggelassen oder nur in sehr geringen Mengen genossen werden. Kaffee kann ebenfalls zu einer Erhöhung der Harnsäure führen und sollte weitgehend gemieden werden.
Schulmedizinische Therapie. Diuretika erhöhen die Harnsäurewerte. Inwiefern diese Medikamente weggelassen oder durch harnsäureneutrale Präparate ersetzt werden könnten, sollte überprüft werden.
Gewichtsreduktion. Die Normalisierung des meist bei Gichtpatienten vorhandenen Übergewichtes ist unbedingt anzustreben.

> Während der Gewichtsabnahme kommt es zur Erhöhung der Harnsäure. Bei rascher Gewichtsabnahme sollten zur Anfallsvorbeugung die Trinkmenge erhöht sowie harnsäuresenkende Medikamente (Allopurinol) eingesetzt werden.

Adipositas

Ernährung

Nahrungsmittel, die eine **hohe Nährstoffdichte** aufweisen, d.h. reich an Vitaminen, Mineralien und Ballaststoffen sind und zugleich einen niedrigen Energiegehalt haben, sind zu bevorzugen. Dazu gehören:

- **Gemüse** und **Salate** sollten Hauptbestandteile der Mahlzeiten sein und nicht als kleine Beilage fungieren.
- Da ballaststoffreiche Kohlenhydratträger sowohl einen besseren Sättigungseffekt haben als auch einen langsameren Blutzuckeranstieg bewirken, sollte **Produkten** aus dem **vollen Korn** (z.B. Vollkornnudeln, Vollkornbrot, ungeschälter Reis) den Weißmehlprodukten vorgezogen werden.
- Fleisch- oder Wurstprodukte enthalten versteckte Fette (auch mageres Fleisch) und

haben zudem eine relativ geringe Nährstoffdichte. Der Konsum von Fleisch und Wurst sollte auf maximal ein bis zwei Fleischgerichte pro Woche reduziert oder aufgegeben werden.
- Während der Gewichtsabnahme ist Alkohol völlig zu meiden (1 g Alkohol enthält 7 Kalorien, 1 g Fett hat 9 Kalorien).

Heilfasten

Durch Heilfasten läßt sich rasch eine Körpergewichtsreduktion erzielen, die allerdings nur Bestand hat, wenn anschließend die Ernährung und Lebensweise umgestellt wird. In vielen Fällen ist es wichtig, in dieser Lebensphase, die seelischen Ursachen, die zum Übergewicht geführt haben, in die Betrachtung miteinzubeziehen. Da jedoch durch das Fasten ein ermutigender Primärerfolg erreicht wurde, ist ein entscheidender Impuls für die konsequente Ernährungsumstellung gegeben. Wird nach dem Fasten das Gewicht für einige Monate einigermaßen gehalten, kann – auch bei extrem hohem Körpergewicht – das Körpergewicht durch mehrmaliges Fasten in jährlichen Abständen stufenweise normalisiert werden. Eine tägliche Gewichtsreduktion von 300–500 g während des Fastens ist realistisch.

> Die Gewichtszunahme von 1–3 kg direkt nach Fastenbrechen ist bedingt durch die Wassereinlagerungen physiologisch und notwendig.

Weitere Maßnahmen

Bewegungstherapie. Adäquate Bewegung (s. S. 256) vermag den Prozeß des Abnehmens zu unterstützen.

Psychosomatische Aspekte. Wichtig ist es, die seelische Komponente in das Problem Übergewicht miteinzubeziehen. Der Übergewichtige versucht oft, emotionale Defizite mit Überernährung zu kompensieren. Diese Strategie kann kurzfristig erfolgreich sein und beim Betreffenden eine gelöste und bejahende Stimmung auslösen, die Freisetzung euphorisierender Stoffe im Zentralnervensystem nach Schokoladengenuß ist nachgewiesen, doch gilt es die Ursachen dieser Kompensation individuell zu klären. Der Übergewichtige muß sich dem Problem des Mangels – Mangel an Selbstvertrauen, Mangel an Geborgenheit, Mangel an Liebe – zuwenden. Eine mehrjährige psychodynamisch orientierte Psychotherapie kann in manchen Fällen angezeigt sein. Hier sollte jedoch das Ziel der Behandlung nicht in der Reduktion des Gewichts, sondern in der Stärkung des Selbstvertrauens liegen.

Blande Struma

Ernährung

Um der Entwicklung einer Struma vorzubeugen, sollte die Nahrung ausreichend Jod enthalten. In Jodmangelgebieten und somit nahezu in ganz Mitteleuropa, mit Ausnahme der Küstenregionen, ist ausschließlich jodiertes Speisesalz zu verwenden.

> Jodiertes Speisesalz darf nicht bei Überfunktion der Schilddrüse verwendet werden.

Orthomolekulare Medizin

Spurenelemente. Zur Vorbeugung sowie bei bestehender Struma zur Vermeidung einer weiteren Vergrößerung sollte Jod, 150–250 µg täglich, oder 1000–2000 µg/Wochen zusätzlich eingenommen werden. Da vor allem in der Schwangerschaft und Stillzeit der Bedarf an Jod erhöht ist, ist allen Schwangeren und Stillenden die Einnahme von Jod in der angegebenen Menge zu empfehlen. Die zusätzliche Einnahme schützt sowohl die Frauen als auch die Kinder vor einer Struma.

Jod darf nicht bei Überfunktion der Schilddrüse eingenommen werden.

Heilfasten

Fastentherapeutische Maßnahmen zur Behandlung der blanden Struma sind nicht bekannt.

Weitere Maßnahmen

Zu naturheilkundlichen Therapien können keine näheren Angaben gemacht werden.

Hyper- und Hypothyreose

Ernährung

Bei Überfunktion der Schilddrüse darf aufgrund der Gefahr der Verschlechterung der Symptome kein jodiertes Speisesalz verwendet werden.

Zur Vorbeugung einer Unterfunktion ist auf eine ausreichende Jodversorgung in der Nahrung, Fisch, Algen, Meeresfrüchte, in geringem Maße Milchprodukte) zu achten.

Orthomolekulare Medizin

Mineralstoffe. Zur Vorbeugung und Behandlung einer Unterfunktion sollten täglich 100–250 µg (0,1–0,25 mg) Jod verordnet werden.

Weitere Maßnahmen

Schulmedizinische Therapie. Bei Unterfunktion kann anstelle von Jod auch die Gabe von Thyroxin (Schilddrüsenhormon) erforderlich sein.

Eine manifeste Überfunktion verlangt die Therapie mit Thyreostatika (vorübergehend), eine Radio-Jod-Therapie oder Operation.

7.7 Bewegungsapparat

Rheuma, rheumatoide Arthritis, primär chronische Polyarthritis

Ernährung

Tierisch-proteinfreie Ernährung. Nicht jede rheumatische Erkrankung spricht auf eine Ernährungsumstellung an, doch kann in manchen Fällen eine mehrwöchige tierisch-proteinfreie Ernährung die Beschwerden deutlich lindern. Dabei sollen nicht nur Fleisch und Wurstwaren, sondern auch Eier und Milchprodukte konsequent gemieden werden, da diese Nahrungsmittel Arachidonsäure, die Vorstufe der Prostaglandine der Gruppe 2, die Entzündungsprozesse fördern, enthalten.

Günstig hingegen ist die Zufuhr von Lebensmitteln, die aus Alpha-Linolensäure oder Eicosapentaensäure (s. S. 177 ff.), den Vorstufen der eher entzündungshemmenden Prostaglandinen der Gruppe 3, bestehen. Aus diesen Gründen kann eine Kost, die reich an Fischen, Leinsamen, Walnüssen, Soja und Weizenkeimen bzw. den entsprechenden Ölen ist, bei entzündlichem Rheuma günstig wirken.

Auch die in hoher Konzentration in Pflanzenölen wie Sonnenblumen- oder Distelöl enthaltene Linolsäure kann in gewissem Umfang in die entzündungsfördernde Arachidonsäure umgewandelt werden. Wird Linolsäure jedoch in hohem Maß zugeführt (mehr als 10 g), wird dieser Stoffwechselweg weitgehend blockiert.

Bei fleischhaltiger Ernährung sollte das Fleisch unbedingt – vor allem Schweinefleisch – zugunsten von Frischkost reduziert werden. Einige Autoren (Antroposophen) berichten auch von Erfolgen bei Verzicht auf Nachtschattengewächse (z.B. Kartoffel, Tomate, Aubergine, Paprika). Diese Meinung ist allerdings umstritten.

Orthomolekulare Medizin

Einigen Nährstoffen werden günstige Wirkungen auf den Verlauf der rheumatoiden Arthritis zugeschrieben:

Fettsäuren. Omega-3-Fettsäuren, 1–2 g täglich, (z.B. in Fischöl oder Leinöl), vermindern durch die Beeinflussung des Prostaglandinstoffwechsels die Entzündungsaktivität. Die optimale Wirkung kann jedoch erst nach einigen Wochen oder Monaten eintreten.

Enzyme. Enzyme können eine deutliche Schmerzlinderung bewirken, da die bei rheumatischen Erkrankungen vermehrt gebildeten krankhaften Immunkomplexe schneller abgebaut werden können. Bis zum Eintritt der optimalen Wirkung kann es jedoch einige Wochen bis Monate dauern. Zu Beginn können z.B. Mulsal® N, 3 × 8 täglich, oder Wobenzym® N, bis zu 3 × 10 täglich, verordnet werden. Bei Besserung ist die Dosis auf 3 × 3 täglich zu reduzieren.

Antioxidanzien. Die Bildung von Entzündungsmediatoren ist bei optimaler Versorgung mit antioxidativen Nährstoffen verringert. Darüber hinaus wird der Organismus vor den bei hoher Entzündungsaktivität vermehrt gebildeten freien Radikalen geschützt. Es empfiehlt sich die tägliche Gabe folgender Antioxidanzien:

- Vitamin C: 1–2 g
- Vitamin E: 800–1200 I.E.
- Selen: 50–200 µg
- Zink: 20–50 mg
- Kupfer: 2–4 mg; trotz häufig erhöhter Kupferwerte im Blut liegt meist ein Kupfermangel vor
- Kalzium sollte ausreichend substituiert werden (500–1000 mg), da unter der schmerzbedingten Bewegungsarmut die Gefahr der Osteoporose erhöht ist. Dies gilt besonders für Frauen und für Patienten, die eine Diät ohne Milch und Milchprodukte durchführen.

Heilfasten

Im Fasten sinken die Blutsenkung sowie die übrigen Entzündungsparameter deutlich ab, so daß entzündungshemmende Medikamente und Analgetika nicht selten reduziert werden können.

> Bei Gabe von nicht-steroidalen Antirheumatika und/oder Kortikoiden während des Fastens, muß an den Magenschutz gedacht werden.

Kostaufbau. Anschließend sollte ein langsamer Kostaufbau über eine reine Frischkost zur tierisch-proteinfreien Kost durchgeführt werden. Später können auch tierische Proteine in Form von Käse, später vielleicht sogar Fleisch in geringen Mengen verzehrt werden, um herauszufinden, welche Nahrungsmittel eine Verstärkung der Beschwerden hervorrufen. Diese Nahrungsmittel sollten dann konsequent weggelassen werden.

Weitere Maßnahmen

> Obwohl ernährungsmedizinische Maßnahmen den Verlauf rheumatischer Erkrankungen positiv beeinflussen, sollte die Nährstofftherapie nur ein Baustein innerhalb eines umfassenden ganzheitlichen Behandlungskonzeptes sein.

Weitere therapeutische Maßnahmen können sein:

Phytotherapie. Pflanzliche Heilmittel wirken stoffwechselanregend (z.B. Löwenzahn) und schmerzlindernd (z.B. Teufelskralle, Brennnessel). Mit Weihrauchpräparaten wurden deutliche antiphlogistische Effekte erzielt.

Physikalische Therapie. Richtige Bewegung (Krankengymnastik) sowie Lagerung können Versteifungen und eingeschränkter Gelenkfunktion entgegenwirken.

Schulmedizinische Therapie. Die Verordnung entzündungshemmender Medikamente (z.B. nicht-steroidale Antirheumatika, Kortison) sollte, vor allem bei hoher, nicht beeinflußbarer Entzündungsaktivität oder im akuten Schub, nicht vernachlässigt werden. Auf diese Weise können Spätschäden (Zerstörung der Gelenkstrukturen) vermieden werden.

Morbus Bechterew

Ernährung

Die Ernährungsempfehlungen (s. S. 259) sollten versuchsweise für mehrere Monate befolgt und bei Besserung beibehalten werden.

Orthomolekulare Medizin

Enzyme. Enzyme können eine deutliche Schmerzlinderung bewirken, müssen jedoch über mehrere Monate eingenommen werden. Zu Beginn können z.B. Mulsal® N, 3 × 8 täglich, oder Wobenzym® N, bis zu 3 × 10 täglich, verordnet werden. Bei Besserung ist die Dosis auf 3 × 3 täglich zu reduzieren.
Fettsäuren. Bei verstärkter Entzündungsaktivität (z.B. erhöhte BSG, CRP) sollten Omega-3-Fettsäuren sowie antioxidative Nährstoffe (s. S. 145 ff.) großzügig zugeführt werden.

Heilfasten

Fasten wirkt sich hemmend auf das entzündliche (s. S. 260) Geschehen aus.

Weitere Maßnahmen

Bewegungstherapie. Angemessene Bewegungstherapie (Anleitung z.B. durch erfahrene Krankengymnasten) kann die Beweglichkeit in Maßen erhalten.
Weitere Naturheilverfahren. Homöopathie, Eigenbluttherapie oder Neuraltherapie sind unterstützend hilfreich.

Arthrose

Ernährung

Fleisch, Fisch und Geflügel sollten gemieden werden, Obst und Gemüse ist zu bevorzugen. Da Übergewicht neben Fehlstellungen einer der Hauptfaktoren für die Abnutzung von Gelenken ist, sollte bei bestehendem Übergewicht eine Gewichtsnormalisierung durch eine energiereduzierte Vollwert-Ernährung angestrebt werden.

Orthomolekulare Medizin

Vitamine, Mineralstoffe. Die tägliche Einnahme folgender Vitamine und Mineralstoffe wirkt sich günstig auf die, die Arthrose begleitenden entzündlichen Prozesse aus, und beugt dem einhergehenden Knochenabbau vor:

- Vitamin C: 4 g (1 TL)
- Vitamin E: 400 I.E.
- Vitamin D: 500 I.E.
- Kalzium: 1000 mg

Enzyme. Bei Schwellungen können für 4 bis 8 Wochen Mulsal® N, 3 × 5 täglich, Phlogenzym®, 3 × 2 täglich, oder Bromelain-POS®, 3 × 2 täglich verordnet werden.

Heilfasten

Durch die mit der Gewichtsreduktion einhergehende Entlastung der Gelenke wird z.B. durch die Schmerzlinderung eine deutliche Verbesserung der Beschwerden erzielt. Darüber hinaus klingen die mit der Arthrose einhergehenden entzündlichen Prozesse während des Fastens ab. Aus diesem Grund empfiehlt sich das Heilfasten auch während der aktivierten Arthrose.

Weitere Maßnahmen

Physikalische Therapie. Bei chronischer Arthrose sollten eher Warm-, bei aktivierter

Arthrose eher Kaltanwendungen appliziert werden. Die Anwendungen lindern die Beschwerden.

Phytotherapie. Pflanzliche Heilmittel, vor allem hyperämisierende Salben sowie intrakutane Mistelinjektionen mit Plenosol, sind unterstützend hilfreich.

Hyperämisierende Salben sowie Mistelinjektionen mit Plenosol dürfen nicht bei aktivierter Arthrose angewendet werden.

Osteoporose

Ernährung

Kalziumreiche Ernährung. Bei bestehender Osteoporose wird kalziumreiche Ernährung allgemein empfohlen. Vor allem kalziumreiche Nahrungsmittel wie Milch und Milchprodukte (besonders Hartkäse), Nüsse und Gemüse sollen zugeführt werden. Aufgrund des hohen Anteils an tierischen Fetten und Proteinen, ist die Aufnahme von Kalzium aus Milch und Milchprodukten möglicherweise geringer als bei anderen Lebensmitteln. Auch der hohe Phosphatgehalt der Milch wirkt sich ungünstig auf die Aufnahme von Kalzium aus. Im Gegensatz dazu zeichnen sich alle Gemüse durch eine sehr hohe Nährstoffdichte an Kalzium aus, die meist über der der Milch liegt.

Meiden phosphathaltiger Lebensmittel. Da zuviel Phosphor die Kalziumresorption behindert und somit die Entstehung der Osteoporose begünstigt, sollten Nahrungsmittel mit Phosphorzusätzen eher gemieden werden (s. S. 263).

Meiden proteinreicher Kost. Proteinreiche Kost vermindert nicht nur die Aufnahme von Kalzium im Darm, sondern führt auch zu vermehrten Verlusten über die Niere. Hier wirken vor allem die schwefelhaltigen Aminosäuren Methionin und Cystin kalziuretisch, während Lysin einen positiven Effekt auf die Kalziumbilanz aufweist.

Meiden von Genußmitteln. Alkohol hemmt in höherer Dosierung die Aktivität der Osteoblasten (knochenaufbauende Zellen). Bei chronischem Alkoholismus ist auch der Vitamin-D-Stoffwechsel gestört und das Parathormon (mobilisiert Kalzium aus dem Knochen) erhöht.

Koffein (in Kaffee, Cola-Getränken, Schwarztee) erniedrigt die Knochendichte. Bei Frauen nach der Menopause konnte dieser Effekt bereits beim Konsum von 2–3 Tassen Kaffee täglich nachgewiesen werden.

Kieselsäurehaltige Nahrungsmittel. Kieselsäurehaltige Nahrung hingegen festigt den Knochen. Alle grünen Gemüse mit starker Faserbildung sind kieselsäure-, d.h. siliziumreich, besonders Petersilie sowie Vollkorngetreide, vor allem Hafer, Gerste und Hirse, sollten also verstärkt zugeführt werden. Zudem empfiehlt es sich, Tee aus Zinnkraut (mehrere Minuten kochen lassen, damit sich die Kieselsäure löst) sowie kieselsäurehaltige Mineralwässer (mindestens 25 mg/l) zu sich zu nehmen.

Kochsalzfreie Nahrung. Hoher Kochsalzkonsum – wie in der deutschen Bevölkerung üblich – steigert die Kalziumausscheidung über die Niere. Wird die Kochsalzzufuhr auf täglich 4–5 g reduziert, kann der renale Kalziumverlust um ca. 30% verringert werden.

Vitamin K, das für die Synthese von Osteocalcin, einem Protein der Knochenmatrix, notwendig ist, fördert die Einlagerung von Kalziumapatit in den Knochen. Während Patienten, die mit Vitamin-K-Antagonisten als Antikoagulanzien behandelt werden, erstaunlicherweise keine Verminderung der Knochendichte aufweisen, konnte bei Patienten mit Hyperkalziurie unter Gabe von 1 mg Vitamin K die Kalziumauscheidung im Urin signifikant gesenkt werden.

Die Kalziumaufnahme wird **verbessert** durch:

- Vitamin D
- Milchzucker
- Säuren (z.B. Zitronensäure, Ascorbinsäure = Vitamin C).

Die Kalziumaufnahme wird **verschlechtert** durch:

- Oxalat in Rhabarber, Spinat, Rote Bete, Bohnen, Kakaopulver und daraus hergestellte Produkte (Schokolade, Nuß-Nougat-Creme, Ovomaltine)
- Phosphate in Schmelzkäse, alle Fleisch- und Wurstwaren, Fische, Hülsenfrüchte, Schwarztee, Cola-Getränke und Limonaden
- Phytate in rohem Getreide; aus diesem Grund sollte Getreide z.B. für einen Frischkornbrei mehrere Stunden in Wasser eingeweicht werden
- übermäßige Fettaufnahme.

Orthomolekulare Medizin

Mineralstoffe, Vitamine:

- Kalzium, 500–1000 mg täglich
- da Osteoporose-Patienten häufig auch Magnesiummangel haben, kann Magnesium, 300–600 mg täglich, verordnet werden
- Kieselsäure (Silizium), 25–50 mg täglich
- Vitamin D, 400–1000 I.E. täglich.

Kombinationspräparate:

- Cal-C-Vita® Brausetabletten
- Hevert®-Vitan N Tabletten
- Kneipp® Calcium comp. N Dragees
- Ossofortin Tabletten
- Osspulvit® Dragees/Pulver/forte Kapseln.

Weitere Maßnahmen

Bewegungstherapie. Die wichtigste Maßnahme, um Osteoporose zu behandeln und deren Entstehung vorzubeugen, ist die Bewegungstherapie, da mit der Nahrung zugeführtes Kalzium nur dann in den Knochen eingebaut werden kann, wenn Bewegungsreize den Knochen entsprechend belasten; so bekommen z.B. Astronauten trotz optimaler Nährstoffzufuhr bei längerer Schwerelosigkeit Osteoporose.

- Bei **leichter Osteoporose** ohne stärkere Bewegungsschmerzen und zur Vorbeugung bei Vorliegen von Risikofaktoren (z.B. erbliche Belastung, Untergewicht, Rauchen, frühe Menopause) sollten aktive Bewegungsübungen – Gymnastik, Spazierengehen, Joggen, Bewegungsspiele – durchgeführt werden.
- Bei **starker Osteoporose** mit Bewegungsschmerzen lindern krankengymnastische, vor allem die Rücken- und Bauchmuskulatur betreffende Übungsbehandlungen die Beschwerden, indem das „Muskelkorsett" gekräftigt sowie die Wirbelsäule entlastet wird. Schwimmen oder gymnastische Übungen im warmen Bewegungsbad sind ebenfalls sinnvoll.

Lumbo-Ischialgie

Ernährung

Ernährungstherapeutische Maßnahmen zur Behandlung der Lumbo-Ischialgie sind nicht bekannt.

Orthomolekulare Medizin

Vitamine, Enzyme. Vitamin E, 400–800 mg täglich, wirkt schmerzlindernd.
Die für 3–5 Tage durchgeführte Stoßtherapie mit 2 × 10 Wobenzym® N, 3 × 4, Phlogenzym® oder Bromelain-POS®, 3 × 2, führt oft zur deutlichen Linderung der Beschwerden.

Heilfasten

Fastentherapeutische Maßnahmen zur Behandlung der Lumbo-Ischialgie sind nicht bekannt.

Weitere Maßnahmen

Bewegungstherapie. Die nach krankengymnastischer Anleitung durchgeführte Bewegungstherapie ist die wichtigste Maßnahme zur Besserung der Beschwerden.

Bei akuten Beschwerden stehen Schonung und richtige Lagerung im Vordergrund.

Phytotherapie, Akupunktur. Pflanzliche Heilmittel und hier vor allem hyperämisierende Salben (z.B. Capsaicin) wirken akut entspannend und lindernd. Mit Akupunktur/-pressur sind oft gute Erfolge möglich.
Psychosomatische Aspekte. Vor allem bei rezidivierenden Beschwerden sollten psychosomatische Zusammenhänge unbedingt beachtet werden. In psychotherapeutischen Gesprächen sollte der häufig vorhandene Arbeitseifer, die Kampf- und Hilfsbereitschaft des Patienten thematisiert werden.
Lebensgewohnheiten und Beziehungsprobleme, die Rückenbeschwerden begünstigen, sollten besprochen werden. Dies sollte jedoch erst dann geschehen, wenn der Patient mit aktiven Bewegungsübungen beginnt, da diese Gespräche in einer Phase erzwungener Immobilisation als zu bedrohend empfunden werden können.

Zervikalsyndrom

Ernährung

Ernährungstherapeutische Maßnahmen zur Behandlung des Zervikalsyndroms sind nicht bekannt.

Orthomolekulare Medizin

Vitamine. Vitamin E, 400–1200 mg täglich, wirkt oft schmerzlindernd.
Bei Beteiligung der Nerven unterstützt Vitamin B_1, 300–600 mg täglich, die Schmerzlinderung und Selbstheilung.

Heilfasten

Fastentherapeutische Maßnahmen zur Behandlung der Lumbo-Ischialgie sind nicht bekannt.

Weitere Maßnahmen

Phytotherapie, Akupunktur. Mit Akupunktur/-pressur sind oft gute Erfolge möglich. Pflanzliche Heilmittel, und hier vor allem hyperämisierende Salben (z.B. Capsicain), wirken akut entspannend und lindernd.
Physikalische Therapie. Wärmeanwendungen sowie vorsichtige Traktionen wirken muskelentspannend und schmerzlindernd.

7.8 Nervensystem

Migräne/Kopfschmerz

Ernährung

Meiden kopfschmerzauslösender Nahrungsmittel. Migräne kann durch verschiedene Nahrungsmittel und die in ihnen erhaltenen Stoffe ausgelöst werden, so durch Tyramin, ein Aminosäurederivat, das z.B. in Käse, Rotwein, Avocado enthalten ist oder durch z.B. in Käse, Schokolade vorkommendes Phenylethylamin (Aminosäurederivat). Ebenso kann bei prädisponierten Personen der Geschmacksverstärker Natriummonoglutamat (z.B. Maggi, Fondor) einen Migräneanfall provozieren.
Meiden von Genußmitteln. Genußmittel wie Alkohol und Nikotin können Kopfschmerzanfälle auslösen und sollten – sind Zeichen eines Zusammenhanges gegeben – weitgehend gemieden werden. Koffeinhaltige Genußmittel, die bei manchen Menschen die beginnenden Kopfschmerzen lindern, können jedoch die Kopfschmerzen insgesamt unterhalten, so daß z.B. bei Vermeidung von koffeinhaltigen Getränken Kopfschmerzen als körperliche Entzugserscheinungen entstehen können. Bei starkem Kaffeekonsum sollte auf diesen Zusammenhang geachtet werden. Kopfschmerzgeplagte, die regelmäßig Kaffee, schwarzen Tee oder Cola-Getränke zu sich nehmen („Das brauche ich, um fit zu sein"), sollten unbedingt einen Auslaßversuch für 4 Wochen durchführen. Nehmen die Kopfschmerzen an den ersten Tagen an Häufig- und Heftigkeit zu, so ist die Beteiligung des

Koffeins an den Kopfschmerzen wahrscheinlich. Sind die Schmerzen nach 4 Wochen deutlich geringer, kann Koffeinentzug als Mitauslöser der Kopfschmerzen angesehen werden. Koffeinhaltige Produkte sollten dann weitgehend gemieden werden. Möglicherweise ist der gelegentliche, unregelmäßige Genuß (ca. 1–2×/Woche) – es handelt sich ja um Genußmittel – zu tolerieren. Dieser führt nicht zu einer Abhängigkeit, die bei regelmäßigem Gebrauch fast immer vorliegt, und kann aus diesem Grund die Kopfschmerzen vielleicht nicht mehr begünstigen.
Weitere Auslöser von Migräne können **Unterzuckerungen** oder hoher **Kochsalzkonsum** sein.
Rohkost- und magnesiumreiche Ernährung. Die Ernährung sollte besonders reich an Rohkost, vorausgesetzt diese verursacht keine Blähungen, sowie aufgrund der spasmolytischen Eigenschaften reich an Magnesium sein.

Orthomolekulare Medizin

Mineralstoffe. Magnesium, 300–900 mg täglich, ist aufgrund seiner krampflösenden Eigenschaften zur prophylaktischen Behandlung hilfreich, während des akuten Stadiums hingegen hilft es kaum. Die Dosis sollte stufenweise (z.B. um 100 mg täglich) gesteigert werden, bis dünne Stühle auftreten. Um den Stuhl zu normalisieren, kann um eine Dosisstufe reduziert werden.
Fettsäuren. Omega-3-Fettsäuren können durch ihre Funktion im Prostaglandinstoffwechsel die Häufigkeit und Intensität von Migräneattacken vermutlich reduzieren.

Heilfasten

Auch bei therapieresistenten Migräneattakken zeigt Heilfasten oft langfristig gute Wirkungen. An den ersten Fastentagen sind häufige Kopfschmerzanfälle, die eventuell auf die bestehende Azidose oder aber den „Koffeinentzug“ zurückzuführen sind, möglich. Die entsprechende naturheilkundliche (z.B. Homöopathika, Anwendungen nach Kneipp) oder auch schulmedizinische (z.B. Aspirin®) Behandlung ist hier meist erforderlich.
Die Kopfschmerzneigung ist deutlich geringer, wenn im Fasten alkalisierende Nährstoffpräparate, so z.B. Basica®, 6 × 1 TL, bei Laktoseintoleranz Bullrich-Salz, eingenommen werden. Nach Überwindung der kritischen, ersten Tage kommt es meist zur anhaltenden Schmerzfreiheit.

Weitere Maßnahmen

Kopfschmerztagebuch. Um kopfschmerzbegünstigende Faktoren herauszufinden, sollte ein Kopfschmerztagebuch geführt werden.
Psychosoziale Aspekte. Insbesondere auf Leistungsstreben oder Perfektionismus sollte geachtet werden, damit persönliche Einstellungen sowie das Verhalten schrittweise geändert werden können. Eine Psychotherapie, der der Kopfschmerzpatient jedoch oft ablehnend gegenübersteht, kann angezeigt sein.
Ordnungstherapie. Das Leben „ordnen“: Auf ein sinnvolles Nebeneinander aktiver und passiver Phasen (im Tagesrhythmus, im Jahresrhythmus) sollte geachtet werden; keine übermäßigen Aktivitäten (z.B. Hobbys, Nebenerwerb, Politik) sollten das Leben bestimmen.
Bewegungstherapie. Regelmäßige Bewegung mit Ausdauersportarten (z.B. Joggen, Schwimmen, Radfahren, Spazierengehen) ist zu empfehlen, da Ausdauersport eine den Beta-Blockern ähnliche Wirkung hat und somit zur Sympathikolyse führt. Sport, der bis zur Erschöpfung ausgeübt wird, wie z.B. bei wettbewerbsorientierten Sportarten (z.B. Squash oder Fußball), ist eher ungünstig.
Entspannungstherapie. Autogenes Training, Yoga oder die progressive Muskelentspannung nach Jacobsen reduzieren vor allem die auslösenden Faktoren, die zum Spannungskopfschmerz führen.
Physikalische Anwendungen. Trockenbürsten, Wechselduschen (täglich) oder Sauna (1–2 ×/Woche) tonisieren die Gefäße und sol-

len im Sinne eines Gefäßtrainings durchgeführt werden.

Reduzierung der Schmerzmittel. Der Gebrauch bzw. auch Mißbrauch von Schmerzmitteln sollte schrittweise reduziert werden.

Polyneuropathien und Neuralgien

Ernährung

Ernährungstherapeutische Maßnahmen zur Behandlung der Polyneuropathien sowie der Neuralgien sind nicht bekannt.

Orthomolekulare Medizin

Vitamine, Fettsäuren. Polyneuropathien und Neuralgien werden günstig beeinflußt durch Vitamine und Fettsäuren, die zunächst i.v., später oral verordnet werden:

- hochdosiert Vitamin-B-Komplex, vor allem Vitamin B_1, 50–100 mg täglich
- bei Polyneuropathie durch INH (Tuberkulosemittel), Vitamin B_6, 50–100 mg
- bei diabetischer Polyneuropathie Liponsäure, 600 mg täglich.

Heilfasten

Fastentherapeutische Maßnahmen zur Behandlung der Polyneuropathien und Neuralgien sind nicht bekannt.

Weitere Maßnahmen

Physikalische Therapie. Bei Lähmungen sind krankengymnastische Bewegungsübungen, Massagen zur Pflege der inaktiven Muskulatur sowie Elektrotherapie als Muskeltraining angezeigt. Bei aktiver Beweglichkeit der Muskeln können auch krankengymnastische Übungen auf neurophysiologischer Grundlage – dies sollte auf dem Rezept vermerkt werden – durchgeführt werden.

Bei Sensibilitätsstörungen ist die Durchflutung mit Reizstrom (Zellen-, Stangerbad) angezeigt.

Bei Neuralgien hat sich die transkutane elektrische Nervenstimulation (TENS), eine Strombehandlung, die vom Patienten selbst zu Hause ausgeführt werden kann, bewährt.

Homöopathie. Das passende Homöopathikum kann die Beschwerden deutlich bessern.

Morbus Parkinson

Ernährung

Ernährungstherapeutische Maßnahmen zur Behandlung des Morbus Parkinson sind nicht bekannt.

Orthomolekulare Medizin

Aminosäuren, Antioxidanzien. Phenylalanin, 3×500 mg täglich, soll über die Bildung fehlender Neurotransmitter günstig wirken. Antioxidanzien verzögern wahrscheinlich den Krankheitsprozeß.

Heilfasten

Fastentherapeutische Maßnahmen sind nicht bekannt.

Weitere Maßnahmen

Physikalische Therapie, insbesondere Krankengymnastik, verringert die Folgeschäden.

Multiple Sklerose

Ernährung

Fettarme, weitgehend vegetarische Kost. Vor allem in Gesellschaften, deren Nahrung fettreich ist und hier überwiegend aus tierischem Fett und gesättigten Fettsäuren besteht, ist die Häufigkeit der Multiplen Sklerose (MS) erhöht, während Gesellschaften, deren Nahrung reich an Omega-3-Fettsäuren

ist, die MS selten auftritt. Omega-3-Fettsäuren fördern die Bildung von entzündungshemmenden Prostaglandinen.
Fleisch, Wurst, Milch und Milchprodukte hingegen enthalten Arachidonsäure, eine Omega-6-Fettsäure, die Vorstufe der entzündungsfördernden Prostaglandine, und sollten bei MS gemieden werden. Aus diesem Grund wird eine fettarme, weitgehend vegetarische Kost empfohlen, die reich an Omega-3-Fettsäuren sein sollte.
Omega-3-Fettsäuren. Fischöl, fette Kaltwasserfische wie Hering, Makrele, Thunfisch, Lachs, Leinöl, Leinsamen, Walnüsse, Rapsöl, Sojabohnenöl, Weizenkeimöl enthalten viel Omega-3-Fettsäuren und sollten bewußt in die Ernährung einbezogen werden. Pflanzliche Omega-6-Fettsäuren (z.B. Sonnenblumen-, Distelöl) sollen jedoch nur in Maßen verzehrt werden, da möglicherweise die Omega-6-Fettsäuren, als Vorstufe der Arachidonsäure, bei MS eher ungünstig wirken.
Diäten. Der EVERS-Kost werden von Anhängern günstige Effekte zugesprochen, ohne daß dies bisher allerdings statistisch untermauert werden konnte. Bei dieser Diät werden Lebensmittel in weitgehend naturbelassenem Zustand zugeführt. Bei Verträglichkeit – die EVERS-Kost weist einen hohen Anteil an Rohkost auf – handelt es sich also um eine sinnvolle, gesunde Kost, obwohl viele Ernährungswissenschaftler und Neurologen den Wert dieser Kost hinsichtlich der MS bestreiten.

Orthomolekulare Medizin

Folgende Nährstoffe werden bei Multipler Sklerose als günstig angesehen:
Vitamine, Antioxidanzien. Vitamin E, 800 I.E. täglich, schützt vor negativen Auswirkungen des entzündlichen Geschehens. Die Verordnung von Lezithin, 5 g täglich, sowie des Vitamin-B-Komplexes ist sinnvoll.
Neben Vitamin E haben weitere Antioxidanzien, z.B. Beta-Karotin, Vitamin C, Selen, einen günstigen Einfluß auf entzündliche Prozesse.
Fettsäuren, Mineralstoffe, Enzyme. Empfehlenswert ist ferner die Zufuhr von Omega-3-Fettsäuren (1–2 g täglich) in Fischöl oder Leinöl (1 EL täglich).
Bei Muskelkrämpfen sollen Magnesium, 300–600 mg täglich, und Kalzium, 500–1000 mg täglich, zeitlich getrennt eingenommen werden.
Enzyme könnten sich aufgrund des Abbaus von Immunkomplexen günstig auswirken (s. S. 181 ff.).

Heilfasten

Kurzzeitiges Heilfasten, das z.B. für 1 Woche durchgeführt wird, ist möglich, wenn die Substitution von Nährstoffen und hier vor allem der Omega-3-Fettsäuren beibehalten wird. Bei Übergewicht ist auch längeres Fasten möglich.

Weitere Maßnahmen

Obwohl für die Nährstofftherapie bei der Behandlung der Multiplen Sklerose Effekte beschrieben sind, sollte diese nur ein Baustein innerhalb eines umfassenden ganzheitlichen Behandlungskonzeptes sein. Ergänzend sind durchzuführen:
Physikalische Therapie. Verschiedene Einzelmaßnahmen sind je nach bestehender Symptomatik anzuwenden:

- Krankengymnastik, wenn durch Lähmungen oder Spastik erforderlich
- Elektrotherapie bei Spastik
- da MS-Patienten meist ein großes Wärmebedürfnis haben und fast nie hohes Fieber bekommen, ist die Regulation des meist gestörten Wärmehaushaltes erforderlich. Ansteigende Fußbäder erwärmen den Organismus, vorsichtig und langsam in der Intensität gesteigerte Wechselduschen sowie regelmäßige Saunagänge (1–2/Woche) verbessern die Temperaturregulation.

7.9 Haut und Hautanhangsorgane

Akne und Seborrhö

Ernährung

Durch Einhaltung einer konsequenten **Vollwert-Ernährung** kann das Hautbild verbessert werden. Der Verzicht auf fettreiche Speisen (wenig gesättigte Fettsäuren), auf Zucker und daraus hergestellte Nahrungsmittel, sowie auf scharfe Gewürze und Alkohol ist besonders wichtig. Auch Fruchtsäfte, Hefeprodukte und jodhaltige Lebens- oder Arzneimittel können die Akne unter Umständen verstärken. Eine ballaststoffreiche Kost hingegen trägt zur Besserung bei.

Orthomolekulare Medizin

Mineralstoffe. Zink, 50–100 mg täglich, hat in Studien der Tetracyclintherapie vergleichbare Ergebnisse geliefert. Zink spielt eine wichtige Rolle im Vitamin-A-Stoffwechsel und ist u.a. an der Wundheilung beteiligt. Darüber hinaus wird insbesondere das zelluläre Immunsystem stimuliert.
Vitamine. Da Vitamin A für die Integrität epithelialer Gewebe mitverantwortlich ist (Haut, Schleimhaut), kann Vitamin A, das in hoher Dosierung (ca. 100000 I.E. täglich) über mehrere Wochen eingenommen wird, zur Abheilung führen. Eine solche Therapie darf jedoch nur unter erfahrener ärztlicher Kontrolle stattfinden, da die Dosierung bereits im toxischen Bereich liegt. Um die Therapie durchzuführen, müssen sowohl eine Niereninsuffizienz als auch eine bestehende oder die Möglichkeit des Eintretens einer Schwangerschaft ganz sicher ausgeschlossen sein.
Spurenelemente, Vitamine, Fettsäuren. Bei prämenstrueller Verstärkung der Akne können folgende Substanzen die Beschwerden lindern:

- Selen: 200 µg täglich
- Vitamin E: 800 I.E. täglich
- Folsäure: 5–10 mg täglich
- Vitamin B_6: 50 mg täglich
- Omega-6-Fettsäuren sollen unterstützend hilfreich sein.

Heilfasten

Durch Heilfasten ist eine gute Verbesserung möglich. Dauerhafter Erfolg wird sich jedoch nur durch die anschließende konsequente Ernährungsumstellung einstellen.

Weitere Maßnahmen

Mikrobiologische Therapie. Häufig liegt eine Darm-Dysbiose vor, die diagnostiziert und im Rahmen einer mikrobiologischen Therapie zur Immunmodulation mit Bakterien oder deren Bestandteilen behandelt werden sollte.
Physikalische Therapie. Gesichtsdampfbäder, Vollbäder mit Kleie, Zinnkraut oder Schwefelzusätzen lindern die Beschwerden.
Lokale Heilerdepackungen wirken oft entzündungswidrig.
Sauna sowie viel Bewegung an frischer Luft, Sonne (UV) wirken unterstützend.

Psoriasis

Ernährung

Unter konsequenter **Vollwert-Ernährung** mit hohem Rohkostanteil sind deutliche Verbesserungen beschrieben worden. Insbesondere der Verzicht auf Fleisch, vor allem Schweinefleisch, scheint die Entzündungsaktivität zu mindern. Da im Einzelfall die vor allem aus Übersee stammenden Gewürze zur Verschlechterung führen, sollte zusätzlich auf mögliche Verschlechterungen durch den Verzehr dieser Produkte geachtet werden.

Orthomolekulare Medizin

Vitamine, Spurenelemente, Mineralstoffe. Vitamin-D-haltige Salbe auf die betroffenen Stellen aufgetragen, kann die Abheilung fördern. Vitamin A in hohen Dosierungen kann eine Verbesserung bewirken (s. S. 268).
Die tägliche Einnahme von Folsäure, 5–10 mg, Selen, 50–100 µg, und Zink, 10–50 mg, sollen unterstützend hilfreich sein.
Fettsäuren. Omega-3-Fettsäuren (1 g und mehr) vermögen die Entzündungsaktivität zu mindern.
Fumarsäure. Die Wirksamkeit einer Therapie mit Fumarsäure ist mittlerweile in mehreren Studien gut belegt worden.

> Die Therapie mit Vitamin A und Fumarsäure sowie die Langzeittherapie mit Vitamin-D-haltigen Salben sollte unter Aufsicht eines darin erfahrenen Arztes durchgeführt werden.

Heilfasten

Durch Heilfasten sind sehr gute Erfolge möglich, die dauerhafte Verbesserung wird durch die konsequente Ernährungsumstellung stabilisiert.

Weitere Maßnahmen

Physikalische Therapie. Kleiebäder oder Heilerdeauflagen wirken lindernd. Sonnenbestrahlungen bzw. UV-Ganzkörperbestrahlungen (Kontrolle durch Arzt) sind gut wirksam. Auch ein Aufenthalt im Hochgebirge oder am Toten Meer hat sich oft als günstig erwiesen.
Naturheilverfahren, Homöopathie. Eigenblutbehandlungen oder das richtig gewählte Homöopathikum können im Einzelfall deutliche Erfolge aufweisen.
Entspannungstherapie. Autogenes Training kann den Juckreiz und Schmerzempfindungen lindern.

Neurodermitis

Ernährung

Bei Neurodermitikern liegen oft Allergien auf Milch, Ei, Soja, Weizen, Erdnüsse oder andere Nahrungsmittel vor. Selbst wenn herkömmliche Allergieteste negativ ausfallen, kann das Weglassen z.B. von Milch und Milchprodukten im Einzelfall eine deutliche Verbesserung der Hauterscheinungen nach sich ziehen. Selbstversuche mit anschließender Provokation können hier Klarheit bringen. Insgesamt wird für Neurodermitiker eine **tierisch-proteinarme Kost** mit weitestgehendem Verzicht auf Lebensmittelzusatzstoffe empfohlen.

Orthomolekulare Medizin

Aminosäuren. Gammalinolensäure, 2–3 g täglich, die über Wochen bis Monate eingenommen wird, kann eine deutliche Verbesserung bewirken, da sie Vorstufe der entzündungshemmenden Prostaglandine ist.
Vitamine, Spurenelemente. Vitamin A hochdosiert (s. S. 268) wird als hilfreich beschrieben.
Selen, 50–100 µg täglich, und Zink, 10–50 mg täglich, sind unterstützend hilfreich.

Heilfasten

Durch Heilfasten sind sehr gute Erfolge, insbesondere während der akuten Phase möglich, eine dauerhafte Verbesserung wird durch die anschließende konsequente Ernährungsumstellung stabilisiert.

Weitere Maßnahmen

Psychosomatische Aspekte. Auf psychosomatische Zusammenhänge (z.B. Konflikte, familiäre Situation) sollte geachtet werden.
Entspannungstherapie. Autogenes Training kann den Juckreiz und die Schmerzempfindungen lindern sowie die häufig vorhandene innere Anspannung günstig beeinflussen.

Physikalische Therapie. Auflagen mit Heilerde oder Wickel mit Schwarztee oder Eichenrinde lindern den Juckreiz.
UV-Bestrahlungen, ein Aufenthalt an der See, im Hochgebirge oder am Toten Meer sind oft erstaunlich wirksam.
Mikrobiologische Therapie. Häufig liegt eine Darm-Dysbiose vor, die diagnostiziert und im Rahmen einer mikrobiologischen Therapie zur Immunmodulation mit Bakterien oder deren Bestandteilen behandelt werden sollte.

Herpesinfektionen

Ernährung

Während der Akutphase bieten sich eine stark rohkostorientierte Ernährung als antivirale und antiphlogistische Basistherapie oder das Heilfasten an.

Orthomolekulare Medizin

Akutes Stadium. Bei akutem Ausbruch kann Lysin, 6 g täglich, bei häufig rezidivierendem Herpes 500 mg täglich (s. S. 175) eingenommen werden.
Bei akutem Herpes empfiehlt sich die Einnahme von Vitamin C hochdosiert, ca. 1 g, und Zink, ca. 10 mg alle 1–2 Stunden.
Herpes zoster. Bei Herpes zoster können stündlich 1 g Vitamin C eingenommen sowie täglich Vitamin B_{12} 500 µg i.m. injiziert und Enzyme (s. S. 181 ff.) verordnet werden.
Post-Zoster-Neuralgie. Bei Post-Zoster-Neuralgie empfiehlt sich versuchsweise die Gabe von Vitamin E, 1200 I.E. täglich, für mehrere Wochen.

Heilfasten

Auch Heilfasten ist in der akuten Phase als antivirale und antiphlogistische Basistherapie gut wirksam.

Weitere Maßnahmen

Phytotherapie. Zur Immunstimulierung können pflanzliche Präparate (z.B. Echinacea) verordnet werden. Die Post-Zoster-Neuralgie kann mit einer Salbe (Capsaicin, 0,075%) behandelt werden.
Neuraltherapie, Akupunktur. Bei Herpes zoster können Neuraltherapie und/oder Akupunktur hilfreich sein.

Haarausfall

Ernährung

Es sollte abgeklärt werden, inwiefern ernährungsbedingte Mangelzustände möglicherweise den Haarausfall mitverursachen. Die Umstellung auf eine Kost, die die Zufuhr aller essentiellen Nährstoffe in ausreichender Dosierung garantiert, kann zu neuem Haarwachstum führen.

Orthomolekulare Medizin

Spurenelemente, Vitamine. Die großzügige, tägliche Zufuhr folgender Nährstoffe verbessert die Haarbildung:

- Zink: 10–50 mg
- Biotin: 2,5–5 mg
- Pantothensäure: 500–1000 mg und
- Silizium: 25–50 mg Kieselsäure.

Heilfasten

Fastentherapeutische Maßnahmen sind nicht bekannt.

Weitere Maßnahmen

Phytotherapie. Bestimmte phytotherapeutische Externa können durch die starke Reizung der Kopfhaut zur Haarbildung anregen. Die Therapie kann nur in Hautkliniken oder von darin erfahrenen Dermatologen durchgeführt werden.

Umweltmedizinische Aspekte. Schwermetallbelastungen (z.B. Thallium, Amalgam) können im Einzelfall für den Haarausfall mitverantwortlich sein und sollten geprüft werden.

Physikalische Maßnahmen. UV-Bestrahlungen, Einreibungen mit Brennesselsaft und/oder Massagen der Kopfhaut können hilfreich sein.

Akupunktur. Bei Alopecia areata (umschriebener Haarausfall) kann versuchsweise akupunktiert werden.

7.10 Infektionen

Ernährung

Eine fett- und zuckerarme Ernährung erniedrigt die Anfälligkeit sowohl für bakterielle als auch für virale Infektionskrankheiten. Mykosen, insbesondere des Darms, werden durch zuckerreiche Kost begünstigt.

Bei akuter Infektion ist die Zufuhr ausreichender Flüssigkeitsmengen wichtiger als die Zufuhr fester Nahrung. Um die Verdauungsarbeit möglichst gering zu halten und den Organismus zu entlasten, sollte die Nahrung leichtverdaulich sein. Reichliche Zufuhr von Vitaminen in Form von Obst, Gemüse oder Säften ist hilfreich.

Orthomolekulare Medizin

Vitamine, Mineralstoffe. Für die intakte Immunabwehr ist eine ausreichende Versorgung mit den Vitaminen A, C und E sowie mit den Mineralstoffen Kupfer, Eisen und Zink unabdingbare Voraussetzung. Eine zu große Zufuhr an Kupfer oder Eisen hingegen kann das Immunsystem schwächen.

Die meisten Studien existieren fraglos zum Vitamin C. Während einige Studien keine prophylaktischen Effekte von Vitamin C nachweisen konnten, wird in anderen Studien eine verringerte Infektanfälligkeit bzw. bei gleich hoher Infektanfälligkeit eine geringere Intensität der Symptome berichtet. Vermutlich kommt es jedoch weniger auf einen einzelnen Nährstoff als auf die Anwesenheit aller immunfördernden Stoffe an.

Bei beginnenden, akuten Infektionen werden von einigen Autoren stündliche Gaben von 500–1000 mg Vitamin C und 3–10 mg Zink empfohlen, um den Infekt möglicherweise zu kupieren.

Heilfasten

Der an einer akuten Infektion leidende Organismus besitzt das natürliche Bedürfnis zu fasten. Nahrung wird nicht selten ganz verweigert oder nur in Form von Säften gewünscht. Diesem Bedürfnis ist unbedingt nachzugeben, da der von Verdauungsarbeit entlastete Körper sich in vermehrtem Maße der Abwehr der Infektion widmen kann. Hohe Einläufe fördern diese Entlastung und wirken zudem mild fiebersenkend. Feste Nahrung sollte dann wieder zugeführt werden, wenn der Organismus durch entsprechenden Appetit danach verlangt.

Weitere Maßnahmen

Phytotherapie. Sonnenhut und Eleutherococcus besitzen immunstimulierende Wirkung. Bei beginnender, akuter Infektion können hochdosierte Gaben von Sonnenhut (Echinacea-Extrakt oder -Preßsaft) den Infektionsverlauf günstig beeinflussen. Es empfiehlt sich, dies zusammen mit Vitamin C und Zink zu verabreichen.

Hydrotherapie. Wassertreten, Güsse, Wechselduschen sowie regelmäßige Saunagänge stärken im Sinne der „Abhärtung“ vorbeugend das Immunsystem.

Meiden von Genußgiften. Genußgifte (Alkohol, Zigaretten) schwächen das Immunsystem und begünstigen Infektionen.

Mikrobiologische Therapie. Die Behandlung mit Bakterien oder deren Bestandteilen zur Immunmodulation im Rahmen einer mikrobiologischen Therapie sind bei chronisch rezidivierenden Infekten ein gutes Immuntraining und damit eine sinnvolle Prophylaxe.

7.11 Psychische und psychosomatische Erkrankungen

Depressionen

Ernährung

Ernährungstherapeutische Maßnahmen zur Behandlung von Depressionen sind nicht bekannt.

Orthomolekulare Medizin

Mineralstoffe, Vitamine, Aminosäuren. Seelisch stabilisierend wirken folgende Substanzen:

- Magnesium: 300–600 mg
- Vitamin B_1, B_6, B_{12} (am besten als Vitamin-B-Komplex)
- Vitamin C: 1–2 g
- Niacin: 50–100 mg
- Pantothensäure: 100–1000 mg
- Phenylalanin: 3 × 500–1000 mg
- bei leichten bis mittelschweren Depressionen werden besonders gute Erfolge mit Tryptophan, 3 × 500–1000 mg täglich, erzielt.

Heilfasten

Fasten ist bei endogener oder anderer schwerer Depression kontraindiziert, da die Verstärkung der Symptomatik möglich ist.
Fasten bei leichten Depressionen ist unter Aufsicht eines Fastenarztes möglich. Danach wird nicht selten eine Verbesserung beobachtet.

> Bei längerem Fasten sind Fastenkrisen mit Verstärkung der Depression möglich.

Weitere Maßnahmen

Phytotherapie. Pflanzliche Heilmittel (z.B. Johanniskrautpräparate) sind bei Depressionen bewährt.
Homöopathie. Das durch einen erfahrenen Homöopathen richtig gewählte homöopathische Konstitutionsmittel kann eine Depression deutlich bessern.
Pysikalische Therapie. Zur allgemeinen Aktivierung sind wechselwarme Fußbäder, Vollbäder mit Fichtennadeln oder Rosmarin, Güsse nach Kneipp, Sauna und Trockenbürstungen zu empfehlen.
Bewegungstherapie. Gruppengymnastik sowie Ausdauerbelastungen wie Laufen, Radfahren oder Schwimmen haben eine gesicherte stimmungsaufhellende Wirkung.

> Schwere Depressionen – vor allem, wenn suizidale Absichten geäußert werden – gehören unbedingt in fachärztliche Behandlung. Hier sollte auch über die Notwendigkeit, Art und Dosierung einer medikamentösen Therapie mit Antidepressiva entschieden werden.

Schlafstörungen

Ernährung

Große, schwerverdauliche Mahlzeiten, die vor allem am späten Abend eingenommen werden, können die Schlafqualität deutlich verschlechtern. Koffeinhaltige Getränke (Kaffee, Schwarztee, grüner Tee, Kate, Cola) sind ebenfalls ungünstig, vor allem, wenn sie nachmittags oder abends konsumiert werden.

Orthomolekulare Medizin

Mineralstoffe, Vitamine. Magnesium, 300 mg abends eingenommen, wirkt besonders bei Magnesiummangel mit Unruhe leicht entspannend. Bei Alpträumen oder fehlender Traumerinnerung kann für einige Wochen versuchsweise Vitamin B_6, 50–100 mg täglich, verordnet werden.

Weitere Maßnahmen

Physikalische Therapie. Ein warmes Kräuterbad ist oft hilfreich.
Phytotherapie, Homöopathie. Baldrian, Melisse, Lavendel wirken milde schlaffördernd. Das passende Homöopathikum kann den Schlaf erleichtern.
Entspannungstherapie. Yoga, autogenes Training wirken beruhigend.

> Zu beachten ist, daß Schlafstörungen auch durch eine ungünstige Lebensweise (z.B. viel Fernsehen, Konflikte, Nachtschicht, schwer verdauliche Abendmahlzeiten, zuviel Alkohol, starke körperliche Anstrengungen) hervorgerufen werden. Diese Lebensmuster sollten möglichst korrigiert werden.

Raucherentwöhnung und Suchttherapie

Ernährung

Ernährungstherapeutische Maßnahmen zur Raucherentwöhnung und Suchttherapie sind nicht bekannt.

Orthomolekulare Medizin

Vitamine. Bei Entzugserscheinungen ist die Gabe folgender Nährstoffe angezeigt:
- Vitamin C, mehrere Gramm täglich (1 TL = ca. 5 g), bei schweren Symptomen bis zu mehreren 10 g; erst bei Auftreten von Durchfall ist eine Dosisreduktion erforderlich
- Vitamin B_6, 50–100 mg täglich
- Multivitamin- und Multimineralpräparate sind aufgrund der meist schlechten Versorgung mit Vitaminen und Mineralien sinnvoll.

Mineralien, Spurenelemente, Vitamine, Fettsäuren. Bei Alkoholismus empfiehlt sich die tägliche Verordnung von:

- Magnesium: 300–600 mg
- Zink: 20–40 mg
- Vitamin-B-Komplex
- Vitamin A, 10 000 I.E. oder Beta-Karotin, 6 mg
- Omega-6-Fettsäuren bei Alkoholikern, da diese Substanzen oft nicht ausreichend vorliegen.

Heilfasten

Heilfasten ist ein bewährter Auftakt zu jeder Entwöhnungstherapie sowie eine effektive Entgiftungstherapie (z.B. Nikotin). Bei Alkohol und anderen Drogen sollte nur in einer auf Entziehung spezialisierten Klinik gefastet werden.

Weitere Maßnahmen

Weitere Naturheilverfahren. Entspannungstherapien können Entzugserscheinungen lindern, Akupressur/-punktur sowie Homöopathie zur Unterstützung eingesetzt werden.

Konzentrationsstörungen

Ernährung

Ernährungstherapeutische Maßnahmen zur Behandlung von Konzentrationsstörungen sind nicht bekannt.

Orthomolekulare Medizin

Mineralstoffe, Vitamine. Bei gleichzeitiger Anämie ist je nach Ursache des Mangels Eisen oder Folsäure und Vitamin B_{12} zu geben. Im Alter ist eine Kur-Serie mit Vitamin-Spritzen, z.B. mit Medivitan 3–6mal, in wöchentlichen Abständen, oft hilfreich.

Fasten

Fastentherapeutische Maßnahmen sind nicht bekannt.

Weitere Maßnahmen

Physikalische Therapie. Physikalische Therapiemaßnahmen haben eine allgemein belebende Wirkung und fördern so die Konzentration.
Phytotherapie. Ein Versuch mit pflanzlichen Heilmitteln (Ginkgo) kann die Sauerstoffausnutzung im Gewebe verbessern (PAF-Antagonismus) und sollte unbedingt erfolgen.
Entspannungstherapie. Autogenes Training oder Yoga sind unterstützend hilfreich.
Homöopathie. Das passende Homöopathikum kann Konzentrationsstörungen beheben.

Vegetative Dystonie

Ernährung

Zucker und damit hergestellte Nahrungsmittel, koffeinhaltige Getränke, Alkohol und Nikotin sind für den menschlichen Organismus Reize, die das vegetative Gleichgewicht nachhaltig stören.

Orthomolekulare Medizin

Mineralstoffe. Das „Anti-Streß-Mineral“ Magnesium, 300–600 mg täglich, wirkt vegetativ ausgleichend.
Kalzium, 500–1000 mg täglich, wirkt ebenfalls ausgleichend. Magnesium und Kalzium sollten nicht zusammen eingenommen werden.
Eisen und Kalium können bei Mangelzuständen stabilisierend wirken.
Vitamine. Die tägliche Einnahme von Vitamin C, 1/2 TL, Vitamin A, 500–10000 I.E. und Vitamin B_1, ca. 10 mg, haben ebenfalls stabilisierende Effekte.

Weitere Maßnahmen

Weitere Naturheilverfahren. Physikalische Therapiemaßnahmen wirken vegetativ ausgleichend und abhärtend.
Pflanzliche Heilmittel, Melisse (als Tee oder Vollbad) sowie Baldrian und Lavendel, wirken oft günstig.
Muskelentspannungstraining, Bach-Blütentherapie oder Homöopathie können unterstützend sinnvoll sein.
Hydrotherapie. Bei erhöhtem **Sympathikotonus** empfiehlt sich die Anregung des Parasympathikus durch ansteigende Teilbäder, Leibwickel, Vollbäder mit Zusätzen wie CO_2, Baldrian, Melisse, Lavendel, Sauna 1×/Woche.
Bei erhöhtem **Parasympathikotonus** muß der Sympathikus durch Vollbäder mit Zusätzen wie Fichtennadeln, Luftperlbad, wechselwarme Waschungen, Güsse nach Kneipp oder durch Sauna (1×/Woche) angeregt werden.
Bewegungstherapie. Spaziergänge, Gartenarbeit, Ausdauerbelastungen (Laufen, Schwimmen, Radfahren) wirken reaktiv vagoton und sollten bei erhöhtem Sympathikotonus durchgeführt werden.
Gymnastik, Mannschafts- und Wettkampfsportarten (z.B. Fußball, Tennis) wirken sympathikoton und sind bei Parasympathikotonus zu empfehlen. Auch Körperbürstungen (Massage) sollten vorgenommen werden.

7.12 Schmerz

Ernährung

Kaffee enthält Substanzen, die an Opiat-Rezeptoren binden und daher mit körpereigenen oder körperfremden analgetischen Stoffen konkurrieren. Aus diesem Grund ist der Genuß von Kaffee bei chronischen Schmerzen weitgehend einzuschränken.

Orthomolekulare Medizin

Aminosäuren. Phenylalanin, 500 mg jeweils 1/2 Stunde vor den drei Hauptmahlzeiten, wirkt leicht schmerzlindernd und potenziert ferner die Wirkung von Prostaglandin-Inhibitoren (z.B. ASS) oder von Akupunktur.
Tryptophan, 2–4 g täglich, ist unterstützend hilfreich, sollte jedoch nicht zusammen mit proteinreichen Mahlzeiten eingenommen werden.
Vitamine. Ein Vitamin-B_1-Mangel erhöht die Schmerzempfindlichkeit, 1–2 g täglich können Schmerzen lindern.

Heilfasten

Bei allen entzündlich bedingten Schmerzen kann Heilfasten durch seine antiphlogistische Wirkung hilfreich sein. Die reinigende Wirkung auf das Interstitium führt zur Verbesserung der Entsorgung durch kürzere Transitstrecken und bewirkt den schnelleren Abtransport der Entzündungs- und Schmerzmediatoren. Dies führt zur deutlichen Schmerzlinderung.

Weitere Maßnahmen

Akupunktur. Akupunktur setzt körpereigene Opiate (Endorphine, Enkephaline) frei und ist bei allen Schmerzzuständen das naturheilkundliche „Mittel der Wahl".
Entspannungstherapie. Autogenes Training kann bei chronischen Schmerzzuständen über die Vorstellung von „Kühle" sowie durch die Resonanzdämpfung der Affekte die Schmerzwahrnehmung herabsetzen.
Hydro- und Thermotherapie. Je nach Ansprechbarkeit auf Kälte oder Wärme können durch entsprechende Anwendungen Schmerzen günstig beeinflußt werden.

7.13 Fieber

Ernährung

Flüssigkeitszufuhr. Bei akutem Fieber ist die Zufuhr von ausreichenden Flüssigkeitsmengen wichtiger als die Zufuhr fester Nahrung. Bei steigender Körpertemperatur mit Frösteln sollte die Flüssigkeit in Form von heißen Getränken (z.B. heißem Tee) zugeführt werden. Alkoholische Getränke (z.B. Grog) schwächen die Immunabwehr. Die berühmte „heiße Zitrone" sollte nicht mit kochendem Wasser, sondern mit warmem bis heißem Wasser (Trinktemperatur) zubereitet werden, da bei hoher Temperatur das Vitamin C zerstört wird. Bei sinkender Temperatur verlangt der Fiebernde oft nach kühlen Getränken, die in Form von kühlem Mineralwasser oder Säften, nicht jedoch als eiskalte Getränke zugeführt werden sollten. Die Nahrung soll leichtverdaulich sein, um die Verdauungsarbeit möglichst gering zu halten und den Organismus so zu entlasten. Reichliche Zufuhr von Vitaminen in Form von Obst, Gemüse oder Säften ist vermutlich hilfreich.

Orthomolekulare Medizin

(s. S. 271, Infektion)

Heilfasten

Bei einer fieberhaften Infektion fastet der Körper nicht selten „physiologischerweise". Der hier geäußerte Fastenwille sollte nicht unterdrückt, sondern gefördert werden. Dabei ist jedoch auf ausreichende Flüssigkeitszufuhr zu achten. Mit der Aufnahme fester Nahrung sollte dann begonnen werden, wenn der Organismus den Wunsch danach durch entsprechenden Appetit kundtut.

Weitere Maßnahmen

Der fröstelnde Patient mit steigender Körpertemperatur benötigt Wärme, die in Form von ansteigenden Fußbädern, Wärmflaschen, Vollbädern (38–39 °C, ggf. auch höher) als Überwärmungsbad (cave: Herz, Kreislauf!) und warmen Getränken zugeführt werden kann.

Physikalische Therapie. Hat das Fieber seinen Höhepunkt erreicht oder soll aus anderen Gründen (z.B. starke subjektive Beschwerden) gesenkt werden, so bieten sich folgende Maßnahmen mit leicht antipyretischer Wirkung an:

- kalte Wadenwickel, alle 5–10 Min. erneuern
- Brust-Leib-Wickel, so lange liegenlassen, bis der Wickel Hauttemperatur hat
- warme Vollbäder mit absteigender Temperatur: knapp unter Körpertemperatur beginnen, dann durch Nachlaufenlassen von kaltem Wasser innerhalb von 10 Min. um 5 °C senken
- hoher Einlauf mit 1 l handwarmem Wasser, der zugleich den Darm entlastet.

Fieber begünstigt Immunprozesse. Seine Unterdrückung durch Antipyretika (z.B. ASS, Paracetamol) ist nur dann gerechtfertigt, wenn das Allgemeinbefinden stark beeinträchtigt ist oder Komplikationen drohen (z.B. bei Kindern mit bekannter Neigung zu Fieberkrämpfen, ältere Menschen mit erheblicher Herzinsuffizienz).

7.14 Krebs

Ernährung

Es gibt keine „Krebsdiät", die den Tumor allein beseitigen könnte. Wohl aber gibt es Hinweise auf positive Effekte diätetischer Maßnahmen, die die aktive Diätetik bei Tumorleiden als sinnvoll erscheinen lassen.

Bei etwa 50 % aller Tumorkranken kommt es zu einer teilweise erheblichen Kachexie, die durch Steigerung des Ruheumsatzes, Steigerung des Protein-, Fett- und Kohlenhydratstoffwechsels und durch Appetitlosigkeit ausgelöst wird. Ursächlich scheinen hier die vermehrt freigesetzten Zytokine sowie der Tumornekrosefaktor bedeutsam zu sein.

Tumoren, die zu Stenosierungen des Magen-Darm-Traktes führen, verschlechtern die Nahrungsaufnahme deutlich. Intensivierte diätetische Maßnahmen sollten in Form von nährstoffreicher Kost erfolgen, wobei die Wünsche des Betroffenen Vorrang vor einer vermeintlich gesunden Diät haben sollten (sog. „Wunschkost"). Der Wert einer parenteralen Ernährung ist zweifelhaft.

Die anorektische und emetische Wirkung von Chemotherapien und Bestrahlungen können zur weiteren Kachexie des Tumorkranken beitragen. Auch hier wurden keine Vorteile einer parenteralen Ernährung nachgewiesen.

In der Vegetarierstudie des Heidelberger Krebsforschungszentrums wurde bei Vegetariern eine um ca. 50 % erniedrigte Krebsmortalität nachgewiesen (primäre Prävention). Bei vielen Tumoren wird ein Zusammenhang zu Nahrungsfaktoren vermutet bzw. nachgewiesen (z.B. Kolonkarzinom und Fettkonsum, Lungenkarzinom und antioxidative Nährstoffe, Ösophagus- und primäres Leberzellkarzinom und Alkohol). Der Wert der angegebenen Ernährungsempfehlungen in der sekundären Prävention ist nicht durch kontrollierte Studien abgesichert, jedoch als wahrscheinlich anzunehmen.

Vollwert-Ernährung. Als Dauernahrung zur Verbesserung der Lebensqualität, Steigerung der Immunabwehr und Vermeidung von Rezidiven und Metastasierungen wird eine vollwertorientierte, ballaststoffreiche und weitgehend vegetarische Kost empfohlen, die gleichzeitig reich an antioxidativen Nährstoffen ist (besonders Vitamin C, E, A bzw. Beta-Karotin und Selen). Obst und Gemüse in weitgehend naturbelassener Form (Gemüse z.B. nur leicht gedämpft, nicht zerkocht) sollten reichhaltig vertreten sein. Kanzerogene Stoffe in der Nahrung (s. S. 277) sollten sowohl in der Primär- als auch in der Sekundärprävention gemieden werden.

Omega-3-Fettsäuren. Es gibt Hinweise darauf, daß der Verlauf von Tumorerkrankungen durch hohe Zufuhr von Omega-3-Fettsäuren günstig beeinflußt werden kann (besonders in Leinöl und -samen, fetten Kaltwasserfischen, Soja, Weizenkeimen, Walnüssen und Raps enthalten), während die hohe Zufuhr von Omega-6-Fettsäuren im Tierexperiment das Tumorwachstum und die Metastasierung förderte. Negative Effekte durch eine hohe Zufuhr denaturierter Nahrung (z.B. Transfettsäuren in billigen Margarinen, stark erhitzten oder teilweise gehärteten Pflanzenölen) sind anzunehmen, weshalb eine möglichst naturbelassene Nahrung bevorzugt werden sollte.

Nahrungsmittel mit antikanzerogener Wirkung. Bio-Flavonoide in allen gelben, roten und tiefblauen pflanzlichen Lebensmitteln haben eine gute antioxidative Wirkung, daneben enthalten diese Pflanzen oft weitere bekannte und unbekannte Stoffe, die antikarzinogene Wirkungen entfalten (z.B. in Heidelbeere, Holunder, roter Traube, rotem Wein, gelber und roter Paprika, Tomate oder Tomatenmark, grünem, unfermentiertem Tee).

Meiden kanzerogener Stoffe. Nahrungsmittel, die kanzerogene Stoffe enthalten, sollten gemieden werden:

- Nitrate, Nitrite, Nitrosamine (z.B. durch stark gedüngte Gemüse und Salate, Pökeln)
- Benzpyrene, Peroxide, Sauerstoffradikale (z.B. durch Grillen, scharfes Toasten, Räuchern, starkes Erhitzen ungesättigter Fette)
- Aflatoxine (in verschimmelten Nahrungsmitteln)

Bei Schwierigkeiten, feste Nahrung aufzunehmen (z.B. bei Ösophagus- oder Magenkarzinom), ist das Pürieren der Kost – auch Salate und Gemüse – und gegebenenfalls die Verabreichung mittels Magensonde hilfreich.

Orthomolekulare Therapie

Eine Nahrungsergänzung mit Vitaminen und Mineralstoffen wird sinnvoll eingesetzt zur:

- Verminderung der therapieinduzierten Immunsuppression (z.B. durch Bestrahlung)
- Verbesserung des subjektiven Wohlbefindens und damit zur Hebung der Lebensqualität
- Verminderung der Nebenwirkung der Tumortherapie (Operation, Chemotherapie, Bestrahlung).

Folgende Nährstoffe sollten großzügig zugeführt werden:

Vitamine:
- Beta-Karotin, 15–50 mg oder I.E. Vitamin A, 10000 I.E.
- Vitamin-B-Komplex
- Vitamin C: 2–10 g
- Vitamin D: 400–1000 I.E.
- Vitamin E: 200–800 I.E.

Spurenelemente, Aminosäuren, Fettsäuren:
- Zink: 15–50 mg
- (Acetyl-)Cystein: 0,6–2 g
- Omega-3-Fettsäuren (z.B. in Fischöl, 1–4 g, oder Leinöl, 1 EL).

Enzyme. Enzyme wirken vermutlich prophylaktisch bei Entzündungen, Ödemen, Thrombosen, Embolien und Metastasen: z.B. Wobenyzm® N, 6 Dragees täglich.

Heilfasten

Bei vorhandenem bösartigem Tumor gilt Fasten als kontraindiziert, ebenso während oder kurz nach Operationen, Bestrahlungen oder Chemotherapie. Gibt es nach der Primärtherapie keine Hinweise auf ein Rezidiv oder auf eine Metastasierung, so ist Heilfasten 6 Monate später durchaus möglich, wenn der Patient nicht unterernährt ist.

Die Befreiung des Organismus von Schadstoffen wie Pestiziden oder Schwermetallen durch das Heilfasten ist belegt. Durch Abbau der Lipoproteine und Schadstoffe aus dem Interzellulärgewebe wird der Stoffwechsel deutlich verbessert. All dies dürfte die Langzeitprognose des Krebskranken in der Sekundärprävention verbessern. Kontrollierte Studien liegen hierzu allerdings nicht vor.

Weitere Maßnahmen

Die Ernährung einschließlich Nahrungsergänzung und Heilfasten sollte nur eine der Säulen im Rahmen einer biologischen Krebstherapie darstellen. Andere biologische Verfahren (z.B. Organtherapeutika wie Thymus, mikrobiologische Therapie oder Phytotherapie wie Mistel oder Sonnenhut) sollten darüber nicht vergessen werden. Ein ganz entscheidender Aspekt scheint jedoch die aktive Mitarbeit des Patienten zu sein – im Gegensatz zur passiven, unangenehmen Behandlung durch Operation, Chemotherapie oder Bestrahlung („Ich kann selbst etwas gegen meine Krebserkrankung tun“). Allein diese Möglichkeit, der Erkrankung nicht hilflos ausgeliefert zu sein, sondern durch Eigenleistung zur Stärkung des Organismus gegenüber der Krankheit beitragen zu können, dürfte zur Verbesserung der Prognose und der Lebensqualität beitragen.
Biologische Krebstherapien sind nicht alternativ, sondern additiv zu den konventionellen Methoden (z.B. Operation, Radiatio, Chemotherapie) einzusetzen, wenn diese tatsächlich indiziert sind und eine deutliche Verbesserung der Prognose darstellen. Bei der Operation eines gut operablen Tumors wird dies fast immer, bei der Chemotherapie hingegen nur bei einigen Krebsarten und bestimmten Stadien der Fall sein.

7.15 Schwangerschaft und Geburt

Ernährung

Die Schwangere sollte eine ausgewogene Kost zu sich nehmen, die alle Nährstoffe in ausreichender Menge bereitstellt. Eine **Vollwert-Ernährung** mit hohem Anteil an Salat, Obst und Gemüse ist am ehesten in der Lage, diese Voraussetzungen zu erfüllen. Leichte Modifikationen sind je nach Symptomatik möglich, beispielsweise kann bei Neigung zu Verstopfung der Anteil der Ballaststoffe in Form von Leinsamen oder Weizenkleie erhöht werden. Besonders wichtig ist es, auf eine ausreichende Trinkmenge zu achten, wobei Mineralwässer, Kräuter- oder Früchtetees bevorzugt werden sollten. Einseitigen Ernährungsempfehlungen, um vermeintlichen Nährstoffmängeln vorzubeugen (z.B. viel Quark wegen des Protein- und Kalziumgehaltes), ist mit Vorsicht zu begegnen, besonders wenn die Schwangere sich dazu überwinden muß. Die Ernährung der Schwangeren sollte den gesundheitlichen Bedürfnissen von Mutter und ungeborenem Kind zwar Rechnung tragen, sie sollte aber auch schmecken.

Orthomolekulare Medizin

Es besteht allgemein ein erhöhter Bedarf an allen Nährstoffen, folgende Nährstoffe sind in der Zufuhr möglicherweise kritisch und sollten in bestimmten Fällen als Nahrungsergänzungspräparate zugeführt werden:
Vitamine. Zur Minderung des Abortrisikos und des Risikos von Neuralrohrfehlbildungen ist die Zufuhr von Folsäure in einer Dosierung von 0,4–2,5 mg täglich geeignet. Entscheidend ist die Einnahme in der ersten Phase der Schwangerschaft – besser noch vor Beginn der Schwangerschaft.
Mineralstoffe. Deutschland ist endemisches Jodmangelgebiet, zur Strumaprophylaxe bei Mutter und Kind und zur Vorbeugung des Kretinismus ist die Gabe von Jod, 200–250 µg täglich oder 1500–2500 µg wöchentlich, empfehlenswert.
Magnesiummangel ist häufg anzutreffen, die Zufuhr von **Magnesium** in einer Dosis von 300 mg täglich – bei nachgewiesenem Mangel oder klinischen Symptomen (z.B. Wadenkrämpfe) auch bis zu 900 mg – mindert das

Risiko von Frühgeburten und dient der Eklampsieprophylaxe.
Der Kalziumbedarf ist durch die Bildung des kindlichen Skeletts deutlich erhöht. Eine zusätzliche Zufuhr von **Kalzium,** 500–1500 mg täglich, erscheint zur Osteoporoseprophylaxe der Mutter sinnvoll (nicht zusammen mit Magnesium einnehmen, verminderte Resorption wird diskutiert).
Die früher fast regelhaft durchgeführte Gabe von oralen **Eisenpräparaten** wird zunehmend kritischer diskutiert. Die im zweiten Trimenon deutlich ausgeprägte Anämie ist möglicherweise physiologisch sinnvoll. Eine Eisensubstitution sollte nur bei Hämoglobinwerten deutlich unterhalb der für die jeweilige Schwangerschaftsphase gültigen Durchschnittswerte oder bei klinischer Symptomatik erfolgen.

Heilfasten

Das Heilfasten ist in der Schwangerschaft und Stillzeit grundsätzlich kontraindiziert – weniger aufgrund der möglichen Minderversorgung des Fetus oder Säuglings als vielmehr wegen der Mobilisation von fettlöslichen Schadstoffen aus dem Fettgewebe der Mutter.

Weitere Maßnahmen

Psychosomatische Aspekte. Durch Unsicherheit und Ängste seitens der Schwangeren, aber auch des Partners, können Konflikte oder auch klinische Symptome entstehen, deren Ursache nicht von vornherein richtig vermutet wird. Die übergroße Konzentration auf das Wohlergehen des ungeborenen Kindes kann zu depressiven oder eifersüchtigen Reaktionen des Partners und/oder der älteren Kinder führen.
Geburtsvorbereitungskurse (z.B. bei Volkshochschulen, Familienbildungsstätten) können durch gymnastische Übungen und die Vermittlung von Informationen und Fertigkeiten (z.B. Atmen während der Wehen, richtiges Wickeln des Säuglings) Unsicherheiten abbauen, den werdenden Vater an der Schwangerschaft und Geburt teilhaben lassen und psychisch und physisch gute Voraussetzungen für eine komplikationslose Geburt schaffen.
Bewegungstherapie. Die Schwangere sollte sich, soweit sie körperlich dazu noch in der Lage ist, viel bewegen, wobei Spaziergänge an der frischen Luft oder Schwimmen – auch noch in der fortgeschrittenen Schwangerschaft möglich – besonders geeignet sind.

Schwangerschaftserbrechen

Ernährung

Die erste Nahrungsaufnahme sollte in flüssiger Form erfolgen, z.B. ein leicht mit Honig gesüßter Tee. Die Nahrung sollte gut gekaut und eingespeichelt werden. Es sind Nahrungsmittel zu bevorzugen, nach denen die Schwangere verlangt und die sie erfahrungsgemäß gut verträgt. Wenn gar kein Appetit besteht, sollte auch einmal eine Mahlzeit ganz ausfallen. Es sollte kein Zwang beim Essen ausgeübt werden. Frischkost (z.B. frisches Obst) wird nicht selten gut vertragen.

Orthomolekulare Medizin

Vitamine. Vitamin B_6, 20 mg täglich, ist unterstützend hilfreich.

Heilfasten

Fasten ist in der Schwangerschaft kontraindiziert.

Weitere Maßnahmen

Akupunktur, Homöopathie. Akupunktur weist gute Erfolge beim Schwangerschaftserbrechen auf. Auch das richtig gewählte Homöopathikum kann deutliche Linderung bewirken.
Thermotherapie. Feuchtwarme Wickel, Wärmflasche, Heusack können die Beschwerden günstig beeinflussen.

Psychosomatische Aspekte. An unbewußte Widerstände gegenüber der Schwangerschaft ist zu denken.

Geburtserleichternde Maßnahmen

Orthomolekulare Medizin

Mineralstoffe. Bei drohender Frühgeburt, Uterusspasmen unter der Geburt oder bei Eklampsie helfen hochdosierte Magnesiumgaben (300 mg, gegebenenfalls mehrfach oral, am besten jedoch langsam i.v. oder als Infusion).

Heilfasten

Fasten ist in der Schwangerschaft kontraindiziert (s. S. 279).

Weitere Maßnahmen

Entspannungstherapie. Entspannungsübungen, Atmungstechniken und sanfte Massagen sind sehr hilfreich, sollten nach Möglichkeit bereits vor der Geburt eingeübt werden.
Thermotherapie. Ein warmes Vollbad wirkt entspannend und entkrampfend.
Homöopathie, Akupunktur. Homöopathie und Akupunktur können gute Dienste leisten und haben inzwischen in vielen gynäkologischen Abteilungen Einzug gehalten.

Laktationsstörungen

Ernährung

Reichliche Flüssigkeitszufuhr, am besten in Form von Kümmel-/Fenchel-/Anis-Tees, ist Voraussetzung für eine ausreichende Milchbildung.

Orthomolekulare Medizin

Während des Stillens sollte auf eine besonders gute Nährstoffversorgung der Mutter geachtet werden, gegebenenfalls können Multivitamin- und/oder Multivitaminpräparate die Nährstoffversorgung verbessern. Besonders wichtig ist die ausreichende Versorgung mit Spurenelementen und Mineralstoffen.
Spurenelemente, Mineralstoffe. Folgende Nährstoffe können während des Stillens verordnet werden:

- Jod: 200–250 µg täglich oder 1500–2500 µg wöchentlich
- Magnesium: 300 mg und mehr täglich und
- Kalzium: 500–1500 mg täglich.

Kalzium sollte nicht zusammen mit Magnesium oder mit den Mahlzeiten eingenommen werden, da die Resorption anderer zweiwertiger Metallionen hierdurch behindert wird.

Heilfasten

Fasten ist in der Schwangerschaft kontraindiziert (s. S. 279).

Weitere Maßnahmen

Naturheilverfahren. Mönchspfeffer als Phytotherapeutikum hat sich bewährt.
Bei Milchstau sind Bindegewebsmassage oder Fußzonenreflexmassage entsprechender Zonen hilfreich.
Akupunktur, Homöopathie. Akupunktur und Homöopathie können die Beschwerden deutlich verbessern.

7.16 Besonderheiten kindlicher Erkrankungen

Die Ernährung des Heranwachsenden sollte reich an allen essentiellen Nährstoffen sein. Eine **rohkostreiche** (viel Obst, Gemüse und Salat) **Vollwert-Ernährung** ist am besten geeignet, diese Anforderungen zu erfüllen. Eine solche Kost, die den kindlichen Organismus mit allen erforderlichen Nährstoffen versorgt, stellt eine gute Prophylaxe für viele Krankheiten dar. Tritt doch eine Krankheit auf (z.B. eine Infektionskrankheit), kann der gut versorgte Organismus der Krankheit besser begegnen.

Entgegen früherer Ansichten führt eine ausgewogene vegetarische Ernährung nicht zu Mangelerscheinungen, auch nicht bei Eisen oder Protein. Bei einer strengen veganen Ernährung ist dies nicht gesichert.

Die Durchschnittskost der Kinder in Deutschland ist unter Vollwertaspekten zu reich an raffinierten, einfachen Kohlenhydraten, wodurch die Gefahr der Darm-Dysbiose und der Immunschwäche besteht.

Die große Menge von Lebensmittelzusatzstoffen in vielen, gerade bei Kindern beliebten Nahrungsmitteln (z.B. in Süßigkeiten) ist bedenklich. Zwar werden für die einzelnen Stoffe keine toxisch relevanten Mengen erreicht, die Wechselwirkungen der einzelnen Stoffe untereinander oder mit anderen Nährstoffen oder Stoffwechselprozessen sind jedoch kaum erforscht. So soll die Vielzahl und die große Menge der Lebensmittelzusatzstoffe die Allergieneigung fördern, selbst wenn keine Allergie gegen einzelne Zusatzstoffe besteht.

Die große Zufuhr an Milch- und Milchprodukten begünstigt möglicherweise die häufig auftretenden rezidivierenden Infekte der oberen Atemwege, besonders wenn diese mit Verschleimung einhergehen. Milchallergien kommen recht häufig vor, werden jedoch selten diagnostiziert, weil nicht daran gedacht wird und die Allergiediagnostik auch nicht alle Milchallergien bzw. -unverträglichkeiten erfaßt. Die Protein- und Kalziumzufuhr können relativ leicht über andere Quellen gesichert werden.

Heilfasten ist nur bei älteren Kindern als Kurzzeitfasten möglich, wenn die vertraute Bezugsperson mitfastet.

Die Ernährung von Kindern sollte gesund, jedoch nicht dogmatisch sein. Das Grundkonzept der Ernährung sollte von den Eltern vorgegeben sein, innerhalb dessen sollten dem Kind aber auch Freiheiten und eigene Entscheidungsmöglichkeiten eingeräumt werden. Auch nachweislich „ungesunde Nahrung“ sollte gelegentlich gestattet sein (Ausnahmen: z.B. mehrwöchiger „Auslaßversuch“ von Milch und Milchprodukten bei rezidivierenden Entzündungen, strenge Zuckerkarenz bei nachgewiesener massiver Hefepilzbesiedelung des Darms).

Enuresis

Ernährung

Es ist heute nicht mehr üblich, dem Kind abends Flüssigkeit zu verweigern, übergroße Flüssigkeitsmengen sollten vor dem Schlafengehen jedoch nicht zugeführt werden.

Weitere Maßnahmen

Ordnungstherapie. Ordnungstherapeutische Hinweise sind unbedingt zu beachten:

> Das Kind darf nicht bestraft werden. Belohnungen bei einem Erfolgserlebnis wirken hingegen ermutigend.

Weitere Naturheilverfahren. Unterstützend können andere Verfahren wie Pflanzenheilkunde (Johanniskraut), Homöopathie oder physikalische Therapie eingesetzt werden.

Schlafstörungen und Alpträume

Ernährung

Spätabends sollten keine größeren, schweren Mahlzeiten, die den Schlaf stören können, zu sich genommen werden.

Weitere Maßnahmen

Ordnungstherapie. Wichtig ist, das Kind vor Reizüberflutung zu schützen sowie eventuell vorhandene Ängste zu besprechen. Angestrebt werden sollte eine rhythmische, geregelte Lebensweise.

Phytotherapie, Homöopathie. Baldrian, Hopfen, Melisse wirken milde schlaffördernd. Das passende Homöopathikum vermag den Schlaf herbeizuführen.

Physikalische Therapie. Ein warmes Fuß- oder Vollbad unterstützt den natürlichen Schlaf-Wach-Rhythmus.

Unruhe und Aggressivität

Ernährung

Ein Zusammenhang zwischen Überaktivität und phosphatreicher Ernährung soll bestehen, ist jedoch noch nicht eindeutig bewiesen. Versuchsweise sollte für einige Monate Wert gelegt werden auf eine phosphatarme Ernährung (s. S. 119), bei deutlicher Besserung sollte diese beibehalten werden.

Sogenannte maskierte Nahrungsmittelallergien werden ebenfalls als Auslöser verdächtigt (s. S. 284 ff.). Das verdächtigte Nahrungsmittel sollte 5 Tage ausgelassen werden, danach kommt es bei Provokation mit dem Nahrungsmittel zur deutlichen Verstärkung der Beschwerden. In nicht eindeutigen Fällen soll der Versuch wiederholt werden. Da nicht selten mehrere Nahrungsmittelallergien vorliegen, kann eine solche Austestung eventuell Monate dauern.

Vollwert-Ernährung mit hohem Frischkostanteil und möglichst ohne Lebensmittelzusatzstoffe ist in jedem Fall sinnvoll.

Orthomolekulare Medizin

Mineralstoffe, Vitamine. Folgende Nährstoffe können versuchsweise täglich zusätzlich zugeführt werden:

- Magnesium: 200–400 mg
- Kalzium: 500–1000 mg
- Zink: 10–20 mg
- Vitamin B_6: 10–100 mg
- Vitamin C: 1–2 g, die Dosierungen sollten je nach Alter vorgenommen werden.

Fettsäuren. Außerdem sollte ein dreimonatiger Versuch mit Omega-6-Fettsäuren unternommen werden (s. S. 177 ff.).

Weitere Maßnahmen

Ordnungstherapie. Ohne Beachtung ordnungstherapeutischer Hinweise sollte keine Behandlung durchgeführt werden: Welche Probleme „beunruhigen" das Kind? Sind elterliche Verhaltensweisen oder Konflikte aggressionsfördernd? In schweren Fällen kann Psychotherapie erforderlich sein.

Entspannungstherapie. Autogenes Training ist zu empfehlen.

Phytotherapie, Homöopathie. Pflanzliche Heilmittel beruhigen milde. Das passende Homöopathikum kann entscheidend helfen.

Eßunlust

Ernährung

Kindern sollte abwechslungsreiche Kost, insbesondere frisches Obst und Gemüse angeboten werden – frisch geschnitten und dekorativ angerichtet. Bei ausreichendem Nahrungsangebot besteht – bei Ausschluß organischer Erkrankungen – keine Gefahr einer Unterernährung.

Weitere Maßnahmen

Psychosomatische Aspekte. Psychische Ursachen sollten bedacht werden, z.B. Abstillen, Trennungserlebnisse, Eifersucht (Geschwister), Konflikte, besonders in der Mutter-Kind-Beziehung.

Phytotherapie, Homöopathie. Pflanzliche Heilmittel, und hier vor allem Bittermittel (Amara), sowie homöopathische Substanzen können unterstützend hilfreich sein.

Bewegungstherapie. Das Kind sollte zu ausgiebiger Bewegung animiert werden.

Wachstumsstörungen

Ernährung

Eine Vollwert-Ernährung mit hohem Frischkostanteil enthält alle zum Wachstum erforderlichen Nährstoffe und ist somit die beste Grundlage für gesundes Wachstum. Bei Säuglingen bietet das Stillen die günstigste Voraussetzung. Auch eine ovo-lakto-vegetarische (mit Milch und Ei) Ernährung enthält – im Gegensatz zu früheren Ansichten – alle erforderlichen Nährstoffe in ausreichender Menge.

Weitere Maßnahmen

- Organische Ursachen sollten ausgeschlossen werden.
- Psychosomatische Zusammenhänge sollten bedacht werden.
- Bewegungstherapie fördert das Knochen- und Muskelwachstum.
- Das passende Homöopathikum kann hilfreich sein.

Lernstörungen und Legasthenie

Orthomolekulare Medizin

Multivitamin- und Mineralpräparate, obwohl dies keine „Wundermittel" sind, können hier unterstützend wirken, wobei besonders auf den Gehalt an Magnesium, Zink, Selen, Mangan und Molybdän bzw. auf Vitamin C, B_6, B_{12}, Vitamin E, Niacin und Beta-Karotin geachtet werden sollte. Glutamin soll die Konzentration und geistige Leistungsfähigkeiten verbessern.

Weitere Maßnahmen

Ordnungstherapie. Der Tagesablauf des Kindes sollte rhythmisch sinnvoll gegliedert sein; Aktivitätsphasen sollten sich mit eher ruhigeren Spielphasen abwechseln. Konzentrationsspiele (z.B. Puzzle, Brettspiele) fordern und fördern die geistigen Fähigkeiten, die Konzentrationsfähigkeit sowie den sozialen Kontakt (Eltern, andere Kinder).

7.17 Besonderheiten im Alter

Ernährung

Der alte Mensch hat einen geringeren Energiebedarf, aber keinen verminderten Bedarf an Vitaminen und Mineralien. Er muß daher besonders auf eine Zufuhr nährstoffreicher Lebensmittel achten. Viel Gemüse, viel Obst, wenig (mageres) Fleisch sollten daher den Speiseplan bestimmen. Es sollte reichlich Frischkost zugeführt werden (bei Verträglichkeit). Das Gebiß oder die Prothese sollten in Ordnung sein, damit die Nahrung gut gekaut werden kann (wichtige Vorverdauung im Mund). Das Pürieren von Frischkost bei Gebißschwierigkeiten ist zu empfehlen.

Orthomolekulare Medizin

Ältere Menschen entwickeln häufig aufgrund geringerer Nahrungszufuhr bei gleichbleibendem Bedarf an essentiellen Nährstoffen Defizite nahezu aller wichtiger Mineralien und Vitamine. Manche Medikamente können den Bedarf zusätzlich steigern. Bei Verdacht auf Nährstoffmangel sollte der entsprechende Nährstoff großzügig zugeführt werden. Auch Multi-Vitamin- und Mineral-Präparate können großzügig eingenommen werden:
Kombinationspräparate. Echtrovit® K-Kps., Geriatron Pharmakon® Kps., Glutergen® + H3 Kps., Vigodana® Kps., Vita-Gerin-Geistlich® Kps., Geriakneipp® N Kps., Pasgensin® Drg., Geriatrie-Mulsin® Emulsion.

Heilfasten

Hohes Lebensalter ist keine Gegenanzeige für das Fasten, vor allem, wenn bereits Fastenerfahrung vorliegt. Gerade bei den im Alter häufig vorkommenden Erkrankungen wie Bluthochdruck, Alterszucker und Fettstoffwechselstörungen ist Fasten eine sehr wirksame Maßnahme. Voraussetzung ist eine ausreichende geistige Leistungsfähigkeit, um die Fastenregeln zu verstehen und einzuhalten. Grundsätzlich gelten die Gegenanzeigen wie bei anderen Altersgruppen auch.

Die Wirkung vieler Medikamente ist während des Fastens verstärkt. Werden Medikamente eingenommen, sollte daher nur unter ärztlicher Aufsicht gefastet werden.

Weitere Maßnahmen

Phytotherapie. Viele Alterskrankheiten können durch pflanzliche Heilmittel (z.B. Weißdorn bei leichter Herzinsuffizienz) wirkungsvoll und nebenwirkungsarm behandelt werden.

Bewegungstherapie. Spazierengehen, Schwimmen, Radfahren, bei guter Leistungsfähigkeit sogar Joggen verzögern den arteriosklerotischen Prozeß und fördern die Lebensqualität.

Hydrotherapie. Die Anwendungen von Kneipp tonisieren und beugen Infekten vor.

7.18 Allergien

(s. auch S. 237 ff. und S. 269 ff.)

Ernährung

Meiden der Allergene. Die häufigsten Allergien auf Nahrungsmittel werden bei Kuhmilch, Ei, Fisch und Zitrusfrüchten, ferner bei Gemüsen, Gewürzen und Nüssen beobachtet. Bei 60% der Neurodermitiker liegen Allergien auf hauptsächlich Ei, Milch, Soja, Weizen und Erdnuß vor, deren Zufuhr eine deutliche klinische Verschlechterung nach sich zieht. Bei gleichzeitigem Konsum von Alkohol wird die allergische Reaktion bei Nahrungsmittelallergien ausgeprägter zutage treten. Nicht selten lösen Lebensmittelzusatz- oder -inhaltsstoffe wie Benzoesäure, Sulfit oder Salicylate Pseudo-Allergien aus, deren klinisches Erscheinungsbild sich von einer herkömmlichen Allergie nicht unterscheidet.

Das Stillen von Säuglingen bedeutet für diese ein deutlich geringeres Risiko, später eine Allergie zu entwickeln. Bei nachgewiesener Nahrungsmittelallergie (allergologische Teste wie RAST; Epikutan- oder Prick-Test, Auslaß-/Provokationsversuche) sollten die entsprechenden Allergene strikt gemieden werden – z.B. können bei Kuhmilchallergie geringste Spuren etwa in Fertigprodukten zu allergischen Reaktionen führen. Das Problem der versteckten Allergien könnte mit Einführung genmanipulierter Nahrungsmittel an Brisanz gewinnen (z.B. wenn ein Mensch, der allergisch auf Soja reagiert, eine Tomate verzehrt, die Soja-Gene enthält; da es keine ausreichende Kennzeichnungspflicht gibt, kann der Allergiker solche Nahrungsmittel auch nicht meiden). Bei konsequenter Meidung der Allergene über 2 Jahre kann die Allergie nicht selten verschwinden.

Vollwert-Ernährung. Auch bei anderen, nicht durch Nahrungsmittel verursachten Allergien hat sich eine Vollwert-Ernährung, die arm an tierischen Proteinen und möglichst frei von künstlichen Lebensmittelzusätzen wie Farbstoffen, Konservierungsstoffen oder synthetischen Aromastoffen ist, bewährt. Sowohl der Nährstoffreichtum als auch die Armut an tierischen Proteinen und künstlichen Zusätzen scheint die Neigung, Allergien zu entwickeln, zu verringern.

Orthomolekulare Medizin

Vitamine. Vitamin C verbessert die Histamin-Elimination durch Hydroxylierung, mehrere Gramm täglich verbessern die klinische Symptomatik.

Vitamin B_6, 50 mg täglich, ist günstig bei Natriummonoglutamat-Unverträglichkeit (China-Restaurant-Syndrom).

Mineralstoffe. Kalzium vermindert die Histaminfreisetzung aus den Mastzellen, 1 g täglich; eine gute Kombination ist Kalziumascorbat, 4–12 g täglich, (= 1–3 TL). Magnesium, 300–600 mg täglich, besitzt eine leicht antihistaminartige Wirkung und sollte nicht zusammen mit Kalzium eingenommen werden. Die schlechtere Resorption dieser Nährstoffe bei gleichzeitiger Einnahme wird diskutiert.

Spurenelemente, Aminosäuren. Mangan, 4–50 mg täglich, vermindert die Histaminfreisetzung, ebenso Zink, 10–20 mg. Methionin, 3 × 500 mg täglich, verbessert die Histamin-Elimination durch Methylierung.

Heilfasten

Heilfasten kann bei Allergien sowohl unter diagnostischen als auch therapeutischen Aspekten sinnvoll sein. Bei vermuteten Nahrungsmittelallergien sollte nach einem Kurzzeitfasten von 4–7 Tagen (Allergenkarenz) Symptomfreiheit auftreten. Durch stufenweises Einführen verschiedener Nahrungsmittel kann die Verträglichkeit gut ausgetestet werden. Aber auch andere Allergien lassen sich durch das Heilfasten über eine allgemeine Umstimmung günstig beeinflussen.

Weitere Maßnahmen

Mikrobiologische Therapie. Bei Dysbiose des Darms (Fehlbesiedlung mit ungünstigen Keimen) kann eine mikrobiologische Therapie mit entsprechenden Präparaten zur Normalisierung der Immunlage beitragen.

Weitere Naturheilverfahren. Umstimmende Maßnahmen wie Eigenbluttherapie, Phytotherapie (z.B. Sonnenhut), Homöopathie (z.B. Galphimia glauca D_4 bei Pollinosis) können eine deutliche Besserung bewirken.

Spezifische immunmodulierende Maßnahmen wie die Gegensensibilisierung nach THEURER oder die Bioresonanztherapie sind umstritten, im Einzelfall wurden jedoch dramatische Besserungen beobachtet.

Toxine (z.B. Amalgam), Herdbelastungen (z.B. Narbenstörfelder, Zähne, Tonsillen) oder symptomunterdrückende Medikamente (z.B. Kortikoide, Antibiotika) sollten durch entsprechende naturheilkundliche Maßnahmen ausgeleitet werden. Die Meidung schädigender Substanzen ist anzustreben.

Psychosomatische Aspekte. Die Lebensführung und gestörte Beziehungen sollten harmonisiert sowie chronische Stressoren abgebaut werden. Allergie kann Ausdruck einer verinnerlichten Abwehr gegenüber der Umwelt sein.

Literatur

[1] Augustin, M.; Schmiedel, V.: Praxisleitfaden Naturheilkunde. Fischer, Stuttgart 1998.

[2] Ornish, D.: Life-style, Heart Trial, Lancet 336; 1990.

[3] Schmiedel, V.; Augustin, M.: Handbuch Naturheilkunde. Haug, Heidelberg 1997.

MODERNE ERNÄHRUNGSFORSCHUNG

DIE NÄHRSTOFFDICHTE – EIN NEUER ASPEKT MODERNER ERNÄHRUNGSFORSCHUNG

VOLKER SCHMIEDEL

Die wissenschaftliche Forschung hat sich in den letzten Jahren vermehrt den Nährstoffen zugewendet und deutlich werden lassen, daß bestimmte Nährstoffe bei bestimmten Krankheiten eine signifikante präventive Wirkung entfalten. Nährstoffe sind die wichtigen **Energieträger** unserer Nahrung (Fette, Kohlenhydrate, Eiweiß), **Mineralstoffe** und **Spurenelemente** (z.B. Magnesium, Kalium, Selen), **Vitamine** (z.B. Vitamin A, C, D, E) sowie andere bedeutsame **Nahrungsbestandteile** ohne essentiellen Nährstoffcharakter (z.B. Cholesterin, Ballaststoffe).

8.1 Nährstoffe, Nährstoffgehalt und Nährstoffdichte von Lebensmitteln

In der Regel werden Nährstoffe – wie der Name nahelegt – mit der Nahrung zugeführt. In Nährwerttabellen kann sich jeder Laie über den Gehalt jeweiliger Nährstoffe in bestimmten Lebensmitteln informieren; auf methodische Probleme der Bestimmung des Nährstoffgehaltes und daraus folgender Fehlermöglichkeiten sei hier nicht näher eingegangen. Diese Tabellen, die durchaus wertvolle Informationen liefern, geben in der Regel den absoluten Gehalt eines spezifischen Nährstoffes in einem Nahrungsmittel an. Die so ausgewiesenen Werte sind reine Mengenangaben und zeigen z.B. an, daß 100 g Weizenvollkornbrot 5 g Ballaststoffe enthalten, während die Relation zu einem definierten Energiegehalt des Nahrungsmittels hier fehlt. Der Gehalt eines bestimmten Nährstoffes eines Nahrungsmittels, bezogen auf eine bestimmte Energie – meist 1000 kcal oder kJ –, wird als **absolute Nährstoffdichte** (Tab. 8-1) bezeichnet und ist in den neueren Nährstofftabellen meist berücksichtigt. Die Nährstoffdichte bezieht sich ausschließlich auf den genannten Nährstoff in einem bestimmten Nahrungsmittel. So enthalten z.B. 100 g Maismehl 100 mg Magnesium bei einem Energiegehalt von 333 kcal; somit beträgt die Nährstoffdichte von Magnesium in Maismehl 100 mg/333 kcal = 300 mg/1000 kcal.

Um zusätzlich die individuellen Unterschiede verschiedener Bevölkerungsgruppen hin-

Tab. 8-1 Berechnung von absoluter, relativer und Soll-Nährstoffdichte.

$$\text{(Absolute) Nährstoffdichte in mg/1000 kcal} = \frac{\text{Gehalt eines Nährstoffes in mg in 100 g}}{\text{Energiegehalt in kcal in 100 g}} \times 1000$$

$$\text{Soll-Nährstoffdichte} = \frac{\text{Tagesbedarf eines Nährstoffes in mg}}{\text{empfohlene tägliche Energiemenge in kcal}}$$

$$\text{Relative Nährstoffdichte} = \frac{\text{Nährstoffdichte}}{\text{Soll-Nährstoffdichte}}$$

sichtlich des Bedarfs an bestimmten Nährstoffen und Energie zu berücksichtigen, wurde der Begriff „relative Nährstoffdichte" eingeführt. Die **relative Nährstoffdichte** gibt das Verhältnis der Nährstoffdichte eines Nährstoffes in einem Nahrungsmittel zur Soll-Nährstoffdichte einer Person bestimmten Alters und Geschlechts an (Tab. 8-1). Beträgt z.B. der empfohlene Energiebedarf eines 14jährigen Mädchens 2500 kcal – die von der DGE empfohlene Magnesiumzufuhr beträgt 300 mg –, so ist die Soll-Nährstoffdichte an Magnesium bei einem 14jährigen Mädchen 300 mg/2500 kcal = 133 mg/1000 kcal. Teilt man nun die Nährstoffdichte von Magnesium in Maismehl (300 mg/1000 kcal) durch die errechnete Soll-Nährstoffdichte, so erhält man den dimensionslosen Wert 2,5. Die relative Nährstoffdichte von Magnesium in Maismehl für ein 14jähriges Mädchen beträgt also 2,5 oder anders ausgedrückt: Würde dieses Mädchen seinen Tageskalorienbedarf ausschließlich aus Maismehl decken, würde es dabei – ungeachtet der Tatsache, daß andere Nährstoffe dann unterrepräsentiert wären – das 2,5fache der empfohlenen Magnesiummenge zuführen. Maismehl ist also relativ reich an Magnesium.

Alle relativen Nährstoffdichten mit einem Wert deutlich über 1 verweisen auf einen relativen Reichtum dieses spezifischen Nährstoffes, während Werte deutlich unter 1 eine relative Armut anzeigen. Dieser „relative Nährstoffmangel" müßte durch die Zufuhr anderer Nahrungsmittel mit hohen Nährstoffdichten ausgeglichen werden.

In Tabelle 8-2 sind beispielhaft der Nährstoffgehalt, die absolute Nährstoffdichte sowie die relative Nährstoffdichte verschiedener Nährstoffe für die Nahrungsmittel Kotelett, 3,5%ige Milch und rohe Gurke angegeben. Die relative Nährstoffdichte bezieht sich hierbei auf einen 40jährigen Mann. Aus Gründen der Übersichtlichkeit sind in Abbildung 8-1 nur Kalzium und Eisen dargestellt.

Betrachtet man den Nährstoffgehalt der rohen Gurke, so fällt auf, daß diese im Vergleich zur Milch und zum Kotelett mit Ausnahme von Vitamin A und Vitamin C relativ wenig wichtige Mineralien und Vitamine enthält. Berücksichtigt man jedoch den Energiegehalt, wird die Gurke mit Ausnahme des Kalziumgehaltes – hier reicht die Gurke allerdings an den bekannten Kalziumspender Milch (Abb. 8-1) heran – zum nährstoffreichsten der drei Nahrungsmittel (Tab. 8-2).

Das scheinbar nährstoffreiche Kotelett hingegen mit seinen Spitzenwerten im Nähr-

Tab. 8-2 Nährstoffvergleich von Kotelett, Milch (3,5% Fett), Gurke. Alle Angaben in mg, bei Vitamin A in µg (Vit. A bei der Gurke als Vitamin-A-Äquivalent.

		Kalium	Kalzium	Magnesium	Eisen	Vitamin A	Vitamin E	Vitamin C	kcal
Nährstoffgehalt (pro 100 g)	Kotelett	326	11	24	1,8	0	0,6	0	193
	Milch	157	120	12	1,1	31	0,1	1	64
	Gurke	141	15	8	0,5	29	0,1	8	13
Nährstoffdichte (pro 1000 kcal)	Kotelett	1689	57	124	9,3	0	3,1	0	1000
	Milch	2449	1872	187	1,6	484	1,6	16	1000
	Gurke	10857	1155	616	38,5	2156	7,7	616	1000
relative Nährstoffdichte	Kotelett	1,16	0,17	0,85	4,28	0	0,62	0	–
	Milch	1,68	5,62	1,28	0,32	1,16	0,32	0,52	–
	Gurke	7,45	3,47	4,22	7,7	5,17	1,54	19,87	–

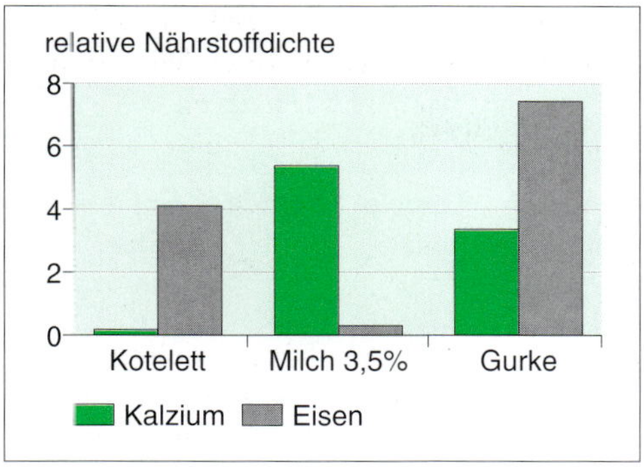

Abb. 8-1 Relative Nährstoffdichte von Kalzium und Eisen bei verschiedenen Lebensmitteln.

stoffgehalt bei Kalium, Magnesium, Eisen und Vitamin E verliert seinen „Nährstoffreichtum", wird der Energiegehalt in die Bewertung mit einbezogen. Hinsichtlich des enthaltenen Kalziums weist das Kotelett mit einem Wert von 0,17 sogar eine sehr geringe relative Nährstoffdichte auf, die deutlich unter 1 liegt. Um auf eine relative Nährstoffdichte von 1 zu kommen und somit die empfohlene tägliche Nährstoffmenge genau zu erreichen, müssen bei hohem Kotelettkonsum weitere sehr kalziumreiche Nahrungsmittel verzehrt werden. Selbst beim Eisen ist die Nährstoffdichte der Gurke deutlich höher als beim Kotelett (Abb. 8-1).

Die rohe Gurke wurde beispielhaft ausgewählt, da sie eigentlich nicht den Ruf genießt, an einem oder mehreren wichtigen Mineralien oder Vitaminen besonders gehaltvoll zu sein. Doch wie ersichtlich (Tab. 8-1 und Abb. 8-1), trägt die Gurke nicht unwesentlich zur ausreichenden Versorgung an essentiellen Nährstoffen bei. Aufgrund ihres relativ geringen Energiegehaltes bei gleichzeitig hoher Nährstoffdichte trifft dies praktisch für alle Gemüse und in etwas geringerem Ausmaß auch für alle Obstsorten zu, während der Nährstoffreichtum von Fleisch- und Wurstwaren meist überschätzt wird, da der hohe Energiegehalt üblicherweise übersehen wird.

Beispiele zur analytischen Verwendung der Werte

Analyse des Vitamingehaltes von Nahrungsmitteln anhand der Nährstoffdichte

Mit Hilfe der Größe der Nährstoffdichte können die nährstoffreichsten Nahrungsmittel bestimmt werden, wie dies am Beispiel von Vitamin E dargestellt wird. Vitamin E vermag Substanzen in unserem Körper vor Oxidation zu schützen und trägt so zur Stabilisierung der Zellen und deren Bestandteile bei. Zusammen mit den Vitaminen A, C und Selen gehört das fettlösliche Vitamin E zu den wichtigsten Antioxidanzien, denen eine Schutzwirkung vor vielen Krankheiten zugeschrieben wird (z.B. Krebs, Herzinfarkt). Bei hoher Zufuhr von ungesättigten Fettsäuren erhöht sich der Bedarf an Vitamin E. Besonders reich an Vitamin E sind pflanzliche Öle, Nüsse und Samen sowie die meisten Gemüse- und einige Obstsorten.

Empfohlene Nährstoffmenge: 12 mg.
Empfohlene Nährstoffdichte: 5 mg/1000 kcal (m.), 6 mg (1000 kcal) (w.). Aufgrund des geringen Unterschiedes wurden in der Tabelle 8-3 nur die Werte für Männer berücksichtigt.

Vergleich zweier ähnlicher Lebensmittel

Während gegen den Vergleich sehr unterschiedlicher Nahrungsmittel – nicht ganz zu Unrecht – eingewendet werden kann, daß ein rein quantitativer Vergleich u.a. aufgrund der unterschiedlichen Resorptionsquoten nur bedingt zulässig ist, sind zwei sehr ähnliche Lebensmittel wesentlich besser zu vergleichen und zu bewerten, wie das Beispiel des Vergleichs zwischen Weizenmischbrot mit Weizenvollkornbrot zeigt (Tab. 8-4 und Abb. 8-2). Legt man nicht die absoluten Nährstoffgehalte, bezogen auf 100 g, zugrunde, werden

Tab. 8-3 Relative und absolute Nährstoffdichte, Nährstoffgehalt, Energiegehalt und die Größe einer normalen Portion bei verschiedenen Lebensmitteln, bezogen auf Vitamin E. In der letzten Spalte ist dargestellt, wieviel % des Tagesbedarfs mit einer solchen Portion gedeckt werden.

Lebensmittel	relative Nährstoffdichte –	absolute Nährstoffdichte (mg/ 1000 kcal)	Nährstoffgehalt (mg/ 100 g)	Energiegehalt (kcal/ 100 g)	Portion (g)	empfohlene Zufuhr (%)
Weizenkeimöl	35,5	177,5	159	898	20	265
Sonnenblumenöl	11,1	55,7	50	898	20	83
Walnußöl	8,7	43,3	39	896	20	65
Maiskeimöl	6,9	34,6	31	899	20	52
Sojaöl	6,5	32,3	29	899	20	48
Sesamöl	6,3	31,6	28	896	20	47
Leinsamen	26,2	131,0	57	435	20	95
Mandel	8,4	42,1	25	599	20	42
Haselnuß	8,3	41,4	27	643	20	44
Sonnenblumenkerne	7,5	21,8	22	582	20	36
Schwarzwurzel, gekocht	66,7	333	5,0	15	200	83
Fenchel, roh	33,3	167	6,0	36	200	100
Paprikafrüchte	31,0	155	3,1	20	200	52
Himbeere, roh	28,1	141	4,5	32	100	32
Spargel, gekocht	27,7	138	1,8	13	200	30
Grünkohl, gekocht	25,7	129	3,6	28	200	60
Sellerie, roh	23,6	118	2,6	22	200	43
Weißkohl, roh	15,5	77	1,7	22	200	28

die Unterschiede hinsichtlich der Nährstoffdichte größer, da Vollkornbrot eine geringere Energiedichte hat als Brot aus raffiniertem Mehl.
Anhand der absoluten Nährstoffdichte ist deutlich zu erkennen, daß durch Vollkornbrot die Versorgung mit Nährstoffen besser gewährleistet ist. Besonders gravierend sind die Unterschiede für Niacin und Kalzium; hier erzielt Vollkornbrot eine drei- bis viermal so hohe Nährstoffdichte.

Analyse eines Nahrungsmittels

Die Nährstoffdichte eignet sich ausgezeichnet zur Bewertung des Nährstoffgehaltes

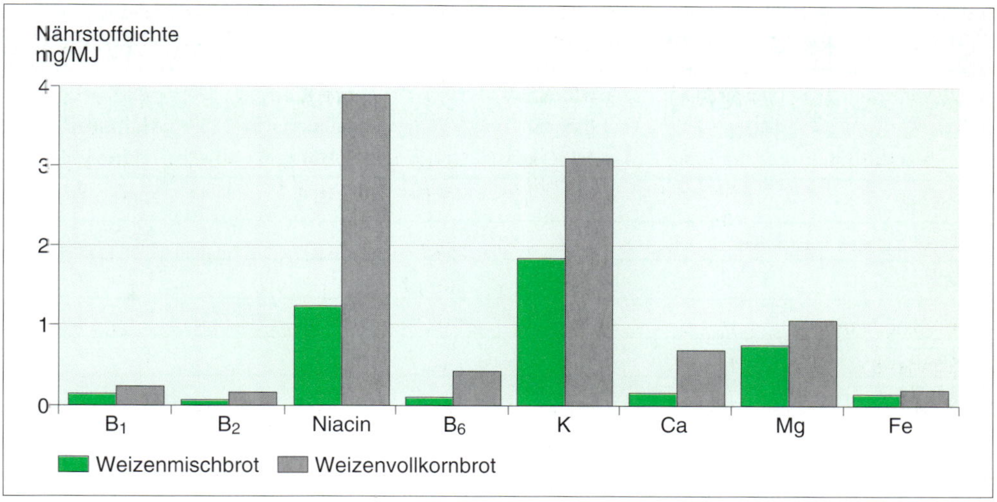

Abb. 8-2 Absolute Nährstoffdichte zweier Brotsorten.

Tab. 8-4 Vergleich zweier Lebensmittel anhand der absoluten Nährstoffdichten. Alle Angaben in mg/MJ.

	B_1	B_2	Niacin	B_6	K	Ca	Mg	Fe
Weizenmischbrot	0,14	0,07	1,24	0,09	183	18	77	1,8
Weizenvollkornbrot	0,27	0,18	3,92	0,43	310	72	106	2,2

(Tab. 8-5) eines Nahrungsmittels, vor allem wenn der Produzent in der Werbung den hohen Nährstoffgehalt seines Produktes anpreist und einen großen gesundheitlichen Wert suggeriert. Es soll dies am Beispiel eines bekannten und viel beworbenen Nuß-Nougat-Brotaufstriches (Abb. 8-3) belegt werden.

In der Tabelle 8-5 sowie in der Abbildung 8-3 erkennt man, daß sich der „Nährstoffreichtum" der Nuß-Nougat-Creme auf das Vitamin E beschränkt, das eine relative Nährstoffdichte über 3 aufweist. Die Nährstoffdichte wurde auf 7- bis 9jährige Kinder bezogen, die auch die Zielgruppe dieses Nahrungsmittels ausmachen dürften. Während für Magnesium und Eisen die durchschnittlichen Nährstoffdichten (ca. 1) gerade erreicht werden, liegen alle anderen Nährstoffe mit ihren Werten deutlich unter 1 und sind also nur sehr bescheiden vertreten. Weitere Nährstoffe wurden vom Hersteller erst gar nicht angegeben, da sich hier die relativen Nährstoffdichten nur knapp über 0 bewegen.

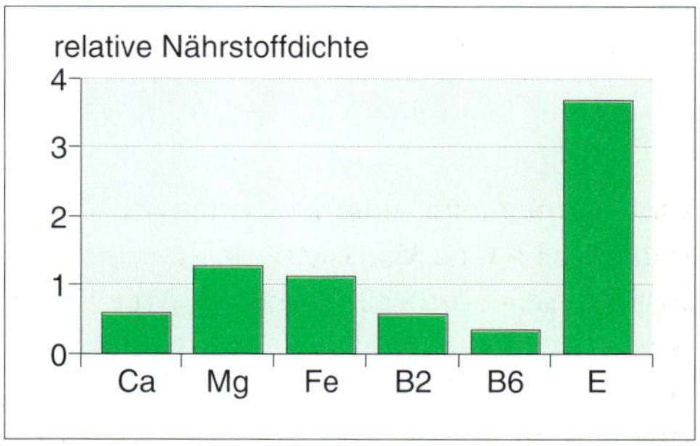

Abb. 8-3 Relative Nährstoffdichte eines Nuß-Nougat-Brotaufstriches.

Tabelle 8-5 Nährstoffgehalt, Nährstoffdichte und relative Nährstoffdichte einer Nuß-Nougat-Creme (Angaben in mg, bei Eiweiß in g).

Nährstoff	Gehalt/ 100 g	Nährstoff-dichte/ 1000 kcal	Prozent des Tagesbedarfs bei 100 g	relative Nährstoff-dichte
Eiweiß	7	13,6	17%	0,65
Ca	130	253	16%	0,60
Mg	75	146	34%	1,26
Fe	3	5,84	30%	1,11
Vit. B_2	0,2	0,39	15%	0,57
Vit. B_6	0,13	0,25	9%	0,34
Vit. E	8	15,6	100%	3,70

Das bedeutet, daß der reichliche Genuß eines solchen Brotaufstrichs bei Kindern zur Verarmung an wichtigen Nährstoffen führt, wenn kompensatorisch keine zusätzlichen nährstoffreichen Nahrungsmittel verzehrt werden. Anders betrachtet, müßte die empfohlene tägliche Energiemenge deutlich überschritten werden, um die empfohlene tägliche Nährstoffmenge zu erreichen. Dies würde jedoch die Entwicklung von Übergewicht provozieren. Ein als nährstoffreich und gesundheitsfördernd beworbenes Nahrungsmittel stellt sich bei genauerem Hinsehen als relativ nährstoffarmes und vor allem in der Kinderernährung eher bedenkliches Nahrungsmittel dar.

Kalzium bei Frauen

Besonders Frauen wird eine kalziumreiche Ernährung empfohlen, um der Entwicklung der Osteoporose entgegenzuwirken. Auch hier können mit Hilfe der relativen Nährstoffdichte die geeigneten Nahrungsmittel ausgewiesen werden. Während Milch und Käse (Abb. 8-4) relative Nährstoffdichten deutlich über 1 aufweisen und einen sehr guten Beitrag zur ausreichenden Versorgung mit Kalzium leisten, fällt Quark (20% Fett) überraschend ab. Mageres Fleisch, mit seiner sehr geringen Dichte, macht sogar die Zufuhr weiterer sehr kalziumreicher Nahrungsmittel erforderlich, damit der empfohlene Tagesdurchschnitt erreicht werden kann. Zudem behindern Fleisch- und Wurstwaren durch ihren hohen Phosphatgehalt die Aufnahme von Kalzium aus anderen Nahrungsmitteln. Demgegenüber fällt die hohe Nährstoffdichte – beispielhaft für fast alle Gemüsesorten – beim Weißkohl auf, der damit in der Größenordnung der Milchprodukte liegt. Ein hoher Konsum an Gemüsen vermag also den Kalziumbedarf bei Frauen – zumindest zu einem großen Teil – zu decken, während ein hoher Fleisch- und Wurstwarenkonsum die Entwicklung der Osteoporose begünstigt.

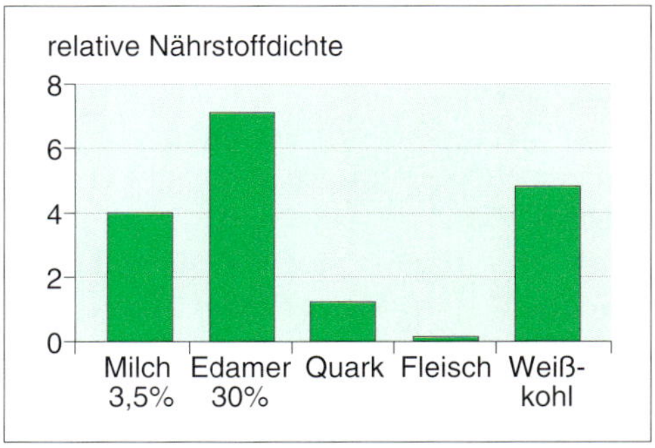

Abb. 8-4 Relative Nährstoffdichte von Kalzium in verschiedenen Lebensmitteln.

Unterschiede in der relativen Nährstoffdichte

Die relative Nährstoffdichte bezieht, wie oben ausgeführt, den Nährstoffgehalt auf bestimmte Altersgruppen und Geschlechter. Wie groß die Unterschiede bezüglich der relativen Nährstoffdichten bei den einzelnen Gruppen sein können, soll am Beispiel des Eisens im Leberkäse dargestellt werden. Abbildung 8-5 zeigt, daß Leberkäse bezüglich der Eisenversorgung ein leicht überdurchschnittliches Nahrungsmittel für junge Männer und Kinder sein kann, während bei Frauen, insbesondere bei Schwangeren, die Eisenversorgung durch Leberkäse deutlich unterdurchschnittlich ist und durch andere Lebensmittel mit hoher Eisendichte ergänzt werden müßte.

Diskussion und Resümee

Die absolute und die relative Nährstoffdichte können zusätzliche Informationen über Lebensmittel liefern. Insbesondere die relative Nährstoffdichte zeigt, inwiefern bestimmte Lebensmittel bei bestimmten Bevölkerungsgruppen zu einer guten Versorgung an bestimmten Nährstoffen beitragen können. Viele scheinbar nährstoffreiche Lebensmittel erweisen sich so als unterdurchschnittliche Nährstofflieferanten, die durch entsprechend nährstoffreiche Kost ergänzt werden müßten.

Allerdings gibt es bei der Bestimmung der Nährstoffdichten Nachteile, die es hinsichtlich der Bewertung von Lebensmitteln zu berücksichtigen gilt: Bezieht man mit ein, daß – wie auch bei der Bestimmung des Nährstoffgehaltes – ungenaue Analysemethoden, natürliche Schwankungen des Nährstoffgehaltes sowie die unterschiedlichen Resorptionsquoten, die nicht berücksichtigt werden, zu fehlerhaften Beurteilungen führen, gibt es ganz **spezifische Faktoren,** die es hinsichtlich der Bestimmung des relativen Nährstoffgehaltes zu bedenken gilt:

- Die relative Nährstoffdichte bezieht sich nicht nur auf einen Nährstoff eines Lebensmittels, sondern zusätzlich auf eine besondere Alters- und Geschlechtsgruppe. Wie aufgezeigt, kann es hier zu ganz erheblichen Unterschieden kommen. Tabellen, die für jedes Lebensmittel, jeden Nährstoff und für verschiedene Kollektive die relative Nährstoffdichte angeben würden, wären entsprechend groß und unübersichtlich. Die relative Nährstoffdichte je nach Fragestellung jeweils zu berechnen ist möglich, aber umständlich.

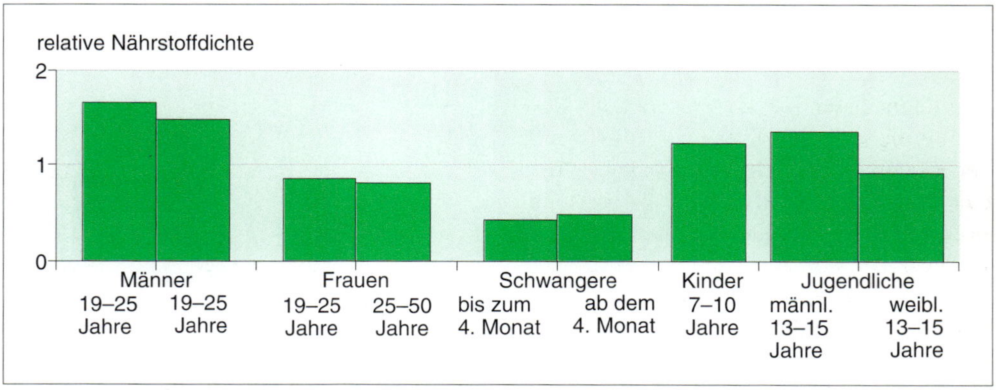

Abb. 8-5 Relative Nährstoffdichte von Eisen in Leberkäse bei verschiedenen Bevölkerungsgruppen.

- Individuelle Unterschiede im Nährstoffbedarf fließen auch bei der Betrachtung der relativen Nährstoffdichte nicht ein. So werden z.B. der erhöhte Bedarf an Kalium bei einem mit Diuretika behandelten Hypertoniker, der erhöhte Bedarf an Vitamin C bei einem Raucher oder der erhöhte Bedarf eines Marathonläufers an Zink nicht berücksichtigt. Diese individuellen Unterschiede werden jedoch auch bei allgemeinen Empfehlungen zur Nährstoffzufuhr nicht mit einbezogen.
- Schließlich darf nicht vergessen werden, daß es sich bei der Bestimmung der Nährstoffdichte um quantitative, nicht jedoch um qualitative Beurteilungen handelt. So können eine Obstkonserve und das entsprechende Frischobst bezüglich ihrer Nährstoffdichten durchaus vergleichbare Ergebnisse erzielen. Unter dem Aspekt einer gesunden Vollwert-Ernährung im Sinn von KOLLATH wäre Frischobst der Obstkonserve vorzuziehen (dieses Problem trifft auf den üblicherweise verwendeten Nährstoffgehalt in gleichem Maße zu).

Angesichts der in Zukunft eher noch zunehmenden Bedeutung der Ernährung und der optimalen Zufuhr von Nährstoffen werden auch quantitative Beurteilungen von Lebensmitteln von immer größerem Interesse werden. Neue Bewertungsparameter wie die absolute und die relative Nährstoffdichte werden dabei einen wachsenden Stellenwert erhalten.

In der Nährstofftabelle im Anhang dieses Buches ist daher die relative Nährstoffdichte berücksichtigt.

9

NÄHRSTOFFEMPFEHLUNGEN

VOLKER SCHMIEDEL

In der Tabelle 9-1 werden die offiziellen Empfehlungen zur Nährstoffzufuhr aller Vitamine sowie der wichtigsten Mineralstoffe und Spurenelemente dargestellt. Grundlage hierfür sind die Angaben der Deutschen Gesellschaft für Ernährung (DGE) sowie – in Klammern angegeben – die Werte des amerikanischen Food and Nutrition Board der National Academy of Sciences, der Recommended Daily Allowances (RDA). Die Zufuhrempfehlungen gelten für Personen unter normalen Umweltbedingungen und werden als durchschnittliche Werte dargestellt.

Mit Ausnahme der Schwangerschaft und Stillzeit werden keine besonderen physischen oder psychischen Belastungen, Krankheiten oder spezifischen Situationen (z.B. Arzneimitteleinnahme), die mit einem erhöhten Nährstoffbedarf einhergehen, berücksichtigt. Ebensowenig können interindividuelle Unterschiede, die sich aus möglicherweise stark unterschiedlichen Resorptionsraten (angeboren, erworben oder durch Nährstoffinteraktionen bedingt) ergeben, mit einbezogen werden.

Von einigen Autoren werden diese Richtlinien kritisiert, da es sich ihrer Einschätzung zufolge um suboptimale Zufuhrempfehlungen handelt. Obwohl das Auftreten manifester Mangelerscheinungen bei Einhalten der Empfehlungen zwar mit großer Wahrscheinlichkeit verhindert werden kann, seien die Optimierung von Stoffwechselfunktionen, physischer und psychischer Leistungsfähigkeit sowie eine gute Prophylaxe von ernährungsabhängigen Erkrankungen auf Grundlage dieser empfohlenen Werte jedoch nicht möglich. Als Beispiel sei die Zufuhr von antioxidativen Nährstoffen genannt (z.B. Vit. A, C, E und Selen), die von einigen Autoren deutlich (teilweise um mehr als eine Größenordnung) höher angesetzt wird, um optimale antioxidative Effekte zu erzielen. Die Einhaltung solcher Empfehlungen würde jedoch eine deutlich veränderte Ernährung oder die andauernde Zufuhr von Nahrungsergänzungspräparaten zur Folge haben. Beides ist derzeit gesundheitspolitisch nicht erwünscht.

Wie wenig gesichert die Empfehlungen sind, wird auch an den teilweise beträchtlichen Unterschieden zwischen DGE und RDA sichtbar. Ist man sich der Einschränkungen bewußt, sind die Werte als Richtschnur dennoch brauchbar.

Tab. 9-1 Nährstoffempfehlungen der DGE (RDA). 1 µg Vitamin A (Retinoläquivalent) = 6 µg Beta-Karotin; – = keine Angaben

	Eiweiß (g)	Vitamin A (µg)	Vitamin D (I.E.)	Vitamin E (mg)	Vitamin K (µg)
0–3 Jahre	– (13–16)	500–600 (375–400)	200–400 (300–400)	3–6 (3–6)	5–15 (5–15)
4–10 Jahre	– (24–28)	700–800 (500–700)	200 (400)	8–9 (7)	20–30 (20–30)
Männer	– (45–63)	1000 (1000)	200 (200–400)	12 (10)	70–80 (45–80)
Frauen	– (46–50)	800 (800)	200 (200–400)	12 (8)	60–65 (45–65)
Schwangere	– (60)	800–1100 (800)	200–400 (400)	12–14 (10)	65 (65)
Stillende	– (65)	1800 (1300)	400 (400)	17 (12)	65 (65)
	Vitamin C (mg)	**Vitamin B_1 (mg)**	**Vitamin B_2 (mg)**	**Vitamin B_3 (mg)**	**Vitamin B_6 (mg)**
0–3 Jahre	40–55 (30–40)	0,3–0,7 (0,3–0,7)	0,3–0,8 (0,4–0,8)	5–9 (5–9)	0,3–0,9 (0,3–1)
4–10 Jahre	60–65 (45)	1,0–1,1 (0,9–1)	1,1–1,2 (1,1–1,2)	12–13 (12–13)	1,2–1,4 (1,1–1,4)
Männer	75 (45–60)	1,3–1,4 (1,2–1,5)	1,718 (1,5–1,8)	1,8 (17–20)	1,8 (1,7–2)
Frauen	75 (50–60)	1,1–1,2 (1–1,1)	1,515 (1,2–1,3)	1,6 (13–15)	1,6 (1,4–1,6)
Schwangere	75–100 (70)	1,2–1,5 (1,5)	1,5–1,8 (1,6)	15–17 (17)	1,6–2,6 (2,2)
Stillende	125 (90–95)	1,7 (1,6)	2,320 (1,7–1,8)	2,2 (20)	2,2 (2,1)
	Folsäure (µg)	**Vitamin B_{12} (µg)**	**Biotin (µg)**	**Pantothensäure (mg)**	
0–3 Jahre	40–60 (25–50)	0,5–1 (0,3–0,7)	10–20 (10–20)	2–4 (2–3)	
4–10 Jahre	80–100 (75–100)	1,5–1,8 (1–1,4)	25–30 (20–30)	4–5 (3–5)	
Männer	150 (150–200)	3 (2)	30–100 (30–100)	6 (4–7)	

Tab. 9-1 Fortsetzung

	Folsäure (µg)	Vitamin B_{12} (µg)	Biotin (µg)	Pantothensäure (mg)
Frauen	150 (150–180)	3 (2)	30–100 (30–100)	6 (4–7)
Schwangere	300 (400)	3,5 (2,2)	30–100 (30–100)	6 (4–7)
Stillende	225 (260–280)	4 (2,6)	30–100 (30–100)	6 (4–7)

	Kalzium (mg)	Magnesium (mg)	Eisen (mg)	Zink (mg)	Jod (µg)
0–3 Jahre	– (400–800)	– (40–80)	– (6–10)	– (5–10)	– (40–70)
4–10 Jahre	700–800 (800)	120–170 (120–170)	8–10 (10)	10–11 (10)	120–140 (90–120)
Männer	900–1000 (800–1200)	350 (270–400)	10 (10–12)	15 (15)	200 (150)
Frauen	900–1000 (800–1200)	300 (280–300)	15 (10–15)	12 (12)	200 (150)
Schwangere	1200 (1200)	300 (320)	30 (30)	12–15 (15)	230–260 (175)
Stillende	1300 (1200)	375 (340–355)	20 (15)	22 (16–19)	260 (200)

	Selen (µg)	Kupfer (mg)	Mangan (mg)	Fluor (mg)	Chrom (µg)
0–3 Jahre	– (10–20)	– (0,4–1)	– (0,3–1,5)	– (0,1–1,5)	– (10–80)
4–10 Jahre	– (20–30)	1–2 (1–2)	1,5–3 (1,5–3)	1–2,5 (1–2,5)	– (30–200)
Männer	– (40–70)	1,5–3 (1,5–3)	2–5 (2–5)	1,5–4 (1,5–4)	– (75–250)
Frauen	– (45–55)	1,5–3 (1,5–3)	2–5 (2–5)	1,5–4 (1,5–4)	– (75–250)
Schwangere	– (65)	1,5–3 –	2–5 –	1,5–4 –	– –
Stillende	– (75)	1,5–3 –	2–5 –	1,5–4 –	– –

Quellen:
[1] Elmadfa, I., Fritzsche, D., Cremer, H.-D.: Die große GU-Vitamin- und Mineralstofftabelle. Gräfe und Unzer, München 1997
[2] Food and Nutrition Board: Recommended Dietary Allowances, 10th Edition. National Academy Press, Washington D.C., 1989.

10

BESONDERE LEBENSMITTEL

CLAUS LEITZMANN

„Laß Nahrung Deine Arznei sein und Arznei Deine Nahrung." Dieses geflügelte Wort des berühmten antiken Arztes HIPPOKRATES (Griechenland, 460–370 v. Chr.) zeigt, daß Lebensmitteln bereits vor Jahrtausenden gesundheitsfördernde Wirkungen zugeschrieben wurden. In allen Kulturen weltweit finden sich Hinweise darauf, daß ganz gewöhnliche Nahrungsmittel vorbeugende und sogar therapeutische Eigenschaften aufweisen – meistens ohne wissenschaftlichen Beleg. In jüngster Zeit rückt dieses alte Wissen jedoch immer mehr in den Vordergrund. Viele wissenschaftliche Untersuchungen zeigen, daß Lebensmittel zahlreiche Verbindungen enthalten, denen in der „offiziellen" Ernährungswissenschaft als antinutritive Nahrungsbestandteile keine Bedeutung zugemessen wurde bzw. deren Wirkung auf den menschlichen Organismus bislang unbekannt war. Während sich der Kenntnisstand über die Bedeutung der Nährstoffe Kohlenhydrate, Fette, Proteine, Vitamine und Mineralstoffe seit Jahrzehnten nicht wesentlich geändert hat, hat das Wissen über die Lebensmittelinhaltsstoffe, die mit dem neutralen Begriff bioaktive Substanzen umschrieben werden, in den letzten 10–20 Jahren – insbesondere aufgrund effizienterer Nachweismethoden – stark zugenommen.

10.1 Bioaktive Substanzen

Zu den bioaktiven Substanzen zählen in erster Linie drei große Gruppen verschiedenster chemischer Verbindungen: die **sekundären Pflanzenstoffe,** die in **fermentierten Lebensmitteln** enthaltenen **Substanzen** sowie die **Ballaststoffe** (s. S. 65 ff.). Ihnen allen ist gemeinsam, daß sie keinen Nährstoffcharakter besitzen, sondern pharmakologisch wirksam sind. Die bioaktiven Substanzen zeichnen sich u.a. durch eine positive Wirkung auf den Blutdruck sowie den Blutcholesterin- und Blutglukosespiegel aus und weisen antikanzerogene, antimikrobielle, antioxidative, antithrombische, immunmodulierende und entzündungshemmende Wirkungen auf. So ist es denkbar, daß einige ernährungsbedingte Krankheiten zumindest teilweise durch eine mangelhafte Versorgung mit diesen bioaktiven Substanzen aufgrund der starken Verarbeitung von Lebensmitteln verursacht werden.

Einige Lebensmittel, die besonders charakteristische gesundheitsfördernde Eigenschaften aufweisen, werden in diesem Kapitel exemplarisch dargestellt.

Knoblauch

Knoblauch (Allium sativum) gehört zur Familie der Zwiebelgewächse (Liliaceae) und ist seit Jahrtausenden Bestandteil der Volksmedizin. Das berühmte ägyptische Papyrus Ebers, eine Sammlung von 800 Heilrezepturen, die um 1550 v. Chr. entstand, erwähnt 22 Rezepturen, die Knoblauch enthalten, gegen Beschwerden wie Kopfschmerzen, Halskrankheiten, Herzbeschwerden, Insektenstiche und Geschwülste. Der römische Arzt PLINIUS empfahl Knoblauchrezepte zur Behandlung von 61 Krankheiten. HIPPOKRATES verordnete Knoblauch als Abführ- und Entwässerungsmittel sowie zur Heilung von Uterustumoren. Chinesische und japanische Ärzte raten seit Jahrhunderten zu Knoblauch gegen hohen Blutdruck, ebenso lange setzen auch indische Heilkundige das Zwiebelgewächs ein, um Rheuma und Herzkrankheiten vorzubeugen.

Hauptwirksubstanz des flüchtigen Knoblauchöls und verantwortlich für den typischen Geruch ist die **schwefelhaltige** Verbindung **Allicin**, die aus der Vorstufe Alliin gebildet wird. Die Umwandlung von Alliin zu Allicin und damit die Aktivierung kann außer durch die im Knoblauch vorhandenen Enzyme auch durch die Darmbakterien des Menschen erfolgen. Allicin, wie auch andere Sulfide, haben eine nachweislich antibakterielle und antimykotische Wirkung, so daß der regelmäßige Verzehr von Knoblauch mit einem antimikrobiellen Effekt im Darmtrakt und dadurch mit einem regulativen Einfluß auf die Darmflora verbunden sein könnte. Bemerkenswert ist, daß v.a. pathogene Darmbakterien durch Knoblauch gehemmt werden und die physiologische Darmflora unbeeinträchtigt bleibt [29].

Neben diesen altbekannten Wirkungsweisen des Knoblauchs respektive der in ihm enthaltenen Sulfidverbindungen werden auch Zusammenhänge zwischen dem Verzehr von Zwiebelgewächsen und dem Entstehen von Magenkrebs beobachtet. In einem Knoblauchanbaugebiet im Norden Chinas, wo viel Knoblauch verzehrt wird, ist die Mortalitätsrate für Magenkrebs im Vergleich zur Bevölkerung Gesamtchinas mit einem geringeren Knoblauchverzehr signifikant niedriger [7]. Folgestudien zeigten, daß Personen mit der höchsten Zufuhr an Zwiebelgemüsen nur 49% des Erkrankungsrisikos von Personen mit der niedrigsten Zufuhr aufwiesen [58]. Untersuchungen in den USA kamen zu ähnlichen Ergebnissen [41]. Protektive oder gar therapeutische Wirkungen der Sulfide im Hinblick auch auf andere Krebsarten werden diskutiert, insbesondere durch eine allgemeine Stärkung des Immunsystems [31].

Schon seit längerer Zeit wird neben einer induzierenden (körpereigene Enzyme werden aktiviert) auch eine direkte **antioxidative Wirkung** der schwefelhaltigen, biologisch aktiven Inhaltsstoffe des Knoblauchs vermutet. In zahlreichen epidemiologischen Studien zeigen sich klare Zusammenhänge zwischen oxidativem Streß, verursacht durch aggressive Sauerstoffradikale, die die Zellmembranen und die DNA schädigen können, und einem erhöhten Risiko für Krebs, Grauen Star und Herz-Kreislauf-Erkrankungen. Neuere In-vivo- und In-vitro-Untersuchungen weisen darauf hin, daß Allicin den Peroxidationsprozeß bei humanem LDL-Cholesterin, der Haupttransportform des Cholesterins zu den Körperzellen, verzögert und dadurch protektiv gegen arterielle Erkrankungen wirkt [18].

Ebenfalls eine alte Volksweisheit ist es, daß Knoblauch „das Blut verdünnt". In der Tat besitzen Knoblauch und auch Zwiebeln eine stark hemmende Wirkung auf die Thrombozytenaggregation und eine aktivierende Wirkung auf die Fibrinolyse [18]. Diese antithrombotischen Eigenschaften lassen sich wiederum auf das Allicin bzw. das daraus entstehende **Ajoen** zurückführen. Ajoen konnte bisher nur in frischem Knoblauch nachgewiesen werden.

Die beobachtete moderate **blutdrucksenkende Wirkung** des Knoblauchs konnte bisher nicht eindeutig bestimmten Inhaltsstoffen zugeschrieben werden, jedoch werden wiederum Allicin und auch Ajoen diskutiert.

Weiterhin haben die schwefelhaltigen Verbindungen im Knoblauch durch ihre blutlipidsenkende Wirkung einen günstigen Einfluß auf den **Fettstoffwechsel.** Verschiedene Untersuchungen zeigten, daß die regelmäßige Zufuhr von Knoblauch sowohl den Triglyceridspiegel als auch den Serumcholesterinspiegel senkt, letzteres infolge der Hemmung der Cholesterinsynthese in der Leber durch Alliin [6, 18].

Seit längerer Zeit ist auch die **entzündungshemmende Wirkung** von Knoblauch und Zwiebeln bekannt. Entzündungen sind Abwehrreaktionen des Organismus, die durch verschiedene endogene und exogene Reize ausgelöst werden können, z.B. durch mechanische Einwirkungen, Strahlung oder Mikroorganismen. Die in den beschädigten Geweben ausgelösten Stoffwechselprozesse haben die Aufgabe, das schädliche Agens zu entfernen und die beschädigten Gewebe zu erneuern. Wiederum sind es die Sulfide Allicin und Ajoen, die bei entzündlichen Erkrankungen der Atemwege, des Magens und der Blutgefäße (Erweiterung der Blutgefäße, Steigerung der Gefäßpermeabilität) entzündungshemmend beteiligt sind [55].

Olivenöl

Olivenöl wird seit mindestens 4000 Jahren aus dem Fruchtfleisch des Oliven- bzw. Ölbaums (Olea europaea) gewonnen und ist das wichtigste Speiseöl der Mittelmeerländer. Seit je gilt es dort als Gesundheitselixier. Der ägyptische Pharao RAMSES II. soll beispielsweise gegen jede Art von Beschwerden Olivenöl zu sich genommen haben. Es ist bekannt, daß die Bewohner der Mittelmeerländer wie z.B. Kreta, Italien (v.a. im südlichen Teil) und Griechenland signifikant seltener an Erkrankungen des Herz-Kreislauf-Systems oder an Krebs leiden. Dies, obwohl beispielsweise Kreta pro Kopf eine der weltweit höchsten Zufuhren an Fett aufweist.

Fett ist wegen seiner hohen Energiedichte, der schlechten Regulierung der Fettbilanz beim Menschen und epidemiologisch feststellbarer Beziehungen zwischen fettreicher Ernährung und Krebs ein problematischer Nährstoff. Nahrungsfette können außerdem den Cholesterinspiegel durch ihre Zusammensetzung und durch die Höhe ihrer Aufnahme beeinflussen. Doch genau auf diese Zusammensetzung kommt es an. Die sog. mediterrane Ernährungsweise, die durch einen hohen Verzehrsanteil an Ballaststoffen (v.a. aus Gemüse und Getreide) sowie eine niedrige Zufuhr an tierischem Fett und Protein gekennzeichnet ist, fällt durch ihren hohen Olivenölanteil auf [14].

Das Fettsäuremuster des Olivenöls weist etwa 10–15% gesättigte, 70–80% einfach ungesättigte und etwa 10% mehrfach ungesättigte Fettsäuren auf (Tab. 10-1).

Hauptfettsäure ist die einfach ungesättigte Ölsäure, die den **Serumcholesterinspiegel** positiv beeinflußt. Nach neueren Befunden greift die Ölsäure in die Synthese des LDL-Cholesterins in der Leber und in die LDL-Rezeptor-Aktivität der Leberzellen ein, so daß die LDL-Cholesterin-Konzentration im Serum sinkt. Dies trifft auch für die mehrfach ungesättigte Linolsäure zu, die in Olivenöl nur zu geringen Anteilen, aber beispielsweise in Sonnenblumenöl zu etwa 50% vorkommt [20]. Neben der Absenkung des LDL-Cholesterins gibt es auch Hinweise darauf, daß Olivenöl die HDL-Fraktion des Serums nicht verändert oder sogar erhöhen kann, während andere Pflanzenöle mitunter auch das HDL-Cholesterin absenken, was sich wiederum nachteilig auf die Entstehung von koronaren Herzerkrankungen und Atherosklerose auswirken kann [47].

Tab. 10-1 Fettsäuremuster von Olivenöl (aus [51]).

Fettsäure	durchschnittlicher Anteil (%)
Ölsäure	80,0
Palmitinsäure	11,0
Stearinsäure	2,5
Linolsäure	< 9,0
Palmitoleinsäure	1,0
Linolensäure	0,9
Arachidonsäure	0,7
Lignocerinsäure	0,5
Eicosaensäure	0,5
Behensäure	0,2
Myristinsäure	0,1

Durch eine Kost mit einem hohen Anteil an einfach und mehrfach ungesättigten Fettsäuren ist es möglich, einen erhöhten Cholesterinspiegel zu senken. Da ungesättigte Fettsäuren hauptsächlich aus pflanzlichen Lebensmitteln stammen, ist bei einer Bevorzugung dieser Lebensmittel auch die Cholesterinaufnahme geringer. Die Cholesterinspiegelsenkende Wirkung der ungesättigten Fettsäuren wird durch den Austausch von Nahrungsfetten mit einem hohen Anteil an gesättigten Fettsäuren gegen Nahrungsfette mit einem hohen Anteil an ungesättigten Fettsäuren noch verstärkt. Nach den Empfehlungen der DGE sollte der Anteil der gesättigten Fettsäuren am Gesamtfett maximal ein Drittel betragen. Der Anteil der einfach ungesättigten Fettsäuren sollte mindestens 10%, der der mehrfach ungesättigten Fettsäuren maximal 10% betragen [10].

Olivenöl gibt es in verschiedenen Qualitäten. Grundsätzlich sollte bei Ölen auf eine schonende, werterhaltende Herstellung geachtet werden, d.h. kaltgepreßten Ölen, die mechanisch und nicht durch chemische Extraktion mit Lösungsmitteln gewonnen werden, sollte der Vorzug gegeben werden. Beim Olivenöl sind das ohne Pressung aus der Frucht austretende Jungfernöl (extra vergine, nativ extra) sowie das aus der ersten Kaltpressung stammende native Öl (vergine) besonders wertvoll. Ein ausreichendes Angebot von Olivenöl aus ökologischer Erzeugung ist inzwischen vorhanden.

Fischöle/Omega-3-Fettsäuren

Während die gesättigten, einfach ungesättigten und mehrfach oder hoch ungesättigten Fettsäuren (FS) in Form von Triacylglyceriden für die Energiegewinnung sowie als Wärmeisolierung und Druckpolster (Fettgewebe) genutzt werden, kommt den mehrfach ungesättigten FS eine weitere Bedeutung zu. Sie sind wichtige Bestandteile biologischer Membranen sowie Vorstufen der Eicosanoide (z.B. Prostaglandine und Thromboxane), die als sog. Gewebshormone in minimalen Konzentrationen hochaktiv sind. Sie beeinflussen die Thrombozytenaggregation und somit die Blutgerinnung sowie den Blutdruck und sind für entzündliche und allergische Reaktionen verantwortlich.

Zwei mehrfach ungesättigte FS können vom Menschen nicht synthetisiert werden und sind deshalb essentiell: die Linolsäure und die Linolensäure. Arachidonsäure ist zwar ebenfalls essentiell, kann aber aus Linolsäure gebildet werden.

In letzter Zeit erfuhren die vor allem in marinen Fetten und Ölen enthaltenen mehrfach ungesättigten – allerdings nicht essentiellen – FS besondere Aufmerksamkeit, z.B. die Eicosapentaensäure und die Docosahexaensäure. Omega-3-Fettsäuren können bei Fischen wie Makrelen und Sardinen mehr als 40% aller FS betragen, aber auch viele Pflanzenöle enthalten Omega-3-Fettsäuren, beispielsweise Leinsamen mit einem Linolensäureanteil von mehr als 30%, Walnüsse, Weizen und Sojabohnen.

Epidemiologische Beobachtungen, die zuerst beim Vergleich des Gesundheitsstatus von Eskimos mit dem von Dänen angestellt wur-

Tab.10-2 Gehalt an Omega-3-Fettsäuren verschiedener Lebensmittel (aus [51]).

Lebensmittel	Gehalt an Omega-3-Fettsäuren; %-Anteil am Gesamtgehalt an Fettsäuren
Makrelen, Sardinen	> 40
Heringe	> 20
Leinsamen	30–58
Walnuß	3–16
Weizenkeime	5–9,5
Sojabohnen	4–8
Rapsöl	2–10

den, weisen darauf hin, daß durch die Zufuhr dieser Öle das **Risiko** für **kardiovaskuläre Erkrankungen** und damit auch des Herzinfarktes deutlich **gesenkt** werden kann. Die genauen Wirkungsmechanismen sind noch ungeklärt, verschiedene Studien kommen zu unterschiedlichen Ergebnissen, insbesondere was den prophylaktischen Effekt der Supplementierung mit Omega-3-Fettsäuren, z.B. durch Fischölkapseln, betrifft. Erwiesen ist jedoch, daß die moderate Zufuhr von Omega-3-Fettsäuren im Austausch gegen konkurrierende Omega-6-Fettsäuren (die Hauptform der in der westlichen Ernährung üblichen mehrfach ungesättigten FS) Risikofaktoren der Arteriosklerose (Bluthochdruck, gesteigerte prothrombische Aktivität, hohe Triglyceridspiegel) vermindert [45].

Eine weitere Wirkung der Omega-3-Fettsäuren liegt in einer Hemmung der Eicosanoidbildung durch eine Verdrängung der Arachidonsäure als Vorstufe der Gewebshormone und somit einer **Dämpfung entzündlicher Reaktionen** [1].

Im Falle eines höheren Verzehrs an Meeresfischen bleibt jedoch die oft hohe Belastung mit Schwermetallen und anderen Umweltgiften.

Leinsamen

Unter Leinsaat wird der Samen der einjährigen Öl- und Faserpflanze Lein oder auch Flachs (Linum sitatissimum) verstanden, die ursprünglich wildwachsend von der französischen Atlantikküste bis nach Westasien vorkam. Außer in den Tropen und in sehr kalten Zonen wird der Lein in vielen Ländern angebaut, entweder zur kombinierten Verwendung als Faser- und Öllein oder in speziellen Züchtungen. Hauptexporteur mit etwa 85% der Welterzeugung ist Kanada.

Neben der Ölgewinnung wird der Öllein auch als ganzes, angebrochenes oder geschrotetes Korn roh wie auch in verarbeiteter Form (insbesondere für Backwaren) zur Ballaststoffanreicherung angeboten. Das Leinöl ist aufgrund seines vorteilhaften Fettsäuremusters (v. a. mehrfach ungesättigte Fettsäuren) ernährungsphysiologisch sehr wertvoll (s. S. 303 f.).

Durch seinen hohen Rohfasergehalt (Tab. 10-4) wirkt sich Leinsamen günstig auf die Darmtätigkeit aus. Dies ist sowohl auf den Gleiteffekt der Schleimstoffe (Überbegriff für hochmolekulare pflanzliche Polysaccharide, die kolloidale Lösungen in Wasser bilden) als auch auf den Dehnungsreiz im Intestinum und Kolon durch die Volumenzunahme der eingeweichten Leinsaat zurückzuführen. Diese Quellfähigkeit ist allerdings nur bei einer gleichzeitig hohen Flüssigkeitszufuhr (1:10) gewährleistet.

Tab. 10-3 Zusammensetzung des Leinöls (aus [51]).

Fettsäure	Anteil (%)
Ölsäure	16–23
Linolsäure	17–31
Linolensäure	44–54

Tab. 10-4 Zusammensetzung von Leinsaat (aus [51]).

Bestandteil	Gehalt je 100 g
Feuchtigkeit	11 g
Protein	19 g
Fett	31 g
Kohlenhydrate	13 g
Rohfaser	24 g
Kalzium	260 mg
Kalium	590 mg
Magnesium	350 mg
Vitamin B_1	0,4 mg
Vitamin B_2	0,96 mg
Niacin	4,9 mg
Vitamin E	1,9 mg

Ballaststoffe stellen wichtige Nahrungsmittelinhaltsstoffe dar. Unter dem Sammelbegriff Ballaststoffe werden eine Vielzahl verschiedener Bestandteile pflanzlicher Lebensmittel verstanden, die von den Verdauungsenzymen des Menschen nicht abgebaut werden können. Chemisch betrachtet handelt es sich dabei – mit Ausnahme von Lignin, welches ein Gemisch verschiedener Alkoholpolymere darstellt, um hochmolekulare Polysaccharide (Kohlenhydrate) wie z.B. Cellulosen, Hemicellulosen, Pektine und Schleimstoffe. Die in den Industrienationen übliche ballaststoffarme Kost wird mit der Entstehung von Adipositas, Hypertonie, Hypercholesterinämie, Arteriosklerose, Gallensteinen, Diabetes mellitus Typ II, Hämorrhoiden, Divertikulosen, Blinddarmentzündungen, Bruchleiden, Krampfadern und Kolonkrebs in Verbindung gebracht.

In verschiedenen Studien wurden antikanzerogene, blutglukoseregulierende sowie cholesterin- und blutlipidsenkende Effekte der Ballaststoffe untersucht. Die **antikanzerogene Wirkung** beruht im wesentlichen auf drei Mechanismen, die ineinandergreifen (Abb. 10-1). Erstens ist das die Bindung von Kanzerogenen, Co-Kanzerogenen und Muta-

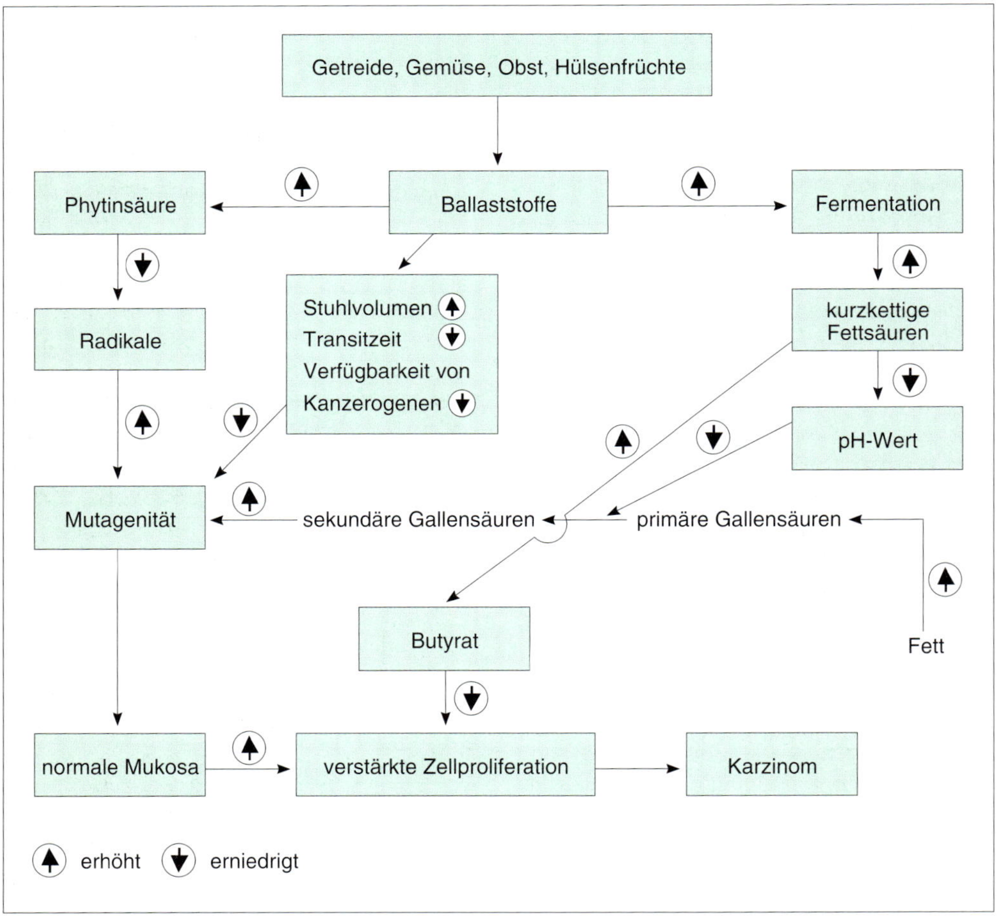

Abb. 10-1 Mögliche Zusammenhänge zwischen ballaststoffreicher Ernährung und der Entstehung von Dickdarmkrebs (aus [56]).

genen, die dann mit dem Stuhl ausgeschieden werden. Zweitens erfolgen eine Erhöhung des Stuhlgewichtes und eine Normalisierung der Transitzeit, was eine Konzentrationsverdünnung potentieller Schadsubstanzen sowie eine kürzere Kontaktzeit mit der Dickdarmwand zur Folge hat. Drittens können Ballaststoffe als Substrat zur Bildung kurzkettiger Fettsäuren wie beispielsweise der Buttersäure dienen, die wiederum antikanzerogene Wirkung (Hemmung der Proliferation von Krebszellen) ausüben [56]. Außerdem tragen die kurzkettigen Fettsäuren in relevantem Umfang zur Ernährung der Epithelzellen der Darmschleimhaut bei. Zu beachten ist, daß ein potentiell kolonkanzerogener Effekt isolierter Ballaststoffe diskutiert wird, die durch eine Irritation der Darmwand eine gesteigerte DNA-Synthese im Dickdarm bewirken könnten [57].

Insbesondere bei Diabetikern hat eine ballaststoffreiche Ernährung positive Effekte auf die **Blutglukoseregulation.** Dies hängt u.a. mit der Erhöhung des Volumens und der Viskosität des Speisebreis zusammen, wodurch die Resorption der Nährstoffe und somit auch der Glukose verlangsamt wird [33].

Die **cholesterin- und blutlipidsenkende Wirkung** der Ballaststoffe erfolgt auf drei Wegen. Erstens durch eine Hemmung der Lipaseaktivität, wodurch mit der Nahrung aufgenommene Fette langsamer in Glycerin und freie Fettsäuren aufgespalten werden. Zweitens durch die Bindung von Cholesterin und primären Gallensäuren, in deren Folge der enterohepatische Kreislauf unterbrochen und die Umwandlung von Cholesterin in Gallensäuren beschleunigt wird. Drittens wird die Hemmung der HMG-CoA-Reduktase, des Schlüsselenzyms für die Cholesterinsynthese, durch Abbauprodukte der Ballaststoffe (kurzkettige Fettsäuren) diskutiert [56].

Die Empfehlungen zur täglichen Ballaststoffzufuhr (mind. 30 g) werden derzeit meist um ein Drittel unterschritten. Als Ballaststofflieferanten kommen vor allem Getreide und Getreideprodukte, Hülsenfrüchte, Obst und Gemüse sowie Ölsaaten in Frage. Da die Ballaststoffe in den verschiedenen Lebensmitteln unterschiedlich zusammengesetzt sind und die jeweiligen Komponenten unterschiedliche Wirkungen haben, sollte durch eine abwechslungsreiche, überwiegend pflanzliche Ernährung eine optimale Mischung verschiedener Ballaststoffe sichergestellt werden. Ballaststoffisolate wie Weizenkleie können in Lebensmitteln natürlicherweise vorkommende Ballaststoffe nicht ersetzen.

Walnüsse

Nüsse zählen zu den ältesten Nahrungsmitteln des Menschen. Bereits vor der Nutzung von Getreidesamen dienten Nüsse als wichtiges Grundnahrungsmittel, aber auch als Medizin. Sie können problemlos über alle Jahreszeiten gelagert werden und stellen somit eine verläßlichere Nahrungsquelle als das wetteranfällige Getreide dar. Sie liefern neben Energie hochwertiges Protein, essentielle Fettsäuren, Vitamine und Mineralstoffe. Haselnüsse werden seit 3000 v. Chr. in chinesischen Manuskripten beschrieben, Mandeln sind seit Urzeiten wichtiges Handelsgut zwischen Asien und dem Mittleren Osten, Pekannüsse dienten den Ureinwohnern des amerikanischen Kontinents als Grundnahrungsmittel. Die Walnuß wird bereits 7000 v. Chr. in Persien erwähnt und ist wahrscheinlich eine der ältesten dem Menschen bekannten Baumfrüchte.

Botanisch zählen die Nüsse zu verschiedenen Familien. Allen gemeinsam ist der von einer festen, trockenen Schale umgebene eßbare Samen. Während die Erdnuß zu den Leguminosen zählt, sind die anderen Nüsse Vertreter der Baumnüsse. Der Verbrauch an Nüssen nimmt seit Mitte der 1980er Jahre kontinuierlich ab. Dies ist vor allem auf das geänderte Bewußtsein hinsichtlich der Wirkung von Nahrungsfett auf die Gesundheit zurückzuführen. Zwar enthalten Nüsse relativ viel Fett (42–72 g/100 g), doch in der üblichen westlichen Ernährung entfallen nur etwa 2–3% der gesamten Fettaufnahme auf Nüsse, und zum anderen enthalten die meisten Nüsse viel ungesättigte Fettsäuren. Aus diesem Grunde werden Nüsse, insbesondere die Frucht des Walnußbaums (Juglans regia), mit gesundheitsfördernden Eigenschaften in Verbindung gebracht.

Epidemiologische Studien zeigten, daß ein umgekehrt proportionaler Zusammenhang zwischen der Häufigkeit des Verzehrs von Nüssen und dem Risiko, einen Herzinfarkt zu erleiden oder an **koronaren Herzerkrankungen** (KHK) zu sterben, besteht. Bei einem Nußverzehr von mehr als fünfmal pro Woche sank das entsprechende Erkrankungsrisiko um 50% gegenüber denjenigen, die weniger als einmal pro Woche Nüsse aßen [17]. In klinischen Studien, in denen 20% der Nahrungsenergie in Form von Walnüssen aufgenommen wurde, konnte im Vergleich zur Kontrollgruppe ein Absinken des Serumcholesterinspiegels sowie des LDL-Cholesterins um 12–16% beobachtet werden [43]. Dies scheint insbesondere auf den hohen Anteil von Linolsäure und der Omega-3-Fettsäure Linolensäure der Walnuß zurückzuführen zu sein (Tab.10- 5).

Die genauen Wirkungsmechanismen, die zu diesem geringeren Erkrankungsrisiko für KHK führen, sind allerdings noch nicht bekannt (s. S. 304 f.). Wahrscheinlich hängt der geschilderte positive Effekt mit einem Schutz des LDL-Cholesterins vor Oxidation zusammen, der noch durch den hohen Vitamin-E-Gehalt von Nüssen unterstützt wird [40]. Ein weiterer Erklärungsansatz für das **antiarteriosklerotische Potential** von Nüssen liegt in der Aminosäurezusammensetzung. Nußprotein ist reich an **Arginin,** welches eine Vorstufe von Stickstoffmonoxid (NO) darstellt. Neueste Forschungen haben ergeben, daß NO ähnlich wie Nitroglycerin gefäßerweiternde Eigenschaften aufweist und auch die Thrombozytenaggregation verhindert [43]. Außerdem kann die ebenfalls in Nüssen enthaltene Folsäure die Homocysteinspiegel im Serum absenken, was wiederum das Risiko für KHK vermindert [44].

Milchsaure Lebensmittel

Die milchsaure Vergärung oder auch Fermentation ist eine sehr alte Methode, um Lebensmittel zu konservieren. Geeignet dazu sind in

Tab. 10-5 Fettsäuremuster verschiedener Nüsse (aus [11]).

	Gesamtfett	Gesättigte Fettsäuren in g/100 g	Einfach ungesättigte Fettsäuren	Mehrfach ungesättigte Fettsäuren
Cashewnuß	45,9	8,8	28,2	8,8
Erdnuß	47,6	7,0	24,7	15,9
Haselnuß	63,5	3,5	52,9	7,1
Macadamia	70,5	8,8	58,2	3,5
Mandel	51,1	5,3	35,3	10,6
Paranuß	67,0	17,6	24,7	24,7
Pekannuß	67,0	7,1	42,3	17,6
Pistazie	49,4	7,1	28,2	14,1
Walnuß	63,5	7,1	17,6	38,8

erster Linie Gemüse, Hülsenfrüchte und Getreide sowie Milch, Fleisch und Fisch. Bei der heute in Mitteleuropa üblichen Ernährungsweise werden jedoch fast ausschließlich Milchprodukte in fermentierter Form verzehrt, bei den pflanzlichen Lebensmitteln spielt das Sauerkraut die wichtigste Rolle.

Die Milchsäuregärung ist ein Prozeß, bei dem durch die Einwirkung verschiedener Bakterienarten Kohlenhydrate über Glukose zu Milchsäure (Lactat) verstoffwechselt werden. Dabei verändert das ursprüngliche Lebensmittel sowohl seinen Geruch und Geschmack als auch seinen ernährungsphysiologischen Wert. Hauptursachen für die konservierende Wirkung der Fermentation sind das Absenken des pH-Wertes sowie der Abbau leicht verfügbarer Kohlenhydrate durch Milchsäurebakterien.

Es gibt zwei Arten von Milchsäure: die rechtsdrehende L(+)- und die linksdrehende D(–)-Milchsäure, die zwei Stereoisomere darstellen. Im Stoffwechsel des Menschen entsteht fast ausschließlich L(+)-Lactat, und zwar beim anaeroben Abbau von Glukose. Das L(+)-Lactat wird anschließend im Citratzyklus mit Hilfe der spezifischen Laktatdehydrogenase (LDH) oxidativ zu Wasser und CO_2 abgebaut. Zwar gibt es auch für den Abbau der D(–)-Milchsäure ein Enzym, dieses weist jedoch eine sehr geringe Spezifität und Aktivität auf, weshalb D(–)-Milchsäure wesentlich langsamer als das L(+)-Isomer abgebaut wird. Je nach vorhandener Bakterienart enthalten die fermentierten Lebensmittel u.U. überwiegend das D(–)-Isomer (Tab. 10-6).

Die frühere Vermutung, daß durch die Zufuhr von D(–)-Lactat eine alimentäre Azidose ausgelöst werden könne, hat sich jedoch nicht bestätigt [54]. Dennoch darf in diätetischen Lebensmitteln für Säuglinge unter drei Monaten (Säuglingsfertignahrung) keine D(–)-Milchsäure enthalten sein. Welche der beiden Lactatisomere bei der Produktion fermentierter Lebensmittel in welchem Anteil entstehen, läßt sich neben der Auswahl der Bakterienflora durch die Temperaturführung und die Dauer der Säuerung gut beeinflussen.

Beinahe ebenso alt wie die Anwendung der Milchsäuregärung ist ihr Ruf, gesundheitsfördernde Wirkungen zu haben. Zu Beginn des 20. Jahrhunderts beschrieb der russische Forscher und Nobelpreisträger METSCHNIKOW (1845–1916) die hohe Lebenserwartung

Tab. 10-6 Vorherrschende Bakterienkulturen und deren Milchsäureformen in verschiedenen Lebensmitteln (aus [56]).

Bakterienstamm	Hauptmilchsäureform	Lebensmittel
Streptococcus faecalis	L(+)-Lactat	Sauerkraut
Streptococcus thermophilus	L(+)-Lactat	Joghurt
Streptococcus filant	L(+)-Lactat	Joghurt-ähnliche Sauermilcherzeugnisse
Bifidobacterium bifidum	L(+)-Lactat	Joghurt-ähnliche Sauermilcherzeugnisse
Lactobacillus bulgaricus	D(–)-Lactat	Joghurt
Leuconostoc mesenteroides	D(–)-Lactat	Sauerkraut
Lactobacillus acidophilus	Mischformen	Joghurt-ähnliche Sauermilcherzeugnisse
Lactobacillus kefir	Mischformen	Kefir
Lactobacillus plantarum	Mischformen	Sauerkraut
Lactobacillus brevis	Mischformen	Sauerkraut

der Bulgaren, die er auf den Verzehr fermentierter Milchprodukte zurückführte. Inzwischen gibt es zahlreiche wissenschaftliche Studien, die sich mit den positiven Effekten von Milchsäurebakterien und fermentierten Lebensmitteln befassen, wobei auch hier in erster Linie Milchprodukte untersucht wurden. Aber auch heute sind die genauen Wirkungsmechanismen der prophylaktischen und therapeutischen Effekte der Milchsäure noch immer nicht vollständig aufgeklärt.
Als gesichert gilt jedoch, daß **Milchsäure:**

- die Laktosetoleranz verbessert
- die physiologische Darmflora begünstigt
- im Dünndarm die Resorption von Mineralstoffen verbessert
- die Sekretion der Verdauungssäfte anregt
- die Darmmotorik fördert
- den Cholesterinspiegel senken kann
- antimikrobiell und antikanzerogen wirkt.

Besonders intensiv untersucht wurde der **antimikrobielle Einfluß** von Milchsäure bzw. fermentierten Lebensmitteln. Die intestinale Mikroflora stellt eine natürliche Schranke gegen pathologische Mikroorganismen (MOs) dar und wird von etwa 10^{14} MOs, die sich aus etwa 400–500 Spezies zusammensetzen, gebildet. Bestimmte Lactobacillen sind für die sog. **Kolonisationsresistenz** verantwortlich. Darunter wird die Fähigkeit von MOs verstanden, das Anhaften und die Vermehrung unphysiologischer MOs auf dem Darmepithel zu erschweren. Vermutlich spielen hier die konkurrierende Besiedlung des Epithels, die kompetitive „Nachfrage" nach Substraten und Nährstoffen im Kolon sowie die Produktion von bakterioziden Peptiden und anderen Stoffen (z.B. H_2O_2), die von zahlreichen Milchsäurebakterien gebildet werden, eine Rolle. Ferner werden durch die Produktion von organischen Säuren und kurzkettigen Fettsäuren die Milieubedingungen, wie z.B. pH-Wert und Redoxpotential im Dickdarm, positiv beeinflußt, so daß pathologische MOs am Wachstum gehindert werden [9, 13, 37].

Aber auch abgesehen von einer Dickdarmbesiedelung kann eine orale Zufuhr von Milchsäurebakterien – abhängig von der Pufferkapazität des fermentierten Lebensmittels gegenüber der Magensäure – **protektive Wirkungen** entfalten, sofern untere Darmabschnitte in vitaler Form erreicht werden. Die therapeutische Wirkung von Milchsäurebakterien bei der Behandlung von Darmentzündungen und Durchfällen konnte nachgewiesen werden [39]. Aber auch in anderen Kompartimenten des Körpers als dem Gastrointestinaltrakt (GIT) kommt die antimikrobielle Wirkung zur Geltung, z.B. in der Vagina, wo eine Infektion mit Pilzen (Candida albicans) signifikant bekämpft werden konnte [26].
Deutliche Hinweise gibt es auch auf eine **antikanzerogene** Wirkung von Milchsäurebakterien. Werden in der Erfahrungsheilkunde bereits seit vielen Jahrzehnten milchsauer vergorene Lebensmittel zur Krebstherapie eingesetzt, konnten zahlreiche Untersuchungen der letzten 30 Jahre ein wenig Licht in den Ablauf der krebshemmenden Mechanismen bringen. Von besonderer Bedeutung scheint die **Stimulation des Immunsystems** zu sein, insbesondere durch den Einfluß der intestinalen Mikroflora auf Produktion und Sekretion der Immunglobuline (IgG2a und IgM), von Interferon-γ, Interleucin-1 und der natürlichen Killerzellen [13, 46]. Weiterhin werden durch Milchsäurebakterien einige **bakterielle Enzyme,** die im Stuhl die Umwandlung von Prokanzerogenen zu Kanzerogenen aktivieren, gehemmt [18, 36]. Nitrit, welches im GIT zu kanzerogenen Nitrosaminen umgewandelt werden kann, wird durch verschiedene Lactobacillus-Stämme zellulär aufgenommen und somit der Nitrosaminbildung entzogen. Die gleichen Bakterienstämme können die Umwandlungsrate von primären zu sekundären Gallensäuren, die an der Tumorauslösung beteiligt sind, vermindern [12]. Epidemiologische Studien zeigen, daß Personen mit hohem Dickdarmkrebsrisiko (z.B. Nordamerikaner) wesentlich ge-

ringere Mengen an Milchsäurebakterien im Stuhl aufweisen als Personen mit niedrigem Risiko (z.B. Japaner) und daß ein hoher Verzehr von fermentierten Milchprodukten protektiv gegen Brustkrebs wirkt [34, 73]. Interessanterweise traten alle diese Wirkungen jeweils nur bei der Aufnahme von unerhitzten, lebenden Milchsäurekulturen auf.

Über die **Senkung des Cholesterinspiegels** durch Milchsäurebakterien gibt es widersprüchliche Untersuchungen. Klinische Studien zeigten, daß diese Wirkung nur bei einer täglichen Aufnahme von mindestens 680 ml fermentierten Milchprodukten auftrat, bei geringeren Mengen konnte kein Einfluß auf das Serumcholesterin nachgewiesen werden. Offensichtlich hängt die cholesterinspiegelsenkende Wirkung von der Menge der zugeführten milchsauren Lebensmittel, dem eingesetzten Milchsäurebakterienstamm sowie vom Lipidstatus der Probanden ab [13, 35].

Brottrunk

Ein relativ neues fermentiertes Produkt, das vor allem über Reformhäuser vertrieben wird und die positiven Wirkungen der Milchsäuregärung für sich beansprucht, ist der „Kanne-Brottrunk". Der Kanne-Brottrunk wurde 1981 von dem deutschen Bäckermeister Wilhelm Kanne entwickelt und knüpft an die alte Tradition der vor allem in Rußland und Estland verbreiteten Kwaßherstellung an. Beides wird aus Getreide bzw. Brot hergestellt, wobei Kwaß im Gegensatz zum Brottrunk immer einen gewissen Alkoholanteil aufweist. Der Brottrunk verwendet Weizen und Roggen aus ökologischer Erzeugung, aus denen unter natürlicher Sauerteigführung ein Vollkornbrot hergestellt wird. Dieses wird dann unter weiterer Fermentation zu einem milchsauren Getränk verarbeitet.

Die Erzeugerfirma ließ ihr Produkt von verschiedenen Instituten analysieren und gab drei klinische Studien in Auftrag. Diese ergaben, daß der Brottrunk üblicherweise gut vertragen wird. Problematisch erscheint der gleich hohe Anteil an L(+)- und D(–)-Lactat (s.o). Dennoch waren in den Untersuchungen keinerlei nachteilige Wirkungen zu beobachten. Die Aufnahme von 1,4 l Brottrunk täglich wurde mit einer leichten Absenkung des Serumcholesterins bei den Probanden in Verbindung gebracht, wobei das atheroprotektive HDL-Cholesterin unbeeinflußt blieb. Ferner gab es Hinweise darauf, daß die **intestinale Resorption** der Mineralstoffe Kalium, Kalzium und Magnesium, die in nicht unerheblicher Menge im Brottrunk enthalten sind, überdurchschnittlich ist und somit die entsprechenden Serumelektrolytwerte verbesserte. In anderen Untersuchungen konnten diese Ergebnisse jedoch nicht bestätigt werden. Neben anderen Mineralstoffen, Spurenelementen und Vitaminen enthält der Brottrunk auch Vitamin B_{12} (etwa 1 µg/l). Der Natriumanteil von über 400 mg/l entspricht dem eines durchschnittlichen Mineralwassers [27].

Aus ernährungsphysiologischer Sicht können für den Kanne-Brottrunk hinsichtlich der positiven Wirkungen der Milchsäurebakterien die gleichen Aussagen wie für andere fermentierte Lebensmittel getroffen werden – unter dem Vorbehalt, daß die klinischen Studien jeweils nur eine sehr geringe Anzahl an Probanden umfaßten (zweimal neun, einmal zehn) und von relativ kurzer Dauer waren (10–15 Tage). Weitere, spezifische gesundheitsfördernde Wirkungen konnten bisher nicht eindeutig belegt werden.

Kaffee

Mit Kaffee bezeichnet man das Getränk, welches aus den von der Fruchtschale und der Samenhaut befreiten gerösteten und gemahlenen Samen (Kaffeebohnen) des Kaffeestrauchs (Gattung Coffea) durch verschiedene Zubereitungsmethoden (Kochen, Aufbrühen/Filtern, Dampfextraktion, Instantaufguß nach Gefriertrocknung) hergestellt wird. Auf dem Weltmarkt werden verschiedene botanische und geographische Qualitäten gehandelt, von denen der Arabica (Coffea arabica) mit etwa 70% der Welternte und der Robusta (Coffea canephora, etwa 25%) die beiden wichtigsten sind. Der höherwertige Arabica wird vor allem in Süd- und Mittelamerika angebaut – Hauptimportland für Deutschland ist Kolumbien –, die Robusta-Sorten stammen heute vor allem aus Südostasien und Ostafrika.

Die Kaffeepflanze ist im äthiopischen Hochland beheimatet und gelangte im 13. oder 14. Jh. nach Arabien, von wo aus sie um 1630 nach Europa kam. Wurde der Kaffee anfangs als Heil- und Stärkungsmittel gehandelt, das vor allem den Königshäusern und reichen Kaufleuten vorbehalten war, ist er heute eines der beliebtesten Genußmittel und damit auch eines der wichtigsten Handelsgüter der Welt, das wegen seines Aromas und seiner anregenden Wirkung geschätzt wird. Der Pro-Kopf-Verbrauch liegt in Deutschland bei etwa 6 kg/Jahr.

Neben dem Koffein enthält gerösteter Kaffee (Maillard-Reaktion) ein Konglomerat verschiedenster weiterer Inhaltsstoffe, von denen bislang allein über 800 Aromastoffe nachgewiesen werden konnten, die allerdings nur etwa 0,1% der Gesamtsubstanz des Kaffees ausmachen (Tab. 10-7). Einige dieser Stoffe werden mit gesundheitsbeeinträchtigenden, aber auch mit gesundheitsfördernden Wirkungen in Verbindung gebracht.

Tab. 10-7 Wichtige Inhaltsstoffe gerösteten Kaffees (aus [51]).

Inhaltsstoff	mg-Anteil (auf 5 g Röstkaffee in 125 ml Wasser ≙ 1 Tasse)
Koffein	60,0
Trigonellin	50,0
Chlorogensäure	140,0
Fette	40,0
Niacin	0,6
Terpen-Alkohole u. a.	k.A.

Die pharmakologische Wirkung des Koffeins beruht auf der Inaktivierung der Monooxidase und der AMP-Phosphodiesterase. Dadurch werden Adrenalin und Dopamin in Gehirn und Nerven nicht abgebaut und in der Folge Energiereserven aus dem Fettgewebe mobilisiert. In der Vergangenheit wurde Kaffee äußerst kritisch bewertet, stand er doch im Verdacht, durch seinen Konsum an der Entstehung von koronaren Herzerkrankungen, Apoplexie, Herzarrhythmien, verschiedenen Karzinomen, Hypercholesterinämie, Hypertonie, Geburtsfehlern, Gicht, Leberzirrhose, Diabetes, Magengeschwüren und Osteoporose beteiligt zu sein. Zu all diesen Erkrankungen gibt es Untersuchungen mit sehr widersprüchlichen Ergebnissen hinsichtlich des Wirkungszusammenhangs zwischen Kaffeekonsum und der entsprechenden Pathogenese [25].

Bei der Entstehung der meisten **Karzinome** scheint Kaffee zumeist keinen nachteiligen, sondern – mit Ausnahme von Blasenkrebs – sogar einen protektiven Effekt zu haben. Auf die Entstehung und den Verlauf von **Diabetes mellitus** (Typ I und II) hat der Konsum von Kaffee offensichtlich keinen Einfluß. Allerdings gibt es Anzeichen dafür, daß hoher Kaffeekonsum in der Schwangerschaft neben einem erhöhten Risiko für spontane Aborte, Frühgeburten und Neugeborene mit geringem Geburtsgewicht auch mit der Entstehung von Diabetes mellitus im Kindesalter zusammenhängen kann [21]. Da Kaffee die Magensaftsekretion stimuliert, ist er für Personen mit Magengeschwüren nicht zu empfehlen. Hierfür ist allerdings nicht das Koffein verantwortlich, da derselbe Effekt auch bei entkoffeiniertem Kaffee auftritt, sondern die Chlorogensäuren. Für die Bildung von Magengeschwüren sind jedoch keine eindeutigen Ursache-Wirkungs-Zusammenhänge mit dem Konsum von Kaffee nachzuweisen [25].

Lange Zeit umstritten waren die **blutdruckregulierenden Wirkungen** von Kaffee. In verschiedenen Untersuchungen wurde festgestellt, daß Koffein den Blutdruck erhöhen, senken oder unbeeinflußt lassen kann. Diese widersprüchlichen Ergebnisse werden mittlerweile darauf zurückgeführt, daß keine Unterscheidung zwischen regelmäßigen und unregelmäßigen Konsumenten getroffen wurde. Inzwischen ist bekannt, daß bei regelmäßigen Kaffeetrinkern eine Toleranz entsteht, so daß der Blutdruck unbeeinflußt bleibt, während sich bei unregelmäßigen Konsumenten der Blutdruck nach der Kaffeeaufnahme erhöht. Das Meiden von Kaffee bewirkt damit offensichtlich keine Absenkung eines erhöhten Blutdrucks [5]. Im Gegenteil scheint sich der durchschnittliche Blutdruck bei chronischem Kaffeekonsum langfristig sogar nach unten zu verändern. Auch die in der Vergangenheit vermuteten Zusammenhänge zwischen dem Konsum von Kaffee und der Entstehung von **koronaren Herzerkrankungen** (KHK) bis hin zum Herzinfarkt bestätigen sich in epidemiologischen Untersuchungen nicht. Eine Erklärung hierfür könnte sein, daß bislang der Risikofaktor Rauchen nicht mitberücksichtigt worden ist. Neuere Studien zeigen, daß bei einem hohen Kaffeekonsum (über 6 Tassen täglich) der Anteil der Raucher überdurchschnittlich ist [25]. Zu bedenken ist jedoch, daß die KHK eine multifaktorielle Erkrankung darstellt, deren Entwicklung lange Jahre dauern kann, so daß es gilt, Risikofaktoren möglichst frühzeitig zu vermeiden.

Einer dieser Risikofaktoren für die Entstehung von KHK ist der erhöhte Serumlipidwert. In jüngster Zeit rückte die vermeintliche cholesterinsteigernde Wirkung von Kaffee, insbesondere hinsichtlich des LDL-Cholesterins, wieder in den Mittelpunkt der Diskussion. Aber auch hier sind die Ergebnisse der vielen internationalen Untersuchungen nicht einheitlich. Wiederum könnte dies mit der Nichtberücksichtigung verschiedener weiterer Einflußfaktoren wie Ernährungsverhalten oder Rauchen zusammenhängen. Wahrscheinlicher ist aber, daß die in den jeweiligen Studien verwendeten Mengenangaben (wie ist eine Tasse Kaffee definiert?), die Kaffeesorte sowie die Zubereitungsmethode voneinander abweichen. Dies führte schließlich dazu, das Augenmerk unter Berücksichtigung dieser Variablen auf die verschiedene Zusammensetzung des Getränks zu richten. Schließlich wurde klar, daß die Blutlipide nicht durch das Koffein, sondern durch die Fettfraktion des Kaffees (Tab.10-8) beeinflußt werden [23, 72]. Und diese ist wiederum in verschiedenen Anteilen im trinkfertigen Kaffee enthalten, je nach Zubereitungsart. Das vor allem in den skandinavischen Ländern verbreitete Aufkochen („boiled coffee“) bewirkt einen wesentlich höheren Anteil an Kaffeeölen als das in Mitteleuropa und Nordamerika übliche Filtern. Die beiden bekanntesten unverseifbaren Bestandteile des Kaffeeöls sind die Diterpene Cafestol und Kahweol, wobei Cafestol den höheren Effekt auf die Steigerung des Gesamt-Blutcholesterins, des LDL-Cholesterins und der Triglyzeride hat [52]. Neben diesen nachteiligen Wirkungen werden für Cafestol und Kahweol aber auch **antikanzerogene** und **antioxidative Effekte** durch eine Aktivitätssteigerung der Glutathion-S-Transferase, eines in der Leber lokalisierten Hauptentgiftungssystems des Organismus, diskutiert [32]. Außerdem kann Kaffee auch als Quelle von Niacin (Nicotinsäure) dienen, das beim Rösten aus dem reichlich vorhandenen Trigonellin entsteht [51].

Tab. 10-8 Zusammensetzung der Lipidfraktion des Kaffees.

Lipide	Anteil (%)
Triglyzeride	75–80
Diterpenester (u.a. Cafestol, Kahweol)	8–15
Triterpenester	2
freie Diterpene	≈ 1
Phosphatide und andere	≈ 4

Zusammenfassend kann gesagt werden, daß bei Gesunden gegen einen mäßigen Kaffeekonsum von 2–3 Tassen täglich nichts einzuwenden ist, wenngleich aus ernährungsphysiologischer Sicht dazu keine Notwendigkeit besteht. Insgesamt sollte die Aufnahme sämtlicher Genußmittel nur in geringen Maßen erfolgen und die jeweilige persönliche Empfindlichkeit berücksichtigt werden.

Grüner Tee

Nach Wasser ist Tee das meistkonsumierte Getränk der Welt. Der immergrüne Teestrauch (Camellia sinensis) stammt aus Hinterindien und kam im 3. Jahrtausend v. Chr. nach China, im 9. Jh. n. Chr. nach Japan und erst im 16. Jh. nach Europa. Er gedeiht in Gebieten von 45 Grad nördlicher bis 30 Grad südlicher Breite. Wie beim Kaffee bringen auch beim Tee Hochlandsorten die besten Qualitäten (z.B. aus dem indischen Distrikt Darjeeling). Die Hauptanbauländer sind Indien, China, Kenia, Sri Lanka, Argentinien, Bangladesh und die südlichen Staaten der ehemaligen Sowjetunion.

Zur Teegewinnung werden die Blattknospen (Pekoe), jungen Blätter und jungen Triebe gepflückt und getrocknet. Während die Hauptmenge der Welternte (80%) zu schwarzem Tee fermentiert wird, der durch diesen Prozeß sein charakteristisches Aroma erhält, bleibt grüner Tee unfermentiert. Die Inaktivierung oxidierender Enzyme erfolgt durch Dampfbehandlung, wobei der Tee auch nach dem Trocknen in der Sonne seine grüne Farbe (Chlorophylle und Carotinoide) behält. Grüner Tee dient in erster Linie dem Eigenverbrauch Japans, Brasiliens, Chinas und der ehemaligen Sowjetunion.

Die anregende Wirkung des Tees beruht wie beim Kaffee vor allem auf dem Gehalt an Koffein (1–2%, früher auch als Thein bezeichnet) sowie auf geringen Mengen an Theophyllin und Theobromin. Da beim Tee die Koffeinresorption aufgrund der Bindung an die Gerbstoffe verzögert ist, hält sie meist auch länger an als beim Kaffee.

In letzter Zeit werden potentiell **antimutagene** und **antikanzerogene Eigenschaften** von grünem Tee diskutiert. Diese hängen offensichtlich mit dem Gehalt an Gerbstoffen, die etwa 80% der im Tee enthaltenen Polyphenole (Sammelbegriff für Phenolsäuren und Hydroxyzimtsäuren) ausmachen, zusammen. Bei der Herstellung von grünem Tee werden die Polyphenole aufgrund der fehlenden Fermentation nicht zerstört. Einige Polyphenole wirken als **Radikalefänger** und Antioxidationsmittel. Dadurch kann beispielsweise die Bildung kanzerogener Nitrosamine aus Nitrit und sekundären Aminen inhibiert werden [49]. Außerdem verhindern Polyphenole vermutlich die Induktion von Schlüsselenzymen, die für die Tumorentstehung verantwortlich sind. In einer chinesischen Studie konnte gezeigt werden, daß Komponenten des grünen Tees mutagene Aktivitäten des Zigarettenrauchs bezüglich der Lymphozyten unterdrücken [3]. Eine wichtige Gruppe von im Tee enthaltenen Polyphenolen sind die Katechine, die im Pflanzenreich weit verbreitet sind, z.B. in Früchten. Grüner Tee enthält etwa 80–170 mg Katechine pro Gramm. Weiter von Bedeutung sind die Ellag(in)säure sowie die Hydroxyzimtsäuren Ferulasäure und Kaffeesäure.

Neben antikanzerogenen haben die Katechine vermutlich auch **blutdrucksenkende, arterioskleroseverhütende** und **entzündungshemmende Wirkungen.** Besonders intensiv untersucht wurden die antiviralen und antibakteriellen Eigenschaften von Phenolsäuren [4, 38, 48]. Tee ist außerdem reich an Kalium und Fluor (kariesprophylaktisch) (10 mg/100 g).

Problematisch kann bei hohem Teekonsum die **Herabsetzung** der **Eisenresorption** aus pflanzlicher Nahrung durch die Bildung von schwerlöslichen Eisen-Gerbstoff-Komplexen werden.

Rotwein

In jüngster Zeit machte mit dem Wein, insbesondere dem Rotwein, ein Genußmittel von sich reden, das in Zusammenhang mit gesundheitsfördernden Eigenschaften, v. a. der Vorbeugung von Herz-Kreislauf-Erkrankungen, gebracht wird. Wein, aus dem Saft frischer Trauben der Weinrebe (Vitis vinifera) durch vollständige oder teilweise alkoholische Gärung gewonnen, wurde bereits vor über 5000 Jahren in Ägypten hergestellt. Rotwein entsteht im Gegensatz zu Weißwein dadurch, daß die Maische bei etwa 20 °C sechs bis acht Tage gärt, um die in den Beerenhülsen vorhandenen Anthocyanfarbstoffe enzymatisch und alkoholisch herauszulösen. Beim Weißwein wird der Most von der Maische unverzüglich abgekeltert. Der Alkoholgehalt von Wein liegt, abhängig von Jahrgang und Sorte, zwischen 55 und 110 g/l.

Bisher wurde in Ernährungsempfehlungen der Konsum von alkoholischen Getränken nur in sehr geringen Maßen gestattet. Gründe dafür waren die durch Alkohol teilweise oder gänzlich induzierten Erkrankungen wie Fettleber, Schädigung der Magenschleimhaut und der Dünndarmmukosa, Karzinome der Speiseröhre, des Rachens, des Kehlkopfes und der Mundhöhle sowie Vitamin- und Mineralstoffmangelerscheinungen. Heute dagegen wird mitunter zu einer mäßigen, aber regelmäßigen Aufnahme geraten.

Die allerdings bisher nicht epidemiologisch, sondern lediglich in vitro untersuchten möglichen positiven Wirkungen des Rotweins sind jedoch – mit Ausnahme gewisser antibakterieller Eigenschaften – keineswegs auf den Alkohol zurückzuführen. Verschiedene Untersuchungen zeigten, daß die chemisch sehr heterogene Gruppe der Polyphenole, zu denen Phenolsäuren, Flavonoide oder auch Lignane zählen, dafür verantwortlich ist. Polyphenole, insbesondere die im Rotwein enthaltenen Flavonoide, wirken als Radikalefänger und haben somit eine **antioxidative** Wirkung. Von besonderer Bedeutung ist hier der Schutz der LDL-Moleküle vor Oxidation, welche bei der Entstehung der Atherosklerose eine Rolle spielen [15, 28]. Diese Wirkung des Rotweins soll teilweise eine Erklärung für das sog. „french paradox“ sein. Mit diesem Begriff wird die Tatsache beschrieben, daß die Franzosen trotz des gleich hohen Verzehrs an Fetten, insbesondere von gesättigten Fettsäuren, wie US-Amerikaner seltener an Herz-Kreislauf-Erkrankungen leiden. Neben dem antioxidativen Potential der Flavonoide wird die ebenfalls im Rotwein enthaltene Salicylsäure mit dem Schutz vor Oxidation in Verbindung gebracht [30]. Weiterhin konnten **antivirale** Effekte der Flavonoide und der Tannine (Gerbsäuren) durch direkte Inaktivierung von Viren nachgewiesen werden [22].

Trotz dieser möglichen gesundheitsfördernden Eigenschaften des Rotweins ist es fraglich, ob eine tägliche Aufnahme von zwei bis vier Gläsern – so die Empfehlung des britischen Gesundheitsministeriums – zu verantworten ist. Ein vernünftiger Kompromiß wären ein bis zwei Gläser.

Literatur

[1] Adam, O.: Ernährungstherapie bei rheumatoider Arthritis. Akt Ernähr Med 21 (6), 333–339, 1996.

[2] Anemueller, H. (Hrsg): Lebensmittelkunde und Lebensmittelqualität in der Ernährungsberatung. Hippokrates, Stuttgart 1993.

[3] Anonymus: Kann chinesischer grüner Tee Tumorerkrankungen verhindern? Akt Ernähr Med 20 (3), 194, 1995.

[4] Avorn, J., Monane, M., Gurwitz, J. H., Glynn, R. J., Choodnovskiy, I., Lipsitz, L. A.: Reduction of bacteriuria and pyuria after ingestion of cranberry juice. J Am Med Assoc 271, 751–754, 1994.

[5] Bak, A. A., Grobee, D.: Caffeine, blood pressure, and serum lipids. Am J Clin Nutr 53 (4), 971–975, 1991.

[6] Bordia, A.: Effect of garlic on blood lipids in patients with coronary heart disease. Am J Clin Nutr 34 (10), 2100–2103, 1981.

[7] Cancer Control Office: Data on cancer mortility in Chinese counties. Beijing, Ministry of Public Health, 1980.

[8] Carper, J.: Nahrung ist die beste Medizin. Econ, Düsseldorf 1991.

[9] Daeschel, M. A.: Antimicrobial substances from lactid acid bacteria for use as food preservatives. Food Technol 43, 164–167, 1989.

[10] DGE. Ernährungsbericht 1996. Deutsche Gesellschaft für Ernährung, Frankfurt 1996.

[11] Dreher, M., Maher, C.: The traditional and emerging role of nuts in healthful diets. Nutr Rev 54 (8), 241–254, 1996.

[12] Fernandes, C. F., Chandan R. C., Shahani K. M.: Fermented dairy products and health. In: Wood B.J. (ed.), p 297–339. The lactic acid bacteria in health and disease. Elsevier, London 1992.

[13] Fernandes, C. F., Shahani, K. M.: Anticarcinogenic and immunological properties of dietary lactobacilli. J Food Protect 53, 704–710, 1990.

[14] Ferro-Luzzi, A., Strazzullo, P., Scaccini, C., Siani, A., Sette, S., Mariani, M., Mastranzo, P., Dougherty, R., Iacono, J., Mancini, M.: Changing the Mediterranean diet: effects on blood lipids. Am J Clin Nutr 40 (5), 1027–1037, 1984.

[15] Frankel, E., Kanner, J., German, J., Parks, E., Kinsella, J.: Inhibition of oxidation of human low-density lipoprotein by phenolic substances in red wine. Lancet 341 (8843), 454–457, 1993.

[16] Franzke, C. (Hrsg).: Allgemeines Lehrbuch der Lebensmittelchemie. Behr's, Hamburg 1996.

[17] Fraser, G. E,, Sabate, J., Beeson W. L., Strahan, T. M.: A possible protective effect of nut consumption on risk of coronary heart disease. Arch Intern Med 152, 1416–1424, 1992.

[18] Gaßmann, B.: Knoblauch – Lebensmittel und Modedroge? Teil I: Charakteristik von Knoblauch und Knoblauchpräparaten, Chemie und Transformation schwefelhaltiger Inhaltsstoffe. Ernähr Umsch 39 (10), 415–418, 1992a. Teil II: Physiologische Wirksamkeit und das Problem der Standardisierung. Ernähr Umsch 39 (11), 444–449, 1992b.

[19] Goldin, B. R., Gorbach, S. L.: The effect of milk and lactobacillus feeding on human intestinal bacterial enzyme activity. Am J Clin Nutr 39 (5), 756–761, 1984.

[20] Grundy, S. M.: Dietary fat. In: Ziegler E.E., Filer L.J. (eds.): Present Knowledge in Nutrition. International Life Sciences Institute, Washington DC, 7th ed., 1996.

[21] Hadeed, A., Siegel, S.: Newborn arrhythmias associated with maternal caffeine use during pregnancy. Clin Pediatr, 32 (1), 45–47, 1993.

[22] Havsteen, B.: Flavonoids, a class of natural products of high pharmacological potency. Biochem Pharmacol 32 (7), 1141–1148, 1983.

[23] Heckers, H., Göbel, U., Klepperl, U.: End of the coffee mystery: diterpene alcohols raise serum low-density lipoprotein cholesterol and triglyceride levels. J Int Med 235 (2), 192–193, 1994.

[24] Herold, P., Kinsella, M. S., Kinsella, J.: Fish oil consumption and decreased risk of cardiovascular disease: a comparison of findings from animal and human feeding trials. Am J Clin Nutr 43 (4), 566–598, 1986.

[25] Heyden, S.: Coffee and health – Part 1. Akt Ernähr Med 20 (2), 127–131, 1995.

[26] Hilton, E., Isenberg, H. D., Alperstein, P., France, K., Borenstein, M. T.: Ingestion of yogurt containing Lactobacillus acidophilus as prophylaxis for candidal vaginitis. Ann Internal Med 116 (5), 353–357, 1992.

[27] Kanne-Brottrunk GmbH & Co. KG. Wissenschaftliche Untersuchungen zum Thema Kanne-Brottrunk®, Kanne-Ferment-Getreide®. Lünen 1988.

[28] Kanner, J., Frankel, E., Granit, R., German, B., Kinsella, J.: Natural antioxidants in grapes and wines. J Agric Food Chem 42, 64–69, 1994.

[29] Koch, H. P., Hahn, G.: Knoblauch. Urban & Schwarzenberg, München 1988.

[30] Kuhn, W., Müller, T., Büttner, T., Gerlach M., Kemen, M.: Die antioxidative Potenz von Salizylsäure in Rotwein. Akt Ernähr Med 21 (4), 211–212, 1996.

[31] Lau, B., Tadi, P., Tosk, J.: Allium sativum (garlic) and cancer prevention. Nutr Research 10, 937–948, 1990.

[32] Lechner, P., Kronberger, L.: Erfahrungen mit dem Einsatz der Diät-Therapie in der chirurgischen Onkologie. Akt Ernähr Med 15 (2), 72–78, 1990.

[33] Leitzmann, C.: Ballaststoffe: Funktionen, Zufuhrempfehlungen und ihre Umsetzung in Lebensmitteln. In: Schriftenreihe des FB 19, Ernährungs- und Haushaltswissenschaften der Justus-Liebig-Universität, Gießen (Heft 1), 27–44, 1990.

[34] Lidbeck, A., Nord, C. E., Gustafsson, J. A., Rafter, J.: Lactobacilli, anticarcinogenic activities and human intestinal microflora. Eur J Cancer Prev 1 (5), 341–353, 1992.

[35] Marteau, P., Rambaud, J. C.: Potential of using lactid acid bacteria for therapy and immunomodulation in man. FEMS Microbiol Rev 12 (1–3), 207–220, 1993.

[36] Müller, C., Friedel, A., Michel, P., Oh, Y. J., Hwang, I. J., Leitzmann, C.: Der Einfluß von Sauerkraut und Kimchi auf bakterielle Enzymaktivitäten und den pH-Wert im Stuhl des Menschen. Akt Ernähr Med 18 (5), 351–356, 1993.

[37] O'Sullivan, M. G., Thornton, G., O'Sullivan, G. C., Collins, J. K.: Probiotic bacteria: myth or reality? Trends Food Sci Technol 3, 309–314, 1992.

[38] Ofek, I., Goldhar, J., Sharon, N.: Anti-Escherichia adhesive activity of cranberry and blueberry juices. Adv Exp Med Biol 408, 179–183, 1996.

[39] Rambaud, J. C., Bouhnik, Y., Marteau, P., Pochart, P.: Manipulation of the human gut microflora. Proc Nutr Soc 52 (2), 357–366, 1993.

[40] Reaven, P. D., Khouw, A., Beltz, W. F., Parthasarathy, S., Witztum, J. L.: Effect of antioxidant combinations in humans. Protection of LDL by vitamin E but not by beta-carotene. Arteriosclerosis Thromb 13, 590–600, 1993.

[41] Riggan, W., Bruggen, J. van, Acquavella, J.: U.S. cancer mortality rates and trends 1950–1979. U.S. Govt. Print Off, Washington 1983.

[42] Sabate, J., Fraser, G. A.: The probable role of nuts in preventing coronary heart disease. Prim Cardiol 19 (11), 65–72, 1993.

[43] Sabate, J, Fraser, G. E., Burke, K., Knutsen, S., Bennett, H., Linsted, K. D.: Effects of walnuts on serum lipid levels and blood pressure in normal men. N Engl J Med 328, 603–607, 1993.

[44] Selhub, J., Jacques, P., Bostom, A. G., et al.: Association between plasma homocysteine concentrations and extracranial carotid-artery stenosis. N Engl J Med 332, 286–291, 1995.

[45] Sellmayer, A., Hrboticky, N., Weber, P.: n-3-Fettsäuren in der Prävention kardiovaskulärer Erkrankungen. Ernähr Umsch 43 (4), 122–128, 1996.

[46] Simone, C. de, Baldinelli, L., Di Fabio, S., Tzantzoglou, S., Jirillo, E., Salvadori, B. B., Vesely, R.: Lactobacilli feeding increases NK cells and gamma-IFN levels in humans, 177–180. In: Moyal, M. (ed.): Dietetics in the 90s. Role of the dietition/nutritionist. Libbey, London 1988.

[47] Sirtori, C., Tremoli, E., Gatti, E., Montanari, G., Sirtori, M., Colli, S., Gianfranceschi, G., Maderna, P., Dentone, C., Testolin, G., Galli, C.: Controlled evaluation of fat intake in the Mediterranean diet: comparative activities of olive oil and corn oil on plasma lipids and platelets in high-risk patients. Am J Clin Nutr 44 (5), 635–642, 1986.

[48] Sobota, A. E.: Inhibition of bacterial adherence by cranberry juice: potential use for the treatment of urinary tract infections. J Urol 131, 1013–1016, 1984.

[49] Stich, H. F., Rosin, M. P., Bryson, L.: Inhibition of mutagenicity of a model nitrosation reaction by naturally occuring phenolics, coffee and tea. Mutation Research 95 (2–3), 119–128, 1982.

[50] Superko, R., Bortz, W., Williams, P., Albers, J., Wood, P.: Caffeinated and decaffeinated coffee effects on plasma lipoprotein cholesterol, apolipoproteins, and lipase activity: a controlled, randomized trial. Am J Clin Nutr 54 (3), 599–605, 1991.

[51] Täufel, A., Ternes, W., Tunger, L., Zobel, M. (Hrsg): Lebensmittellexikon A–K, und Lebensmittellexikon L–Z, Behr's, Hamburg, 3. Aufl. 1993.

[52] Urgert, R., Essed, N., Weg, G. van der, Kosmeijer-Schuil, T., Katan, M.: Separate effects of the coffee diterpenes cafestol and kahweol on serum lipids and liver aminotransferases. Am J Clin Nutr 65 (2), 519–524, 1997.

[53] van't Veer, P., Dekker, J. M., Lamers, J. W., Kok, F .J., Schouten, E. G., Brants H. A., Sturmans, F., Hermus, R. J.: Consumption of fermented milk products and breast cancer: a case-control study in the Netherlands. Cancer Res 49, 4020–4023, 1989.

[54] Vrese, M. de: Zur ernährungsphysiologischen Beurteilung von D(-)-Lactat. AID-Verbraucherdienst 29, 130–132, 1984.

[55] Wagner, H., Breu, W.: Antiinflammatorische Wirkung von Knoblauchextrakten. Dtsch Apoth Zeit 129 (Suppl. 15), 21–23, 1989.

[56] Watzl, B., Leitzmann, C.: Bioaktive Substanzen in Lebensmitteln, 171 S. Hippokrates, Stuttgart 1995.

[57] Weisburger, J. H.: Carcinogens in our food and cancer prevention. Adv Exp Med Biol 289, 137–151, 1991.

[58] You, W. C., Blot, W., Chang, Y. S., Ershow, A., Yang, Z., An, Q., Henderson, B., Fraumeni, J., Wang, T. G.: Allium vegetables and reduced risk of stomach cancer. J Natl Cancer Inst 81 (2), 162–164, 1989.

11

VITAMIN- UND MINERALSTOFFTABELLENN

VOLKER SCHMIEDEL

Während übliche Tabellen dieser Art meist nur den Nährstoffgehalt in mg (oder µg) pro 100 g angeben, werden in dieser Tabelle zusätzlich die absolute Nährstoffdichte in mg (oder µg) pro MJ sowie die relative Nährstoffdichte aufgeführt (s. S. 289).

Die Werte des Nährstoffgehaltes und der absoluten Nährstoffdichte beziehen sich ausschließlich auf das einzelne Nahrungsmittel, während die relative Nährstoffdichte den empfohlenen Energiebedarf eines Individuums zur Nährstoffdichte eines Nahrungsmittels in Beziehung setzt. Aus diesen Gründen gibt es hier große interindividuelle sowie intraindividuelle Unterschiede. So ist der Bedarf bei einzelnen Nährstoffen für Frauen, Männer und Kinder sehr unterschiedlich. Schwangere, Stillende, Raucher, Sportler sowie schwer körperlich arbeitende oder psychisch belastete Menschen haben ebenfalls einen teilweise erhöhten Bedarf an einzelnen Nährstoffen. Je nach Belastung und Gesundheitszustand kann sich der Bedarf auch für den einzelnen Menschen erheblich ändern.

Dieser Berechnung ist beispielhaft ein gesunder Mann mittleren Alters mit einem Energiebedarf von 10 MJ (= 2380 kcal) und dem von der DGE empfohlenen Nährstoffbedarf zugrunde gelegt. Die relative Nährstoffdichte von 1 gibt dabei die hundertprozentige Bedarfsdeckung an, Lebensmittel mit einer relativen **Nährstoffdichte** von deutlich **über 1** tragen daher **überdurchschnittlich** zur Versorgung dieses Nährstoffes bei. **Werte unter 1** geben **Minderversorgungen** an, die durch andere Lebensmittel mit höherem Gehalt kompensiert werden müssen.

Die Liste ist bei weitem nicht vollständig, sondern gibt nur Beispiele an; so werden bei Gemüsen nur einige wenige mit der jeweils höchsten Nährstoffkonzentration berücksichtigt. Das bedeutet keineswegs, daß alle anderen Gemüsesorten nährstoffarm sind.

Hat eine Lebensmittelgruppe keine besonders hohen Werte bezüglich eines Nährstoffes aufzuweisen, so werden exemplarisch einige Lebensmittel mit durchschnittlichem Gehalt genannt. Die Reihenfolge der Lebensmittel(gruppen) ist stets gleich (Milch und Milchprodukte, Eier, Fette und Öle, Fische, Fleisch, Getreide, Hülsenfrüchte und Nüsse, Gemüse, Obst, Süßwaren) und soll nicht wertend sein. Innerhalb einer Lebensmittelgruppe sind die Lebensmittel alphabetisch geordnet.

Obwohl es sich auf den ersten Blick um trockene Zahlentabellen handelt, kann das Studium der Werte lohnen, um mögliche Fehleinschätzungen bezüglich des absoluten und relativen Nährstoffgehaltes bestimmter Lebensmittel korrigieren zu können. Beispielsweise nimmt die Zitrone, die jahrzehntelang als führendes Lebensmittel in Hinsicht auf den Vitamin-C-Gehalt galt, weder relativ noch absolut hier eine Spitzenstellung ein. Ähnliches gilt für die Banane (Kalium, Magnesium) sowie für Milchprodukte (Kalzium).

Unter dem Aspekt der **relativen Nährstoffdichte** sind fast immer die kalorienarmen Gemüse führend. Hier muß allerdings bedacht werden, daß meist unrealistisch große Mengen zugeführt werden müßten, um etwa den gesamten Tagesbedarf zu decken. Zur Nährstoffversorgung als Kompensation für die Zufuhr nährstoffarmer Nahrungsmittel können sie dennoch in relevantem Ausmaß beitragen. Die Problematik unterschiedlicher Resorptionsverhältnisse kann hier natürlich nicht berücksichtigt werden. Beispielsweise

haben Rhabarber und Spinat sehr hohe Nährstoffdichten von Kalzium, die Resorption dürfte aber aufgrund des Oxalgehaltes wesentlich niedriger als bei vielen anderen Lebensmitteln sein.
Es ist ferner zu berücksichtigen, daß es teilweise erhebliche Schwankungen im Nährstoffgehalt geben kann, die von den geographischen Bedingungen (z.B. höherer Selengehalt in amerikanischem als in europäischem Weizen), den Anbau- und Erntebedingungen (z.B. Düngemittel, Gewächshaus) abhängig sind. Auch Lagerungs- und Transportbedingungen (z.B. Nährstoffverluste durch lange Lagerung und langen Transport) sowie die individuelle Zubereitung (z.B. langes Kochen mit Verlust an thermolabilen Vitaminen, Wegschütten der mineralhaltigen Kochflüssigkeit) können den Nährstoffgehalt wesentlich beeinflussen.
Relative **Nährstoffdichten über 2** (besonders reich) sind fett gedruckt.

11.1 Vitamin A (Beta-Karotin)

Bei pflanzlichen Lebensmitteln ist der Karotin-Gehalt in Retinoläquivalent umgerechnet (6 mg Karotin = 12 mg andere Karotinoide = 1 mg Retinol).

Lebensmittel	Gehalt (µg/100 g)	Dichte (mg/MJ)	relative Dichte
Milch und Milchprodukte			
Kuhmilch, 1,5% Fett	13	0,07	0,7
Kuhmilch, 3,5% Fett	31	0,12	1,2
Emmentaler, 45% Fett	343	0,21	**2,1**
Speisequark, 20% Fett	44	0,09	0,9
Eier, Fette und Öle			
Hühnerei	105	0,30	**3,0**
Butter	653	0,21	**2,1**
Schweineschmalz	0	0	0
Fisch			
Lebertran	25 500	6,99	**69,9**
Sardine	20	0,04	0,4
Forelle	45	0,10	1,0
Fleisch, Wurst			
Gans	65	0,05	0,5
Rindfleisch, Muskel	20	0,05	0,5
Schinken	0	0	0
Schweinekotelett	0	0	0
Schweineleber	5 800	10,38	**103,8**

Lebensmittel	Gehalt (µg/100 g)	Dichte (mg/MJ)	relative Dichte
Getreide			
Weizen, Korn	70	0,04	0,4
Weizenkeime	160	0,15	1,5
Weizenmehl, Type 405	15	0,01	0,1
Weizenstärke	0	0	0
Hülsenfrüchte, Nüsse			
Weiße Bohnen	67	0,05	0,5
Erdnüsse	110	0,05	0,5
Gemüse			
Brokkoli	313	3,16	**31,6**
Chicoree	216	5,17	**51,7**
Feldsalat	650	13,54	**135,4**
Grünkohl	833	6,08	**60,8**
Karotten	1100	9,73	**97,3**
Tomaten	133	1,82	**18,2**
Obst			
Aprikosen	198	1,51	**15,1**
Banane	38	0,11	1,1
Honigmelone	100	0,45	**4,5**
Kaki	242	0,81	**8,1**
Mandarine	57	0,30	**3,0**
Papaya	125	2,31	**23,1**
Wassermelone	58	0,40	**4,0**
Weintrauben	5	0,02	0,2
Süßwaren			
Zucker	0	0	0

11.2 Vitamin B_1

Lebensmittel	Gehalt (mg/100 g)	Dichte (mg/MJ)	relative Dichte
Milch und Milchprodukte			
Edamer, 30% Fett	0,06	0,06	0,5
Kuhmilch, 3,5% Fett	0,03	0,11	0,8
Schlagsahne, 30% Fett	0,03	0,02	0,2

Lebensmittel	Gehalt (mg/100 g)	Dichte (mg/MJ)	relative Dichte
Eier, Fette und Öle			
Butter	0,01	< 0,01	< 0,1
Hühnerei	0,07	0,20	1,5
Sonnenblumenöl	0	0	0
Fisch			
Huhn	0,08	0,14	1,0
Miesmuschel	0,16	0,75	**5,8**
Scholle	0,21	0,66	**5,1**
Seelachs	0,09	0,27	**2**
Seezunge	0,06	0,17	1,3
Tintenfisch	0,07	0,24	1,8
Fleisch, Wurst			
Kotelett (Schwein)	0,80	1,00	**7,7**
Rinderfilet	0,10	0,21	1,6
Salami	0,18	0,08	0,6
Getreide			
Haferflocken, Vollkorn	0,56	0,37	**2,8**
Reis, braun	0,41	0,28	**2,2**
Reis, weiß	0,06	0,04	0,3
Weizen	0,50	0,32	**2,5**
Weizenkeim	2,00	1,91	**14,7**
Weizenkleie	0,65	1,04	**7,9**
Weizenmehl, Type 405	0,06	0,04	0,3
Weizenstärke	0	0	0
Hefe			
Bäckerhefe	1,30	3,22	**24,8**
Bierhefe	14,00	9,39	**72,2**
Hülsenfrüchte, Nüsse			
Bohnen, weiß	0,60	0,49	**3,8**
Mandeln	0,25	0,10	0,8
Sesam	1,00	0,42	**3,2**
Sojabohnen	1,00	0,53	**4,0**
Sojakeimlinge	0,18	1,73	**13,3**
Sonnenblumenkerne	1,90	0,32	**2,5**
Walnuß	0,35	0,13	1,0

Lebensmittel	Gehalt (mg/100 g)	Dichte (mg/MJ)	relative Dichte
Gemüse			
Artischocke	0,14	0,69	**5,3**
Brokkoli	0,10	1,00	**7,7**
Champignon, Dose	0,02	0,39	**3,0**
Feldsalat	0,07	1,46	**11,2**
Karotten	0,06	0,53	**4,1**
Kopfsalat	0,06	1,36	**10,5**
Porree	0,12	1,18	**9,1**
Schwarzwurzel	0,15	2,63	**20,2**
Spargel, Dose	0,06	1,07	**8,2**
Spinat, roh	0,10	1,59	**12,2**
Zucchini	0,05	0,63	**4,8**
Obst			
Ananas	0,08	0,33	**2,5**
Apfel	0,03	0,14	1,0
Apfelsine	0,09	0,49	**3,8**
Mandarine	0,06	0,32	**2,5**
Melone	0,05	0,48	**3,7**
Papaya	0,03	0,55	**4,2**
Süßwaren			
Kakaopulver	0,40	0,35	**3,5**
Vollmilchschokolade	0,10	0,05	0,4
Zucker	0	0	0

11.3 Vitamin B_2

Lebensmittel	Gehalt (mg/100 g)	Dichte (mg/MJ)	relative Dichte
Milch und Milchprodukte			
Camembert, 30% Fett	0,67	0,78	**4,6**
Edelpilzkäse, 50% Fett	0,55	0,37	**2,2**
Joghurt, 1,5% Fett	0,18	0,99	**5,8**
Kuhmilch, 3,5% Fett	0,18	0,67	**3,9**
Molke	0,15	1,5	**8,8**
Parmesan, 35% Fett	0,62	0,40	**2,4**
Speisequark, 20% Fett	0,27	0,59	**3,5**
Eier, Fette und Öle			
Butter	0,02	0,01	0,1

Lebensmittel	Gehalt (mg/100 g)	Dichte (mg/MJ)	relative Dichte
Hühnerei	0,18	0,51	**3,0**
Hühnereiweiß	0,11	1,64	**9,6**
Olivenöl	0	0	0
Fisch, Geflügel			
Forelle	0,08	0,19	1,1
Geflügel	0,16–0,26	0,19–0,29	1,1–1,7
Kabeljaufilet	0,05	0,17	1,0
Miesmuschel	0,22	1,03	**6,1**
Scholle	0,22	0,70	**4,1**
Seelachs	0,35	1,04	**6,1**
Tintenfisch	0,05	0,17	1,0
Fleisch, Wurst			
Bratwurst	0,22	0,15	0,9
Hase	0,06	0,12	0,7
Jagdwurst	0,08	0,12	0,7
Rinderfilet	0,13	0,27	1,6
Schweineleber	3,17	5,67	**33,4**
Schweineschinken	0,19	0,17	1,0
Getreide			
Hafer	0,17	0,11	0,6
Stärke	0	0	0
Weizen	0,14	0,09	0,5
Weizenkeime	0,55	0,23	1,4
Weizenkleie	0,51	0,81	**4,8**
Weizenmehl, Type 405	0,03	0,02	0,1
Hülsenfrüchte, Nüsse			
Haselnuß	0,20	0,08	0,5
Linsen	0,26	0,20	1,2
Kokosraspel	0,60	0,24	1,4
Mandeln	0,60	0,24	1,4
Soja	0,30	0,16	1,0
Sojakeime	0,15	1,44	**8,5**
Hefe			
Bäckerhefe	2,0	4,96	**29,2**
Bierhefe	4,0	2,68	**15,8**

Lebensmittel	Gehalt (mg/100 g)	Dichte (mg/MJ)	relative Dichte
Gemüse			
Blumenkohl	0,11	1,13	**6,6**
Brokkoli	0,20	2,00	**11,8**
Champignon, Dose	0,22	4,31	**25,4**
Feldsalat	0,07	1,46	**8,6**
Porree	0,12	1,18	**6,9**
Spargel, Dose	0,08	1,43	**8,6**
Spinat	0,20	3,17	**18,6**
Zucchini	0,09	1,14	**6,7**
Obst			
Apfelsine	0,04	0,22	1,3
Erdbeere	0,06	0,43	**2,5**
Himbeere	0,07	0,52	**3,1**
Papaya	0,04	0,74	**4,4**
Wassermelone	0,05	0,34	**2,0**
Süßwaren			
Kakaopulver, stark entölt	0,40	0,35	**2,1**
Schokolade, halbbitter	0,08	0,04	0,2
Zucker	0	0	0

11.4 Vitamin B_3 (Niacin)

Lebensmittel	Gehalt (mg/100 g)	Dichte (mg/MJ)	relative Dichte
Milch und Milchprodukte			
Emmentaler, 45% Fett	0,2	0,13	0,1
Joghurt, 1,5% Fett	0,1	0,55	0,3
Milch, 3,5% Fett	0,1	0,37	0,2
Quark, 20% Fett	0,1	0,22	0,1
Eier, Fette und Öle			
Butter	Spuren	ca. 0	ca. 0
Hühnerei	Spuren	ca. 0	ca. 0
Kokosfett	0	0	0
Fisch, Geflügel			
Austern	2,2	11,22	**6,2**
Forelle	3,4	7,94	**4,4**
Hase	8,1	16,7	**9,3**

Lebensmittel	Gehalt (mg/100 g)	Dichte (mg/MJ)	relative Dichte
Heilbutt	5,9	13,95	**7,8**
Huhn	6,8	12,23	**6,8**
Makrele	7,7	10,25	**5,7**
Miesmuschel	1,6	7,51	**4,2**
Sardine	9,7	18,65	**10,4**
Schleie	4,0	12,38	**6,9**
Scholle	4,0	12,66	**7,0**
Fleisch, Wurst			
Blutwurst	1,2	0,72	0,4
Leberkäse	2,4	1,8	1,0
Rinderhack	2,1	2,32	1,3
Roastbeef	4,9	6,72	**3,7**
Schweineherz	6,6	14,83	**8,2**
Schweinekotelett	4,3	5,32	**3,0**
Schweineleber	15,7	28,09	**15,6**
Schweineniere	8,4	17,32	**9,6**
Wiener Würstchen	3,1	2,67	1,5
Getreide			
Gerste	4,8	3,93	**2,2**
Reis, braun	5,2	3,57	**2,0**
Reis, weiß	1,3	0,90	0,5
Weizen	5,1	3,25	1,8
Weizenkleie	17,7	45,6	**25,3**
Weizenvollkornbrot	3,3	3,92	**2,2**
Hefe			
Bäckerhefe	17,4	43,18	**24,0**
Hülsenfrüchte, Nüsse			
Erdnüsse, geröstet	14,3	5,84	**3,2**
Sesamsamen	5,0	2,1	1,2
Sojabohnen	2,5	1,32	0,7
Sojakeimlinge	2,7	25,96	**14,4**
Sonnenblumenkerne	5,8	2,38	1,3
Gemüse			
Brokkoli	1,1	11,0	**6,1**
Champignon, Dose	1,6	31,37	**17,4**
Grünkohl	2,1	15,33	**8,5**
Kohlrabi	1,8	16,98	**9,4**

Lebensmittel	Gehalt (mg/100 g)	Dichte (mg/MJ)	relative Dichte
Spargel, Dose	0,8	14,28	**7,9**
Topinambur	1,3	10,66	**5,9**
Obst			
Aprikose	0,7	3,55	**2,0**
Banane	0,7	2,05	1,1
Erdbeere	0,6	4,35	**2,4**
Nektarine	1,0	4,48	**2,5**
Passionsfrucht	2,1	7,55	**4,2**
Pfirsich	0,9	5,59	**3,1**
Süßwaren			
Kakaopulver	3,0	2,63	1,5
Zucker	0	0	0

11.5 Vitamin B_6 (Pyridoxin)

Lebensmittel	Gehalt (mg/100 g)	Dichte (mg/MJ)	relative Dichte
Milch und Milchprodukte			
Edamer, 30% Fett	0,06	0,06	0,3
Joghurt, 1,5% Fett	0,05	0,27	1,5
Kuhmilch, 3,5% Fett	0,04	0,15	0,8
Molke	0,04	0,40	**2,2**
Quark, 20% Fett	0,09	0,20	1,1
Eier, Fette und Öle			
Butter	0,01	0,01	ca. 0
Hühnerei	0,06	0,17	1,0
Fisch			
Austern	0,22	1,12	**6,2**
Hecht	0,15	0,44	**2,4**
Hering	0,45	0,53	**3,0**
Huhn	0,50	0,90	**5,0**
Makrele	0,63	0,84	**4,7**
Sardine	0,97	1,87	**10,0**
Fleisch, Wurst			
Frankfurter Würstchen	0,14	0,10	0,5
Rinderfilet	0,59	1,03	**5,7**
Schweineherz	0,43	0,97	**5,4**

Lebensmittel	Gehalt (mg/100 g)	Dichte (mg/MJ)	relative Dichte
Schweinekeule	0,39	0,34	1,9
Schweineleber	0,59	1,06	**5,9**
Schweineniere	0,55	1,13	**6,3**
Getreide			
Buchweizen	0,58	0,41	**2,3**
Gerste	0,56	0,46	**2,6**
Hafer	0,96	0,64	**3,6**
Reis	0,67	0,46	**2,6**
Weizen	0,44	0,28	1,6
Weizenkeime	4,0	3,82	**21,2**
Weizenkleie	2,5	4,00	**22,2**
Weizenvollkornbrot	0,36	0,43	**2,4**
Hefe			
Bäckerhefe	0,81	2,01	**11,2**
Bierhefe	4,4	2,95	**16,4**
Hülsenfrüchte, Nüsse			
Kichererbsen	0,54	0,42	**2,3**
Linsen	0,60	0,46	**2,6**
Maronen	0,35	0,43	**2,4**
Walnuß	0,87	0,31	1,7
Gemüse			
Blumenkohl	0,20	2,06	**11,4**
Champignon, Dose	0,06	0,97	**5,4**
Feldsalat	0,25	5,21	**28,9**
Paprika	0,27	3,25	**18,1**
Porree	0,25	2,45	**13,6**
Spinat	0,20	3,17	**17,6**
Obst, Süßwaren			
Aprikose	0,07	0,36	**2,0**
Avocado	0,50	0,54	**3,0**
Banane	0,37	1,09	**6,1**
Erdbeere	0,06	0,43	**2,4**
Feige, roh	0,12	0,40	**2,2**
Himbeere	0,08	0,60	**3,3**
Holunderbeere, schwarz, roh	0,25	1,34	**7,4**
Johannisbeere, schwarz	0,08	0,39	**2,2**
Wassermelone	0,07	0,48	**2,7**

Lebensmittel	Gehalt (mg/100 g)	Dichte (mg/MJ)	relative Dichte
Zitrone	0,06	0,36	**2,0**
Zucker	0	0	0

11.6 Vitamin C

Lebensmittel	Gehalt (mg/100 g)	Dichte (mg/MJ)	relative Dichte
Milch und Milchprodukte			
Buttermilch	1	6,9	1,0
Gouda, 45% Fett	1	0,7	0,1
Kuhmilch, 3,5% Fett	1	3,7	0,5
Sahne, 30% Fett	1	0,7	0,1
Speisequark, 20% Fett	1	2,2	0,3
Eier, Fette und Öle			
Butter, Fette, Öle	0	0	0
Fisch, Geflügel			
Ente	7	7,4	1,1
Fischkonserven	0	0	0
Hummer	5	14,8	**2,1**
Scholle	2	6,3	0,9
Fleisch, Wurst			
Leberpastete	2	1,5	0,2
Rindfleisch	Spuren	ca. 0	ca. 0
Schweineherz	5	11,2	1,6
Schweinekamm	2	2,3	0,3
Schweineleber	23	41,1	**5,9**
Schweineniere	26	32,9	**4,7**
Wurstwaren	0	0	0
Getreide, Hefe			
Getreide	0	0	0
Hefe	Spuren	ca. 0	ca. 0
Hülsenfrüchte, Nüsse			
Haselnuß	3	1,1	0,2
Kichererbsen	4	3,1	0,4
Sojakeimlinge	16	153,8	**22,0**
Sojamilch	0	0	0

Lebensmittel	Gehalt (mg/100 g)	Dichte (mg/MJ)	relative Dichte
Gemüse			
Blumenkohl	69	711	**103**
Brokkoli	110	1100	**157**
Brunnenkresse	51	586	**83,7**
Champignon, Dose	4	64,5	**9,2**
Chinakohl	36	800	**114**
Feldsalat	35	729	**104**
Grünkohl	105	766	**109**
Kohlrabi	66	623	**89,0**
Paprika	140	1687	**241**
Petersilie	166	656	**93,7**
Radieschen	27	491	**70,1**
Rettich	29	707	**101**
Rosenkohl	102	638	**91,1**
Rotkohl	50	581	**83,0**
Spinat	51	810	**116**
Weißkohl	47	505	**72,1**
Obst			
Acerola	1500	14706	**2101**
Ananas	20	83,3	**11,9**
Apfelsine	50	273	**39,0**
Brombeere	19	93,6	**13,4**
Erdbeere	62	449	**64,1**
Grapefruit	41	225	**32,1**
Hagebutten	1250	3264	**466**
Himbeere	25	187	**26,7**
Holunderbeere, schwarz, roh	18	96,8	**13,8**
Honigmelone	25	113	**16,1**
Johannisbeere, rot	36	228	**32,6**
Johannisbeere, schwarz	189	922	**132**
Kiwi	100	479	**68,4**
Mandarine	32	170	**24,3**
Mango	30	128	**18,3**
Papaya	70	1296	**185**
Passionsfrucht	20	71,9	**10,3**
Preiselbeere	12	96,0	**13,7**
Quitte	14	89,2	**12,7**
Sanddornbeere	450	1191	**170**
Stachelbeere	34	174	**24,9**
Zitrone	53	316	**45,1**

Lebensmittel	Gehalt (mg/100 g)	Dichte (mg/MJ)	relative Dichte
Süßwaren			
Kakao	0	0	0
Zucker	0	0	0

Durch Kochen oder Konservieren können bis über 50% des Vitamin-C-Gehaltes verlorengehen.

11.7 Eisen

Lebensmittel	Gehalt (mg/100 g)	Dichte (mg/MJ)	relative Dichte
Milch und Milchprodukte			
Butter	0,1	0,03	0,03
Buttermilch	0,1	0,7	0,7
Edamer, 30% Fett	0,6	0,6	0,6
Edelpilzkäse, 50% Fett	0,2	0,1	0,1
Joghurt, 1,5% Fett	0,1	0,5	0,5
Kuhmilch, 3,5% Fett	0,1	0,4	0,4
Molke	0,1	1,0	1,0
Quark, 20% Fett	0,4	0,9	0,9
Eier, Fette und Öle			
Olivenöl	0,1	0,03	0,03
Fisch, Geflügel			
Austern	5,8	29,6	**29,6**
Ente	2,1	2,2	**2,2**
Garnele	1,8	13,6	**13,6**
Hecht	1,1	3,2	**3,2**
Huhn	1,8	3,2	**3,2**
Miesmuschel	5,8	27,2	**27,2**
Roggen	4,6	4,2	**4,2**
Sardine	2,5	4,8	**4,8**
Scholle	0,9	2,8	**2,8**
Seelachs	1,0	2,9	**2,9**
Tintenfisch	0,8	2,8	**2,8**
Zander	1,4	4,0	**4,0**
Fleisch, Wurst			
Bratwurst	1,0	0,7	0,7
Rinderhack	2,4	2,7	**2,7**

Lebensmittel	Gehalt (mg/100 g)	Dichte (mg/MJ)	relative Dichte
Salami	2,1	1,0	1,0
Schweineherz	4,3	9,7	**9,7**
Schweinekotelett	1,8	2,2	**2,2**
Schweineleber	22,1	39,5	**39,5**
Schweineniere	10,0	10,6	**10,6**
Getreide			
Buchweizen	3,2	2,3	**2,3**
Gerste	2,8	2,3	**2,3**
Grünkern	4,2	3,2	**3,2**
Hafer	5,8	3,9	**3,9**
Hirse	9,0	6,1	**6,1**
Weizen	3,2	2,6	**2,6**
Weizenkeime	7,5	7,2	**7,2**
Weizenkleie	3,6	5,8	**5,8**
Hefe			
Bäckerhefe	5,0	12,4	**12,4**
Bierhefe	17,5	11,7	**11,7**
Hülsenfrüchte, Nüsse			
Kokosnuß	2,0	1,4	1,4
Linsen	6,9	5,3	**5,3**
Sesam-Samen	10,0	4,2	**4,2**
Sojabohnen	8,6	4,5	**4,5**
Sonnenblumenkerne	7,0	2,9	**2,9**
Mandel	4,7	1,9	1,9
Gemüse			
Bohnen, weiß	6,1	9,9	**9,9**
Brunnenkresse	3,1	35,6	**35,6**
Endivien	1,6	32,7	**32,7**
Feldsalat	2,0	41,7	**41,7**
Kopfsalat	1,0	22,7	**22,7**
Mangold	2,7	28,4	**28,4**
Petersilie	8,0	31,6	**31,6**
Pfifferling	6,5	67,7	**67,7**
Portulak	3,6	58,1	**58,1**
Radieschen	1,2	21,8	**21,8**
Rettich	0,9	22,0	**22,0**
Sauerampfer	8,5	97,7	**97,7**

Lebensmittel	Gehalt (mg/100 g)	Dichte (mg/MJ)	relative Dichte
Schwarzwurzel	3,3	20,5	**20,5**
Spinat, gekocht	2,2	42,3	**42,3**
Topinambur	3,7	30,3	**30,3**
Zucchini	1,5	19,0	**19,0**
Obst			
Erdbeere	1,0	7,2	**7,2**
Himbeere	1,0	7,5	**7,5**
Holdunderbeere, schwarz	1,6	8,6	**8,6**
Johannisbeere, rot	0,8	5,7	**5,7**
Johannisbeere, schwarz	1,2	5,9	**5,9**
Pfirsich, getrocknet	6,5	5,6	**5,6**
Süßwaren			
Kakaopulver, stark entölt	12,0	10,5	**10,5**
Zucker	Spuren	ca. 0	ca. 0

11.8 Kalium

Lebensmittel	Gehalt (mg/100 g)	Dichte (mg/MJ)	relative Dichte
Milch und Milchprodukte			
Butter	16	5	ca. 0
Buttermilch	147	1021	**5,0**
Joghurt, 1,5% Fett	161	885	**4,4**
Kuhmilch, 3,5% Fett	157	588	**2,9**
Limburger, 40% Fett	128	115	0,6
Molke	129	1290	**6,5**
Sahne, 30% Fett	112	87	0,4
Tilsiter, 45% Fett	60	40	0,2
Eier, Fette und Öle			
Hühnerei	75	214	1,1
Hühnereiweiß	49	731	**3,7**
Öle	Spuren	ca. 0	ca. 0
Fisch, Geflügel			
Ente	292	307	1,5
Forelle	465	1086	**5,4**
Huhn	359	646	**3,2**
Kabeljau	350	1144	**5,6**

Lebensmittel	Gehalt (mg/100 g)	Dichte (mg/MJ)	relative Dichte
Miesmuschel	315	1479	**7,4**
Seelachs	374	1113	**5,6**
Fleisch, Wurst			
Bratwurst	140	98	0,5
Corned beef	131	222	1,1
Hase	400	844	**4,2**
Fleischwurst	199	160	0,8
Roastbeef	335	460	**2,3**
Schweinebauch	157	98	0,5
Schweinekotelett	326	403	**2,0**
Schweineleber	350	626	**3,1**
Getreide			
Hafer	355	236	1,2
Hirse	430	291	1,5
Pumpernickel	454	540	**2,7**
Roggen	510	462	**2,3**
Weizen	502	394	**2,0**
Weizenkeime	1065	1018	**5,1**
Weizenkleie	1290	2231	**11,2**
Weizenmehl, Type 405	108	76	0,4
Hefe			
Bäckerhefe	640	1588	**7,9**
Bierhefe	1500	1006	**5,0**
Hülsenfrüchte, Nüsse			
Haselnuß	630	234	1,2
Kokosmilch	282	7833	**39,2**
Pistazien	1020	408	**2,0**
Sojabohnen	1750	924	**4,6**
Sojakeimlinge	157	1510	**7,6**
Gemüse			
Blumenkohl	311	3240	**16,2**
Brokkoli	410	4100	**20,5**
Champignon, Dose	162	3176	**15,9**
Chicoree	192	4000	**20,0**
Chinakohl	202	4208	**21,0**
Endivien	320	6531	**32,7**
Erbsen	930	640	**3,2**

Lebensmittel	Gehalt (mg/100 g)	Dichte (mg/MJ)	relative Dichte
Feldsalat	420	8750	**48,8**
Grünkohl	490	3577	**18,9**
Knollensellerie	310	3370	**16,9**
Kohlrabi	372	3509	**17,5**
Kopfsalat	224	5091	**25,5**
Kürbis	383	3683	**18,4**
Mangold	376	3958	**19,8**
Maronen	707	864	**4,3**
Pastinake	469	5098	**25,5**
Petersilie	1000	3953	**19,8**
Pfifferling, getrocknet	5370	4909	**24,5**
Radieschen	255	4638	**23,2**
Rettich	322	7854	**39,3**
Sauerkraut, roh	288	4299	**21,5**
Spinat, gekocht	324	6231	**31,2**
Tomaten, roh	297	4068	**20,3**
Tomatenmark	1160	5577	**28,9**
Tomatensaft	230	3154	15,8
Weiße Bohnen	1300	1059	**5,3**
Obst			
Apfelsine	189	1033	**5,2**
Aprikose	280	1421	**7,1**
Banane	380	1120	**5,6**
Erdbeere	156	1130	**5,7**
Himbeere	169	1261	**6,3**
Holunderbeere, schwarz, roh	303	1629	**8,1**
Honigmelone	330	1493	**7,5**
Johannisbeere, rot	238	1506	**7,5**
Johannisbeere, schwarz	341	1663	**8,3**
Mandarine	210	1117	**5,6**
Nektarine	270	1211	**6,1**
Pfirsich	204	1267	**6,3**
Pflaume	221	1038	**5,2**
Rhabarber, gekocht, ohne Zucker	182	6276	**31,4**
Wassermelone	158	1082	**5,4**
Süßwaren			
Kakaopulver	1500	1313	**6,6**
Vollmilchschokolade	400	182	0,9
Zucker	2	1	ca. 0

11.9 Kalzium

Lebensmittel	Gehalt (mg/100 g)	Dichte (mg/MJ)	relative Dichte
Milch und Milchprodukte			
Butter	13	4	0,1
Buttermilch	109	757	**9,5**
Camembert, 30% Fett	600	694	**8,7**
Emmentaler, 45% Fett	1020	638	**8,0**
Joghurt, 1,5% Fett	123	676	**8,5**
Kuhmilch, 1,5% Fett	123	631	**7,9**
Kuhmilch, 3,5% Fett	120	449	**5,5**
Quark, 20% Fett	85	186	**2,3**
Sahne, 30% Fett	80	62	0,8
Sojamilch	21	139	1,7
Eier, Fette und Öle			
Hühnerei	30	85	1,1
Olivenöl	1	0,3	ca. 0
Fisch, Geflügel			
Austern	82	418	**5,2**
Flunder	27	89	1,1
Ente	11	12	0,2
Huhn	12	22	0,3
Miesmuschel	88	413	**5,2**
Sardine	85	163	**2,0**
Scholle	61	193	**2,4**
Fleisch, Wurst			
Bratwurst	5	3	ca. 0
Eisbein, Schwein	2	2	ca. 0
Hase	9	19	0,2
Rehkeule	5	12	0,2
Rinderfilet	3	6	0,1
Salami	38	18	0,2
Schweineleber	10	18	0,2
Getreide			
Hafer	79	53	0,7
Roggen	64	58	0,7
Weizen	44	35	0,4
Weizenkleie	43	69	0,9

Lebensmittel	Gehalt (mg/100 g)	Dichte (mg/MJ)	relative Dichte
Hülsenfrüchte, Nüsse			
Sesam-Samen	783	328	**4,1**
Sojabohnen	260	137	1,7
Sojakeimlinge	32	308	**3,9**
Kokosmilch	27	750	**9,4**
Mandeln	252	101	1,3
Gemüse			
Brennesselsaft	190	3800	**47,5**
Brokkoli	113	1130	**14,1**
Brunnenkresse	180	2069	**25,9**
Endivien	68	1388	**17,4**
Grünkohl	230	1679	**21,0**
Mangold	103	1084	**13,6**
Porree	120	1176	**14,7**
Portulak	95	1532	**19,2**
Spinat	126	2000	**25,0**
Obst			
Apfelsine	42	230	**2,9**
Brombeere	44	217	**2,7**
Erdbeere	24	174	**2,2**
Feige, getrocknet	190	187	**2,3**
Feige, roh	54	213	**2,7**
Himbeere	40	299	**3,7**
Holunderbeere, schwarz, roh	37	199	**2,5**
Johannisbeere, rot	29	184	**2,3**
Johannisbeere, schwarz	53	259	**3,2**
Mandarine	37	197	**2,5**
Rhabarber, gekocht, ohne Zucker	48	1655	**20,7**
Süßwaren			
Zucker	2	1	ca. 0
Kakaopulver, stark entölt	190	166	**2,1**

11.10 Magnesium

Lebensmittel	Gehalt (mg/100 g)	Dichte (mg/MJ)	relative Dichte
Milch und Milchprodukte			
Butter	3	1	ca. 0
Buttermilch	16	111	**3,2**
Emmentaler, 45% Fett	35	22	0,6
Joghurt, 1,5% Fett	12	66	1,9
Kuhmilch, 3,5% Fett	12	45	1,3
Speisequark, 20% Fett	11	24	0,7
Eier, Fette und Öle			
Öle	0	0	0
Fisch			
Garnele	67	184	**5,3**
Huhn	37	67	1,9
Krabben, Dose	48	125	**3,6**
Miesmuschel	23	108	**3,1**
Scholle	22	70	**2,0**
Seezunge	49	142	**4,1**
Steinbeißer	27	73	**2,1**
Steinbutt	45	131	**3,7**
Fleisch, Wurst			
Hase	28	59	1,7
Kotelett, Schwein	24	30	0,9
Leberwurst, mager	7	7	0,2
Schweineleber	21	38	1,1
Roastbeef	23	32	0,9
Speck, durchwachsen	6	6	0,2
Getreide			
Gerste	114	93	**2,7**
Grünkern	130	97	**2,8**
Hafer	228	129	**3,7**
Hirse	210	170	**4,9**
Reis, braun	157	109	**3,1**
Reis, weiß	64	44	1,3
Roggen	120	109	**3,1**
Weizen	147	115	**3,3**
Weizenkeime	325	311	**8,9**

Lebensmittel	Gehalt (mg/100 g)	Dichte (mg/MJ)	relative Dichte
Weizenkleie	590	947	**27,1**
Weizenmehl, Type 1050	53	38	1,1
Hefe			
Cashew-Nuß	270	113	**3,2**
Erdnuß, geröstet	180	73	**2,1**
Hülsenfrüchte, Nüsse			
Kokosmilch	28	778	**22,2**
Sesam-Samen	347	145	**4,1**
Sojabohnen	250	132	**3,8**
Sojakeimlinge	15	144	**4,1**
Sonnenblumenkerne	430	172	**4,9**
Gemüse			
Bohnen, weiß	130	106	**3,0**
Brokkoli	24	240	**6,9**
Brunnenkresse	34	391	**11,2**
Champignon, Dose	15	294	**8,4**
Chicoree	13	271	**7,7**
Endivien	13	265	**7,6**
Feldsalat	13	271	**7,7**
Grünkohl	34	248	**7,1**
Kohlrabi	32	302	**8,6**
Kopfsalat	11	250	**7,1**
Mais	120	86	**2,5**
Portulak	151	2435	**69,6**
Rettich	15	366	**10,5**
Sauerampfer	41	471	**13,5**
Schnittlauch	44	273	**7,8**
Spargel, gekocht	15	288	**8,2**
Spinat, gekocht	46	885	**25,3**
Tomate	20	274	**7,8**
Obst			
Banane	36	106	**3,0**
Brombeere	30	148	**4,2**
Erdbeere	15	109	**3,1**
Himbeere	30	224	**6,4**
Passionsfrucht	39	140	**4,0**
Rhabarber, gekocht, ohne Zucker	10	345	**9,9**

Lebensmittel	Gehalt (mg/100 g)	Dichte (mg/MJ)	relative Dichte
Zitrone	28	167	**4,8**
Süßwaren			
Kakaopulver, stark entölt	1500	438	**12,5**
Vollmilchschokolade	40	18	0,5
Zucker	Spuren	ca. 0	ca. 0

11.11 Zink

Lebensmittel	Gehalt (mg/100 g)	Dichte (mg/MJ)	relative Dichte
Milch und Milchprodukte			
Emmentaler, 45% Fett	4,7	2,9	1,9
Fisch, Geflügel			
Austern	160	816	**544**
Ente	2,7	2,8	1,9
Hecht	1,1	3,2	**2,1**
Fleisch, Wurst			
Schweinekotelett	1,9	2,4	1,6
Schweineleber	5,9	10,5	**7,0**
Rindfleisch, Muskel	4,2	9,5	**6,4**
Getreide			
Weizen, Korn	4,2	3,3	**2,2**
Weizenkeime	12	11,5	**7,6**
Weizenvollkornbrot	2,1	2,4	1,6
Knäckebrot	3,1	1,6	1,1
Gemüse			
Broccoli	1,0	9,5	**6,3**

ANHANG

12

LEBENSMITTELZUSÄTZE

VOLKER SCHMIEDEL

Bei der Anwendung der in Deutschland erlaubten Lebensmittelzusatzstoffe gilt es folgendes zu berücksichtigen:

- Die Zutatenliste umfaßt unbedenkliche, synthetische, aber auch einige natürliche Stoffe wie etwa E 101 (Vitamin B_2) oder E 140 (Chlorophyll) oder E 120 (Echtes Karmin), ein ebenfalls natürlicher Farbstoff, jedoch für einen strengen Veganer obsolet, da die Substanz aus Tieren (Cochenilleläuse) gewonnen wird. Naturidentisch bedeutet, daß die Substanz synthetisiert wurde, aber chemisch mit einer natürlichen Substanz identisch ist (z.B. E 300, Ascorbinsäure bzw. Vitamin C). Einige Stoffe wie etwa Vitamine, aber auch etwa Anthocyane (Prophylaxe von oxidativem Streß) werden gar als Heilmittel eingesetzt.
- Natürlichkeit ist jedoch keine Garantie für Unbedenklichkeit, denn natürliche Substanzen können beispielsweise Allergien auslösen. Die gesundheitliche Bewertung der einzelnen Substanzen kann keineswegs als abgeschlossen gelten.
- Stoffe, die vor einigen Jahren zugelassen waren, sind inzwischen verboten (z.B. Salicylsäure, Borsäure, Propionsäure). Einigen Substanzen der Liste droht möglicherweise das gleiche Schicksal. Einige der hier aufgeführten, erlaubten Substanzen sind in anderen Ländern verboten.
- Die Substanzen sind weitgehend auf akute und chronische Toxizität geprüft. Wechselwirkungen der Zusatzstoffe untereinander sowie mit anderen Nährstoffen sind bisher jedoch kaum untersucht.
- Besondere Bedeutung hat diese Liste und die Kennzeichnung der Zutaten bei industriell hergestellten Nahrungsmitteln für Allergiker. Allergiker reagieren nicht selten auf folgende Stoffe (pseudoallergische Reaktion): Azofarbstoffe, E 320, E 321, PHB-Ester.
- In der folgenden Liste sind die Zusatzstoffe, bei denen gesundheitliche **Nebenwirkungen wahrscheinlich** (ΔΔ) sind oder zumindest **diskutiert** (Δ) werden, gekennzeichnet. Diese Klassifizierung wurde der einschlägigen Literatur entnommen und kann selbstverständlich nur grob sein. Durch verbesserte wissenschaftliche Erkenntnisse kann zukünftig ein Stoff möglicherweise entlastet werden, während bei jetzt als harmlos angesehenen Substanzen Hinweise auf schädliche Wirkungen auftauchen können.

E-Nummer	Name	Erläuterung
Farbstoffe		
E 100	Kurkumin	orangegelb, natürlicher Farbstoff
E 101	Lacto-, Riboflavin	gelb, natürlicher Farbstoff, Vit. B_2
E 101a	Riboflavinphosphat	ähnlich
E 102	Tartazin	gelb, synthetischer Azofarbstoff (ΔΔ)
E 104	Chinolingelb	synthetischer Farbstoff (Δ)
E 110	Gelborange S	synthetischer Azofarbstoff (ΔΔ)

E-Nummer	Name	Erläuterung
E 120	Echtes Karmin, Cochenille	rot, natürlicher Farbstoff (Δ)
E 122	Azorubin	rot, synthetischer Azofarbstoff (Δ)
E 123	Amaranth	rot, synthetischer Azofarbstoff (in USA verboten)
E 124	Cochenillerot A	rot, synthetischer Azofarbstoff (ΔΔ)
E 127	Erythrosin	rot, synthetischer Farbstoff (ΔΔ)
E 131	Patentblau V	blauviolett, synthetischer Farbstoff (ΔΔ)
E 132	Indigotin I, Indigokarmin	blau, synthetischer Farbstoff
E 140	Chlorophyll	grün, natürlicher Farbstoff, Blattgrün
E 141	Kupfersalz des Chlorophyll	gekupfertes Blattgrün (Δ)
E 142	Brillantsäuregrün, Lisamingrün	synthetischer Farbstoff (ΔΔ)
E 150	Zuckerkulör	braun, Karamel, gebrannter Zucker (Δ)
E 151	Brillantschwarz	synthetischer Azofarbstoff (Δ)
E 153	Carbo medicinalis	schwarz, Holzkohle
E 160a	Beta-Karotin	orangegelb, naturidentisch, Provitamin A
E 160a	Alpha-, Gamma-Karotin	ähnlich Karotin
E 160b	Bixin, Norbixin	gelb, natürlicher Farbstoff
E 160c	Capsanthin, Capsorubin	gelb, natürlicher Farbstoff aus Paprika
E 160d	Lycobin	rot, natürlicher Farbstoff, aus Tomate
E 160e	Beta-Apo-8'-Carotinal	orangerot, naturidentisch
E 160f	Ester von 160e	orangerot bis gelb
E 161	Xanthophylle	natürliche Farbstoffe, aus Blüten
E 161b	Canthaxanthin	orangerot, naturidentisch
E 162	Betanin	rotviolett, natürlicher Farbstoff, aus rote Bete
E 163	Anthocyane	rotblau, natürliche Farbstoffe, aus Rotweintrester
E 170	Kalziumcarbonat	weiß, natürlicher Farbstoff, aus Kreide, Kalk
E 171	Titandioxid	weiß, Metallpigmente (Δ)
E 172	Eisenoxide	gelb, rot, schwarz, Metallpigmente
E 173	Aluminium	Metallpigment (Δ)
E 174	Silber	Metallpigment
E 175	Gold	Metallpigment
E 180	Litholrubin	rotes Pigment (Δ)
Konservierungsstoffe		
E 200	Sorbinsäure	auch in Preisel- und Vogelbeeren
E 201	Natriumsorbat	Salz der Sorbinsäure
E 202	Kaliumsorbat	Salz der Sorbinsäure
E 203	Kalziumsorbat	Salz der Sorbinsäure
E 210	Benzoesäure	auch in Benzoeharz (ΔΔ)
E 211	Natriumbenzoat	Salz der Benzoesäure (ΔΔ)

E-Nummer	Name	Erläuterung
E 212	Kaliumbenzoat	Salz der Benzoesäure (ΔΔ)
E 213	Kalziumbenzoat	Salz der Benzoesäure (ΔΔ)
E 214–219	Hydroxibenzoesäureester	PHB-Ester
E 220	Schwefeldioxid	schweflige Säure (Δ, zerstört Vit. B_1)
E 221	Natriumsulfit	Salz der schwefligen Säure (Δ, Darmstörungen)
E 222	Natriumhydrogensulfit	Salz der schwefligen Säure (Δ, Darmstörungen)
E 223	Natriumdisulfit	Salz der schwefligen Säure (Δ, Darmstörungen)
E 224	Kaliumdisulfit	Salz der schwefligen Säure (Δ, Darmstörungen)
E 226	Kalziumsulfit	Salz der schwefligen Säure (Δ, Darmstörungen)
E 227	Kalziumhydrogensulfit	Salz der schwefligen Säure (Δ, Darmstörungen)
E 228	Kaliumhydrogensulfit	Salz der schwefligen Säure (Δ, Darmstörungen)
E 230	Biphenyl, Diphenyl	nur zur Oberflächenbehandlung (Δ, Hautstörungen)
E 231	Orthophenylphenol	bei Bananen eingesetzt (Δ, Hautstörungen)
E 232	Natriumsalz von E 231	(Δ, Hautstörungen)
E 233	Thiabendazol	(Δ, Hautstörungen)
E 236	Ameisensäure	auch in Ameisen und Brennesseln
E 237	Natriumformiat	Salz der Ameisensäure
E 238	Kalziumformiat	Salz der Ameisensäure
E 250	Natriumnitrit	für Pökelsalz (ΔΔ, Vorstufe von Nitrosaminen)
E 251	Natriumnitrat	Salpeter (Δ)
E 252	Kaliumnitrat	Salpeter (Δ)
E 260	Essigsäure	natürlicher Konservierungsstoff aus Gärung
E 261	Kaliumazetat	Salz der Essigsäure
E 262	Natriumazetat	Salz der Essigsäure
E 263	Kalziumazetat	Salz der Essigsäure
E 270	Milchsäure	natürlicher Konservierungsstoff, aus Gärung
E 290	CO_2	gasförmige Kohlensäure
E 296	Äpfelsäure	natürlich vorkommende Fruchtsäure
E 297	Fumarsäure	natürlich vorkommende Fruchtsäure
Antioxidanzien		
E 300	Ascorbinsäure	Vitamin C, naturidentisch
E 301, 302, 304	Salze der Ascorbinsäure	
E 306	Tocopherole	Vitamin E, natürlich
E 307–309	Tocopherole	Vitamin E, synthetisch
E 310	Propylgallat	Salz der Gallussäure (Δ, Hautstörungen)
E 311	Octylgallat	Salz der Gallussäure (Δ, Hautstörungen)
E 312	Dodecylgallat	Salz der Gallussäure (Δ, Hautstörungen)
E 320	BHA	Butylhydroxianisol (Δ)
E 321	BHT	Butylhydroxitoluol (Δ)

E-Nummer	Name	Erläuterung
Emulgator		
E 322	Lezithin	natürlich, aus Speisefetten
Säureregulatoren		
E 325	Natriumlaktat	Salz der Milchsäure
E 326	Kaliumlaktat	Salz der Milchsäure
E 327	Kalziumlaktat	Salz der Milchsäure
E 330	Zitronensäure	Fruchtsäure, mikrobiologisch gewonnen
E 331	Natriumzitrat	Salz der Zitronensäure
E 332	Kaliumzitrat	Salz der Zitronensäure
E 333	Kalziumzitrat	Salz der Zitronensäure
E 334	Weinsäure	Fruchtsäure, aus Weinrückständen
E 335	Natriumtartrat	Salz der Weinsäure
E 336	Kaliumtartrat	Salz der Weinsäure
E 337	Na-K-Tartrat	Salz der Weinsäure
E 338	Orthophosphorsäure	für Cola-Getränke (Δ, Verdauungsstörungen)
E 339–343	Phosphate	Salze von E 338 (Δ, Verdauungsstörungen)
E 350	Natriummalate	Salze der Äpfelsäure
E 351	Kaliummalate	Salze der Äpfelsäure
E 352	Kalziummalate	Salze der Äpfelsäure
E 353	Metaweinsäure	Verbindung der Weinsäure
E 354	Kalziumtartrat	Verbindung der Weinsäure
E 355	Adipinsäure	für Kochsalzersatz
E 363	Bernsteinsäure	synthetische Fruchtsäure
E 375	Nikotinsäure	Vitamin B_3
Verdickungsmittel		
E 400	Alginsäure	natürlich, aus Algen
E 401–405	Alginate	Verbindungen der Alginsäure
E 406	Agar-Agar	natürlich, aus Algen
E 407	Carrageen	natürlich, aus Algen (Δ, Verdauungsstörungen)
E 410	Johannisbrotkernmehl	aus tropischen Früchten
E 412	Guarkernmehl	aus tropischen Früchten
E 413	Traganth	aus Harz tropischer Sträucher
E 414	Gummi arabicum	aus Harz tropischer Sträucher
E 415	Xanthan	aus Zucker, mikrobiologisch gewonnen
Feuchthaltemittel, Zuckeraustauschstoffe		
E 420	Sorbit	Zuckeralkohol
E 421	Mannit	Zuckeralkohol
E 422	Glycerin	Zuckeralkohol

E-Nummer	Name	Erläuterung
Geliermittel		
E 440	Pektin	natürlich, aus Äpfeln oder Zitronen
Säureregulatoren		
E 442	Ammoniumsalze von Phosphatidsäure	Emulgator für Schokolade
E 450a, b, c	Di-, Tri-, Polyphosphate	kettenförmige Phosphate (Δ, Verdauungsstörungen)
Verdickungsmittel		
E 460	Zellulose	aus Holz gewonnen
E 461	Methylzellulose	Verbindung von E 460
E 466	Carboximethylzellulose	Verbindung von E 460
Emulgatoren		
E 470	Salze der Fettsäuren	aus Speisefetten
E 471	Mono- und Diglyceride der Fettsäuren	aus Speisefetten
E 472	Ester von E 471 mit:	Verbindung von E 471
E 472a	– Essigsäure	Verbindung von E 471
E 472b	– Milchsäure	Verbindung von E 471
E 472c	– Zitronensäure	Verbindung von E 471
E 472d	– Weinsäure	Verbindung von E 471
E 472e	– Acetylweinsäure	Verbindung von E 471
E 474	Zuckerglyceride	Verbindung von E 471
E 475	Polyglycerinester	Verbindung von E 471
Säureregulatoren		
E 500	Natriumcarbonat	Salz der Kohlensäure, Soda
E 501	Kaliumcarbonat	Salz der Kohlensäure, Pottasche
E 503	Ammoniumcarbonat	Salz der Kohlensäure, Hirschhornsalz
E 504	Magnesiumcarbonat	Salz der Kohlensäure
E 507	Salzsäure	
E 508	Kaliumchlorid	Salz der Salzsäure
E 509	Kalziumchlorid	Salz der Salzsäure
E 510	Ammoniumchlorid	Salz der Salzsäure, Salmiak
E 511	Magnesiumchlorid	Salz der Salzsäure
E 513	Schwefelsäure	
E 514	Natriumsulfat	Salz der Schwefelsäure, Glaubersalz
E 515	Kaliumsulfat	Salz der Schwefelsäure
E 516	Kalziumsulfat	Salz der Schwefelsäure, Gips
E 520	Aluminiumsulfat	Salz der Schwefelsäure

E-Nummer	Name	Erläuterung
E 523	Kaliumaluminiumsulfat	Salz der Schwefelsäure, Alaun
E 524	Natriumhydroxid	Natronlauge
E 525	Kaliumhydroxid	Kalilauge
E 526	Kalziumhydroxid	Kalkmilch
E 527	Ammoniumhydroxid	Ammoniak
E 528	Magnesiumhydroxid	
E 529	Kalziumoxid	gebrannter Kalk
Trennmittel		
E 530	Magnesiumoxid	Magnesia
E 535	Natriumhexacyanoferrat	gelbes Blutlaugensalz
E 536	Kaliumhexacyanoferrat	gelbes Blutlaugensalz
E 540	Dicalciumdiphosphat	Salz der Phosphorsäure
E 543	Kalziumnatrium-polyphosphat	Salz der Phosphorsäure
E 544	Kalziumpolyphosphat	Salz der Phosphorsäure
E 550	Natriumsilikat	Wasserglas
E 551	Siliziumdioxid	Kieselsäure
E 552	Kalziumsilikat	
E 553a	Magnesiumsilikat	
E 553b	Talkum	
E 554	Aluminiumsilikat	
E 558	Bentonit	
E 570	Stearinsäure	eine Fettsäure
E 572	Magnesiumstearat	Salz der Stearinsäure
Säureregulatoren		
E 574	Glukonsäure	
E 575	Glukono-delta-Lakton	
E 576	Natriumglukonat	Salz der Glukonsäure
E 577	Kaliumglukonat	Salz der Glukonsäure
E 578	Kalziumglukonat	Salz der Glukonsäure
E 579	Eisenglukonat	Salz der Glukonsäure
Geschmacksverstärker		
E 620	Glutaminsäure	eine Aminosäure
E 621	Natriumglutamat	Salz der Glutaminsäure
E 622	Kaliumglutamat	Salz der Glutaminsäure
E 623	Kalziumglutamat	Salz der Glutaminsäure
E 625	Magnesiumglutamat	Salz der Glutaminsäure
E 627	Natriumguanylat	

E-Nummer	Name	Erläuterung
E 628	Kaliumguanylat	
E 631	Natriuminosinat	
E 632	Kaliuminosinat	
E 636	Maltol	
E 637	Ethylmaltol	
Trenn- und Überzugsmittel		
E 901	Bienenwachs	
E 903	Candelillawachs, Carnaubawachs	
E 904	Schellack	
E 905	Paraffinöl, Hartparaffine	
E 906	Benzoe-Harz	
E 907	mikrokristalline Wachse	
E 910	Wachsester	
E 913	Wollfett	
E 915	Kolophonester	
Mehlbehandlungsmittel		
E 920	Cystein	eine Aminosäure
E 921	Cystin	eine Aminosäure
Wasserbehandlungsmittel		
E 925	Chlor	(Δ)
E 926	Chlordioxid	(Δ)

13

AYURVEDISCHE ERNÄHRUNGSEMPFEHLUNGEN

VOLKER SCHMIEDEL

Im Kapitel „Ayurveda" sind die Grundprinzipien des Ayurveda sowie die doshas bereits erklärt worden. Hier soll dargelegt werden, welche Geschmacksrichtungen bzw. welche einzelnen Nahrungsmittel für die jeweiligen doshas ausgleichend, d.h. günstig, und welche verstärkend, d.h. eher ungünstig, wirken. Zur besseren Übersicht wurden die Nahrungsmittel nach Gruppen geordnet, die eher ungünstigen Nahrungsmittel sind kursiv gedruckt.

Hierbei handelt es sich um orientierende Empfehlungen, die keineswegs zwanghaft durchzuführen sind. Selbstverständlich darf ein Pitta-Typ auch einmal eine Speise zu sich nehmen, die etwas schärfer gewürzt ist, um ein Beispiel zu nennen. In der Gesamtheit seiner Ernährung sollte er scharfe Gewürze aber eher meiden, um Krankheiten zu verhindern (z.B. Entzündungen). Auch ein Kapha-Typ wird nicht sofort krank werden, wenn er ein Glas (für ihn eher ungünstige) Milch trinkt. Dauerhafter, übermäßiger Milchkonsum kann aber möglicherweise bei ihm das Entstehen oder Fortbestehen chronischer Krankheiten (z.B. Sinusitis, Asthma) fördern.

Tab.13-1 Ernährungsempfehlungen gemäß Ayurveda (verstärkende, ungünstige Wirkung / ausgleichende günstige Wirkung)

Vata	Pitta	Kapha
Geschmacksrichtungen		
süß, sauer, salzig	süß, bitter, herb	scharf, bitter, herb
scharf, bitter, herb	*scharf, sauer, salzig*	*süß, sauer, salzig*
Obst		
Süße Früchte, Aprikosen, Bananen, Beerenobst, Kirschen, Kokosnuß, frische Feigen, Grapefruit, Trauben, Zitronen, Mangos, Melonen, Orangen, Papaya, Ananas	Süße Früchte, Äpfel, Kokosnuß, Feigen, rote Trauben, Mangos, Melonen, Feigen, Orangen, Pflaumen, Rosinen	Äpfel, Aprikosen, Beerenobst, Kirschen, Preiselbeeren, trockene Mangos, Pfirsiche, Birnen, Dörrpflaumen, Rosinen
Trockenfrüchte, Äpfel, Preiselbeeren, Birnen, Wassermelonen	*Saure Früchte, Aprikosen, Beerenobst, Bananen, Kirschen, Preiselbeeren, Grapefruit, grüne Trauben, Zitronen, Orangen, Ananas*	*Bananen, Kokosnuß, frische Feige, Grapefruit, Trauben, Zitronen, Melonen, Orangen, Papaya, Ananas, Pflaumen*

Tab. 13-1 Fortsetzung

Vata	Pitta	Kapha
Gemüse		
Avocados, gekochtes Gemüse, Spargel, rote Bete, Karotten, Gurke, Knoblauch, grüne Bohnen, gekochte Zwiebel, Süßkartoffel, Zucchini	Avocados, Spargel, Brokkoli, Rosenkohl, Kohl, Gurke, Blumenkohl, Salat, Pilze, Erbsen, grüne Bohnen, grüne Paprika, Kartoffel, Zucchini	Rote Bete, Brokkoli, Rosenkohl, Kohl, Karotten, Blumenkohl, Aubergine, Knoblauch, Salat, Pilze, Zwiebel, Erbsen, Paprika, Kartoffel, Rettich, Spinat
Rohes Gemüse, Brokkoli, Rosenkohl, Blumenkohl, Stangensellerie, Aubergine, Pilze, rohe Zwiebeln, Erbsen, Kartoffeln, Spinat, Tomaten	*Scharfes Gemüse, Rote Bete, Karotten, Aubergine, Knoblauch, Zwiebel, scharfer Paprika, Rettich, Spinat, Tomaten*	*Süße und saftige Gemüse, Gurke, Süßkartoffeln, Tomaten, Zucchini*
Getreide		
Reis, Weizen, gekochter Hafer	Gerste, gekochter Hafer, weißer Reis, Weizen	Gerste, Mais, Hirse, trockener Hafer, Basmati-Reis, Roggen
Gerste, Buchweizen, Mais, Hirse, trockener Hafer, Roggen	*Buchweizen, Mais, Hirse, trockener Hafer, brauner Reis, Roggen*	*Gekochter Hafer, Reis, Weizen*
Nüsse		
Alle Nüsse	Kokosnüsse	–
–	*Alle sonstigen Nüsse*	*Alle Nüsse*
Samen		
Alle Samen	Sonnenblumen-, Kürbiskerne	Sonnenblumen-, Kürbiskerne
–	*Alle sonstigen Samen*	*Alle sonstigen Samen*
Hülsenfrüchte		
Mung-Bohnen, Tofu schwarze und rote Linsen	Alle Hülsenfrüchte außer:	Alle Hülsenfrüchte außer:
Alle sonstigen Hülsenfrüchte	*Linsen*	*weißen Bohnen, Sojabohnen, schwarzen Linsen, Mung-Bohnen*
Gewürze		
Alle Gewürze außer	Koriander, Zimt, Fenchel, Curcuma	Alle Gewürze außer:
Koriander, Safran, Gelbwurz, Petersilie	*Alle sonstigen Gewürze*	*Salz*

Tab. 13-1 Fortsetzung

Vata	Pitta	Kapha
Öle		
Alle Öle	Kokos-, Oliven-, Sonnenblumen-, Sojaöl	Mandel-, Mais-, Sonnenblumenöl in kleinen Mengen
–	*Mais-, Mandel-, Sesamöl*	*Alle sonstigen Öle*
Süßmittel		
Alle Süßmittel außer: *weißem Zucker*	Alle Süßmittel außer: *Melasse, Honig*	Kalt geschleuderter Honig *Alle sonstigen Süßmittel*
Milch und Milchprodukte		
Alle Milchprodukte (in Maßen)	Ungesalzene Butter, Ghee, Hüttenkäse, Milch	Ghee, Ziegenmilch
–	*Buttermilch, Käse, saure Sahne, Joghurt*	*Alle sonstigen Milchprodukte*
Fleisch, Eier		
Rind, Huhn, Truthahn, gebratene Eier, Meeresfrüchte, Fisch	Huhn, Truthahn, Eiweiß, Hase, Wild, Garnelen	Huhn, Truthahn (in geringen Mengen), Garnelen
Lamm, Schwein, Hase, Wild	*Rind, Eigelb, Lamm, Schwein, rotes Fleisch, Meeresfrüchte, Fisch*	*Rind, Lamm, Schwein, Meeresfrüchte*

14 GLOSSAR

Volker Schmiedel

A

Aceton: Ketonkörper, entsteht bei Hunger, Diabetes und anderen Stoffwechselerkrankungen im Zitronensäurezyklus.

Achlorhydrie: Salzsäuremangel bei atrophischer Gastritis.

Acholie: Mangelhafte Galleausscheidung infolge Gallestaus, führt zu tonfarbenen, fetthaltigen Stühlen.

Achylie: Fehlen der Verdauungssäfte.

Adenosintriphosphat (ATP): Wichtigster Energieträger des Organismus, stammt überwiegend aus dem Kohlenhydrat- und Fettabbau, bei 2000 kcal Energieumsatz werden 50 kg ATP umgesetzt.

ADI: Acceptable Daily Intake, die tägliche Aufnahme eines Stoffes während des ganzen Lebens, die nach dem Stand des verfügbaren Wissens kein erkennbares Risiko darstellt.

Aflatoxine: Mykotoxine (Pilzgifte), die in verschimmelten Lebensmitteln durch bestimmte Pilzarten entstehen, hochgiftig, lebertoxisch und kanzerogen (Aflatoxin B_1 ist das stärkste bisher bekannte Kanzerogen).

Agar-Agar: Aus Algen gewonnener Schleim, der anstelle von Gelatine verwendet werden kann.

Albumin: Niedrigmolekulares Eiweiß, Hauptträger des kolloidosmotischen Druckes im Serum.

Alkohol: Kohlenwasserstoff mit einer oder mehreren Hydroxyl-Gruppen (OH-Gruppen), der als Genußmittel gebrauchte Äthylalkohol ist leber- und neurotoxisch.

Allergen: Antigene Substanz, die eine allergische Immunantwort provozieren kann, es gibt Inhalationsallergene (z.B. Pollen, Hausstaub), Ingestionsallergene (z.B. Nahrungsmittel, Medikamente), Kontaktallergene (z.B. Wolle, Metalle) und Injektionsallergene (z.B. Antibiotika).

Allergie: Neigung des Organismus, auf Allergene mit einer Antikörperproduktion und klinischen Symptomen zu reagieren (z.B. Atemnot, Quaddelbildung der Haut). Nahrungsmittelallergien sind wegen häufig verzögerter und untypischer Allergiereaktionen nicht immer leicht zu erkennen.

Allopurinol: Xanthinoxidasehemmer, senkt die Serumharnsäure.

Alpha-Linolensäure: Essentielle, mehrfach ungesättigte Fettsäure (18:3w3), eine Omega-3-Fettsäure.

Amara: Bittermittel, z.B. Enzian, stimulieren die Sekretion der Verdauungssäfte, wirken appetitanregend und tonisierend.

Aminosäuren: Carbonsäuren mit einer oder mehreren Aminogruppen, von den etwa 200 natürlich vorkommenden Aminosäuren sind 20 am Aufbau der Proteine beteiligt.

Amylasen: Enzyme, die Stärke spalten, in Arzneimitteln für Verdauungsstörungen enthalten.

anabol: Den Aufbaustoffwechsel betreffend.

Anthocyane: Pflanzenfarbstoffe, die die blaue, violette, rote oder schwarze Färbung von Pflanzenbestandteilen bewirken, oft als Antioxidanzien wirksam.

Antioxidanzien: Substanzen, die Zellstrukturen, Fettsäuren und Cholesterin vor Oxidation schützen.

Arachidonsäure: Vierfach ungesättigte Fettsäure, die in Fleisch und Milch vorkommt und über den Prostaglandinstoffwechsel u.a. Entzündungen, Bluthochdruck und die Thrombozytenaggregation fördert.

Arteriosklerose: Chronisch fortschreitender Prozeß der Verhärtung von Arterien, soge-

nannte Gefäßverkalkung, die jedoch nur den Endpunkt darstellt; falsche Ernährung vermag die Arteriosklerose zu beschleunigen.
Ascorbinsäure: Vitamin C.
Aspartam: Süßstoff aus zwei Aminosäuren, 200fach stärkere Süßkraft als Saccharose.
Ätherische Öle: Gemische aus leichtflüchtigen Alkoholen, Aldehyden, Ketonen, Estern und anderen Kohlenwasserstoffverbindungen, ölige Konsistenz, häufig Geruchs- und Geschmacksträger von Lebensmitteln, sie können u.a. diuretisch, desinfizierend, antitussiv, appetitanregend, verdauungsfördernd, schleimlösend, karminativ oder choleretisch wirken.

B

Bakterientoxine: Von pathogenen Bakterien gebildete Giftstoffe, z.B. das Botulinus-Toxin.
Ballaststoffe: Unverdauliche Pflanzeninhaltsstoffe (z.B. Pektin, Zellulose, Hemizellulose, Lignin), die früher als unnötiger „Ballast“ in der Nahrung angesehen wurden. Sie fördern den Stuhlgang, verlangsamen die Aufnahme von Kohlenhydraten (z.B. Zukker) ins Blut, schützen den Darm vor Krebs und behindern den enterohepatischen Kreislauf, indem sie Gallensäuren und Cholesterin binden und zur Ausscheidung führen. Sie kommen nur in pflanzlichen Lebensmitteln vor (z.B. Obst, Gemüse, Vollkorngetreide).
Beta-Karotin: Vorstufe des Vitamins A (Provitamin A), ein wichtiges Antioxidans.
Bifidobacterium: Grampositive, anaerobe Stäbchenbakterien, sollten in der Darmflora reichlich vorhanden sein.
Bioflavonoide: Bezeichnung für eine Gruppe von Pflanzeninhaltsstoffen (früher: Vitamin P), die u.a. kapillarabdichtend und antioxidativ wirken.
Biologische Wertigkeit: 1. Aussage über den Gehalt eines Lebensmittels an essentiellen Nährstoffen. 2. Verhältnis der limitierenden Aminosäure im Nahrungseiweiß zum Vergleichsprotein (Vollei = 100).
Bircher-Müsli: Frühstück nach M. O. Bircher-Benner mit Hafer, Wasser, Zitronensaft, Kondensmilch, Apfel und Nüssen oder Mandeln.
Bittersalz: Magnesiumsulfat, ein vom Darm nicht (oder kaum) aufnehmbares Salz mit einer hohen Wasserbindungsfähigkeit, welches dadurch den Wasseranteil und damit das Volumen des Stuhls deutlich vergrößert, sehr bitter schmeckend, beim Heilfasten als Laxans verwendet.
Bitterwässer: Enthalten als Hauptbestandteil Bitter-, Glauber- und Kochsalz, abführend.
Blutzucker: Konzentration von Glukose im Serum, wird u.a. durch die Nahrungsaufnahme, körperliche Betätigung, Insulin, Adrenalin, Glukagon, Thyroxin und Somatotropin komplex reguliert.
Botulismus: Bakterielle Lebensmittelvergiftung durch Toxine von Clostridium botulinum in nicht genügend erhitzten Konserven.
Broteinheit (BE): Brennwerteinheit für Diabetiker-Lebensmittel und alle Kohlenhydrate, eine BE entspricht 12 g Monosacchariden, die BE-Zählung ist heute – außer bei insulinpflichtigen Diabetikern – obsolet.
BSD: Bilanzierte synthetische Diät aus Aminosäuren, einfachen Kohlenhydraten, essentiellen Fettsäuren, Vitaminen und Mineralstoffen, ballaststofffrei.
Butter: Aus Milch, Rahm oder Molkenrahm gewonnenes Fett, mind. 82% Fett-, max. 16% Wasseranteil.
Buttermilch: Bei der Butterherstellung zurückbleibender Milchbestandteil, stuhlgangfördernd.

C

Candidiasis: Soor, Candidamykose, Befall von Haut oder Schleimhaut (Mund, Darm, Vagina), bei geschwächter Immunabwehr auch von Organen mit Candida-Hefen, Grenzwert der Keimbesiedelung im Darm: 10^2–10^3 Keime/g Stuhl, Antibiotika, Immunsuppressiva, Diabetes, Immunschwäche fördern eine Candidiasis.
Carotinoide: Gelbe bis tiefrote Farbstoffe aus pflanzlicher Synthese mit antioxidativer

Wirkung, auch als Farbstoffe in der Lebensmittel-, pharmazeutischen und kosmetischen Industrie eingesetzt.

Carrageen: Polysaccharid aus Algen, Ballaststoff, große Quellfähigkeit, häufig in diätetischen Lebensmitteln und in Salben eingesetzt.

Cellulose: Pflanzliches Polysaccharid, Ballaststoff, auch als Verbandsstoff eingesetzt.

Cholesterin: Lipid, einwertiger, ungesättigter, sekundärer Alkohol, wird nur im tierischen Organismus gebildet, hohe Konzentration in Nerven, Gehirn und inneren Organen, Risikofaktor für Arteriosklerose, Ausgangsstoff für die endogene Synthese von Vit. D, Kortison, Aldosteron, Sexualhormone und Gallensäuren.

Chymotrypsin: Peptidspaltendes Verdauungsenzym aus dem Pankreas.

Chymus: Nahrungsbrei (im Magen und Dünndarm).

Cobalamine: Kobalthaltige Verbindungen, B_{12}-Vitamine.

Coffein: Methylxanthin, wirkt anregend, diuretisch, erhöht das subjektive Wohlbefinden und die Leistungsbereitschaft, bei regelmäßigem Gebrauch körperliche Abhängigkeit möglich.

Cyclamate: Synthetisch hergestellte Süßstoffe, 30fach höhere Süßkraft als Disaccharid.

D

Darmflora: Gesamtheit der Mikroorganismen (z.B. Bakterien, Viren, Pilze) im Darm, eine günstige Darmflora wirkt gesundheitserhaltend, eine ungünstige fördert die Entstehung von Krankheiten, auch der Verstopfung; in großer Menge vertreten sind Bifidus, Acidophilus, Bacteroides, Escherichia, Lactobacillus; insgesamt ca. 10^7–10^{11} Keime/g Stuhl.

Diabetiker-Lebensmittel: Für Diabetiker hergestellte Lebensmittel mit geringerem Gehalt an rasch verwertbaren Kohlenhydraten, Zucker teilweise durch Fructose, Mannit oder andere insulinunabhängige Süßmittel ersetzt, werden heute weitestgehend als obsolet angesehen.

Diätformen: Auf die Behandlung oder Vorbeugung von Krankheiten angepaßte Ernährungsformen (z.B. eiweißarme Diät bei Niereninsuffizienz, cholesterinarme Kost bei KHK), auch religiös (z.B. kein Schweinefleisch im Islam) oder weltanschaulich (z.B. Vegetarismus) begründet; Diäten können kurzzeitig (z.B. fettarme Kost bei akuter Enteritis) oder langzeitig eingesetzt werden (z.B. kochsalzarme Kost bei salzsensitivem Hypertonus).

Diarrhö: Durchfall, häufiges Absetzen breiiger oder wäßriger Stühle, meist durch Infektionen bedingt (z.B. Salmonellose, Cholera, viral bedingte Enteritis), aber auch durch entzündliche Darmprozesse (z.B. Colitis ulcerosa, M. Crohn), Resorptionsstörungen im Darm (z.B. exokrine Pankreasinsuffizienz mit Mangel an Verdauungsenzymen, Lactasemangel mit Milchzuckerunverträglichkeit) oder Nahrungsmittelallergien.

Disaccharide: Kohlenhydrate, die aus zwei Einfachzuckern (Monosacchariden) bestehen, Glukose ist ein Mono-, Haushaltszucker ein Disaccharid.

Docosahexaensäure: Mehrfach ungesättigte Fettsäure (20:6w3), eine Omega-3-Fettsäure aus dem Fischöl.

Dysbiose: Fehlbesiedelung des Darmes mit für den Menschen ungünstigen Keimen.

Dyspepsie: Nicht organisch bedingt Verdauungsstörung.

E

Eicosapentaensäure: Mehrfach ungesättigte Fettsäure (20:5w3), eine Omega-3-Fettsäure aus dem Fischöl, Vorstufe wichtiger Prostaglandine.

Einlauf: Einbringen von Wasser (ggf. mit Zusätzen wie Kamille) in den Dickdarm, z.B. zur Darmreinigung, zum Abführen bei Obstipation oder im Fasten, zur milden Fiebersenkung, benötigt wird ein Irrigator (Einlaufgerät) mit flexiblem Darmrohr und $^1/_2$–1 l körperwarmes Wasser.

Eiweißallergie: Überempfindlichkeit des Organismus gegenüber bestimmten körperfremden Eiweißen, z.B. Kuhmilch.

Eiweißmast: Andauernde Überschreitung der erforderlichen und sinnvollen Eiweißzufuhr, in wohlhabenden Zivilisationen mit Milch- und Fleischwirtschaft die Regel.

Eiweißspeicherkrankheiten: Von L. Wendt postulierte Genese zahlreicher Zivilisationskrankheiten (z.B. Arteriosklerose, Hypertonie, Rheuma) aufgrund übermäßiger Eiweißzufuhr (Eiweißmast) mit der Folge von Verdickungen der Kapillarbasalmembran und konsekutiven Diffusionsstörungen der Ver- und Entsorgung der Gewebe.

Elektrolyte: Als Ionen (elektrisch positiv oder negativ geladene Teilchen) im Blut vorkommende Blutsalze (z.B. Chlorid, Natrium, Kalium, Magnesium).

Emesis: Erbrechen.

Enterohepatischer Kreislauf: Ein Sparmechanismus des Organismus; Cholesterin und Gallensäuren, aber auch einige Medikamente aus der Gallenflüssigkeit werden im Darm wieder aufgenommen, um erneut über die Leber in die Galle zu gelangen.

Entschlackung: Unscharfer, von der konventionellen Medizin kritisierte Bezeichnung für die Ausscheidung von Stoffwechselrückständen, entschlackende Therapien sind u.a. Heilfasten, Schwitzkuren (z.B. Packungen, Sauna, körperliche Bewegung), Trockenbürsten, Dauerbrausen, Trinkkuren, Einläufe, Rohkost, Aderlaß und Blutegelbehandlung.

Enzyme: Fermente, Proteine, die als Biokatalysatoren bestimmte biochemische Reaktionen im Organismus durch Senkung der Aktivierungsenergie ermöglichen (z.B. Hydrolasen, Transferasen, Oxidoreduktasen), Lipasen zerlegen beispielsweise Fette; bei vielen Krankheiten werden inzwischen Enzyme in hoher Dosis therapeutisch eingesetzt (z.B. Rheuma, Sinusitis).

Ernährung: Alle Vorgänge, durch die der Organismus Nährstoffe aufnimmt, verdaut, resorbiert, zu den Zellen bringt und Stoffwechselrückstände wieder ausscheidet.

Essentielle Nährstoffe: Nährstoffe, die lebenswichtig sind und mit der Nahrung zugeführt werden müssen. Beispiele: Cholesterin ist lebensnotwendig, aber nicht essentiell, da durch die Cholesterineigensynthese der Bedarf ohne Zufuhr von außen gedeckt werden kann. Vitamin C ist essentiell, da es lebensnotwendig ist und von außen zugeführt werden muß – jedenfalls für Menschen, Affen und Meerschweinchen, die meisten Tierarten können Vitamin C selbst produzieren, es ist für diese Tiere daher nicht essentiell.

Exsikkose: Austrocknung, Verringerung des Flüssigkeitsgehaltes des Organismus durch ungenügende Aufnahme (z.B. Wassermangel) oder vermehrte Ausscheidung (z.B. Diarrhö).

Extrazelluläre Flüssigkeit: Wäßriges Medium außerhalb der Körperzellen, im wesentlichen aus dem Plasmawasser und der interstitiellen Flüssigkeit zusammengesetzt.

F

Fasten: Freiwillige Enthaltung jeglicher fester Nahrung aus gesundheitlichen (präventiv oder therapeutisch) oder religiösen Gründen, verschiedene Fastenformen wie Saft-, Tee-, Wasser-, Molkenfasten, in Deutschland ist das Heilfasten nach Buchinger am bekanntesten.

Fett: Triglyzeride, Glyzerin mit drei Fettsäuren verestert, Nährstoff mit der höchsten Energiedichte (9,3 kcal/g).

Fettsäuren: Carbonsäuren mit unverzweigten Kohlenstoffketten.

Fettsäuren, einfach ungesättigte: Fettsäuren mit einer Doppelbindung, eher cholesterinneutral bis auf Ölsäure (in Olivenöl), die cholesterinsenkend wirkt.

Fettsäuren, gesättigte: Fettsäuren ohne Doppelbindung, in Butter, Fleisch- und Wurstprodukten enthalten, cholesterinsteigernd.

Fettsäuren, mehrfach ungesättigte: Fettsäuren mit mehreren Doppelbindungen, cholesterinsenkend, sehr anfällig gegen Oxidation.

Formuladiäten: Kostformen, die alle wesentlichen Nährstoffe enthalten und die eingesetzt werden, wenn eine konventionelle Ernährung schwierig oder unmöglich ist (z.B. bei Verbrennungen, Übergewicht), weit von einer natürlichen Ernährung entfernt.

Freie Radikale: Agressive Moleküle, denen ein Elektron auf der Außenschale fehlt und die durch körpereigene Vorgänge (z.B. Entzündungen, Atmung) oder durch den Einfluß von außen (z.B. Strahlen, Ozon, Rauchen, Stickoxide) entstehen. Freie Radikale greifen Zellstrukturen, Fettsäuren und Cholesterin an, führen zur Schädigung dieser Strukturen bzw. zu oxidiertem LDL.

Fruktose: Fruchtzucker, ein Monosaccharid, welches u.a. in Früchten und Honig vorkommt und insulinunabhängig verstoffwechselt wird, daher Bestandteil vieler Diabetiker-Lebensmittel.

Fungizide: Biozide, die Pilze abtöten und im Wachstum hemmen.

Fuselöle: Alkohole, die als Nebenprodukt bei Gärungsprozessen entstehen, auch bei einer Dysbiose des Darmes, in größeren Mengen gesundheitsschädlich (z.B. Lebertoxizität).

G

Galaktose: Monosaccharid, Bestandteil der Laktose (Milchzucker).

Galle: Sekret der Leberzellen, besteht u.a. aus Gallenfarbstoffen, Cholesterin, Gallensäuren, Mineralsalzen, emulgiert Fette im Darm, wodurch die enzymatische Aufspaltung erleichtert wird.

Gallensäuren: Organische Säuren, Bestandteil der Galle, wird aus Cholesterin hergestellt, dient der Fettverdauung, indem Fette emulgiert werden, die dann besser von Lipasen zerlegt werden können.

Gärungsdyspepsie: Bei ungenügender Verdauung der Kohlenhydrate kommt es unter Gasbildung zu einer Aufspaltung durch Darmbakterien, schwerverdauliche Kohlenhydrate (z.B. grobes Brot, Hülsenfrüchte, Kohl) sind dann zumindest vorübergehend zu meiden.

Gemüse: Sammelbezeichnung für Pflanzen oder Pflanzenteile, die in Kultur angebaut werden und roh oder zubereitet der menschlichen Ernährung dienen.

Getreide: Sammelbezeichnung für verschiedene der menschlichen Ernährung dienende Pflanzen (z.B. Weizen, Roggen, Gerste, Hafer, Hirse, Reis, Mais), gut lagerfähig, sehr kohlenhydratreich, als Vollkorngetreide auch ballaststoff-, mineral- und vitaminreich.

Glaubersalz: Natriumsulfat, ein vom Darm nicht (oder kaum) resorbierbares Salz mit einer hohen Wasserbindungsfähigkeit, welches dadurch den Wasseranteil und damit das Volumen des Stuhls deutlich vergrößert, sehr bitter schmeckend.

Glukose: Traubenzucker, Monosaccharid, in zahlreichen süßen Früchten enthalten, das zentrale Molekül des gesamten Kohlenhydrat- und Energiestoffwechsels, Zufuhr in reiner Form nicht erforderlich, da aus komplexen Kohlenhydraten spaltbar bzw. aus Fett oder Eiweiß synthetisierbar.

Glukosetoleranz: Fähigkeit des Organismus, bestimmte Mengen an Glukose ohne pathologische Anstiege im Serum zu ertragen, beim Diabetes und beim Metaboischen Syndrom reduziert.

Glykogen: Stärke, Polysaccharid, aus Glukose aufgebaut, in Leber und Muskulatur gespeichert.

Glykolyse: Glukoseabbau, anaerobe Glykolyse (ohne Verbrauch von Sauerstoff, z.B. bei intensiven körperlichen Anstrengungen) führt zur Milchsäurebildung („Versauern“).

Grundsystem nach Pischinger: Besteht aus undifferenzierten Bindegewebszellen (Fibroblasten), der extrazellulären Gewebsflüssigkeit, den Kapillaren und dem vegetativen Nervenendfasergeflecht, jeder Reiz und jeder Stoffwechselvorgang läuft über das Grundsystem, Ansatzpunkt zahlreicher Naturheilverfahren ist die Regulation eines gestörten Grundsystems (z.B. Fasten, Ernährung, Neuraltherapie).

H

Harnsäure: Purin, Stoffwechselprodukt der mit der Nahrung aufgenommenen oder in der

Zellerneuerung entstandenen Nukleinsäuren, bei zu hohem Anfall oder zu geringer Ausscheidung sind Gicht oder Uratstein im ableitenden Harnsystem möglich.

Harnstoff: Kohlensäurediamid, Endprodukt des Eiweißstoffwechsels.

HDL: High density lipoproteins, sog. „gutes Cholesterin", Lipoprotein, welches in der Lage ist, Cholesterin aus den Gefäßwänden zu lösen, Werte über 40 mg/dl sind anzustreben.

Herbizide: Unkrautvertilgungsmittel.

Hunger: Zustand bei einer Nahrungskarenz, nach drei Tagen hungern Rückgang.

Hypercholesterinämie: Erhöhtes Cholesterin im Blut, die Grenzwerte sind je nach betrachteter Bevölkerungsgruppe sehr unterschiedlich, außerdem sind die Werte sehr umstritten; in der Normalbevölkerung sind Werte unter 200 mg/dl, bei Gefäßkranken sind Werte unter 160 mg/dl anzustreben.

Hyperlipidämie: Erhöhte Blutfette, also Hypercholesterinämie und/oder Hypertriglyceridämie. Sind Cholesterin und Triglyceride gemeinsam erhöht, wird dies auch als kombinierte Hyperlipidämie bezeichnet.

Hypertension, Hypertonie, Hypertonus: Bluthochdruck.

Hypertriglyceridämie: Erhöhte Triglyceride im Blut, Werte unter 200 mg/dl sind anzustreben, bei Gefäßkranken sind Werte unter 150 mg/dl anzustreben (besonders bei niedrigem HDL).

Hyperurikämie: Erhöhter Harnsäurespiegel.

Hypoglykämie: Absinken des Blutzuckerspiegels unter 40 mg/dl oder entsprechende Symptome (z.B. Unruhe, Tremor, Schweißausbruch) bei etwas höheren Werten.

Hypoproteinämie: Plasmaprotein unter 6,6 g/dl (z.B. durch Op., Unterernährung, nephrotisches Syndrom).

I

Insektizide: Biozide zur Insektenbekämpfung.

Insulin: Bildung im Pankreas, führt u.a. zur Einschleusung von Glukose in die Zellen, fördert bei einer Hyperinsulinämie die Arteriosklerose.

J

Joghurt: Hergestellt aus Milch oder Sahne mit Milchsäurebakterienkulturen.

K

Kariogene Stoffe: Substanzen, die die Zahnfäule fördern, besonders Mono- und Disaccharide.

Käse: Aus Milch oder Milchprodukten, fetthaltiges Milcheiweiß in frischem oder gereiftem Zustand.

Kefir: Schwach schäumende Sauermilch, entsteht durch milchsaure oder alkoholische Gärung.

Ketonkörper: Entstehen beim Fettsäureabbau, bei Diabetes oder beim Fasten vermehrt gebildet, und im Urin ausgeschieden, Gefahr durch ketoazidotisches Koma beim Diabetes.

Kontamination: Verunreinigung durch Mikroorganismen oder Radioaktivität.

L

Laktobazillus: Grampositives Bakterium, bewirkt Kohlenhydratabbau unter Milchsäurebildung, wichtiger Bestandteil der physiologischen Darmflora.

Laktose: Milchzucker, Disaccharid aus Glukose und Galaktose, wichtigstes Kohlenhydrat der Milch, bewirkt eine Normalisierung der Darmflora und wirkt in höherer Dosierung abführend.

Laktulose: Milchzuckerähnlicher Stoff, Galaktosyl-Fruktose, wirkt abführend.

Lakto-vegetabile Kost: Form des Vegetarismus, enthält pflanzliche und Milchprodukte.

LDL: Low density lipoproteins, sog. „schlechtes Cholesterin", Lipoprotein, welches in der Lage ist, Cholesterin an den Gefäßwänden abzulagern; Werte unter 150 mg/dl bei Gesunden, unter 120 (unter 100) mg/dl bei Gefäßkranken sind anzustreben.

Lezithin: Untergruppe der Phospholipide, besteht aus Glyzerin, zwei Fettsäuren, Cholin und einer Phosphorverbindung, ein wichtiger Bestandteil von Zellmembranen, meist aus Ei oder Soja gewonnen, therapeutisch bei Fettleber oder zur Arterioskleroseprophylaxe eingesetzt.

Linolsäure: Essentielle, mehrfach ungesättigte Fettsäure (18:2w6), eine Omega-6-Fettsäure.

Lipide: Fette und fettähnliche Stoffe, die wir mit unserer Nahrung aufnehmen (z.B. Fette, Öle, Cholesterin, Phospholipide wie Lezithin).

Lipoproteine: Konjugate aus Fett und Eiweiß, am Aufbau der Zellmembranen beteiligt, Transportvehikel für Lipide und fettlösliche Vitamine im Blut, zahlreiche Untergruppierungen u.a. Chylomikronen, VLDL, LDL und HDL.

Lymphe: Flüssigkeit der Lymphgefäße, führt extrazelluläre Flüssigkeit wieder dem Blut zu, die Lymphe des Darmes transportiert auch Fett in Form von Chylomikronen.

M

Malabsorption: Angeborene oder erworbene Störung der enteralen Resorption bestimmter Stoffe.

Maltose: Malzzucker, Disaccharid.

Mayr-Kur: Zentraler Aspekt ist eine Diät aus Milch und luftgetrockneten Semmeln, zahlreiche weitere ernährungsmedizinische und ordnungstherapeutische Hinweise, günstig u.a. bei zahlreichen Darmerkrankungen und Stoffwechselstörungen.

Mesotrophie: Ernährung mit gesundheitlich nicht vollwertiger Nahrung, die zwar ein Überleben und Wachstum gewährleistet, aber Zivilisationskrankheiten Vorschub leistet.

Metabolisches Syndrom: Wohlstandssyndrom, Syndrom X, Zusammenspiel verschiedener ernährungsabhängiger Symptome wie Übergewicht, Hyperlipidämie, erhöhte Harnsäure, Bluthochdruck und Zuckerkrankheit, geht mit einem stark erhöhten Risiko der Arteriosklerose einher.

Mikrobiologische Therapie, mikroökologische Therapie: Früher Symbioselenkung, Zufuhr von lebenden oder abgetöteten Bakterien oder deren Bestandteilen zur Anregung der Stoffwechselleistungen, der Immunabwehr und der Verdauungsfunktionen.

Molke: Flüssigkeit, die nach dem Abscheiden von Fett und Casein aus der geronnenen Milch übrigbleibt.

N

n-3-, n-6-Fettsäuren: Andere Ausdrücke für Omega-3-, bzw. Omega-6-Fettsäuren.

Nahrung: Gesamtheit aller Stoffe, die Lebewesen zum Erhalt ihrer Lebensfunktionen, zum Wachstum und zur Fortpflanzung zuführen müssen. Es wird unterschieden zwischen Hauptnährstoffen (Protein, Fett und Kohlenhydrate), die die Energie liefern, essentiellen Nährstoffen (z.B. Mineralstoffe, essentiellen Fettsäuren, Vitamine), Begleitstoffe (z.B. Ballast-, Aroma- und Zusatzstoffe (z.B. Farbstoffe, Konservierungsmittel).

Nahrungskette: Weg der Nahrung von niederen Pflanzen zu höheren Tieren oder dem Menschen, über die Nahrungskette können sich Schadstoffe erheblich anreichern (z.B. Pestizide, Quecksilber).

Nahrungsmittelallergie: Überempfindlichkeit gegenüber Nahrungsbestandteilen mit Antikörperbildung.

Nitrat: Oft bei Stickstoffdüngung im Grundwasser oder in den Lebensmitteln erhöht, gefährlich durch Nitritbildung, besonders bei Kleinkindern. Nitrit führt zur Bildung von Methämoglobin und kanzerogener Nitrosamine.

O

Obst: Sammelbezeichnung für alle eßbaren Früchte und Scheinfrüchte, meist reich an Vitaminen, Mineralstoffen und Spurenelementen.

Obstipation: Verstopfung, meist durch Ballaststoff- und/oder Flüssigkeitsmangel.

Obsttage: Zur Entlastung, zur Gewichtsabnahme wird an einem Tag nur Obst verzehrt.

oral: Dem Mund zugehörig.

Oraler Glukose-Toleranz-Test: Belastungstest zur Aufdeckung eines Diabetes mellitus.

P

Parenteral: Unter Umgehung des Verdauungstraktes (z.B. Injektion oder Infusion).

Pektine: Ballaststoffe, meist in fleischigen Früchten, cholesterinbindend.

Peptide: Stoffe aus wenigen bis zu 100 Aminosäuren, fließender Übergang zu den Proteinen.

Peristaltik: Wellenförmige Einschnürungen von Ringmuskeln in Hohlorganen (z.B. Dünndarm, Harnleiter), dient dem Transport (z.B. von Nahrungsbrei, Urin).

Persorption: Transport relativ großer Partikel aus dem Darm im Bereich der Desquamationszone zwischen den Darmschleimhautzellen (Transportweg für z.B. Enzyme).

Phospholipide: Wichtige Klasse von Lipiden, die aus Glyzerin, zwei Fettsäuren, einer Phosphatgruppe und einem weiteren Molekül (z.B. Cholin, Inosit) bestehen, wichtiger Bestandteil von Zellmembranen und Lipoproteinen. Beispiel: Lezithin.

Polydipsie: Übermäßiges Trinken, z.B. bei Diabetes oder psychogen.

Prostaglandine: Botenstoffe im Körper, die aus Omega-3- und Omega-6-Fettsäuren gebildet werden und viele biologische Prozesse steuern (z.B. Blutdruck, Thrombozytenaggregation, Entzündungsneigung, Fettstoffwechsel), über die Zufuhr der entsprechenden Fettsäuren kann die Konzentration bestimmter Prostaglandine gesteuert und damit diese biologischen Prozesse beeinflußt werden.

Protein: Eiweiß, aus Aminosäuren zusammengesetzt.

P/S-Quotient: Teiler aus ungesättigten und gesättigten Fettsäuren, sollte über 1 liegen, liegt bei einer westlichen Durchschnittsernährung aber deutlich unter 1.

Q

Quellstoffe: Substanzen, die zusammen mit Wasser eine Volumenzunahme zeigen (z.B. Cellulose, anorganische Gele).

R

Raffinierte Nahrungsmittel: Durch industrielle Prozesse werden wichtige Nähr- sowie Ballaststoffe entfernt, was zu „reineren", meist auch haltbareren Nahrungsmitteln führt, die aber nährstoffarm sind (sog. „leere Kalorien") und degenerative Krankheiten (z.B. Krebs, koronare Herzkrankheit) fördern. Beispiele: Weißer Zucker, Weißmehl, raffinierte Fette und Öle sowie die daraus hergestellten Produkte.

Resorption: Aufnahme von Stoffen über die Schleimhaut des Magen-Darm-Traktes.

Rohkost: Alle nicht erhitzte Nahrung, meist Obst, Gemüse und Getreide, vitamin-, mineral- und ballaststoffreich, kalorienarm, der Anteil von Rohkost an der Ernährung in zivilisierten Ländern ist meist zu gering, die Umstellung auf reine Rohkost wird nicht immer gut vertragen, intensivierte Diät mit reiner Rohkost oder hohem Anteil ist für einige Monate bei vielen Erkrankungen günstig.

S

SCHNITZER-Kost: Diät, die eine „zivilisierte Urnahrung" empfiehlt.

SCHROTH-Kur: Therapiesystem mit Packungen, Trink- und Trockentagen und einer speziellen Kurdiät.

Spurenelemente: Essentielle anorganische Nährstoffe, die in geringen Konzentrationen benötigt werden.

Stärke: Polysaccharid, aus zahlreichen Glukosemolekülen aufgebaut.

T

Trans-Fettsäuren: Ungesättigte Fettsäuren, die in einer anderen räumlichen Anordnung vorliegen als die biologisch wichtigen Cis-Fettsäuren. Trans-Fettsäuren entstehen bei hohen Temperaturen und bei einigen Raffinationsprozessen. Trans-Fettsäuren wirken ähnlich wie gesättigte Fettsäuren, weitere schädliche Wirkungen werden diskutiert.

Trennkost: Kohlenhydrat- und eiweißreiche Lebensmittel dürfen nicht in einer Mahlzeit verzehrt werden.

Triglyzeride: Neutralfett, bestehen aus einem Glyzerin-Molekül mit drei Fettsäuren.

U

Übergewicht: Überschreiten des von Alter, Geschlecht und Größe abhängigen Normalgewichtes, meist: Broca über 110 (bzw. 120) oder BMI über 25 (bzw. über 30).
Unterernährung: Ernährungsform mit unzureichender Nährstoffzufuhr, heutzutage wird eine kalorische Überernährung (zuviel Energie durch Hauptnährstoffe) bei gleichzeitiger Unterernährung in Form von Vitamin- und/ oder Mineralstoffmangel diskutiert.

V

Vegetarische Ernährung: Enthält kein Fleisch oder Fleischprodukte, lakto-vegetabile Kost ist eine vegetarische Ernährung mit Milchprodukten, ovo-lakto-vegetabile Kost ist eine vegetarische Ernährung mit Eiern und Milchprodukten, vegane Kost ist eine vegetarische Ernährung ohne jegliche tierische Produkte (keine Eier, Milchprodukte, Honig etc.), es gibt gesundheitlich, weltanschaulich und religiös bedingten Vegetarismus.
Vitamine: Essentielle, organische Nährstoffe, bei ungenügender Zufuhr Hypovitaminose mit Mangelsymptomen, bei einigen Vitaminen sind auch Hypervitaminosen mit toxischen Symptomen möglich (z.B. Vit. A, D).
Vollwert-Ernährung: Kost, die sich durch das Vorhandensein aller essentiellen Nährstoffe und einen geringen Grad mechanischer, chemischer oder thermischer Verarbeitung auszeichnet, beeinflußt viele ernährungsabhängige Krankheiten günstig oder läßt sie erst gar nicht entstehen.

Z

Zivilisationskrankheiten: Sammelbezeichnung für alle Erkrankungen, die durch unsere zivilisierte Lebensweise begünstigt werden, neben dem Hauptfaktor Fehl- und Überernährung sind Bewegungsmangel, psychische Belastungen („Streß"), Reizüberflutung, Genußmittelmißbrauch und Schadstoffbelastungen bedeutsam.

15 ADRESSENLISTE

Volker Schmiedel

15.1 Verbände und Fachgesellschaften in Deutschland

Ärztliche Gesellschaften für Naturheilverfahren

Ärztegesellschaft für Erfahrungsheilkunde, Postfach 10 28 40, 69018 Heidelberg, Tel. 0 62 65/40 62-0

Ärztliche Gesellschaft zur Förderung von Naturheilverfahren, Schefflenztalstr. 11, 74842 Billigheim, Tel. 0 62 65/15 55

Bundesverband Deutscher Ärzte für Naturheilverfahren, Sophienstr. 2, 80333 München

Zentralverband der Ärzte für Naturheilverfahren (ZÄN), Bismarckstr. 3, 72250 Freudenstadt, Tel. 0 74 41/21 51

Fachgesellschaften aus dem Bereich „Ernährung"

Ärztegesellschaft Heilfasten und Ernährung, Säntisstr. 82, 88662 Überlingen, Tel. 0 75 51/80 78 05

Anonyme Eßsüchtige Interessengemeinschaft, Postfach 10 62 06, 28062 Bremen, Tel. 04 21/32 72 24

Arbeitskreis für Ernährungsforschung (anthroposophisch), Zwerweg 19, 75378 Bad Liebenzell-Unterlengenhardt, Tel. 0 70 52/30 61 oder 30 62

Arbeitskreis für Ernährungsmedizin und gesunde Lebensführung, Niedere Str. 24, 78050 Villingen, Tel. 0 77 21/45 03

Arbeitskreis für Ernährungstherapie im Fachverband DH, Am Obstmarkt 51b, 55126 Mainz, Tel. 0 61 31/47 55 22

Arbeitskreis für Ernährungs- und Vitamin-Information (evi), Schweizer Str. 9, 60594 Frankfurt, Tel. 0 69/61 90 11

Arbeitskreis für mikrobiologische Therapie, Postfach 1765, 35727 Herborn, Tel. 0 27 72/4 10 35

Bundesforschungsanstalt für Ernährung, Engesserstr. 20, 76131 Karlsruhe, Tel. 07 21/6 62 50

Deutsche Akademie für Ernährungsmedizin, Reichsgrafenstr. 11, 79102 Freiburg, Tel. 07 61/7 89 80

Deutsche Gesellschaft für Adipositasforschung, Blumenweg 1, 89294 Illertissen-Oberroth, Tel. 0 83 33/42 73

Deutsche Gesellschaft zur Bekämpfung von Fettstoffwechselstörungen und ihren Folgeerkrankungen (Lipidliga), Waldklausenweg 20, 81377 München, Tel. 0 89/7 19 10 01

Deutsche Gesellschaft für Ernährung (DGE), Im Vogelsgesang 40, 60488 Frankfurt, Tel. 0 69/9 76 80 30

Deutsche Gesellschaft für Ernährungsmedizin (DGEM) c/o Bundesärztekammer, Herbert-Lewin-Str. 1, 50931 Köln, Tel. 02 21/4 00 42 42

Deutsches Institut für Ernährungsforschung, Arthur-Scheunert-Allee 114–116, 14558 Bergholz-Rehbrücke, Tel. 03 32 00/8 80

EDEN-Stiftung zur Förderung naturnaher Lebenshaltung und Gesundheitspflege, Wiesbadener Weg 1, 65812 Bad Soden, Tel. 0 61 96/64 33 40

Europäisches Institut für Lebensmittel- und Ernährungswissenschaften (E.U.L.E.), Amselweg 7, 65239 Hochheim-Massenheim, Tel. 0 61 45/97 02 01

Forschungsinstitut für Kinderernährung, Heinstück 11, 44225 Dortmund, Tel. 02 31/71 40 21

Freundeskreis der Klinik Dr. Walb und Gesellschaft für naturgemäße Lebens- und Heilweisen (Hay'sche Trennkost), Am Hohen Berg 20, 35315 Homberg, Tel. 06 33/18 20

Gesellschaft der Mayr-Ärzte, Gesundheitszentrum am Wörther See, A-9082 Maria Wörth-Dellach, Tel. 00 43 42 73/25 11

Gesellschaft für Ernährungsberatung Richtig Essen mbH, Lievlingsweg 102, 53119 Bonn, Tel. 02 28/5 55 81 50

Gesellschaft für Gesundheitsberatung (GGB) c/o Dr. Bruker, Taunusblick 1a, 56112 Lahnstein, Tel. 0 26 21/91 70 17

Gesundheits- und Ernährungsbildung, Am Anger 34, 86316 Derching, Tel. 08 21/78 38 27

Institut für Ernährungsberatung und Diätetik, Moorenstr. 5, 40225 Düsseldorf, Tel. 02 11/34 82 16

Lipid-Liga → Deutsche Gesellschaft zur Bekämpfung von Fettstoffwechselstörungen…

Münchener Gesellschaft zur Förderung der Ortho Molekular Medizin (GOMM), Waltherstr. 32 RGB, 80337 München, Fax 0 89/5 43 89 45

Universitäre und sonstige Einrichtungen

Institut für Ernährungswissenschaft, Endenicher Allee 11–13, 53115 Bonn, Tel. 02 28/73 36 80

Klinik für Ernährung und Stoffwechsel, Moorenstr. 5, 40225 Düsseldorf, Tel. 02 11/81 17 831

Sektion Ernährungsmedizin und Diätetik, Hartmannstr. 1, 79106 Freiburg, Tel. 07 61/27 01

Institut für Ernährungswissenschaften, Wilhelmstr. 20, 35392 Gießen, Tel. 06 41/70 29 874

Ernährungspsychologische Forschungsstelle, Von-Siebold-Str. 5, 37075 Göttingen, Tel. 05 51/39 67 41

Institut für Biologische Chemie und Ernährungswissenschaft, Garbenstr., 70593 Stuttgart-Hohenheim, Tel. 07 11/45 90

Institut für Humanernährung und Lebensmittelkunde, Düsternbrooker Weg 17, 24105 Kiel, Tel. 04 31/59 71

Institut für Ernährungswissenschaft, 85350 Freising-Weihenstefan, Tel. 0 81 61/71 37 60

Vegetarier-Bund Deutschland, Blumenstr. 3, 30159 Hannover, Tel. 05 11/3 63 20 50

Verband Deutscher Diätassistenten, Bismarckstr. 96, 40210 Düsseldorf, Tel. 02 11/16 21 75

Verband für Unabhängige Gesundheitsberatung (UGB-Deutschland), Keplerstr. 1, 35390 Gießen, Tel. 06 41/77 85

Verein Beratungsgruppe für Ernährung, Umwelt und Sport, Gartenstr. 8, 86570 Inchenhofen, Tel. 0 82 57/15 69

Verein zur Förderung der gesunden Diätetik und Ernährung, Postfach 19 28, 52021 Aachen, Tel. 02 41/8 08 84 30

Werner-Kollath-Stiftung, siehe EDEN-Stiftung

Wissenschaftliches Archiv für Ernährung und Diätetik, Landhaus Bergham 32, 83233 Bernau am Chiemsee, Tel. 0 80 51/75 85

15.2 Verbände und Fachgesellschaften in Österreich

Arbeitsgemeinschaft für Klinische Ernährung (AKE), Postfach 53, A-1097 Wien, Tel. 00 43/1/4 04 00 43 87

Ludwig Boltzmann Institut für Stoffwechselerkrankungen und Ernährung, Wolkerbergenstr. 1, A-1130 Wien, Tel. 00 43/1/8 01 10 23 51
Österreichische Gesellschaft für Ernährungsforschung, Baumgasse 73, A-1030 Wien, Tel. 00 43/1/7 14 91 32
Vegetarische Gesellschaft Österreichs, Postfach 261, A-5010 Salzburg
Verband der Diplomierten DiätassistentInnen und ernährungsmedizinischen BeraterInnen Österreichs, Raaber Bahngasse 3/2/8, A-1100 Wien, Tel. 00 43/1/7 14 71 93
Verband für Unabhängige Gesundheitsberatung (UGB-Österreich), A-5721 Piesendorf 446, Tel. 00 43/65 49/83 38

15.3 Verbände und Fachgesellschaften in der Schweiz

Ecole de diététicien(ne)s, Chemin Thury 6, CH-1211 Genève 4, Tel. 00 41/22/3 47 49 59
Schule für ErnährungsberaterInnen, Inselspital, CH-3010 Bern, Tel. 00 41/31/6 32 23 41
Schule für Ernährungsberatung, Universitätsspital, Gloriastr. 19, CH-8091 Zürich, Tel. 00 41/1/2 55 21 70
Schweizerische Gesellschaft für Ernährungsforschung, Institut de Physiologie d'Université de Lausanne, CH-1005 Lausanne, Tel. 00 41/21/3 13 28 49
Schweizerische Vereinigung für Ernährung, Bernstr. 135, CH-3052 Zollikofen, Tel. 00 41/31/9 11 24 22
Schweizerischer Verband Diplomierter ErnährungsberaterInnen, Oberstadt 11, CH-6204 Sempach-Stadt, Tel. 00 41/41/99 33 84
Stiftung zur Internationalen Förderung der Orthomolekularen Medizin, Postfach, CH-8640 Rapperswil
Verband für Unabhängige Gesundheitsberatung (UGBSchweiz), Espenstr. 1, CH-9220 Bischofszell, Tel. 00 41/71/81 60 90

15.4 Therapeutische Einrichtungen

Allgemeines Krankenhaus Ochsenzoll, Abteilung für Naturheilverfahren, Langenhorner Chaussee 560, 22419 Hamburg, Tel. 0 40/52 71 23 09
Habichtswald-Klinik für Ganzheitsmedizin, Wigandstr. 1, 34131 Kassel, Tel. 05 61/3 10 80
Klinik am Korso, Fachklinik für gestörtes Eßverhalten, Ostkorso 4, 32545 Bad Oeynhausen, Tel. 0 57 31/18 10
Klinik am Warteberg, Werner-Eisenberg-Weg 3, 37213 Witzenhausen, Tel. 0 55 42/50 60
Klinik Buchinger am Bodensee, Wilhelm-Beck-Str. 27, 88662 Überlingen, Tel. 0 75 51/80 70
Klinik Dr. Evers, Lindenstr. 22, 59846 Sundern-Langenscheid, Tel. 0 29 35/80 70
Klinik Dr. Otto Buchinger, Forstweg 39, 31812 Bas Pyrmont, Tel. 0 52 81/16 60
Klinik Dr. von Weckbecker, Rupprechtstr. 20, 97769 Bad Brückenau, Tel. 0 97 41/8 30
Klinik Dr. Walb, Am Hohen Berg 20, 35315 Homberg/Ohm, Tel. 0 66 33/18 20
Klinik Warnsdorf Dr. Scheele, Schloßstr., 23570 Lübeck-Travemünde, Tel. 0 45 02/84 00
Klinik Zimmermann, Zum Kretzer 2, 88662 Überlingen, Tel. 0 75 51/80 50
Krankenhaus für Naturheilweisen, Sanatoriumsplatz 2, 81545 München-Harlaching, Tel. 0 89/62 50 50
Kurklinik Waldeck, Langemarckstr. 15–17, 34537 Bad Wildungen, Tel. 0 56 21/80 46 00
Kurpark-Klinik, Gällerstr. 10, 88662 Überlingen, Tel. 0 75 51/80 60
Privatklinik Dr. Karl Spiske, Bürgermeister-Ledermann-Str. 7, 86825 Bad Wörishofen, Tel. 0 82 47/39 80

Regena Privatklinik für Naturheilverfahren, Sinntal 66, 97769 Bad Brückenau, Tel. 0 97 41/80 10

15.5 Hersteller und Firmen

Hersteller diätetischer Lebensmittel

Aponti Kindernährmittel GmbH, Siegburger Str. 189, 50679 Köln
Batscheider, Knäckebrotfabrik, Gebrüder-Batscheider-Str. 4, 82041 Deisenhofen
De-Vau-Ge, Gesundkostwerk, Postfach 16 60, 21306 Lüneburg
Dibona Markenvertrieb, Mörscher Str. 17–25, 76275 Ettlingen
Drei Pauly, Reform und Diät GmbH, 35085 Ebsdorfergrund
Drugofa GmbH, Welserstr. 5–7, 51149 Köln
Eden-Waren GmbH, Königsteiner Str. 107, Postfach 12 29, 65812 Bad Soden
ETO Nahrungsmittelfabriken, Mörscher Str. 17–25, 76275 Ettlingen
Fresenius AG, 61343 Bad Homburg
Gerblé, Augustenstr. 11, 70794 Filderstadt
Gutena Diätwaren, Grünstr. 1–3, 99510 Apolda
Hammermühle Diät GmbH, Postfach 1164, 67485 Maikammer-Kirrweiler
Hefe Reformwert GmbH, 78315 Radolfzell
Heirler, Grubmühlerfeldstr. 52, 82131 Gauting
Hipp KG, Münchener Str. 58, 85276 Pfaffenhofen
Milupa AG, Bahnstr. 14–30, 61381 Friedrichsdorf
Nephromed Bartz GmbH, 35625 Hüttenberg
Nestlé Alete GmbH, Prinzregentenstr. 155, 81662 München
Poensgen Diätbäckerei, Dreiersgarten 28, 52249 Eschweiler
Schneekoppe GmbH, Boettgerstr. 5, 41066 Mönchengladbach
SHS-Gesellschaft für klinische Ernährung mbH, Postfach 30 61, 74020 Heilbronn
Studt Vertriebs-GmbH & Co. KG, Alzeyer Str. 131/133, 55649 Bad Kreuznach
Tartex GmbH, Prinzregentenstr. 155, 81677 München
Wander GmbH, Postfach 13 06, 29203 Celle

Firmen

Firmen, die orthomolekulare Präparate importieren

Formula, Mariannenweg 46, 61348 Bad Homburg, Tel. 0 61 72/93 88 44, Fax 0 61 72/93 88 55
Orthica, In der Steele 2, 40599 Düsseldorf, Tel. 02 11/74 25 50, Fax 02 11/74 25 07
Vitamine & mehr, Tel. 01 30/84 00 86, Fax 00 31/45 32 24 20
Vital Cell Life, Kanaalweg 17G, 3526 KL Utrecht, Niederlande, Tel. 00 31/3 02 87 10 08, Fax 00 31/ 3 02 87 10 56

Firmen, die auch orthomolekulare Präparate herstellen

Albert-Roussel, Abraham-Lincoln-Str. 38–42, 65189 Wiesbaden, Tel. 06 11/7 90 30
Alcon-Thilo, Blankreutestr. 1, 79108 Freiburg, Tel. 07 61/1 30 42 00
Apogepha, Kyffhäuserstr. 27, 01309 Dresden, Tel. 03 51/3 36 33
APS, Bahnhofstr. 7, 82319 Starnberg, Tel. 0 81 51/20 11
Ardeypharm, Loerfeldstr. 20, 58313 Herdecke, Tel. 0 23 30/76 77
Artesan/Casella-med, Wendlandstr. 1, 29439 Lüneburg, Tel. 0 58 41/35 51
A.S., Kandelstr. 10, 79199 Kirchzarten, Tel. 0 76 61/98 45 02
Asche, Fischers Allee 49–59, 22763 Hamburg, Tel. 0 40/39 82 20

Asta medica, Weismüllerstr. 45, 60314 Frankfurt, Tel. 0 69/40 01 01
Astra, 22876 Wedel, Tel. 0 41 03/70 80
Azupharma, Dieselstr. 5, 70839 Gerlingen, Tel. 0 71 56/94 30
Baer, Ehrwalder Str. 21, 81377 München, Tel. 0 89/7 14 40 61
BASF Generics, Gottlieb-Daimler-Str. 10, 68165 Mannheim, Tel. 06 21/5 89 34 00
Bastian-Werk, August-Exter-Str. 4, 81245 München, Tel. 0 89/82 09 30
Bayer, 51368 Leverkusen, Tel. 02 14/3 01
Beiersdorf-Lilly, Wiesingerweg 25, 20253 Hamburg, Tel. 0 40/5 69 50 01
Berlin-Chemie, Glienicker Weg 125, 12489 Berlin, Tel. 0 30/6 70 70
Biocur, Industriestr. 25, 83607 Holzkirchen, Tel. 0 80 24/90 80
Bioforce, Brühlstr. 15, 78465 Konstanz, Tel. 0 75 33/9 30 10
biomo, Lendersbergstr. 86, 53721 Siegburg, Tel. 0 22 41/38 50 81
biosyn, Schorndorferstr. 32, 70734 Fellbach, Tel. 07 11/5 75 32 00
Boehringer Ingelheim, Binger Str., 55216 Ingelheim, Tel. 0 61 32/7 70
Böttger, Paulsborner Str. 2, 10709 Berlin, Tel. 0 30/89 00 30
Braun Melsungen, Carl-Braun-Str. 1, 34212 Melsungen, Tel. 0 56 61/7 10
Brenner-Efeka, Schleebrüggenkamp 15, 48159 Münster, Tel. 02 51/20 40
Cefak, Ostbahnhofstr. 15, 87437 Kempten, Tel. 08 31/57 40 10
Chefaro, Im Wirrigen 25, 45731 Waltrop, Tel. 0 23 09/6 40
Chephasaar, Mühlstr. 50, 66386 St. Ingbert, Tel. 0 68 94/97 10
Clintec, Hertzstr. 10, 69469 Weinheim, Tel. 01 30/83 22 44
ct-Arzneimittel, Oberlandstr. 65, 12099 Berlin, Tel. 0 30/7 55 00 60
durachemie, Pfaffenriederstr. 7, 82515 Wolfratshausen, Tel. 0 81 71/2 12 03
Eifelfango, Ringener Str. 45, 53474 Bad Neuenahr-Ahrweiler, Tel. 0 26 41/3 60 61
Engelfried + Bartel, Sollner Str. 42, 81479 München, Tel. 0 89/7 90 10 61
Falk, Leinenweberstr. 5, 79108 Freiburg, Tel. 07 61/13 03 40
Fatol, Robert-Koch-Str., 66578 Schiffweiler, Tel. 0 68 21/96 50
Fink, Benzstr. 25, 71083 Herrenberg, Tel. 0 70 32/92 20
Fresenius-Dialysetechnik, 61343 Bad Homburg, Tel. 0 61 71/6 00
Fresenius-Praxis, 61343 Bad Homburg, Tel. 0 61 71/6 00
Giulini Pharma, Hans-Böckler-Allee 20, 30173 Hannover, Tel. 05 11/8 57 23 48
G.N. Pharm, Schorndorfer Str. 32, 70734 Fellbach, Tel. 07 11/5 75 32 01
gräsler pharma, Brunnleitenstr. 3, 82284 Grafrath, Tel. 0 81 44/92 04 93
GRY, Kandelstr. 10, 79199 Kirchzarten, Tel. 0 76 61/98 45 01
Henning Berlin, Komturstr. 58–62, 12099 Berlin, Tel. 0 30/75 68 50
Herbrand, Brambachstr. 31, 77723 Gengenbach, Tel. 0 78 03/9 68 70
Hermes, Georg-Kalb-Str. 5–8, 82049 Großhesselohe, Tel. 0 89/79 10 20
Hevert, Eckweilerstr. 10–12, 55566 Sobernheim, Tel. 0 67 51/30 51
Hexal, Industriestr. 25, 83607 Holzkirchen, Tel. 0 80 24/90 80
Heyl, Goerzallee 253, 14167 Berlin, Tel. 0 30/81 69 60
Hotz, Gartenstr. 33, 61250 Usingen, Tel. 0 60 81/6 74 10
Jenapharm, Otto-Schott-Str. 15, 07745 Jena, Tel. 0 36 41/6 45
Kattwiga, Zur Grenze 30, 48529 Nordhorn, Tel. 0 59 21/7 80 20
Klein, Steinenfeld 3, 77736 Zell-Harmersbach, Tel. 0 78 35/6 35 50
Kneipp, Steinbachtal 43, 97064 Würzburg, Tel. 09 31/8 00 20
Knoll Deutschland, Rathausplatz 10–12, 67059 Ludwigshafen, Tel. 06 21/59 40
Köhler-Pharma, Neue Bergstr. 3, 64665 Alsbach, Tel. 0 62 57/6 10 31

LEO, Einsteinstr. 18, 63303 Dreieich, Tel. 0 61 03/3 50 31
Lichtenstein, Zur Bergpflege 45, 56070 Koblenz-Kesselheim, Tel. 02 61/80 90 30
Lindopharm, Neustr. 82, 40721 Hilden, Tel. 0 21 03/20 65
Loges, Schützenstr. 5, 21423 Winsen, Tel. 0 41 71/70 70
Lomapharm, Langes Feld 5, 31860 Emmerthal, Tel. 0 51 55/6 32 00
Lyssia, Hans-Böckler-Allee 20, 30173 Hannover, Tel. 05 11/8 57 21 45
Madaus, Ostmerheimer Str. 198, 51109 Köln, Tel. 02 21/8 99 81
3M Medica, Gelsenkirchener Str. 11, 46325 Borken, Tel. 0 28 61/6 56 21
Medice, Kuhloweg 37–39, 58638 Iserlohn, Tel. 0 23 71/93 70
Medopharm, Drosselgasse 5, 82166 Gräfelfing, Tel. 0 89/8 98 13 50
medphano, Maienbergstr. 10, 15662 Rüdersdorf, Tel. 0 33 63 8/74 90
Merck, Frankfurter Str. 250, 64271 Darmstadt, Tel. 0 61 51/7 20
Merckle, Ludwig-Merckle-Str. 3, 89143 Blaubeuren, Tel. 0 73 44/1 40
Merz & Co., Eckenheimer Landstr. 100–104, 60318 Frankfurt, Tel. 0 69/1 50 31
meta Fackler, Bogenstr. 3, 30165 Hannover, Tel. 05 11/3 52 26 27
Mucos, Alpenstr. 29, 82538 Geretsried, Tel. 0 81 71/51 80
NAM Neukönigsförder, Moorbeker Str. 35, 26197 Großenkneten, Tel. 0 44 35/50 67
Nattermann, Nattermannallee 1, 50829 Köln, Tel. 02 21/5 09 01
Nourypharma, Mittenheimer Str. 62, 85764 Oberschleißheim, Tel. 0 89/3 15 62 01
Nycomed, Fraunhoferstr. 7, 85737 Ismaning, Tel. 0 89/96 28 10
Opfermann, Robert-Koch-Str. 2, 51674 Wiehl, Tel. 0 22 61/7 00 40
Optopan, Solalindenstr. 40, 81825 München, Tel. 0 89/4 30 92 30
OTW, Carl-Zeiss-Str. 4, 76275 Ettlingen, Tel. 0 72 43/51 00
Pascoe, Schiffenberger Weg 55, 35394 Gießen, Tel. 06 41/7 96 00
Pharmacia, Hofmannstr. 26, 91052 Erlangen, Tel. 0 91 31/80 10
Pharmakon, Albert-Schweitzer-Str. 52–54, 67592 Flörsheim-Dalsheim, Tel. 0 62 43/90 80 90
Pharma Wernigerode, Mühlental 42, 38855 Wernigerode, Tel. 0 39 43/53 00
Pierre Fabre Pharma, Jechtingerstr. 13, 79111 Freiburg, Tel. 07 61/4 52 60
Pohl, Kieler Str. 11, 25551 Hohenlockstedt, Tel. 0 48 26/5 90
Procter & Gamble, Dr.-Otto-Röhm-Str. 2–4, 64331 Weiterstadt, Tel. 0 61 51/87 70
Protina, Adalperostr. 30, 85737 Ismaning, Tel. 0 89/96 34 46
ratiopharm, Graf-Arco-Str. 3, 89079 Ulm, Tel. 07 31/4 02 02
Roche, Emil-Barell-Str. 1, 79639 Grenzach-Wyhlen, Tel. 0 76 24/1 40
Roche Nicholas, Valterweg 24–25, 65817 Eppstein-Bremthal, Tel. 0 61 98/30 00
Roland, Bargkoppelweg 66, 22145 Hamburg, Tel. 0 40/67 90 50
Rosen Pharma, Mühlstr. 50, 66386 St. Ingbert, Tel. 0 68 94/95 20
Rotexmedica, Bunsenstr. 4, 22946 Trittau, Tel. 0 41 54/8 07 40
Salushaus, Bahnhofstr. 24, 83052 Bruckmühl, Tel. 0 80 62/90 10
Sandoz, Deutschherrnstr. 15, 90327 Nürnberg, Tel. 09 11/27 30
Sanorell, Rechtmurgstr. 27, 72270 Baiersbronn, Tel. 0 74 49/84 12
Sanum-Kehlbeck, Hasseler Steinweg 9–12, 27318 Hoya, Tel. 0 42 51/4 91
Schwarzhaupt, Sachsenring 37–47, 50677 Köln, Tel. 02 21/3 39 30
Simons, Bunsenstr. 5, 82152 Planegg, Tel. 0 89/8 99 16 20
Stada, Stadastr. 2–18, 61118 Bad Vilbel, Tel. 0 61 01/60 30
Steigerwald, Havelstr. 5, 64295 Darmstadt, Tel. 0 61 51/3 30 0
Steiner, Ostpreußendamm 72/74, 12207 Berlin, Tel. 0 30/71 09 40

Stroschein, Sellhopsweg 1, 22459 Hamburg, Tel. 0 40/55 90 50
Syxyl, Flamweg 132/134, 25335 Elmshorn, Tel. 0 41 21/2 33 70
Togal, Ismaninger Str. 105, 81675 München, Tel. 0 89/9 25 90
Tosse, Friedrich-Ebert-Damm 101, 22047 Hamburg, Tel. 0 40/6 94 22 01
Trommsdorf, 52475 Alsdorf, Tel. 0 24 04/5 53 01
Truw, Alfred-Nobel-Str. 5, 50226 Frechen, Tel. 0 22 34/9 55 49 10
Twardy, Liebigstr. 18, 65439 Flörsheim, Tel. 0 61 45/59 30
Ursapharm, Industriestr., 66129 Saarbrücken, Tel. 0 68 05/9 29 20
Verla, Hauptstr. 98, 82327 Tutzing, Tel. 0 81 58/25 70
Warner Wellcome, Wöhlerstr. 9, 79108 Freiburg, Tel. 07 61/5 03 36
Weimer, Im Steingerüst 30, 76437 Rastatt, Tel. 0 72 22/5 24 78
Wiedemann, Pilotyweg 14, 82541 Münsing, Tel. 0 81 77/80 81
Woelm Pharma, Max-Woelm-Str. 4, 37269 Eschwege, Tel. 0 56 51/8 01 01
Wölfer, Herrenhaus Kluvensiek, 24796 Bovenau, Tel. 0 43 34/8 15
Wörwag, Lindenbachstr. 74, 70499 Stuttgart, Tel. 07 11/98 97 30
Ziethen, Tengstr. 26, 80798 München, Tel. 0 89/2 71 47 59
Zyma, Zielstattstr. 40, 81379 München, Tel. 0 89/7 87 70

Sachregister

B

C

D

F

H

J

K

O

P

W